# 낱말의 이해

박홍길 엮음

# ◆ 필 자 ◆

하 치 근  동아대학교

최 낙 복  동아대학교

정 기 호  덕포중학교 (부산외솔회 회장)

최 규 수  부산대학교

류 영 남  동래고등학교 (한글학회 부산지회 회장)

채 영 희  부경대학교

김 인 택  부산대학교

최 남 희  동의대학교

김 언 주  인제대학교

김 응 모  부산외국어대학교

강 우 원  인제대학교

우 형 식  부산외국어대학교

박 선 자  부산대학교

이 수 련  동의대학교

박 홍 길  동의대학교

# 낱말의 이해

박 홍 길 엮음

한국문화사

# 낱말의 이해

박홍길 엮음

초판 인쇄 __ 2002년 10월 30일
초판 발행 __ 2002년 11월 5일

엮 은 이 __ 박홍길

발 행 인 __ 김 진 수
발 행 처 __ 한국문화사
주     소 __ 133-823 서울시 성동구 성수1가 2동 656-1683 두앤캔 B/D 502호
전     화 __ 02)464-7708, 3409-4488
팩     스 __ 02)499-0846
홈페이지 __ http://www.hankookmunhwasa.co.kr
등록번호 __ 제2-1276호(1991.11.9. 등록)
값22,000원

ISBN 89-7735-948-1 93710

# 책으로 엮으면서

나는 중등 학교 17년, 대학 21년 합쳐서 38년 간의 교직 생활을 마감하고 지난 2002년 2월 28일에 정년 퇴임하였다. 그럼에도 겨우 옥조 훈장을 받은 까닭은, 중등 학교 재직 기간에서 자격증, 강사 대우, 신원 조회 등의 문제로 손해를 많이 보았기 때문이다. 그래도 내 발자취의 큰 마디를 별탈 없이 마무리지을 수 있게 된 것은, 스스로의 판단으론 대단한 행운이 아닐 수 없다.

그래서 퇴임하는 날, 그 동안 겪어 온 희로애락을 끼적인 글 몇 편을 엮어 <변방 노인의 말>이란 비매품 수필집을 내어 수건 대신 사례의 정표로 나눠 드렸었다. 상대적인 비교에서, 순탄하게 진행되는 일 없이 늘 당해 온 갈등과 시련을, 벗들과 어울리며 과장적인 웃음을 흘림으로써 벗어나려 한 내 몸짓을 표현한 것이다.

작년 가을의 얘기다. 같은 과에 있는, 내 첫 중등 학교 근무지였던 동래여자중학교에서 제자가 되는 이수련 교수가 내 연구실을 찾아왔다. 회갑 때 책 한 권 엮지 못한 것이 마음에 걸린다면서, 나의 정년을 기리는, 내가 잘 아는 몇몇 학자들의 주제가 비슷한 논문을 모아 엮는 형식의 책 한 권을 만들어 보고 싶다는 것이 아닌가.

내 위치, 내 학덕이 형편 없고, 더구나 내가 직접 논문을 지도한 석·박사 후학들도 얼마 없는 터에 가당찮은 일이라고 웃어 넘겼었고, 그 일은 거의 잊고 있었다. 그런데, 엉뚱하게도 퇴임한 지 두어 달이 되어 가는 5월, 갑자기 그 동안 이 교수 나름대로 연락을 취해 논문 여남은 편을 모았으나, 도저히 책으로 엮을 만한 분량이 안 돼 부득이 퇴임 때 상재하지 못했다면서, 이전에 내가 펴 낸 두어 권의 연구서에 실리지 않은 논문 서너 편을 보태어, 늦으나마 자그마한 논문집을 엮어 펴내겠다고 고집하는 것이 아닌가. 게다가 내 이름을 엮는 이로 한다면서 머리말마저 써 달란다. 이미 글을 내어 주신 여러분께 논문을 되돌려 드릴 수가 없단다. 도무지 이 교수의 이 고마운

정성과 고집을 거절할 수가 없다. 얼굴 두껍고 부끄럼 모르는 사람이라고 꾸짖어도 할 수 없다. 일흔을 바라보는 이 나이에 욕 좀 들은들 대수랴 싶다.

나는 대학 시절 최현배 님의 <우리 말본>, 이희승 님의 <한글 맞춤법 통일안 강의>, 허 웅 님의 <국어 음운론>, 유창돈 님의 <국어 변천사>를 열심히 읽었으나, 거리에 뛰어나가 오자 간판을 고치는 등 주로 국어 정서법 공부에 치우쳤었다. 그 뒤 중등 학교 교직 생활 때도 줄곧 '국어 바로쓰기 대회' 등의 활동을 펼쳤었다.

대학에서는 정서법 강의와 함께 주로 중세 국어 강독을 맡게 되어, 결국은 옛말의 형태소 분석과 음운 변화 양상 고찰에 주력하게 되었다. 그래서 자연 논문의 성격도 정서법이 1/3, 어휘 변천이 2/3를 차지하게 되었다.

그래서, 이러한 내 논문의 성격에 어느 정도 맞추기 위해 ≪낱말의 이해≫라는 표제어를 내세운 모양이나, 모인 글을 보면 거리가 있는 것도 두어 편 있다. 아무튼, 꼭이 이러이러하다는 어떤 규준에 얽맬 수는 없겠으나, 책의 체제상 대체적인 다음 내용에 좇아 크게 세 부로 나눠 엮기로 한다.

제1부에는 주로 문법 연구에서 낱말이 차지하는 위치와 중요성에 대한 논의의 글을 모으고, 제2부에는 낱말의 구조와 성격, 의미 등에 대하여 천착한 글을 모았으며, 제3부에는 낱말의 통시적인 소리 및 형태 변화 과정을 분류한 글을 모았다.

낱말에 관한 규명이야말로 국어학의 핵심이라 할 수 있다. 따라서, 이 논문집이 비록 양적으로 얼마 안 되는 것이라 하더라도, 관심 있는 학도들에게 도움이 되고 국어학 발전에도 작은 이바지가 될 것으로 생각한다.

논문 주신 여러분께 진심 어린 큰절 드리며, 학문적인 정진 뚜렷하실 것을 믿고 바랍니다. 그리고 이 일을 기어코 추진해 주신 이수련 교수께 다시 한 번 감사하며, 출판사 한국문화사의 김진수 사장님을 비롯한 여러분께 깊이 사례합니다.

2002년 8월 20일
낙민동 아파트의 먼재 글방에서
엮은이 씀

# 차 례

## 1부 낱말과 문법

## 2부 낱말의 구조와 성격

# 차 례

## 3부 낱말의 변천

# 1부
# 낱말과 문법

# 국어 문법 연구의 어제와 오늘

하 치 근

## 1. 머리말

전통은 과거의 것을 바탕으로 하되 현재와 미래에 있어서도 거부감을 주지 않고, 주지 않을 참신하고 독창적인 정신적 재보다.

그러나 전통은 고정불변의 것이 아니고 외래적인 것을 수용하고 여과하여 보다 질 높은 차원으로 승화하는 특성을 가지고 있다.

우리 고유의 언어가 생긴 이래 우리 언어에 대한 전통-국어의 고유한 이론적 바탕-을 정립하려는 노력들이 계속되고 있으며 앞으로도 계속될 것이다. 그런데 국어의 고유한 이론적 바탕도 고정불변의 것이 아니므로 자기 성찰과 더 나은 외래 이론의 수용으로 타당성과 합리성을 지닌 이론으로 발전시켜 나가야 한다.

우리 문법 연구의 현실적인 상황은 어떠한가? 외래 이론 자체에 별다른 관심을 보이지 않는 경향이 있는가 하면 외래 이론이 생성되어 나온 배경이나 핵심을 제대로 파악하지 못하고 끼워맞추기식으로 적용하는 경향이 양극화되어 있다. 올바른 국어 문법의 연구 태도는 외래 이론에 대한 맹목적인 배척도, 맹목적인 추종도 바람직하지 않다.

이 논의에서는, 우리의 문법 연구사에서 외래 이론을 수용한 양상과 나타난 문제점을 살펴보고 국어 문법 연구의 흐름을 개관해 보려고 한다.

## 2. 외래 이론 수용의 윤곽

국어학 연구에 있어서 외래 이론의 최초 수용기로 볼 수 있는 것은, 15세기 중엽 훈민정음 창제 때에 중국의 성운학과 성리학 이론을 바탕으로 한 수용과, 18세기 중엽부터 19세기 말엽까지 중국의 고증학풍을 수용한 실학 사상의 영향에 의한 국어학 연구 경향으로 구분할 수 있다. 이 시기의 수용 양상은 그 전기가 창조적인 수용이었으며 후기는 모방과 창조의 양면성을 보였다. 그러다가 국어에 대한 관심과 연구가 최초로 본격화 된 것은 개화기의 주시경으로부터 비롯되었다.

주시경의 문법 이론이 매우 독창적이고 창의적이라고 보는 것은 분명한데 어떤 이론의 영향을 받았는가에 대해서는 아직 명확한 결론을 내리지 못하고 있다.

그 뒤 국운의 쇠퇴로 인한 일제 강점기를 맞는다.

이 당시의 국어학 연구는 그 방향에 있어서 두 갈래로 나누어진다. 한 갈래는 주시경의 문법 이론에 바탕을 둔 주로 연희 전문 관계자의 국어학 연구이며, 한 갈래는 일본의 관학 기관인 경성제국대학 조선어과에서 일본학자의 지도를 받은 관계자들의 연구이다. 연희전문 관계자의 대표적인 업적은 최현배의 《우리말본》이다. 《우리말본》은 그가 그때까지 나온 우리나라의 문법서를 종합적으로 분석하고 일본의 여러 문법서를 참고하였으며, 여기에 예스페르센(Jesperson, O)의 《문법의 원리(philosopy of grammar)》를 참조하여 이론적인 바탕을 획립하고 우리말에 적용한 책이다. 당시 최현배의 이론 수용의 양상은 분명한 내적 동기에 의한 직접적 수용이었으며 이론 바탕은 전통문법적인 연구 경향을 지향했다. 한편 경성제국대학 관계자들은 구라파의 언어학 이론을 일본 학자의 지도를 받아 간접 수용하여 역사언어학적인 연구와 일반언어적인 연구를 활성화시켰다.

해방이 되자 국어학의 외래 이론 수용 방향이 구라파쪽에서 미국쪽으로 바뀐다. 당시 새로이 수용한 미국쪽의 이론은 언어의 공시적 연구에 초점을 두고 있었는데 이와 같은 경향의 원서들이 국어학 전공의 학자나 대학원생에게 직접적으로 읽혔다. 따라서 구라파쪽의 이론은 일본을 통하여 간접적 접촉으로 수용되었으며 미국쪽의 이론은 직접적인 접촉의 방법에 의하여 수용되었다. 이리하여 당시의 국어학 연구는 미국쪽의 기술언어학 이론이 주도하여 음소와 형태소의 분석 기준과 정의의 정밀화, 형태음소론의 도입과 국어에의 적용, 직접 성분 구조의 분석 방법 수립 등 객관적이고 귀납적인 연구 경향이 일반화되었다.

그리고 이 이론의 수용으로 문법 자료를 정확하고 철저하게 분석 기술하여 국어의 특성에 맞는 형태론 중심의 문법 체계를 세워 국어학을 학문문법으로 승화시키는 데 이바지했다.

1970년대 초에 와서 국어학계에서는 구조·기술문법적인 연구 경향에 대한 반성이 일기 시작했다. 이와 같은 현상은 내적 요인에 의한 것보다 외적 요인에 의한 것이다.

구조·기술문법은 음운론이나 형태론에 있어서는 그 성과가 두드러졌지만 통어론에 대한 연구는 소홀했다. 이와 같은 취약점을 보완할 수 있는 변형생성 이론의 수용은 국어학자들에게 관심의 대상이 아닐 수 없었다.

활발한 이론 수용의 분위기가 조성되었고 국어에 이 이론을 적용한 '입음법', '하임법', '지움법', '관계화', '주제화', '이행문 분석' 등 통어론 분야의 논문들이 쏟아져 나왔다. 국어가 지닌 기본 특성은 담화나 의미 중심의 언어, 주제 부각형 언어인데, 구조·기술문법기의 연구에서는 주어진 형태를 단지 기계적으로만 분석했기 때문에 현상의 이면에 숨어 있는 본질 접근의 방법을 찾지 못했다. 생성문법에서는 이와 같은 국어의 특성을 고려하여 구조·기술문법적인 국어학 연구의 한계점을 극복할 수 있었다.

1957년 촘스키(Chomsky, N)의 <통어 구조(syntatic structures)>를 출발점으로 한 이 이론은 그 동안 수 차례의 수정을 거듭해 왔다. 한 시대를 풍미한 이론이 그 주창자가 생존해 있는 동안에 이처럼 많은 변모를 거듭해 온 것은 언어학사에 있어서 거의 유례가 없는 일이다.

주로 미국 유학파에 의해서 직접 수용된 이 이론은 국어의 통어론에 대한 관심을 높였고 문법 연구의 깊이를 더했다. 나아가서는 국어의 내부적 기술 방법으로 소화, 수용되어 국어학 발전에 이바지했고 현재 학문문법에서 뿐만 아니라 학교문법에서도 기본적인 이론을 수용할 정도가 되었다.

그러나 수용상의 문제점도 나타났다. 문제 발단의 요인은 이 이론이 국어학 연구에서 자연적으로 요구되는 필요성에 의한 것이 아니고 수용 과정에서 미국쪽 연구의 이론적인 바탕에 국어를 시험적으로 적용해 보는 단계에서 이루어진 점이다. 생성문법에 대한 철학적 배경이나 그 이론의 원리에 대한 인식의 부족에서 국어가 갖고 있는 고유 특성을 고려하지 못한 잘못 적용의 예들이 나타났다. 곧 국어는 문법 범주가 형태적 방법에 의해서 실현되지만 영어는 통어적 방법으로 실현된다. 이와 같은 세부적인 특성이 고려되지 않았기 때문에 적용상의 잘못이 나타났다.

또 하나의 문제는 외국에서 이론을 공부하고 그것을 국어에 적용하려는 학자들이 대부분 국어의 자료에 대한 근본적인 인식의 부족에서 비롯되기도 했다. 이들은 국어의 직관에 대체적인 틀은 형성되어 있다고 할 수 있어도 문제가 미묘한 부분에 이르면 본질에 빗나가는 판단을 하여 잘못된 결론을 내리기도 했다.

지금까지 변형생성문법 이론의 수용은 이와 같은 시행착오를 겪고 1980년대 이후부터 무비판적인 수용 태도를 자제하면서 비판적인 태도로 이론 수용에 합리성을 높여가고 있다.

변형생성 이론의 우리말 적용에 대한 문제점이 나타나자 이를 개선해 나가려는 연구가 심도 있게 이루어지고 있는 가운데 20세기 후반 세계의 언어학계에는 인지언어학(cognitive linguistics)이란 새로운 바람이 일어났다.

인지언어학은 변형생성 이론뿐만 아니라 구조·기술주의 이론에서부터 시작된 극단적인 형식주의 흐름에 제동을 걸고서 의미 중심의 전통적인 방법으로 돌아가는 것을 그 대안으로 내 놓았다. 이 이론을 주창한 레이코프(Lakoff, G)나 랭그커(Langacker, R)가 처음에는 변형생성 이론에 동조하다가 반기를 들고 새로운 이론을 제기한 사실은 시사하는 바가 크다.

이들은 변형생성문법 이론이나 구조·기술문법 이론은 언어에 대한 지식을 구조적으로 파악한 결과 그 연구 방법이 한계점에 이르렀다고 판단했다. 그리하여 언어의 구조에는 심리학의 지각 작용을 많이 반영하고 있다는 점을 밝혀 내고 인지 능력과 언어 능력 사이의 관련성을 보여 주는 인지언어학적 연구의 필요성을 제기했다.

인지문법은 언어를 통일된 조직체로 보지 않고 여러 조직이나 체계들의 한 조립체로 보는 통합주의를 바탕으로 하면서 변형생성문법의 분석주의에 대한 반발로 생겨났다.

언어란 의사소통이라는 목적을 위하여 운용되는 유기적인 조직체이기 때문에 각 체계나 조직이 저마다 독립적이고 자율적으로 움직이는 것 같지만, 실제로는 통합된 상태에서 운용될 수밖에 없다는 것이 인지문법적인 관점이다. 따라서 변형생성문법에서는 통사부와 어휘부, 음운부를 독립적인 체계로 보고 있는데 인지문법에서는 하나의 연속체로 통합되어 있는 것으로 보았다. 그리고 변형생성문법에서는 모든 언어 현상을 일정한 수의 원리와 규칙으로 설명될 수 있다고 보아 문법 연구의 궁극적인 목적을 보편문법의 이상을 실현하는데 두었다. 그러나 인지문법에서는 언어 현상 가운데는 어떤 원리나 규칙으로 설명할 수 없는 불분명한 현상들도 많으므로 언어의 개별성이나 다양성을 밝히는 일에 중점을 두었다.

인지문법의 출현으로 언어학의 연구 방향이 종전의 내부지향적인 것으로부터 외부지향적인 것으로 바뀌어 심리학이나 기호학, 생리학, 정보처리학, 컴퓨터공학 등과 같은 인접 학문과의 관련성 아래 넓은 범위에 걸쳐 언어 연구가 이루어지고 있다.

변형생성문법에서는 언어는 더 이상 변하지 않는 규칙의 집합 곧 선천적 능력으로 보고 형태와 문장 중심의 문법 연구가 기본을 이루었으나 인지문법에서는 언어는 늘 변하고 있는 한 묶음의 관습 곧 후천적인 능력으로 보고 뜻과 이야기[담화] 중심의 연구로 방향 전환을 했다.

지금까지의 논의를 바탕으로 하여 우리 문법 연구사에서 외래 이론이 수용된 시기를 아래와 같이 구분해 볼 수 있다.[1]

(1) 1기: 15세기 중기 ~ 19세기 말기　　　　<성운학과 실학 이론>
　　2기: 19세기 말기 ~ 1950년대 중기　　　<전통문법 이론>

---

[1] 문법 연구사에 있어서 시기 구분은, 관점에 따라 이견이 있을 수 있다. 여기서는 그 이론을 처음 소개한 저서나 논문이 나온 시기에 기대지 않고 우리말에 적용하려는 연구 분위기가 비교적 활발하게 이루어진 시기를 고려하여 구분의 기준으로 삼았다.

| | |
|---|---|
| 3기: 1950년대 중기 ~ 1970년대 초기 | <구조·기술문법 이론> |
| 4기: 1970년대 초기 ~ 현재 | <변형·생성문법 이론> |
| 5기: 1990년대 후기 ~ 현재 | <인지문법 이론> |

## 3. 외래 이론 수용의 역사

### 3.1. 전통문법 이론

  1894년의 갑오경장은 국어학의 연구 방향을 바꾸는 중요한 계기가 되었다. 곧 그 이전까지의 연구가 주로 중국의 운학이나 실학 사상을 바탕으로 한 경향이었다면, 이 시기에 와서는 서양의 전통문법 이론을 응용한 일본 문법의 영향으로 인하여 전통문법적 경향에 의한 국어학 연구가 이루어졌다.

  이와 같은 방향 전환은 그때까지 바탕을 이루었던 동양적인 사고의 기준을 서양의 새로운 기준으로 전환시키는 일이었기 때문에 국어학을 연구하는 사람들에게 새로운 방법으로 인식되어 신선한 충격을 주었다(홍윤표, 1989:107).

  전통문법은 언어 생활을 바르게 하기 위한 실용적인 목적을 위하여 일정한 기준과 규칙을 설정하고 그 규칙을 지키도록 하는 규범성을 가진 문법이다. 이 이론의 수용으로 인하여 종전의 문자론, 음운론, 어휘론 위주의 연구에서 품사론과 통어론에 대한 분야를 확립하여 국어학의 연구 범위가 다양화되었고 연구 방법도 보다 체계화되었다.

  이 이론의 수용으로 인하여 언어 생활의 편의를 도모하였고 한글 맞춤법 통일안 제정의 동기를 마련하게 되었으며 국어학 연구에 필요한 대부분의 중요한 술어들이 이 시기에 제정되어 본격적인 국어학 연구를 할 수 있는 기틀이 마련되었다.

  (2) 유길준(1895), 조선문전, 필사본.
    최광옥(1908), 대한문전, 안악면학회.
    김희상(1911), 조선문전, 보급서관.

김규식(1908), 대한문전, 유인.
_____(1912), 조선문법, 유인.
주시경(1908), 국어문전음학, 박문서관.
_____(1910), 국어문법, 박문서관.

이와 같은 바탕 위에서 이 시기에 많은 문법 교과서들이 출간되었는데 이 당시의 문법 교과서들이 취하고 있는 외래 이론 수용의 영향 관계를 살펴보면, 일본 문법에 영향을 받은 것, 영어 문법에 영향을 받은 것, 창의성을 보여주는 것의 세 갈래로 나눌 수 있다. 유길준, 최광옥은 19세기 후반 이래 수용된 일본 문법의 영향을 크게 받았고, 김희상, 김규식 등은 언더우드의 영어 문법의 영향을 크게 받았다. 그러나 주시경의 문법 이론은 어떤 사람의 문법을 모형으로 삼았다고 말하기 어려울 정도로 창의적이다(고영근, 1994:301).

주시경의 문법 이론은, 의미론과 화용론에 바탕을 둔 통어 이론을 세웠으며 구조언어학의 형태소에 상응하는 문법 단위를 세움으로써 한국어 형태론의 기초를 닦아 독창적이고 창의적인 국어학 이론의 바탕을 확립했다는 평가를 내리고 있다.

주시경 이후 그의 제자로서 국어학 발전의 이론적 바탕을 확립한 사람이 최현배이다. 최현배의 ≪우리말본≫은 주시경의 ≪국어문법≫을 이어받으면서 현대 감각에 맞도록 그리고 현대 언어과학에 기초를 두고 완전히 새롭게 집필한 문법책이다. 이 책의 집필에는 일본의 여러 문법책을 참조하고 또 예스페르센의 ≪문법의 원리(philosophy of grammar)≫를 참조하여 이를 우리 말에 적용한 문법책인데 내재적인 동기에 의하여 외래 이론을 직접적으로 창의적으로 수용한 그때까지 나온 문법서 가운데 오직 하나의 문법 전문서로 평가를 받았다.

서양의 전통문법 이론은 굴절어에 기반을 두고 있었다. 그런데 국어가 교착어적인 특성이 있는데도 불구하고 굴절어에 기반을 둔 이론을 적용하여 국어의 특성이 올바르게 고려되지 못한 점이나, 품사론 연구에 지나친 비중을 두어 통어론 연구가 소홀했던 점을 지적 받기도 했다.

## 3.2. 구조·기술문법 이론

앞 시기의 전통 문법적인 연구 경향은 문법 현상의 설명에 있어서 규범성을 강조하다 보니 예외적인 현상에 대하여 직관에 의존한 설명을 함으로써 과학성을 바탕으로 한 체계성이 부족한 결함을 드러내었다. 따라서 자연 언어에 나타나는 여러 가지 현상을 과학적으로 분석하고 체계화하기 위해서는 개별적인 경험을 통일된 원리에 의해서 설명할 수 있는 외래 이론의 수용이 절실했다. 이와 같은 필요성에 의하여 구조·기술문법 이론이 수용되었다. 국어에 수용된 구조·기술문법적인 이론은 구라파쪽에서 수용한 것과 미국쪽에서 수용한 두 과정이 있다. 국어의 수용은 구라파쪽에서 먼저였는데 구라파쪽의 이론은 일제 때에 간접 수용의 경로를 밟았고 미국쪽의 것은 해방 후에 직접 수용의 경로를 밟았다.[2]

미국쪽 구조언어학 이론서는 1950년대 중반부터 현지 유학생이나 국어학자에게 읽히기 시작하여 이론 수용의 분위기가 활성화되었다.

(3) Sapir, E. (1921), Language; An Introduction to the study of speech.
Bloomfield, L. (1993), Language.
Block, B. G. Trager. (1942), Outline of Linguistic Analysis.
Nida, E. (1949), Morphology: The Descriptive Analysis of words.
Gleason, E. (1955/1965), An Introduction to Descriptive Linguistics.

미국쪽 구조언어학은 아메리칸 인디언들의 언어를 연구하는 데서 방법론을 확립하고 미지의 언어를 연구하기 위해서는 그 언어를 우선 관찰하여 자료를 정확하게 수집하고 이를 바탕으로 하여 언어를 분석하고 언어의 모습을 밝히는 데 초점을 두었다. 따라서 구조·기술문법은 자료 중심으로 문법

---

2) 남기심(1989,96)은, 구라파쪽의 이론을 먼저 수용하게 된 것은 소쉬르의 ≪일반언어학 강의≫와 사피어의 ≪언어≫가 불과 5년 간격으로 발행되었고, 프라그학파의 업적과 브룸필드의 ≪언어≫가 30년대에 나왔지만 언어 연구의 역사가 구라파쪽이 더 오래고 많은 업적이 쌓였으며 또 일본이 구라파쪽과 교류가 많았으므로 자연 우리도 구라파쪽의 언어 이론에 먼저 접하게 되었다고 보았다.

현상을 기술하여 귀납적이고 객관적인 연구 방법론을 확립하게 되었다. 당시 미국쪽의 기술언어학 이론을 수용하는데 주로 읽혔던 원서는 예시 (3)과 같다.

미국쪽의 이론을 국내에 수용하여 국어의 음운 분석이나 형태 분석을 정밀하게 체계 세운 대표적인 업적은 아래와 같다.

(4) 허 웅(1958), 국어 음운론, 정음사.
_____(1963), 언어학 개론, 정음사.
_____(1975), 우리 옛말본, 샘문화사.
박창해(1963), '한국어 음운 및 음운 배합론 연구', 연세논총, 사회과학2.
문효근(1974), 한국어 성조의 분석적 연구. 세종출판공사.

구조·기술문법 이론이 국어학 연구에 미친 영향은 어떠했는가?

구조·기술문법은 특성상 그 이론을 충족시키기에 가장 알맞은 분야가 음운론이다. 왜냐하면, 음운 자체는 전혀 실체가 아니라 형식일 뿐이며 그 형식은 단지 다른 요소와의 대립에 의해서만 전체적인 체계를 이루고 가치를 가지기 때문이다. 따라서 구조·기술문법 이론이 국어학에 수용되어서 가장 큰 기여를 한 분야는 음운론이다. 그리고 이 이론은 통어론보다 형태론에 비중을 두고 있기 때문에 형태 중심의 국어 특성과 일치하여 국어 문법의 본질을 밝히고 국어 문법을 학문문법으로 발전시키는데 이바지했다. 문법 현상의 설명에 있어서 직관을 배제하고 문법 자료를 정확하고 철저하게 분석 기술하는 방법론적인 토대를 마련했고 언어 구조를 가로 관계 (syntagmatic relation)와 세로 관계(paradigmatic relation)의 체계로 나누어 정밀한 형태적 분석의 기준을 설정한 점 등은 이 이론의 합리성을 더욱 높일 수 있는 방법론이었다.

그러나 이 이론에도 취약점이 나타났다.

전체적인 체계 속에서 문법 범주 수립이 가능하다는 구조·기술문법적인 방법으로 지금까지 해결을 보지 못하고 있는 부분이 국어에 있어서 격(case) 설정 문제이다. 격 설정은 형태적인 잣대만으로는 체계 수립이 어렵기 때문에 때로는 의미상의 잣대로, 기능상의 잣대로, 분포상의 잣대로 해결을 시도하고 있지만 아직까지 국어의 격이 몇 가지인가에 대하여 보편적인 결론을 내리지 못하고 있다.

이와 같은 현상은 어떤 언어 단위의 기능이나 가치가 다른 요소와 겹칠 수 있음을 말하는 것으로 체계를 강조하고 그 체계 속에서 가치 결정을 중시하는 구조·기술문법적인 입장에서는 인정되기 어려운 의미의 측면이 있기 때문이다(임홍빈, 1989:154).

따라서 이 이론의 약점은 의미 고려를 배제한 형태론 중심의 기계적인 분석에 치중하여 문법 현상의 내면에 존재하는 언어학적인 설명이나 해석의 단계에 이르지 못한 점이다. 그리고 이 이론이 형태론에 비중을 두었는 데도 형태론 연구의 상위 단위인 낱말에 대한 명확한 기준을 제시하지 못했다.

음운론이나 형태론에 치우친 연구로 인하여 상대적으로 통어론이 소홀하게 다루어졌고, 공시적인 연구 방법론을 강조했기 때문에 문법의 변화 현상을 대상으로 한 문법사 연구가 경시된 점도 한계점으로 지적 받았다.

국어학에 수용된 구조·기술문법 이론은, 이 이론에 초점을 맞추어 국어의 특성을 과학적으로 설명하고 음운학이나 형태론 분야에 획기적인 발전을 가져온 것은 사실이지만 이 이론 자체가 갖고 있는 한계점을 극복하여 국어학 나름대로의 창조적 사고에 의한 색다른 이론 창출을 하지 못한 아쉬움이 있다.

### 3.3. 변형생성문법 이론

앞의 구조·기술문법 이론이 언어의 외적 현상을 대상으로 하여 자료를 수립하고 분석하는 작업에 치중한 반면, 변형생성문법 이론에서는 정신적인 현상인 화자의 언어 능력을 대상으로 하여 설명 중심의 새로운 방법론을 확립했다.

1957년 촘스키(Chomsky, N)로부터 제기된 이 이론은, 1970년 초에 와서 직접적인 접촉 형태로 국어 연구에 수용하게 되었다.

(5) Chomsky, N.(1957), Syntatic structures.

_____(1965), Aspects of the theory of syntax

Foder, J. A. & Katz, J. J.(1964), The structures of Language

Jacbs, R. P. Rosenbaum.(1968), English Transformational grammar

예시 (5)와 같은 원서를 유학생이나 관심 있는 국어학자가 직접 구입하여 읽고 이론 수용의 분위기가 활성화되었다. 외래 이론의 수용은 자생적인 동기에 의한 비판적인 수용과 자생적인 동기가 없는 무비판적인 수용으로 구분해 볼 수 있는데, 전통문법기나 구조·기술문법기에는 대체로 비판적인 수용 양상을 띠었고, 변형 이론의 수용 초기에는 무비판적인 수용 경향이 강했다. 그러다가 수용상 나타난 문제점을 의식하면서 1980년대 이후에 와서는 비판적인 수용 경향을 띠면서 국어의 특성을 고려한 합리적인 적용이 시도되었다. 1970년대를 전후하여 변형생성문법 이론을 국어학에 수용한 대표적인 논저는 다음과 같다.

(6) 계명일 (1966), '변형 문법의 원리적 고찰', 어학연구 2-1, 서울대 어학연구소.

이홍배 (1966), '변형 문법에 의한 국어 분석', 어학연구 2-2, 서울대 어학연구소.

김석득 (1971), 국어 구조론, 연세대 출판부.

양인석 (1972), '한국어의 접속화', 어학연구 8-2, 서울대 어학연구소.

김영송 (1973), '국어의 변형 구조', 부산대학교 논문집 16집, 인문사회과학편.

남기심 (1973), '국어 완형보문 연구', 연세대 박사학위 논문.

양동휘 (1975), '변형 규칙의 종류와 그 적용 방법의 유형', 언어와 언어학 3, 한국외국어대 어학연구소.

1970년대의 이론 수용의 일반적인 경향은 국어 문법 현상 자체를 관찰하여 기술한다기보다는 지금까지 밝혀진 언어 현상들을 이 이론의 틀에 맞추어 설명해 보려는 모방적인 수용 경향이 강했다. 곧 생성문법에 관한 철학적 배경이나 원리에 대한 인식의 부족으로 논문들 가운데는 피상적 적용이나 잘못된 적용 예가 나타났다(남기심, 1989:99).

내적인 분명한 동기가 없이 이론 수용을 한 결과, 국어의 문법 전체를 이해하기 위한 연구가 되지 못하고 이론을 적용하고 실험하는 경연장이 된 듯한 느낌마저 주었다.

구조·기술언어학은 언어의 본질 파악에 있어서 표면구조와 내면구조를 구분하지 않았을 뿐만 아니라 내면구조를 파악할 아무런 방안도 마련하지 못했다. 내면구조는 문장의 의미까지를 고려한 구조이며, 표면구조는 음운적인 현상만을 대상으로 한 구조이다. 구조·기술언어학은 언어 연구의 범위를 화자의 발성과 청자의 청취 사이로 국한시키고 그들 내면의 직관에 대해서는 무관심하려고 했기 때문에 자연히 표면구조의 연구에 집중되었다. 그리고 어린이의 언어 습득에 있어서도 구조·기술언어학자들은 변형생성문법가가 주장하는 선천적인 언어 능력의 일부인 규칙 체계에 의한 습득으로 보지 않고 어떤 자극에 대한 반응 곧 후천적인 습득으로 보았다.

그러나 이 두 이론은 대립적인 관계에 있지 않고 상호 보완적인 관계에 있음을 유의해야 한다.

왜냐하면 구조·기술언어학이 풍부한 사실적인 자료를 기초로 하는 정밀성과 객관성, 그리고 언어가 형식 체계로 연구될 수 있다는 견해를 제시해 줌으로써 그 바탕 위에서 변형문법의 원리와 방법론을 수립할 수 있었기 때문이다. 결국 변형문법은 언어학의 2대 전통인 전통문법과 구조문법에서 각각 원리와 기술을 배워서 이룩한 결합물이다(이익섭, 1967:402).

이와 같은 배경 아래서 제기된 변형생성문법 이론도 지금까지 취약점이 나타날 때마다 수 차례의 수정, 보완 단계를 거쳐 이제까지 바뀌지 않은 것은 단지 언어 능력에 대한 관념론 정도에 지나지 않는다고 보고 있다.

따라서 요즈음의 변형생성 이론은 규칙 체계 수립으로부터 원리 체계의 수립으로 바뀌어 대상 언어의 화자가 가지고 있는 언어 직관과 상당히 동떨어진 원리에 의해서 설명하고 있으므로 지나치게 추상화되었다.

이처럼 계속적인 수정을 하여 이론 자체가 지나치게 추상화된 원인은, 구조·기술문법이 귀납적인 방법론을 택하고 있는 것에 비해서 변형생성문법은 연역적인 방법, 곧 가설 검증적인 방법을 택하고 있기 때문이다. 가설 검증적인 이론은 더 나은 가설 검증 방법이 제시되면 얼마든지 이론 수정이 가능한 여지를 남길 수 있기 때문이다(권재일, 1994:300).

그러면 변형생성문법 이론의 수용이 국어학 연구에 이바지한 바가 무엇인가?

① 구조·기술문법은 대상 자료의 수집과 분석에 치중하여 이론적인 설명력이 약했다. 그러나 변형생성문법의 수용 이후에는 설명 중심의 방법론이 확립되었다.

② 전통문법이나 구조·기술문법에서 소홀하게 다루어졌던 의미론이나 통어론에 대한 관심을 높이고 나아가 문법 연구를 심화하여 국어학의 학문적인 기반을 튼튼히 다졌다.

③ 전통문법이나 구조·기술문법은 개별문법적인 연구 경향으로 인하여 대상 언어의 특성 파악에 치중한 반면, 변형생성문법에서는 보편문법적인 연구 경향으로 인하여 다른 언어와의 관계 속에서 국어의 문법 특성을 파악하여 언어의 보편성 이해에 이바지했다.

그러면 변형생성문법 이론의 수용에 있어서 나타난 문제점은 무엇인가?

① 국어 문법 전반에 대한 체계가 고려되지 않고 변형생성 이론의 적용에 알맞은 특정 주제-하임법, 입음법, 관계화, 보문화, 주제화-에 대한 연구에 국한하여 문법 전반에 대한 균형적인 연구가 이루어지지 못했다.

② 변형생성 이론은 영어를 대상으로 한 이론이다. 영어는 통어적 방법에 의하여 문법 범주가 실현되지만 국어는 형태적 방법에 의하여 실현된다. 따라서 언어 구조상의 차이를 인식하고 이론을 국어에 적용할 수 있는가, 없는가를 가려야지 구조가 다른 언어를 우리의 의식 속에 깔아 놓고 그것을 바탕으로 국어를 들여다보는 연구는 본질과 다른 결론을 도출할 수 있다.

③ 문법 현상을 설명하려는 자료 제시의 경우에 있어서 자연 언어를 대상

으로 하지 않고 이론을 합리화할 수 있는 인공 언어를 조작하여 설명함으로써 토착화자의 언어 직관과 동떨어진 경우가 많이 나타났다.

④ 변형생성 이론은 자료의 문법성 평가를 직관에 의존한다. 따라서 이 이론은 구조주의 이론보다 한층 더 특정 공시적인 이론이기 때문에 역사적인 문헌 자료에 대한 분석이 불가능하다. 왜냐하면, 역사적인 문헌 자료는 직관으로 평가가 되지 않기 때문이다. 이와 같은 한계성 때문에 변형생성문법은 구조·기술문법 보다 한층 더 문법사의 연구를 소홀하게 취급했다.

1980년대 이후는 그 전까지 국어에 변형문법 이론을 적용하여 나타난 문제점들을 해결하기 위하여 내재적인 동기를 마련하고 연구한 결과, 새 모습으로 단장한 이론들이 국어의 내부적 기술 방법으로 소화 수용되어 국어학 발전에 이바지하고 있으며, 학문문법뿐만 아니라 학교문법에서도 기본적인 이론을 적용하고 있다.

(7) 강명윤(1988), 'Topics in korean syntax : phrase structure, Variable Binding and Movament', MIT 박사학위 논문.
    김양순(1988), 'Licensing principles and phrase strcture', University of Wisconsin 박사학위 논문.
    한학성(1990), GB통사론, 한신문화사.
    양동휘(1990), 지배-결속 이론의 기초, 신아사.
    양동휘(1992), '지배-결속 이론의 최근 변혁과 그 전망', 언어학과 인지, 한국문화사.

지금까지 계속적인 수정과 보완을 해왔던 변형문법 이론이 LGB 이후 또 다시 최소 이론(minimalist theory)으로 변모했다(양동휘, 1992:643).

이 이론의 기본 가설은 지금까지 통사부의 비대한 역할 때문에 나타난 문제점을 해결하기 위하여 그 역할을 어휘부에 대폭 넘기고 문법적 도출의 기본 요인을 형태론적 특성이나 자질에 두고 있다.

## 3.4. 인지문법 이론

인지문법 이론은 아직 국어학계에 정착되지 못했으나 현재 이 이론을 수용하여 우리말에 적용하려는 연구 분위기가 점차 조성되어 가고 있다. 인지문법과 변형생성문법은 그 지향하는 연구 방법에 차이가 있다.

변형생성문법에서는 언어 연구를 간편하게 하기 위하여 기본적인 현상만을 취하고 주변적인 현상을 제외시켰다.

인지문법에서는 이와 같은 방법은 과수 재배를 할 때 전정사가 곁가지를 모조리 잘라 버리고 정상적인 성장을 멈추도록 한 상태에서 나무의 모습을 살피는 일과 같다고 보았다. 그리고 변형생성문법에서는 이론이 조직적이고 체계적임을 합리화하기 위하여 규칙의 수립이나 적용에 있어서 자연 언어보다 인공 언어를 대상으로 삼았다. 그러나 인지문법에서는 변형생성문법에서 수립한 규칙이나 적용이 자연 언어를 대상으로 하지 않고 인공 언어를 대상으로 할 때에는 본질에서 빗나가는 점이 너무 많다고 보았다.

변형생성문법이 이와 같은 연구 방법을 택하게 된 주된 요인은 언어 능력과 인지 능력은 별개의 것이며 언어는 연상 장치를 마련하여 연구할 수 있는 규칙적인 현상으로 보는데 있다. 그러나 인지문법에서는 언어 능력은 인지 능력의 한 부분에 불과하므로 언어는 마땅히 인지 능력을 바탕으로 하여 연구해야 할 것으로 보고 있기 때문이다.

(8) Lakoff, G.(1987), women, Fire, and Dangerous Things.
Langacker, R.(1987), Foundations of cognitive grammar, vol Ⅰ.
Langacker, R.(1991), Foundations of cognitive grammar, vol Ⅱ.

인지문법은 레이코프(G. Lakoff)와 랭그커(R. Langacker)에 의하여 이론적인 체계를 갖추었다. 예시 (8)은 인지문법의 대표적인 이론서인데 국내에서도 이들 이론서에 대한 번역서가 출간되었다.[3]

---

3) 레이코프(G. Lakoff)가 지은 「Women, Fire, and Dangerous Things」는 이기우가 「인지의미론」(1994)이란 이름으로 한국문화사에서, 랭그커(R. Langacker)가 지은 「Foundation of

현재 이 이론을 소개하거나 우리말에 적용하려는 연구가 점차 확산되고 있다.

(9) 이기동 (1982), '언어와 인지', 언어. 한국언어학회.
　　김진우 (1999), 인지언어학의 이해. 한국문화사.
　　김종도 (2000), '[-는-]의 인지문법적 분석', 배달말26, 배달말학회.
　　임지룡 (2000), 'Gilles Fauconnier : 정신 공간 이론', 인지언어학회, 한국문화사.
　　이수련 (2001), 한국어와 인지, 박이정.

지금까지 인지문법 이론을 소개하거나 우리말에 적용한 대표적인 연구 업적으로는 예시 (9)와 같은 것이 있다.

인지문법과 변형생성문법과의 연구 경향상 차이점을 비교해 보면 다음과 같다.

① 변형생성문법은 문법적 현상이나 사실만을 언어 연구의 대상으로 삼았으나 인지문법에서는 언어에 관한 모든 현상이나 사실-심리한, 기호학, 생리학, 정보처리학, 컴퓨터공학 등-을 연구의 대상으로 삼았다.

② 변형생성문법에서는 언어를 내재화한 규칙의 집합으로 보았으나 인지문법에서는 관습화한 용례의 집합으로 보았다.

③ 변형생성문법에서는 인간의 언어 능력과 인지 능력을 별개로 보았으나 인지문법에서는 언어 능력을 인지 능력의 한 부분으로 보았다. 따라서 언어 능력과 인지 능력을 별개로 보는 변형생성문법은 언어와 정신의 이해에 도움이 되지 않는다고 했다.

④ 변형생성문법에서는 언어가 지적인 정보를 교환하는 기능만을 가진 것으로 보았으나 인지문법에서는 지적인 정보 외에도 정서적인 정보나 의지적인 정보를 교환하는 기능도 함께 가진 것으로 보았다.

⑤ 변형생성문법에서는 언어의 공시적인 연구를 중요시했으나 인지문법

---

cognitive grammar, vol. Ⅰ, Ⅱ」는 김종도가 「인지문법의 토대」(1999)란 이름으로 박이정에서 번역판이 나왔다.

에서는 언어의 변화 과정에 대한 연구, 곧 통시적인 연구를 중요시하였다.

⑥ 변형생성문법에서는 언어의 형태와 의미를 구분하고 의미보다는 형태에 중점을 둔 연구를 했으나 인지문법에서는 형태와 의미를 나누지 않고 형태보다 의미에 중점을 둔 연구를 하였다.

인지문법 이론은 아직 우리말 연구에 정착된 이론이 아니므로 이론의 수용 경향이나 평가-기여도 및 취약점-는 뒷날로 미루기로 한다.

## 4. 진단과 전망

어떤 언어를 대상으로 하여 문법을 연구하고자 할 때, 고유한 문법 이론이 없으면 일반적으로 외래 이론을 수용하여 문법적인 설명을 하게 된다.

그런데 외래 이론을 수용함에 있어서 내적인 동기가 없이 무비판적으로 수용하게 되면 대상 언어의 문법적 특성이 고려되지 않는 모방적인 수용에 그칠 따름이고 분명한 내적 동기에 의하여 비판적으로 수용하면 대상 언어의 특성을 고려한 창조적인 수용이 된다.

외래 이론이 수용되는 과정은 현지에 유학을 하거나 국내에서 원서를 읽어 수용하는 직접 수용의 형태와 제삼국을 통한 간접 수용의 형태가 있다.

간접 수용은 일제 때처럼 정치, 사회적인 여건 때문에 현지와 접촉하기가 어려운 경우의 수용 형태이기 때문에 직접 수용에 비해서 한계점이 있다.

외래 이론 수용의 첫 시기인 1기[15세기 중기~19세기 말기]의 수용 양상은, 훈민정음 창제 당시는 중국의 성운학과 성리학 이론을 내재적인 동기에 의해서 창조적으로 수용했고, 18세기 중기 이후는 명나라의 서구 과학과 청나라 초기의 고증학풍을 수용하여 실학의 바탕 위에서 국어학 연구의 대중화와 규범화의 필요성을 제기했다.

제2기[19세기 말기~1950년대 중기]는 그 이전까지가 중국의 이론을 수용한 국어학 연구였다면, 1894년 갑오경장을 기점으로 하여 서양 전통문법 이론을 응용한 일본 문법의 영향을 받아 전통 문법적인 연구 경향으로 바뀐 시기였다.

이 당시의 수용 양상은 일본 문법의 영향을 받은 것, 영어 문법의 영향을 받은 것, 창의성을 보여주는 것의 세 갈래로 나누어 볼 수 있는데 창의성을 보인 주시경의 문법 이론 외에는 주로 내적인 동기가 분명하지 않은 모방적인 수용에 불과했다. 그리고 수용의 과정으로는 간접 수용이 대부분이었다. 이 시기의 국어학 연구는 규범문법의 바탕을 확립한 데서 그 의의를 찾을 수 있다.

제3기[1950년 중기~1970년대 초기]의 국어학 연구는 구조·기술문법적인 연구 경향이 중심을 이룬 시기였다. 당시의 구조·기술문법적인 국어학 연구는 구라파쪽과 미국쪽의 이론 수용으로 나누어지는데 구라파쪽의 구조문법적인 이론은 일본을 통하여 간접 수용되었고 미국쪽의 기술문법적인 이론은 직접 수용되었다.

제2기의 국어학 연구는 규범성을 강조하다 보니 학문문법적인 이론의 바탕이 약했고 문법 현상의 설명에 있어서 합리성이 부족했다. 이와 같은 취약점을 극복하려는 노력이 내적 동기가 되어 이 이론의 수용은 많은 학자들의 관심의 대상이 되었다. 국어학에 구조·기술문법 이론이 수용되고 나서 음운학이나 형태론 연구의 이론적 바탕이 확립되고 국어의 특성을 과학적으로 체계화시켰지만 통어론 연구가 소홀했던 취약점을 남겼다. 종합적으로 볼 때, 구조·기술문법은 이 이론 자체가 갖고 있는 한계점을 극복하여 창조적 사고에 의한 색다른 이론 창출을 하지 못한 아쉬움을 남겼다.

제4기[1970년대 초기~현재]의 국어학 연구는 미국쪽의 생성문법적인 연구 경향이 중심을 이루고 있다.

이 이론의 수용 초기는 내적인 동기에 의한 비판적인 수용이 아니었고 수용 과정에서 미국쪽 연구의 국어 적용을 시험해 보는 모방적인 수용의 인상을 벗어나지 못했다.

1980년대 이후부터는 앞선 시기의 문제점을 해결하기 위하여 국어의 특성에 초점을 맞추어 궤도 수정을 해 나가고 있다. 이 이론의 수용이 국어학 연구에 미친 영향은 전통문법이나 구조문법에서 소홀하게 다루었던 통어론 연구가 활성화되었고, 선천적인 언어 능력을 인정하고 문법 현상의 본질 규명에 내면구조를 설정하여 현상적인 사실로는 설명해 낼 수 없는 부문을 합리적으로 설명할 수 있는 방법론을 확립한 점 등이며 이 이론의 수용 과정은 주로 직접 수용의 형태이다.

제5기[1990년대 후기~현재]의 국어학 연구 경향은 지금까지의 변형생성문법에 반기를 든 인지문법 이론이 제기되어 이론에 대한 검토 및 수용의 분위기가 점차 조성되고 있다. 인지문법은 변형생성문법이 안고 있는 취약점을 보완하고 독주를 막는데 의의를 두고 있다. 곧 구조·기술문법에서 변형생성문법에 이르기까지의 극단적인 형식주의 경향에 반기를 들고 과거의 전통문법에서 취한 의미주의 경향으로 흐름을 복귀시키려 하고 있다.

인지문법이 변형생성문법의 연구 경향에 제동을 걸고 있는 것은 첫째로, 변형생성문법에서는 언어 연구를 간편하게 하기 위해서 기본적인 현상만을 취하고 주변적인 현상을 제외시켰는데 인지문법에서는 기본적인 현상과 주변적인 현상을 통합한 상태에서 연구되어야 한다고 보았다.

둘째로, 변형생성문법에서는 이론이 조직적이고 체계적임을 합리화하기 위하여 규칙의 수립이나 적용에 있어서 자연 언어보다 인공 언어를 대상으로 삼았으나 인지문법에서는 자연 언어만을 대상으로 삼아야 한다고 보았다.

셋째로, 변형생성문법에서는 인지 능력과 언어 능력을 별개의 것으로 보고 인지 능력을 언어 연구에서 배제했으나 인지문법에서는 언어 능력은 인지 능력의 한 부분에 불과하므로 언어는 인지 능력을 중심으로 연구해야 한다고 보고 있다.

앞으로 인지문법은 지금까지 형식과 문장 중심의 언어 연구에서 의미 중심과 담화 중심으로 그리고 지금까지의 분해나 분활주의적인 방법에서 합성이나 통합주의적인 방법으로 연구 경향이 바뀌어 나갈 것으로 전망하고 있다.

## 참고 논저

고영근(1994), 통일 시대의 어문 문제, 길벗.
권재일(1994), 한국어 문법의 연구, 서광학술자료사.
남기심(1989), '국어학의 구미 언어 이론 수용의 역사', 국어국문학과 구미 이론, 지식산업사.

양동휘(1992), '지배-결속 이론의 최근 변혁과 그 전망', 언어학과 인지, 한국문화사.

이익섭(1967), '변형문법과 문법 교육', 국어국문학 34·35합집, 국어국문학회.

임홍빈(1989), '구조주의와 생성 이론', 국어국문학과 구미 이론, 지식산업사.

하치근(1994), '국어학에서 외래 이론 수용 양상', 부산한글 13집, 한글학회 부산지회.

홍윤표(1989), '전통문법 이론의 수용과 국어 연구', 국어국문학과 구미 이론, 지식산업사.

* 본문의 예시에 나와 있는 참고 논저는 여기서 생략함.

하치근   604-714 부산시 사하구 하단동 동아대학교 국문과        Ⓣ051-200-7025
        614-051 부산시 부산진구 양정1동 현대 아파트 109동 1404호
        Ⓔckha@daunet.donga.ac.kr

# 유길준 말본의 월 풀이 연구

최 낙 복

## 1. 머리말

유길준(1856~1914)은 일본 경응의숙(慶應義塾)과 미국 덤머 고등학교에서 수학한 다음 미국과 유럽의 여러 나라를 시찰하고 돌아와서 개화기에 활동한 개화파의 한 사람으로 널리 알려져 있다. 그리고 그는 우리나라 사람으로서는 최초로 국어 말본 저서를 낸 사람으로도 국어 학계에는 알려져 있다(김민수, 1974:97).

그러나 그는 학계에서 활동하지 않고 정치에 깊이 참여하였기 때문에 그의 학맥은 끊어지고 말았지만, 필사본 ≪조선 문전≫(1894 이전)류에서부터 활판본 ≪대한 문전≫(1909)을 간행하기까지 무려 8번이나 고쳐썼다고 밝히고 있으므로(유길준, 1909:1), 그의 국어 말본에 대한 연구는 꾸준히 계속되고 있었음을 알 수 있다.

그런데 지금까지 유길준의 말본에 대한 연구는 김민수(1957), 박지홍(1977), 최낙복(1994, 1995ㄱ, ㄴ, 1998)이 고작이다. 그것도 김민수(1957)는 서지학적 측면에서 밝힌 논증이고, 박지홍(1977)은 유길준의 필사본 ≪조선 문전≫(1904 이전)을 교정하고 주석을 붙인 것이며, 최낙복(1994, 1995ㄱ, ㄴ, 1998)은 모두 형태론을 대상으로 한 논문들이다. 그러므로 유길준 말본의 통어론을 대상으로 하여 살핀 논문은 거의 없었다.

이 글은 유길준의 ≪대한 문전≫(1909)에 나타나는 "문장론" 단원에 나타나는 월의 부분, 월의 종류, 월의 호응 및 월의 해부를 살펴서 유길준 말본의 통어론 형성 과정의 연구에 도움을 주고, 나아가 유길준 말본의 체계화와 국어 말본 연구사를 정립하는 데 기틀을 마련하고자 하는 것이 그 목적이다.

## 2. 월의 부분

유길준(1909:114)에서 "문장의 부분이라 ᄒᆞ는 者는 문장의 성립상 각 본원의 연철ᄒᆞᆫ 단락올 謂ᄒᆞ미라"고 뜻매김하고, 여기에는 구(句)와 절(節)의 두 종류가 있다고 하였다. 이것은 월성분이 이어진 단락을 이르는 것으로 월성분이 될 수 있는 말의 단위 중에서 '이은말'[句. phrase]과 마디[節. clause]를 이르는 것이다.

### 2.1. 이은말 [句]

'이은말'은 월에서 몇 개의 말도막이 모여 '임자-풀이'의 짜임을 가지지 못하는 큰 낱덩이가 되어 마치 한 낱말처럼 쓰이는 언어형식, 곧 둘 이상의 낱말이 한 덩어리가 되어 마치 한 씨의 낱말처럼 쓰이는 것을 이른다.

이것을 유길준(1909:114)에서는 구(句)라고 하고, "문장의 句라 ᄒᆞ는 者는 두 개 이상의 본원이 연철 집합ᄒᆞ야 복잡한 한 개 사상올 표출ᄒᆞ나 완전ᄒᆞᆫ 절올 成致 못ᄒᆞ는 者롤 謂ᄒᆞ미니, 즉 주어와 설명어의 ㅡ올 缺ᄒᆞᆫ 者이니라"고 뜻매김하고, 여기에는 "명사구, 형용사구, 첨부사구"의 세 가지가 있다고 하였다. 이것을 간추려 보이면 다음과 같다.

(1) 명사구: 句가 문장 中에 在ᄒᆞ야 명사의 자격올 有ᄒᆞᆫ 者롤 명사구라 云
　　　ᄒᆞ나니 種種詞下에 명사롤 슴흠으로써 立ᄒᆞ는 者이라.
　ㄱ. 나라의 근본은 백성이라.
　ㄴ. 밝은 달밤에 기럭이의 소래.
(2) 형용사구: 句가 문장 中에 在ᄒᆞ야 형용사의 자격올 有ᄒᆞᆫ 者롤 형용사
　　　구라 云ᄒᆞ나니 種種詞下에 원형용사, 동사의 각절 분사 及
　　　접속사의 (의)롤 슴흠으로써 立ᄒᆞ는 者이라.

ㄱ. 달 밝은 밤 (원형용사로)

ㄴ. 멀히 가는 사람 (분사로)

ㄷ. 어진 사람의 행실 (접속사 {-의}로)

(3) 첨부사구: 句가 문장 중에 在ㅎ야 첨부사의 자격을 有혼 者롤 첨부사
구라 云ㅎ나니 種種詞下에 원첨부사 及 접속사의 (에), (로)
등 語의 첨부로써 立ㅎ는 者이라.

ㄱ. 거울처름 물이 맑다.

ㄴ. 달 밝은 밤에 기럭이가 울고 간다.

ㄷ. 래일 어느 째로 올잇가.

(≪대한 문전≫:115∼116)

(1)은 낱말이 둘 이상 모여 월에서 하나의 임자씨처럼 쓰인 임자이은말을
이르는 것이다. (1)ㄱ은 임자이은말 <나라의 근본>이 임자말로 쓰인 것으로
의식한 것이고, (1)ㄴ은 임자이은말이 월에서 어찌말과 임자말로 각각 쓰이
는 것을 보인 것이다.

(2)는 낱말이 둘 이상 모여 월에서 하나의 매김씨처럼 쓰인 매김이은말인
데, 이것을 "형용사구"로 의식하였다. 이것은 다른 나라 말본의 영향을 받아
임자씨를 한정하는 씨를 그림씨로 의식한 데서 비롯된 것이다. 그러나 우리
말에서는 임자씨를 한정하는 것은 매김말이다. (2)ㄱ은 그림씨의 매김꼴인
<밝은>이 임자씨 <달>과 더불어 매김이은말로 쓰인 것이다. 그러나 이것은
<달이 밝다>가 '완전한 매김마디1)'가 되어 다음에 놓인 <밤>을 한정하는 매
김말 구실을 하는 것이므로 이것은 매김이은말이 아니고 매김마디에 해당
하는 것이다. (2)ㄴ은 움직씨의 매김꼴 <가는>이 앞에 놓인 어찌말 <멀히>
와 더불어 다음에 오는 <사람>을 한정하는 매김말로 쓰인 매김이은말이고,
(2)ㄷ은 임자씨 <사람>에 매김자리토씨 {-의}가 결합된 매김말인 <사람의>
를 한정하는 매김말 <어진>과 더불어 다음에 오는 임자씨 <행실>을 한정하
는 매김말로 쓰인 매김이은말을 이르는 것이다.

(3)은 낱말이 둘 이상 모여 월에서 하나의 어찌씨처럼 쓰인 어찌이은말을

---

1) 허 웅(1983), 국어학, 샘 문화사, 273쪽 참조.

이르는 것이다. (3)ㄱ은 임자씨 <거울>에 견줌자리토씨 {-처럼}이 결합하여 어찌말로 쓰인 것인데, 여기서는 {-처럼}을 어찌씨로 의식하여 임자씨 <거울>과 더불어 어찌이은말이 된 것으로 의식한 것이다. (3)ㄴ은 매김마디가 된 <달 밝은>의 한정을 받은 <밤>에 어찌자리토씨 {-에}가 결합되어 위치이은말로 쓰인 것을 보인 것이고, (3)ㄷ은 어찌자리토씨 {-로}와 더불어 위치이은말로 쓰인 것을 보인 것이다.

이처럼 우리말의 월성분이 될 수 있는 말의 단위 가운데서 이은말도 월성분이 될 수 있다는 것을 의식한 것은 높이 평가할 만한 일이다. 그러나 이은말은 이 외에 '풀이이은말, 부림이은말, 방편이은말, 견줌이은말' 등이 있다는 것은 의식하지 못한 것 같다.

## 2.2. 마디 [節]

'마디'는 한 월이 큰 월 속의 한 성분으로서 안겨 있는 것으로 임자말과 풀이말을 다 갖춘 온전한 월이 어떠한 씨의 낱말처럼 쓰이는 것을 일컫는다.

이것을 유길준(1909:116~117)에서는 절(節)이라 하고, "節이라 ᄒᆞᄂᆞᆫ 者ᄂᆞᆫ 문장갓히 其 本原을 具ᄒᆞ야시나 복잡ᄒᆞᆫ 문장의 부분을 成ᄒᆞᄂᆞᆫ 者ᄅᆞᆯ 謂ᄒᆞ미니라"고 뜻매김하고, 그 자격과 위치에 따라 "명사절, 형용사절, 첨부사절, 독립절"의 네 종류가 있다고 하였다. 이것을 간추려 보이면 다음과 같다.

(4) 명사절 : 문장의 中에 在ᄒᆞ야 그 자격이 명사와 同ᄒᆞᆫ 者ᄅᆞᆯ 謂ᄒᆞ미니,
ㄱ. 달의 밝음은 해의 빗이라.
ㄴ. 붓의 발흠은 마암의 발흠이라.
(5) 형용사절 : 문장의 中에 在ᄒᆞ야 그 자격이 형용사와 同ᄒᆞᆫ 者ᄅᆞᆯ 謂ᄒᆞ미라.
ㄱ. 어졔 밤 바람의 나무닙새를 불어 써러트리는 소래에 꿈이 ᄶᅡ이엇다.
ㄴ. 봄빗이 나븨의 춤추는 그림자를 ᄶᅡᆨᄒᆞ야 니르럿다.
(6) 첨부사절 : 문장의 中에 在ᄒᆞ야 그 자격이 첨부사와 同ᄒᆞᆫ 者ᄅᆞᆯ 謂ᄒᆞ미라.
ㄱ. 겨을 소나무의 프르득히 우리도 절개를 가다듬자.

ㄴ. 프른 하날 한 장 조희에 나의 배속 글올 쓴다.

(7) 독립절 : 문장의 中에 在ᄒ야 타 절과 대등의 자격올 有ᄒ 者롤 謂ᄒ
미라.

ㄱ. 산은 놉고, 물은 곱다.

ㄴ. 힘은 산올 빠히고, 긔운은 셰상올 덥흐도다.

(≪대한 문전≫:117~118)

(4)는 한 월의 풀이말이 이름꼴 씨끝 {-음} 또는 {-기}를 취하여 이루어진 임자마디를 이르는 것이다. (4)ㄱ은 씨끝 {-음}에 의한 임자마디가 임자말로 쓰인 것이고, (4)ㄴ은 씨끝 {-음}에 의한 임자마디가 임자말로 쓰인 것과 {-이라}와 더불어 풀이말로 쓰인 것을 각각 보인 것이다. 그러나 임자마디는 이 외도 월에서 부림말이나 위치말, 방편말, 견줌말, 기움말로도 쓰일 수 있다는 것은 발견하지 못한 것 같다.

(5)는 월 속에서 매김말의 자리에 놓여 임자씨를 한정하는 구실을 하는 매김마디를 이르는 것으로 매김마디는 그 매김월의 풀이말이 매김꼴 씨끝에 의하여 이루어진다. 여기서는 이것을 "형용사절"이라고 하였는데, 이것도 앞장의 "형용사구"와 마찬가지로 다른 나라의 말본을 잘못 적용한 데서 비롯된 것이다. (5)ㄱ, ㄴ은 씨끝 {-는}에 의한 매김마디가 되어 뒤에 오는 <소래, 그림자>를 각각 한정하는 매김말로 쓰인 것을 보인 것이다.

(6)은 어찌마디를 이르는 것으로 월에서 어찌말의 구실을 하는 마디인데, 이것은 파생어찌씨에 의한 것, 풀이씨의 씨끝바꿈에 의한 것, 매인이름씨에 의한 것으로 나타난다. (6)ㄱ은 풀이씨의 씨끝바꿈에 의한 씨끝 {-득히}가 결합하여 어찌마디처럼 쓰인 것이고, (6)ㄴ은 임자씨로 끝난 어찌마디에 자리토씨{-에}가 결합하여 어찌씨처럼 쓰인 어찌마디이다. 그러나 <그는 아우와는 달리 의젓한 면이 있다>와 같은 파생어찌씨에 의한 것이나 <그녀가 가만히 있는 대로 관찰해 보자>와 같은 매인이름씨에 의한 것은 의식하지 못한 것 같다.

(7)은 겹월 가운데서 둘 이상의 월이 나란히 이어져서 월을 이루는 것이 있는데, 이때 앞마디와 뒷마디의 관계가 '벌임(대등)'으로 이어진 '벌임 겹월'

의 한 마디를 여기서는 "독립절"로 의식한 것이다. (7)ㄱ, ㄴ은 이음씨끝 {-고}에 의하여 앞마디와 뒷마디를 벌임으로 이어준 '벌임 겹월'인데, 앞마디와 뒷마디의 자리를 바꾸어도 전달되는 뜻에는 차이가 없다는 점을 착안하여 독립된 마디로 의식한 것으로 보인다. 그러나 마디의 종류에서 오늘날 풀이마디, 따옴마디(인용절)와 같은 것은 의식하지 못하였다.

## 3. 월의 종류

유길준(1909:119)에서는 월의 종류를 월의 성립상 "단문, 복문, 중문"의 세 종류가 있다고 하고 이들을 하나하나 풀이하고 있다. 일반적으로 월은 그 짜임으로 보아 먼저 홑월(단문)과 겹월(복문)으로 나누고, 겹월은 다시 '안은 겹월(포유문)'과 '이은 겹월(접속문)'으로 나누는데, 여기서는 세 종류를 모두 같은 위치에 놓고 처리하였다. 이제 이 세 종류의 월을 차례로 살펴보기로 한다.

### 3.1. 홑월 [單文]

'홑월'이란 임자말과 풀이말의 관계(임자-풀이 짜임새)가 한 번만 성립한 월을 이르는 것이다. 이것을 유길준(1909:119~121)에서는 단문이라 하고, "단문이라 흐는 者는 문장의 조직상 절을 숨치 아니흔 문장을 謂흐미니, 한 개 혹은 두 개 이상의 주어, 객어, 보족어, 설명어 及 수식어 등으로 成立흐나니라"고 뜻매김하고, 여러 가지 월성분으로 홑월이 성립될 수 있는 경우를 8가지로 나누어 풀이하였다. 이것을 간추려 보이면 다음과 같다.

(8) 단문
   ㄱ. <u>해가</u> <u>돗엇다.</u> (주어 · 설명어)
   ㄴ. <u>바람이</u> <u>구름을</u> <u>훗는다.</u> (주어 · 객어 · 설명어)
   ㄷ. <u>서리가</u> <u>하날에</u> <u>가득흐다.</u> (주어 · 보족어 · 설명어)

ㄹ. <u>을지문덕이 수양데룰 청천강에서 째타리엇다</u>.
    (주어)    (객어)    (보족어)    (설명어)

ㅁ. <u>가을</u>    <u>달이</u>    <u>밝은</u>    <u>빗올</u>    <u>날니는도다</u>.
  (수식어) (주어)  (수식어)  (객어)   (설명어)
      (주부)        (객부)

ㅂ. <u>겨을</u>    <u>고개에</u>    <u>외로은</u>    <u>솔이</u>    <u>싸히어낫도다</u>.
  (수식어) (보족어)  (수식어)  (주어)   (설명어)
    (보족부)       (주부)

ㅅ. <u>졔비와</u> <u>참새가</u> <u>기럭이와 곤이의 뜻올</u>  <u>엇지</u>  <u>알리오</u>.
  (주어) (주어)   (수식어)  (객어)  (수식어) (설명어)
          (객부)       (설명부)

ㅇ. <u>졈은</u>   <u>사람이</u>  <u>횐</u>  <u>말올</u>  <u>큰</u>  <u>길에</u>  <u>급히</u>  <u>달닌다</u>.
 (수식어)  (주어)  (수식어) (객어) (수식어) (보족어) (수식어) (설명어)
   (주부)        (객부)     (보족부)    (설명부)

                                      (≪대한 문전≫:119~121)

(8)은 여러 가지 월성분들이 배합하여 홑월을 이루는 것을 보인 것이다. (8)ㄱ~(8)ㄹ은 '임자말, 풀이말, 부림말, 보족어' 앞에 꾸밈말이 쓰이지 않고 홑월을 이룬 것을 보인 것이고, (8)ㅁ~(8)ㅇ은 이들 월성분 앞에 꾸밈말이 쓰여 더 큰 월성분 단위인 '임자부, 부림부, 풀이부, 보족부'를 형성한 것이 홑월을 이루고 있는 것을 보인 것이다.

  그러나 이 가운데 (8)ㅅ은 나머지 월과는 좀 다른 구조를 이루고 있다. (8)ㅅ은 심층구조에서는 두 개의 월이던 것이 표층구조에서는 하나의 월로 나타난 것인데, 이것은 다음과 같은 과정을 거쳐서 만들어진다.

(8) ㅅ' ① 졔비가 기럭이와 곤이의 뜻올 엇지 알리오.
      ② 참새가 기럭이와 곤이의 뜻올 엇지 알리오.
      ⇒ 졔비와 참새가 기럭이와 곤이의 뜻올 엇지 알리오.

여기서 <기럭이와 곤이의 뜻올 엇지 알리오>가 겹쳐 있으므로 하나는 줄여 없애고, 두 임자말은 이음토씨 {-와}로 이은 것이므로 이것은 이음과 줄여 없앰에 의하여 만들어진 '이은 겹월'에 해당하는 것이므로 홀월이 아니다.

## 3.2. 겹월① [複文]

한 월이 마디가 되어 다른 월의 한 성분으로 쓰여 한 겹월이 되는 현상을 '안음'이라 하는데, 한 월성분으로 쓰인 마디를 '안긴 마디'라 하고, 안긴 마디를 월성분으로 가진 마디를 '안은 마디'라 하고, 이러한 겹월을 '안은 겹월'이라 한다(허웅, 1983:269~270). 유길준(1909:121)에서는 이러한 '안은 겹월'을 "복문"이라 하고, "복문이라 ᄒᆞ는 者ᄂᆞᆫ 문장의 조직상 부속절올 슘ᄒᆞᆫ 者ᄅᆞᆯ 謂ᄒᆞᆷ이라"고 뜻매김을 하고 "명사절, 형용사절, 첨부사절"이 안겨 있는 3개의 <보기말>을 보이고 있다. 이것을 간추려 보이면 다음과 같다.

(9) 복문
　ㄱ. <u>시간의 감</u>ᄋᆫ <u>물의 흐름</u>과 갓다.
　　　(명사절)　　　(명사절)
　ㄴ. <u>가을 바람의 나무닙새 쩌러트리는</u> 소래ᄂᆞᆫ 사람의 회포롤 흔드는도다.
　　　　　　　(형용사절)
　ㄷ. 마암올 <u>어름의 맑음갓치</u> 조쳘케 ᄒᆞ어라.
　　　　　　(첨부사절)

(≪대한 문전≫:121~122)

(9)ㄱ은 임자마디를 만드는 씨끝인 {-ㅁ}에 의하여 만들어진 임자마디 <시간의 감>에 토씨 {-ᄋᆫ}이 결합하여 임자말로 안겨 있는 것이고, <물의 흐름>은 토씨 {-과}와 결합하여 견줌말로 안겨 있는 것이다. 그리고 안긴 마디의 임자자리토씨 {-이}는 모두 {-의}로 바뀐 것인데, 이것은 수의적이다. 그러므로 (9)ㄱ은 임자마디를 안은 '안은 겹월'이다.
(9)ㄴ의 밑줄 친 말은 월 속에서 매김말의 자리에 놓여 임자씨를 꾸미는

구실을 하는 매김마디를 "형용사절"로 의식한 것이다. 이것을 따로 떼어냈을 때 그 자체로 한 월의 모든 조각을 완전히 갖추고 있는 '완전한 매김마디'가 되어 있다. 이것은 매김꼴 씨끝 {-는}으로 끝난 월이 매김마디가 되어 안겨 있는 것이므로 (9)ㄴ은 매김마디를 안은 '안은 겹월'이다.

(9)ㄷ은 <어름이 맑음과 갓다>라는 월에 파생가지로 의식한 {-치}가 결합하여 어찌마디가 되어 안겨 있는 것이므로 이것은 어찌마디를 안은 '안은 겹월'이다.

그러므로 유길준(1909)에서 의식한 "복문"은 '임자마디, 매김마디, 어찌마디'를 각각 안은 '안은 겹월'을 이르는 것이다. 그러나 풀이마디와 따옴마디로 안긴 월은 <보기말>에 나타나지 않는 것으로 보아 의식하게 못한 것 같다.

## 3.3. 겹월② [重文]

겹월을 만드는 방법은 안음과 이음의 두 가지 방법이 있는데, 둘 이상의 월이 나란히 이어져서 겹월을 이룰 때, 앞월과 뒤월이 이음씨 끝에 의해 이어져 새로운 월을 만든 것을 '이은 겹월'이라 한다(하치근, 1999:266).

유길준(1909:122)에서는 이러한 '이은 겹월'에 해당하는 것을 "중문"이라 하고 "重文이라 ᄒᆞᄂᆞᆫ 者ᄂᆞᆫ 문장의 조직상 독립절을 숨흔 者룰 謂ᄒᆞ미니, 설명어의 어미 변화로 조동사 중지단의 {-고, -며} 等 語로써 전절과 후절의 連絡을 成ᄒᆞᆫ 者이라"고 뜻매김을 하고 5개의 <보기말>을 보였다. 이것을 간추려 보이면 다음과 같다.

(10) 중문
ㄱ. 새가 울고, 꽃이 퓌다. (독립절)
ㄴ. 구름은 룡을 좃고, 바람은 범을 좃도다. (독립절)
ㄷ. 달이 가득ᄒᆞᆫ즉 이즈러지고, 해가 가운데 ᄒᆞᆫ즉 기우나니라.
　　(첨부사절)　　　　　　 (첨부사절)
　　　　(복문)　　　　　　　　 (복문)

ㄹ. <u>물이 깁흔고로</u> 고기가 즐거움을 엇고, <u>숩이 셩흔고로</u> 새가 도라

       <u>(첨부사절)</u>                     <u>(첨부사절)</u>

             (복문)                        (복문)

   <u>감을 아는도다.</u>

ㅁ. <u>뎌 아해가</u> <u>글을 읽고, 글씨를 쓴다.</u>

    (주어)     (독립절)

(≪대한 문전≫:123~124)

(10)ㄱ, ㄴ은 앞마디가 이음씨끝 {-고}에 의하여 벌임(대등)으로 이어진 '벌임 겹월'이고, (10)ㄷ, ㄹ의 앞마디는 어찌마디로 의식한 <달이 가득흔즉>과 <물이 깁흔고로>를 각각 안고 있는 안은 겹월이 이음씨끝 {-고}에 의하여 뒷마디가 어찌마디로 의식한 <해가 가운데흔즉>과 <숩이 셩흔고로>를 각각 안고 있는 안은 겹월이 벌임으로 이어진 '벌임 겹월'이다. 그러나 (10) ㅁ은 심층구조에서는 다음과 같은 두 개의 월이던 것이 표층구조에서는 하나의 월로 나타난 것이다.

(10)ㅁ′ ① 뎌 아해가 글을 읽는다.

      ② 뎌 아해가 글씨를 쓴다.

     ⇒ 뎌 아해가 글을 읽고, 글씨를 쓴다.

이것은 임자말 <뎌 아해가>가 두 번 겹쳐 있으므로 하나는 줄이고, 풀이말로 쓰인 <글을 읽고>가 이음씨끝 {-고}에 의하여 이어져 하나의 월로 나타난 것이므로 이것은 줄여 없앰과 이음에 의하여 이루어진 '벌임 겹월'이다. 그러므로 (10)은 모두 이음씨끝에 의하여 이어진 '이은 겹월'을 "중문"이라 한 것이다.

## 4. 월의 호응

한 월 안의 성분들은 하나가 다른 성분을 제약하는 힘이 있으니, 이 현상

을 '서로 응함(호응)이라 한다(허웅, 1983:259). 그러므로 호응이란 한 월에서 어떤 특정한 말 뒤에는 특정한 말만이 오는 제약적인 쓰임을 이르는 것인데, 특히 우리말에서는 높임을 나타내는 말과 어찌씨와 풀이씨와의 사이에 제약이 많이 나타난다.

그런데 이 호응을 유길준(1909:125~126)에서는 "문장의 호응이라 ᄒᆞ는 자는 문장의 성립상 그 意義가 相通ᄒᆞ도록 語句를 用ᄒᆞᆷ을 謂ᄒᆞ미니라"고 뜻매김을 하고, 그 뜻의 연결상 두 종류의 구별이 있다고 하였다. 이것을 간추려 보이면 다음과 같다.


(11) 순체호응(順體呼應) : 語句의 聯貫에 因ᄒᆞ야 上下 의의가 和同되는 자이니 {-면, -즉} 等語로 成ᄒᆞ나니라.
ㄱ. 네가 <u>가면</u> 나도 <u>가마</u>.
ㄴ. 비가 <u>온즉</u> 풀이 <u>난다</u>.
(12) 반체호응(反體呼應) : 語句의 聯貫에 因ᄒᆞ야 上下 의의가 반대되는 자를 謂ᄒᆞ미니, {-나, -도} 等語로 成ᄒᆞ나니라.
ㄱ. 네가 <u>가나</u> 나는 <u>가지 아니리라</u>.
ㄴ. 비는 <u>와도</u> 풀은 <u>나지 안는도다</u>.

(≪대한 문전≫:125~126)


위의 (11), (12)의 <보기말>에 나타나는 풀이씨의 씨끝 {-면, -ㄴ즉, -나, -(아)도}는 풀이씨의 마디 만들기 이음법 씨끝 가운데 '딸림'에 해당하는 씨끝들이다.

(11)의 <보기말>에 나타나는 앞마디는 원인, 조건, 이유 따위를 나타내고, 뒷마디는 그에 대한 결과 반응 따위를 나타내는데, 그 관계가 마땅히 있을 수 있는 것, 예측대로인 것을 이르는 풀이씨 이음법의 '마땅함법'[2]에 해당하는 것이다.

(12)의 <보기말>은 앞마디에서 어떤 일이 베풀어지면, 뒷마디에서는 마땅

---

2) 허웅(2000), 20세기 우리말의 형태론(고친판), 샘문화사, 798~799쪽 및 858쪽과 최현배 (1937), 우리말본, 연희 전문 학교 출판부, 364쪽 및 377쪽 참조.

히(당연히) 그에 대한 결과가 나타나야 할텐데 그러지 않고(예측을 뒤엎고) 뜻밖의 결과가 베풀어지는 것을 이르는 풀이씨 이음법의 '뒤집음법'[3]에 해당하는 것이다.

그런데 (11)ㄱ의 월 풀이에서 "<가면>은 呼이오, <가마>는 應이므로 上語句 <네가 가면>이 下語句 <나도 가마>롤 呼起ᄒ매 下語句가 此롤 應從ᄒ야 그 맥락올 相通ᄒ는 故로 曰 呼應이라 此等은 其呼應에 因ᄒ야 上下의 文義가 互相和同ᄒ 故로 順體呼應이라"하였다(유길준, 1909:125).

여기서는 '호응'과 '순체호응'을 뜻매김하고 있는데, 이것은 씨끝 {-면} 앞에는 원인-조건-이유를 가정하고, 뒤에는 그 가정하에서 마땅히(당연히) 일어날 수 있을 것으로 생각되는 일이 이어진 것을 이르는 '마땅함법'의 '거짓잡기'(가정)에 해당하는 것이므로 가정을 나타낸다. 또 (11)ㄴ도 "<온즉>은 呼이고, <난다>는 應이라"하고 (11)ㄱ과 같은 설명을 하고 있는데, 이것은 앞마디의 원인-이유-조건이 사실인 것으로 인정되는 풀이씨 이음법의 하위분류인 '마땅함법'의 '참일'(사실)을 이르는 씨끝에 의하여 이어진 것이다.[4]

그러므로 (11)에서 보인 '순체호응'은 앞마디와 뒷마디의 연결 관계가 딸림 관계에 있으면서 제약이 있는 '마땅함법'을 이르는 것이므로 일반적으로 이르는 월의 호응과는 차이가 있는 설명이다.

그리고 (12)ㄱ의 월 풀이에서 "<가나>가 呼이고, <가지 아니리라>가 應이니 上語句 <가나>의 {-나}가 語句롤 연락ᄒ면서 文意롤 提反ᄒ는 故로 此에 대ᄒ야 <아니 가리라>가 應ᄒ미니 이갓히 上下 語句가 互相反對ᄒ는 故로 曰 反體呼應이라"하였다(유길준, 1909:125).

여기서는 '반체호응'의 뜻매김을 보충하여 설명한 것인데, 이것은 앞마디에서 베풀어진 일이 현실적인 사실로 인정되는데도, 뒷마디에서는 마땅히 있을 수 있는 결과에 대한 예상을 뒤엎고, 뜻밖의 사실이 베풀어진 것으로 현실의 말본 뜻을 가지는 것을 이르는 풀이씨 이음법의 하위분류인 '뒤집음법'의 '현실'(사실)에 해당하는 것을 이르는 것이다.[5] 또 (12)ㄴ의 풀이에서도

---

3) 각주 2)와 같음.
4) 허웅(2000), 앞의 책, 800쪽 및 817쪽과 최현배(1937), 앞의 책, 366~368쪽 참조.
5) 허웅(2000), 앞의 책, 858쪽과 최현배(1937), 앞의 책, 380~381쪽 참조.

<와도>가 呼이오, <나지 안는도다>가 應이라 하고, 앞의 (12)ㄱ과 같은 설명을 하였다. 이것도 어떠한 현실 상황이 앞마디에 베풀어졌는데도, 뒷마디에서는 마땅히(응당) 있을 수 있는 예측을 뒤집는 풀이씨 이음법의 하위분류인 '뒤집음법'의 '현실'(사실) 또는 '가상'(가정)을 이르는 것인데,6) 사실이기는 하나 결과는 예상과 반대임을 나타내는 것이다.

그러므로 (12)의 <보기말>에서 보인 '반체호응'은 앞마디와 뒷마디의 연결 관계가 딸림 관계에 있으면서 제약이 있는 풀이씨 이음법의 '뒤집음법'을 이르는 것이므로 이것도 (11)과 마찬가지로 일반적으로 이르는 월의 호응과는 차이가 있는 것이다. 곧 (11)은 앞마디와 뒷마디의 연결에서 인과 관계가 예측대로인 것이고, (12)는 인과 관계가 예측을 뒤엎고 뜻밖의 결과가 나타낸 것을 월의 호응으로 의식한 것이다. 이러한 의식은 비록 일반적으로 이르는 월의 호응과는 차이가 있는 설명이지만 우리 국어 말본 연구사에서 처음 시도된 설명으로 뒷날 국어 말본 형성에 영향을 미쳐 '말의 호응'을 설정하게 된 기반이 되었으므로 그 역사적 의의는 큰 것이라 할 수 있다.

## 5. 월의 해부

개화기에 나타난 여러 가지 말본 저서들 가운데서 "월의 해부"(문장의 해부)라는 단원을 설정하고, 월의 분석을 시도한 것은 ≪대한 문전≫(1909)이 처음이다.

유길준(1909:126)에서는 "문장의 해부라 ᄒᆞ는 자는 한 문장을 각 성분(본원)으로 분해ᄒᆞ야 그 구조를 지시ᄒᆞ는 者를 謂ᄒᆞ미라"고 뜻매김하였다. 이어서 월성분의 위치는 차례대로 놓인 것과 자리를 바꾸어 놓은 것이 있기 때문에 월성분의 작용을 살펴서 판별해야 하고 또 월성분을 분석해 내는 차례는 먼저 풀이말(설명어)과 임자말(주어)을 정하고, 다음은 부림말(객어), 보족어를 살핀 다음에 이것이 판명되면 꾸밈말(수식어)을 깊이 살펴서 연구하여야 한다. 그리고 겹월①(복문)과 겹월②(중문)은 홑월(단문)에 비하여 그 절차만 복잡하고 그 법칙은 별로 차이가 없다고 밝히고 있다.

---

6) 허웅(2000), 앞의 책, 876쪽과 최현배(1937), 앞의 책, 378쪽 참조.

이제 월의 해부에서 보인 월들을 간추려 정리해 보이면 다음과 같다.

(13) ㄱ. <u>바람이</u>　<u>분다</u>
　　　 (주어) 　(설명어)
　　　 <u>　　　　　　　　</u>
　　　　　 (단문)

ㄴ. <u>서늘훈</u>　<u>바람이</u>　<u>심훈</u>　<u>더위롤</u>　<u>물니친다</u>.
　 (주·수) 　(주어) 　(객·수) 　(객어) 　(설명어)
　 <u>　　　　　　　　</u>　<u>　　　　　　　　</u>
　　　 (주부) 　　　　 (객부)
　 <u>　　　　　　　　　　　　　　　　　　</u>
　　　　　　　 (단문)

ㄷ. <u>뎌</u>　<u>소년이</u>　<u>횐</u>　<u>말올</u>　<u>길가의</u>　<u>버들에</u>　<u>마이엇다</u>
　 (주·수) 　(주어) 　(객·수) 　(객어) 　(보·수) 　(보족어) 　(설명어)
　 <u>　　　　　</u>　<u>　　　　　</u>　<u>　　　　　　　</u>
　　 (주부) 　　　 (객부) 　　　　 (보족부)
　 <u>　　　　　　　　　　　　　　　　　　　　　　　　　</u>
　　　　　　　　　 (단문)

ㄹ. <u>어진이논</u>　<u>산올</u>　<u>질겨ᄒ고</u>, <u>지혜로은이논</u>　<u>물올</u>　<u>질겨ᄒ나니라</u>
　 (주어) 　　(객어) 　(설명어) 　 (주어) 　　 (객어) 　　(설명어)
　 <u>　　　　　　　　　　　</u>　<u>　　　　　　　　　　　</u>
　　　　 독립절 　　　　　　　　 독립절
　 <u>　　　　　　　　　　　　　　　　　　　　　　　</u>
　　　　　　　　 중문

(≪대한문전≫:127~128)

(13)의 월들은 월을 분석하여 그림으로 보인 것인데, 먼저 홑월로 보인 (13)ㄱ~(13)ㄷ을 살펴보기로 한다.

(13)ㄱ은 월이 두 성분으로만 짜여진 아주 간단한 구조의 월로 임자말이 풀이말에 이끌려 한 짜임새를 만든 '임자-풀이 짜임새'라는 것을 알 수 있다. 그러므로 (13)ㄱ의 직접성분 분석도 임자말인 <바람이>와 풀이말인 <분다>로 나누어짐을 쉽게 알 수 있다. 그러나 (13)ㄴ은 다섯 성분으로 짜여져 있어서 (13)ㄱ과는 달리 한 번에 분석되지 않고 그 분석을 계층적으로 하는 것이 그 짜임새의 본질을 파헤치는 바른 방법이 된다(허웅, 1981:265). 즉 첫째 임자조각인 <서늘훈 사람이>와 풀이조각인 <심훈 더위롤 물니친다>의 두 성분으로 나누고, 둘째 임자조각은 다시 매김말인 <서늘훈>과 임자말인 <바

람이>로 나눈다. 셋째 풀이조각도 다시 부림조각인 <심훈 더위롤>과 풀이말
인 <물니친다>로 나누고, 부림조각은 다시 매김말인 <심훈>과 부림말인 <더
위롤>로 나눈다. 그런데 유길준(1909)에서는 월은 제일 먼저 임자조각과 풀
이조각의 두 성분으로 나누어짐을 의식하지 못한 것 같다.

또 (13)ㄷ은 좀 더 복잡하게 일곱 월성분으로 짜여져 있는데, 이 성분들
사이의 긴밀도는 똑 같지는 않다. 즉 <뎌-소년이>, <흰-말올>, <길가의-버들
에> 등의 관계는 긴밀하게 이어져 있음을 느낄 수 있지만, <소년이-흰>, <말
올-길가의> 등의 관계에서는 그렇게 긴밀감을 느낄 수 없다. 이러한 긴밀한
정도를 고려하여 (13)ㄷ을 분석하면, 첫째 임자조각인 <뎌 소년이>와 풀이
조각인 <흰 말올 길가의 버들에 마이엇다>의 두 직접성분으로 나누고, 둘째
임자조각은 다시 매김말인 <뎌>와 임자말인 <소년이>로 나눈다. 그 다음에
풀이조각은 다시 부림조각인 <흰 말올>과 보족조각인 <길가의 버들에>와
풀이말인 <마이엇다>로 나눈다. 셋째 부림조각은 또다시 매김말인 <흰>과
부림말인 <말올>로 나누고, 보족조각은 다시 매김말인 <길가의>와 위치말
인 <버들에>로 나누어진다. 여기서도 (13)ㄴ과 같이 월을 분석할 때 제일 먼
저 임자조각과 풀이조각으로 나누어지는 것을 의식하지 못한 것 같다.

(13)ㄹ은 두 개의 독립월로 의식한 것이 대등하게 이어진 것을 겹월②(중
문)으로 의식하여 분석하여 보인 것이다. 이것의 직접성분을 분석하면, 첫째
앞의 독립월인 <어진이는 산올 질겨ᄒ고>와 뒤의 독립월인 <지혜로은이는
물올 질겨 ᄒ나니라>로 나누어지고, 앞의 것은 다시 임자말인 <어진이는>과
풀이조각인 <산올 질겨ᄒ고>로 나누고, 풀이조각은 다시 부림말인 <산올>
과 풀이말인 <질겨ᄒ고>로 나누어진다. 또 뒤의 것도 임자말인 <지혜로은이
는>과 풀이조각인 <물올 질겨ᄒ나니라>로 나누고, 풀이조각은 다시 부림말
인 <말올>과 풀이말인 <질겨ᄒ나니라>로 나누어진다.

여기서도 앞의 (13)ㄴ, ㄷ과 같이 월을 분석하면서 먼저 임자조각과 풀이
조각으로 나누지 않았다.

이와 같이 유길준(1909)에서는 (13)ㄴ~(13)ㄹ의 그림과 같이 월은 계층적
으로 짜여져 있음을 의식하였고, 그 분석도 한 번에 분석되지 않고 계층적
으로 분석해야 한다는 것을 의식하였음에도 불구하고, 그 분석 방법의 설명

에서는 먼저 월의 주성분(①풀이말, ②임자말)부터 분석해 내고, 다음에 ③부림말, ④보족말을 분석해 내고 마지막으로 부속 성분인 ⑤꾸밈말을 분석해 내어야 한다고 하였다.

어떻든 유길준(1909)에서 의식된 월의 분석은 뒷날 우리 국어 말본 형성에서 월의 계층적 짜임과 계층적 분석은 물론 나뭇가지그림(수형도) 그리기의 기반이 되었으므로 그 역사적 의의는 대단히 큰 것이므로 우리 국어 말본 연구사에서 높이 평가하고 자리매김을 하여야 할 것이다. 그러나 "월성분의 결합" 단원에서는 '보족부, 객부, 설명부'를 모두 합쳐서 '서술부'로 의식해 놓고 실제 월의 분석에서는 그것을 이용하여 완전한 계층적 분석을 해 내지 못한 것은 아쉬움으로 남는다.

## 6. 마무리

지금까지 살핀 내용을 간추려 보이면 다음과 같다.

1) 월의 부분에서 설정한 "구(句)와 절(節)"은 월성분이 이어진 단락으로 월성분이 될 수 있는 말의 단위 중에서 이은말(phrase)과 마디(clause)에 해당하는 것이다. 그리고 이은말은 "명사구, 형용사구, 첨부사구"로 구분하였는데, 이들은 각각 "임자이은말, 매김이은말, 어찌이은말"에 해당하는 용어이다. 또 마디는 "명사절, 형용사절, 첨부사절, 독립절"로 구분하였는데, 이들은 각각 '임자마디, 매김마디, 어찌마디'에 해당하는 것이고, "독립절"은 '벌인(대등) 겹월'을 이루고 있는 한 마디에 해당하는 것이다.

2) 월의 종류는 "단문, 복문, 중문"으로 분류하였는데, 단문은 임자말과 풀이말의 관계가 한 번만 성립한 '홀월'이다. 복문과 중문은 모두 '겹월'에 해당하는 것인데, 복문은 한 월이 마디가 되어 다른 월의 한 성분으로 쓰인 마디를 안은 '안은 겹월'이고, 중문은 둘 이상의 월이 나란히 이어져서 겹월을 이룰 때, 앞월과 뒤월이 이음씨끝에 의해 이어진 '이은 겹월'에 해당하는 것이다.

3) 호응이란 한 월에서 어떤 특정한 말 뒤에는 특정한 말만이 오는 제약

적인 쓰임을 이르는 것이다. 그런데 월의 호응에서 설정한 '순체호응'은 앞마디에는 원인-조건-이유를 가정하고, 뒷마디에는 그 가정 하에서 마땅히 일어날 수 있을 것으로 생각되는 일이 이어진 것을 이르는 풀이씨 이음법의 하위분류인 '마땅함법'의 '참일'(사실)을 이르는 씨끝에 의하여 이어진 것이고, '반체호응'은 앞마디에서 베풀어진 일이 현실적인 사실로 인정되는데도 뒷마디에서는 마땅히 일어날 수 있는 결과에 대한 예상을 뒤엎고 뜻밖의 사실이 베풀어진 것을 이르는 풀이씨 이음법의 하위분류인 '뒤집음법'의 '현실'에 해당하는 것을 이르는 것이므로 여기서 설명한 월의 호응은 일반적으로 이르는 월의 호응과는 약간의 차이가 있는 설명이다.

4) 월의 해부에서는 월의 분석 방법을 설명한 것인데, 월은 계층적으로 짜여져 있음을 의식하고, 그 분석도 계층적으로 해야 한다는 것을 의식하고 분석하여 그림을 그렸으나, 그 분석 방법의 설명에서는 월을 직접 성분으로 분석하지 않고 ①풀이말, ②임자말, ③부림말, ④보족말, ⑤꾸밈말의 차례로 분석해야 한다고 하였다. 그러나 이것은 뒷날 국어 말본 형성에서 월의 계층적 짜임과 계층적 분석은 물론 나뭇가지그림(수형도) 그리기의 기반이 되었으므로 그 역사적 의의는 매우 큰 것이다.

이와 같이 유길준 말본에서 월의 부분과 월의 종류, 월의 호응 및 월의 해부의 단원 설정과 풀이 등은 뒷날 학교 말본의 월갈 설정에 큰 영향을 미쳤으므로 말본 연구사에서 그 역사적 의의는 크다고 할 수 있다.


## 참고 논저

강복수(1975), 국어 문법사 연구, 형설 출판사.
고영근(1983), 국어 문법의 연구, 탑 출판사.
권재선(1987), 국어학 발전사, 한국 고시사.
김민수(1960), '「대한 문전」고', 국어 문법론 연구, 통문관.
김민수(1974), 신국어학사, 일조각.
김석득(1983), 우리말 연구사, 정음 문화사.

김형주(1997), 우리말 연구사, 세종 출판사.

남기심·고영근(1993), 표준 국어 문법론, 탑 출판사.

박지홍(1977), '유길준의 「조선 문전」', 어문 교육 논집 2, 부산대 국어교육과.

유길준(1904 이전), 필사 조선 문전(역대 한국 문법 대계 Ⅰ-39, 탑출판사, 1986).

유길준(1909), 대한 문전, 동문관.

이광린(1992), 유길준(근대 인물 한국사 26), 동아 일보사.

최낙복(1994), '유길준 문법의 품사 설정', 국어 국문학 13, 동아대 국어 국문학과.

최낙복(1995 ㄱ), '유길준 문법의 조동사', 국어 국문학 14, 동아대 국어 국문학과.

최낙복(1995 ㄴ), '유 길준 문법의 형태론 연구', 언어와 언어 교육 10, 동아대 어학연구소.

최낙복(2000 ㄱ), '주시경 문법의 월성분 연구', 부산 한글 19, 한글 학회 부산 지회.

최낙복(2000 ㄴ), '주시경 문법의 월 구조 연구', 동남 어문 논집 11, 동남 어문 학회

최현배(1937), 우리 말본, 연희 전문 학교 출판부.

하치근(1999), 우리 말본의 이해, 한국 문화사.

허  웅(1983), 국어학, 샘문화사.

허  웅(1999), 20세기 우리말의 통어론, 샘문화사.

허  웅(2000), 20세기 우리말의 형태론(고친판), 샘문화사.

최낙복    604-714 부산시 사하구 하단동 동아대학교
         한국어문학부(국어국문학 전공)                    ⓣ051-200-7032
         604-755 부산시 사하구 다대1동 1552-19 성원아파트 102동 1802호
         ⓣ051-263-2524 / Ⓔnbchoi@daunet.donga.ac.kr

# 정렬모 말본의 국어학사적 의의

정 기 호

## 1. 머리말

우리 말본의 연구는 토씨와 씨끝의 처리에 따라 말본 연구의 체계가 다르게 나타났다. 곧, 토씨와 씨끝은 윗말에서 분리시켜 따로 씨로 설정하여 토씨는 겻씨, 씨끝은 끝씨로 체계를 세운 주시경님, 토씨는 독립된 하나의 씨로 인정하되 씨끝은 윗말에 붙여서 하나의 낱말로 인정하여 체계를 세운 최현배님. 그래서 주시경 말본을 분석식이라 이르고, 최현배 님의 말본은 토씨와 씨끝 중 토씨만을 씨로 인정하였다 하여 절충식이라 했다. 절충이라는 말은 양쪽의 의견 중 각각 한 부분씩을 따 와서 중화된 부분을 말한다고 할 수 있는데도, 주시경 님의 분석식에 대조가 되는, 즉 토씨와 씨끝은 모두 윗말에 붙여 말본 체계를 세운 종합식 말본에 대해서는 거의 알려지지 않았었다.

그리하여 글쓴이는 토씨와 씨끝을 윗말에 붙여 말본 체계를 세운 정렬모 님의 말본에 대해 연구한 바 있고, 이를 널리 알리므로 해서 우리 국어학사 연구에 조금이라도 도움이 되게 하고자 이 글을 쓰게 되었다.

## 2. 정렬모 말본의 특징

1. 정렬모는 1895년 충북 보은 출신으로서 1914년 3월 주시경이 주관하던 조선어 강습원 고등과에 최현배가 1회 수석인 데 대해 그는 제2회(1914)의 수석 졸업생이었다. 그리고 1927년 창간된 동인지 <한글>의 창간 동인이었으며, 1930년 한글 맞춤법 제정 위원이기도 했고, 1935년 조선어 표준말 사

정위원, 1932년에는 경상북도 김천고등학교 교장으로 취임하기도 했으며, 그 후 줄곧 우리 말과 민족 교육을 위해 애쓰다가 1942년 조선어학회 사건으로 투옥되어 3년간 옥살이를 한 후 1944년에 출옥했으며, 해방 후에는 홍익대학 초대 학장으로 취임하기도 했었다. 그러다가 6·25 전쟁 때 납북된 후 우리 학계에서 멀어져 버린 것이다.

그는 1927년 2월부터 1928년 10월까지 9회에 걸쳐 나온 <한글> 동인지에 '음성학상으로 본 정음', '조선어 연구의 정체는 무엇인가', '조선어 연구의 정체는 무엇인가(2)', '조선어 문법론', '언어와 문 ㅅ자', '국어와 방언', 「아니」의 격위는 무엇?', '대명사에 대하야' 등을 주제로 14회에 걸쳐 말본에 관한 글을 쓰기도 했다. 그의 대표적인 저서로는 1946년에 <신편고등국어문법>, <한글문예독본>, <신편고등국문독본>과 1948년에는 <신편고등국어문법>을 고친 <고급국어문법독본>을 내기도 했다. 그는 토씨와 씨끝을 윗말에 붙여 하나의 감말로 처리하여 말본 체계를 세웠다. 이것이 우리말의 종합적 문법 처리의 시초라 할 수 있으며, 2년 후인 1948년에 펴낸 <고급국어문법독본>에서는 우리 말의 특성을 최대한 살려 그의 말본 체계를 완성시켰던 것이다.

이와 같은 그의 말본 이론은 주시경의 영향을 받아 말본의 체계와 분류를 의미 중심으로 하게 되며, 1927년에 일본 말본학의 대가이며 일반 문법 학자인 마쓰시다(松下大三郞)의 학설에 감명을 받아 그의 체계를 우리말 말본에 적용했던 것이다.

그러나, 그의 강한 주체의식과 주시경으로부터 받은 말본관의 영향으로 그는 자기 나름대로 말본 용어만은 순수한 우리말로 다듬게 되었다.

2. 정렬모가 《신편고등국어문법》에서는 말본의 체계는 물론 구성 요소의 분류에 이르기까지 완전히 의미에 의지했으나, 《고급국어문법독본》에서는 이에 대한 반성이 나타난다.

그는 여기에서는 말본의 구성 요소로서의 분류에 있어 1차적으로는 반드시 의미에 기대지마는, 2차 분류부터는 형태와 기능을 많이 참고하게 된다. 그러므로 그의 말본의 체계와 분류는 《고급국어문법독본》이 기준이 되며,

정렬모 자신도 ≪고급국어문법독본≫의 앞머리에서 이를 밝히고 있다. 이러한 그의 말본관 속에는 마쓰시다의 체계에서 벗어나 우리말의 특성에 맞는 말본 체계를 세우고자 한 의지에서 나온 것으로 볼 수 있다.

3. 정렬모 말본에 대한 앞선 연구가 다소 있었으나, 마쓰시다 말본의 적용에 대해서는 강복수 외에는 미흡한 점이 많았다.

4. 정렬모 말본은 <말>은 생각의 표현이므로 이는 <생각>의 과정과 말하기의 과정은 같아야 한다는 데서 그 출발을 보게 되는데, 이는 마쓰시다의 설을 받아들여 발전시켜 적용한 것이라 하겠다. 그는 그 둘의 관계를 다음과 같이 표현하였다.

생각의 두 다리 :　　　관념 ……………… 단정

말씀의 세 다리 :　낱뜻·감말 ……….. 월

낱뜻은 오늘날 언어학의 형태소에 맞서고, 감말은 품사론에서의 낱말과 통어론에서의 월성분의 구실을 겸하는 역할을 하는 언어 요소이다. 낱뜻은 감말의 재료이고, 감말은 혼자서 관념을 나타내면서 월이 되는 중간 입장이 되어 있다.

그러니 임자씨와 토씨의 결합 곧, <임자씨 - 토씨>로 어울려야 하나의 감말이 되게 되었다. 그래서 이들을 임자씨의 격변화로 보게 되고 이것이 또한 하나의 품사가 되기도 한, 이와 같은 시도는 세계의 언어를 한 덩어리 되게 하는 일반 문법론의 체계를 세워 보고자 한 그의 의도로 보인다.

5. 정렬모 말본의 말본학의 부문은 다음과 같이 분류되어 있다.

아래의 낱뜻논은 현대 언어학의 형태론에 해당하고, 감말논은 품사론과 통어론을 뭉뚱그려 놓은 것이다. 감말논의 하위단위인 단독논은 감말이 단독으로 쓰이는 부문에 대한 연구이고, 상관논(相關論)은 감말의 서로간의 통합을 연구하는 부문인데, 이는 통어론에 해당한다.

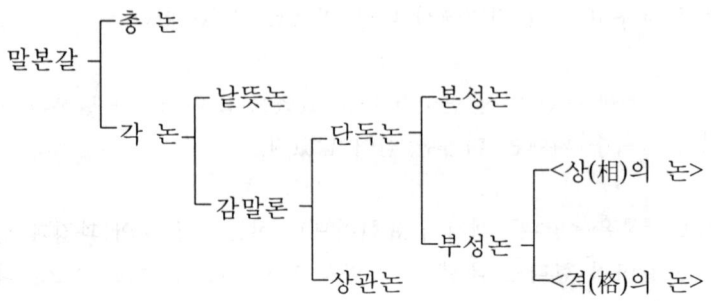

단독논의 하위분류인 본성논은 감말의 본성을 나타내는 <품사>에 대해서 살피는 연구 부문인데, 이는 품사론에 해당하고, 부성논은 본성이 아닌 부성(副性) 곧, 2차적인 성질에 대해서 살피는 부문으로, 감말의 몸바꿈에 대해서 연구하는 부문이다. 품사의 굴곡, 준굴곡을 논하는 굴곡논이 여기에 해당한다.

부성논의 하위단위인 상의논은 감말 자체의 뜻바뀜을 연구하는 부문이고, 격의 논은 어떤 감말이 어떤 월성분으로 귀착되는 부문을 연구하는 부문이다.

상의논은 <임자씨 + 도움토씨>나 <풀이씨의 줄기 + 안맺음씨끝>의 결합을 연구하는 부문에 해당하고, 격의논은 <임자씨 + 자리토씨>나 <풀이씨의 줄기 + 맺음씨끝>의 결합을 연구하는 부문에 해당한다. 위의 말본학의 분류는 2원론적 분류 원칙에 따른 것이다.

6. 정렬모 말본이 우리의 전통 말본과 그 생각과 체계를 달리하는 부문은 대체로 다음과 같은 6부문이다.

① 말소리갈의 처리 문제.
② 말본갈의 하위분류.
③ 낱뜻의 설정과 그 하위분류.

④ 감말의 설정과 그 하위분류.

⑤ 감말의 단독논.

⑥ 감말의 상관논.

(1) 정렬모는 자기의 말본학에서 말소리갈을 빼었는데, 이는 ≪朝鮮語文法論≫에서 이미 그렇게 처리하고 있다. 이 처리는 1920년대의 그때는 물론이요, 1940년대로서도 뛰어난 처리로 높이 평가되었다. 그것은 말소리갈은 말본학과는 다른 학문이기 때문이다.

(2) 말본학의 하위분류에서 정렬모는 먼저 말본학을 총논과 각논으로 나누고 총논에서는 일반론을, 각논에서는 개별론을 논하고 있다.

(3) 낱뜻의 설정과 그 하위분류에 대해서 살펴보면 다음과 같다.

① 정렬모는 주시경의 늣씨를 계승·발전시켜, 형태소에 맞서는 언어요소로 다듬고 이를 설정했는데, 이는 마쓰시다는 물론 우리 전통 말본학계에서도 미처 생각해 내지 못한 큰 업적이라 하겠다.

② 정렬모는 낱뜻을 다시 으뜸낱뜻과 도움낱뜻으로 하위분류하였는데, 으뜸낱뜻은 오늘날 언어학에서 이르는 의미소에 맞서는 언어요소로, 도움낱뜻은 말본소에 맞서는 언어요소로 다듬어 내었다. 이 역시 독창적인 업적이 되겠다.

(4) <임자씨 + 토씨>의 결합으로 이루어지는 월성분을 <명사의 격변화>로 처리하고, 이를 <감말>이라 했다. 이것은 생각을 나타내는 단정의 단위를 <관념>으로 보고, 말씀을 나타내는 월의 단위를 <감말>로 보는 데서 이루어진 것인데, 이는 월성분에 해당한다. 곧, 토씨를 하나의 독립된 씨로 인정하지 않으려는 정렬모의 종합적 언어 체계는 이 감말에서 시작된다고 할 수 있다. 그리고 그는 감말의 하위분류에서 혹은 겹씨에 해당하는 <봄바람, 여름날>과 같은 말은 두 말이 아니고 하나의 생각을 나타내는 홑감말로 보았고, 이은말에 해당하는 <벌의집, 커다란 벌의집, 벌의 집의 모냥>은 각각

하나의 덧감말로 처리하였다.

(5) 정렬모는 감말의 단독논에서 우리말의 품사를 의미에 따라 모두 <명사, 동사, 관형사, 부사, 감동사>의 5으로 나누었다.

그리고, 토씨를 윗말에 붙여 명사의 굴곡으로 처리한 것은 교착어인 우리말이 중국어와 같은 고립어보다는 종합적 언어 체계의 특징이 있음을 고려한 말본론으로 생각할 수도 있겠으나, 우리말의 토씨는 인구어의 융합적이고 위치에 따라 달라지는 격과는 달리 특수성과 분리성이 있으므로 임자씨에서 분리하여 하나의 씨로 처리함이 우리말 말본의 이해에 도움이 될 수 있다.

단독논의 부성논은 크게 둘로 나누어지는데, 하나는 <격(格, 빛)>의 논이고, 다른 하나는 <상, (相, 꼴)>의 논이다. 이들의 체계와 분류는 ≪신편고등국어문법≫에서 이루어졌으나, 마쓰시다의 체계에서 아직 벗어나지 못하였고, 이는 그 뒤에 낸 ≪고급국어문법독본≫에 이르러 그의 말본 체계로 완성된다.

① 격의 논은 크게 명사의 격과 동사의 격으로 이루어져 있는데, 이들 격의 분류는 의미적으로 나누어져 있음이 다를 뿐, 명사의 격은 <임자씨 + 자리토씨>에 해당되고, 동사의 격은 <줄기 + 맺음씨끝>에 해당된다. 그런데 하나 다른 것은 명사의 격에서, 홀로자리(부름자리)를 <상>으로 돌리고 있다. 그것은 홀로자리가 앞 임자씨에 뜻을 보태어 주기 때문이라 했다. 그러나 명사의 격으로 설정한 떠날꼴(-서)이나, 더불꼴(와/과)에도 앞 임자씨에 뜻을 보태어 주고 있다. 그러니, 홀로자리를 상으로 보는 것은 잘못이다. 홀로자리(-아/야, 이여)의 1차적인 구실은 역시 자리이다. 그러니 이는 격으로 보충되어야 하겠다.

② 상의 논도 크게 명사의 상과 동사의 상으로 이루어져 있다. 곧, 그는 명사의 상에서는 이 <상>을 <임자씨 + 도움낱뜻>으로 다듬게 되는데, 도움낱뜻은 씨끝과 뒷가지란 두 이질적인 요소로 이루어져 있어서 체계의 일관성이 부족하다.

동사의 상 역시 그 <상>을 <줄기 + 안맺음씨끝>으로 다듬는 데에 매우 힘 쓰고 있다. 그러나 이 분류에 있어 어떤 것은 <안맺음씨끝 + 맺음씨끝>으로 이루어져 있고, 어떤 것은 <줄기 + (안맺음씨끝) + 맺음씨끝>으로 이루어져 있어, 일관성을 유지하지 못하였다.

그러나 정렬모가 전통 말본에서 해결짓지 못한 말본소의 분류를 단일 체계로 처리해 보려고 한 노력은 높이 평가되어야 하겠다. 전통 말본에서는 <격과 상>과 말본의 관계는 이중적이나 정렬모 말본에서는 하나이다. 이것을 보이면 다음과 같다.

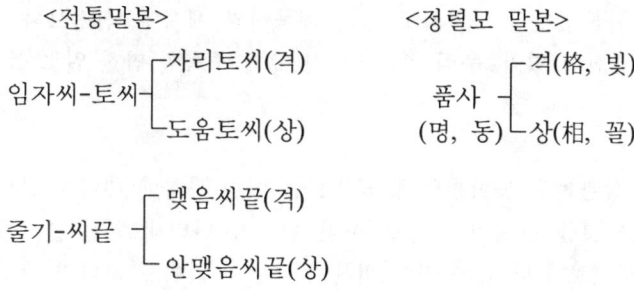

(6) 정렬모 말본이 완성되는 데 있어서 가장 큰 걸림돌이 되는 것은 도움토씨의 처리인데, 이를 토씨로만 인정하게 되면 그의 말본 체계 전부가 무너지게 된다. 그렇다고 이를 모두 상으로 처리할 수도 없다.

상으로 처리하게 되면 명사의 상과 동사의 상에 있어서 서로 꼴이 같은 상이 많이 나타나기 때문이다. 그는 귀착부사란 불완전부사를 설정하여, 이로써 도움토씨 문제를 처리하였다. 그런데, 부사는 풀이말을 꾸미는 자립형식으로 된 것을 그 기준으로 한다. <-마다, -도, -은>과 같은 도움토씨가 붙는 말을 부사로 보게 되면 각 품사의 상과 빛의 영역이 구별되지 않아 말본상 혼란을 초래할 것이다.

곧, <가면 은 안 된다> 등에서 <은>을 부사로 볼 수 있느냐 하는 문제가 생긴다. <은>이 하나의 독립된 품사가 되려면, <가면>과 <은> 사이에 다른 낱말이 끼어 들 수 있어야 하니, 이는 불가능하다. 그러니 <은>은 어디까지나 하나의 말본소일 뿐, 단독의 품사가 되지 못한다.

그러면 도움토씨는 어떻게 처리해야 할 것인가? 이는 결국 상으로 처리할 수밖에 없게 되는데, 이렇게 되면 명사의 상과 동사의 상의 영역이 무너지게 된다.

그러나, 말할이의 심리적 태도 여하에 따라 다르게 실현될 수 있는 우리말의 임자말은 영어와 같은 임자말과는 그 특성이 다르다는 측면에서, <명사의 꼴> 설정은 필요성이 있다고 할 수 있다.

정렬모의 도움토씨에 의한 <명사의 꼴> 설정의 시도나, <-은, -도>와 같은 도움토씨가 붙은 말을 제시수용어로 본 것, 개념의 새것, 옛것 등의 설정은 오늘날 담화문법에서 논의되고 있는 제목어와 제시어, 신정보와 구정보 등과 밀접한 관련이 있어, 우리 말본학사상 크게 주목할 만한 일로 볼 수 있다.

(7) 감말의 상관론은 통어론인데, 정렬모는 어떤 사항에 대하여 관념적 인정을 나타내는 것을 단정이라 하고, 월은 단정을 나타내는 한 줄기 말이라 하여, '그렇다. 여보게'와 같은 것이 비록 임자말이 없어도 하나의 단정을 나타내었기 때문에 월이 된다고 하였다. 이때 주체관념은 사항의 개념 속에 숨어 있다고 풀이한 것은 앞선 생각이라 여겨진다.

그리고, 일반적으로 월은 임자말과 풀이말의 관계에 따라 홑월, 겹월, 줄월로 나누는데 정렬모는 단정의 성질에 따라 <사유적 월>과 <직관적 월>로 나누고, 사유적 월은 제목의 있고 없음에 따라, 직관적 월은 개념적인가 주관적인가에 따라 각각 2가지 씩으로 나누었다.

또, 월을 단정에 있어서의 생각의 흐름에 따라 <홑가래 월>과 <겹가래 월>로 나누고, 월이 중간에 끝진 데가 있고 없음에 따라 <홑월(홑가르 월)>, <덧월(겹가르 월)>로 나누었는데, 이는 관념적이고, 심리적인 면을 지나치게 강조한 결과의 분석으로 보인다. 언어학은 언어의 형태에 따라 먼저 분석되어야 하기 때문에 그의 이런 분류는 지지를 받기 힘들다.

감말의 상관론은 월성분의 통합을 말한다.

월성분은 종속말, 통솔말이 각각 5가지씩이며, 그 관계도 5가지로 나누었는데 그것은 다음과 같다.

주체관계 ···· 주어 + 서술어  (꽃이 + 핀다)
　　　　　　종속　　통솔

객체관계 ···· 객어 + 귀착어  (글을 + 읽는다)
　　　　　　종속　　통솔

실질관계 ···· 보어 + 형식어  (돌이 반듯반듯 + 하다)
　　　　　　종속　　통솔

연체관계 ···· 연체어 + 피연체어  (친구의 + 아들)
　　　　　　종속　　　통솔

수용관계 ···· 수용어 + 피수용어  (매우 + 좋다)
　　　　　　종속　　　통솔

　이러한 종속과 통솔의 관계로 월성분끼리의 관계를 다음과 같은 그림표로 나타내었다.

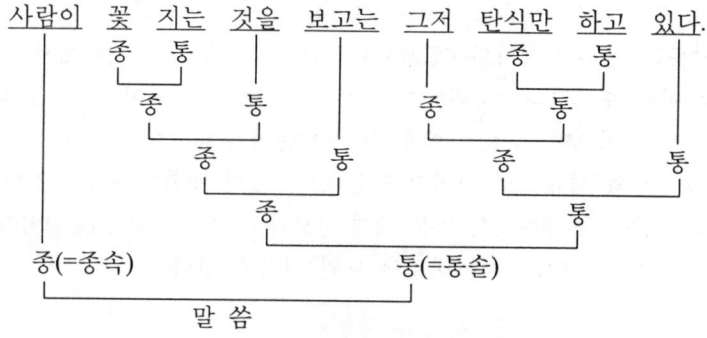

　영어에서는 임자말이 중심이고 풀이말은 임자말의 종속 성분으로 보고 있는데, 이러한 서양 말본의 이론에 이끌리지 아니하고, 우리말의 특성에 따른 풀이말 중심 지향의 종속과 통솔 짜임새로 본 것은 창의적인 생각이었다고 할 수 있다.
　그리고, 임자말이 없는 말도 하나의 월이 된다고 한 것과 같은 일상의 담화 상황에서 말본을 찾고자 한 생각은 학문이 인간의 실생활을 떠나서는 의의가 없음을 나타낸 것이며, 이것은 오늘날 담화상황에서 말본을 찾으려는 생각과 일치한다는 점에서 매우 앞선 또는 실용적인 생각이었다고 할 수 있다.

6. 정렬모는 우리나라 말본 연구에 있어 처음으로 일반 문법을 표준으로 하여, 온 세계의 말을 하나의 상위단위로, 하나 하나의 개별 말을 하위단위로 보고 이들 말본을 하나의 체계로 묶어 보려 시도한 말본 학자이다.

## 3. 국어학사적 의의

정렬모는 주시경의 제자로서, 1914년 3월 주시경이 주관하던 <배달 말글 모듬>의 고등과를 졸업하였고, 동인지 ≪한글≫의 창간 동인으로서 1927년에서 1928년 사이의 ≪한글≫에 ≪朝鮮語文法論≫의 연재로 그의 말본관이 확립된다.

그 뒤 그가 ≪신편고등국어문법(1946)≫과 ≪고급국어문법독본(1948)≫을 출간하면서, 우리 말본 연구에 새로운 경향을 보이게 되었다.

그의 <낱뜻논>은 마쓰시다의 <原辭>와는 근본적으로 다른 시각에서 설정된 것인데, 이는 주시경의 <늣씨> 이론에 전적으로 공감되어 더욱 구체화된 것이라 할 수 있으며, 주시경 이후 한동안 논의가 없었던 늣씨를 계승·발전시켜 오늘날의 형태소로 이어지게 한 공은 높이 평가되어야 하겠다.

이러한 그의 업적을 주시경의 말본 체계 전모가 서술된 ≪國語文法(1910)≫, 최현배의 ≪우리말본(1937)≫과 대조해 보면 다음과 같다.

| 항 목 | 정 렬 모 | 주 시 경 | 최 현 배 |
|---|---|---|---|
| 말본의 체 계 | 총논<br>낱뜻<br>감말의 본성논<br>감말의 꼴(相)<br>감말의 빛(格)<br>감말의상관논(문장논) | 序<br>國文의 소리(音聲學)<br>기난갈(品詞論)<br>짬듬갈(構文論)<br>기갈래의 난틀(品詞下位分類)<br>기몸박굼(品詞變成)<br>기몸헴(品詞複合)<br>기뜻박굼(品詞意味變成) | 들어가기<br>말소리갈(音聲學)<br>씨갈(詞論)<br>월갈(文章論) |

| 항 목 | 정 렬 모 | 주 시 경 | 최 현 배 |
|---|---|---|---|
| 말본의 작은단위 | 낱 뜻 | 늣 씨¹⁾ | 낱 말 |
| 말본의 큰단위 | 말 씀 | 다 | 월 |
| 토씨 및 씨끝처리 | 굴곡의 가지 | (겻씨)　(끝씨) | (토씨)　( x ) |
| 씨가름 | 명사, 동사, 관형사 부사, 감동사 | 임(이름씨),엇(그림씨),움(움직씨),겻(토씨),잇(이음씨),언(매김씨),억(어찌씨),놀(느낌씨),끗(씨끝) | 이름씨,대이름씨,셈씨,움직씨,그림씨,잡음씨,매김씨,어찌씨,느낌씨,토씨 |
| 말의 본질 | 소리의 알음(知覺) 소리의 맘표(心象) 말의 맘표(분명한 생각) | ( x ) | 생각을 소리로 나타내는 것 |
| 말본의 법칙 | 속법칙(생각에 매인 것) 겉법칙(소리의 맘표, 소리, 글씨에 매인 것) 말의 (생각)과 겉(소리의 맘표, 소리, 글씨) | ( x ) | ( x ) |
| 입말과 글말 | 글말(글월에 주장 쓰는 말) 입말(담화에 오로지 쓰는 말)³⁾ | 글말 俗語²⁾ | ( x ) |
| 말씀 됨됨의 과정 | 낱뜻 → 감말 → 월 | 다 / \| \ 모 드 미 | 낱말 → 이은말 → 마디 → 월 |
| 월 | 단정을 나타내는 한 줄기 말. 월은 반드시 임자말과 풀이말이 있어야 한다는 것은 잘못이다(13쪽) | <다> 둘로 붙어 둘 더 되기로 짠 말을 다 이름. | 임자말과 풀이말과는 월의 가장 으뜸되는 조각이니, 아무리 홑진 월이라도 이 두 가지 조각만은 갖춰야 능히 월이라 할 수 있느니라. |

---

1) ≪말의소리≫ 끝줄.
2) ≪國語文法≫ 27쪽. '學術에 쓰는 말은 반듯이 俗語로 다하지 못 할 것이요, 또 맞지 안이함과 便하지 안이함이 잇슴으로 여기에는 글말로 쓰되……'
3) '글씨말은 글말로서 자취를 남기고, 소리말은 입말로서 때를 따라 흘러 간다. 우리나라에

| 항목 | 정 렬 모 | 주 시 경 | 최 현 배 |
|------|---------|----------|----------|
| 감말의 꼴 | 명사의 꼴 | 씨몸 박꿈,씨뜻 박꿈 | 파생가지의 기능 |
|  | 동사의 꼴 | 꿋씨의 序分,때 | 씨끝 |
| 감말의 빛 | 명사의 빛 | 겻씨의 갈래 | 토씨의 갈래 |
|  | 동사의 빛 | 꿋씨의 갈래 | 씨끝의 갈래 |

위의 표에서와 같이 정렬모는 그의 말본 체계에서 주시경과 최현배에서 있었던 소리갈(音聲學)을 빼고, '소리 그것의 연구는 소리갈의 맡음'(정렬모, 1946:25)이라고 하여, 말소리갈을 말본갈의 체계에서 제외하였는데, 이것은 그의 말본의 하나의 특징이라 할 수 있다. 이러한 그의 생각은 1928년에 나온 《한글》 2권 1호의 《朝鮮語文法論》에서도 이미 그렇게 처리하고 있는데, 이것은 그 당시로는 물론 그 이후로도 말소리갈과 말본갈이 서로 다른 학문이라는 입장에서 볼 때 합리적인 처리였다고 할 수 있다.

그리고, 그는 우리 말본학사상 처음으로 토씨와 씨끝을 윗말에 붙여 명사·동사의 꼴바꿈으로 본 종합적 말본 체계를 세우고자 시도한 학자인데, 이것은 그의 학우 신명균의 종합식 표기법의 직접적 영향이 컸다고 볼 수 있다. 우리 옛말에 <누>의 주격형으로 <뉘>, 목적격 형으로 <눌>, 의존명사 ᄃ(것,줄,바)의 주격형 <디>, 목적격형 <둘>, 므슥(무엇)의 주격형 <므스기>, 목적격형 <므스글>, 처소격형 <므스게>(고영근, 1987:62~71) 등과 같이 명사의 굴곡적인 현상이 있었음을 볼 때 수긍되는 점이 있다고 하겠다.

감말의 품사론에서 그는 토씨를 따로 세우지 않고, 우리말의 품사를 명사, 동사, 관형사, 부사, 감동사의 5품사를 설정했다. 이와 같은 분류는 통사론을 말본적 우선 순위에 두는 현대 변형문법의 이론적 설명 입장에서는, 기능 중심으로 보아 타당한 분류로 보고 있다.

<감말의 상관론>에서 설명한 월의 통합관계를 종속과 통솔로 본 그의 이론은 최현배의 《우리말본》의 월 분석과 더불어 그대로 오늘날 구조 언어학에서의 직접구성요소분석의 효시가 된다. 이는 종래 문법의 문장론에 대

---

서는 아직 이 구별은 뚜려시 세우는 이가 없으나……담화에 쓰이는 것이 입말이다. 장래에는 입말쩨 쓰이는 글이 더욱 왕성할 것이다. 그러므로 두가지를 잘 조화시긴 말본이 필요하다'(6~7쪽).

한 대폭적인 수용이요, 획기적인 이론이라 할 수 있다. 또, 동사의 꼴에 나타나는 <특수한 말>은 오늘날의 어형변화표(paradigm)의 빈칸(gap)을 보충하는 이론을 의식한 것으로 볼 수 있어 주목거리가 된다.

## 4. 마무리

그 밖에도 월의 유형을 종래의 서양 말본의 분류 방식에서 벗어나 단정의 성질에 따라 사유적 월과 직관적 월, 제목 있음과 제목 없음, 개념적, 주관적 등으로 나눈 것은 종래의 월의 분류에서 볼 수 없었던 것이며, 제목말을 논리학적 임자말, 판정말은 논리학적 서술말과 같은 논리적 근거에 따른 분류나, 말빛의 제시적 용법 등에서 특제태, 제목어, 제시어, 개념의 새것과 옛것과 같은 논리는 오늘날의 담화문법에서 제목어, 제시어, 새정보, 구정보 등으로 논의되고 있는 것과 맥락을 같이 한다. 따라서, 국어학사에서는 담화문법의 이론적 출발점을 정렬모 말본에서 비롯되는 것으로 보아야 할 것이다.

또, 명사의 빛이나, 동사의 빛에서 <두루빛>(ø형태)의 설정이나, 말본갈의 본질을 과학으로 보고 15개의 말본갈의 밑개념(대립개념) 등은 구조주의를 의식한 그의 앞선 말본관을 나타내고 있다고 하겠다.

이와 같이 그의 말본에는 주시경의 이론을 계승하려고 노력한 점이 있는가 하면, 월, 명사의 꼴, ø 꼴의 설정, 담화 문법성 등과 같이 다른 말본가들에게서 찾아 볼 수 없었던 점들이 있어 후세의 말본 연구에 많은 시사점을 주고 있다는 점에서 국어학사상 중요한 위치를 가진다고 하겠다.

# 참고 논저

강복수(1982), 국어문법사연구, 형설출판사.

김공칠(1985), 일본어 문법론, 서울:탑출판사.

김민수(1960), 국어 문법론 연구, 서울:통문관.

김석득(1983), 우리말 연구사, 서울:정음문화사.

김윤경(1938), 한국문자급어학사, 서울:진학출판사.

김형주(1982), 국어학사, 대구:학문사.

유창균(1988), 국어학사, 대구:형설출판사.

정렬모(1946), 신편고등국어문법, 서울:한글문화사.

정렬모(1948), 고급국어문법독본, 서울:고려문화사.

정렬모(1948), 초급국어문법독본, 서울:고려문화사.

주시경(1983), '말의 소리', 역대한국문법대계 제1부 제4책, 서울:탑출판사

최현배(1934), 중등조선말본, 서울:동광당 서점.

최현배(1937), 중등조선말본, 서울:연희전문학교 출판부.

허 웅(1973), 언어학 개론, 정음사.

松雪 同窓會(1988), 松雪五十年, 金泉高等學校.

松下大三郎(1924), 標準日本文法.

松下大三郎(1930), 改撰標準日本文法.

德田政信(1983), 近代文法圖說, 明治書院.

Bloomfield, L.(1933), *Language*, George Allen and Unwinn.

G. J. Ramstedt(1939). *A Korean Grammar*, Helsinki.

Jespersen, O.(1924), *The Philosophy of Grammar*, London.

정기호    617-041 부산시 사상구 덕포1동 136 덕포여자중학교 교장
         Ⓣ051-304-7161
         607-030 부산시 동래구 칠산동 221-1번지 301호 (8/5)
         Ⓣ051-554-1038 / Ⓔjungkee3@hanmail.net / Ⓗ017-840-1038

# 낱말관과 국어학사의 시대 구분에 대하여
## - 정렬모의 《신편고등국어문법》을 중심으로 -

최 규 수

## 1.

1.1. 한국어의 전통 문법은 낱말을 어떻게 정의하는가에 따라 체계가 분화되었는데, 이에 대하여 언급한 것들을 모아 보면 다음과 같다.[1]

(1) 그러나 나는 이 가름법이 넘어도 分析的임에 滿足할 수 없으므로, 이제 담에 綜合的 分類法을 施하고자 한다(최현배, 1930:60).

(2) 조선말 토 처리에는 세 가지 태도가 나타났다. 첫째는 토를 모두 딴 씨(品詞)로 잡은 이도 있고, 둘째는 임자씨(主語) 밑에 토만 딴 씨로 잡고 풀이씨(用言) 밑에 것은 씨끝(語尾)으로 잡은 이도 있고, 셋째는 토를 모두 씨끝으로 잡은 이도 있다(이극로, 1935(1):2).

(3) 우리 말본에 으뜸씨(實辭)와 토씨(虛辭)에 대한 다스림(處理)의 어떠함을 보아서 말본의 학설(學說) 체계(體系)는 대체로 세 가지로 크게 나눌 수 있다. 첫째는 으뜸씨와 토씨를 가른 체계다. (중략) 둘째는 임씨와 토씨는 가르고 얻·움씨와 토씨는 합하여 한 씨로 본 체계다. (중략) 셋째는 토를 전부 으뜸씨에 합하여 본 체계다(김윤경, 1948:70～72).

---

1) (2)와 (3)에서 '토'와 '토씨'는 학교 문법의 '조사'와 '어미'를 통틀어 일컫는 것이다. 그리고 아래의 인용에서 띄어쓰기는 한글맞춤법에 따라 고친 것이다.

(2)와 (3)의 세 체계 각각에 대하여 김윤경(1963:148)에서는 분석적 체계와 절충적 체계와 종합적 체계라는 이름을 붙였다. 그리고 김민수(1954)에서는 이들을 각각 1 유형, 2 유형, 3 유형이라 이름하였다. 분석적 체계는 주시경(1910, 1914)[2]와 김두봉(1916), 김윤경(1948), 홍기문(1927, 1946)이 있고, 종합적 체계는 정렬모(1927~8, 1946), 이극로(1935)가 있고, 절충적 체계는 대표적인 것으로 최현배(1937)가 있다. 최현배(1937)에서는 분석적 체계인 주시경(1910, 1914)과 김두봉(1916)의 품사 분류를 비판적으로 고찰하면서 자신의 체계를 종합적이라 하였지만, (2)와 (3)의 세 체계 속에서 보면 절충적 체계일 수밖에 없다.

1.2. 이러한 세 체계는 애초에 전통 문법의 연구사에서 전통 문법을 분류하기 위하여 만들어진 것이다. 그런데 이러한 세 체계는 발생의 시기가 조금씩 다르다. 이러한 점을 중시하여, 국어학 연구사의 시대 구분과 관련지어 논의하기도 했다. 그러나 문법의 세 체계의 출현을 시대 구분과 관련짓는 문제가 있다고 생각되기에, 이 글에서는 이에 대하여 좀더 논의하고자 한다.

## 2.

먼저 낱말관에 따른 문법 체계의 변화를 국어학 연구사의 시대 구분과 관련지어 논의한 앞선 연구를 살펴보자. 김민수(1986)에서는 현대의 국어학 연구사의 시대를 다섯 기간으로 나누었는데, 각 시기의 특징을 앞의 문법 유형과 관련하여 정리하면 다음과 같다.[3]

(4) 제1기 여명기(1832~1900): 제 2유형과 제 3유형의 출현 (외국인의 문법서)

---

2) 엄밀한 의미에서는 주시경(1910)은 분석적 체계라 할 수 없는데, 그 품사론에서만 보면 세 체계의 모습을 다 보여 주기 때문이다. 본격적인 분석적 체계는 주시경(1914)에서 출발한다.
3) 이러한 시대 구분은 김민수(1960)의 논의를 좀더 구체화한 것인데, 여기서는 제 2기부터 제 4기까지를 설정하였다.

제2기 성립기(1900～1930): 제 1유형의 출현. 제 1유형 시대.
제3기 반성기(1930～1946): 제 2유형의 출현. 제 2유형 시대. 학교 문
법 시대.
제4기 부흥기(1946～1966): 제 3유형의 출현. 제 3유형 시대. 구조 문
법을 바탕으로 제 3유형이 체계화해 가던 시대. 구조 문법 시대.
제5기 혁신기(1966～현재): 변형 문법 시대.

따라서 김민수(1986)의 시대 구분은, 적어도 제 2기～제 4기의 구분은, 각
유형의 출현을 기준으로 한 것이다. 이러한 시대 구분은 이광정(1987)에 이
어진다.

(5) 1. 도입·수용기(1900～1930): 제 1유형의 분석적 품사론 시대.
2. 반성·탐색기(1930～1946): 제 2유형의 절충적 품사론 시대.
3. 정착·심화기(1946～1963): 제 3유형의 종합적 품사론 시대.

그런데 이러한 시대 구분에서 다음과 같은 것을 고려해야 한다고 생각된
다. 첫째, 김민수(1986)의 부흥기와 이광정(1987)의 정착기의 출발을 1946년
으로 본 것이다. 둘째, 이러한 시대 구분을 보편화의 경향으로 보아(김민수,
1986:31; 이광정, 1987:234 참조), (4)와 (5)의 시대 구분에 따라 발전되었다고
본 것이다.

## 3.

1946년을 시대 구분의 기점으로 본 것은 종합적 체계가 정렬모(1946)에서
시작한 것으로 보았기 때문이다. 그런데 제 3유형의 문법은 1920년대와
1930년대에 이미 출현한다. 정렬모(1927～8)와 이극로(1935)가 그것이다. 물
론 이 두 저술은 저서로 출판되지 않았고 또 완성된 것도 아니어서 그 체계
의 전체 모습을 파악할 수는 없다. 그러나 한글에 게재되었다는 사실로 미
루어 보아 그 영향력을 무시할 수 있는 성질의 것은 아니다. 정렬모(1946)는

'머리에 두는 말'에 다음과 같은 말이 있다.

(6) 최근 명저의 하나인 김윤경님의 "조선문짜 급 어학사" 가운데에 "정
    렬모의 조선어문법론은 같은 뿌리의 다른 가지처럼 아주 다른 체계를
    주장하였다"란 구절이 있다.

김윤경의 《조선 문자 급 어학사》는 1938년에 출판되었으니, 그 책이 출
판될 당시에 정렬모(1927~8)는 잘 알려져 있다고 보아야 한다.
    정렬모(1927~8)가 종합적 체계임은 다음과 같은 말[4])에 잘 드러나 있는
데, 정렬모(1927~8)의 내용은 정렬모(1946)의 체제에 그대로 반영되었다.

(7) 다만 「꽃을」 「들에」 「가겠다」 「푸르냐」의 「을」 「에」 「겠」 「다」 「냐」
    의 같은 것은 念詞를 도아서 念詞와 함께 한 觀念을 나타내는 것이니,
    「을」 「에」 「겠」 「다」 「냐」만으로는 自力으로 한 觀念을 나타내지 못
    하므로 이런 것은 念詞가 안이다(정렬모, 1927, 한글 1-7:10).

그리고 정렬모(1927~8)에서는 분석적 체계와 절충적 체계를 다음과 같이
비판하였다.[5])

(8) 朝鮮文典은 흔히 單語論, 文章論의 二分科를 沒한다.
    그러나 朝鮮文典에서 單語이란 것은 歐洲文典에서 이르는 「辭」와
    달라서 吐 곳 助詞같은, 念詞 아닌 것까지 包含하여 있으므로 單語論
    은 詞의 性質論과 原辭論과를 混同한 것이어서 單語論이라는 槪念이
    整理되지 못하였다. 그뿐 아니라 吐 곳 助詞같은 것은 單語論에서는
    이것을 한말로 보면서 文章論에 가서는 한말로 보지 않으므로 한말의
    槪念이 單語論과 文章論과에 一貫하여 있지 못하다(정렬모, 1928, 한

---

4) 여기서 念詞는 정렬모(1946)의 '감말'에 대응하는 것인데, 낱말(과 낱말의 결합체)을 가리킨
   다.
5) 여기서 原辭는 정렬모(1946)의 '낱뜻'에 대응하는 것인데, 형태소(와 형태소의 결합체)를 가
   리킨다.

글 2-1:12).

이를 보면, 정렬모는 자신의 문법 체계(1927~8)가 다른 문법 체계와 다르다는 것을 분명히 인식하고 있었으며, 김윤경(1938)에서는 그것을 확인한 것이다.

이극로(1935)에서는 그 체계가 종합적 체계임이 명시적으로 드러나 있지는 않으나, 다음과 같은 말을 미루어 보면, 종합적 체계를 지향하였음을 짐작할 수 있다.

(9) 우리가 참고로 알아 둘 것은 조선말과 같은 겨레에 붙은 우랄, 알타이 말들 - 몽고, 만주, 핀랜드, 에스토니아, 딸딸이, 토이기, 흉아리말들 - 의 말본을 본다면, 임자씨 밑에 오는 토도 다 씨끝으로 잡았는데, 핀랜드말에는 열 다섯 격(格)이 있고, 에스토니아말에는 열 여섯 격이 있다. 이 말들의 격들을 서양말로 번역한다면, 물론 전치사(前置詞)들을 쓰게 된다(이극로, 1935(1):2).

이상의 논의를 보면, 종합적 체계가 1946년에서 출현된 것이 아니라, 1927년에 출현하여, 1935년을 거쳐, 1946년에 완성된 것으로 보아야 한다. 달리 말하자면, 1946년에 종합적 체계가 처음 출현한 것이라기보다는, 완성된 모습으로 출현하였다고 할 수 있을 것이다.

## 4.

4.1. 김민수(1986)와 이광정(1987)에서 1946년을 시대 구분의 기점의 하나로 삼은 것은 정렬모(1946)를 "새로운 구조 문법의 도입으로서 신언어이론의 수용"(김민수, 1986:22)으로 보았기 때문이기도 하다. 김민수(1986)의 위의 말은 '신언어이론 = 새로운 구조 문법'으로 해석된다. 그러나 논리상 그러한 등식은 성립되기 어렵다. 신언어이론이란 그 용어를 쓰는 당시에 도입된 새로운 언어이론을 가리키는 말로서 시대가 달라지면 바뀔 수밖에 없는

것이고, 구조 문법도 언어학사에서 보면 다양한 유형의 구조주의가 있기 때문이다. 따라서, 정렬모(1946)에 대한 위의 평가는 '신언어이론의 수용'과 '새로운 구조 문법의 도입'이라는 두 가지로 나누어 생각해 볼 수 있다.

정렬모 문법이 신언어이론을 수용했다는 것은 정렬모(1946)에서 자신이 인정하고 있는 바이다.

(10) 내가 이 책에서와 같은 새 안을 새운 것은 선배의 지은 길에 배반함이 아니라, 선배의 뜻을 받아 새 길을 열고저 함이니 헛되어 새것을 지어 남의 시비를 사자는 것이 아니오, 한 생각, 한 군대로 치우치기 쉬운 학파의 누습을 깨트려 연구는 자유로이 할 것이란 암시를 주고저 하는 의도에서 나온 것이다(정렬모, 1946:'머리에 두는 말'에서).

그러나 여기서 정렬모(1946)의 '신언어이론'이 과연 구조주의에 바탕을 둔 문법인가, "새로운 구조 문법"이라면 어떤 종류의 구조 문법인가 하는 점을 살펴보기로 하자.

잘 알려져 있지만, 구조주의는 여러 갈래가 있다.[6] 1920~30년대에 걸쳐 발달한 고전적 구조주의는 체코의 마테지우스와 소련의 트루베츠코이와 야콥슨 등에 의하여 1926년에 창설된 프라그 학파의 구조주의[기능주의], 엘름슬레우와 브뢰날에 의하여 1933년에 창설된 코펜하겐 학파의 구조주의[언리학], 블룸필드(1933)의 행동주의로부터 출발되고[7] 해리스(1951)의 분포주의로 발전된 미국의 구조주의[기술 언어학] 등이 있다.

이러한 구조주의는 1950년대에 우리나라에 도입되었으며, 우리나라의 문법 연구에 영향을 주었을 가능성이 있지만, 우리말의 문법 연구에 크게 영향을 준 것은 미국의 구조주의, 곧 기술 언어학인 것으로 생각된다. 당시에

---

6) 이하의 구조주의에 대한 논의는 Helbig, Gerhard(1970), 임환재 옮김(1984)을 참고하였다. 그리고 1950년 이후에 나타나는 구조주의로는 1950년대 시작된 소련의 구조주의, 퍼어스(1957)에서 비롯되는 영국의 구조주의, 떼니에르(1953, 1959)와 마르띠네(1963, 1968), 그레마스(1966) 등으로 대표되는 프랑스의 구조주의 등이 있지만, 이들 구조주의는 정렬모(1946)와의 영향 관계와 관계가 없다.

7) "미국 구조주의의 그 후의 발달은 사피어로부터보다는 블룸필드로부터, 말하자면 실증주의자·기술주의자로부터 출발하였다."(임재환 옮김, 1984:92).

기술 언어학을 우리나라에 도입하고 문법 기술에 적용한 대표적인 저작으로는 김민수(1960)이 있고,[8] 이숭녕(1956)도 기본적으로 기술 언어학에 바탕을 두고 있는 것으로 보인다.

그런데 정렬모(1946)는 미국의 구조주의의 영향 아래 이루어진 것은 아니다. 정렬모(1946)의 문법 체제나 내용을 보더라도 기술 언어학의 언어관이나 방법론을 찾아보기 어렵다. 정렬모(1946)의 '머리에 두는 말에는 1924년에 출판된 마쓰시다의 ≪표준일본문법≫의 영향을 받았다는 것이 분명히 명시되어 있다. 그런데 1924년이라는 시기는 미국의 블룸필드(1933) 이전이다. 마쓰시다의 ≪표준일본문법≫이 유럽의 구조주의의 영향을 받았을 가능성이 지적되었지만 (김민수 1986: 22의 주 41 참조), 이 때는 유럽에서도 구조주의가 개화하기 이전이다. 그러니, 적어도 시기적으로 보면, 정렬모(1946)가 유럽의 구조주의의 영향을 받았을 가능성은 아주 적다.

4.2. 다른 한편, 정렬모(1946)가 유럽의 구조주의의 영향을 받았다는 것이 사실이라고 하더라도, 1946년에 구조주의가 출현한 것을 기준으로 시대를 구분하고, 정렬모(1946)를 이숭녕(1956), 김민수(1960)과 같은 시대로 묶는 것은 무리가 있다. 그 까닭은 다음과 같다.

첫째, 정렬모(1927~8)에서도, (11)에서 보는 바와 같이, 새로운 언어 이론에 바탕을 둔 것이 분명히 명시되어 있다.

(11) 그러나 이것은 나의 獨創的 偏見이 안이라 內外 文法學을 參互하여 그 合致된 精神을 取한 것이므로 比較的 科學的 根據를 가진 것과 우리 文法 硏究에 새 傾向을 주게 될 것임을 自信한다(정렬모, 1927, 한글 1-3: 12).

---

8) 김민수(1960:17)의 주 (10)에 따르면, 현대 미국의 신언어학의 목록을 제시하고 있는데, 이들은 미국어 기술 언어학의 저작들이다. 그리고 유럽의 구조주의와 대비하여 미국의 기술 언어학에 대하여 다음과 같이 평가하고 있다. "美國의 新言語學은 言語形態의 歸納을 위한 構造의 分析이 主된 作業이라고 생각되는데, 이 構造主義(structuralism)는 言語에 對한 觀察에도 變革을 일으키게 되었다. 從來의 言語觀이 主로 言語行爲의 見地에서 觀察된 것이라면, 現在는 言語構造의 見地에서 觀察된다고 하겠다."(김민수, 1960:45).

그리고 정렬모(1946)는 정렬모(1927~8)의 논의를 바탕으로 이루어졌고, 또 정렬모(1927~8)는 1924년에 출판된 마쓰시다(松下大三郞)의 ≪標準日本文法≫을 바탕으로 이루어진 것이 분명하다. 물론 정렬모(1927~8)가 마쓰시다 문법의 영향을 받았다는 것이 명시적으로 드러나 있지는 않다. 그러나 이 저작이 정렬모(1946)의 앞 부분과 거의 일치한다는 사실과, 정렬모(1946)의 '머리에 두는 말'에 기술된 시기를 고려한다면, 정렬모(1927~8)가 마쓰시다의 문법을 참고했다는 것을 짐작할 수 있다.

(12) 내가 이십년 전에 서울 중동학교에 재직할 때 생도에게 국어를 가르치는 책임을 가져 한편으로는 문예독본의 재료를 모으고, 한편으로는 문법교재를 조사하다가 우연히 일본 국학원대학 교수 마쓰시다씨의 표준일본문법이란 책을 읽어, 그때까지 내가 가진 문법상 의견과 부합된 점이 있음을 발견하고 정성스러이 읽어 얻은 바가 많았으니, 이 책의 조직은 전적으로 그를 모방한 것이다(정렬모(1946)의 '머리에 두는 말'에서).

이러한 사실을 고려한다면, 정렬모(1946)가 유럽의 구조주의의 영향을 받았다는 것을 사실로 받아들인다 하더라도, 정렬모(1946)가 아니라 정렬모(1927~8)가 구조주의를 적용한 첫 저작으로 보아야 한다는 것이다. 비록 정렬모(1927~8)가 책으로 출판되지 않았고,[9] 또 전체적으로 완성된 체계를 보여 주지는 않지만, 충분히 그렇게 볼 수 있을 것이다.[10]

둘째, 위에 제시한 각 구조주의는 철학적 출발점, 언어학적 구상 그리고 작업 방법에서 차이가 있다(임환재 옮김, 1984:116~9 참조). 따라서 국어학

---

9) 국어학사 연구에서 필사본도 중요한 자료가 되는 실정에서 보면 이것은 그리 큰 문제가 되지 않는다고 생각된다.
10) 이와 관련하여 다음과 같은 사실도 지적해 둘 필요가 있을 것이다. 우리나라의 문법은 대체로 일본 문법의 영향을 많이 받았다. 그런데, 이들 문법이 구조주의의 영향을 받았다는 명시적인 언명을 찾기 어렵지만, 구체적인 기술 내용에서 구조주의의 영향이 아주 없다고 잘라 말하기는 어려울 것이다. 이러한 문제는 한국의 문법과 그것에 영향을 준 일본의 문법, 일본의 문법과 그것에 영향을 준 서구 문법의 관계들에 관한 입체적인 작업이 이루어지고 난 이후에나 분명하게 말할 수 있는 것이 아닌가 생각된다.

사에서의 구조주의에 대한 논의도 이러한 차이를 고려해야 한다. 정렬모(1946)와 이숭녕(1956)의 체제나 내용을 비교하면 얼마나 다른지를 금방 알 수 있다. 품사 분류의 기준이나 문법 단위의 설정, 월 구조의 기술 등에서 그 차이가 너무 커서 비교하기 어려울 정도이다. 굳이 공통성을 찾자면, 두 체계 모두 종합적 체계라는 것인데, 그러나 그마저 세부적으로 너무 달라서 공통점을 찾기 어렵다. 따라서 이들 문법 체계를, 종합적 체계라는 점을 중시하여, 동시대의 문법으로 묶는다는 것은 문제가 있다고 생각된다.

사실 정렬모(1946)는 종합적 체계이지만, 토의 하위 분류에서 보면, 분석적 체계인 주시경(1910)과 김두봉(1916)과 종합적 체계인 이극로(1935)의 영향을 받았음을 알 수 있다.11) 그리고 정렬모 선생도 김두봉, 김윤경, 최현배 선생과 함께 거의 동일한 시기에 주시경 선생에게 가르침을 받았다는 것도 고려해야 할 것이다. 이들 사실로 미루어 본다면, 정렬모(1946)가 비록 해방 이후에 발간된 것이지만, 전통 문법의 연장선상에서 평가되어야 할 것이다.

## 5.

곁들여 살펴볼 것은 해방 직후인 1945년~1948년의 국어학 연구의 성격과 관련된 문제이다. 해방 직후에 많은 문법책들이 출판되었는데, 그 저작들 가운데 해방 이전의 연구와 연관된 것이 많다. 다시 말하자면, 해방 이전에 개요나 서설 정도로 출판되었던 것이 해방 이후에 완성되어 출판된 것으로 생각되는 저작들이 있다는 것이다. 예컨대, 홍기문(1946)과 홍기문(1927)의 관계, 정렬모(1927~8)와 정렬모(1946)의 관계, 김윤경(1948)과 김윤경(1932)의 관계가 그러하다.

그런데 이들 가운데 해방 이후에 출판된 저작들이 해방 이후의 연구 성과를 반영하는 것이 아니라, 기본적으로는 해방 이전의 연구의 연장선상에 있는 것으로 보아야 한다. 예컨대, (13)을 보면 홍기문(1946)이 10여 년에 걸쳐 저술된 것을 알 수 있으며, 앞의 (12)와 함께 (14)를 보면 정렬모(1946)의 내용도 출판된 해방 이후에 구상한 것이 아니라, 그보다 훨씬 앞서, 정렬모

---

11) 이에 대한 논의는 최규수(1996)를 참고하시오.

(1927~8)를 참고하면서, 구상한 것이었음을 시사한다.

(13) 그런데 이 冊을 시작하고 이루는 그 十餘年間에 나는 돌이 겨오 지
난 아우와 아들의 두 죽엄을 보내엇다(홍기문, 1946:헌서사(獻書辭)에
서).

(14) ... 조선어학회 사건으로 함흥감옥에 가치었을 때 다행이 생각이 전일
할 수 있으므로 옛 기억을 일으켜 안을 세웠다가 놓여 나와서 밭갈
고 나무하는 여가에 생각을 점점 정돈하여 오던 중, 해방 후 바쁜 틈
을 타서 책으로 만들게 된 것인데 ... (정렬모, 1946:머리에 두는 말).

그리고 이러한 일은 1940 초반부터 해방 이전까지 학술 활동이 여의치 못
했다는 사정을 반영하는 것이기도 하다. 이러한 것을 고려하면, 해방 직후의
국어학 연구는, 새로운 언어관이나 새로운 방법론에 의한 연구가 시작되는
시기라기보다는, 그 이전의 국어학 연구, 곧 전통 문법적 연구가 마무리되는
시기라고 보는 것이 나을 것이라 생각한다.

# 6.

이제 이상의 논의를 고려하면서, 국어학 연구의 역사를 살펴보자. 주시경
(1910)은 분석적 체계라기보다는, 분석적 체계와 종합적 체계와 절충적 체계
가 뒤섞여 나타나는 '미분화된 체계'로 보는 것이 올바를 것이다.[12] 주시경
(1910)부터 1950년대까지의 세 체계의 흐름은 다음과 같이 정리된다. 분석적
체계는 주시경(1914)에서 본격적으로 출발하는데, 김두봉(1916)과 홍기문
(1927), 김윤경(1932)을 거쳐, 김윤경(1938)에 이른다. 종합적 체계는 정렬모
(1927~8)에서 출발하여 이극로(1935)를 거쳐, 정렬모(1946)에 이르고, 절충
적 체계는 최현배(1930, 1937)에서 출발한다. 이를 보면, 분석적 체계가 맨
먼저 나타났지만, 곧 이어 종합적 체계와 절충적 체계가 앞서거니 뒤서거니
이어졌다는 것을 알 수 있다.

12) 이러한 것에 대한 상세한 논의는 최규수(1992, 1996)를 참고하시오.

1950년대에 들어서는 미국의 기술 언어학이 도입되면서, 양상이 조금 달라진다. 분석적 체계는 사라지고, 기술 언어학에 바탕을 둔 종합적 체계[13]인 이숭녕(1956)과 김민수(1960)가 등장하게 된다. 절충적 체계는 허 웅(1975, 1983, 1995)에까지 이어지는데, 이 저작들은 한편으로는 기술 언어학의 방법론을 받아들이면서, 한편으로는 최현배(1937)를 계승한 것이다. 이 시기의 한국어 문법 연구는 서구의, 주로 미국어의 언어학 이론을 직접 수용했으며, 문법의 전체 체계도 그에 따라 구성했다. 이런 점에서, 이 시기의 연구는 이전의 연구와는 사뭇 다르다. 분석적 체계는 사라졌지만, 이 시기의 절충적 체계도 이전의 절충적 체계와 근본적으로 차이가 있으며, 종합적 체계도 마찬가지이다.

1960~70년대에 변형 문법이 도입되고, 변형 문법 자체가 내적 변화를 일으키면서 낱말관에도 많은 변화가 있었다. 이를 간략하게 정리하자면 다음과 같다. 변형 문법의 초기에는 그 체계가 분석적 체계인지 종합적 체계인지 절충적 체계인지를 결정하기 어렵거나, 아니면 분명치 않은 것으로 보인다. 기저 구조와 표층 구조의 관계를 어떻게 설정하는가에 따라 낱말과 그 구성요소를 다루는 방식이 달라지기 때문이다. 최근의 변형 문법을 보면, 낱말도 형태론에서의 낱말과 통어론에서의 낱말을 구분하는 경향이 있다.[14] 그리고 통어론에서는 임자씨나 풀이씨에 붙는 굴곡의 가지 모두를 통어 구조의 중심어로 분석하기도 한다(유동석 1995 참조). 이렇게 보면, 이러한 문법은 형태적 낱말의 측면에서 보면 종합적 체계이고, 통어적 낱말의 측면을 보면 분석적 체계[15]가 되는 셈이다.

---

13) 미국의 기술 언어학에서는 낱말을 최소자립형식으로 정의하였는데, 그러한 정의를 한국어 연구에 그대로 도입한 문법은 종합적 체계가 될 수밖에 없을 것이다. 이광정(1987:234)에서는 품사 분류의 보편화의 경향을 당시에 새로 출현된 유형의 종류에 근거하여 논의하고 있는데, 이러한 논의는 이러한 문법 이론의 수용 과정을 고려해야 할 것이다.

14) 예컨대, 시정곤(1994)에서는 단어를 관용어, 어휘적 단어, 통사적 단어, 음운적 단어 등으로 나누었다.

15) 물론 변형 문법의 이러한 체계는 주시경(1914)을 계승한 분석적 체계와는 조금 다르다. 주시경(1914) 계열의 분석적 체계는 최소 자립 형식('보았다')을 줄기인 부분('보')과 굴곡의 가지로 된 부분('았다')의 둘로 나누고, 각각을 한 낱말로 보았다. 그러나 최근의 변형 문법에서는 굴곡의 가지 각각('았'과 '다')도 통어론의 최소 단위로 본다.

# 참고 논저

김두봉(1916), 조선말본, 김민수·하동호·고영근 공편, 역대한국문법대계 제1부 22책(=역대 1-22), 탑출판사.

김민수(1954), '국어문법의 유형-국어 문법론사 시고', 국어국문학 10, 국어국문학회.

김민수(1960), 국어문법론 연구, 역대 1-37.

김민수(1986), 1세기 반에 걸친 한국문법연구사, 역대 총색인.

김윤경(1932), 조선말본, 역대 1-54.

김윤경(1938), 조선문자 급 어학사, 한결 김윤경 전집 Ⅰ(1985), 연세대학교 출판부.

김윤경(1948), 나라말본, 역대 1-54.

김윤경(1963), 새로 지은 국어학사, 을유문화사.

서정수(1996), 국어문법, 한양대학교 출판원.

시정곤(1994), 국어의 단어형성 원리, 국학자료원.

유동석(1995), 국어의 매개변인 문법, 신구문화사.

이광정(1987), 국어품사분류의 역사적 발전에 관한 연구, 한신문화사.

이극로(1935), '조선말 임자씨의 토(1~3)', 한글 3-1, 2, 4, 조선어학회. 한글학회 영인본(1972).

이숭녕(1953), '격의 독립품사 시비', 국어국문학 4, 국어국문학회.

이숭녕(1956), 고등국어문법, 역대 1-34.

정렬모(1927~8), '조선어 문법론', 한글 1-3, 4, 6, 7~2-1, 2, 조선어학회.

주시경(1910), 국어문법, 역대 1-4.

주시경(1914), 말의 소리, 역대 1-4.

최규수(1992), '주시경 문법에서 굴곡가지의 처리', 우리말연구 2, 우리말연구회.

최규수(1996), '주시경의 토를 다루는 방식과 그 계승', 한글 232, 한글학회.

최규수(2000), '자리토씨의 형태론과 통어론에 대하여', 우리말연구 10, 우리말학회.

최규수(2001), '통어론과 형태론의 관계에 대하여-한국어 토를 중심으로-', 언어과학 8-1, 한국언어과학회.

최현배(1930), 조선어의 품사 분류론, 역대 1-44.

최현배(1978(1937의 7판)), 우리말본, 정음사.

홍기문(1927), 조선문전요령, 역대 1-15.

홍기문(1946), 조선문법연구, 역대 1-15.

허 웅(1975), 우리 옛말본-형태론, 샘문화사.

허 웅(1983), 국어학, 샘문화사.

허 웅(1995), 20세기 우리말의 형태론, 샘문화사.

Helbig, G. (1970), Geschichet der neueren Sprachwissenschaft - Unter dem besonderen

Aspekt der Grammatik-Theorie, Leipzig. 임영재 옮김(1984), 언어학사, 경문사.

최규수    609-735 부산시 금정구 장전동 부산대학교 국문과        ☎051-510-2004
          609-310 부산시 금정구 구서동 주공 아파트 11동 202호    ☎051-512-9894
          ✉kschoi2@pusan.ac.kr

# 어휘의 오류

류 영 남

## 1. 머리말

어휘는 의사 소통에 필요한 문장을 구성하는 기본 요소이다. 문장은 우선 문법 규칙에 맞는 구조로 짜여야 하지만 문법 규칙에 다 맞는다고 하여 모두 올바른 문장이 되는 것은 아니다. 어휘를 어떻게 선택하여 사용하는지에 따라 문장의 올바름이나 자연스러움의 정도가 크게 차이가 난다.

간혹 외국어 사전을 살펴보면, 어휘를 사용하는 사람의 수준에 따라 가려 쓸 수 있도록 별표[*]와 쌍별표[**] 등을 써서 기초 어휘와 고급 어휘를 구별해 둔 것이 보인다. 이것은 보편적으로 쓰일 수 있는 어휘와 쓰이지 않는 어휘를 문맥에 따라 가려 쓰게 하려는 의도에 따른 것으로, 말을 배우는 사람이나 외국인에게는 도움이 되는 자료이다. 이러한 어휘에 대한 인식에서 그들은 2만 2천 단어, 3만 단어 등으로 단어의 등급과 난이도에 따라 책으로 엮어, 어휘를 단계에 따라 학습하도록 하고 있다.

또 편지를 쓸 경우, 받아 보는 사람의 지식 수준이나 나이에 따라 같은 단어라도 비슷한 뜻을 가진 쉬운 어휘를 대안으로 제시하는 컴퓨터 프로그램도 있는 것으로 보아도, 외국인이 행하는 어휘 교육은 체계적이며 필수적이다.

우리의 학교 교육에서는 비슷한 말, 반대말 등으로 맹목적으로 어휘를 교육하고 있으며, 등급별 기본 어휘와 빈도별 중요 어휘를 구별하지 않고 교육하고 있다. 참고할 기본 어휘 사전도 제대로 갖추지 못하고 있다. 어휘의 여러 상황에 따른 선택 제한이나 중복 등은 잘 가르치지 않고 있으며, 구별해서 써야 할 어휘도 관념적으로 알고 있을 뿐 체계적으로 제시되어 있지도 않은 실정이다. 사전에는 선택 제한에 따른 여러 정보가 좀더 체계적으로 실려 있어야 하며, 등급별 기초 어휘와 고급 어휘를 구별해서 교육에 참고할 수 있도록 해야 한다.

어휘의 정확한 사용은 정확한 어휘의 개념을 이해하는 데서 시작하며, 이는 꾸준히 책읽기와 훈련을 통하여 향상될 수 있다. 정확한 어휘를 적절한 상황에 사용할 수 있게 하는 것이 글쓰기 교육의 가장 기본이 되는 일이다.

어휘를 정확하고 효율적으로 사용한다는 것은 그 낱말의 의미와 용법을 정확하게 이해하여 문장에 적절하게 사용하는 것을 의미한다.

전달하려는 의미를 효율적으로 표현하기 위해서는 어휘의 정확한 사용이 필수적이다. 어휘를 정확하면서도 효율적으로 사용해야 한다는 것은, 특별한 의도가 없는 한 낱말의 의미가 서로 중복되지 아니하며, 어휘의 용법, 낱말의 선택 자질, 어휘의 화용적 상황에 따라 적절하게 연결되어야 한다는 것을 의미한다.

어휘는 자체의 어휘적 의미 이외에 문맥상의 의미, 다른 어휘와 관련한 의미를 가지고 있으므로, 어휘 자체의 오용에 의한 오류가 생길 수 있고, 다른 어휘들과 관련하여 오용이 생길 수 있다. 이런 점에서 어휘의 오용을 크게 '어휘 선택의 오류'와 '어휘 결합의 오류'로 나누어 볼 수 있다.

어휘 선택의 오류는 어휘의 화용적인 쓰임이나 의미를 정확하게 이해하지 못해서 오는 오류이고, 어휘 결합의 오류는 이른바 어휘의 의미적인 선택 제약을 의미하는 것으로, 문장 속에서 다른 어휘들과 관계가 부적절하거나 의미 성분이 서로 어울리지 못하는 데서 오는 오류이다.

특히, 어휘를 사용할 때는 기본적으로 맞춤법을 지켜야 한다. 맞춤법에 맞는 어휘를 정확하게 사용하기 위해서는 다음과 같은 점을 고려해야 한다.[1]

첫째, 한자말이나 서양말보다 고유어, 곧 토박이말이 정보 전달이 쉽다.

---

[1] 박창원(1998)은 어휘 선택의 기준을 다음과 같이 제시하고 있다. ① 어휘의 의미나 기능, 용법을 정확히 알고 사용할 것. ② 단어의 의미 관계와 화용상의 차이를 정확하게 파악할 것. ③ 한 문장 안에서 어휘가 중복되지 않도록 할 것. ④ 한자어와 외국어를 절제없이 사용하지 말 것.

둘째, 어휘는 의미에 따라 정확하게 사용해야 정보를 정확하게 전달할 수 있다.

셋째, 어휘는 일정한 화용적 제약을 가지고 있다.

넷째, 문장은 될 수 있는 한 격식에 맞는 어휘를 사용해야 한다.

다섯째, 흔히 쓰는 비유적인 표현은 논리적 개념을 전달하는 데 적절하지 못하다.

여섯째, 어휘는 서로 용법이 비슷하여 구별하기 힘든 경우도 있다.

일곱째, 어휘는 의미적으로 서로 겹치지 않아야 경제적으로 정보를 전달할 수 있다.

## 2. 어휘 선택의 오류

먼저, 전달하려는 정보를 효과적으로 표현하기 위해서는 어휘를 정확하고 효율적으로 사용해야 한다. 어휘를 정확하고 효율적으로 사용하려면 기본적으로 맞춤법을 지키며 토박이말을 사용하여야 한다. 토박이말은 우리들의 사고 방식이나 명명 행위가 우리말 법으로 나타나므로 어휘의 의미를 이해하기 쉽다. 그러나 한자말이나 서양말 등의 들온말은 많은 지식이 없으면 이해하기 어렵다.

어휘 선택의 오류의 첫째 유형은 어려운 한자말이나 서양말을 사용하여 문장의 의미 해석에 장애를 준 오류이다.

(1) ㄱ. <u>감청</u>이란 통신의 음향을 <u>청취</u> <u>공독(共讀)</u>하여 그 내용을 <u>지득(知得)</u> 또는 <u>채록(採錄)</u>하거나 …

ㄴ. <u>모던한</u> 패션에 <u>샤프한</u> <u>외모</u>

(1)의 보기는 한자말이나 서양말을 지나치게 사용하여, 표현하고자 하는 의미를 구체적으로 드러내지 못했기 때문에 오류가 발생한 경우다.

(1ㄱ)은 '감청(監聽)'의 내용을 설명하는 문장인데, 한자말 '공독', '지득', '채록'의 뜻이 어려워 금방 내용을 파악하기 힘들다. (1ㄴ)도 '모던', '패션',

'샤프' 등 서양말을 그대로 써서 의미가 생소한 표현이다. 이러한 한자말과 들온말은 토박이말로 쓰는 것보다 문장의 내용이 쉽게 이해되지 않기 때문에 전달 목적을 효과적으로 이룰 수 없으며 오류가 발생하기 쉽다.

어휘 선택의 오류의 둘째 유형은 어휘를 용법에 따라 정확하게 쓰지 않은 오류이다. 어휘를 선택할 때는 어휘의 의미를 정확하게 이해하고 사용해야 한다. 어휘를 용법에 따라 정확하게 사용하지 않으면 전달하고자 하는 의미가 잘 드러나지 않는다.

 (2) ㄱ. 바다 속 31m를 흙으로 <u>메꾼</u> 셈이다.

   ㄴ. 지난 장마로 <u>패인</u> 땅에 물이 고여 자동차가 지나가면…

(2ㄱ)에 쓴 '메꾸다'는 표준어가 아니라 사투리다. '구멍에 무엇인가 넣어서 채우다'는 뜻은 표준어 '메우다'로 써야 하는데 정확하게 선택하지 못했다. (2ㄴ)의 '패인'은 '팬'을 잘못 쓴 표현이다. '패이다'는 '파다'에 입음 파생 씨끝 '-이-'가 실현된 꼴에 다시 입음 파생 씨끝 '-이-'를 붙인 꼴이다.

 (2) ㄱ. (조기가) 옆 줄이 선명하지 않고 유난히 광택이 나면 <u>외제</u>로 의심
   해 볼 만하다.

   ㄴ. 공무원들이 사고 수습을 놓고 <u>안절부절하고</u> 있다.

(3)도 어휘의 의미를 정확히 사용하지 않은 경우이다. (3ㄱ)에 쓰인 '외제'는 '외국에서 만든 물건'으로 농산물이나 생선에는 쓸 수 없는 어휘이다. 농산물이나 생선은 '외국산'으로 표기해야 하는데 정확한 어휘 의미를 고려하지 못해 오류 표현이 됐다. (3ㄴ)의 '안절부절하다'는 '불안하고 초조하여 어찌할 바를 모르다'는 뜻으로 쓰는 '안절부절못하다'를 잘못 쓴 것이다. '안절부절못하다'는 가만히 앉아 있지 못하고 불안한 상태를 말하는 토박이말로 '못하다'를 꼭 붙여 써야지 '안절부절 말고 가만히 앉아라', '선생님만 보면 안절부절이다'로 쓰면 잘못이다. 이와 같이 기본적으로 어휘를 정확하게 써야 오류가 발생하지 않는다.

어휘 선택의 오류의 셋째 유형은 어휘의 화용적 상황을 고려하지 않은 오류이다. 다음의 (4)도 어휘가 지닌 화용적 상황(선택 제약적인 요소)을 고려하지 않은 오류이다.

(4) ㄱ. 아버지께서 우리들에게 <u>애교를 부리신다</u>.
　　ㄴ. 안익태 선생 <u>미망인</u> 롤리타 안 여사가 묘소를 참배하고 있다.

(4ㄱ)의 '애교를 부리다'는 '남에게 귀엽게 보이려 하다'는 뜻의 의미인데 나이든 사람이나 자신이 높여야 할 사람에게는 쓸 수 없는 말이다.[2] (4ㄴ)의 '미망인'은 '남편을 여의고 홀로 살아 있는 사람'을 뜻하는데, 높임말이 아니라 낮춤말이다. 즉, '남편이 돌아갔지만 따라 죽지 못한 여인'이라는 뜻이므로 자신이 겸손하게 자신을 소개할 때 쓰는 말이다. 이처럼 어휘의 화용적 상황을 적절하게 고려하지 않으면 오류 문장이 된다.

어휘 선택의 오류의 넷째 유형은 구체적이지 못한 어휘를 사용하여 문장을 모호하게 만든 오류이다.

(5) ㄱ. 그 문제는 <u>정치적 문제</u>이다.
　　ㄴ. 선생님은 테니스를 <u>못 배운다</u>.

(5ㄱ)은 엄연한 '정치 문제'를 '정치적 문제'로 표현하면 확실성이 줄어든다. 이 '-적'은 중국에서 받아들인 것이라 하나 이는 개화기 때에 일본에 간 유학생들이 받아들인 것으로 봄이 타당한데, 이를 남용하면 표현이 모호해진다. 특히, '기분적으로 한다', '근원적으로 같다' 등과 같은 표현은 '기분에 따라 한다', '그 뿌리는 같다'란 우리말 법의 발전을 막기 때문에 '적'을 빼든지, 알맞은 조사로 바꾸어 올바른 말로 표현해야 한다. (5ㄴ)도 '못'을 잘못 사용하여 모호한 개념이 되었다. 즉, 이 문장은 '배울 기회가 없다, 배워서는 안 된다, 배우는 것이 금지되어 있다'로 해석되므로 전달하고자 하는 의미를

---

2) 이 외에도 윗사람에게 쓸 수 없는 어휘는 '기특하다, 무고하다, 수고하다, 착하다' 등이 있다. 자세한 내용은 류영남(1994:198) 참고할 것.

제대로 드러내지 못한 문장이다.

어휘 선택의 오류의 다섯째 유형은 은어나 비어, 속어 등과 같은 공식어가 아닌 어휘를 사용하여 순화의 대상이 되는 문장을 만든 오류이다.

(6) ㄱ. 대가리에 피도 안 마른 놈이 눈깔을 뒤집고 욕을 한다.
ㄴ. 마치 돈키호테처럼 안하무인격으로 깝죽거리는데

(6ㄱ)은 '대가리에 피가 안 마르다, 눈깔을 뒤집다' 등과 같이 격식적인 문장에서 받아들이지 않는 속어를 사용한 속된 문장이다. (6ㄴ)도 '깝죽거리다'는 비속어를 사용한 순화 대상이 되는 문장이다.

어휘 선택의 오류의 마지막 유형은 익숙한 비유 표현을 사용해서 문장의 의미를 정확하게 드러내지 못한 오류이다.

(7) ㄱ. 들어가자마자 주먹 세례를 받았다.
ㄴ. 현재 온도는 30도를 가리키고 있습니다.

(7ㄱ)의 '세례'는 천주교에서 행하는 종교 의식으로 입교하는 모든 사람에게 죄악을 씻는 표로 시행하는 의식이다. 이러한 의식에서 '어떠한 일로 인해 겪어야 할 단련이나 타격'의 뜻으로 '탄환 세례', '주먹 세례' 등으로 비유적으로 쓰는 어휘이다. 그러나 '키스 세례'는 '키스'가 특정한 단련이나 타격이 아니므로 이 같은 표현은 잘못이다. (7ㄴ)의 '가리키고 있다'도 익숙하게 쓰는 표현이다. '시계가 8시를 가리키고 있습니다', '전광판이 게임 종료를 가리키고 있습니다'에서 보듯이 시계나 전광판 등과 같이, 볼 수 있는 대상이나 기계가 지시하는 내용을 말할 때 자주 쓰인다.[3] 이 표현은 온도가 25도를 가리키는 것이 아니라 '온도계가 25도를 가리키고 있습니다'하는 것이 의미상으로 적절하고 '지금 온도가 30도입니다'로 표현하는 것이 가장 바람직하다.

---

[3] 이 표현은 '지금 8시입니다', '게임이 끝납니다', '게임 끝입니다' 등으로 표현해야 하는 것이 더 바람직하다.

## 3. 어휘 결합의 오류

어휘 결합의 오류란, 어휘가 다른 어휘와 함께 사용될 때 의미적으로 서로 어울리지 못하거나 의미가 겹쳐서 정확하게 드러나지 않는 경우를 말한다.

어휘 결합의 오류는 어휘간의 '연어 관계 오류'와 '어휘 중복 오류'로 구별할 수 있다. 어휘간의 연어 관계4)란, 낱말의 의미적인 통합 관계에서 서로간의 의미 성분이 어울리지 못하는 선택 제약을 말하는 것으로, 문법에서 말하는 일치나 호응과는 약간 차이가 있다.

문법적인 호응이나 일치는 일정한 성분에 문법적으로 특별한 표시가 있는 성분이 서로 어울리거나 하나로 이어지는 경우이지만, 연어 관계란 '피가 서로 엉키다'에서처럼 '엉키다'가 가지는 의미상의 제약을 의미하는 것이다. '엉키다'는 실이나 머리카락처럼 액체가 아닌 것이 서로 뒤얽힐 때 사용되는 어휘이므로 '피'와 연어 관계를 이룰 수 없다. 이 때에는 '걸쭉한 액체가 한데 뭉치어 붙다'는 뜻의 '엉기다'를 써야 '피'와 의미적으로 어울리는 표현이 된다.

이처럼, 연어 관계는 의미적인 제약으로 다룰 수 있는 것으로 문법적인 일치나 호응보다 규칙화하기 어려운 실정이다. 그러나 대부분의 어휘적 오류가 연어 관계를 고려하지 않고 어휘를 선택하여 사용하는 데서 발생한다는 점을 생각하면 대단히 중요한 문제가 된다. 이러한 연어 관계는 그 의미가 비슷하고 쓰임이 비슷한 어휘일수록 더욱 중요하게 검토해야 한다. 이런 어휘들은 혼동하기 쉬워 오용하기 때문이다.

(8) ㄱ. 뒷문을 <u>사용</u>하는 사람들이 많다.
　　ㄴ. 학생 <u>숫자</u>를 세서 군인에게 알려 주었다.

---

4) 연어 관계는 낱말의 통합 관계에서 일어나는 의미적인 통합을 말한다. 이것은 최현배 님의 이은말의 개념과 차이가 있다. 최현배 님의 이은말은 이름씨와 움직씨, 임자말과 풀이말 따위의 통사적인 범주의 통합을 말하지만, 연어 관계는 낱말의 의미적인 선택 제약을 의미한다.

위의 (8ㄱ)에 쓰인 '사용하다' 어휘는 '도구나 연장'을 필요로 하는 풀이씨이다. 이와 비슷한 '유용'이란 어휘도 '사용'과 유사한 환경에 쓰이는 어휘이다. 이 어휘는 장소나 물건을 이롭게 쓴다는 의미이다. 보통은 '송곳을 사용해 구멍을 뚫었다'나 '강당을 이용해 연극을 하였다' 등으로 '이용'과 '사용'은 대상이 도구와 연장이냐 아니면 장소나 물건이냐에 따라 구별된다. 위 (8ㄱ)은 뒷문은 도구로 사용할 수 없는 물건이어서 '이용하는'으로 바꿔 써야 그 본래의 뜻을 전달할 수 있다.

(8ㄴ)에 쓰인 '숫자'도 '수'와는 구별되는 어휘이다. '숫자'는 셈을 문자로 나타낸 것이며 '수'는 양의 크기를 의미한다. 이런 점에서 구체적인 양이 드러나는 크기에는 '수'를 사용해야 한다. 그러나 많은 사람들은 '수'를 '숫자'로 혼동하여 쓰고 있다.

이처럼, 유사한 의미를 가지거나 사용 환경이 비슷하여 혼동하기 쉬운 어휘는 그 연어 관계를 고려하지 않으면 잘못 쓰기 쉽다.

다음으로 어휘 중복의 오류이다. 어휘 중복의 오류란, 특정한 의도 없이 동일 의미의 어휘를 겹쳐 써서 언어 전달의 효율성을 떨어뜨리는 오류를 말한다. 이것도 연어 관계에서 발생한 오류이다. 어휘가 겹치는 이유는 한자말이나 서양말의 의미가 토박이말과는 달리 쉽게 드러나지 않기에 의미를 분명하게 하기 위해 토박이말이나 한자말을 부주의하게 덧쓰기 때문이다.

어휘가 중복되는 경우는 겹치는 말의 종류에 따라 토박이말과 토박이말이 겹치는 경우, 토박이말과 한자말이 겹치는 경우, 한자말과 한자말, 한자말과 서양말이 겹치는 경우 등 크게 세 종류로 구별할 수 있다. 이 중 토박이말과 한자말이 겹치는 표현이 가장 많은데, 이는 어려운 한자말을 쉬운 토박이말로 그 뜻을 명확하게 드러내는 의도에서 나타나는 오류이다.[5]

먼저 토박이말과 토박이말이 겹치는 경우이다.[6]

---

5) 어휘의 중복을 특정한 표현을 두드러지게 하려는 의도를 가진 표현으로 보기도 한다. 그러나 여기에서는 문장에서의 특정한 의도가 없이 단순히 겹쳐 표현하는 것은 전달의 효율성에 어긋난다는 점에서 오류로 다룬다.

6) 토박이말의 겹침의 보기는 다음과 같다.

| | |
|---|---|
| 문틈 사이로 → 문틈으로 | 가끔씩 찾아왔다 → 가끔 찾아왔다 |
| 더불어 같이 → 더불어, 같이 | 만족해 했습니다 → 만족했습니다 |
| 이미 벌써 → 이미, 벌써 | 놀이하기에는 부적당한 → 놀이에는 부적당한 |

(9) ㄱ. <u>문틈 사이</u>로 바람이 들어온다.

ㄴ. 그 친구는 <u>가끔씩</u> 찾아왔다.

ㄷ. 우리는 <u>더불어 같이</u> 살아가야 할 운명이다.

(9ㄱ)은 '틈'과 '사이'가 겹치고 있는데, '문틈'이나 '문 사이로'로 표현하는 것이 겹침이 없어 올바르다. (9ㄴ)도 어찌말 '가끔'과 '-씩'이 겹치는 표현이다. 도움 토씨 '-씩'은 수량이나 크기를 나타내는 말 뒤에 붙어, 각각 같은 수량이나 크기로 나뉘거나 되풀이됨을 나타내는데, '가끔'도 동안이 얼마쯤 뜨게 되풀이됨을 나타내는 어찌말이므로 의미가 겹친 것이다. '가끔'으로만 표현해야 한다. (9ㄷ)의 '더불어'와 '같이'도 의미적으로 겹친 표현이다. 어찌씨 '더불어'는 '함께, 한가지로, 같이'의 뜻이므로 '같이'와 같이 쓰지 말아야 한다.

다음으로 토박이말과 한자말이 겹치는 경우이다.7)

---

불이 일어나다. → 불이 나다      보존을 해야 할 필요 → 보존할 필요

그 밖에도 다른 이유들 때문에 → 그 밖의 이유로

10~15밀리 가량의 비가 오겠습니다 → 10~15밀리의 비가

7) 토박이말과 한자말이 겹친 보기는 다음과 같다.

| | |
|---|---|
| 1시 이후부터 → 1시부터, 1시 이후 | 20여 평 남짓 → 20평 남짓, 20여 평 |
| 기간 동안 → 동안, 사이 | ~에 대한 대비책 → ~ 대비책, ~ 방비책 |
| 각 업체마다 → 업체마다 | 가까이 접근하다 → 가까이 다가가다 |
| 거쳐간 경로 → 경로 | 회원 명수를 10인 이하로 → 회원 수 |
| 간단히 요약하다 → 간단히 줄이다 | 간략히 개관하다 → 간략히 살펴보다 |
| 같은 동포 → 우리 동포, 같은 민족 | 같이 동행하다 → 같이 가다, 동행하다 |
| 견지에서 본다면 → 처지에서 본다면 | 결론을 맺다 → 결론을 내리다 |
| 결실을 맺다 → 열매를 맺다 | 결연을 맺다 → 결연하다 |
| 중요시 여깁니다 → 중요하게 여깁니다 | 공감을 느낀다 → 공감이다, 같은 느낌이다 |
| 과정을 거치다 → 절차를 거치다 | 관점에서 본다면 → 관점에서 말한다면 |
| 다시 재론하다 → 다시 의논할, 재론할 | 금 메달을 수여받고 있다 → 받고 |
| 기간 동안 → 기간, 동안 | 기차가 발차할 시간 → 떠날 시간 |
| 긴 장문의 편지 → 긴, 장문의 | 나이가 연만하신 분 → 연세가 드신(많으신) 분 |
| 낙엽이 떨어지다 → 지다 | 남은 여생 → 남은 생애, 여생 |
| 남은 잔금 → 남은 돈, 잔금 | 내면 속에는 → 내면에는, 속에는 |
| 넓은 광장 → 넓은 마당, 광장 | 높은 고온 → 높은 온도, 고온 |
| 높은 고지 → 고지, 높은 지대 | 뇌리 속에 → 머리에, 머릿속에 |
| 늙은 노모 → 노모, 늙은 어머니 | 다시 재론하다 → 다시 논하다, 재론하다 |

담임을 맡다 → 담임하다, 맡다
더러운 오물 → 오물, 더러운 물
돼지 마리 수가 → 수가
마음을 결심하다 → 마음을 정하다
매 시간마다 → 시간마다, 매 시간
매일마다 → 날마다
먼저 선취점을 얻다 → 선취점을 내다
명확히 밝히다 → 확실히 밝히다
몸의 상체 → 상체
미리 예고하다 → 미리 알리다
방치해 두다 → 방치하다, 내버려 두다
버스에 탄 승객 → 버스에 탄 손님
부정에 대한 대비책 → 부정 대비책
불시에 급습하다 → 급습하다
빈 공간에 → 빈 칸(터)에, 공간에
산재하고 있다 → 산재하다, 널려 있다
새로 들어온 신입생 → 신입생
성씨 본관별 인구 수 → 인구, 사람 수
소급하여 올라가다 → 소급하다
소위 말하는 → 이른바, 소위
시범을 보인다 → 시범한다
쓰이는 용도에 따라 → 쓰임에 따라
앞으로 전진하다 → 앞으로 나아가다
여러 가지 제반 문제 → 여러 가지 문제
역전 앞 → 역전, 역 앞
유산을 남겨 주다 → 재산을 남기다
이 전쟁 기간 중에는 → 기간, 중
이해 타산을 가리다 → 이해를 따지다
작품을 만들다 → 무엇을 만들다
장치를 만들어 → 장치를 하여
전선줄 → 전선, 전깃줄
정부 각 부서마다 → 정부 부서마다
존재하고 있다 → 존재한다
주시해 보다 → 주시하다
글모음집 → 글모음, 문집, 글모음책
지나가는 과객 → 지나가는 길손, 과객
집에 귀가하다 → 집에 돌아가다
청천 하늘 → 푸른 하늘
추천작으로 밀다 → 추천하다
침입해 들어오다 → 침입하다
탁구를 치다 → 탁구를 하다
판이하게 다른 → 판이한, 아주 다른

더러운 누명 → 누명
돈을 송금하다 → 돈을 보내다
들리는 소문에는 → 들리는 말에는
마음 속에 내재해 있는 → 마음 속에 있는
매끼마다 → 끼니마다, 매끼
머리를 삭발하다 → 머리를 깎다
면학에 힘쓰다 → 열심히 공부하다
모래 사장 → 모래밭, 사장
무수히 많다 → 굉장히 많다
밤낮 주야로 → 밤낮으로
방화를 막다 → 불을 막다
부상을 당했다 → 부상했다
분명히 밝히다 → 분명히 하다, 밝히다
불원천리 멀다 않고 → 불원천리
사무실 옥상 위에 → 옥상에, 지붕 위에
심도 깊은 학습을 위해 → 깊이 있는
새로운 신년을 맞아 → 새해를
세수를 씻는다 → 세수하다, 얼굴을 씻다
소득을 얻다 → 소득을 올리다
순찰을 돌다 → 순찰하다
실측을 재다 → 실측하다
아직 미정 → 미정, 아직 정하지 않음
어려운 난관 → 난관
여러 가지 종류 → 여러 종류, 여러 가지
차가운 냉탕 → 냉탕('찬 물'이 옳음.)
왼쪽으로 좌회전한 → 왼쪽으로 돈, 좌회전한
이질감을 느끼다 → 이질감이 들다
작은 소로 길 → 작은 길, 좁은 길
잔재가 남다 → 찌꺼기가 남다
재학하고 있다 → 학교에 다니고 있다
전래되어 오다 → 전해 내려오다, 전래되다
제품을 만들다 → 물건을 만들다
횟감용으로 → 횟감으로
주어진 여건 속에서 → 현재 상황에서
중태에 빠지다 → 해를 입다
지나치게 과식하다 → 과식하다, 지나치게 먹다
책을 읽는 독자 → 책을 읽는 사람, 독자
초가집 → 초가
축구를 차다 → 공을 차다, 축구를 하다
크게 대승했다 → 크게 이겼다, 대승했다
탈출해 나온 → 빠져 나온, 탈출한
평소 때보다 → 평소보다

(10) ㄱ. 군에 가려고 <u>머리를 삭발했다</u>.

　　 ㄴ. <u>기차가 발차할</u> 시간이다.

　　 ㄷ. <u>불원천리 멀다 않고</u> 찾아오신 어머니가 반가워 맨발로 나섰다.


(10ㄱ)은 '삭발하다'가 '머리를 깎다'는 뜻이므로 의미적으로 '머리'가 겹친
다. (10ㄴ)도 '발차하다'는 '기차나 차가 떠나다'는 뜻이므로 굳이 '기차'를 밝
혀 적을 필요는 없다.

(10ㄷ)의 '불원천리(不遠千里)'는 '먼 길을 멀게 여기지 않는다'는 뜻으로
'멀지 않다'는 의미를 머금고 있다. 이 표현은 '천릿길을 멀다 않고…'나 '불
원천리 찾아오신…'으로 해야 의미가 겹치지 않는다.

마지막으로 한자말과 한자말, 한자말과 서양말이 겹치는 경우이다.8)


(11) ㄱ. 옆집에 <u>결혼한 부부</u>가 이사왔다.

　　 ㄴ. 이 납치 사건은 <u>날조된 조작극</u>으로 드러났다.

　　 ㄷ. <u>빌딩 건물</u> 사이로 밝은 햇살이 비치고 …

---

폭음 소리 → 폭음　　　　　　　　　　표출해 내는 → 드러내는
푸른 창공 → 창공, 푸른 하늘　　　　　피해를 입다 → 해를 입다
하루가 여삼추 같다 → 삼추 같다　　　함께 공존하는 → 함께하는, 공존하는
함께 동행했다 → 함께 갔다　　　　　 함유하고 있다 → 함유하다
해변가 → 해변, 바닷가　　　　　　　 허송 세월을 보내다 → 허송 세월하다
혼자 독주하다 → 독주하다　　　　　　황토흙 → 황토
회고해 보다 → 뒤돌아보다, 돌이켜보다　회의를 품다 → 회의하다, 의심하다
사후 수습은 제가 처리하겠습니다 → 뒷일은 제가 처리하겠습니다

8) 한자말과 한자말, 한자말과 서양말이 겹치는 보기는 다음과 같다.
결혼한 부부 → 부부　　　　　　　　 날조된 조작극 → 날조극, 조작극
단속 기간 중에 → 단속 기간에　　　　로프 사이드 근처 → 로프 근처, 로프 사이
모집에 응모하다 → 모집에 응하다　　 문제를 출제하다 → 문제를 내다
빌딩 건물 사이로 → 빌딩 사이로　　　시험에 응시하다 → 시험에 응하다
실내 체육관 → 체육관, 실내 체육장　 약 1백여 군데 → 약 1백, 1백여
이 곡이 히트치면 → 히트하면　　　　 작품을 출품하다 → 작품을 내다
정당에 입당하다 → 정당에 들다　　　 증권 정보 소식을 → 증권 소식을, 증권 정보를
직인을 날인하다 → 직인을 찍다　　　 직장을 사직하다 → 직장을 그만두다
과반수 이상의 찬성으로 → 과반수의　 한꺼번에 수십여 명이 넘어진 → 수십 명
한·일 간의 현안 문제 → 현안

(11ㄱ)의 '결혼한 부부'는 한자말과 한자말이 겹친 표현이다. 결혼을 하면 부부가 될 것이고, 부부라면 결혼을 한 상태이므로 굳이 겹쳐 표현할 필요는 없다. (11ㄴ)도 '조작극'이란 '꾸며내거나 지어낸 일'이란 뜻이고, '날조'는 '사실인 듯 거짓으로 꾸밈'의 뜻이므로 그 의미가 겹친다. '날조극'이나 '조작극'으로 표현하는 것이 겹침이 없는 표현이다. (11ㄷ) '빌딩'은 '철근, 콘크리트로 지은 건물'이란 서양말이다. 굳이 '건물'을 덧붙여 쓸 필요가 없다.

## 4. 마무리

어휘의 오류는 어휘를 잘못 선택하거나 어휘의 용법과 의미, 화용적 상황을 고려하지 않은 오류이다. 특히, 어휘의 오류 중 겹친 표현의 오류는 전달의 효율성을 떨어뜨리는 것으로, 어려운 한자말이나 서양말 앞에 쉽게 설명하는 고유어나 한자말을 덧붙이는 경우가 가장 많다. 어휘적 오류 유형으로는 어휘 선택의 오류와 연어 관계의 오류, 어휘 중복 등이 있다.

### 참고 논저

류영남(1994), 말글밭, 육일 문화사.
리의도(1993), 오늘의 국어 무엇이 문제인가, 어문각.
미승우(1982), 맞춤법과 교정의 실제, 어문각.
박갑수(1984), 국어 표현과 순화론, 지학사.
박선자(1983), 한국어 어찌말 연구, 집문당.
박창원(1998), '신문의 언어 사용 실태와 교정', 현대 국어의 사용 실태 연구, 태학사.
서재극(1985), '국어답지 않은 국어', 국어 생활 2호, 국어 연구소.
서재원(1992), 바로 쓰는 우리말 아름다운 우리말, 한길사.
이근열(1995), '우리말의 올바른 표현', 언어와 표현, 우리말 연구회.
이민우(1984). '어휘 및 의미의 문제', 정신 문화 연구 23집, 한국 정신 문화 연구원.
이수열(1993), 우리말 우리글 바로 알고 바로 쓰기, 지문사.
이오덕(1992), 우리글 바로 쓰기, 한길사.
이은정(1991), 말·글 바로 쓰기, 국어 문화사.

하희주(1990), 바른 말, 바른 글, 을지 출판 공사.

류영남    607-030 부산시 동래구 칠산동 328 동래고등학교 교감    ☎051-555-0151
          609-836 부산시 금정구 장전1동 120-12 (24/1)           ☎051-512-7869

# 매인 이름씨 '뿐'의 문법화

채 영 희

## 1. 머리말

대부분의 언어는 사물의 행동이나 속성을 묘사하거나 드러내는 내용어와 내용어 사이의 관계를 규명하거나 월들의 관계를 밝히는 기능어로 구분할 수 있다. 그런데 이들 기능어는 내용어에 그 뿌리를 두고 있는 경우가 많으며, 내용어가 기능어의 특질을 가지게 되면 그 형태를 '문법화'되었다고 말한다. 여기서는 매인 이름씨 '뿐'이 문법화의 과정을 거치고 있다는 것을 설명하고자 한다.

(1) 영이가 노래를 부를 뿐이다.
(2) 말 뿐이지 행동은 하지 않는 사람이다.

(1)에 쓰인 '뿐'은 앞의 매김말 '부를'의 도움을 받아 영이가 다른 것은 하지 않고 오직 '노래만 부르다'는 대상을 한정하는 의미를 가지는 형태소이며, (2)에 쓰인 '뿐'은 이름씨 뒤에 이어 쓰여 행동은 하지 않고 '말만'한다는 한정적 의미를 가진 형태소이다.

(1)의 '뿐'은 매김말의 꾸밈을 받는 '매인 이름씨'로 보는데 다른 의견이 없으나 (2)에 쓰인 '뿐'은 이름씨 뒤에 이어 쓰인 점으로 미루어 보아 '도움토씨'와 같은 점을 가지고 있어 논란의 여지가 있다.

꼴과 뜻이 같은 형태소가 (1)과 (2)처럼 그 나타나는 환경이 다를 경우 이것을 한 품사로 다루어야 하는 지 아니면 그 다름을 인정하여 각각의 품사로 처리할 것인지 하는 문제는 그리 단순하게 처리 될 문제가 아닌 것이다. 같은 품사로 묶어진다는 것은 단순히 같은 어휘적 뜻바탕을 지닌 묶음이 아니라, 그것이 월에서 같은 구실을 하며 다른 형태와의 얽매임에 있어서 유사한 문법적 공통성을 지닌다는 의미이기 때문이다.

그러므로 (1)과 (2)에 쓰인 '뿐'을 같은 품사로 처리할 경우 그 형태소가 나타나는 '분포의 차이'를 무시하는 것이 되고, 그 다름을 인정하여 각각의 품사로 볼 경우 그 '꼴의 같음'을 무시한 것이 되어 버리고 만다.

이 글에서는 매인 이름씨 '뿐'을 대상으로 하여 꼴은 같으나 분포가 다른 형태의 품사 설정의 어려움과 '만'과의 대조를 통해 그러한 쓰임이 나타나게 된 까닭을 문법화의 과정으로 보고자 한다.

## 2. '뿐'은 이름씨인가 토씨인가?

(1)의 '뿐'을 최현배(1937:221)에서는 독립성이 없어서 안 옹글기는 하지만 그 쓰임이 대체로 여늬 이름씨와 비슷하므로 '안옹근 이름씨'라 하고 "제 홀로 쓰이지 못하고 항상 매김씨나 풀이씨의 매김꼴이나 매김씨 노릇을 하는 이름씨 뒤에 매히어 쓰이는 것이므로 '매힌 이름씨'라 한다"고 하여 이런 형태소가 나타나는 환경과 그 구실을 밝히고 있다. 여기서는 최님은 '매인 이름씨'가 쓰이는 환경을 (1)과 같은 '풀이씨의 매김꼴' 뒤와 (2)와 같은 '매김씨 노릇을 하는 임자씨' 뒤라고 밝히고 있어 '뿐'과 같은 형태소가 서로 다른 환경에서 나타나는 것을 설명하고자 했다.

최현배(1937:223)에서 잡음씨의 기움자리로만 되고 임자자리 같은 것은 되지 못하는 '안옹근 이름씨'에 '터, 따름, 나름, 뿐, 때문'을 같은 부류로 보고 (3)과 같은 보기를 들고 있다. 그러나 (3)은 최현배(1937:639)에서 '뿐'이 '도움토씨'임을 설명하기 위해 든 (4)와 같은 예가 되고 말았다.

(3) ㄱ. 가진 돈이 삼전 뿐이다.
　　ㄴ. 넓은 천지에 알아 주는 이는 자네 뿐일세.
(4) ㄱ. 아홉시 안으로 온 이는 나뿐이다.

ㄴ. 온 종일 잡은 고기가 모두 열마리뿐이다.

ㄷ. 그가 말뿐 아니라, 돈도 많이 내었어요.

아마도 (3)은 '뿐'의 뒤에 잡음씨가 이어짐을 보여주기 위한 것이겠지만 '안옹근 이름씨'로서의 '뿐'의 속성을 설명하기에는 적당한 예가 아니라고 보아진다.

'뿐'이 (4)와 같이 쓰이는 경우를 '다른 것은 그러지 아니한데, 이것만이 홀로 그러함'을 보이는 '홀로 도움토'라고 설명하면서 비로소 (5)와 같은 '안옹근 이름씨'의 쓰임을 밝히고 있다.

(5) ㄱ. 나도 그저 한 번 가 볼 뿐이다.

ㄴ. 굿만 보고 떡만 먹을 뿐이지요.

ㄷ. 비가 올 뿐 아니라, 바람조차 붑니다.

고영근(1970)에서는 99개의 형식명사를 그 설정기준과 인접형식과의 통합성에 의해 분류하면서 형식명사의 기준으로 의존성을 띠어 관형사형 아래 쓰여야 하고, 다른 형태소와의 통합관계에 제약이 있고, 조사를 취하는 것이라고 밝히고 있다.

그러면서 (6)의 '녁'이나 (7)의 '노릇'과 같이 자립형태가 의존성을 띨 경우, (6ㄴ) (7ㄴ)처럼 임시로 형식명사의 직능을 발휘하는 것이며, 한편 (6ㄱ) (7ㄱ)과 같이 체언 아래 쓰이는 형식명사는 임시로 조사적 직능을 발휘하는 것이라고 설명하면서 '따위, 대로, 만큼, 무렵, 바람, 뿐, 적, 채, 통'과 같은 보기를 들고 있다.[1]

---

1) 고영근(1970)에서는 관형사형과 체언 아래에 두루 쓰이는 의존형식의 중요 직능을 '명사'로 볼 것인가 '조사'로 볼 것인가 하는 문제를 비교적 상세하게 다루고 있다. 형식명사의 구조적 특징을 관형사적 요소와의 통합이라는 사실로 규정할 때 이들 형태소의 중요 직능은 형식명사이고 부차적인 것은 조사에 가까운 것이라고 설명하고 있음에 주목할 필요가 있다. 그러면서 고님은 조사와 명사 사이에 또 한 종류의 조사적 범주인 '준조사'라는 범주의 설정 가능성을 기술하고 있다.

(6) ㄱ. 새벽녘에 떠납시다.

　　ㄴ. 밝을 녘이 더 좋겠다.

(7) ㄱ. 형노릇을 하기가 힘들다.

　　ㄴ. 기가 차서 죽을 노릇이다.


그러나 고영근(1987:70)에 와서는 의존명사는 조사나 어미 접사와 같이 다른 말에 기대어 쓰인다는 점에서는 의존 형태소의 테두리에 들어간다고 할 수 있으나 일반적인 명사가 쓰이는 환경에서 나타나므로 명사로 보아야 한다고 기술하고 있다.

허웅(1975:282)에서 '뿐'을 매인 이름씨로 처리했으나 허웅(1975:385)에서는 (8ㄱ)과 같이 자리토씨와 어울리고 (8ㄴ)처럼 월에 붙는 '뿐'은 매인 이름씨로 볼 수 없기 때문에 이러한 경우를 토씨로 처리하고 있다.


(8) ㄱ. 엇뎨 오직 사ᄒᆞ매뿐 주거 울리오(두언 25:3)

　　ㄴ. 처ᅀᅥᆷ 地예 네 보라뿐 니ᄅᆞ시고(능엄 3:96)


허웅(1983:194)에서는 '매인 이름씨'로 보고, 매인 이름씨는 토씨의 기댐을 받는 형태적 특질이나, 여러 월 성분으로 기능할 수 있다는 통어적 특질을 보면 이름씨와 같으나 그 뜻의 실상이 없고 다만 그 실상을 메워 주기 위한 말에 매여 쓰이는 구속형식이라고 규정하고 있다. 허웅(1995:205~218)에서는 매인 이름씨가 낱말로서의 독립성을 가짐을 밝히면서 허웅(1995:242~296)에 걸쳐 그 수가 비교적 많은 '셈낱덩이 매인 이름씨'를 제외한 69개의 매인 이름씨의 쓰임을 자세히 보이고 있다.2) 여기서 '뿐'은 '여늬 매인 이름씨'의 한 부류이면서 앞 뒤 말과의 연결이 비교적 자유로운 것이라고 밝히고 있으나, (9)와 같은 예는 도움토씨로 처리할 수밖에 없다고 했다.3)

---

2) 최현배(1937:220~223)에서 안옹근 이름씨를 그 뜻과 쓰임으로 보아 '어찌씨 같은 안옹근 이름씨'와 '여늬 안옹근 이름씨'와 '셈낱덩이 안옹근 이름씨'로 나누어 설명하고 있는데 허웅(1995:242~296)에서는 이러한 분류를 그대로 받아들이면서 매인 이름씨의 앞뒤에 놓이는 말의 제약을 두루 살펴 현재 쓰이고 있는 많은 예를 보이고 있다.

3) 허웅(1995:1432~1433)에서 (9)와 같은 예를 들고 '뿐'을 토씨로밖에 볼 수 없음을 보이고

(9) ㄱ. 남편이라는 것도 몇 해 동안 같이 살던 사람이었다 뿐이지 별거
　　있어?
　　ㄴ. 좋은 도리가 있으면 듣다 뿐이겠느냐?
　　ㄷ. 돈만 없다뿐이지, 다른 것은 다 갖춘 신랑감이다.
　　ㄹ. 나는 거기에 가 보았다 뿐이지, 샅샅이 살펴보지는 못했다.

고신숙(1987)에서는 '뿐'을 '불완전 명사'라고 하여 명명의 기능을 갖지 않
으며 개념을 나타낼 수 있는 능력도 없고 다만 앞의 단어를 대상화 해주는
기능을 가진 것으로 보고 있다.

(10)

|  | 매김꼴+뿐 | 이름씨+뿐 |
|---|---|---|
| ㄱ. 국어대사전, 삼성문화사(1988) | 불완전 명사 | 용례는 인정,<br>품사로 인정 안함 |
| ㄴ. 우리말 큰사전, 어문각(1991) | 매인 이름씨 | |
| ㄷ. 조선말대사전, 사회과학출판사(1992) | 불완전 명사 | |
| ㄹ. 국어대사전, 민중서림(1994) | 의존 명사 | 조사 |
| ㅁ. 동아새국어사전, 동아출판사(1994) | 의존 명사 | 조사 |
| ㅂ. 흔⁺ 국어사전, 성안당(1997) | 명사 | · |
| ㅅ. 표준국어대사전, 두산동아(1999) | 의존 명사 | 조사 |
| ㅇ. 연세한국어사전(2000) | 의존 명사 | 조사 |

───────────────

있다. 그러나 허웅(1995:1019)에서 '밖에'를 토씨로 처리하는 것을 보이는 보기 중에 (1)-(3)
과 같은 예를 들고 있다.

　(1) 나에게는 그밖에 없다.
　(2) 그때는 그렇게 할 수밖에 없었다.
　(3) 그는 참고 견딜 밖에 도리가 없었다.

(1)에서 (3)에 쓰인 '밖에'는 매인 이름씨와 그 나타나는 환경이 같은데도 불구하고 '그렇게
밖에는 볼 수 없다'에 쓰인 '밖에'가 설명이 되지 않으므로 토씨로 본다고 하고 (3)의 경우
는 '견딜 수밖에'로 보아야 한다고 하고 있다. 그러나 '그렇게밖에는 볼 수가 없다'에 쓰인
'밖에'는 '그렇게 볼 수밖에 없다'가 옳은 것이라 보아진다. '뿐'과 같은 경우는 '매인 이름
씨'로 보고 '밖에'는 토씨로 보는 것은 일관성이 결여된 설명이라고 생각된다.

대체적으로 (1)과 같이 '풀이말의 매김꼴' 뒤에 쓰이는 '뿐'이 '매인 이름씨'인 것에는 다른 의견이 없으나 (2)와 같이 '이름씨' 뒤에 쓰이는 '뿐'을 '매인 이름씨'로 볼 것인가 아니면 '도움토씨'로 처리 할 것인가 하는 문제는 우리말 사전에도 잘 반영되어 있다.

(10)(ㄱ-ㄷ)에서는 이름씨 뒤에 이어나는 '뿐'의 보기와 그 나타나는 환경을 적어놓았을 뿐 독립된 품사로 인정하지는 않았고 (ㄹ-ㅇ)에서는 독립된 하나의 품사로 기술하고 있음을 알 수 있다.

현행 한글 맞춤법 규정에 따르면 이름씨 뒤에 쓰이는 '뿐'을 (ㄱ-ㄷ)의 경우는 앞에 오는 말과 띄어써야 하고 (ㄹ-ㅇ)의 사전에 따르면 앞 말에 붙여써야 하는 혼란이 생기는 것이다.[4] 물론 각 형태소의 결합에 따른 규칙을 체계적으로 기술하는 것을 목적으로 하는 문법과 낱말 하나하나에 대한 의미정보와 용법을 기술하는 사전은 서로 다른 영역의 문제인지도 모르겠으나 전혀 별개의 작업이라기보다는 오히려 서로 기대어야 하는 일이라고 본다.

## 3. '뿐'구문의 통사적 특성

### 3.1. 다른 형태소와의 결합양상

최현배(1937:219)에서는 매인 이름씨의 앞에 놓이는 말을 매김씨, 풀이씨의 매김꼴, 매김씨 노릇을 하는 이름씨가 쓰인다고 규정하고 있다.

(11) ㄱ. <u>그 뿐이</u> 아니라 더욱 놀랄만한 일도 있다.
ㄴ. 어깨가 <u>흔들릴 뿐</u> 울음을 참느라 입술을 깨무는 석이네는 아무 대답이 없었다.
ㄷ. 이 분을 위해서라면 몸과 마음을 바쳐야 된다는 <u>생각 뿐이었다.</u>

---

4) 북한의 국어 사전 분석(1992)에 의하면 북한은 불완전명사를 원칙적으로 앞 단어에 붙여쓰는 것으로 규정하고 있다.

(11ㄱ)은 매김씨 '그'의 꾸밈을 받고 있는 '뿐'의 보기인데 이 자리에는 매김씨 '그'만이 나타나지 '이'나 '저'와 같은 경우는 거의 쓰이지 않으며, 이 경우 풀이씨도 '이다, 아니다' 이외에는 쓰이지 않는다. 최님은 매김씨의 꾸밈을 받는 '뿐'의 보기를 들고 있지 않으나 허웅(1995:248)에서 이러한 보기를 들고 있다는 점이 다르다.

(11ㄴ)은 '흔들리다'는 풀이씨의 매김꼴의 꾸밈을 받고 있는 '뿐'인데 이 뒤에 오는 말에는 제한이 없으나 '어깨가 흔들릴 뿐이고'가 줄어진 꼴로 보아진다. 입말의 경우 '뿐' 뒤에 적당한 길이의 쉼이 놓이는 것이 '이다'의 줄어듦을 보상하기 위한 것이 아닌가 생각된다.

(11ㄷ)은 매김씨 노릇을 하는 이름씨 '생각'의 꾸밈을 받는 '뿐'의 쓰임인데 최현배(1937)에서는 도움토씨와 매인 이름씨 둘로 보고 있고 허웅(1995)에서는 매인 이름씨로만 처리하고 있다.

우리말에서 두 개 이상의 이름씨가 이어날 수 있기 때문에5) 이 경우를 매인 이름씨로 처리해도 별 무리가 없으나, 토씨로 보면 매김꼴 뒤에 토씨가 붙는 경우를 설명해야 문제가 생긴다. 따라서 월에서 홀로 월 조각으로 기능하지 못하고 반드시 그 앞에 풀이말의 매김꼴의 도움을 받아야만 비로소 그 뜻을 짐작할 수 있는 전형적인 매인 이름씨의 특질을 갖고 있으므로 매인 이름씨의 한 부류로 보아진다. 다만 이름씨 뒤에 붙어 쓰이는 '뿐'은 매인 이름씨의 예외적인 현상으로 볼 수밖에 없는데 대체로 그 쓰임을 살펴보면 매김꼴 뒤에 이어나는 경우가 많고 이름씨 뒤에 이어나는 것은 그 수가 그리 많지 않다.6)

허웅(1995:242~296)에서 매인 이름씨의 앞에 오는 말과 뒤에 오는 말과의

---

5) 허웅(1995:1351)에서 '대로, 만큼, 만치, 만침, 만'을 임자씨에 바로 붙고 풀이씨의 매김꼴에도 붙을 수 있기 때문에 '토씨'로 보지 않고 '매인 이름씨'로 보아야 한다고 했다. 우리말에 이름씨 둘이 이어나서 앞의 이름씨가 뒤의 이름씨를 매기는 것은 자연적인 현상이라고 하고 '고향친구, 우리 아버지, 우리 학교 운동장…'이나 '집안, 물밑, 책상 위' 등이 가능하므로 이름씨 뒤에 쓰이는 '뿐'도 매인 이름씨로 보았다.

6) 자연언어를 기계로 처리하는 전산분야의 도움을 받아 문학작품이나 신문기타 여러 종류의 글에 '뿐'이 쓰인 이천여 개의 말뭉치를 대상으로 하여 살펴본 결과 풀이말의 매김을 받는 매인 이름씨로서의 '뿐'이 대부분이었고, 이름씨 뒤에 쓰이는 경우는 잡음씨 '이다/아니다'와 함께인 경우만 나타났으며 그 수가 극히 적었다.

결합관계를 살펴 분류하고 매인 이름씨를 자세하게 분류하고 있는데7) 거기서 '뿐'을 앞 뒤 말과의 결합이 비교적 자유롭다고 설명하고 (12)와 같은 보기를 들고 있다. 그러나 이 예문은 받아들이기가 의심스러워 물음표를 달았다.

12) ㄱ.? 우리의 호흡을 들을 뿐으로 얼마나 그 건강상태를 알아낼 수 있을까?

ㄴ.? 가까웁는, 오오 가까웁는 그대 뿐이 내게 있거라.

ㄷ.? 그러나 그 한 때에 외와 두었던 옛 이야기 뿐만은 남았습니다.

ㄹ.??어린 왕은 늙은 대신을 신뢰하고, 그들 뿐을 힘입으려 하였다.

ㅁ.? 그의 어머니는 품팔이를 할지언정 그 뿐은 곱게 길렀습니다.

(12)는 허웅(1995:249)에서 '뿐' 뒤에 토씨가 이어나서 매인 이름씨 '뿐'이 여러 월조각으로 쓰일 수 있음을 보이고자 한 예이다. 그러나 (12)에서 보이는 예는 자연스럽게 받아 들여지지가 않는다. (12ㄱ)은 '듣기만 해서'라는 뜻으로 받아 들여지지만 과연 이렇게 쓰이는지는 의심스럽고, (ㄴ)의 경우는 오히려 '그대만이'라고 해야 할 것 같다. (ㄷ)의 경우는 '옛이야기만은'으로 해야 할 것 같고 '뿐'이 '만'과 함께 쓰이는 경우는 뒤에 '이다, 아니다'가 올 경우에만 가능하다. (ㄹ)은 그 쓰임이 아주 부자연스럽게 느껴지고 (ㅁ)은

---

7) 허웅(1995:242~296)에서 매인 이름씨를 분류한 것을 간단히 도표화 하면 아래와 같다.

| 앞선 환경 | | 종류 | 뒤따르는<br>환경, 제한 유무 | 보기 |
|---|---|---|---|---|
| 임자씨<br>\|<br>어찌씨<br>처럼 | 임김씨, 매김꼴, 매김씨 | 여늬<br>매인<br>이름씨 | - | 것, 때문, 김, 뿐, 나름 |
| | | | + | 적, 통, 결, 김, 길 |
| | 매김꼴 | | - | 바, 데, 더, 줄, 따름 |
| | | | + | 수, 나위, 즈음, 턱, 리 |
| | 임자씨 | | - | 만, 딴, 나마 |
| | | | + | 템, 겸 |
| 어찌씨<br>처럼 | 임자씨, 매김꼴, 매김씨 | 어찌씨<br>같은<br>매인이름씨 | 토없이,<br>또는<br>도움토 | 대로, 만치, 채로, 만큼 |
| | 매김꼴 | | | 듯이, 듯, 체, 척 |
| | 임자씨 | | | 끼리, 남짓, 이래 |

(ㄴ)이나 (ㄷ)과 마찬가지로 '만'이 쓰여야 할 곳에 '뿐'이 잘못 쓰인 것으로 보인다.

그러므로 '뿐'은 그 뒤에 다른 토씨의 쓰임을 허용하지 않는 매인 이름씨라고 할 수 있다.

(13) 오늘은 반찬이 김치 뿐 {이다 / 아니다 / *먹다 / *좋다}.

(13)은 이름씨 뒤에 쓰인 '뿐'이 나타나는 환경은 '이다'와 '아니다'에만 한정됨을 보이기 위한 예이다. '아니다'가 올 경우 '기움자리 토씨' '이'가 쓰일 수 있으나 그 외의 토씨가 이어날 수 없다.

(14) ㄱ. 영이는 순이에게 운동에서 뿐 아니라, 공부에서도 졌다.
　　ㄴ. 영이는 순이에게 운동에서 (졌을) 뿐 아니라, 공부에서도 졌다.
(15) ㄱ. 서울에서 뿐이 아니라, 전국 방방곡곡에서 모여 들었다.
　　ㄴ. 서울에서 (모여 들었을) 뿐이 아니라, 전국 방방곡곡에서 모여 들었다.
(16) ㄱ. 이러한 논리가 통하는 것은 여기에서 뿐이다.
　　ㄴ. 이러한 논리가 통하는 것은 여기에서 (통할) 뿐이다.

허웅(1995:250)에서 (14)-(16)과 같은 예를 보이고 '뿐'은 그 앞에 매김씨나 풀이씨의 매김꼴이나 매김말 노릇을 하는 이름씨가 오도록 되어 있으나 그렇지 않은 자리 토씨가 붙은 위치말이 앞서 있는 것은 매인 이름씨의 특질에 어긋나는 것이므로 (14ㄴ) (15ㄴ) (16ㄴ)과 같이 같은 말의 되풀이를 피하기 위해 (　)의 말을 생략한 것으로 풀이해야 한다고 설명하고 있다. 결국 '뿐'의 앞에 오는 것은 풀이씨의 매김꼴에 한정됨을 보여 주는 것이라 하겠다.

(17) ㄱ. 전쟁은 주인공들만 바뀔 뿐(이고) 그 내용은 항상 같다.
　　ㄴ. 벙어리 냉가슴 앓듯 했을 뿐(이고) 아무 말도 못 건넸다.
　　ㄷ. 어진이는 가뭄에 콩나기 일 뿐(이고), 대개는 염치 모르는 탐관이

었다.

(18) ㄱ. 바람끝이 살을 에이는 듯 시릴 뿐(이) 아니라, 눈발은 사납기 그
지 없다.

ㄴ. 옷이 더러워지면 보기 흉할 뿐(이) 아니라 위생에도 좋지 않다.

ㄷ. 사랑은 상대방을 기쁘게 할 뿐(이) 아니라 자신도 기쁘게 한다.


(17)과 (18)은 풀이말의 매김꼴 뒤에 오는 '뿐'의 쓰임을 보인 것인데 (17)
의 (이고)는 실제 쓰일 수도 있고 또 월에 나타나지 않아도 그 월의 의미를
전달하는데 아무런 영향을 주지 않는다. 대체로 (17)처럼 거의 쓰이지만 않
을 뿐 그 뒤에 '이다'를 잠정적으로 가지고 있는 것으로 보인다. (18)과 같이
'아니다'의 경우는 기움자리 토씨 '이'가 나타날 수도 있지만 그 외의 토씨의
쓰임을 허용하고 있지 않다.8)


(19) ㄱ. 말없이 걷기만 {할/ 하였을 / *하는 / *한 / *하겠을/ *하겠는} 뿐
이다.


(19)에서와 같이 '뿐'구문에는 때매김에 제한이 있다. 풀이말의 매김꼴 중
'-ㄹ/을'과 '었'만 올 수 있을 뿐이다. 이는 '뿐'의 의미가 '다만 어떠하거나 어
찌할 따름' 또는 '오직 그것만'이라는 것으로 말할이가 발화할 시점에 이미
어떤 일이 일어난 여러 경우 중에 어느 한 가지를 '한정'하는 경우에 쓸 수
있으므로 지난적 때매김 '었'이 쓰일 수 있음은 당연하다. 지금 눈 앞에 일어
나고 있는 사실이 아직 끝나지 않았는데 무엇을 한정한다는 것은 맞지 않으
므로 '하는/한'이 쓰이지 못하는 것으로 보인다. 그러나 앞으로 일어날 수 있
는 여러 가능한 일 중의 어느 하나에 대한 한정은 있을 수 있는데 '겠'이 쓰

---

8) (1) ㄱ. 사람이 한 명도 안 붙어 있을뿐더러 돈을 많이 준대도 오는 사람이 없다.
　　 ㄴ. 생산성이 향상되지도 않을뿐더러 수익성이 오히려 저하되었다.

　(1)의 '뿐더러'는 '어떤 사실이 그것만으로 그치지 않고 그밖에 다른 것이 더 있음' 뜻하는
　것으로 요즈음 거의 쓰이지 않고 같은 뜻의 '뿐만 아니라'가 더 많이 쓰이는 경향이 있다.
　항상 '-ㄹ뿐더러'의 꼴로 나타나며 이것을 '토씨'로 보아야 할지 아니면 '풀이씨의 씨끝'으
　로 보아야 할 지도 의문이다.

이지 못하는 것은 '할'에 쓰인 '-ㄹ'에 앞으로 있을, 아직 결정되지 않은 일을 나타내는 때매김의 뜻바탕이 들어 있음으로 같은 뜻바탕끼리의 충돌이 일어나기 때문인 것으로 풀이된다. 그러므로 '뿐'은 풀이말의 매김꼴 중에서도 '은/는, ㄴ'은 올 수 없고 '-ㄹ/을'만이 쓰인다.

이것을 정리하면 (20)과 같다.

(20)　　　선행 환경　　　　　　　　　　　　　　　　　후행 환경

| 매김씨 '그' | | |
|---|---|---|
| 풀이말 매김꼴 '-ㄹ/을' | 뿐(이/만/더러) | 이다<br>아니다 |
| 이름씨 | | |

## 3.2. '만'과의 임의 교체

남기심(1987)에서 '뿐'은 '이다/아니다' 앞에만 나타나고 그 외의 자리에는 '만'이 나타난다고 하여 '뿐'과 '만'은 상보적인 분포를 하는 것으로 보고 있다. 이것은 '뿐'을 '매인 이름씨'로 본 것이 아니고 '만'과 상보적 분포를 하는 '도움 토씨'로 보고 있음을 보여 주는 예가 된다. 왜냐하면 '매인 이름씨'와 '도움토씨'가 서로 상보적 분포를 할 수 없기 때문이다.

그러나 앞의 (12)의 예에서도 살펴 보았듯이 대상을 한정하는 의미가 같은 '뿐'과 '만'이 서로 그 자리를 바꾸어 나타나고 있음을 알 수 있다.

(21) ㄱ. 선생님(만) 어제(만) 학교에(만) 오시지(만) 않았다.

*ㄴ. 선생님(뿐) 어제(뿐) 학교에(뿐) 오시지(뿐) 않았다.

(22) ㄱ. 나에게는 너하나 만이다.

ㄴ. 나에게는 너하나 뿐이다.

(21)에서 '만'은 그 나타나는 환경에 거의 제한이 없으나9) '뿐'은 (21ㄱ)이

---

9) 서태룡(1988)에서는 '만은 그것이 통합한 어휘가 [유일]한 [선택]이고 그 [선택]에서 제외된 어휘가 담화에 [전제]되어 있음을 나타낸다고 하였으며, 염선모(1978)에서는 '만'을 '한

나타나는 자리에 쓰이지 못한다. 그러나 (22)의 경우는 그 자리를 바꾸어도 그리 어색하지 않다.

(14)' ㄱ. 영이는 순이에게 운동에서만 아니라, 공부에서도 졌다.
　　　 ㄴ. 영이는 순이에게 운동에서 <u>뿐만</u> 아니라, 공부에서도 졌다.
(15)' ㄱ. 서울에서만이 아니라, 전국 방방곡곡에서 모여 들었다.
　　　 ㄴ. 서울에서 <u>뿐만</u> 아니라, 전국 방방곡곡에서 모여 들었다.
(16)' ㄱ. 이러한 논리가 통하는 것은 여기에서만이다.
　　　 ㄴ. 이러한 논리가 통하는 것은 여기에서 <u>뿐만</u> 이다.

(14)'-(16)'에서와 같이 (ㄱ)은 토씨 '만'이 쓰인 것이고 (ㄴ)은 '뿐'과 '만'이 함께 쓰인 예이다. (ㄱ)과 같이 쓰여도 어색함이 느껴지지 않지만 오히려 (ㄴ)과 같은 경우가 더 자연스럽다. 이것은 매인 이름씨 '뿐'과 '만'이 대상을 한정한다는 그 의미의 유사함으로 말미암아 나타나는 자리의 혼란이 생긴 것이 아닐까 생각된다. 이때의 '만'은 앞의 '뿐'을 강조하는 것이 된다. 결국 '뿐'은 '이다, 아니다' 앞에만 쓰이고 그 외의 자리에는 '만'이 오게 되어 있었 는데 '뿐'의 자리에 '만'이 올 수 있게 되고 또 '만'이 쓰이던 자리에 '뿐'이 쓰 일 수 있게 됨으로 말미암아 상보적인 분포가 깨지고 임의 교체가 가능한 것이 되고 말았다고 하겠다.

(22) ㄱ. 그는 운동권 사람하고만 접촉이 있을 뿐 사회에서 외토리였다.
　　　 ㄴ. 대답이 입 안에서만 맴돌았을 뿐 밖으로 나오지 않았다.
　　　 ㄷ. 염상진은 어조만 전라도의 것일 뿐 거의 사투리를 쓰지 않았다.

(22)에서와 같이 '뿐'은 앞에 '만'과 서로 짝을 이루어 쓰이는 경우가 많은 데 이것은 '뿐'이 풀이말의 매김꼴에 이어나서 그 내용을 '한정'하고 '만'은

---

정사'로 보고 이름씨와 어찌씨, 풀이씨의 이름꼴, 어찌꼴 다음에도 두루 붙을 수 있다고 했
다. 이춘숙(1993)에서는 '만'을 영역 개념의 도움토씨로 보고 안옹근 이름씨 '뿐'과는 상보
적 분포를 보이지 않는다고 했다.

이름씨나 그 외의 말을 '한정'하는 의미를 서로 나누어 가졌음을 보여 주는 것이다. 두 형태소가 함께 쓰일 때는 서로 제자리를 지키지만 따로 쓰이게 되면 (12)와 같이 서로 맞바꾸어 쓰이기도 하는 것으로 보인다.

(23) ㄱ. 옷도 눈에 띨 <u>뿐만 아니라</u> 행동거지도 남 달랐다.

ㄴ. 얼굴 <u>뿐만 아니라</u> 마음까지도 아름다웠다.

(24) ㄱ. 우리나라 제품이 전세계로 수출되고 있다. <u>뿐만 아니라</u> 우리 기술자가 외국에 나가 기술을 지도해 주고 있다.

ㄴ. 세종임금은 민족문화를 꽃 피우는데도 힘썼다. <u>뿐만 아니라</u> 국토 확장에도 남다른 노력을 기울였다.

'뿐' 뒤에 힘줌의 뜻으로 쓰인 '만'이 (23)과 같이 이어나서 쓰이는 경우도 많아지고 (24)처럼 하나의 이음씨로 굳어져 가고 있는 경우도 있다. 이것은 (9)에서 풀이말 씨끝 '다' 뒤나 어찌말 뒤에 토씨처럼 쓰인 '뿐'도 같은 경우의 확장이 아닌가 생각된다.

(9) ㄱ. 남편이라는 것도 몇 해 동안 같이 살던 사람이었다뿐이지 별거 있어?

ㄴ. 좋은 도리가 있으면 듣다뿐이겠느냐?

ㄷ. 돈만 없다뿐이지, 다른 것은 다 갖춘 신랑감이다.

ㄹ. 나는 거기에 가 보았다뿐이지, 샅샅이 살펴보지는 못했다.

허웅에서는 (9)에 쓰인 '뿐'을 도움토씨로 처리하였지만 (9')와 같은 쓰임이 줄어든 것이라고 볼 수 있는 것이다. 따라서 (9)'와 같이 '이다'가 줄어든 것이라 볼 수도 있지만, 이름씨 뒤에 쓰인다거나 '만'과 자리를 바꾸기도 하는 점을 미루어 점차 '토씨'로 그 쓰임이 옮겨지고 있다고 생각된다.

(9)' ㄱ. 남편이라는 것도 몇해동안 같이 살던 사람이었다(일)뿐이지 별거 있어?

ㄴ. 좋은 도리가 있으면 듣다(일)뿐이겠느냐?

ㄷ. 돈만 없다(일)뿐이지, 다른 것은 다 갖춘 신랑감이다.

ㄹ. 나는 거기에 가 보았다(일)뿐이지, 샅샅이 살펴보지는 못했다.

## 4. 매인 이름씨에서 토씨로

우리말에 쓰이는 매인 이름씨는 본디 옹근 이름씨였지만 점차 그 대상을 이름하는 구실을 잃어 개념을 나타낼 수 있는 능력을 상실함으로 그 앞에 꾸미는 말의 기댐을 받지 않으면 그 뜻을 모르게 된 것으로 보기도[10]하지만 이에 대한 역사적 연구의 뒷받침이 없이 이론화하는 것은 성급하다고 보아진다.[11] 그러나 (25)는 이러한 문법화의 과정이 진행 중임을 보여주는 예가 된다.

(25) ㄱ. 가을 <u>바람에</u> 나뭇잎이 떨어진다.

ㄴ. 바삐 나오는 <u>바람에</u> 지갑을 두고 나왔다.

ㄷ. 잠옷 <u>바람으로</u> 문을 열어 주었다.

(25,ㄱ)의 '바람'은 '기압의 변화로 일어나는 대기의 흐름'인 순수한 의미의 '바람'이고 (ㄴ)과 (ㄷ)에 쓰인 '바람'은 이미 (ㄱ)과 같은 뜻은 잃고 추상적 의미를 지닌 낱말로 바뀌어 있음을 보여준다. 이태영(1988:16)에서 '뿐'도 본래는 체언이었으나 문법화 하였다고 설명하고 그 예로 (26)만을 들고 있다.

(26) ㄱ. 諸天을 아니다 니를 뿐뎡(석보상절 13,6)

---

10) 정순기, 리기원(1984:271)에서 '문법화의 과정에 있는 단어'의 어휘 문법적 특성을 다루면서 명사 '바람'이 원인이나 근거를, '길'이 방법이나 도리를 나타내는 불완전명사로 바뀌고 있음을 예로 들어 문법화 과정의 시초단계라고 했다. 고신숙(1987:68)에서도 '불완전명사는 자립적 단어들로부터 문법적 추상화를 거쳐 이루어진 전형적인 부류'라고 하고 있다.

11) Guiraud(1974:35~38)는 어휘적 기호는 문법화 과정에 따라 기호의미가 상실되는데 '준자립형태'(=전치사, 접속사, 관사)가 이에 해당한다고 하고 그 정도성을, '내용을 가진 자립적인 낱말> 반쯤 내용을 가진 준 자립적인 낱말 > 최초의 의미를 잃고 선행성분과 융합한 추상적 기호'순으로 두었다. 이태영(1988:14~16)에서 재인용

ㄴ. 나쁜 尊호라(월석 2.38b)

(26)의 예만 가지고 '쁜'의 옛모습이 옹근 이름씨였지만 지금은 매인 이름
씨로 문법화 되었다고 할 수가 없다. 왜냐하면 (ㄱ)의 '쁜'은 풀이씨 '니르다'
의 매김꼴의 꾸밈을 받고 있고 (ㄴ)은 이름씨 '나'에 이어난 예는 지금의 쓰
임과 다를 바가 없기 때문이다.

(27) ㄱ. 굴오디 출하리 주글 쑤니언뎡 더러운 요글 어니 바드리라 ᄒ고
        (東新烈 3:5b)
    ㄴ. ᄯ 여라믄 사롭몬 먹글 쑤이 아니라 (老乞 下:35b)
    ㄷ. 쥰이 ᄭᅮ죵ᄒ야 닐오디 주글 쑤니라 (東新忠 1:85b)

(27)은 '17세기 우리말 사전'에 실린 용례인데 여기서도 '쁜'의 쓰임이 현
대와 다른 것을 찾을 수가 없다. (27)은 모두 풀이씨의 매김을 받는 매인 이
름씨의 특성을 가지고 있다. 이러한 형태에 대한 역사적 연구가 필요하다
하겠다.
매인 이름씨 '뿐'이 '만'과 서로 그 나타나는 자리의 맞바꿈이 일어나고 있
는 요즈음의 자료로 미루어 짐작하건대 매인 이름씨 '뿐'이 토씨로의 길을
밟고 있음을 짐작할 수 있을 뿐이다. 매인 이름씨가 나타날 자리가 아닌데
도 '뿐'이 쓰이는 경우와 이름씨 뒤에 '뿐'이 쓰이거나, 위치말에 이어 '뿐'이
나타나는 경우가 생기는 것은 문법화의 과정이 진행 중인데서 오는 혼란으
로 여겨진다.

## 5. 마무리

언어는 항상 변화하는 과정 중에 있기 때문에 지금은 견고해 보이는 규칙
이나 체계라 할 지라도 언젠가는 변할 수 있는 것이다. 변화의 과정이 이미
끝나 버린 것은 안정된 체계를 지니고 있어 그 예외적인 쓰임이 비교적 없
는 꼴로 존재하지만 이제 막 그 변화를 시작했거나 진행의 과정에 있는 경

우라면 그 규칙에 예외가 생기게 마련이라고 생각된다.

따라서 이름씨 뒤에 쓰이는 '뿐'은 점차 토씨 '만'과의 그 뜻이 닮음으로 인해 그 쓰이는 자리가 맞바꾸어 나타나기 시작하여 이름씨의 뒤와 어찌말의 뒤에도 쓰이는 현상이 생기게 된 것으로 보았다. 이것은 매인 이름씨 '뿐'이 문법적 추상화의 과정을 거쳐 토씨 '뿐'으로의 변화가 진행 중인 것임을 보여 주는 증거가 된다고 하겠다.

## 참고 논저

권재일(1985), '현대 국어의 의존 명사연구', 소당 천시권박사 회갑기념 국어학논총, 형설출판사.

고신숙(1987), 조선어리론문법, 과학백과사전출판사.

고영근(1970), '현대 국어의 준자립형식에 대한 연구', 어학연구 6-1.

국립국어연구원(1992), 북한 사전 분석.

국립국어연구원(1999), 표준국어대사전, 두산동아.

남기심, 고영근(1987), 표준 국어문법론, 탑출판사.

남영신(1997), ᄒᆞᆫ⁺국어사전, 성안당.

사전편찬위(1988), 국어대사전, 삼성문화사.

서정수(1983), 국어구문론 연구, 탑출판사.

서태룡(1988), 국어 활용어미의 형태와 의미, 국어학 총서 13, 국어학회.

연세대(2000), 연세한국어사전, 두산동아, 언어정보개발원.

염선모(1978), '한정사 연구', 배달말 3, 경상대.

이기문(1994), 동아새국어사전, 동아출판사.

이성하(1998), 문법화의 이해, 한국문화사.

이춘숙(1993), 우리말 도움토씨 연구, 부산대 박사학위 논문.

이태영(1988), 국어 동사의 문법화 연구, 한신문화사.

이희승(1994), 국어대사전, 삼성문화사.

정순기, 리기원(1984), 사전 편찬 리론 연구, 사회과학출판사.

최현배(1937, 1978), 우리말본, 정음사.

한글학회(1991), 우리말 큰사전 어문각.

홍윤표 외(1995), 17세기 국어 사전, 한국정신문화원.

허 웅(1975), 우리옛말본, 샘문화사.

_____(1983), 국어학, 샘문화사.
_____(1995), 20세기 우리말의 형태론, 샘문화사.
폴하퍼, 엘리자베스 트루곳 지음(1993) 채영희 외 옮김(1999), 문법화, 한신문화사.

채영희   608-737 부산시 남구 대연3동 부경대학교 국문과       ⓣ051-620-6664
         620-103 부산시 서구 동대신동 3가 72-11              ⓣ051-243-9900
         ⓔchaeyh@pknu.ac.kr

# 안긴마디 특성과 풀이마디

김 인 택

## 1. 머리말

이 연구는 우리말 문법에서 안긴마디의 한 종류로 풀이마디 설정의 타당성을 밝히는 데 그 목적이 있다.

(1) 가. 형님이 <u>돈이</u> 많다.
    나. 코끼리가 <u>코가</u> 길다.

우리말 문법에서는 위 (1)과 같은 월을 풀이함에 있어 다양한 견해가 있다. 그 견해 중 대표적인 것이 겹임자말월설, 기저적 홑 임자말설, 풀이마디설이다. 이 논문에서는 (1)은 안은겹월 구성으로 줄친 부분이 풀이마디임을 보일 것이다.

## 2. 안긴마디의 특성

이 장에서는 풀이마디를 설정하기에 앞 서 안긴마디가 갖는 일반적인 특성을 의미적으로는 단어와 비교하고 통사적으로는 월과 비교하여 밝힌다.

### 2.1. 의미적 특성

낱말은 월을 구성하는 기본 단위가 되는 언어형식이다. 구는 둘 이상의 낱말로 구조화되고 안긴마디나 월은 몇몇의 구들로 구조화된다. 그런데 통사적 단위로 낱말 외 구나 안긴마디 층위의 언어형식이 필요한 이유는 어디에 있을까? 그것은 낱말의 의미적 추상성 때문인데 낱말의 추상성을 극복하기 위해 의미적으로 좀 더 구체적인 구 표현이나 구체적인 사건을 드러내는 안긴마디를 통사 단위로서 사용하게 되는 것이다.

(2) 가. 현아가 <u>모자</u>를 썼다.
　　나. 현아는 <u>영수</u>를 잘 안다.
(2)' 가. 현아가 <u>빨간 모자</u>를 썼다.
　　나. 현아는 <u>영수가 현명함</u>을 잘 안다.

(2)와 (2)'의 '가'는 낱말과 구가 지니는 추상성의 정도를 드러내는 것으로 낱말인 '모자'보다는 구인 '빨간 모자'가 그 지시의 범위에 있어서 더 구체임을 보인다. (2), (2)'의 '나'는 낱말과 안긴마디가 지니는 추상성의 정도를 드러내는 것이다. (2) '나'의 '영수'는 그 추상성의 정도가 커서 '영수의 전체', '영수의 사람됨됨이', '영수의 과거 행적' 등과 같은 수많은, 영수와 관련된 사실을 포함하고 있다. 이처럼 낱말인 '영수'는 그 의미의 추상성 정도가 큰 반면 (2)' '나'의 '영수가 현명함'은 영수와 관련 있는 여러 현상 중의 하나로 아주 구체적이다.

이상에서 보는 바와 같이 통사적 언어 단위는 '낱말-구-안긴마디'와 같은 층위로 나눌 수 있으며 각 단위가 지니는 추상성의 정도는 '낱말>구>안긴마디'가 될 것이다. 그리고 통사적 단위로 구나 안긴마디가 실현되는 것은 낱말이 지니는 추상성을 극복하기 위한 것임을 알 수 있다. 따라서 안긴마디는 월 구성성분에 해당하는 통사 단위의 하나로 구체적인 '일'의 내용을 지닌 언어형식이라 할 수 있다.

## 2.2. 문법적 특성

월과 안긴마디를 구분지어주는 가장 기본적인 것은 진술성이다.[1] 월은 진술의 독립 단위인데 비하여 안긴마디는 진술의 독립 단위가 되지 못한다. 진술성이란, 명제 내용을 실제의 발화이게 하는 특성으로 이것은 형식적으로는 의향법 월맺음씨끝의 실현으로 주어진다. 그리고 어순의 바뀜, 월 구성 요소의 초점화나 주제화 등으로 확인할 수 있다. 위에서 열거한 언어현상은 월에서만 나타나는 것으로 월은 진술성을 가진다고 할 수 있다. 그러나 안긴마디에는 이러한 언어현상이 나타날 수 없어 진술성이 없다고 할 수 있겠다.

먼저 의향법 월맺음씨끝의 실현에 대해 살펴보자.

(3) 가. 비가 멎었다.
    나. 비가 멎었느냐?
    다. 철수야 낚시하러 가라.
    라. 철수야 낚시하러 가자.
(4) 가. 비가 멎기를 바란다.
    나. 비가 내리는 곳에는 우산이 필요하다.
    다. 하늘이 눈이 부시게 푸르다.
    라. 철수가 돈이 많다.

우리말에서는 의향법 월맺음씨끝으로 '-다, -느냐, -어라, -자' 따위가 있다. 그런데 (3)과 같이, 월은 이러한 의향법 월맺음씨끝이 실현되어 있는데 비해 (4)에서 줄친 부분에 해당하는 안긴마디에는 이러한 씨끝이 실현되어 있지 않다. (4라)의 경우는 풀이마디로 형식상 풀이마디에 의향법 월맺음씨끝이 실현된 것으로 보이나 이는 [[철수가 [돈이 많]]-다]과 같은 구조로 의향법 월맺음씨끝 '-다'가 풀이마디에 결합된 것이 아니며 풀이마디에는 어떤 의향법 월맺음씨끝이 실현되지 않은 것이다.2)

다음은 어순바뀜에 대해 살펴보자. 어순바뀜이란 말할이의 의도가 작용한

---

1) 월과 안긴마디를 구분짓는 문법적 현상에 대한 자세한 논의는 김인택(1997:35~43)을 참조.
2) 풀이마디의 구조에 대해서는 3.4.1에서 자세히 논의한다.

결과로 나타나는 것인데 이러한 어순바꿈은 우리말 월에서는 자연스럽게 이루어진다.

(5) 가. 철수가 사과를 먹었다.
    나. 사과를 철수가 먹었다.
    다. 철수가 먹었다, 사과를.

우리말에서는 일반적으로 (5 가)가 표준적인 어순에 따른 월로 본다. 그런데 말할이의 의도에 따라 (5 나,다)와 같이 어순을 바꾸어 표현하기도 한다. 그런데 안긴마디를 구성하고 있는 요소가 어순바꿈을 하게 되면 어색한 표현이 된다.3)

(6) 가. 영이는 <u>철수가 사과를 먹었음</u>을 알았다.
    나. <sup>?</sup>영이는 <u>사과를 철수가 먹었음</u>을 알았다.
(7) 가. 영이는 <u>철수가 산에서 먹을</u> 음식을 준비한다.
    나. <sup>?</sup>영이는 <u>산에서 철수가 먹을</u> 음식을 준비한다.

(6), (7)의, '가'와 '나'를 비교해 보면 안긴마디를 구성하고 있는 요소의 어순이 바뀌지 않았을 때('가')는 의미적으로 문제가 없지만 어순이 바뀐('나') 것은 의미적으로 어색하다. (7 나)는 어떻게 보면 적절한 월로 보인다. 만약 이것이 적절한 월이라면 '산에서'가 이름마디를 구성하는 성분이 아니라 이름마디 안은월의 풀이말에 직접 이끌리는 성분이 된다. 곧 '산에서'는 안긴마디의 풀이말인 '준비한다'를 꾸미는 어찌말이 된다. 아무튼 안긴마디를 구성하는 성분들은 말할이의 의도에 따른 어순바꿈이 일어날 수 없는데 이것은 안긴마디로 보이는 내용이 하나로 개념으로 고정된 것이어서 말할이의 의도가 안긴마디의 어떤 특정한 요소에만은 작용하지 않음을 보여주는 것이다. 따라서 마디는 진술성이 없음을 알 수 있다.

---

3) 여기서 어찌마디와 풀이마디의 예를 들지 않은 것은 이들은 대개 그 구성이 '임자말+풀이말'로 어순을 바꾸어 설명할 수 있는 다른 성분이 없기 때문이다.

다음은 안긴마디는 월과 달리 '주제-설명'의 구조가 되지 못함을 살펴본다.

(8) 가. <u>철수는</u> 어제 부산에 도착했다.
　　나. <u>딸기는</u> 철수가 먹었다.
(9) 가.*영이가 <u>철수는 어제 부산에 도착했음</u>을 알았다.
　　나.*영이가 <u>철수는 산에서 먹을</u> 음식을 준비한다.
　　다.*진주가 <u>눈은 부시게</u> 아름답다.
　　라. 현아가 <u>돈은</u> 많다.

'주제-설명'구조는 담화상에서 실현되는 것으로 (8)에서와 같이 월은 '주제-설명'의 구조로 표현될 수 있다. 그런데 안긴마디는 그것이 월형식을 갖추고 있다 하더라도 하나의 단위로서 안긴마디의 성분이 된다. 따라서 안긴마디는 당연히 담화중립적인 것이 된다. 이로 하여 안긴마디는 (9)에서 보는 바와 같이 '주제-설명'의 구조가 되면 월 전체가 부적절하게 된다. 그런데 (9라)는 예외인 것처럼 보인다. 이것은 '주제-설명' 구조에서 풀이말이 주제화될 수 없는 현상과 관련지어 설명이 될 것 같다.[4]

(10) 현아가 글짓기대회에서 최우수상을 탔다.
(11) 가. <u>현아는</u> 글짓기대회에서 최우수상을 탔다.
　　나. <u>글짓기대회에서는</u> 현아가 최우수상을 탔다.
　　다. <u>최우수상은</u> 현아가 글짓기대회에서 탔다.
　　라.*<u>탔다는</u> 현아가 글짓기대회에서 일등상을

(10)의 구성성분 중 '현아가, 글짓기대회에서, 최우수상을'이 담화상에서 주제화가 되면 (11) '가~다'에서처럼 '주제-설명'의 구성의 월이 형성될 수 있다. 그러나 풀이말인 '탔다'는 (11 라)에서 보는 바와 같이 주제어로 실현될 수 없다. 이것은 첫째, 풀이말이 주제화 될 수 없다는 사실과 둘째, '주제

---

4) 이에 대한 자세한 논의는 3.2.5에서 밝힌다.

-설명' 구성에 있어서 '설명' 부분의 중심은 '풀이말'인데도 불구하고 풀이말이 주제 부분으로 빠져나갔기 때문으로 해석할 수 있다. 이러한 현상은 아래 (12), (13)에서 보는 바와 같이 이름마디가 '-이다'와 결합하여 풀이말이 될 때도 나타난다.

(12) 남은 일이 <u>우리가 그 사람을 달래기</u>이다.
(13) 가. <u>남은 일</u>은 우리가 그 사람을 달래기이다.
　　　나.*<u>우리가 그 사람을 달래기</u>이는 남은 일이.

위 (12)는 이름마디가 '-이다'에 의지하여 풀이말로 쓰인 이름마디 안은월이다. 여기에서도 (13 나)에서 보는 바와 같이 풀이말이 주제화 될 수 없음을 알 수 있다. 그러나 아래 (14)에서와 같이 이름마디의 구성성분이 주제화 되는 경우를 볼 수 있다.

(14) 가. 남은 일이 <u>우리</u>는 그 사람을 달래기이다.
　　　나. 남은 일이 <u>그 사람</u>은 우리가 달래기이다.

위 (9 라), (14)와 같은 현상은 서술어의 위치가 월끝이다는 사실과 '주제-설명' 구성에서 설명 부분의 핵이 된다는 특징과 관련지어 설명하여야 될 것으로 보인다. 이로 말미암아 풀이말 그 자체는 주제어가 될 수 없지만 풀이말이 안긴마디 형식일 때는 그 안긴마디의 풀이말을 제외한 나머지 성분들은 주제화 될 수 있는, 특이한 현상으로 설명해야 할 것으로 보인다.

다음으로는 진술의 초점과 관련지어 월과 안긴마디의 차이를 파악해 보자. 월은 진술 초점의 성분을 가지는데 비하여 안긴마디에서는 그러한 현상을 찾아볼 수 없다.

(15) 가. 철수가 학교에 갔느냐?
　　　나. 예, <u>철수가</u>요.
(16) 가. 철수가 학교에 갔느냐?

나. 예, <u>학교에요</u>.
(17) 가. 철수가 학교에 갔느냐?
　　　나. 예, <u>갔어요</u>.


월에는 진술의 초점 현상이 있을 수 있다는 사실은 (15), (16), (17)의 '가'와 같은 동일한 물음에 (15), (16), (17)의 '나'와 같은 세 가지의 대답이 나올 수 있다는 데에서 알 수 있다. (15 나)는 (15 가)의 물음에서 '철수'에, (16 나)는 '학교'에 (17 나)는 '갔느냐'에 초점이 주어진 것이다. 이처럼 월의 경우는 월을 구성하고 있는 어떤 한 요소에 초점이 주어질 수 있지만 안긴마디의 경우는 안긴마디를 구성하는 어떤 특정의 한 요소에 진술의 초점이 주어지지 않는다.


(18) <u>철수가 집에 갔음을</u> 영이가 알았느냐 ?
(19) 가.＊예, <u>철수가요</u>.
　　　나.＊예, <u>집에요</u>.
　　　다.＊예, <u>갔음을요</u>.
(20) <u>철수가 어제 산</u> 책을 보았느냐 ?
(21) 가.＊예, <u>철수가요</u>.
　　　나.＊예, <u>어제요</u>.
　　　다.＊예, <u>산요</u>.
(22) 꽃이 <u>빛깔이 곱게</u> 피었느냐 ?
(23) 가.＊예, <u>빛깔이요</u>.
　　　나.＊예, <u>곱게요</u>.
(24) 형님이 업적이 많으냐?.
(25) 가.＊예, <u>업적이요</u>.
　　　나.＊예, <u>많요</u>.


(18), (20), (22), (24)의 물음에 대하여 (19), (21), (23), (25)의 대답은 부적절하다. 이것은 안긴마디를 구성하는 개개의 요소에는 따로 물음의 초점임

을 드러내는 강세가 주어지지 않음을 알 수 있게 하는 것이다.

이상에서 '진술성'의 여부를 통해 월과 안긴마디의 차이를 살펴보았다. 월과 안긴마디는 형식적 짜임으로는 '임자말-풀이말' 형식을 갖추어 있어 동일하다. 그러나, 월은 그것이 독립적인 발화이게 하는 진술성이 있지만 안긴마디는 그렇지 않다. 그러면 안긴마디에 진술성이 없다면 안긴마디가 단어 또는 구나 다를 바 없게 된다. 여기서 우리는 안긴마디의 한 특성으로 '풀이성'을 잡을 수 있다. 이것은 풀이씨가 그 어휘적 의미상 가지고 있는 특성으로 이것이 안긴마디 짜임에서 풀이말이 될 때 갖는 임자말에 대해 풀이하는 성질을 말한다.

## 3. 풀이마디 설정 근거

### 3.1. 선행연구 검토

우리말에서 다음과 같은 월에 대한 견해는 줄기차게 논의되어 왔다. 그 이유는 어느 하나의 설명방법으로는 여기에 나타나는 모든 문제를 다 해결할 수 없기 때문이다.

　(26) 가. 코끼리가 코가 길다.
　　　 나. 동생이 돈이 많다.
　　　 다. 내가 이리가 무섭다.

(26)과 같은 월에 대한 설명은 아주 다양하다. 대표적인 견해를 보이고 각 견해에서 나타나는 문제점을 검토해 본다.

첫째, 이들을 '주제(코끼리는)-설명(코가 길다)' 구조로 풀이하는 견해다[5]. 이는 한 월에서 임자말로 간주되는 것이 중첩되어 나타나는 현상을 극복하기 위한 방법으로 다분히 담화적 차원에서의 해석법이다. '주제-설명' 구조

---

5) 대표적인 연구로는 임홍빈(1972), 성광수(1974) 등이 있다.

로 해석하는 것은 담화적 차원에서는 가능하고 합리적인 것일 지 모르나 하나의 통사 단위에 대한 범주를 설정함에는 담화 중립적 해석이 선행되어야 하는 것은 당연한 것인 바, '코가 길-'의 범주 해석에 대한 근본적인 해결법은 아니다. 아울러 '주제-설명' 구조에서 주제어는 '설명' 부분에 그 주제어가 되기 이전의 모습을 흔적으로 가져야 하는데 '주제-설명' 구조 이전의 구조에 대해서 어떻게 설명할 것인가?

(27) 코끼리는 코가 길다.
(28) 가. 코끼리의 코가 길다.
　　　나. 코끼리가 코가 길다.

(27)은 (28)에서 '가'의 '코끼리의' 또는 '나'의 '코끼리가'가 주제화하여 형성된 월로 보아야 할 것이다. 여기서 (28 가)에서 이름씨구를 형성하는 부분인 '코끼리의'가 주제화하여 전치되었다는 것은 불합리하다.[6] 또 만약 (27)이 (28 나) 구조에 '꼬끼리가'가 주제화 되었다고 한다면 우선 (28 나) 구조에 대한 해석이 따라야 할 것이다.

둘째, 단순문으로서의 겹주격 문장 구조로 풀이하는 견해이다.[7]

(29) 가. 그이가 마음이 곱다.
　　　나. 동생이 돈이 많다.
　　　다. 그 소녀가 사랑이 필요하다.
(30) 가. 그이의 마음이 곱다.
　　　나. 돈이 동생에게 많다.
　　　다. 사랑이 그 소녀에게 필요하다.

---

6) '문법 규칙은 구조 의존적이다'는 원리를 위반하기 때문이다. 주제화는 이동 현상의 하나인데, '코끼리의 코'는 명사구 구조이며 이들의 이동을 할 때는 전체가 이동하여야 문법적으로 적절하게 된다. 만약 이를 구성하는 일부분이 이동하게 되면 문법적으로 부적절하게 된다.
7) 서정수(1996:172~178) 참조.

이러한 주장은 (29)의 기저구조로 (30)을 설정하고 (30)의 문장이 변형의 과정을 거쳐 (29)와 같은 '겹주격 문장'이 생성되는 것으로 파악하는 것이다. 그러나 이러한 '기저적 단일 주어설'에서 몇 가지 모순이 있다.

(29), (30) '가'의 경우를 보자. '기저적 단일 주어설'은 (30 가)에서 주어 명사구 '그이의 마음'의 부분인 '그이의'가 어떤 이유에서든지 간에 독립적으로 이동하여 주격표지를 부여 받은 것으로 해석하는 것인데 이러한 설명에 무리가 따른다. 문법 규칙은 구조의존적이다는 원리를 통해 볼 때 명사구 전체인 '그이의 마음'이 주제화나 초점화하여 이동할 수 있지만 구적 성분의 부분에 해당하는 '그이의'가 독립적으로 이동할 수 없기 때문이다.

다음은 월을 '매김 구조'로 재구성할 때 나타나는 현상을 통해 이들이 결코 홑월이 아님을 알 수 있는 것이다. 아래와 같이 (29), (30)을 (31), (32)와 같이 매김 구성으로 나타낼 때 보이는 현상을 살펴보자.

(31) 가. ㄱ) 마음이 고운 그이,　　　ㄴ) *그이가 고운 마음
　　　나. ㄱ) 돈이 많은 동생,　　　　ㄴ) *동생이 많은 돈
　　　다. ㄱ) 사랑이 필요한 그 소녀,　ㄴ)?? 그 소녀가 필요한 사랑
(32) 가. 고운 그이의 마음
　　　나. 동생에게 많은 돈,　돈이 많은 동생
　　　다. 그 소녀에게 필요한 사랑,　사랑이 필요한 그 소녀

(31)은 (29)를, (32)는 (30)을 토대로 매김 구조화한 것인데 이 둘에는 분명한 차이가 있다. (29)를 매김구조화한 (31)에서는 '마음이 곱-', '돈이 많-', '사랑이 필요하-'를 매김말로 그리고 첫 임자말에 해당하는 '그이, 동생, 그 소녀'를 중심어로 구성한 ㄱ)은 문법적으로 적절한 반면 오히려 '첫 임자말+풀이말'을 매김말로, 둘째 임자말인 '마음, 돈, 사랑'을 중심어로 구성한 ㄴ)은 문법적으로 부적절하다. 이러한 점을 볼 때 '마음이 곱-', '돈이 많-', '사랑이 필요하-'는 월에서 우선적 구성관계를 가지는 통사 단위이며 아울러 (29)의 구성은 겹월 구성임을 알 수 있겠다. 이와는 달리 (30)은 (32)에서와 같이 (31)에서 보이는 제약이 드러나지 않은 바, (30)은 당연히 홑월이며 (29)의

기저가 되는 구성으로서 설정하기에 무리가 따른다.

이상에서 (26)과 관련된 월들을 설명하는 대표적인 견해와 그 문제점을 개략해 보았다.

이 연구는 위 (26)과 같은 월을 기본적으로 겹월 구조로 설정함과 동시에 줄친 부분에 해당하는 것을 풀이마디 설정함에서 출발한다. 그것은 풀이마디의 설정이 우리말 문법 체계를 세우는데 합리적이기 때문이다. 곧 우리말의 통사 단위는 '낱말-구-마디' 층위로 둘 수 있는 바, 풀이마디를 설정함으로써 낱말, 구, 마디 층위의 범주가 '이름씨-이름씨구-이름마디, 매김씨-매김씨구-매김마디, 어찌씨-어찌씨구-어찌마디, 풀이씨-풀이씨구-풀이마디'와 같이 평형성을 이루게 할 수 있어 문법 설명이 합리적으로 이루어질 수 있다.

## 3.2. 풀이마디 설정의 근거

언어학에서 범주는 음운론적, 형태론적, 통사론적, 의미론적 근거를 바탕으로 설정한다. 풀이마디 설정은 '임자-풀이' 짜임이 풀이씨와 동일한 형태 통사적 특징을 가짐을 바탕으로 이루어져야 할 것이다. 따라서 이 연구에서는 우선 마디 범주로서 풀이마디라는 언어형식을 설정할 수 있음을 보이기 위해 위의 (1)에서 줄친 부분과 풀이씨와 대치 가능성, 풀이씨와의 보통등위화 가능성을 통해 그 일련이 마디가 풀이마디에 해당함을 보이고, 그리고 주체 높임 현상을 통해 마디 설정의 근거를 마련하고, 이어 이들을 풀이마디로 설정함에 있어서 끊임없이 제기되어 온 풀이마디 표지의 문제, 풀이마디 구성 요소의 일부가 이동한다는 문제에 대해 논의한다.

### 3.2.1. 풀이씨와 대치

언어형식간의 대치는 해당 언어형식이 동일 범주일 때 성립가능하다. 통사상에서 풀이씨가 의향법 씨끝과 더불어 풀이말이 되는 위치에 실현될 수 있는 언어형식은 그 층위가 어떠하든지 간에 풀이씨에 상당하는 범주임에 틀림없을 것이다.

> (33) 가. 철수가(는) <u>돈이 많</u>다.
> 나. 코끼리가(는) <u>코가 길</u>다.

(33)에서 줄친 부분은 '임자-풀이' 구성을 가진 언어형식인데 이들을 과연 풀이씨로 대치하였을 때 적절한 월이 성립될 수 있을까 하는 것인데 다음 (34)는 이들 위치에 풀이씨를 대치한 월로 문법적으로 적절하다.

> (34) 가 철수가 <u>건강하</u>다.
> 나 코끼리가 <u>무겁</u>다.

이러한 현상은 (33)의 줄친 부분은 월에서 풀이씨에 상당하는 언어형식으로 설정할 수 있는 근거가 될 것으로 보인다.

### 3.2.2. 풀이씨와 보통등위화

통사상에서 통사 단위 간의 보통등위화는 등위화하는 두 언어형식이 동일한 범주일 때 성립 가능하다. 따라서 보통등위화의 검증은 언어형식의 범주 확인에 필수적인 것이다.

> (35) 가. 철수가 <u>돈이 많</u>고 <u>건강하</u>다.
> 나. 코끼리가 <u>코가 길</u>고 <u>무겁</u>다.

(35)는 위 (33)과 (34)를 토대로 '돈이 많-'과 '건강하-', '코가 길-'과 '무겁-'을 보통등위화한 월로 문법적으로 적절하다. '건강하-'와 '무겁-'의 형태범주가 풀이씨인 바, '돈이 많-', '코가 길-'도 그 범주가 '풀이씨'에 상당한 것으로 설정할 수 있으며 따라서 그 형식을 고려해 볼 때 '돈이 많-', '코가 길-'

은 풀이마디임을 알 수 있을 것이다.

### 3.2.3. 주체높임법 형태소의 실현

우리말에서 주체 높임법 형태소 '-시-'는 월의 구성 요소인 임자말 확인에 중요한 역할을 한다. 여기서는 임자말 중출로 보이는 월에서 '-시-'의 실현 양상을 통해 풀이마디 설정의 근거를 마련한다.

(36) 가. 어머니께서 마음이 고우<u>시</u>다.
　　　나. 형이 돈이 많으<u>시</u>다.
　　　다. 외로운 노인께서 사랑이 필요하<u>시</u>다.

(36) 각 문장에 실현된 주체 높임법 형태소 '-시-'는 분명 첫 임자말과 관계를 맺고 있으며 둘째 임자말과는 관련이 없다. 이것은 (36)의 구조를 아래 (37)과 같이 설정할 때에 가능하다.

(37) 가. [[어머니께서 [마음이 곱]-시]-다]]
　　　나. [[형이 [돈이 많]-으시]-다]]
　　　다. [[외로운 노인께서 [사랑이 필요하]-시]-다]]

(37)과 같은 구조 분석을 통해 '마음이 곱-', '돈이 많-', '사랑이 필요하-'는 하나의 단위가 되며 '임자말-풀이말' 형식을 갖춘 안긴마디임을 알 수 있을 것이다.

### 3.2.4. 풀이마디 표지

일반적으로 안긴마디는 그 표지가 있다. 그러면 풀이마디의 표지는 무엇인가? 만약 풀이마디를 설정한다면 그 표지가 있어야 할 것인데 사실 표지가 명시적으로 보이지 않는다. 이러한 점이 풀이마디 설정이 불가하다는 견해를 가지게 한 것은 사실이다. 그러나 풀이마디의 특성을 풀이씨와 관련지어 보면 풀이마디의 표지를 발견할 수 있다. 곧 풀이마디 표지 설정 문제는 풀이씨의 문법상 본질을 찾는데서 출발해야 할 것이다. 풀이씨의 형태론적 특성은 (38)에서와 같이 '줄기'와 '씨끝'으로 분석되며 씨끝이 활용한다는 것이다.

(38) 가-{ㄴ다, 느냐, 라, 자, 고, 서, …}, 푸르-{다, 느냐, 고, 러서,…}

그러나 풀이씨를 구성하는 부분인 씨끝은 통사론적 단위에서는 결코 풀이씨의 줄기에 결합되어 있는 것이 아니다.

(39) 현아가 도서관에 간다.
(40) [현아가 도서관에 가]-ㄴ다.

(39)를 구조 분석한 (40)을 보면 어미 '-ㄴ다'는 명제 '현아가 도서관에 가'에 결합되어 있는 것이지 동사 '가-'에 결합된 것이 아님을 알 수 있다. 이를 미루어 보건대 풀이씨는 통사론적으로 '씨끝'에 해당하는 것은 월끝 위치에 보내고 '줄기-∅'의 모습으로 남게 되는 것으로 간주할 수 있으며 따라서 (40)은 (41)과 같이 다시 나타낼 수 있을 것이다.

(41) [현아가 도서관에 가-∅]-ㄴ다.

풀이씨의 이러한 통사상에서의 모습을 고려한다면 풀이마디의 모습도 마찬가지일 것은 당연하다. 이에 '형이 돈이 많다'는 아래 (42)와 같이 분석되며 풀이마디 표지는 ∅로 나타난다.

(42) [형이 [돈이 많-∅]-∅]-다

풀이마디 표지가 ∅일 수밖에 없는 이유는 풀이씨가 그러하듯 월에서 풀이마디의 위치가 월 끝이기 때문이다. 우리말에서는 문법적 관념을 드러내는 월안맺음 씨끝이나 월맺음 씨끝이 풀이말의 중심에 해당하는 풀이씨의 '줄기'에 형식적으로 결합되기 때문에 풀이씨의 줄기와 월(안)맺음 씨끝 사이에 명시적인 형태소가 끼어들 수 없는, 구조적인 제약이 있다. 풀이마디에서도 이런 제약이 적용됨은 당연하며 따라서 풀이마디는 다른 안긴마디와 달리 명시적인 표지를 근원적으로 가질 수 없다.

### 3.2.5. 구성요소 이동

겹임자말 월을 겹월 구성으로 봄에 있어 제기되는 또 다른 문제는 마디의 구성 요소가 자리 옮김을 한다는 것이다.[8]

대개 안긴마디는 그 자체가 성분으로서 하나의 단위가 되기 때문에 안긴마디의 구성성분의 부분이 위치 이동이나 주제화할 수는 없다. 그런데 아래와 같이 풀이마디 구성 성분인 '돈이'가 (43 나)에서와 같이 주제화하여 월머리 위치로 이동했다.

(43) 가. 형이 돈이 많다.
　　　나. 돈은 형이 많다.

많은 연구에서는 (43)과 같은 현상으로 말미암아 풀이마디 설정을 꺼려왔으며 부정해 왔다. 그러나 이러한 현상 또한 풀이씨의 특성과 관련지어 설명해 볼 만하다.

(44) 현아가 글짓기대회에서 최우수상을 탔다.
　　　①　　　　②　　　　③　　　④
(45) 가. 현아는 글짓기대회에서 최우수상을 탔다.
　　　나. 글짓기대회에서는 현아가 최우수상을 탔다.
　　　다. 최우수상은 현아가 글짓기대회에서 탔다.

---

8) 남기심(1987)에서는 이러한 점을 들어 '서술절' 설정을 부정하고 있다.

라.*탔다는 현아가 글짓기대회에서 일등상을

　(44)는 4개의 성분으로 구성된 월이다. 각각의 월성분을 주제화한 것이
(45)에 주어져 있는데 (45 라)를 보면 풀이말은 주제화가 될 수 없음을 보인
다. 이것은 풀이말이 '주제-설명' 구조의 중심이다는 점과 풀이말의 위치가
월끝이어야 한다는 점을 어겼기 때문이다. 풀이마디가 풀이씨처럼 월에서
풀이씨가 된다는 점을 고려한다면 풀이마디는 근본적으로 주제화할 수 없
다. 그러나 풀이마디에는 풀이마디 임자말을 제외한 풀이말이 있기 때문에
풀이마디의 풀이말을 '주제-설명' 구조에서 '설명' 부분을 담당하게 하고 나
머지 성분을 주제화하여 월 머리 위치로 이동시킬 수 있는 예외적인 현상으
로 위 (43 나)를 설명한다면 풀이마디의 부분 성분의 이동 현상을 해결할 수
있을 것으로 보인다. 이와 유사한 현상은 이름마디에서도 볼 수 있다.

　(46) 남은 일이 <u>우리가 그 사람을 달래기</u>이다.
　(47) 가.*<u>우리가 그 사람을 달래기</u>이는 남은 일
　　　나. 남은 일이 <u>우리는</u> 그 사람을 달래기이다.
　　　다. 남은 일이 <u>그 사람은</u> 우리가 달래기이다.

　(46)의 줄친 부분은 풀이마디가 아닌 이름마디가 '-이다'와 결합하여 풀이
말로 실현된 월이다. 여기서도 (47 가)처럼 풀이말 전체가 주제화 될 때는
부적절한 문장이 된다. 그러나 (47 가,나)에서처럼 이름마디 풀이말을 제외
한 다른 이름마디 성분은 얼마든지 주제화하여 이동할 수 있음을 볼 수 있
다. 이 또한 이름마디가 '-이다'와 결합하여 풀이말이 되었기 때문이다.

## 4. 마무리

　이 연구는 궁극적으로 우리말에서 '풀이마디'라는 범주를 설정하여 통사
단위를 합리적으로 체계화하여 문법 설명을 간편하면서도 용이하게 하려는
데 목적을 두었다.

겹임자말 월 구성은 우리말에서 나타나는 아주 특수한 현상이다. 그 특수성으로 말미암아 많은 관심과 연구의 대상이 되었으며 그 문제 해결책으로 전통문법에서부터 생성이론에 이르기까지 다양한 방법론이 제시되었다. 이런 가운데 이 연구에서는 기본적으로 겹임자말 월 구성을 겹월 구성으로 설정해야 함의 당위성을 제안하고 이에 따라 풀이마디 설정의 근거를 제시했다.

풀이마디의 설정의 근거로 '대치 현상', '보통등위화'와 같은 통사론적 검증 방법을 우선 사용하였다. '임자-풀이' 구성이 풀이씨와 대치될 수 있음과 보통등위화한다는 사실은 마디 층위의 통사 단위에서 풀이마디라는 범주를 설정할 수 있는 근거가 되었다.

풀이마디의 표지와 풀이마디 성분의 부분 이동현상은 풀이씨의 통사적 특성을 바탕으로 밝혔다. 풀이마디의 표지는 Ø로 설정했다.

풀이마디 표지가 Ø일 수밖에 없는 이유는 풀이씨가 그러하듯 월에서 풀이마디의 위치가 월 끝이기 때문이다. 우리말에서는 문법적 관념을 드러내는 월안맺음 씨끝이나 월맺음 씨끝이 풀이말의 중심에 해당하는 풀이씨의 '줄기'에 형식적으로 결합되기 때문에 풀이씨의 줄기와 월(안)맺음 씨끝 사이에 명시적인 형태소가 끼어들 수 없는, 구조적인 제약이 있는데 풀이마디에서도 이런 제약이 적용됨은 당연하며 따라서 풀이마디는 다른 안긴마디와 달리 명시적인 표지를 근원적으로 가질 수 없는 것이다.

풀이마디 성분의 부분 이동현상도 풀이씨나 풀이마디가 월에서의 실현 위치와 관련 있는 것으로 파악하여 설명하였다.

## 참고 논저

김인택(1997), 한국어 이름마디의 문법, 세종출판사.
남기심 외(1987), 국어학 신연구 1, 탑출판사.
서정수(1996), 국어문법, 한양대학교 출판원.
성광수(1974), '국어 격문법 시론: 격설정, 주제화 목적어 및 보어에 대하여', 인문논총(고려대).

임홍빈(1974), '주격 중출론을 찾아서', 문법연구 1.
최규수(2000), '자리토씨의 형태론과 통어론에 대하여', 우리말연구 10집, 우리말학회.
허 웅(1983), 국어학, 샘문화사.

김인택   609-735 부산시 금정구 장전동 부산대학교 인문대학 언어학과
         ☎051-510-2093
         609-402 부산시 금정구 부곡 2동 244-7 부곡 대우아파트 106동 902호
         ☎051-518-1076 / Ⓔintaek@pusan.ac.kr

# 2부
# 낱말의 구조와 성격

# 고대국어 자료 「叱」의 소릿값과 기능

최 남 희

## 1. 머리말

현재 남아 있는 고대국어 자료에서 쓰임의 잦기가 가장 많은 글자가 「叱」 자이다. 그런데도 이 글자에 대한 소릿값과 그 기능에 대한 확실한 이해가 되어 있지 않는 것 같다. 좀더 분명한 소릿값과 기능, 그리고 그렇게 읽는 이유를 알아야 하겠다.

고대국어의 자료에 반영된 「叱」 자의 쓰인 용례는 크게 두 가지로 볼 수 있다.

첫째는 역사서에 왕의 호칭으로 쓰였다.

(1) 儒理尼師今 立 南鮮太子也 …左右奉立之 號 尼師今…脫解尼師今, 婆娑尼師今, 祗摩尼師今, 逸聖尼師今(사기 1 儒理尼師今條 이후)

(2) 第三弩禮 一作 弩 尼叱今 父 南海 母 雲帝 妃 辭要…甲申立 理三十三年 尼叱今 或作 尼師今(유사 왕력 제일)

(3) 脫解齒叱今 一作 吐解尼師今(유사 1 제4탈해왕조)

위의 예는 왕에 대한 신라의 호칭으로 「尼師今＝尼叱今＝齒叱今」이 모두 같은 소리의 다른 표기임은 누구나 알 수 있다. 곧 「叱」의 소릿값이 [sV] 또는 [sa] 정도가 아닐까 한다. 어떻든 성모의 소릿값은 /ㅅ/이 확실하다.

둘째는 향가 표기에 쓰인 용례들로서, 실제로 쓰인 곳은 대부분 여기에 쓰였다. 그런데, 향가 표기에 쓰인 「叱」 자도 또한 크게 두 가지로 나누어진

129

다.

(가) 宿尸 夜音 有叱下是(모죽)
　　花肹 折叱可(안민)
(나) 千手觀音叱 前良中(도천)
　　千隱手叱 千隱目肹(도천)

위의 예문 (가) 단락은 「叱」자가 /ㅅ/ 표기임을 알 수 있고, (나) 단락은
토씨가 생략된 자리에 쓰인 목청닫음소리 /ㆆ/ 표기로 생각된다.

그 외에 이두 표기나 ≪향약구급방≫에도 쓰였으나, 고대국어의 범주에서
벗어나므로 여기서는 논외로 한다.[1]

우선 이 글자에 대한 종래의 견해부터 머리말에서 소개하고 난 뒤에 지은
이의 견해를 피력하고, 위와 같은 소릿값과 기능을 「叱」자로 표기한 이유를
밝히고자 한다.

## ○ 오구라(小倉進平) 님의 설[2]

① 「叱」가 음절 끝소리로 쓰인 경우

○ 法界毛叱(예경) = 法界밑(法界의 끝).

「毛叱」을 「밑」이라고 읽는 것은, 「毛」의 글자의 음 「모」의 첫소리와 「叱」
의 음(고음ch'il, ch'it 전음chil)의 끝소리 「ㄷ」하고를 반절한 것이며, 향가 제5
에 있는 「佛伊衆生毛叱所只」의 「毛叱」도 「밑」이라고 읽어야 하며, 「끝」·「말」

---

1) 고대국어의 시대 구분을 10세기말까지로 보기 때문이다. 박병채(1989:22)에서는 전망적 방
법이 적용되는 문헌시대 이전까지, 즉 훈민정음 창제 이전까지를 고대국어 시기로 보기도
하였다.
2) 오구라 신뻬이(小倉進平)의 ≪鄕歌及吏讀 硏究≫(1929)의 43쪽에서 61쪽까지의 「叱」자에
대한 해독만을 추려서 정리한 것이다. 전문을 거의 그대로 옮긴 것은 이 글자에 대한 첫
연구 업적이라는 뜻과 고대 한국어에 대한 65년 전 외국인인 오구라 교수의 혜안에 대한
경이로움 때문이다.

의 뜻이다. 따라서「끝」·「말」의 한국어는 오늘날「밑」이지만, 옛날에는「믿」이었다.

　○ 毛叱等耶(예경) = 믿으드라(信).
　여기에 있는「毛叱」는「밑」또는「믿」(앞의「法界毛叱」의「毛叱」과는 뜻이 다름)이라고 읽으며,「믿다」의 뜻이다. ≪훈몽자회≫의「信」을「미들」, ≪천자문≫의「恃」·「信」도「미들」로 훈하며, ≪첩해신어≫에도「막대 扶持호몰 믿노라」(信杖扶)라고 되어있다.

　②「叱」가 토씨로 쓰인 경우

　○ 佛體叱刹亦(예경) = 부텨ㅅ刹이여(佛의 國土이다).
　「佛體」는「부텨」부처라고 읽는다.「叱」은 지격(Genitive case)을 나타내는 조사이고, 오늘날에는 보통「의」또는「ㅅ」로 표기된다. 향가 중의,

　　　　必只一毛叱德置(칭찬)
　　　　淨界叱主留卜以支乃遣只(참회)
　　　　嫉妬叱心音(수희)
　　　　菩堤叱菓音(청전)
　　　　法性叱宅阿叱寶良(보개)
　　　　千手觀音叱前良中(도천)

에 있어서의「叱」도 이 종류의 조사이다. 그 외 ≪대명률≫에도,

　　　　凡他矣戶叱所納貢稅乙攬管納倉爲在乙良
　　　　凡各司員吏及使臣等叱差人亦

와 같이 지격으로 사용된 예가 많다.
　원래 한국어로 지격을 나타내는 경우에 고래로 여러 가지의 문자가 사용

되었다. 잠시 한글 제작 이후에 대하여 고찰하여도, ㄱ·ㄷ·ㅂ·ㅈ·ㅅ·ㅎ·ㅿ·ㅸ 등의 여러 자가 지격 혹은 촉음(音休止 pause)으로서 사용되었다.

ㅇㄱ. 平生ㄱ뜯(素志) (용가) 등
　(생략)

## ○ 양주동 님의 설[3]

「叱」약음차「ㅅ」·「叱」이 지격촉음 및 일반으로「ㅅ」음에 관용됨은 주지의 일이다. 아마 그 고음「신·짇」에 의함일 것이다. 후세엔 심지어「叱」을 배합한 조자(造字)「哛·㕦·叱」(쓴·것·엇) 등이 사용되었다.

　　　尼叱今 或作 尼斯今(유사 왕력)
　　　厚叱只 훗기 在咸興東三十七里許(용가 7:25)
　　　海松子 佐叱(향약집성방 83)
　　　桔梗 道乙阿叱(촌가구급방)
　　　始叱·進叱(명률 1:14, 12:3)

「叱」자가「ㅅ」표기임을 반영시킨 예들이다.「叱」과「斯」의 대응,「잣·도랏·비롯·나삿」등이 모두「ㅅ」을 반영시킨다. 일반「ㅅ」음에 쓰여진 예를 든다면,

ㅇ 花肹折叱可獻乎理音如　　　(것)
ㅇ 奪叱良乙何如爲理古　　　　(앗) 등
　(생략)

지격촉음자에 사용된 예.

---

3) 양주동 ≪고가연구≫(1942:85)에 의함.

○ 逸烏川理叱磧惡希
○ 千手觀音叱前良中 등
 (생략)

요약하면, 지격촉음「ㅅ」과 음절말음「ㅅ」의 용법으로 규정하였다.

## ○ 박병채 님의 설[4]

향가 표기에서 s- 단독 자음 표기로「叱」자가 사용되었으며, 그 표기된 향태를 보면 한결같이 후속음이 후두음화(喉頭音化)를 드러내고 있는 점이다. 다만 후두음 影모자를 사용하지 않고 穿모자「叱」자를 사용한 것은 하나의 관념적인 차자법이어서 叱>tś'iɐt의 설내입성(舌內入聲) t-를 빌어 쓴 향찰 표기 체계 중에서도 특수 차용법의 하나에 속한다. 이 설내 입성 t-는 실질적으로 후속음에 작용하는 후두폐쇄의 기능을 담당하였는데, 이와 같은 용법은 그후 이두에도 그대로 계승되었다. 그리고 중세국어의 실제 [ㆆ] 용례를 보더라도 우리말 표기에서 관형사형어미로 사용된「ᅙ」형은 실질적으로 후속음의 후두화를 초래하여 [ʔ]의 기능을 담당하고 있다. 그러므로 이 [ㆆ]음이 다른 자음처럼 독립하여 어두에 쓰이지 않았다 하여 무음자로 볼 것은 아니며, 이는 고대국어에서도 음운으로 존재한 것으로 보아야 할 것이다.

## ○ 이기문 님의 설[5]

고대어 자료들은 음절말 자음의 내파화 경향이 아직 일어나지 않았거나, 일어났더라도 매우 미약했음을 암시한다. 향찰 표기의「叱」자는 그 자음과 관련하여 근원적인 의문을 안고 있지만, 적어도 그것이 음절말의 s를 표기

---

4) 박병채 ≪고대국어의 연구≫(1971:315)에 의한 것으로,「叱」자 기능의 핵심적 내용이 여기서 비로소 나타난다.
5) 이기문(1972:64, 1977:64)에서 부분적으로 인용하였다.

한 것임에는 의문의 여지가 없다. 이 사실은 "사이시옷"으로 쓰인 많은 예와 헌화가의 「折叱可」(것거), 혜성가의 「城叱」(잣) 등에 의해서 증명되지만, 왕호의 「尼叱今」이 「尼斯今」 또는 「尼師今」으로 표기된 사실도 하나의 방증 자료가 된다.

「叱」(동음 '즐')은 주로 음절말의 s 표기에 사용되었고…「尸, 叱, 只」 등의 음독의 근거는 아직 밝혀져 있지 않다. 「旀」가 실증하듯이 신라어 표기법에 약자들이 존재했으니, 이들도 약자들이 아닌가 하는 가설이 있어 왔으나 이러한 가설의 증명은 이루어져 있지 않다.

이상 몇 분의 대표적인 학설을 소개하였다. 고대국어 연구의 초창기 곧 오구라 님은 「叱」 자가 「ㄷ」음의 표기로 쓰여, 이름씨 「믿」, 움직씨 「믿-」의 받침 표기로 생각하였다. [ch'it]음의 입성 운미의 「-t」을 차용한 것으로 본 것 같다. 또 한 가지는 지격을 나타내는 토씨라고 하였다.

양주동 님은 「叱」이 약음차자 「ㅅ」 표기자로 쓰여, 사잇소리(지격촉음) 「ㅅ」이나, 음절 끝소리 「ㅅ」 표기자로 사용된 것으로 밝혔다. 오구라 교수의 학설에서 좀더 발전된 것으로 생각된다. 음절 끝소리의 「ㅅ」 표기를 정확히 밝혔다.

그러나, 박병채 님의 학설에서 더욱 진보된 업적을 발견할 수 있다. 곧 향가 표기에서 s- 단독 자음 표기 외에 후속음이 후두폐쇄의 기능을 담당하는 /ʔ/의 표기자로 사용되어, 고대국어의 자음 체계에 /ʔ/(ㆆ)의 존재를 확인하고, 후속음의 후두화를 초래한 기능을 담당하였다고 하는 점이다.

그러나 다음과 같은 소릿값을 지닌 「叱」 자가 왜 「ㅅ」 표기자로 쓰였는가 하는데 대한 확실한 증거가 부족하며, '후두폐쇄의 기능을 담당하는 /ʔ/(ㆆ)'의 표기자가 왜 후음의 影/ʔ/모자가 아니고 치음의 穿/tsʻ/모자를 사용하였는지, 이에 대한 확실한 규명이 있어야 할 것으로 생각한다.

[叱]

/즐/<옥>, /t'i̯et/<동-상>, /t'i̯ĕt : tśʻi̯ĕt/<Kar-상ㆍ중>, /t'jiet : tśʻiʻt/ <주-상ㆍ중>, /t'i̯ĕt : tɕʻi̯ĕt/<곽-상ㆍ중>, /t'hi̯ĕt : tɕʻhi̯ĕt/<이ㆍ주-상ㆍ

중>, /昌・質・昌栗/<광-성・운・반>, /tshɣh・tshit/<소・하>

「叱」의 상고음은 「昌質」이다. 성모 昌 /t̯-/는 「ㄷ(t-)」로 반영되고, 운부 質/-et/은 /-i̯et, -i̯ĕt, -jiet, -i̯ĕt/으로 재구하였다. 상고음 기층의 추정 신라한 자음은 「딜(til)」로 추정한다.

중고음도 「昌質」로 臻섭의 개구 3등 입성에 속한다. 성모 昌/t̯ɕ'-/는 「ㅈ(c)」로 반영되고, 운모 質/-i̯ɛt/은 /-i̯ĕt, -i⁺t, -i̯ĕt/ 등으로 재구하였다. 「叱」은 質운 A류에 속한다. 핵모 -ɛ-는 개모 i̯-와 결부되어 「이(i)」로 반영되므로, 중고음 기층의 신라한자음은 「질(cil)」이 된다. 어디로 보아도 음절 끝소리 /s/이나, 목청닫음소리 /ʔ/의 소릿값이나 기능과는 차이가 많다.

## 2. [叱]의 소릿값

고대국어 자료에 나타난 「叱」 자의 최초의 기록은 ≪삼국유사≫ 왕력에 기록된 「第三弩禮 尼叱今 或作 尼師今」이니, A.D. 24년, 후한 광무제 즉위 전후이므로, 가장 오래된 절운계 운서의 기록부터 보겠다.6)

「質」운의 기록 중 왕이운(王二韻7))에는 「齒白反」, 당운(唐韻)에는 「呂栗反」, 광운(廣韻)에는 「昌栗切」로 기록되었다. 가장 이른 세 종류의 기록은 상당한 차이점이 노출된다. 상고음 당시부터 이 글자가 단순한 하나의 음운으로만 읽히지 않았음을 이들 기록에서부터 짐작할 수 있다. 수나라 때 육법언(陸法言)의 ≪절운≫은 운서 중 가장 영향이 큰 책이다. 물론 이 책은 없어졌지만 왕인후(王仁昫)의 ≪간류보결절운(刊謬補缺切韻)≫ 등과 같은 잔권 일부가 보존되고 있고, 당나라 때의 ≪당운(唐韻)≫과 송나라 때의 ≪광운(廣韻)≫이 모두 이 ≪절운≫을 바탕으로 한 것이다. 그러나 ≪당운≫ 또한 없어지고 잔 권 일부가 남았을 뿐이다. 이것을 모아 한 곳에 대조시킨 것이 위에 소개한

---

6) 이것은 ≪十韻彙編≫(劉復 臺灣學生書局) 270쪽에서 인용한 것임.

7) ≪十韻彙編≫ 범례에 "劉復이 돈황에서 얻은 것과 파리 국립도서관 소장 돈황 당 사본인 王仁昫의 ≪刊謬補缺切韻≫을 약칭하여 「王一」이라 하고, 延光室 영인 및 唐蘭이 베껴 쓴 청나라 고궁에 소장된 당 사본을 약칭하여 「王二」라고 한다"라고 하고 붙인 약칭이지 운 서명은 아니다.

≪십운휘편≫의 기록이나 확실성이 부족하다. 그러나 ≪광운≫만은 진팽년(陳彭年) 등이 조직을 받들어 편찬한 현존의 가장 이른 시기의 완전한 운서임에는 틀림없다. 그러나 여기서는 고대국어 자료에 사용된 「叱」 자에 대한 소릿값을 찾을 수 없다. 그래서 그 다음 대에 이루어진 운서들에서 찾을 수밖에 없다. "≪광운≫은 팽년과 옹이 정한 것으로 옛글을 많이 썼고, 번거롭거나 간략하여 마땅함을 잃었다(彭年 丘雍 定多用舊文 繁略失當)"하여 정도(丁度)·이숙(李淑)에게 칙명으로 찬집한 것이 ≪집운(集韻)≫이다. 허신(許愼)의 ≪설문해자(說文解字)≫의 훈을 바탕으로 하고, 많은 책을 인용하여 풀이하였다. ≪집운≫이 ≪광운≫과 다른 점은 수록된 글자의 수가 27,331자가 더 많고, 주해가 상세하다는 점이다(왕리 1983 계대출판부 번역본 116쪽).

≪집운≫의 기록에서 「叱」 자의 소릿값을 추정하겠다.

「叱」:「尺栗切」叱 訶也 從口七聲. 訶 大言而怒也. 大訶爲叱.
叱或作嘯. (注)嘯讀爲叱.

여기서 소릿값이나 훈에 대한 기록은 ≪광운≫과 비슷하다. 성모의 「尺」과 「昌」은 모두 정치음인 穿母/t's'/에 속하고 운모는 같다. 그러면 당연히 그 다음 기록인 「叱或作嘯. 嘯讀爲叱」에 관심을 가져야 할 것이다. 결국 「叱」과 「嘯」는 같은 음과 같은 뜻으로 쓰인 다는 같은 글자의 다른 표기라는 말이다. 한문에는 워낙 이런 종류의 글자들이 많다. 별로 신기하거나 이상하게 생각할 필요도 없다. 그러면 여기서 「嘯」의 소릿값을 다시 ≪집운≫에서 찾아보자.

1. 거성 嘯운 「先弔切」 [sieu]  (신) 「소(su)」
2. 입성 屋운 「息六切」 [sĭuk]  (신) 「속(suk)」
3. 입성 質운 「尺栗切」 [tɕʰĭĕt]  (신) 「질(cil)」

위에 소개한 것은 「嘯」 자가 거성 嘯운일 때는 「先弔切」이요, 입성 屋운일 때는 「息六切」이요, 입성 質운일 때는 「尺栗切」로 발음한다는 말이다.[8]

여기서 새로 발견된 사실이 2번의 발음이고, 여기에 초점을 맞출 필요가 있다. 고대일본한자가 우리 나라 즉, 백제나 신라를 통하여 건너간 점을 고려하면서 이 두 자의 일본음을 찾아 보면, 「叱」은 [シツ]와 [シチ]로 되었고, 「嘯」는 첫째 [セウ], 둘째 [シユク], 셋째 [シツ]와 [シチ]로 되었다. 이것은 신라 때의 「叱」과 「嘯」의 한자음이 주로 위의 2번 음인 「속(suk)」으로 발음하였으리라는 강력한 증거가 된다. 그리고 상고음 기층의 신라한자음으로 추정한다면, 「소(su)·속(suk)·딜(til)」이 될 것이다.

다음으로 이 두 자에 대한 ≪집운≫의 기록의 확실성 여부를 알아보기 위하여 ≪고금운회거요≫[9]의 기록도 참고로 하겠다.

嘯: 先弔切 說文吹聲也 從口肅聲 …歌箋云 蹙口而出聲 又質韻.
(≪고금운회거요≫ 권: 22 거성 18 「嘯與笑韻」)

叱: 尺栗切 說文訶也 從口七聲. 蒼頡篇 大呵爲叱. 禮記內則 不嘯不指注 嘫讀爲叱. (≪고금운회거요≫ 권: 26 「質與術櫛通」)

위의 밑줄친 부분이 「嘯」와 「叱」이 같은 소릿값을 가지기도 하였다는 기록으로 보인다. 「嘯」 자가 '또 「質」운으로 발음하기도 함'이란, 「嘯」와 「叱」이 서로 상통하는 음이란 뜻이다. 그러나 「叱」의 설명 부분에 "增(韻)別出嘯字 誤"라는 기록도 첨가된 것으로 보아 ≪집운≫의 음에서 상당히 멀어졌음을 느낄 수 있다.

다음은 이 두 자에 대한 ≪홍무정운(洪武正韻)[10]≫의 기록도 참고하겠다.

---

8) I.P.A에 의한 발음 표기 중 1과 2는 지은이가 추정해본 중고음이고, 3은 앞에 소개한 郭錫良 교수의 추정음이다. 그리고 (신)은 추정한 신라한자음이란 뜻인데, 이 또한 지은이가 추정한 것이다.

9) 원(元)나라 때의 황공소(黃公紹)가 지은 ≪고금운회(古今韻會)≫ 30권을 웅충(熊忠)이 요점만 추려 ≪고금운회거요≫라는 이름으로, A.D 1297에 편찬한 운서로 표면상으로는 36자모와 107운의 전통적인 운부(韻部)를 따르고 있지만, 실제로는 원 나라의 어음계통을 내포하고 있기 때문에 한글 창제 때 많이 인용된 운서로 알려지고 있다.

10) 명 나라의 악소봉(樂韶鳳) 등 11인이 조칙을 받들어 홍무 8년(1375)에 편찬한 운서로, 절운의 계통을 배척하고 '一以中原雅音爲定'을 표방하였으나, 고금과 남북이 함께 뒤섞여 실

嘯: 蘇弔切 吹聲 (質). (홍무정운 거성 12 嘯)
叱: 尺栗切 呵叱　嘯: 內則不嘯不指音與叱同又(嘯) (홍무정운 입성 2 質)

위의 기록에서도 두 글자의 음이 같기도 하였음을 반영하고 있다. 「嘯」
자의 소릿값 뒤에 (質)운 표시하여 두 자의 음이 상통함을 표시하였고, 「叱」
자의 설명란에 「嘯」 자도 함께 넣어 두고 (嘯)운의 소릿값을 함께 가졌음을
나타내고 있다.

마지막으로 근대에 와서 간행된 중국의 사서(辭書)인 ≪사원(辭源)[11]≫의
기록도 참고하고자 한다.

「嘯」의 의미를 세 가지로 설명하였다. 첫째의 의미는 '嘬口出聲' 하는 휘파
람 소리이고, 둘째는 「鳴」이니, '길게 소리내서 운다'는 의미고, 셋째의 해설
이 이 논문과 관계되는 부분이니, 그대로 옮긴다.

「大聲呼喝 通 '叱'. 禮內則: '不嘯不指'. 注: '嘯讀爲叱'. 釋文: '嘯依注音
叱, 尺失反'. 參閱唐顏師古 匡謬正俗三嘯.」

다른 부분은 여러 번 나온 내용이니 다시 첨가할 말이 없고, 밑줄 친 끝
부분에 관심을 가질 필요가 있다. '당나라 때의 顏師古(A.D. 581∼A.D. 645)가
바른 소리 속된 소리의 세 「嘯」의 잘못을 바로 잡았다.'라고 한 부분이다.
'正俗三嘯'는 바로 ≪집운≫의 세 음을 말한 것 같다. 어느 것이 바른 소리이
고 어느 것이 속된 소리인지, 또 어느 소리를 어떻게 바로 잡았는지는 기록
되지 않았으니 알 도리가 없으나, 확실한 것은 「嘯」의 소릿값이 세 가지라는
사실이다.

위의 여러 가지 자료를 참고하여 얻은 결론은, 첫째 고대국어 자료에 쓰
인 「叱」 자는 약자가 아니며, 「嘯」와 같은 소릿값과 같은 뜻의 일부분을 공
유하는 글자이다. 둘째 고대국어 자료에 쓰인 「叱」 자는 입성 屋운의 「息六
切」의 소릿값을 반영한 글자로 생각한다. 성모는 心모 /s-/이고, 운모는 屋운

---

패한 운서로 평가 받고 있다(왕리의 중국언어학사 계대출판부 133쪽 참고).
11) 1915년 상하이의 商務印書館이 간행한 문자 숙어 해석의 대표적인 저서이다.

의 합구 3등의 /-ïuk/이므로, 신라한자음은 「속(suk)」정도일 것이다. 셋째 고대국어 자료의 「叱」은 음차자로 쓰였고, 성모 /s/을 빌린 것은 혀끝 갈이소리 「ㅅ」 표기이고, 운모 /-uk/을 빌린 것은 뒤혓바닥의 약한 터짐소리 「ㄱ」로, 거의 비슷한 소릿값을 가진 목청닫음소리 「ㆆ(?)」 닿소리를 표기한 것으로 생각한다.

「叱」로 표기된 「ㆆ」의 기능은 '소리 없는 휴식' 곧 '소리 끊음 현상'을 표기한 것으로 생각한다.

≪훈민정음≫에서 「ㆆ喉音 如挹字 初發聲」이라고만 기록하고 구체적인 해설은 없다. 그러나 한자음 표기가 아닌, 당시의 우리말 표기에 쓰인 「ㆆ」은 두 가지로 나타난다. 첫째, 미래를 나타내는 풀이씨의 매김꼴 씨끝 「-을」은 반드시 「ㆆ」과 병서하여 「-ㅭ」로 기록되었고, 둘째는 '사잇소리'를 적는 데 쓰였다.

우리말 표기에 쓰인 위의 두 경우로 본다면, 「ㆆ」은 '소리 없는 휴식' 곧 '소리 끊음 현상'을 표기한 목청닫음소리를 적는 부호이었던 것이다(허 웅 1985:325).

중세국어에 쓰인 이 「ㆆ」 표기법이 고대국어에서는 「叱」 표기법으로 쓰인 것이다.

## 3. [叱]의 기능

### 3.1 [ㅅ] 표기의 [叱]

「풀 이 씨」

3.1.1. 蓬次叱巷中宿尸夜音有叱下是(모죽)⇒ 다봊ㅎ 굴헝히 잘 밤 이시아리
彗星也白反也人是有叱多(혜성)⇒ 彗星야 술본 녀기 이시다
此也友物北所音叱彗叱只有叱故(혜성)⇒ 이야 벋물 배솜ㅎ 彗ㅎ 다믄 이실고
達阿羅浮去伊叱等邪(혜성)⇒ 돌아라 떠가 이시ᄃ라

吾衣身不喩仁人音有叱下呂(수희)⇒ 나익 몸 안딘 사롬 이시아리
不冬喜好尸置乎理叱過(수희)⇒ 안둘 깃홀 두오리시고

이 단락의 용례들은 「이시-」의 표기를 위하여 「叱」이 [cV] 형의 [sV] 즉
「시」 표기임을 반영하는 예들이다. 즉 「有叱」은 「이시-」의 표기로, 「有」는
훈독자로 「이시-」이며, 「叱」은 끝소리덧적음으로 기록한 것이다.

중세국어에서 쓰인 「이시-」와 「잇-」도 같은 음의 다른 표기, 즉 똑같이
「이시-」로 발음되었음은 쉽게 알 수 있다. 고대국어 표기에서 「ㅅ」 표기의
「叱」 다음에 홀소리 표기자가 쓰이지 않은 것은 중세국어의 「잇-」처럼 약한
홀소리의 연결이기 때문에 당시의 기록자들은 여기에 관심을 가지지 않은
것으로 보인다. 중세국어에서 음절 끝소리의 「ㅅ」도 [s]임은 이미 증명되고
있다(허웅, 1985:355).

· 셜본 人生이 어딋던 이 ᄀ᾽ᄐ니 이시리잇고(석보 6:5)
· 가리라 ᄒ리 이시나 長子롤 브리시니(欲往者在 長者是使)(용가 6:40)
· 子息의 일훔을 아비 이시며 어미 이샤 一定ᄒ사이다(월석 8:83)
· 어버ᅀᅵ ᄀ자 이신 저긔 일후믈 一定ᄒ사이다(월석 8:96)

· 어듸ᅀᅡ 됴훈 ᄯ리 양ᄌ ᄀᄌ니 잇거뇨(석보 6:13)
· 玄圃ᄂ 黃河롤 ᄎ자갈시 아노니 잇는 둥 업슨 둥 ᄒ니라(두해 초 9:30)
· 마슨 사ᄉ미 둥과 도ᄌ기 입과 눈과 遮陽ㄱ 세 쥐 녜도 잇더신가(용가
9:40)
· 네 이제 사ᄅ미 모몰 得ᄒ고 부텨를 맛나 잇ᄂ니(석보 6:11)

위의 예들은 「이시-」와 「잇-」가 도움움직씨에서까지도 같은 소리 표기임
을 나타내는 예들이다. 즉 15세기까지는 음절 끝소리에서 「ㅅ」과 「ㄷ」의 중
화가 일어나지 않았음을 반증하는 용례들이다.

이해의 편의를 위해 향가의 다른 부분도 함께 설명할까 한다. 차례대로
<모죽지랑가>의 예문부터 설명하겠다.

「蓬」은 훈독자 「다봊」이며, 「次」는 약음차자 「ㅈ」 표기로 끝소리덧적음이며, 그 다음의 「叱」이 「ㅎ」으로 쓰인 것인데, 이는 다음 항목에서 설명하겠다.[12] 그 다음에 매김토씨가 생략되었다.

「巷」은 훈독자 「굴형」, 「中」은 위치토씨 「히」, 「宿」은 훈독자 「자-」의 줄기이며, 「尸」은 매김꼴의 씨끝 「-ㄹ」 표기인데, 이 경우 주체법도 대상법도 아니다. 풀이말 매김꼴의 한정을 받는 임자씨가 속구조에서 어찌말의 기능을 가질 때도 있는데, 이 경우 안맺음씨끝 「-오/우-」가 쓰이지 않았다. 「夜音」이 속구조에서 어찌말의 가능을 한다(최남희, 1987b:182).

「下」는 훈차자 「알」로 훈차자 「是」의 「이」와 결부, 「-아리」가 되어 물음법의 씨끝이 된다. 이 때 「-아-」 형태소는 힘줌꼴의 안맺음씨끝이며, 「-리-」 아래의 「-가(아)」가 생략되었다.

<혜성가>의 첫 「也」는 느낌토씨, 둘째 「也」는 「他」 자와 통하는 자이므로, 「也人是」는 「넌기」가 됨을 밝힌 바 있다(최남희, 1990:13). 그래서 「넌기」가 임자말, 「이시다」가 풀이말이 된다. 같은 작품 그 다음 문장의 「伊叱」은 「有叱」과 같은 뜻의 다른 표기로 역시 「이시-」의 줄기이다. 「伊」는 음차자로 「이」 표기이며, 「叱」은 약음차자 「ㅅ」로 「시」로 읽어 「이시-」가 된다.

「達」은 음차자 「둘(月)」, 훈독자 「月」로 표기되어야 할 곳이다. 의미 형태소의 표기는 훈독자가 많다는 점을 고려하면 다소 의문이 있기는 하나, 문장 전체의 뜻으로 파악하면 '月'의 의미가 적당하다고 생각한다. 「阿羅」도 음차자로 「알(下)」에 위치토씨 「아」가 붙은 현상이다. 경상 방언의 '알(下)'은 고대국어의 잔재임이 확실하다.

향가 표기의 「耶, 邪」는 주로 마침법의 「-라」로 많이 쓰였고, 가끔 「-아」로 쓰이기도 하였다. 이 「耶, 邪」는 원래 '語助'로 쓰였기 때문에 우리말의 마침법 맺음씨끝 「-라/아」에 해당한다.

여기서 「等邪」의 「等」은 훈차자 「돌/들」이며 「邪」는 「아」이나 앞 음절의 받침 「ㄹ」이 이어나므로 「-라」로 읽는다. 「-ᄃ-」는 중세어의 「-다/더-」와 같

---

12) 「ㅎ」 표기로 쓰인 「叱」은 앞으로 향가 해독에서 모두 「ㅎ」으로 읽는다. 이 때까지 「叱」은 모두 「ㅅ」 표기로 읽었으나, 「ㅅ」이 음절 끝소리에서 분명히 [s]이므로, 목청닫음소리의 「ʔ」 표기의 「叱」은 「ㅎ」으로 읽는 것이 옳다.

은 회상법의 안맺음씨끝이다. 고대국어에서도 중세국어와 같은 여러 가지 변이형태가 쓰였는지는 확실하지 않으나, 이 형태소가 「如」로 쓰인 예도 있는 것으로 보아 「-다/더-」와 「-드-」 세 종류의 변이형태로 재구하였다.

그 다음의 <혜성가>는 「此也」와 「有叱故」의 해독만 분명하고, 나머지는 모두 불확실하다. 앞의 것은 느낌씨이고, 뒤의 것은 「이시-」의 줄기에 인칭 물음법의 씨끝 「-ㄹ고」가 결부된 현상이다.

<수희공덕가>의 가장 어려운 문제는 「喩」자의 음이다. 중고음은 [jĭu]로 기록되었으니, 신라한자음도 「유(jŭ)」 정도로 생각한다. 그런데 이두 표기의 「喩」는 모두 「디·지」로만 되었는데, 「지」는 입천장소리된 것이므로 「喩」를 「디」로 읽는 것으로 볼 수밖에 없다. 이렇게 읽는 원인을 찾아야 한다. 상고음 성모에 관한 董同龢, Karlgrend의 재구음에서, 이류(以類)의 喩(j) 성모는 상고의 d-, g-에서 발달한 것임을 알 수 있다. 곧 상고음이 [diu]였으니 이것이 「디」의 차자로 쓰인 것이다. 「仁」은 약음차자 「ㄴ」 표기로 고려향가에만 쓰였고 신라향가에는 전혀 쓰이지 않았다. 「隱」과 「仁」이 모두 약음차자 「ㄴ」로 쓰였으나, 「仁」은 매김씨끝으로만 쓰인데 반해 「隱」은 매김씨끝 이외에 도움토씨, 임자씨의 끝소리덧적음 등 다양하게 쓰였다. 여기서는 잡음씨 「안디-」에 붙은 매김씨끝으로 생각한다. 「呂」는 약음차자 「리」 표기로 위의 형태소와 같은 것이다.

「不冬」을 「안둘」로 읽는 것은 향가나 이두나 마찬가지이다. 「喜」는 훈독자로 「깃ㅎ-」의 줄기, 음차자 「好」는 안맺음씨끝 「-오-」가 「깃ㅎ-」의 줄기와 결부된 결과이고, 그 다음의 「尸(-ㄹ)」 매김씨끝 앞에 대상법의 「-오-」 형태소가 개재한 것이다. 그 다음에 임자씨가 생략된 것으로 생각한다.

「置」는 훈독자 「두-」의 줄기이며, 「乎」는 인칭법의 안맺음씨끝 「-오-」, 「理」는 음차자로 매김씨끝 「-ㄹ」과 매인이름씨 「이」가 결부된 형태이며, 「ㅣ」 홀소리 아래에서 「이시-」의 「이」가 생략되는 이유로 「有」를 탈락시킨 것으로 보인다. 「過」는 약음차자 「-고」로 물음법 씨끝이다.

이상은 「有叱(이시-)」의 낱말을 가진 월을 묶은 것이다.

## 3.1.2. 花肹折叱可獻乎理音如(헌화) ⇒ 고줄 것가 바도리이다

중세국어에「겼다」란 움직씨가 있다. 실제 용례를 소개한 후에「ㅅ」이 음절 끝소리 자리에서 [s]로 발음되었나를 검토하겠다.

(1) 재 ᄂ려 티샤 두 갈히 것그니(용가 5:38 36)
(2) 東門 밧긔 독소리 것그니 聖人 神功이 ᄯ 엇더ᄒ시니(용가 9:42 88)
(3) 雜草木 것거다가 ᄂᄒᆯ 거우ᅀᄫᆞᆫᄃᆞᆯ ᄆᆞᄉᆞᆷ잇든 뮈우시리여(월곡 62)
(4) 누른 곳가리 프른 오새 비취엿ᄂᆞ니 허리 것구메 ᄡᆯ 器具ㅣ 아니로다
(두해 초 21:39)

≪훈민정음≫ 종성해에「然 ㄱ·ㆁ·ㄷ·ㄴ·ㅂ·ㅁ·ㅅ·ㄹ 八字可足用也」의 여덟 종성법을 규정하여,「ㅅ-ㄷ」을 대립시켰다는 것은 당시까지도 음절 끝소리「ㅅ」이 닫음소리 되기 이전임을 반영한다. 그러나「如빗곳爲梨花 엱의 갗爲狐皮 而ㅅ字可以通用 故只用ㅅ字」라 하여「ㅈ·ㅊ」이 음절 끝소리에서「ㅅ」에 중화된 것처럼 기록되었으나, 근대국어나 현대국어의 변천 과정으로 보아 그렇게 볼 수는 없고,「ㄷ」에 중화되었다고 보아야 할 것이다. 그렇다면 'ㅈ', 'ㅊ' 대신에 "ㅅ자로 통용할 수 있기에 ㅅ자만 쓴다"고 한 말과 서로 모순되는 것 같으나, 당시 'ㅅ'이 닫음소리 되는 과정임을 짐작할 수 있다. 'ㅅ'이 열린음절로 발음될 때에도 약한 터뜨림소리였을 것으로 추정된다.

"갈이가 매우 약하고 공깃길이 좁기 때문에 끝소리의 [ㅿ]와 잘 구별되지 않으며, 이것은 닫음소리 [t]에 매우 가까운 소리로서 자칫하면 [t']로 바뀔 가능성을 가지고 있었다."고 지적한 것은 15세기의「ㅅ」이 닫음소리되기 직전의 약한 터뜨림임을 지적하는 것으로 생각된다(허 웅, 1985:361).

결국「ㅅ」끝소리는 15세기까지 개음절로 확인되기 때문에 고대국어에서는 당연히 개음절로 간주할 수밖에 없다. 고대국어 자료에 반영된 상당 부분이 개음절이었음이 확인된다.[13]

---

13) 이병선(1993:66)에서는 '향가에 표기된 말들은 지명에 표기된 것보다 먼저 폐음절화하였을 것이나, 많은 말들에 있어서 말모음을 유지했던 것으로' 생각하였고, 천소영(1990:28)

따라서 「折叱可」는 「겪-」의 줄기에 이음법의 맺음씨끝 「-아」가 연결되어 「겪가」 곧 [käska]로 읽어야 한다.

「花」는 훈독자 「곶」으로 읽는다. ≪계림유사≫에 「花曰骨」로 표기된 사실이 이를 증명한다.

[骨]

/골/<훈·유>, /kwôt/<동-상>, /kwət·kuət/<Kar-상·중>, /kwət·kuət/<주-상·중>, /kwôt·kuət/<곽-상·중>, /kwət·kuət/<이·주-상·중>, /見·沒·古忽/<광-성·운·반>, /kuɣh·ku·kut·kut·kuɐt·kauh·kut/<소·장·남·매·광·복·하>

「骨」의 상고음과 중고음이 이와 같으므로 고대국어에서도 중세와 같은 「곶」으로 발음되었으리라 짐작된다.

「肹」은 부림토씨인데, 이 부림토씨를 신라향가에서는 주로 「肹」 자로 표기하였고, 고려향가와 이두 표기에서는 「乙」 자로 표기하였다.

[肹]

/흘·힐/<옥>, /xi̯ət/<동-상>, /xiət : xiet/<주-상·중>, /xiə̆t : xĭĕt/<곽-상·중>, /曉·質·義乙/<광-성·운·반>

되르퍼(Doerfer)가 튀르크어와 몽골어의 부림자리토씨를 비교하여 [keur] 정도일 것으로 추정하였는데(Doerfer, 1963:83), 「肹」을 [heur]로 읽는다면, [keur]은 [heur]의 선대형으로 추정된다. [keur>heur]의 변화는 여린입천장에서 발음되던 안울림의 터짐소리인 [k, q]가 그보다 조금 뒷편의 목청에서 갈이소리로 바뀐 것이다.

고구려 지명의 '城'을 「忽」로 표기했는데, 이의 중고음도 [Xuət]이고 만주

_____

은 '국어가 고대의 어느 시기까지는 개음절어였을 가능성을 완전히 배제할 수 없으나, 지명이 형성되던 당시만 해도 개음절형과 폐음절형이 불안정하게나마 공존했을 것'으로 보았다.

어를 위시한 퉁구스 제 방언의 [Xoto(n)]으로 생각되는데, 이것은 몽골어 [qota(n)]의 차용어일 것으로 본다(김방한, 1983:113). 이것이 고구려에서 「忽(Xuət)」로 기록되었다고 본다. 또 이 낱말이 「溝漊(kürü)」로도 나타나며, 백제 지명에서는 「骨(kol)」, 「屈(kul)」로 표기된 것도 모두 「X」와 「k」의 관계를 증명하는 자료들이다. 고려향가와 이두에서 부림자리토씨 「乙」이 쓰인 것도 「h」이 탈락되고 난 뒤의 현상이다. 이러한 현상은 「h」이 보편적인 갈이소리가 아니고 목청에서 이루어지는 갈이소리이기 때문에 일어나는 현상으로 생각된다.

신라향가 표기의 부림자리토씨는 주로 「肹」이 쓰였고, 신라 이후는 주로 「乙」이 쓰였다.

「獻」은 훈독자로 「받-」의 줄기이며, 「乎」는 인칭법의 안맺음씨끝, 「理」는 '의지·미래'의 뜻을 나타내는 안맺음씨끝이다. 중세국어와 비교해 본다면 「音」이 상대높임의 안맺음씨끝 「-이-」의 표기자라야 하나, 차자표기상의 「音」이 「ㅁ」 표기자로 쓰인 예만 보이므로 부득이 「ㅁ」로 읽었다. 그러나 「-이-」 표기자로 읽지 않는다 하더라도 상대높임법으로 쓴 것만은 틀림없다. 그래서 고대국어에서의 상대높임법의 안맺음씨끝은 「-ㅁ-」로 보고, 「바도림다」로 읽었다. 즉 중세국어의 「-이-」는 「-ㅁ-」에서 변화된 것으로 인식하여 왔다. 그러나 「ㅁ>이」의 변화는 그 용례도 없거니와 음운 변화 과정으로 보아도 무리임에는 틀림 없다. 상고음과 중고음을 바탕으로 재구한 신라한자음은 「음」이 확실하다. 여기서 「音」이 신라한자음 「ㅇ」로 읽혔을 가능성을 모색하지 않을 수 없다. 그래서 한어방언(漢語方言)에서 이 가능성을 탐색하였다. 놀랍게도 오어(吳語), 상어(湘語), 감어(贛語)에서 [in]으로 발음되었고, 민동화(閩東話)에서 [ig]으로 발음되는 사실을 발견하였다. 민동화란 복주화(福州話)이다. 중국 남부 지방의 방언이 해상을 통하여 신라에 들어올 가능성은 충분하다. 그래서 「音」이 「ㅁ」 표기로 쓰이는 것이 대부분이나, 남부 방언인 「ㅇ」으로 받아 들여 쓰이기도 했으리라 생각한다. 그리고 이 글자로 상대높임법의 안맺음씨끝 「-이-」 표기자로 썼으리라 생각한다.

「如」는 약훈차자 「-다」 표기자로 서술법의 맺음씨끝이다. 중세국어 「-다비」의 고대형이 「-다비」일 것으로 추상하고, 이의 일부인 「다」만 차용하여

「多」와 함께 마침법의 서술법 씨끝 「-다」 표기에 차용하였다(최남희 1996: 212).

### 3.1.3. 奪叱良乙 何如爲理古(처용) ⇒ 아살 엇더ㅎ리고

「奪」은 훈독자로 「앗-」의 줄기이다. 「叱」은 「ㅅ」 표기로 끝소리덧적음이 되므로 실제 발음은 [asV-]일 것이다. 이 구절은 지은이가 이미 한 편의 논문으로 발표한 바가 있으므로 그것을 줄여 옮긴다(최남희, 1991b:783).

「良」은 약훈차자 「아」 표기이다. 지은이는 '차자 표기 규칙'을 새로 정리하면서 '약훈차' 개념을 주장하였다(최남희 1986:4, 58).

즉 훈의 일부만 차용하고 나머지는 버리는 차자 표기 방법 중의 하나이다. 「良」은 「어딜-」로 재구하고 그 훈 중의 「어」만 차용하여 홀소리 대립에 따라 「아/어」 표기에 사용되었다. 이와 같은 약훈차자에 해당하는 표기는 「秋察」(제망)은 「ㄱ술」로 재구하였다. 「察」은 「술피-」의 약훈차자로 「술」만 차용하여 「ㄱ술」의 끝소리덧적음으로 썼으며, 「如」는 「-다비」의 「다」만 차용하여 홀소리어울림에 따라 「다/더」 표기에 사용하였다.

그러므로 여기서는 약훈차자 「아」로 읽고, [asV-]의 「叱」이 터뜨림소리가 되게 하는 홀소리더보탬소리 [a]로 읽어 [asa-]가 된다.

「乙」이 「르」 또는 「올/을」 표기로 사용된 경우는 신라향가에서 쓰인 경우는 드물고, 고려향가에서는 주로 부림자리토씨로 사용되었다.

향가 표기에서 「르」 표기자는 「尸」과 「乙」이 쓰였는데, 매김꼴의 씨끝 「르」과 임자씨의 끝소리 「르」 표기는 전적으로 「尸」 자를 사용하였으며, 토씨와 기타의 「르」 표기자는 주로 「乙」 자를 사용하였다. 즉 「尸」와 「乙」이 「르」을 표기하는데 있어서 서로 혼용된 예가 거의 없다. 여기서 우리는 고대국어 흐름소리에는 [r]과 [l]이 끝소리에서 서로 대립한다는 사실을 알 수 있고, Altai 제어와의 비교를 통하여 「乙」은 [l] 표기로 생각되고, 「尸」는 [r] 표기로 추정된다.

여기서 쓰인 「乙」은 곧 [l]로 이름씨 만드는 가지로 쓰여 「아사-」란 풀이말이 이름씨로 바뀐 것이다. 이러한 현상은 Altai 제어는 물론이거니와 중세

국어에서도 많은 용례가 나타난다.

결국 「奪叱良乙」은 임자말이 되어 현대어로 바꾸면 '빼았음이 -' 또는 '빼았는 것이 -'정도로 해석이 된다.

「何」는 훈독자 「엇더」의 표기자이다. 「如」는 약훈차자 「다/더」 표기자로 「엇더」의 끝소리덧적음이다.

「何如爲-」는 중세국어 「엇더ᄒ-」와 같은 그림씨이다. 「理」는 음차자 「리」로 안맺음씨끝이며, 「古」 역시 음차자로 「고」 표기의 물음법 씨끝이 되어 비인칭물음법이 된다.

고대국어 물음법의 씨끝은 「-고」, 「-가」, 「-뎡」의 세 가지인데, 이 씨끝 앞에는 반드시 「-은」, 「-을」이나, 「-으니-」, 「-으리-」 가운데 그 하나를 앞세운다. 「-은」, 「-을」을 앞세우는 씨끝은 그 임자말이 인칭과 관계가 있으므로 인칭물음법이라 하고, 「-으니-」, 「-으리-」를 앞세우는 씨끝은 임자말의 인칭과 상관이 없으므로 비인칭물음법이라 하는데, 이는 중세국어와 비슷하다 (최남희 1990:21).

### 3.1.4. 功德修叱如良來如(풍요)⇒ 功德 닷그라 오다.
修叱賜乙隱頓部叱吾衣修叱孫丁(수희) ⇒ 닷ᄀ시온 頓部ㅎ 나이 닷굴 손뎡

「修」는 훈독자 「닭-」의 줄기로 읽는다. 이 때 「修」 다음에 「叱」이 쓰인 점은 받침의 「ㅅ」과 「ㄱ」이 제 소릿값대로 발음되었을 나타내는 것이다. 즉 [taskV-]로 발음하였으리라는 것은 이미 밝혔다.

「如」는 훈독자로 「그라-」을 표기한 것이다. 중세국어의 목적형 이음씨끝 「-으라」에 의하여 「그라-」라고 읽는다.

「良」은 약훈차자 「아」로 연결하면 「닷그라」가 된다. 그래서 목적을 나타내는 의도법 이음씨끝으로 보았다. 그리고 그 뒤에는 「오다」가 이어 나는데, 이 점은 중세국어의 의도법 「-으라」 다음에 「오다, 가다」가 뒤따르는 현상과 같다.

그 다음 <수희공덕가>의 「修叱」도 「닭-」의 줄기로 실제 발음은 [taskV-]

이었을 것이다.

「乙」은 약음차자 「오」 표기자, 종래 「乙」 자를 부림자리토씨나 고룸홀소리 표기에만 쓴 것으로 생각하였다. 그러나 여기서는 대상법의 안맺음씨끝 「-오-」 표기로 쓰였다(최남희 1987b:187).

「頓部」는 음독자이며, 그 다음 「叱」 자는 다음 단락에서 설명할 목청닫음소리 「ㆆ」의 표기자이며 부림토씨의 기능을 가진다.

「衣」는 음차자 「의」 표기자로 매김토씨가 아니고 임자토씨로 쓰인 예이다.

「孫」은 음차자 「손」 표기자인데 「ㅅ+오+ㄴ」로 분석된다. 「ㅅ」는 매인이름씨임이 확실하나 「오」 형태소가 무엇인지 단정하기 어렵다. 「ㄴ」은 그 다음 자인 「丁」과 결부, 「-ㄴ뎡」이 되어 불구법의 이음씨끝으로 쓰였다. 그래서 「오」 형태소를 잡음씨의 줄기로 볼 수밖에 없다. 그러나 이런 잡음씨가 다른 용례에서 발견되지 않는다. 중세국어에서는 「ㅅ」와 잡음씨의 줄기 「이-」와 결부되어 「시-」로 쓰였다. 그렇게 본다면 이 「孫」은 「신」의 방언적 표기로 생각하고, 「신뎡」의 방언적 표기를 「孫丁」으로 표기한 것으로 볼 수도 있다. 한편, 매인이름씨 「ㅅ」에 불구법의 이음씨끝 「-ㄴ뎡」이 결부된 「손뎡」을 「孫丁」으로 표기하였을 가능성도 있다. 그래서 결론은 좀더 고찰한 다음에 내릴 생각이다.

3.1.5. 倭理叱軍置來叱多(혜성) ⇒ 여리ㆆ 軍두 오ㅅ다

「倭」의 중세 훈이 「:예」로 쓰였다. 이에 근거하여 「여리>예」로 변한 것으로 생각하기 때문이다(서재극). 그래야만 「理」가 끝소리덧적음이 되어 올바른 읽음이 된다. 그 성조는 「여·리」였을 것이다. 이와 같은 예들을 찾아보면 다음과 같다.

· 舊理(혜성) → 녀리(중세어 ':녜')
· 世理(원가) → 누리(중세어 ':뉘')
· 世呂(청불·상수) → 누리(중세어 ':뉘')

· 川理(찬기) → 나리(중세어 ':내')

「置」는 훈차자 「두」 표기로 도움토씨인데, 「都」의 방언적 표기로 보인다.
신라향가에는 「置」와 「都」가 함께 쓰였다.

· 辭叱都(제망) → 말ㅎ도

[都]
/도/<훈·효·석·유·옥>, /tâg/<동-상>, /to : tuo/<Kar-상·중>, /taɣ:
tuo/<주-상·중>, /tɑ : tu/<곽-상·중>, /ta : tu/<이·주-상·중>, /端
·模·當孤/<광-성·운·반>, /təu·təu·tu·tu·tou·tu·tɔ/<소·장
·남·매·광·복·하>

「都」의 훈이 '總也'라 하였으니, '모두'의 뜻이다. 현대국어 도움토씨 「도」
에도 '모두'의 뜻이 내포되어 있다. 따라서 「도」의 말밑은 '都' 즉 '모두' 뜻의
이름씨로 추정된다(김승곤 1982:15). 차자 표기는 훈과 음을 함께 차용하려
는 의도가 엿보이고, 후대로 오면서 그 훈의 음만 차용하려는 경향이 고려
향가에서 드러난다. 고려향가의 「置」는 뜻과는 관계없이 오직 그 훈의 음만
차용한 것이다. 「도」가 처음에는 실사로 사용되다가 '모두'의 의미가 없어지
면서 신라 때부터 「都」와 「置」가 함께 쓰였으며, 고려향가에서는 「都」가 전
혀 쓰이지 않고 「置」만 쓰인 것으로 보아 이 때는 이미 실사의 개념은 완전
히 소멸된 것 같다. 이두 표기에서도 「置」만 쓰였으며, 홀소리어울임에 따라
「도/두」로 나누어 쓰였다고 볼 수 있다.
「來叱多」는 「오ㅅ다」로 읽는다. 움직씨 「오-」의 줄기에 결부된 씨끝 「-ㅅ
다」의 형태소가 무엇인지 문제가 된다. 경북 방언에 쓰이는 '-ㅁ시더'라는
서술법의 씨끝과 관련이 있을 것으로 생각한다.

3.1.6. 毛叱所只(예경·수희) ⇒ 못ㄷ록
      毛叱等耶(예경) ⇒ 못ㄷ라

毛叱巴只(광수) ⇒ 못ㄷ록

[毛]
/모/<훈·석·유·옥>, /mɔ̂g/<동-상>, /mog : mâu/<Kar-상·중>,
/maw : mɑu/<주-상·중>, /mau : mɑu/<곽-상·중>, /mau : mɑu/<이
·주-상·중>, /莫·袍·明豪/<광-성·운·반>, /mæ mau·mau·mau
·mou·mɔ·mɔ̃/<소·장·남·매·광·복·하>

「毛」는 음차자로「모」,「叱」은「ㅅ」표기자로 앞 음절과 결부되어「못-
(musV-)」의 줄기이며 중세국어「몿-」의 방언형으로 생각한다.

「所」는 훈차자로 매인이름씨「ㄷ」인데, 여기에 토씨「로」가 첨가되어「ㄷ
로」로 변전되고, 이에「ㄱ」이 첨가되어 미침법의 이음씨끝「-ㄷ록」이 되었
다. 지은이가 발표한 ≪고대국어의 이음법에 대한 연구≫(최남희, 1991a, 한
글 제212호)에서는 미침법이 누락되었다.

「只」는 약음차가「ㄱ」표기인데, 상고음 [k̂ieg][14]이 신라한자음「기(ki)」로
반영된 것으로 생각한다.

「毛叱所只」을「못ㄷ록(mustʌruk)」으로 읽어 중세국어의「뫗도록」과 동일하
며, '法界가 마치도록'의 뜻으로 읽었다(최남희, 1986:53).

「巴只」도 또한「-ㄷ록」으로 읽는다. ≪광운≫의「巴」훈에 '巴蜀又洲取國以
名焉 三巴記云 闓白水東南流曲折三廻如巴字'라 한 것을 보면,「巴」자는 세 번
이나 굽은 모습을 나타내는 글자이다. 고대국어 차자 표기에도 세 번씩이나
구부려져 다시 돌아오기 때문에「巴」의 훈을「ㄷ로」로 쓴 것 같다. 이것은
어찌씨 '도로'의 고대형이다. 이두 표기에도「巴只」는「-도록, -두록」으로 읽
는다.

---

14) 이 상고음 부호는 董同龢의 재구음을 인용한 것이다.「只」의 소릿값은 이 책 제5장을 참
고하기 바란다.

## 3.1.7. 人米無叱昆(수희) ⇒ 사르미 없곤

「米」는 음차자로 쓰였는데, 이름씨의 받침 「ㅁ」과 임자토씨가 결부되었다. 「米」는 중고음이나 상고음이 모두 [miei]이므로 신라한자음은 「미(mʌi)」일 것으로 추정한다.

「無」는 훈독자 「없-」의 줄기, 「叱」은 「ㅅ」 표기자로 「없-」의 끝소리덧적음이다.

≪계림유사≫에 「無曰不鳥實」이라 기록된 것을 마에마와 진 태하는 「鳥不實」의 오기로 보았다. 이것이 사실이라면, 중세국어 「없-」의 고대국어 발음은 「어브시-」가 될 것이다. 「없-」의 받침으로 기록된 음소가 고대국어에서는 독립된 소릿값을 가진 것으로 보인다.

「昆」은 음차자로 중고음이 [kuən]이므로 신라한자음도 「곤(kun)」일 것이다. 곧 제약법의 이음씨끝이다(최남희, 1991a:35).

## 3.1.8. 出隱伊音叱如支(참회) ⇒ 나님ㅅ다

「出」은 훈독자 「나-」의 줄기, 「隱」은 약음차자 「ㄴ」로 다음 글자인 「이」와 결부되어 「니-」의 줄기가 된다. 곧 「나-」와 「니-」가 합성된 비통어적 합성어 중 파생적 합성어에 속한다. 합성되는 두 뿌리 가운데 한 편이 가지에 가까운 성분을 가진 합성어를 파생적이라 한다. 지은이가 발표한 <고대국어의 조어법 연구>(1993 한글 제220호)에서는 이 어휘가 누락되었다.

「音」은 약음차자 「ㅁ」 표기자, 「叱」은 「ㅅ」 표기자, 「如」는 약훈차자 「다」 표기로 연결하면, 「-ㅁㅅ다」가 되어 서술법의 마침법 씨끝이 된다.

## 3.1.9. 逐好友伊音叱多(상수)⇒ 조주임ㅅ다

「逐」은 훈독자 「좆-」의 줄기인데, 「好」가 음차자로 「友」와 결합하여 줄기의 받침 「ㅈ」과 하임말을 만드는 뒷가지 「-우-」와 결합된 「-주-」를 표현하게 된다.

「伊」는 음차자로 상대높임의 안맺음씨끝 「-이-」로 생각한다.

「音叱多」는 앞 단락의 「音叱如」와 함께 「-ㅁㅅ다」의 표기로 보고, 발음은 [-msita]로 읽어 상대높임의 서술법 씨끝으로 본다. 경북 안동, 청송 지방의 방언에 '-습니다'를 '-ㅁ시더'라고 한다.

### 3.1.10. 一等沙隱賜以古只內乎叱等邪(도천) ⇒ ᄒ돈사 그시시곡 나오ㅅᄃ라

「一」은 훈독자 「ᄒ돈」으로 ≪계림유사≫의 「一曰河屯」과 일치하며, ≪二中曆≫의 「カタナ(katana)」는 「ᄒ돈」의 고대형이 「ᄀ돈」일 것으로 추정하게 한다. 「等」은 음차자 「돈」 표기자로 끝소리덧적음이며, 「沙」는 음차자 「사」로 힘줌 도움토씨로 쓰였다.

「隱」은 훈독자 「그시-」의 줄기이며, 「賜」는 음차자 「시」로 「千手觀音」을 높이는 주체 높임의 안맺음씨끝이며, 「以」는 음차자 「이」 표기자로 「그시시-」의 끝소리덧적음이다.

「古」는 음차자 「고」이며, 「只」는 약음차자 「ㄱ」 표기자로 「곡」이 되어 「遣只」과 같은 벌임법의 이음씨끝이 된다.

그 다음 풀이씨 「內乎叱等邪」를 「나오ㅅᄃ라」라고 읽는 것도 앞 귀절 「隱賜以古只」의 임자말과 별개의 임자말에 대한 풀이씨로 생각한다. 앞 귀절은 임자말이 「千手觀音」이 분명하지만, 뒤의 귀절은 그렇지 않다. 안맺음씨끝 「-시-」가 쓰이지 않음으로 알 수 있다. 이의 임자씨는 「나」일 것이다. 왜냐하면 「-오-」가 1인칭임을 반영하는 인칭법의 안맺음씨끝이기 때문이다.

「叱等耶」를 「-ㅅᄃ라」로 읽어 감탄의 씨끝으로 생각한다.

### 3.1.11. 法雨乙 乞白乎叱等耶(청전) ⇒ 法雨를 비술보ㅅᄃ라

「乙」은 부림자리토씨로 쓰였는데 「ㄹ, 올/을, 롤/를」이 음운론적인 환경의 조건에 따라 대립하였을 것으로 생각한다. 신라향가의 부림자리토씨 「肹(홀/흘)」의 「ㅎ」이 후대로 내려오면서 탈락한 모습이다.

「乞」은 훈차자로 「빌-」의 줄기이다. 중세국어에서 이 「빌-」의 의미가 '기도하다'와 '구걸하다'로 구분되어 있는 것으로 보아, 고대국어에서도 두 가지 의미로 구분되었을 것으로 보고 훈차자로 읽어 앞의 의미로 생각한다. 다음 자인 「-白(숣)-」과의 연결 관계로 보아 「비-」로 읽었다. 그러나 고대국어에서도 'ㄹ벗어난끝바꿈'이 있었는지는 의문이다.

그 다음 자 「-오-」는 인칭법의 안맺음씨끝으로 쓰인 글자이다.

3.1.12. 不冬菱玉內乎留叱等耶(항순) ⇒ 안둘 이블옥 나오루ㅅ드라

「不冬」은 신라향가에 1회, 고려향가에 4회 쓰였는데 모두 부정의 어찌씨 「안둘」로만 쓰였다. 「冬」은 훈차자 「둘」인데, 이는 유사음자인 「等」의 훈차자를 빌려 쓴 것이다. 향가에 사용된 「冬」 자는 「동」으로 읽는 경우는 없고 오직 「둘」로만 읽는다.

「菱」는 훈독자 「이블-」의 줄기로, 중세국어 「이볼-」에 기댄 해독이다.

「玉」은 음차자 「옥」으로 벌임법의 이음씨끝 「-고」의 힘줌꼴인 「-곡」의 「ㄱ」 줄임꼴로 생각한다.

「內」는 음차자 「나-」의 줄기로 「出」의 훈독자와 같은 의미로 생각한다. 「乎」는 안맺음씨끝 「-오-」 표기자이며, 「留」는 음차자 「루」로 읽었으나, 형태소의 성격을 명확히 규정하기 어렵다.

3.1.13. 敬叱好叱等耶(항순) ⇒ 敬ㅎ 호ㅅ드라

「敬」은 음독자로 읽고, 「叱」은 「ㅎ」이며, 부림토씨가 생략되었다.

「好」는 음차자로 「ㅎ-」의 줄기에 인칭법의 안맺음씨끝 「-오-」가 결합된 형태로 임자말 1인칭에 호응한다.

「임　자　씨」

3.1.14. 窟理叱大(안민) ⇒ 굴리ㅅ대(의미는 알지 못한다)
際叱(찬기) ⇒ ㅈ

惱叱古音(원왕) ⇒ 놋곰

汀叱(혜성) ⇒ 믈ㄱ

城叱(혜성) ⇒ 잣

物叱(원가) ⇒ 갓

兵物叱(우적) ⇒ 잠갯


　위의 임자씨로 보이는 낱말들에 쓰인 「叱」은 모두 「ㅅ」 표기자로 쓰여 [sV]형임을 나타낸다. 「窟理叱大」의 의미는 알 수 없고, 「惱叱古音」은 '보고의 말씀'이란 의미로 주해되어 있고, 「汀」은 훈독자 「믈ㄱ」으로 읽어, 한 글자로 우리말의 합성어를 표기한 것으로 본다. 「物叱」를 「갓」으로 읽는 것은 ≪훈몽자회≫(叡山本, 東大本)에 '갓 믈'로 기록되었을 뿐 아니라, 이두 표기에서도 「物物」을 '갓갓'이라 한 데 기인한다. 「兵物叱」는 「병잠갯」의 가능성도 있다.


「어　찌　씨」


3.1.15. 頓叱(청전) ⇒ 곫잣
　　　然叱(상수, 보개) ⇒ 그럿
　　　丘物叱丘物叱(항순) ⇒ 구물ㅅ 구물ㅅ


　「頓」 자가 쓰인 향가 어휘는 「頓部」와 「頓叱」의 두 가지인데, 앞의 것은 임자씨로 쓰여 '문득 깨달음'의 경지에 이르는 '頓的修行'을 말하고, 뒤의 것은 어찌씨로 쓰여 「곫잣」일 것으로 읽었다(최남희, 1986:149).
　「然叱」을 어찌씨 「그럿」으로 읽는 것은 중세국어 「그러ㅎ다」의 고대형을 「그러다」로 생각하고, 이의 줄기에 「ㅅ」이 첨가하여 어찌씨로 쓰인 것이다.
　「丘物叱丘物叱」는 모양흉내말로 중세국어에서는 「구믈구믈」로 나타난다.

## 3.2. [ㆆ] 표기의 [叱]

「叱」자의 운모 /-iuk/을 빌린 것은 뒤혓바닥의 약한 터짐소리 「ㄱ」로, 이
와 거의 비슷한 소릿값의 목청닫음소리 「ㆆ(?)」 닿소리를 표기하기 위함이
다.

「叱」자로 표기된 「ㆆ」의 기능은 '소리 없는 휴식' 곧 '소리 끊음 현상'을
나타내는데, 이것은 토씨의 생략 기능이나 힘줌 기능을 나타낸다. 이 때 생
략되는 토씨는 매김자리토씨[15]와 부림자리토씨이다.

「매김자리토씨의 기능」

3.2.1 蓬次叱巷中(모죽) ⇒ 다봊ㆆ 굴헝히

지금까지 고대국어 자료에 반영된 「叱」자는 모두 「ㅅ」 표기로만 인식하
여 왔다. 그러나 '소리 없는 휴식'의 기능인 「ㆆ」으로 쓰인 것은 「ㆆ」으로 표
기하는 것이 바람직하다고 본다. 고대국어의 닿소리 체계에 「ㆆ(?)」이 존재
한다고 생각하기 때문이다. 이 경우 매김자리토씨의 기능을 가진다.

3.2.2. 逸烏川理叱磧惡希(찬기) ⇒ 逸烏 나리ㆆ 지벽아희

「磧」을 「지벽」으로 읽은 것은 중세국어의 「지벽」에 근거를 둔 것이고, 「惡
希」는 「良中(아희)」와 같은 위치자리토씨의 다른 표기로 본다. 「아희」계 위
치자리토씨에는 「良中(아희)」를 위시하여 「惡中(아희), 「惡希(아희)」, 「也中
(야희)」, 「阿希(아희)」, 「衣希(이희)」, 「惡之(아이)」 등의 변이형태가 쓰였다.

---

15) 학교 문법이나 전통 문법에서 「-의」 토씨가 매기는 자리에 있기 때문에 '매김자리토씨'(관
형격조사)로 처리하고 있다. 그러나 '자리'(격)를 월에 있어서 풀이말에 이끌리는 관계(피
지배 관계)로 본다는 논리에서는 이를 자리로 볼 수 없다. 두 낱말을 이어 줌으로써 그것
이 월성분이 되게 하는 이음토씨의 일종으로 처리하는 것이 옳다(허웅, 1983:211, 김석득,
1992:378). 그러나 문법의식의 통념상 자리토씨로 인식하기 때문에 '매김자리'란 용어를
그대로 썼다.

### 3.2.3. 栢史叱枝次(찬기) ⇒ 자시ㅎ 갖

「栢」은 훈독자로 「자시」이며, 「史」는 음차자 「시」로 끝소리덧적음이다. 「史」의 현대 한자음은 「사」이나, 신라한자음은 「시」로 추정한다.

[史]
/ㅅ/<훈·석·유·옥>, /səg/<동-상>, /sli̯əg : ṣi/<Kar-상·중>, /sliəγ: ṣi/<주-상·중>, /ʃiə : ʃiə/<곽-상·중>, /ʒiə : ʃiə/<이·주-상·중>, /山·止·踈士/<광-성·운·반>, /sɿ·sɿ·sɿ·sɿ·ʃi·sy·su/<소·장·남·매·광·복·하>

「枝」는 훈독자 「갖」의 표기자이며, 「次」는 약음차자로 「ㅈ」 표기에 주로 쓰였는데, 「갖」의 끝소리덧적음이다. 음절 끝닿소리 「ㅈ」이 제소릿값을 가진 발음이었으므로 [kacV]로 발음되어 중세국어 「가지」와 비슷한 발음이었을 것이다.

### 3.2.4. 千手觀音叱前良中(도천) ⇒ 千手觀音ㅎ 前아희

「前」은 음독자로 읽거나 훈독자 「앒」으로 읽거나 모두 가능하다. 그러나 위치자리토씨 「良中(아희)」와의 원만한 연결을 위하여 음독자로 읽었다.

### 3.2.5. 倭理叱軍置來叱多(혜성) ⇒ 여리ㅎ 軍두 옷다
(2.1.5에서 설명되었음)

### 3.2.6. 月羅理影支古理因淵之叱(혜성) ⇒ ᄃ라리 얼히고인 모싀ㅎ
世理都之叱逸烏隱苐也(원가) ⇒ 누리 모다이ㅎ 일온 뎨야
唯只伊吾音之叱恨隱(우적) ⇒ 오직 이몸이ㅎ 恨온
法界惡之叱佛會阿希(청전) ⇒ 法界아이ㅎ 佛會아희

「둘」이 고대국어에서는 아직 개음절로 발음된 현상이 「月羅」로 표기되었다. 즉 [tʌrV]로 발음되었을 것이다. 그러나 개음절의 [-V] 홀소리는 이미 폐음절화하는 시기의 홀소리이므로 매우 약한 것이었을 것이고, 그래서 이어나는 임자자리토씨 「이」는 앞 음절의 [r] 영향으로 「理(리)」로 표기되었다.

「影」의 훈독은 이름씨 「그리메」라야 된다. 그러나 월짜임으로 보나 다음 글자 「支」 자의 해독을 위해서나 풀이씨가 와야 할 자리이다. 그래서 '달 그림자 지는 것'을 물에 '어리다'라고 보는 서재극의 해독을 좇아 「얼히-」라고 읽는다. 그러나 그 다음 자 「古」를 벌임법의 이음씨끝으로 읽지 않고, 「理」와 연결시켜 「고이-」로 읽는다. 그래서 앞의 낱말과 연결된 비통어적 대등적 합성어 「얼히-고이다」가 된다. 「因」은 약음차자 「-ㄴ」 표기로 매김씨끝이 되어 다음 이름씨를 매김한다.

「淵」은 훈독자 「못」으로 읽는다.

「之」는 매김토씨 「의」를 빌어와서 위치자리토씨를 나타낸다. 「叱」은 '소리 없는 휴식'의 「ㆆ」 표기로 쓰였다. 위의 용례와 같이 「之叱」이 4회나 사용된 점은 당시에는 널리 쓰이던 토씨 운용법 중의 하나로 보인다. 그리고 「叱」자를 소리 없는 휴식의 「ㆆ」 닿소리로 읽기 때문에 종래의 해독에 약간의 수정이 불가피하다.

「世」는 훈독자 「누리」이고 「理」는 그 끝소리덧적음이다. 「都」를 도움토씨 「도」로 읽어 왔으나, 「之叱」을 토씨와 소리 없는 휴식으로 본 이상 임자씨로 읽어야 한다. 즉 「都」는 훈독자로 「모다」로 읽는다.

「逸烏」는 모두 음차자로 읽어 「일오-」의 줄기가 된다. 「成遣(일고-)」의 「ㄱ」 탈락형이다. 「일-(成)」의 시킴꼴이 「일고-」이고, 그 「ㄱ」 탈락형이 「일오-」이며, 이의 중세국어 표기는 「일우-」이다. 경상 방언에 '일구다'가 쓰이는 것은 고대국어의 잔재임은 쉽게 알 수 있다. 그리고 당시에도 「일우-」가 함께 쓰인 사실은 다음 예에서도 나타난다.

· 四十八大願 成遣賜去(원왕) ⇒ 四十八大願 일고실가
· 大海逸留去耶(광수) ⇒ 大海 일우거라
· 顚倒逸耶(참회) ⇒ 顚倒이라

· 佛體叱海等 成留焉日尸恨(보개) ⇒ 佛體ㅎ 바둘 일운 날흔

「弟」는 음차자 「뎨」로 매인이름씨이다. 이것이 중세국어에서는 입천장소리가 되어 「제」로 나타난다.

「也」는 음차자로 느낌을 나타내는 서술법의 맺음씨끝이다. 뜻은 '세상 모두가 이루어진(성취된) 때이다'가 될 것이다.

<우적가>의 「唯」는 훈독자 「오직」이며, 「只」는 약음차자 「ㄱ」로 끝소리 덧적음이다.

「伊」는 음차자 「이」로 읽고, 「吾」를 훈독자 「몸」으로 읽어, 연결하면 「이몸」이 된다. 이두 표기에 「矣身(의몸)」이 많이 쓰였는데, 그 의미는 '나, 자신, 저' 등으로 쓰였다. 이두 표기는 고대국어 시절부터 유래된 표기법이다. 신라 때 '나'를 스스로 일컬어 「이몸」이라 하였을 가능성은 충분히 있다. 이를 「伊吾」라 표기한 것으로 본다. 그리고 「音」은 끝소리덧적음이다.

「恨」은 음독자로 읽고, 「隱」은 음차자로 도움토씨 「온」이다.

<청전법륜가>의 「惡之」는 「아이」의 표기이고, 「阿希」는 「아희」의 표기인데, 「惡中(아희)」계 위치자리토씨로 쓰였다.

## 3.2.7. 行尸浪 阿叱沙矣以支如支(원가) ⇒ 녈 믌겨라ㅎ 몰개익 이히다히
　　　　法性叱宅阿叱寶良(보개) ⇒ 法性ㅎ 宅아ㅎ 보배아

「行」은 훈독자로 「녀-」의 줄기, 「尸」는 매김씨끝 「-ㄹ」 표기로 다음의 이름씨 「浪」을 매김한다.

「浪」은 훈독자 「믌결」로 읽는다. 중세국어에서 「믌결」로 표기되었으나, 이 '사잇시옷'은 소리 없는 휴식의 목청닫음소리이므로 고대국어 표기에서는 'ㅎ'를 넣어야 한다.

「阿」는 음차자 「아」로 원인을 나타내는 위치자리토씨이며, 「叱」은 「ㅎ」 표기의 소리 끊음 현상으로 '의' 토씨의 생략 효과를 나타낸다.

「沙」는 훈독자로 「몰개」의 표기이며, 「矣」는 음차자 「익」 표기로 위치자리토씨이다.

「以支」는 음차자로 「이히-」의 줄기로 읽는다. 풀이씨의 줄기를 모두 음차자로 읽는데는 무리가 있으나 전혀 용례가 없는 것은 아니다. 중세국어에 「어히-」가 쓰이는데, 이의 고대형으로 생각한다. 뜻은 '에다, 새기다' 등이다.

「如」는 약훈차자 「다」 표기자이고, 음차자 「支」와 더불어 「-다히」가 된다. 전체의 의미는 '흘러가는 물결에 의해 모래에 새기듯이' 정도로 생각한다.

「法性」은 음독자이고, 「叱」은 「ㅎ」 표기이며 「의」 토씨의 생략 기능을 가진다. 「宅」은 음독자로 읽을 수도 있고, 훈독자로 읽을 수도 있다.

「寶」는 훈차자일 것이나 고대국어의 '보배'가 무엇인지 알 수 없으므로 그대로 「보배」라 읽는다. 「良」은 약훈차자 「아」로 위치자리토씨로 읽어야 한다. 이를 약음차자 「라」로 읽어 서술법의 씨끝으로 생각하여 왔으나, 「良」을 약음차자 「라」로 읽는 경우는 거의 없다.


3.2.8. 佛體叱 刹亦(예경) ⇒ 佛體ㅎ 刹역

　　　無盡辯才叱 海等(칭찬) ⇒ 無盡辯才ㅎ 바둘

　　　功德叱 身乙(칭찬) ⇒ 功德ㅎ 모몸

　　　一毛叱 德置(칭찬) ⇒ 一毛ㅎ 德두

　　　淨戒叱 主留(참회) ⇒ 淨戒ㅎ 主루

　　　十方叱 佛體(참회) ⇒ 十方ㅎ 佛體

　　　緣起叱 理良(수희) ⇒ 緣起ㅎ 理아

　　　嫉妬叱 心音(수희) ⇒ 嫉妬ㅎ ᄆᆞᅀᆞᆷ

　　　衆生叱 田乙(청전) ⇒ 衆生ㅎ 바줄

　　　菩堤叱 菓音(청전) ⇒ 菩堤ㅎ 여름

　　　難行苦行叱 願乙(상수) ⇒ 難行苦行ㅎ 願을

　　　大悲叱 水留(항순) ⇒ 大悲ㅎ 믈루

　　　衆生叱 海惡中(보개) ⇒ 衆生ㅎ 바둘아히

　　　佛體叱 海等(보개) ⇒ 佛體ㅎ 바둘

　　　衆生叱 邊(총결) ⇒ 衆生ㅎ 겻

　　　佛體叱 事(총결) ⇒ 佛體ㅎ 일

　　　普賢叱 心音(총결) ⇒ 普賢ㅎ ᄆᆞᅀᆞᆷ

이상의 용례들은 「叱」자가 목청닫음소리 「ㆆ」 표기로 쓰이고 매김자리토씨가 생략된 기능을 하게 하는 월들을 전부 모은 것이다. 필요한 몇 개의 어휘에 대한 설명을 첨가하고자 한다.

<예경>의 「亦」은 음차자 「역」으로, 느낌의 부름자리토씨 「여」에 힘줌가지 「ㄱ」이 첨가된 형태이다. <수희>의 「良」은 약훈차자 「아」로 위치자리토씨로 쓰였다. <청전>의 「田」을 훈독자 「밧」으로 읽는 데 대하여 약간의 설명이 필요하다. 중세국어에서는 「밭・받」으로 기록되었으나, 고대국어에서 「밧」으로 읽는 이유는 다음과 같다.

첫째, 이 작품 10구에 「秋察羅波處也」라 하였다. 이 「波處」는 '田'의 훈음 표기이다. 「波」는 음차자 「바」, 「處」는 약음차자 「ㅈ」, 따라서 「밧」으로 읽었다. 물론 음절 끝닿소리는 개음절로 발음되어 [pacV]가 될 것이다.

[波]
/파/<훈・유・옥>, /pwâ/<동-상>, /pwâ: puâ/<Kar-상・중>, /pwa: puɑ/
<주-상・중>, /pua: puɑ/<곽-상・중>, /puai: puɑ/<이・주-상・중>,
/幇・戈・博禾/<광-성・운・반>, /pu・po・po・pɔ・pɔ・phɔ・po/<소
・장・남・매・광・복・하>

[處]
/처/<훈・석・유・옥>, /ƙ'i aɟ/<동-상>, /ț'io : țŝi̯wo/<Kar-상・중>,
/t'jay : tŝ'io/<주-상・중>, /ț'ïa : tɕ'ïo/<곽-상・중>, /ṭhïa : tɕhïo/<이・
주-상・중>, /昌・御・昌據/<광-성・운・반>, /tshҙ・tɕhy・tɕhy・tshu
・tʃhy・tshøy・tshu/<소・장・남・매・광・복・하>

둘째, 고구려 지명 표기에 「麻田淺縣 一云泥沙波忽」(사기 지리4)라 하였는데, 「麻」의 훈음 표기자가 「泥沙」이다. 이는 「너삼(närsam)」인 것 같다. 「淺」의 신라한자음은 「전(ciän)」이니, 이의 약음차자는 「ㅈ」일 가능성이 많다. 곧 「밧」의 끝소리덧적음으로 보인다.

셋째, 고대국어의 잔재가 가장 많이 남아 있는 경상 방언에서 '밭은, 밭에'

등을 '바츤, 바체'로 발음하는 것은 고대국어 「밭」이 후대에 오면서 거센소리로 바뀐 현상이다.

「부림자리토씨의 기능」

3.2.9. 千隱手叱千隱目肹(도천) ⇒ 즈믄 손ㅎ 즈믄 눈흘

一等下叱放 一等肹除惡支(도천) ⇒ㅎ둔 알ㅎ 쁘고 ㅎ둔흘 닷곡

「千」은 훈독자 「즈믄」, 「隱」은 끝소리덧적음이다. 「손」 다음의 「ㅎ」은 소리 없는 휴식으로 「눈」 다음의 부림자리토씨 「肹」과의 대응으로 부림자리토씨의 생략 기능이 반영된다.

「一」은 훈독자 「ㅎ둔」이며, 「等」은 끝소리덧적음이다.

「下」는 훈차자 「알」로 곧 '눈동자'를 의미하며, '귀중한 것'과 같은 의미와도 관련이 있다. 그 다음의 「ㅎ」은 소리 없는 휴식으로 그 다음의 부림자리토씨 「肹」과의 대응으로 부림자리토씨의 생략 기능이 반영된 점은 앞의 월과 같다.

「放」은 훈독자 「쁘-」의 줄기로 읽는다(모로하시, 1960:5~478). 그 다음에 벌임법의 이음씨끝이 누락되었다.

「除」를 훈독자 「닷-」의 줄기로 읽는 것은 '潔好也'란 의미에 근거를 둔 것이다(모로하시, 1960:11~835). 「惡」은 음차자 「오」, 「支」는 약음차자 「ㄱ」 표기로 연결하면 「닷곡」이 된다. 이 때 「곡」은 벌임법의 이음씨끝 「고」의 힘줌꼴이다.

3.2.10. 直等隱心音矣命叱 使以惡只(두솔) ⇒ 고둔 ᄆᅀᅳ미 命ㅎ 브리옥

「直」은 훈독자 「곧-」의 줄기, 「等」은 음차자 「둔」으로 줄기의 받침 「ㄷ」과 매김씨끝 「ᄋᆞ」의 결부 형태이며, 「隱」은 약음차자로 「ㄴ」 표기자로 끝소리덧적음이다.

「使」는 훈독자 「브리-」의 줄기이며, 「以」는 음차자 「이」로 끝소리덧적음

이다.

「惡」은 음차자 「오」에 「只(ㄱ)」이 첨가되어 「옥」이 되고, 이것은 벌임법의 이음씨끝 「고」의 힘줌꼴이 된 「곡」의 「ㄱ」 탈락 현상이다. 이 「ㄱ」 탈락 현상은 「ㅣ」 홀소리와 「ㄹ」 닿소리 아래에서 탈락되는데, 이 점은 중세국어에서와 같으나, 그 이외의 경우에도 탈락되는 경우가 있어, 일정한 기준이 없는 임의적 현상으로 보인다. 「ㄱ」 탈락의 초기적 현상으로 보인다.

3.2.11. 塵塵虛物叱 邀呂白乎隱(칭찬) ⇒ 塵塵虛物ㅎ 뫼술본

「邀」는 훈독자로 「뫼-」의 줄기이며, 「呂」는 약음차자 「ㅣ」로 끝소리덧적음이다. 「邀里」(예경)로 표기되기도 하였다.
「白」은 훈차자로 객체높임의 안맺음씨끝 「-ᅀᆞᆸ-」이며, 「乎」는 약훈차자로 대상법의 안맺음씨끝 「-오-」 표기이며, 「隱」은 매김씨끝 「-ㄴ」 표기이다. 이와같은 어휘의 중세국어의 용례로는 다음과 같은 것이 있다.

· 各各 뫼ᅀᆞᄫᅵ니 브러셔(석보 11:4)
· 各各 뫼ᅀᆞᄫᅵ니 보내샤(월석 21:9)
· 뫼ᅀᆞᄫᆞᆫ 사ᄅᆞ모 阿難陀 ㅣ러니(월석 2:9)

3.2.12. 佛佛周物叱 供爲白制(광수) ⇒ 佛佛周物叱ㅎ 供ᄒᆞᅀᆞᆸ져

「供爲」는 「供ᄒᆞ-」로 「-ᄒᆞ다」형 풀이씨의 뒷가지 파생어이며, 「制」는 음차자 「-져」로 서술법의 맺음씨끝이다.

3.2.13. 迷悟同體叱 緣起叱理良尋只見根(수희) ⇒ 迷悟同體ㅎ 緣起ㅎ 理아 ᄎ
작보곤

밑줄 친 「ㅎ」과 그 다음의 「ㅎ」은 다같이 소리 없는 휴식의 표기이나, 앞의 것은 부림자리의 기능을 가졌고, 뒤의 것은 매김자리의 기능을 가졌다.

「良」은 약훈차자「아」표기로 위치자리토씨,「尋」은 훈독자「ᄎᄌ-」의 줄
기로 읽는다. 중세국어「촛-」가 고대국어에서는「ㅈ」끝소리가 개음절로 발
음되었다면,「ᄎᄌ-」일 가능성이 많다.「只」는 약음차자「ㄱ」로 힘줌 뒷가지
로 쓰였다. 이와 같은 현상은 중세국어에서도 많이 나타난다.

「根」은 음차자「곤」으로 제약법 이음씨끝「昆」과 같은 형태소로 쓰였다.
「根」의 신라한자음은「근(kən)」으로 추정되나, 우리말 표기에 쓰인「根」은
씨끝「-곤」의 음차자로 많이 쓰였다.

[根]
/근/<훈 · 석 · 유 · 옥>, /kən/<동-상>, /kən : kən/<Kar-상 · 중>, /kən:
kən/<주-상 · 중>, /kən : kən/<곽-상 · 중>, /kən : kən/<이 · 주-상 ·
중>, /見 · 痕 ·古痕/<광-성 · 운 · 반>, /kən · kən · kiɛn · kɛn · kən ·
koug · kun/<소 · 장 · 남 · 매 · 광 · 복 · 하>

3.2.14. 修叱賜乙隱頓部叱 吾衣修叱孫丁(수희) ⇒ 닷ㄱ시온 頓部ㅎ 나의 닷ᄃ
손뎡


「乙」은 약음차자「오」로 대상법의 안맺음씨끝으로 쓰였다. 일반적으로
「乙」은 부림자리토씨나 고룸홀소리로만 생각해 왔다. 그러나 여기서는 부림
자리토씨도 고룸홀소리도 올 자리가 아니다.「頓部」가 속구조에서 풀이씨의
부림말 기능을 하기 때문에 대상법임을 알 수 있다.

「衣」는 음차자「의」이나 매김토씨가 아니고 임자토씨로 쓰였다.

「修」는 훈독자「닷ㄱ-」의 줄기로 읽는다.「叱」은 끝소리덧적음으로 보았
고, 매김씨끝「-ㄹ」이 누락되었다.

「孫」은 음차자「손」표기자이며, 그 짜임새는「ᄉ+오+ㄴ뎡」으로 되었다.
「ᄉ」는 매인이름씨이며,「오」는 잡음씨의 줄기로 생각되고,「-ㄴ뎡」은 불구
법의 이음씨끝으로 보아야 한다.

3.2.15. 吾焉頓部叱 逐好友伊音叱多(상수) ⇒ 나는 頓部ㅎ 조주임ㅅ다

「吾」는 훈독자 「나」, 「焉」은 음차자로 주제를 나타내는 도움토씨인데, 「온/은, 는/는」의 변이형태로 쓰였다. 그러나 이 도움토씨의 표기에는 주로 「隱」자가 사용되었다.

「頓部」는 음독자로 임자씨이며, 그 뜻은 '당장에 모든 것을 깨닫는 것'으로 '頓的修行'을 의미한다. 그 아래 구절은 2.1.9항에서 설명하였다.

3.2.16. 佛體爲尸如 敬叱 好叱等耶(항순) ⇒ 佛體홀 다비 敬ㅎ 호ㅅᄃ라

「佛體」는 음독자로 임자말이다. 「爲」는 풀이씨로 훈독자 「ᄒ-」로 읽어야할 곳이며, 「尸」는 매김씨끝으로 쓰였고, 「如」는 훈독자로 매인이름씨 「다비」로 읽는다. 중세국어에서는 물론 「다비」로 표기되었다. 그 용례를 들어 본다.

·사ᄅᆞᆷᄃᆞᆯ이 듣줍고 ᄀᆞᄅ치샨 다비 修行ᄒᆞ야 偏眞理ᄅᆞᆯ 證ᄒᆞ니라(월석 14:61)
·聚落과 田里예 드룬 다비 父母 … 爲ᄒᆞ야(월석 17:45)[=聚落田里예如其所聞히 爲父母(법화 6:4)]
·제 ᄆᆞᅀᆞᆷ 다비 몯 ᄒᆞᄂᆞᆫ사ᄅᆞᆷᄃᆞᆯ해 니르리(월석-중 21:96)

고대국어 자료에 쓰인 「如」는 '~답다'와 '~같다'의 두 가지 의미로 쓰였다. 중세국어에서 「다비, 다히, 답다」 등은 앞의 의미로 쓰였고, 「ᄀᆮᄒᆞ다, ᄀᆮ」 등은 뒤의 의미로 쓰였다. 앞의 것은 음운론적인 변천과정에 따르면, 「다비 >다ᄫᅵ>다이」와 같이 변천한 것으로 생각되고, 이에 따라 고대국어에서는 「다비」만 있어야 할 것 같다. 그러나 중세국어 자료에 「다히」가 쓰인 점과 <안민가>에 「君如臣多支民隱如」이 있어, 이 「多支」는 「다히」로 읽을 수밖에 없다. 중세국어에서 쓰인 「다히」의 역사가 이미 고대국어에서도 쓰였음을 인정할 수밖에 없다.

「敬」은 음독자이며, 「叱」은 소리 없는 휴식의 「ㆆ」 표기로 부림토씨의 기능을 가졌다. (그 다음은 2.1.10항을 참고할 것)

3.2.17. 一切善陵頓部叱 廻良只(보개) ⇒ 一切 善陵 頓部ㆆ 도락

「廻」는 훈독자 「돌-」의 줄기, 「良」은 약훈차자 「아」로 제약법의 이음씨끝이며, 여기에 힘줌꼴이 「-악」으로 나타난다.

「힘줌 기능」

고대국어 표기에서는 말할이의 생각을 강조하기 위하여 소리 없는 휴식의 「ㆆ」 음소를 반영하는 「叱」자를 사용하였다.

3.2.18. 吾隱去內如辭叱都 毛如云遣(제망) ⇒ 나는 가ᄂ다 말ㆆ도 몯다 니르고

「辭」는 훈독자 「말」로 읽고, 「叱」이 소리 없는 휴식를 반영하는 「ㆆ」 표기로 쓰였다. 이 소리 없는 휴식의 기능은 말할이의 생각을 강조하는 일종의 힘줌 기능으로 보인다. 그리고 후대로 내려오면서 이 기능은 다음 닿소리를 된소리로 발음하게 하는 역할을 하게 된다.

「都」는 음차자로 도움토씨 「도」 표기이다. 이 도움토씨의 향가 표기자는 「置(두)」자를 더 많이 사용하였다.

「毛如」는 표기상으로는 「모다」이나, 내용상으로 보아 「몯다」의 표기로 보고, 「몯」과 「다」라는 두 어찌씨가 합성된 것으로 읽었다. 그러나 굳이 '未盡'의 뜻으로 읽지 않고, '否定'의 어찌씨로 읽으면 「毛」를 「몯」으로 읽는 무리를 범하지 않을 수도 있다. 즉 중세어 「몯」의 표기는 고대 국어 「모다」가 닫음소리로 바뀐 형태로 보는 것이 더 타당할 것도 같다.[16]

그런데, 신라향가와 고려향가에 '否定'의 어찌씨 「毛等(칭찬)」과 「毛冬(모

---

16) 「몯다」로 해독한 대표적 예는 양주동, 김완진 등이고, 「모다」로 읽는 이는 김준영, 서재극 등이다.

죽, 청전)」이 쓰였는데, 이는 「모둘」의 표기이다.

한편, 신라향가에서 '不知'의 풀이씨 「毛冬(찬기, 제망)」이 쓰였는데, 이런 점으로 보면 신라 시대에는 '否定'의 어찌씨 「모둘」과 '不知'의 풀이씨 「모둘-」가 공존한 것으로 보인다. 이 두 어휘의 변천과정을 추정해 보면, 앞의 것은 「모둘>모드>모다>몯」의 과정을 거쳐 중세어에 「몯」으로 나타나고, 뒤의 것은 「모둘->모롤->모르-」의 과정을 거친 것으로 보인다. 「바둘>바드>바다(海)」의 변천 과정은 앞의 것과 같은 범주에 속하고, 「가둘>가롤(脚)」, 「바둘>바롤(海)」, 「ᄒ둘>홀롤>ᄒ르(一日)」 등의 변천 과정은 뒤의 것과 같은 범주에 속한다.

그렇다면 신라 월명사의 작품에 「모다」가 쓰인 것을 어떻게 해석할 수 있을까? 음운 변천의 다른 용례를 살펴보면 결코 공존형으로 보이지는 않는다. <제망매가>의 지은이 월명사는 신라 경덕왕 때 사람이며, <보현가>의 지은이 균여는 신라 말 고려 초기 사람이니, 약 200년의 시차가 있다.17) 그래서 <제망매가>의 기록만은 신라 당시의 기록이 아니고, 일연이 고려 때의 언어로 기록하였을 가능성이 있다.18) 이를 뒷받침하는 또 하나의 증거로 「有阿米(제망)→ 이사미」를 들 수 있다. 고대 국어에서는 대상법과 인칭법에서만 적용되는 안맺음씨끝 「-오/우-」나 「-아/어-」의 통어 기능 규칙을 깨뜨리는 오직 하나의 예외를 만들었다. 이는 채집 당시의 고려 언어로 기록한 결과로 보여진다(최남희, 1987b:185).

3.2.19. 皃史沙叱望阿乃(원가) ⇒ 즈시사ᄒ ᄇ라나

「皃」는 「貌」의 약자이며, 훈독자 「즈시」의 표기자로 쓰였다. 중세국어 표기의 「즛」과 같은 발음이었을 것으로 생각한다. 「史」는 음차자 「시」로 「즈시」의 끝소리덧적음이다.

「沙」는 음차자 「사」로 힘줌 도움토씨인데, 중세국어에서는 「-ᅀᅡ」로 쓰였

---

17) 제망매가는 대략 A.D. 760년경에 지은 것이며, 균여의 입적은 고려 광종 A.D. 973년으로 알려진다.
18) 일연은 고려 충열왕 15년, A.D. 1289년에 입적하였다.

고, 현대국어에서는 「-이야」로 쓰인다.

「望」은 훈독자로 「ᄇ라-」의 줄기, 「阿」는 음차자 「아」로 끝소리덧적음이다. 「乃」는 약음차자 「나」로 읽어 불구법의 이음씨끝 구실을 한다.

3.2.20. 法供沙叱多奈(광수) ⇒ 法供사ㅎ 하나

「多」는 훈독자 「하-」의 줄기이며, 「奈」는 음차자 「나」로 역시 불구법의 이음씨끝으로 쓰엿다. 향가 전체에서 「奈」자가 사용된 곳은 이 곳뿐이며 다른 향가에서는 「乃」자를 쓰고 있다.

3.2.21. 伊留叱餘音良他事捨齊(총결) ⇒ 이루ㅎ 나마 녀느 일 ᄇ리져

「伊留叱」을 음차자로 보고 「이룻-」로 읽었다. '성취하다'의 뜻인 「일구다, 일우다」와 같은 낱말로 생각했기 때문이다(최남희, 1991a:17).

그러나 「叱」자의 소릿값과 기능에 대한 새로운 해석은 앞의 해독이 오류임을 인식하게 한다. 다시 고쳐 읽고자 한다.

「伊」는 음차자 「이」로 대이름씨로 읽고, 「留」도 음차자 「루」로 읽어 '원인'을 나타내는 방편자리토씨로 읽는다.

「餘」는 훈독자 「남-」의 줄기이며, 「音」은 끝소리덧적음이다. 「良」은 약훈차자 「아」로 제약법의 이음씨끝이다.

「他事」는 훈독자로 「녀느 일」로 읽는다.

「捨」는 훈독자로 「ᄇ리-」의 줄기이며, 「齊」는 약음차자 「져」로 꾀임법의 씨끝이다. 이 꾀임법의 씨끝은 풀이씨의 줄기에 바로 연결되어 안맺음씨끝을 앞세우지 않는다. 그러나 같은 자로 표기된 서술법의 씨끝 「-져」 앞에는 안맺음씨끝이 쓰이지 않는 것이 서로 다르다(최남희, 1990:21 및 30).

## 4. 맺음말

고대국어 자료, 특히 향가 표기에서 「叱」자의 쓰임 횟수는 매우 많다. 그

리고 고대국어 표기 자료로 보지 않는 이두 표기나 고려어 표기 자료인 ≪향약구급방≫에도 많이 쓰였다. 우리는 이 자료들에 반영된 「叱」자의 소릿값과 문법적 기능을 확실히 규정하지 못한 채, 이두 표기 등의 용례를 좇아, 한결같이 「ㅅ」로만 읽어 왔다.

이제 「叱」자의 소릿값과 그 기능에 대하여 위에서 논술한 내용을 요약 정리하여 맺음말로 삼고자 한다.

1. ≪광운(廣韻)≫의 부족함을 보완하기 위해 칙명으로 찬집한 ≪집운(集韻)≫에서 「叱」자의 반절음을 「尺栗切」로 기록하였으며, 그 의미 설명의 뒷부분에 「叱或作嘯」라 기록되어 있다. 이에 따라 「嘯」자의 반절음을 확인한 결과, 첫째 거성 嘯운의 「先弔切」과 입성 屋운의 「息六切」과 역시 입성의 「尺栗切」의 세 소릿값을 가진 글자임을 확인하였다. 이는 상고음이나 중고음 시절에 「叱」자와 「嘯」자는 같은 소릿값과 같은 뜻의 일부분을 공유하는 글자임을 알 수 있고, 결코 「叱」자가 약자가 아니며, 획수가 복잡한 「嘯」자를 쓰지 않고, 쓰기 단순한 같은 글자인 「叱」로 표기한 것임을 알 수 있다. 둘째 고대국어 자료에 쓰인 「叱」자는 입성 屋운의 「息六切」외 소릿값을 반영한 글자로 생각한다. 성모는 心모/s-/이고, 운모는 屋운의 합구 3등의 /-ĭuk/이므로, 신라한자음은 「속(suk)」정도일 것이다. 셋째 고대국어 자료의 「叱」은 음차자로 쓰였고, 성모 /s/을 빌린 것은 혀끝 갈이소리 「ㅅ」표기이고, 운모 /-uk/을 빌린 것은 뒤혓바닥의 약한 터짐소리 「ㄱ」로, 거의 비슷한 소릿값을 가진 목청닫음소리 「ㆆ(?)」닿소리를 표기한 것으로 생각한다.

2. 「叱」자의 기능은 두 가지로 볼 수 있다. 첫째 「ㅅ」닿소리를 표기한 것으로, 풀이씨와 임자씨, 어찌씨 등에서 광범위하게 확인되는데, 낱말의 첫닿소리로 쓰인 경우는 없고 반드시 음절 끝닿소리로만 쓰였음을 알 수 있다. 그러나 이 음절 끝닿소리는 닫음소리되기(내파화) 이전이므로 개음절로 발음되었다. 둘째 목청닫음소리인 「ㆆ(?)」닿소리 표기자로 쓴 것은 '소리 없는 휴식' 곧 '소리 끊음 현상'을 나타내는데, 이것은 토씨의 생략 기능이나 힘줌 기능을 나타낸다. 이 때 생략되는 토씨 기능은 매김자리토씨 기능과 부림자

리토씨 기능이다.


# 참고 논저

김승곤(1992), 국어 토씨 연구, 서광학술자료사.
박병채(1971), 고대 국어의 연구, 고려대 출판부.
양주동(1942), 조선 고가 연구, 박문서관.
양주동(1975), 고가 연구, 일조각.
유창균(1980), 한국 고대 한자음의 연구(1), 계명대 출판부.
유창균(1983), 한국 고대 한자음의 연구(2), 계명대 출판부.
유창균(1991), 삼국 시대의 한자음, 민음사.
이기문(1972), 국어사 개설, 탑 출판사.
이병선(1982), 한국고대국명지명 연구, 형설출판사.
최남희(1985), '고대 국어의 목적격 조사에 대하여'. 건국대 논문집 20집.
최남희(1986), 고려 향가의 차자 표기법 연구, 홍문각.
최남희(1987a), '선어말어미 '-*숣-의 통어적 기능', 건국어문학제 11·12합집.
최남희(1987b), '선어말어미 '-*오/우-'의 통어 기능', 동의 어문론집 3집.
최남희(1990), '고대 국어의 마침법 연구', 한글 208호. 한글학회.
최남희(1991a), '고대 국어의 이음법에 대한 연구', 한글 212호. 한글학회.
최남희(1991b), '「처용가」 제8구에 대하여', 들메 서재극 박사 환갑기념논문집.
최남희(1993), '고대국어의 조어법 연구', 한글 220호. 한글학회.
한글학회(1992), 우리말 큰사전, 어문각.
허  웅(1975), 우리 옛말본, 샘 문화사.
허  웅(1985), 국어 음운학, 샘문화사.
小倉進平(1929), 鄕歌及吏讀硏究, 京城帝國大學.
陳彭年(1974), 廣韻校本, 世界書局.
張麟之 외(1975), 等韻五種(韻鏡, 七音略, 四聲等子, 切韻指掌圖, 經史正音切韻指南), 藝文
        印書館
丁  度(1978), 集韻, 中華普局.
董同龢(1978), 中國語音史, 華岡出版有限公司.
董同龢(1985), 上古音韻表稿, 中央歷史語言硏究所.
劉  復(1973), 十韻彙編, 學生書局.
周法高(1973), 漢字古今音彙, 中央大出版部. 香港.

諸橋轍次(1960), 大漢和辭典, 大修館書店.
郭錫良(1986), 漢字古音手冊, 北京大學 出版部.
熊　忠(1975), 古今韻會擧要, 아세아문화사.
樂韶鳳(1973), 洪武正韻, 아세아문화사.
王　力(1983), 中國言語學史, 계명대 출판부.
B. Karlgren(1923), Analytic Dictionary of Chinese and Sino-Japanese. Paris.
_____(1954), Compendium of Ponetics in Ancient and Archaic Chinese.
_____(최영애 역), ≪고대한어음운학개요≫. 민음사(1985).
R. A. Miller(1971), Japanese and the Other Altaic Languages. Chicago.
_____(1979), <Old Korean and Altaic>, Ural-Altaische Jahbucher 51.
N. Poppe(1974), <Remarks on Comparative Study of the Bocabulary of the Altaic
　　　Languages>. Ural-Altaische Jahbucher 46.
G. Ddoerfer(1963), Türkische und Mongolische Elemente im Neupersischen. 1. Wiesbaden.

최남희　614-714 부산시 부산진구 가야동 산24 동의대학교 국어국문학과
　　　　Ⓣ051-890-1216
　　　　607-102 부산시 동래구 안락동 화목 아파트 105동 409호　Ⓣ051-525-3239
　　　　Ⓔnhchoi@dongeui.ac.kr

# 석보상절에 나타난 이름씨 배합구성 연구

김 언 주

## 1. 머리말

이 글은 이름씨 배합구성의 개념을 살피고, 이를 바탕으로 15세기 문헌인 석보상절을 대상으로 하여, 석보상절에 나타난 이름씨 배합구성의 종류를 정리하는 데 목적이 있다.

이름씨 배합구성을 이루는 요소인 매인이름씨는 문법화 과정에 있는 요소로서, 15세기에는 활발하게 쓰였으나 후대로 오면서 소멸된 경우도 있으며, 15세기에는 보이지 않다가 후대로 오면서 생겨난 경우도 있다. 또한 하나의 매인이름씨가 여러 의미를 나타내는 등 오늘날과 비교해 보면 매인이름씨의 종류뿐만 아니라 의미 기능면에서도 많은 차이가 있다.

석보상절은 15세기 초 우리나라 최초의 불경언해로서, 다른 불경언해류와 달리 비교적 한문의 영향을 덜 받아 자연스러운 우리말의 모습을 보여주고 있다. 따라서 15세기 문헌인 석보상절에 나타나는 이름씨 배합구성을 살펴봄으로써, 이름씨 배합구성의 변화 과정을 파악할 수 있을 뿐만 아니라, 오늘날 다양하게 나타나는 이름씨 배합구성의 형성과정과 문법화 과정에서 동요하는 요소들을 설명해 낼 수 있으리라 생각된다.

## 2. 이름씨 배합구성의 개념

이름씨 배합구성이란 분포면에서는 이름씨와 같은 통어구성의 특징을 보이나, 기능면에서는 문법성을 획득하여 가지와 같은 형태구성의 특징을 보이는 구성을 말한다.

(1) ㄱ. 히미 스무차 저픈 <u>거시</u> 업서 (석보 13:10)

　　ㄴ. 出家한 <u>사르모</u> 쇼히 걷디 아니하니 (석보 6:22)

(2) <u>사르미</u> 무레 사니고도 즁싱만 몯호이다 (석보 6:5)

　(1)에서 '것'과 '사룸'은 앞선 요소인 매김말의 꾸밈을 받으며, 토씨를 취하여 임자말로 기능하므로, 둘 다 통어구성을 형성하는 것으로 보인다. 그러나 (2)에서 보듯이 '사룸'은 단독으로 쓰인 예를 찾을 수 있으나, '것'은 단독으로 쓰인 예가 보이지 않으므로 이 둘은 자립성에서 차이가 난다. 즉 '것'은 홀로 독립해서는 쓰이지 못하며 반드시 앞선 말과 함께 월 속에서 쓰이게 되며, 그것에 의지하여야 구체적 의미를 실현하게 된다. 이처럼 '것'이 독립되어 쓰이지 못하고, 앞선 요소에 어떠한 뜻을 보탠다는 점에서 '가지'와 같은 특징을 가진다고 할 수 있다. 다음 보기를 통해 살펴보자.

(3) ㄱ. <u>벼개</u> 노피 벼여 누우니 (두언 15:11)

　　ㄴ. 諸佛을 보숩게 <u>호샤미</u> 이 져고맛 因緣이 아니시니 (석보 13:26)

(4) ㄱ. 種種 微妙한 <u>거슬</u> 布施호더 (석보 13:23)

　　ㄴ. 됴히 내야 <u>쓰는 거시</u> 力이오 (석보 13:41)

　(3ㄱ)에서 '-개'는 파생가지로서 앞선 요소에 '-하는 도구, 또는 물건'이라는 의미를 보태고 있고, (3ㄴ)에서 '-음'은 굴곡가지로서 앞선 요소에 명사성을 부여하여 이름마디로 기능하게 한다.

　(4ㄱ)에서 '것'은 '사물'의 의미를 나타내고 있고, (4ㄴ)에서 '것'은 앞선 요소인 풀이말에 명사성을 부여하여 이름마디로 기능하게 한다.

　이렇게 볼 때 보기 (4)의 '것'은 앞선 요소에 의지하여 그들과 하나의 단위를 이루어 어떠한 뜻을 보태거나 기능을 바꾼다는 점에서 (3)의 '가지'와 유사한 기능을 가진다. 그러나 이들은 이러한 기능면의 유사점에도 불구하고 가지는 앞선 요소와 결합하여 하나의 낱말을 형성하는 형태구성을 하는 반면, '것'은 매김말의 꾸밈을 받을 수 있고, 자유로이 토씨를 취하여 월성분으로 기능한다는 점에서 형태구성을 이루는 '가지'와는 구별된다.

이와 같이 분포면에서는 매김말의 꾸밈을 받을 수 있고, 토씨를 취하여 다양한 월성분으로 기능하므로 이름씨와 같은 통어구성의 특징을 보이나, 기능면에서는 앞선 요소에 의지하여 어떠한 뜻을 보태거나 기능을 바꾸는 가지와 같은 특징을 가진 구성을 이름씨 배합구성이라 한다.

## 3. 이름씨 배합구성의 종류

이름씨 배합구성은 '자립풀이씨 줄기 - 배합표지 - 매인이름씨'의 짜임새를 가지고 있다.1) 매인이름씨는 그 형태적 특질(토씨의 기댐을 받는다는)이나, 통어적 특질(여러 월성분으로 기능할 수 있다는)로 보면 이름씨와 같으나, 다만 그 뜻의 실상이 없고 따라서 그 실상을 메워 주기 위한 말에 매여 쓰이는 의존형식이란 점에서 붙여진 명칭이다. 매인이름씨의 목록은 연구자에 따라 다양하게 나타나는데, 이는 매인이름씨가 문법화 과정에 있는 요소로서 독특한 특징을 보이기 때문이다.2)

이 글에서는 다음과 같은 기준을 바탕으로 하여 이름씨 배합구성을 이루는 매인이름씨의 범위를 정하고자 한다.

---

1) 매인이름씨는 풀이씨 외에도 매김씨나 임자씨 다음에 분포되기도 한다. 매인이름씨가 매김씨나 임자씨 뒤에 분포될 경우, 합성어를 이루거나 토씨로 전용되기도 하므로, 풀이씨 뒤에 분포되는 경우를 기본으로 한다.

2) 정호완(1987)에서는 중세어의 의존명사를 80개로 들고, 그 기준을 첫째, 용언의 관형형 어미와 지시 및 수 관형사, 그리고 선행체언으로 이루어지는 관형어를 선행요소로 삼아 자립체언과 같은 구실을 한다. 둘째, 의존명사의 조건을 갖추었더라도 제 홀로 문장을 구성하는 성분으로의 분포로 실현되지 않는다. 셋째, 형태소의 어원으로 보아 고유어계와 한자어계 모두를 포함시킨다로 보고 있다. 왕문용(1988)에서는 중세어와 현대어의 의존명사 목록을 비교 검토하고, 근대국어의 명사체계를 검토하여, 근대국어 의존명사를 39개 설정하였다. 고영근(1970)에서는 현대국어의 의존명사를 가르는 기준으로 의존성을 띨 것, 통합관계에 제약이 없을 것, 관형사형에 붙을 것, 조사를 취할 것 등을 제시하고 57개의 의존명사를 설정하였다. 권재일(1985)에서는 근본적으로 관형화 내포문을 앞세우며 명사의 기능을 유지하는 것을 의존명사로 보고 70개를 현대국어의 의존명사로 설정하였다.

첫째, 의존성을 띤 것으로 문법성을 획득한 것이어야 한다. 따라서 자립하여 쓰인 경우는 제외된다.

(5) ㄱ. 일후믈 잠깐 듣ᄌᆞᄫᆞᆫ <u>젼ᄎ</u>로 (석보 9:12)
   ㄴ. 舍利弗이 <u>젼ᄎ</u> 업시 우ᅀᅥ늘 (석보 6:35)

(5ㄱ)에서 '젼ᄎ'는 이름씨 배합구성을 이루는 뒤선 요소로 보이지만, (5ㄴ)에서와 같이 자립하여 쓰이는 경우가 있으므로 이름씨 배합구성에서 제외된다.3)

둘째, 이름씨와 같은 월성분으로 기능할 수 있어야 한다. 따라서 토씨나 씨끝으로 쓰이는 것은 제외된다.

(6) ㄱ. 實업시 일훔<u>ᄲᅮᆫ</u> 求홀씨라 (석보 13:35)
   ㄴ. 當時로 사라 이<u>신둘</u> 주구메셔 다ᄅᆞ리잇가 (석보 24:29)

(6ㄱ)에서 '-ᄲᅮᆫ'은 토씨로서 기능하고 있으며, (6ㄴ)에서 '-ㄴ둘'은 씨끝으로 기능하여 이들은 앞선 요소와 더불어 형태구성을 이루고 있다. 이처럼 토씨나 씨끝으로 쓰인 경우는 이름씨 배합구성에서 제외된다.

셋째, 기본적으로 풀이씨에 매어 쓰일 수 있어야 한다. 따라서 매김씨 뒤에만 결합하는 것은 제외된다.

(7) ㄱ. 一生ᄋᆞᆫ 흔 <u>번</u> 날씨니 (석보 6:36)
   ㄴ. 이 經을 마ᄉᆞᆫ아홉 <u>디위</u> 닑고 (석보 9:32)

(7)에서 '번, 디위'는 반드시 수를 나타내는 매김씨와만 결합하고, 풀이씨

---

3) 허웅(1975)에서는 '젼ᄎ'를 매인이름씨로 처리하고 있으나, 자립하여 쓰이는 경우가 있으므로 매인이름씨에서 제외된다.

와 결합하지 않는 특징이 있다. 이처럼 매김씨 뒤에만 분포하는 경우에는 이름씨 배합구성에서 제외된다.4)

이상을 기준으로 하여 석보상절에 나타난 이름씨 배합구성을 이루는 매인이름씨를 보이면 다음과 같다.

| 목록 | 예문 |
|------|------|
| 것 | 일체 됴ᄒᆞᆫ 거스로 如來끠 布施ᄒᆞᅀᆞᄫᅡ든 (석보23:3) |
| 곧 | ᄆᆞᅀᆞ미 一定ᄒᆞᆫ 고대 들면 (석보 6:28) |
| 놈 | 그 모딘 노미 王끠 닐오디 (석보 24:14) |
| 디 | ᄒᆞ마 涅槃ᄒᆞ산 디 닐웨 디나샤 (석보 23:40) |
| ᄃᆞ | 이ᄂᆞᆫ 佛子들히 根機 니ᄀᆞᆫ 둘 보시고 (석보 13:60) |
| 둣 | 前生앳 이리 어제 본 둣ᄒᆞ야 (석보 6:9) |
| 더 | 어드본 딋 衆生도 다 불고믈 어더 (석보 9:4) |
| 만 | 一切 즐거본 것 布施홀 만ᄒᆞ야도 (석보 19:4) |
| 바 | ᄯᅩ 先佛ㅅ 經中에 니르샨 배리라 (석보 19:25) |
| 분 | 衆生ᄋᆞᆯ 잘 濟渡ᄒᆞ시ᄂᆞᆫ 분내러시니 (석보 13:4) |
| ᄉ | 아못 이리어나 값간 니러 날씨 作이오 (석보 13:41) |
| ᄯᆞᄅᆞᆷ | 世間앳 數를브터 어둘 니롤 ᄯᆞᄅᆞ미니 (석보 19:10) |
| ᄲᅮᆫ | 즉자히 도로 니저 ᄀᆞᆺ볼 ᄲᅮ니니 (석보 6:11) |
| 양 | ᄌᆞ갓 나라해셔 거슬ᄠᅳᆫ 양ᄒᆞᄂᆞᆫ 難이어나 (석보 9:33) |
| 이 | 흥졍바지 舍衛國으로 가리 잇더니 (석보 6:15) |
| 자히 | 제 모미 누본 자히셔 보디 (석보 9:30) |
| 적 | 처엄 이에셔 사던 저그로 오ᄂᆞᆳ낤ᄀᆞ장 (석보 6:37) |
| 제 | 이 ᄯᅡ해 精舍 이르ᅀᆞᄫᆞᆯ 쩨도 (석보 6:37) |
| 줄 | 惡趣예 ᄠᅥ러듏 주리 업스니라 (석보 9:28) |

그런데 위의 목록에 제시된 매인이름씨는 문법화 과정에 있는 것으로서

---

4) 매김씨 뒤에 분포되는 경우에는 합성어를 형성하는 경우가 많다. '그제, ᄒᆞᆫ적, ᄒᆞᆫ가지, ᄒᆞᆫ쩍, ᄒᆞᆫ녁' 등의 경우를 허웅(1975)에서 합성어로 처리하고 있다.

그 추상화와 문법화의 정도가 같지 않다.

(8) ㄱ. ᄆᅀᅮ미 一定ᄒᆞᆫ <u>고대</u> 들면 (석보 6:28)

　　ㄴ. 이ᄂᆞᆫ 佛子ᄃᆞᆯ히 根機 니군 <u>ᄃᆞᆯ</u> 보시고 (석보 13:60)

　　ㄷ. ᄌᆞᆺ걋 나라해셔 거슬ᄦᆞᆫ <u>양ᄒᆞᄂᆞ</u> 難이어나 (석보 9:33)

(8ㄱ)의 '곧'은 장소라는 의미를 나타내며, (8ㄴ)의 'ᄃᆞ'는 앞선 마디를 이름마디로 기능하게 하며, (8ㄷ)의 '양'은 가식이라는 양태적 의미를 나타내어 어휘적 의미에서 문법적 의미에 이르는 다양한 의미를 나타낸다.

또한 하나의 형태가 여러 가지 문법화 단계를 보이기도 한다.

(9) ㄱ. 믈윗 有情의 쌿 <u>거시</u> 다 낟본 줄 업게 호리라 (석보 9:5)

　　ㄴ. 처ᅀᅥᆷ 비릇ᄂᆞᆫ <u>거시</u> 因이오 (석보 13:41)

　　ㄷ. 아마도 福이 조ᅀᆞᆯᄫᆡ니 아니 심거 몯홀 <u>ᄭᅥ시라</u> (석보 6:37)

　　ㄹ. 太子ᄂᆞᆫ 거즛말 몯ᄒᆞ시ᄂᆞᆫ <u>거시니</u> (석보 6:25)

(9ㄱ)에서 '것'은 '사물'을 의미하며, (9ㄴ)에서 '것'은 앞선 요소 '-ᄂᆞᆫ'과 긴밀히 결합하여 앞선 마디를 이름마디로 기능하게 하며, (9ㄷ)에서 '것'은 '-ㄹ 것이'가 하나의 단위가 되어 추측이라는 의미를, (9ㄹ)에서 '것'은 '-ㄴ것이'가 한 단위가 되어 '강조'라는 의미를 나타내고 있다.[5]

이처럼 매인이름씨는 문법화의 단계에 따라 서로 다른 의미와 특징을 나타내는데, 어휘적 의미에 가까운 것과 문법적 의미에 가까운 것으로 정도성을 나누어 볼 수 있다.[6] 문법화가 많이 진행되어 문법적 의미에 가까울수록 앞, 뒤요소의 결합에 제약이 심하고, 어휘적 의미에 가까울수록 이러한 제약

---

5) 이처럼 '것'이 나타내는 다양한 의미는 '것'의 문법화로 설명할 수 있다. '것'은 독립하지 못하고 앞선 요소에 의존하여 쓰이는 분포적인 특징과, 앞선 요소와 하나의 단위가 되어 기능하는 구조적 긴밀성 때문에 쉽게 문법화가 일어날 수 있다(김연주, 1996 참조).

6) 이는 문법화의 주요 개념 중 연속변이와 관련이 있다. 연속변이란 문법화 현상이 토막토막 끊어지듯이 분절적인 것이 아니라 마치 경사면을 따라 흩어져 있는 것처럼 언어변화가 어떤 경로를 따라 연속적으로 배치되어 있음을 가리키는 것이다(이성하, 1998 참조).

이 존재하지 않는다.[7]

이름씨 배합구성을 문법화의 정도와 의미에 따라 분류하면, 대용성의 의미를 가진 것, 대상성의 의미를 가진 것, 양태성의 의미를 가진 것으로 나누어 볼 수 있다.[8]

## 3.1. 대용성

대용성의 배합구성은, 배합구성을 이루는 매인이름씨가 사람, 사물, 시간, 장소 등을 대용하는 것이다. 대용성의 배합구성은 매인이름씨가 특정한 구체적인 의미를 나타내지 않고, 포괄적이고 추상적인 의미를 나타낸다. 구체적인 의미를 대신해서 나타내는 특징 때문에 '대용성'의 배합구성으로 설정한다. 여기에는 '이, 분, 놈, 것, 적, 제, 디, 곧, 더, 바, 줄'이 속한다.[9] 이들은 앞선 요소와 뒤선 요소의 결합에 제약이 없다는 특징이 있다.

아래에서 의미에 따라 예를 보이면 다음과 같다.

(10) ㄱ. 혼 大臣 護彌라 호리 가ᅀᅵ멸오 (석보 6:14)

ㄴ. 이룰 <u>아ᄂᆞ니ᄂᆞ</u> 世間애 버서난 사ᄅᆞ미라 (석보 23:15)

(11) ㄱ. 尊온 노ᄑᆞ신 <u>부니시니라</u> (석보 서:1)

ㄴ. 衆生을 잘 *濟渡*ᄒᆞ시ᄂᆞ <u>분내러시니</u> (석보 13:4)

---

7) 안주호(1997)에서는 문법화가 많이 진행되어 앞, 뒤요소에 결합제약이 존재하는 경우를 '접어구성'이라 하여 명사의 문법화 현상을 다루고 있다.

8) Guiraud(1974)에서는 문법화의 단계를 1. 내용을 가진 자립적인 낱말 > 2. 반쯤 내용을 가진 준자립적인 낱말 > 3. 최초의 의미를 잃고 선행성분과 융합한 추상적인 기호의 단계로 설정한다(안효팔 1983 재인용). 이글에서 설정한 이름씨 배합구성은 2단계에 해당된다고 볼 수 있다. 그런데 이름씨 배합구성 중에서도 대용성이나 대상성은 토씨 결합이 자유롭고, 양태성은 토씨 결합이 제약되어 있어 문법화의 단계가 동일하지 않다. 이것은 배합구성을 이루는 매인이름씨가 문법화 과정에 있는 요소이기 때문이다. 안주호(1997)에서는 매인이름씨의 문법화 단계를 1단계인 '의존명사화 단계', 2단계인 '접어 단계', 3단계인 '문법소 단계'로 나누고 있다.

9) 왕문용(1988)은 주시경(1910)에서 '이'는 사람을 의미하는 '대임', '것'은 '몬'과 '일'을 의미하는 '대임', '바, 줄'은 '일'을 의미하는 '대임'으로 보아 이들을 대명사로 처리하는 것은 이들에 '대용기능'이 있음을 말해 준다고 하였다. 김일웅(1981)에서도 '이, 것, 바, 줄, 수, 데, 리, 쪽' 등이 대용말의 기능을 가지고 있다고 보고 있다.

(12) ㄱ. 舍利라 홀 노미 사로디 (석보 24:13)

　　ㄴ. 모딘 노미 듣디 아니홀씨 (석보 24:15)

(10)-(12)에서 '이, 분, 놈' 따위는 사람의 의미를 나타내고 있다. 그런데 이 경우 구체적인 사람을 나타내는 것이 아니라 '사람' 따위 대신에 추상적 개념으로서 대용의 의미가 있다고 해석된다.[10]

다음의 경우를 보자.

(13) ㄱ. 플읫 有情의 뒓 거시 다 낟본 줄 업긔 호리라 (석보 9:5)

　　ㄴ. 뒷논 거슬 앗기디 아니ᄒᆞ야 (석보 9:13)

　　ㄷ. 種種 貴훈 거스로 (석보 9:24)

　　ㄹ. 이 東山ᄋᆞᆫ 須達이 산 거시오 (석보 6:40)

　　ㅁ. 모매 莊嚴홀 껏과 貴훈 보비로 (석보 19:41)

(13)에서 매인이름씨 '것'은 실질적인 의미를 가진 것은 아니지만, 문맥에 의해 의미를 나타내는 것으로, 이는 구체적인 사물에 대하여 추상성을 띠는 대용의 경우로 보인다.

이상에서 살편 '이, 분, 놈'과 '것'은 각각 사람과 사물의 의미를 나타내며, 앞선 요소로서 '-ㄴ'이나 '-ㄹ'과 결합가능하며, 뒤선 요소로서 여러 토씨가 결합가능하여 다양한 월성분으로 기능하는 특징이 있음을 알 수 있다. 이처럼 어휘적인 요소를 대용하는 경우에는 여러 가지 토씨가 결합하여 다양한 월성분으로 기능할 수 있는데, 토씨 결합에 제약이 없는 이와 같은 경우는 문법화의 정도가 가장 낮은 단계에 해당된다.

그런데 15세기에는 오늘날과 달리 '이'가 사람의 의미 이외에 '사물'의 의

---

10) 김일웅(1981)에서도 '이' 따위에 대용의 기능이 있는 것으로 보고 대용의 과정을 다음과 같이 보이고 있다. (예) 한 소년i ......한 소년i ...... (동일지시 표지 부여 (의무적))

　　　　　│

　　그 한 소년　(지시사 부가 (의무적))

　　　　　│

　　　그 이　(대용화 (수의적))

미를 나타내는 경우도 있으며, '것'이 사물 이외에 사람의 의미로도 쓰인 경우가 있다.

(14) ㄱ. 셜본 人生이 어딋던 이 フ트니 이시리잇고 (석보 6:5)
    ㄴ. 니르논 마리 다 부텻 法이라 아니 眞實ᄒᆞ니 업스며 (석보 19:25)
(15) 어린 거사 네 다ᄆᆞᆫ ᄒᆞᆫ 모맷 목숨 위ᄒᆞ야도 (석보 24:29)

(14)에서 '이'는 '사물'의 의미를 나타내고 있으며, (15)에서 '것'은 '사람'의 의미를 나타낸다. 이와 같이 하나의 형태가 둘 이상의 의미를 나타낼 수 있는데, 15세기에는 오늘날에 비해 이러한 경우가 훨씬 많이 나타난다.11)
다음으로 사람, 사물 이외에 시간, 공간적인 의미를 대용하여 표현되는 매인이름씨들을 살펴보자.

(16) ㄱ. 늠 위ᄒᆞ야 ᄒᆞᆫ 句ㅅ 法도 니르신 저기 업고 (석보 24:39)
    ㄴ. 如來 스ᅀᆞᄫᆞᆯ 쩌글 ᄎᆞ마 보ᅀᆞᆸ디 몯ᄒᆞ야 (석보 23:36)
    ㄷ. 時節 아닌 저긔 밥 먹디 마롬과 (석보 6:10)
    ㄹ. 처엄 이에셔 사던 저그로 오ᄂᆞᆳ낤ᄀᆞ장 (석보 6:37)
    ㅁ. ᄌᆞᆶ 저기라도 이 부텻 일후므로 들여 쎠돈긔 호리이다 (석보 9:20)
(17) 이 따해 精舍 이르ᅀᆞᄫᆞᆯ 쩨도 (석보 6:37)

(16)과 (17)에서의 매인이름씨 '적, 제' 따위는 모두 시간성의 의미가 포함되는 것인데, 이들은 어떤 구체적이고 상대적인 시간을 나타내는 것이 아니다. 이들은 모두 추상적인 시간을 표현하는 것으로 역시 대용의 의미가 있다고 볼 수 있다. 그리고 시간의 의미를 나타내는 경우에도 여러 가지 토씨를 더불어 다양한 월성분으로 기능함을 알 수 있다. 여기에는 다음과 같은

---

11) 이러한 이유는 의미분화가 이루어지지 않은 15세기의 특징이라 할 수 있다. 왕문용(1988)에서는 근대국어의 의존명사를 정리하면서 한 형태가 둘 이상의 영역에 소속될 수 있는 예를 들고, 이들이 동음어인지 다의어인지를 변별하는 일은 간단하지 않으나, 다의어로 설명하는 것이 보다 논리적이고 합리적일 것으로 보고 있다.

것도 포함된다.

(18) ㄱ. 妻眷 드외얀 디 三年이 몯차 이셔 (석보 6:4)
　　ㄴ. 邪曲흔 道理 비환 디 오라아 (석보 6:28)
　　ㄷ. ㅎ마 涅槃ㅎ샨 디 닐웨 디나샤 (석보 23:40)

(18)에서 '디'는 시간의 경과를 나타내는 풀이말과 함께 쓰이고 있으며, 시간의 의미를 나타낸다. 이때의 '디'는 다음과 같은 경우에 쓰인 '디'와는 차이가 난다.

(19) ㄱ. 다룬 디 가 微妙흔 이룰 얻논 디 아니라 (석보 13:33)
　　ㄴ. ᄆᆞ술히 멀면 乞食ㅎ디 어렵고 (석보 6:23)

(19ㄱ)의 '디'는 매인이름씨 '드'에 임자자리 토씨 '-이'가 결합되어 앞선 마디를 이름마디로 기능하게 하는 경우이고, (19ㄴ)의 '-디'는 풀이씨 줄기 바로 뒤에 결합되어 이름법 씨끝으로 기능하는 경우이다.

다음은 장소에 관한 것이다.

(20) ㄱ. ᄆᆞᅀᆞ매 저픈 고디 업스니 (석보 19:33)
　　ㄴ. 이 光明이 너비 佛土 비취시논 고돌 보ᅀᆞᆸ고 (석보 13:32)
　　ㄷ. ᄆᆞᅀᆞ미 一定흔 고대 들면 (석보 6:28)
　　ㄹ. 機논 뮈여 나논 고디라 (석보 13:28)
(21) ㄱ. 내 처ᅀᅥᆷ 모든 ᄃᆡ 드러 니거든 (석보 6:29)
　　ㄴ. 갈 ᄠᅢ 업서 오직 舍利弗ㅅ 알픠옷 브리 업슬썬 (석보 6:33)
　　ㄷ. 因緣果報로 나논 ᄃᆡ롤 다 보아 알리라 (석보 19:13)

(20)과 (21)에서의 '곧, ᄃᆡ' 등도 어떤 구체적인 장소나 방향을 나타내는 것이 아니라, 추상적 개념으로서의 장소적 의미를 나타낸다고 보아야 한다.[12]

또한 이러한 경우에도 여러 토씨를 더불어 다양한 월성분으로 기능함을 알
수 있다.

또 다음을 보자.

(22) ㄱ. 일후미 妙法蓮華ㅣ니 菩薩 ㄱᄅ치시논 法이라 부텨 護念ᄒ시논
　　　 배라 (석보 19:41)
　　 ㄴ. 算數譬喩로 몯 아롫 배라 (석보 19:5)

(22)에서 '바'는 '사실, 일' 따위의 의미를 나타내고 있는데,[13] 이 경우에도
구체적인 어떤 하나의 의미를 표현하고자 하는 것이 아니라, '사실, 일' 따위
들이 모두 포함된 추상적인 개념으로서의 의미로 대용된 것이라 볼 수 있
다.
　다음은 '까닭, 방법'의 의미를 나타내는 경우이다.

(23) ㄱ. 당다이 이 짜해 橫死홀 주리 업스며 (석보 9:22)
　　 ㄴ. 두 바롤 迦葉이 뵈시며 金棺이 다다 잇다가 摩耶끠 니러 合掌ᄒ
　　　 시니 이 업디 아니ᄒ샨 주리라 (석보 23:44)
　　 ㄷ. 닐그며 외오며 專主홀 줄 모ᄅ며 니롫 줄 모ᄅ며 (석보 19:36)

(23)에서 '줄'은 각각 '까닭, 방법'의 의미를 나타내고 있다.

　이상에서 살핀 '대용성'의 매인이름씨들은 어휘적인 요소를 대용하는 것
으로서, 여러 가지 토씨를 더불어 다양한 월성분으로 기능함을 알 수 있었
다. 따라서 '대용성' 배합구성은 문법화 단계가 가장 낮은 경우에 속하게 된

---

12) '處는 고디라 (석보 13:12)'와 같이 '곧'이 자립적으로 쓰인 예가 있으나, 이는 한자의 뜻을
　 풀이하기 위한 것으로 정상적인 언어사용이라 보기 어렵다. 그러므로 이러한 예를 통해
　 '곧'이 자립하여 쓰인 이름씨라고 단정할 수 없다.
13) 왕문용(1988)에서는 '바'의 의미를 '일, 경우, 상황, 형편'으로 보고 있으며, 유창돈(1980)에
　 서는 '바'가 '장소'의 의미를 나타내던 만주어 '바'의 차용어라고 하였다.

다.

그런데 이러한 대용성 배합구성을 이루는 매인이름씨는, 앞선 요소로서 매김씨 따위와 더불어 합성어가 되거나, 풀이기능이 상실되어 합성어가 되는 경우가 있다. 다음이 그 보기이다.

(24) ㄱ. 一切法이 다 淸淨ᄒ야 혼것도 업스니 (석보 23:16)

　　 ㄴ. 그저긔 舍衛國엣 사ᄅ미 (석보 6:21)

　　 ㄷ. 舍利弗이 그제ᅀᅡ 說法ᄒ니 (석보 6:34)

　　 ㄹ. 늘그니 病ᄒ니 주근 사ᄅᆷ 보시고 (석보 6:17)

(24ㄱ)-(24ㄷ)에서 '것, 적, 제'는 매김씨를 더불어 합성어를 형성하며, (24ㄹ)에서 '이'는 '늙다, 病ᄒ다'라는 풀이씨와 결합하여 합성어를 형성한다.[14)]

## 3.2. 대상성

대상성의 배합구성은 매인이름씨가 앞선 풀이씨를 대상화하여 이름마디로 기능하게 한다. 즉 매인이름씨가 앞선 요소인 '-ㄴ, -ㄹ'과 긴밀히 결합하여 풀이씨를 명사화하며 특정한 어휘적 의미를 보태지 않는다. 여기에는 '것, 곧, 줄, 드, ᄉ' 등이 있으며, 여러 가지 토씨와 결합하여 다양한 월성분으로 기능한다.

먼저 '것'의 경우부터 살펴보자.

(25) ㄱ. 됴히 내야 쓰는 거시 力이오 (석보 13:41)

　　 ㄴ. 慈悲는 衆生을 便安케 ᄒ시는 거시어늘 (석보 6:5)

(25)에서 '것'은 '-는'과 긴밀히 결합하여 앞선 풀이씨를 대상화하여 이름

---

14) '늘그니, 病ᄒ니'와 같은 합성어는 앞선 요소인 풀이씨 '늙다, 病ᄒ다'가 풀이기능을 상실하지만, 배합구성은 앞선 요소인 풀이씨가 풀이기능을 그대로 유지한다. 합성어와 배합구성의 차이점은 김언주(1993) 참조.

마디로 기능하게 한다. 즉 '됴히 내야 쁘다', '衆生올 便安케 ᄒ다'라는 월이 마디되기의 과정을 거쳐 월 속에서 각각 임자말, 풀이말로 기능한다.

(26) ㄱ. 됴히 내야 쁘다
    ㄴ. 衆生올 便安케 ᄒ다
(27) ㄱ. '무엇'이 力이(오)
    ㄴ. 慈悲논 '무엇'이(어늘)


(25)의 밑줄 친 부분은 (26)의 월이 마디되기의 과정을 거쳐 (27)에서 '무엇'의 자리에 해당하는 이름씨와 같은 자격을 가지게 되어 각각 임자말 풀이말로 기능하게 되었다. 이때 이름마디로 기능하게 하는 표지는 '-는 것'이다. '것'은 원래 사물의 의미를 나타내는 매인이름씨이나, (25)와 같은 경우 '것'은 앞선 요소와 긴밀히 결합하여 하나의 단위로 기능하면서, 앞선 마디를 대상화하는 이름마디 표지로서의 기능을 가지게 되었다. 이름마디란 월이 마디화의 과정을 거쳐 이름씨와 같은 자격을 가지는 것을 말한다. 그런데 이름씨란 어떤 대상을 언어화한 것이므로, 이름마디란 월이 대상성을 획득한다는 것으로 설명할 수 있다.[15] 따라서 '-는 것'이 앞선 마디를 대상화한다는 것은 바로 이름법 씨끝으로 기능함을 말한다.
    그런데 15세기에는 '것' 이외에 '곧, 줄'이 이름마디로 기능하게 하는 경우가 있다.[16]


(28) ㄱ. 우리 父母ㅣ 듣디 아니ᄒ샨 고도 (석보 6:7)
    ㄴ. 다 如來ㅅ 威力이론 고둘 아라라 (석보 9:28)
    ㄷ. 이논 十方앳 道理 ᄒ가지론 고둘 니르시니라 (석보 13:50)
    ㄹ. 衆生올 부텻 知見에 드리고져 ᄒ시논 젼치론 고디라 (석보 13:55)

---

15) 김인택(1992)에서는 월이 대상성을 부여받아 다른 월 속에서 이름씨의 자격을 갖는 것을 이름마디라 한다고 하면서 그 형성과정을 보이고 있다.
16) 15세기에 이름법 씨끝과 같은 기능으로 생산적으로 쓰인 '곧', '줄'은 후대로 오면서 '것'과의 경쟁에서 밀려 소멸하게 되었다. 15세기 이름마디에 관한 자세한 것은 김언주(1997) 참조.

(29) ㄱ. 샬론 주를 니르니라 (석보 6:2)

ㄴ. 그쩨 首陀會天이 須達이 버릇 업순 주를 보고 (석보 6:20)

ㄷ. 믈읫 有情의 뿔 거시 낟븐 줄 업긔 호리라 (석보 9:5)

(28)과 (29)에서 '곧'과 '줄'은 어휘적인 의미를 나타내지 않고, 앞선 요소인 '-ㄴ'과 긴밀히 결합하여 앞선 마디를 이름마디로 기능하게 한다.

이상에서 살핀 대상성의 배합구성 '것, 곧, 줄'은 대용성의 배합구성 '것, 곧, 줄'의 문법화로 볼 수 있다. 대용성의 매인이름씨 '것, 곧, 줄'은 독립해서 쓰이지 못하고 의존적으로 쓰인다는 분포적 특징과, 포괄적인 의미를 나타내는 특징으로 인하여 문법화가 일어날 가능성이 높다.

이밖에 15세기에 생산적으로 쓰인 대상성 배합구성으로 'ᄃ'와 'ㅅ'의 구성이 있다.

(30) ㄱ. 妙法이라 혼 거시 더러본 거슬 ᄇ리고 다ᄅᆫ 디 가 微妙ᄒᆫ 이를 얻논 디 아니라 (석보 13:33)

ㄴ. 世尊이 須達이 올 ᄠᆯ 아ᄅ시고 (석보 6:20)

ㄷ. 이논 佛子둘히 根機 니군 ᄃᆞᆯ 보시고 (석보 13:60)

ㄹ. 이러호미 諸佛이 혼 큰 잀 因緣으로 世間애 나시논 디라 (석보 13:49)

(31) ㄱ. 아못 이리어나 잢간 니러날 씨 作이오 (석보 13:41)

ㄴ. 처엄 비릇논 거시 因이오 因을 도볼 씨 緣이오 (석보 13:41)

ㄷ. 解脫은 버서날 씨니 (석보 6:29)

ㄹ. 美는 아롬다볼 씨니 (석보 13:9)

(30)과 (31)에서 'ᄃ'와 'ㅅ'는 앞선 풀이씨를 대상화하여 이름마디로 기능하게 한다. 그런데 이들은 앞서 살핀 '것, 곧, 줄' 등과는 달리 앞선 요소로서 풀이씨와 결합하며, 이름씨나 매김씨와 결합한 예는 보이지 않는다. 이는 'ᄃ'와 'ㅅ'가 나타내는 추상적인 의미 특징과 관련이 있다. 'ᄃ'와 'ㅅ'는 독립해서 쓰이지 못하고 반드시 앞선 요소와 더불어 하나의 요소로 기능하게 되

는 구조적 긴밀성과 추상적인 의미특징으로 인하여 문법화가 쉽게 일어날 수 있는데, 이들이 문법화 되면 하나의 씨끝으로 굳어지게 된다.

(32) ㄱ. 주근 後에사 뉘우츤돌 미츠리여 (석보 24:28)
    ㄴ. 이 東山온 남기 됴흘씨 노니는 짜히라 (석보 6:24)

(32)의 '돌'와 '씨'는 앞, 뒤 요소와 긴밀하게 결합하여 하나의 씨끝으로 굳어진 경우이다.

## 3.3. 양태성

양태성 배합구성은 매인이름씨가 앞선 풀이씨의 동작이나 상태의 어떠한 양상을 나타내는 것으로 주로 말할이의 태도가 드러난다.[17]
여기에 속하는 매인이름씨로는 '양, 둣, 만, 자히, 뿐, 또롬, 것, 둑' 등이 있으며 이들은 특정한 요소와만 결합하는 제약이 있다.[18]
양태성 배합구성 중 먼저 '양'의 경우를 살펴보자.
'양'은 단순히 앞선 풀이씨의 어떠한 풀이 모양을 의미하거나, 풀이 내용이 그대로 유지 혹은 그와 유사한 척하는 가식의 의미를 나타낸다.

(33) ㄱ. 샹녜 供養ᄒᆞᆸᄂᆞᆫ 야이 다 뵈ᄂᆞ다 (석보 13:24)
    ㄴ. 아치얼븐 야이 업스며 (석보 19:7)
    ㄷ. 七寶塔 셰ᅀᆞᆸᄂᆞᆫ 양도 보리러니 (석보 13:14)
    ㄹ. 道理 求ᄒᆞᄂᆞᆫ 야올 본딘 (석보 13:18)

(33)에서 '양'은 단순히 앞선 풀이씨의 풀이 모양을 의미한다.[19]

---

17) 양태성을 왕문용(1988)에서는 사전적 의미로 풀이하여 '모양, 태도'를 뜻하는 것으로 보았으며, 안주호(1997)에서는 '화자의 발화 태도'로 보아, '이다'결합은 화자가 명제내용을 어떤 식으로 받아들이느냐 하는 화자의 태도, '하다'결합은 명제내용에 대한 화자의 가치, '없다'결합은 내용에 대한 가능성, '알다' 결합은 인지태도를 나타내는 것으로 보았다.
18) 이러한 결합제약으로 인해 접어구성이라 설정하기도 한다(안주호, 1997 참조).

(34) ㄱ. 네 사룸 ᄒᆞ논 <u>양으로</u> 禮數ᄒᆞᇫ고 (석보 6:21)

　　ㄴ. 니르샨 <u>양으로</u> 호리이다 (석보 6:24)

　　ㄷ. 드른 <u>야으로</u> 눔 위ᄒᆞ야 닐오몰 즐기며 (석보 19:8)


(34)에서 '양'은 앞선 풀이씨의 풀이내용과 동일하다는 의미를 나타내는데, 이 경우에는 토씨 '-으로'가 결합됨이 특징이다. 그런데 '-으로'가 결합되는 경우라도 앞선 요소로서 '-ㄹ'과 결합하면 의향의 의미를 나타내게 된다.


(35) 제 홀 <u>양으로</u> ᄒᆞ게 ᄒᆞ라 (석보 6:27)


(35)에서 '양'은 앞선 요소인 '-ㄹ'과 뒤선 요소인 '-으로'를 취하여 의향의 의미를 나타낸다.

　다음은 '양'이 'ᄒᆞ다'와 결합하여 가식의 의미를 나타내는 경우이다.


(36) ㄱ. 웃사룸두고 더은 <u>양ᄒᆞ야</u> (석보 9:14)

　　ㄴ. ᄌᆞ걋 나라해셔 거슬ᄠᅳᆫ <u>양ᄒᆞᄂᆞᆫ</u> 難이어나 (석보 9:33)


(36)에서 '양'은 'ᄒᆞ다'와 결합하여 앞선 풀이씨의 풀이내용과 유사한 체하는 가식의 의미를 나타낸다.[20]

　다음은 '돗'의 경우이다.

　'돗'은 앞선 풀이씨의 내용과 유사한 체하는 의미를 나타낸다.


(37) ㄱ. 前生앳 이리 어제 본 <u>돗</u>ᄒᆞ야 (석보 6:9)

　　ㄴ. 하ᄂᆞᆳ 樹王이 고지 픈 <u>돗</u>ᄒᆞ니 (석보 13:25)

　　ㄷ. 갈ᄒᆞ로 바히ᄂᆞᆫ <u>돗</u> 알ᄑᆞ거시ᄂᆞᆯ (석보 23:26)

---

19) 오늘날에는 이러한 예가 나타나지 않는다. 이로 미루어 후대로 오면서 '양'의 쓰임이 위축됨을 알 수 있다.

20) '양'은 앞, 뒤 요소의 결합관계에 따라 다양한 의미를 나타낸다. 안주호(1997)에서는 이러한 현상을 자립명사인 '양(樣)'의 문법화로 보고 문법화 단계를 '구체적인 모양>심리적인 모양(척)>심리적 의향'으로 나누어 설명하고 있다.

(37)에서 '듯'은 앞선 풀이씨의 내용과 유사한 체하는 의미를 가지며, 이 때 'ᄒ다'와 결합되는 특징이 있다.21)

또 다음과 같이 '듯'이 '드시'의 형태로도 쓰이는 경우가 있다.

(38) 제 모맷 고기를 바혀 내는 <u>드시</u> 너겨 ᄒ며 (석보 9:12)

이상에서 살핀 매인이름씨 '양'과 '듯'은 'ᄒ다'와 결합하여 풀이씨 모양에 대한 '가식, 유사'의 의미를 나타낸다. '양ᄒ다, 듯ᄒ다'에서 '양'과 '듯'은 'ᄒ 다'와 결합하여 풀이말로 기능하면서 으뜸풀이씨의 의미에 양태적 의미를 보태므로, 전통적으로 으뜸풀이씨의 의미를 도와 주는 도움(매인)풀이씨로 처리되기도 했다(최현배, 1937 참조). 즉 양태성 배합구성은 앞선 살핀 대용성이나 대상성 배합구성과 달리 '양ᄒ다, 듯ᄒ다'라는 풀이씨의 형태로서 으 뜸풀이씨의 뒤에 놓여 양태적 의미를 나타내므로, 이러한 특징 때문에 도움(매인)풀이씨로 본 것인데, '양'과 '듯'이 'ᄒ다'를 취해 풀이말로 기능하지만, 형태면에서 매김말의 꾸밈을 받고 있으므로 이들을 도움(매인)풀이씨로 처리할 수 없다.

다음으로 '만'과 '자히'의 경우이다.

(39) 이 施主ㅣ 衆生익그에 一切 즐거본 것 布施홀 <u>만ᄒ야</u>도 功德이 그지 업스니 (석보 19:4)

(40) 제 모미 누본 <u>자히셔</u> 보디 (석보 9:30)

(39)에서 '만'은 앞선 풀이씨의 풀이 내용에 대한 정도성, 가치를 나타내고 있으며, (40)에서 '자히'는 앞선 풀이씨의 풀이 모양이 그대로 유지됨의 뜻을 나타낸다.

---

21) 그런데 '듯'이 풀이씨 줄기 뒤에 결합하면, 씨끝으로 기능하게 된다.

ㄱ. 하눌 셤기ᅀᆞᆸ<u>듯</u> ᄒ야 (석보 6:4)

ㄴ. 비혼 거시 十方ᄋᆞ로셔 오니 구룸 지픠<u>듯</u> ᄒ야 (석보 19:41)

다음으로 앞선 풀이씨의 풀이 내용을 한정하는 '뿐'과 '뜨룸'의 경우이다.

(41) ㄱ. 즉자히 도로 니저 궂블 뿌니니 (석보 6:11)
ㄴ. 世間앳 數를브터 어둘 니룔 뜨룬미니 (석보 19:10)
(42) ㄱ. 흔 부텻 일훔 念홀 뿐네 이런 功德 묘흔 利룰 어드리오 (석보 9:27)
ㄴ. 제 몸 닷굴 뿐ᄒ고 놈 濟度 몯홀씨 (석보 13:36)

(41)에서 '뿐'과 '뜨룸'은 풀이내용을 한정하는 의미를 나타내며 '-이다'와 더불어 풀이말 기능을 하고 있다.

그런데 (42)에서 보듯이 '뿐'의 경우 오늘날과 달리 '-이다' 이외에 '-에, ᄒ다'와 결합하여 나타나기도 하였다.

다음으로 '추측'과 '강조'의 의미를 나타내는 경우이다.

(43) ㄱ. 자본 이리 無常ᄒ야 모물 몯 미듫 거시니 (석보 6:11)
ㄴ. 아마도 福이 조ᄉᆞᄅᆞᄫᆡ니 아니 심거 몯홀 꺼시라 (석보 6:37)

(43)에서 '것'은 앞선 요소 '-ㄹ'과 뒤선 요소 '-이다'와 긴밀히 결합하여 '추측'의 의미를 나타낸다.

(44) ㄱ. 太子ᄂᆞᆫ 거즛말 몯ᄒ시ᄂᆞᆫ 거시니 (석보 6:25)
ㄴ. 一切天人이 블로 如來ㅅ 棺ᄋᆞᆯ 몯 수ᄉᆞᆸᄂᆞᆫ 거시라 (석보 23:45)
(45) ㄱ. 당다이 이 무른 다 增上慢人이론 고돌 아롫 디니 (석보 13:61)
ㄴ. 이 體ᄂᆞᆫ 本來 數 업슨 둘 아롫 디니 (석보 19:10)

(44)에서 '것'은 앞선 요소 '-ㄴ'과 뒤선 요소 '-이다'와 긴밀히 결합하여 '강조'의 의미를 나타내고 있으며, (45)에서 'ᄃᆞ'는 앞선 요소 '-ㄹ'과 뒤선 요소 '-이다'와 긴밀히 결합하여 '강조'의 의미를 나타내고 있다.[22]

22) '-ㄴ것이다, -ㄹ것이다'의 기능과 문법화 과정에 대해서는 김언주(1996) 참조.

이상에서 양태성 배합구성을 살펴보았다. 양태성 배합구성은 풀이내용에 대한 가식, 유사, 정도, 추측, 강조 등 다양한 의미를 나타내고 있었으며, 앞 뒤 요소의 결합에 제약이 있어 특정한 요소와 결합함을 알 수 있었다. 이러한 특징은 문법화 단계가 높은 것임을 말해준다.

## 4. 마무리

이상에서 석보상절에 나타난 이름씨 배합구성을 살펴보았다.

이름씨 배합구성을 이루는 매인이름씨는 문법화의 단계에 따라 서로 다른 의미와 특징을 나타낸다. 석보상절에 나타난 이름씨 배합구성을 문법화의 정도와 의미에 따라 분류하면, 대용성, 대상성, 양태성의 의미를 가지는 것으로 나누어진다. 이들에 해당하는 예와 특징을 간략히 정리하면 다음과 같다.

대용성 배합구성은 매인이름씨가 어휘적인 요소를 대용하는 것으로 '이, 분, 놈, 것, 적, 제, 디, 곧, 디, 바, 줄' 등이 여기에 해당되며, 이들은 앞 뒤 요소의 결합에 제약이 없는 특징이 있다.

대상성 배합구성은 매인이름씨가 앞선 풀이씨를 대상화하여 이름마디로 기능하게 하는 것으로, '것, 곧, 줄, 드, ㅅ' 등이 여기에 해당된다. 이들은 앞선 요소인 '-ㄴ, -ㄹ'과 긴밀히 결합하여 한 단위로 기능하면서 뒤선 요소로서 다양한 토씨와 결합하는 특징이 있다.

양태성 배합구성은 매인이름씨가 앞선 풀이씨의 동작이나 상태의 어떠한 양상을 나타내는 것으로, '양, 둣, 만, 자히, 뿐, 뜨롬, 것, 드' 등이 여기에 해당되며, 이들은 특정요소와 결합하는 결합제약이 있다.

### 참고 논저

고영근(1970), '현대국어의 준자립형식에 관한 연구', 어학연구 6-1.
권재일(1985), '현대국어의 의존명사 연구', 천시권박사 화갑기념 국어학 논총.
김언주(1993), '국어 배합구성 연구', 부산대 대학원 박사학위 논문.

김언주(1996), "것'의 분포와 기능 -통시적 고찰을 중심으로-', 우리말연구 6집.
김언주(1997), '15세기 이름마디의 특징', 우리말연구 7집.
김인택(1992), '국어 이름마디 연구', 부산대 대학원 박사학위 논문.
김일웅(1981), '우리말 대용어 연구', 부산대 대학원 박사학위 논문.
안주호(1997), 한국어 명사의 문법화 현상 연구, 한국문화사.
안효팔(1983), '허사화 연구', 경남대학교 석사학위 논문.
왕문용(1988), 근대 국어의 의존명사 연구, 한샘.
유창돈(1980), 어휘사 연구, 이우출판사.
이성하(1998), 문법화의 이해, 한국문화사.
정호완(1987), 후기 중세어 의존명사 연구, 학문사.
주시경(1910), 국어문법, 박문서관.
최현배(1937), 우리말본, 정음사.
허   웅(1975), 우리 옛말본, 샘 문화사.

김언주   621-749 김해시 어방동 인제대학교 국문과            ⓣ055-320-3157
         607-082 부산시 연제구 연산2동 804-1 (23/4)
         ⓔkllkimej@ijnc.inje.ac.kr

# 증오·시기 자동사의 내용 연구

김 응 모

## 1. 머리말

### 1.1. 연구의 목적과 방법

이 연구는 낱말밭(Wortfeld)[1] 이론에 근거하여 현대 국어 중 증오·시기 자
동사가 지니고 있는 개개의 낱말(word)[2]들이 하나의 낱말밭 속에서 차지하
고 있는 위치가치(Stellenwert)[3]를 우리 언어공동체의 세계관(Weltansicht)과

---

1) Leo Weisgerber(1964:70)는 "ein sprachliches Feld ist ein Ausschnitt aus der muttersprachlichen
   Zwisschenwelt, der durch die Ganzheit einer in organischer Gliederung zusammenwirkenden
   Gruppe von Sprachzeichen aufgebaut wird."라고 하였다.
   신익성(1974:57)은 "개개의 언어 요소는 더욱 큰 단계 안에서 지양되고, 이 관계로부터 비
   로소 의미 혹은 내재적인 규정을 얻는다는 견해는 현대 언어학의 체계 개념이다. 낱말밭은
   언어 내용 연구의 방법론적 중심 개념이고 동시에 언어적 세계상을 알아내기 위한 열쇠이
   다. 우리는 낱말밭 안에서 언어 내용의 각인(刻印)과 한계를 위해서 결정적인 모국어의 전
   체를 파악한다"고 하였다.
2) E. A. Nida(1979:32)는 "To determine the linguistic meaning of any form contrast must be
   found, for there is no meaning apart from significant defference. If all the universe were
   blue, there would be no bluness, since there would be nothing to contrast with blue. The
   same is true for the meaning of word. They have meaning only in term of systematic
   contrast with other words which share certain features with them but contrast with them in
   respect to other features."라고 하였다.
3) 홍승우(1988:93)는 "일정한 구성 요소의 수로 이루어진 한 낱말 영역 내에서 그 구성 요소
   가 차지하는 위치를 말한다. 한 낱말의 내용은 그 낱말의 고유가치(Eigenwert)와 위치가치
   (Stellenwert)에서 생긴다. 이때에 때로는 해, 달처럼 고유가치가 우세할 때도 있고, 위치가
   치가 결정적일 때가 있다"고 하였다.

관련하여 고찰해 보려고 시도된 것이다. 본고는 개별 낱말들이 하나의 밭(Feld)에서 어떠한 분절구조를 형성하고 있는가를 해명하는 데 주안점을 두었다.

언어의 내용 연구는 문헌학적 조작방법이 밭 연구에 있어 유일하게 믿을 만한 방법이다(허발, 1985:173). 이 연구에서는 이희승(1985) 「국어대사전」에서 어휘를 발췌하고, 신기철·신용철(1982) 「새우리말큰사전」과 김광해(1993) 「유의어·반의어사전」에서 어휘를 점검 보충하였다.4)

논의의 방법은 어휘의 내용(Inhalt)에 따라 원어휘소(Archilexem)5)를 중심으로 하여 부분밭(Teilfeld)으로 분류하고, 먼저 큰밭(Groβ feld)6)의 공통 특성을 논의한 후 여기에서 분절되어 나온 작은 밭(Feld)의 공통 특성을 부가하였다. 그리고, 개별 낱말의 변별적 특성(Unterscheidende Züge)을 추가함으로써 논의의 중복을 줄였다.

우리는 증오·시기 자동사의 분절구조(Artikulation, Gliederung)7)를 고찰함

---

4) 허발(1997:396~398)에서 언어를 "에네르게이아로 이해한다는 것은 언어를 그 모든 형식에 있어서 전적으로 창조적인 활동으로 여긴다는 것을 뜻한다. 일반적인 의미에서의 언어도, 말하기로서의 언어도 다 에네르게이아이다……. 언어는 결코 에르곤은 아니다. 왜냐하면 어르곤(산물)은 다만 "추상적인" 언어, 즉 말하는 것에서 파생되어서 하나의 문법서와 하나의 사전 속에서 객관화된 언어이기 때문이다."라고 하였다.

5) Horst Geckeler(1973:23~30)는 "원어휘소는 한 낱말 전체(또는 상위분절) 내용에 상응하는 것으로서, 밭(Feld) 속에서 기능하는 모든 어휘소에 대하여 내용적 기초를 제공하는 공통분모(Nenner)이다. 일정한 밭의 어휘소는 개별 언어에 있어서 어휘적 단위로서 현실적으로 실현될 수도 있고, 존재하지 않을 수도 있다. 어휘소는 낱말밭 속에서 기능하는 단위이다"라고 하였다. 따라서, 한 낱말은 원어휘소로 집약되고, 낱말밭 구성 요소가 어휘소(Lexem)이며, 이것이 다시 의의소성(Sem)으로 분석되는 것이다. 원어휘소는 원의미소(Archisememe)의 어휘적 실현이다.
E. A. Nida(1979:187)는 "Generic meanings are nomally listed at the begining of a set, either as constituting a separate domain or as fulfilling the funtion of a title for a domain. Such generic terms may be called archilexems in hierachical classification"이라고 하였다.

6) 이익환(1986:66)은 "color: red, black, yellow 등에서 color는 포괄적인 단어이며, red는 부분장이다. 부분장들은 그 단계에서는 하나의 독립된 장 역할을 하고, 그 장은 다시 자신이 거느리는 부분장들을 갖게 된다. 이렇게 하여 낱말밭은 계층적 성격을 띠게 된다"고 하였다.

7) Jost Trier(1973:7)는 "언어의 기본적인 본질은 분절이므로(Das durch die ganze Sprache-herrachende Prinzip ist Artikulation) 분절의 결과인 최종의 구성 요소는 본질과 작용에서, 그리고, 그 언어 전체에서의 분절성에 의하여, 그 위치가치에 의하여 규정되어 있다. 개개의 낱말들은 전체 영역에서 차지하는 수와 위치에 의하여 상호 그것들의 의미를 규정하며,

으로써 증오·시기 자동사의 의미 요소가 우리 민족의 정신적 중간세계(die geistige Zwischenwelt)[8])에서 어떻게 분절되어 있는가를 밝히게 되며, 자동사의 어휘체계를 수립하는 데 기여하게 된다.

## 1.2. 性格의 定義

오랫동안 성격이 무엇인지에 대해 수많은 관념들이 있었다. 그러나, 완전한 형식적 정의란 하나도 없었다. 인간의 본성, 심신의 관계, 유전과 환경의 역할 등에 대한 뜨거운 논쟁은 수세기 동안 계속되고 있다. 어떤 사람들에게는 성격에 대한 단서들이 별에 적혀 있음으로, 출생시의 별자리를 알아보면 그 사람의 성격을 점칠 수 있는 것이었다. 다른 사람들에게는 그 단서들이 신체의 구조, 심지어는 두상(頭像)에서 발견될 수 있는 것이었다. 그러한 관념들은 오늘날 대체로 무시되고 있이만, 그러다가도 주기적으로 유행이 되곤 했다.

성격 분야는 1930년대 중반까지는 분명한 모습을 갖추지 못했다. 성격 연구가 공식적으로 시작된 데는 Gorden Allport와 Henry A. Murray의 덕이 크다. 이들은 심리학과 정신의학의 다양한 원천들로부터 개념과 방법들을 끌어 모았다. 똑같이 중요한 것이 Freud 혁명이었다. Sigmund Freud는 우리에게 인간의 동기를 보는 신선한 방식들을 제공하였으며, 성격 분야의 내용에

---

개개 낱말의 이해는 전체 영역과 그것의 특별한 구조가 마음에 나타나는 것에 달렸다"고 하였다.

8) 허 발(1979:91)은 정신적 중간세계를 "음성형식이 여러 가지로 나타나는 「물건」과 「일」에 마주치는 것은 정신적인 중간층을 통해서이다. 이때에 음성형식이 언어(모국어)에 속해 있다는 것은 틀림없다. 「물건」과 「일」은 외계(자연, 물질문명)에 그 위치가 주어지게 될 것이다. 그러나, 두 영역은 직접적으로 마주칠 수 없다. 언제나 정신적 중간세계가 포함되어야 하며, 한편으로는 음성형식, 다른 한편으로는 「물건」과 「일」이라는 양자의 결합을 가능케 하는 사고상(Gedankengebilde)이 본질적인 것으로 들어온다"고 하고, 정신적 중간세계를 다음과 같이 도시하였다.

| Lautformen | geistige Zwischenwelt | Au β enwelt |
|---|---|---|
| | Gedankengebilde | Erscheinungsfülle |
| Baum ——————> | Baum <———— | <———— Dinge |
| Tisch ——————> | Tisch <———— | <———— Sachen |

가장 큰 공헌을 한 인물로 남아 있다.

우리 가운데 성격의 실재를 의문시하는 사람은 거의 없다. 우리 대부분은 성격이 존재하며 우리가 서로를 이해하는 데 도움이 된다고 확신하고 있다. 그런데도, 그 신념을 정밀한 객관적 정의로 바꾸려고 시도할 때는 곤란에 부딪친다. 이것은 부분적으로는 사람이 본래 복잡한 탓이고, 또 성격에 대한 상이한 접근과 견해가 너무 많다는 사실 때문이기도 하다. 성격에는 너무나 많은 측면이 있기 때문에, 어느 것들이 핵심이 되는 지 결정하기가 힘들다.

일반인들이 내리는 정의들에서 공통되는 한 가지 점은 어느 누가 다른 사람에게 긍정적 반응을 불러일으킬 때 그가 성격을 "가졌다"고 하는 것이다. 성격이라는 단어 자체는 희랍어와 라틴어의 어원을 가진 오래 된 말이고, 희랍의 배우들이 쓰던 가면인 persona라는 말에서 나온 것 같다. 이에 따라 personality는 종종 바깥의 모습을 지칭하는 데 사용된다. 그러나 의미가 너무 많다. Allport는 어원학, 신학, 철학, 법학, 사회학, 심리학 등의 분야들에서 50가지의 상이한 의미들을 끌어냈다. 독자들이 짐작하겠듯이, 50번째의 정의는 Allport 자신의 것이다. 이 정의들은 다수가 서로 겹치지만 범위가 다양하다.

1. 남을 속이는 가장이나 흉내.
2. 외면적 매력.
3. 사회적 자극으로서의 가치.
4. 어느 발단 단계에서 한 사람의 정체 조직.
5. 보통 통일 혹은 통합 원칙을 꼭대기에 둔, 성향들의 수준 혹은 층들.
6. 환경에 대한 개인의 특징적 적응을 나타내는 체계나 습관들의 통합.
7. 사람들이 말하거나, 기억하거나, 생각하거나, 사랑하는 것과 같은 일들을 행하는 방식.
8. 환경에 대한 개인의 독특한 적응을 결정하는 심리적 체계들의 개인 내의 역동적 조직.
9. 한 개인의 traits의 패턴.
10. 상황들에 대한 일관된 반응양식들을 설명해 주는 사람들의 특징들.
11. 사람들의 심리적 행동(사고, 감정, 행동)에 있어서 시간적으로 연속성

이 있으며, 그 순간의 사회적 및 생물적 압력들만의 결과로 쉽게 이해
될 수 없는 공통성 및 차이들을 결정하는 특징 및 경향들의 안정된 집
합(洪珹基 譯, 1992:6~7).

## 2. 증오 · 시기 자동사의 내용

이 연구는 증오의 낱말밭과 시기의 낱말밭으로 나누어 논의하게 된다.

### 2.1. 증오 자동사의 내용

증오 자동사의 내용은 <증오성>이 공통으로 부가된다.

<그림 1> 증오 자동사의 상위 분절구조

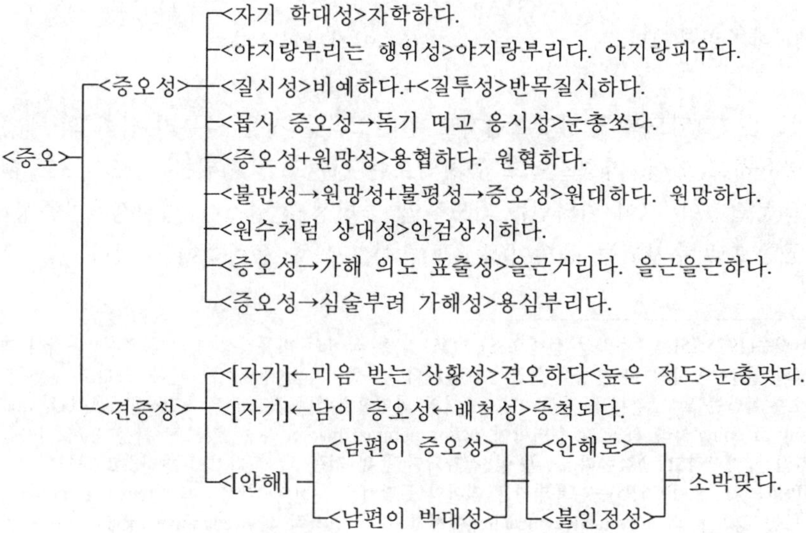

```
                      ┌<자기 학대성>자학하다.
                      ├<야지랑부리는 행위성>야지랑부리다. 야지랑피우다.
            <증오성>──┤<질시성>비예하다.+<질투성>반목질시하다.
                      ├<몹시 증오성→독기 띠고 응시성>눈총쏘다.
                      ├<증오성+원망성>용협하다. 원협하다.
<증오>────┤          ├<불만성→원망성+불평성→증오성>원대하다. 원망하다.
                      ├<원수처럼 상대성>안검상시하다.
                      ├<증오성→가해 의도 표출성>을근거리다. 을근을근하다.
                      └<증오성→심술부려 가해성>용심부리다.

            <견증성>──┬<[자기]←미움 받는 상황성>견오하다<높은 정도>눈총맞다.
                      ├<[자기]←남이 증오성←배척성>증척되다.
                      │         ┌<남편이 증오성>─┐ ┌<안해로>──┐
                      └<[안해]─┤                  ├─┤          ├─ 소박맞다.
                                └<남편이 박대성>─┘ └<불인정성>┘
```

## 2.1.1. 증오하는 자동사의 분절

(1) 자학(自虐)하다9)        (2) 교오(交惡)하다

(3) 반목(反目)하다        (4) 비위상하다(脾胃傷-)


위의 (1)은 "스스로 자기를 학대하다"의 개념이니 <[자기]←자기 학대성>이 추가되고, (2)는 "서로 미워하다"의 개념이므로 <[상호]↔증오성>이 추가되며, (3)은 "서로 못 사귀어 미워하다"의 개념이니, 서로 불화가 증오의 요인이 되어 <[상호]↔불화성↔증오성>이 추가된다. 그리고, (4)는 "마음이 맞지 아니하여 아니꼽고 속상하다"의 개념이니, 상오 불화로 불쾌하고 상심함이 분절성이 되어 <[상호]↔불화성↔불쾌성+상심성>이 추가되며, 또 "비위가 뒤집혀 금시 게울듯하여지다"의 개념도 가지고 있어 <비위가 뒤집힌 상태성→구토성>을 가지고 신체의 낱말밭에서도 분절한다.


(5) 야지랑부리다        (6) 야지랑피우다


이들은 "얄밉도록 능청맞으면서도 천연스러운 짓을 일부러 하다"의 개념을 공유하고 있어, 가증스럽고 능청맞으며 천연스런 행위를 의도적으로 행함이 분절성이 되어 <[타인]→의도적인 능청성+천연스런 행위성→가증성>이 공통으로 추가되는 유의어(類義語)10)이므로 한 동아리에 묶었다.

---

9) 서정수(1975:25)는 "동작성 선행요소+질(M+질)은 국어의 비동작성 명사의 일부, 동작성 명사의 일부, 동사의 어간 등에 '-질-'이 첨가되면 '-하-'의 선행요소가 된다. 그리고 '-질-'은 '노릇'이라는 말과 같이 동작성 기능 표시의 의미요소이다. Martin은 '-질-'을 'act, behavior, way of doing'이라 하였고, 송병학이 'action nominal marker'라 한 것도 동작성 표시 기능을 지적한 것이라고 생각한다. '-질-'이 첨가되면 품위 없는 말이 되기도 한다."고 하였다.

10) Palmer, F. R.(1976:95)는 "유의성은 의미의 동질성을 뜻한다. 감정적 의미(emotive meaning) 또는 평가적 의미(evaluative meaning)에서 다르나 인지적 의미(cognitive meaning)는 동일하다."고 하였다.
남기심 외 2인(1985:156)은 "어떠한 맥락 속에서나 똑같은 개념적 의미, 감정적 어조, 정서적 가치를 지니고 쓰이는 동의어들은 존재하기 힘들다. 고로 유의어라 부르는 것이 편리하다. 우리말에는 고유어와 한자어의 대립으로 되는 유의어의 유형이 크게 발달되어 있으며, 또한 외래어와의 대립 유형이 있다."고 하였다.

(7) 비예(睥睨)하다       (8) 반목질시(反目嫉視)하다

(9) 눈총쏘다       (10) 눈총주다

위의 (7)은 "눈을 흘겨 보다"의 개념이니, 증오심의 표현을 눈으로 표현하는[11] 내용이므로 <[자타]→질시성>이 추가되고, (8)은 "서로 미워하고 질투하는 눈으로 보다"의 개념이므로, 상호 증오와 질투의 눈으로 응시함이 분절성이 되어 <[상호]↔증오성+질투성↔질시성>이 추가되며, (9-10)은 "몹시 미워하거나 또는 가지고 싶은 대상을 독기 띤 눈으로 노려보다"의 개념을 공유하고 있어, 독기 띤 눈으로 노려보는 원인이 증오와 탐욕에 있으므로 <[자타]→상대를 몹시 증오성→독기 띠고 응시성>이 추가되고, 또 <[자타]→탐욕성→대상을 독기 띠고 응시성>을 가지고 욕망의 낱말밭에서도 분절한다.

앞에서 논의한 미워하는 분절구조를 그림으로 그려보면 다음과 같은 수형도(tree diagram)[12]가 된다.

---

11) 朴鍾榮(1994:234)은 얼굴의 표정에 대하여 "우리는 다른 사람들의 정서를 꽤 자신있게 읽을 수 있는 능력을 갖고 있다. 우리는 신체의 여러 부위에 의하여 감정을 전달하지만, 주로 얼굴 표정을 통하여 이를 전달한다. 특히 감정표현의 원천은 두 눈에 있다고 한다. 우리는 흔히 살기를 띤 눈이라거나, 사랑스러운 눈동자라느니, 분노로 핏발이 선 눈동자라느니, 또는 그녀의 눈빛은 즐거움으로 반짝였다는 등의 말을 듣는다."고 하였다.

12) 언어의 분석을 수형도에 의하여 명시적으로 표시하는 것은 오늘날 언어학에서 많이 활용되고 있다. 이는 19세기 중엽 A. Schleider가 생물학의 본보기에 따라, 인구어의 분화 과정을 수형도로 표시한 데서 유래한다. 특정적 성분의 도식화 방법에는 수형도(tree giagram) 방식, 공간분할(space) 방식, 묶음(matrix) 방식 등이 있는데, 이 연구에서는 변별의 경제성과 그리기 쉬운 이점을 고려하여 수형도 방식을 취한 것이다. 성분의 도식화 방법에는 E. A. Nida(1979:40) 참조.

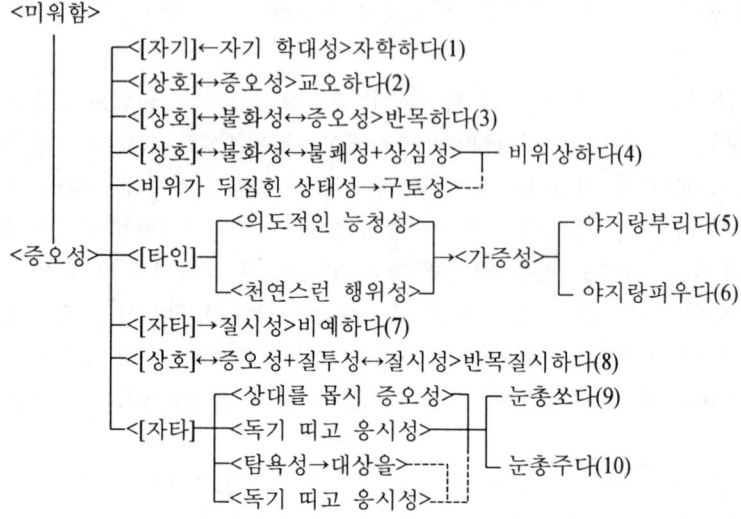

<그림 2> 증오하는 분절구조

<미워함>

<증오성> ─┬─ <[자기]←자기 학대성>자학하다(1)
├─ <[상호]↔증오성>교오하다(2)
├─ <[상호]↔불화성↔증오성>반목하다(3)
├─ <[상호]↔불화성↔불쾌성+상심성>─┬─ 비위상하다(4)
├─ <비위가 뒤집힌 상태성→구토성>─┘
├─ <[타인]─┬─<의도적인 능청성>─┬─<가증성>─┬─ 야지랑부리다(5)
│          └─<천연스런 행위성>─┘          └─ 야지랑피우다(6)
├─ <[자타]→질시성>비예하다(7)
├─ <[상호]↔증오성+질투성↔질시성>반목질시하다(8)
└─ <[자타]─┬─<상대를 몹시 증오성>─┬─ 눈총쏘다(9)
           ├─<독기 띠고 응시성>─┤
           ├─<탐욕성→대상을>─┐ │
           └─<독기 띠고 응시성>┴─┴─ 눈총주다(10)

※ 낱말 뒤의 숫자는 낱말 번호이다. 이하도 같다.

다음 (11-17)까지는 미워하고 원망하는 내용을 함유하고 있어 <증오성→원망성>이 공통으로 부가된다.

(11) 원대(怨懟)하다          (12) 원망(怨望)하다
(13) 용혐(用嫌)하다          (14) 원혐(怨嫌)하다

위의 (11-12)는 "남의 행위에 대하여 마음에 마뜩지 않게 여기어 탓하거나 불평을 가지고 미워하다"의 개념을 공유하고 있어, 남의 행위에 불만과 원망으로 인하여 불평과 증오를 하는 것이 분절성이 되어 <[자기]→남의 행위에 불만성+원망성→불평성+증오성>이 공통으로 추가되고, (13-14)는 (11-12)의 내용에 <+혐오성>이 공통으로 더 추가되어 분절한다.

(15) 치가떨리다          (16) 안검상시(按劍相視)하다[13]
(17) 견련보다(牽連-)

위의 (15)는 "진절머리 나게 생각되다"의 개념이니, 남의 행위에 진절머리를 느끼고 있음이 분절성이 되어 <[자기]→남의 행위에 진절머리 생성성>이 추가되고, 또 "지긋지긋하게 여겨지다"의 개념도 가지고 있어 <[자기]→남의 행위에 지긋지긋하게 생각성>이 추가되며, "극도로 분하여 이가 떨리다"의 개념도 가지고 있으므로 <[자기]→분노성→절치성>을 가지고 분노의 낱말밭에서도 분절한다. 그리고, (16)은 "칼을 빼려고 칼자루에 손을 대고 노려보다. 즉 서로 원수같이 대하다"의 개념이니, 상호 원수같이 적대함이 분절성이 되어 <[상호]↔원수같이 적대성>이 추가되고, (17)은 "서로 엇갈리어 원수같이 미워하다"의 개념이니, 상호 불화로 인하여 원수같이 미워함이 분절성이 되어 <[상호]↔불화성↔원수같이 증오성>이 추가되며, 또 "양편이 서로 엇갈리어 켕김을 받고 있다"의 개념도 가지고 있어 <[상오]↔불화성↔견제성>이 더 추가되어 분절한다.

앞에서 논의한 미워하고 원망하는 분절구조는 다음과 같다.

<그림 3> 증오와 원망의 분절구조

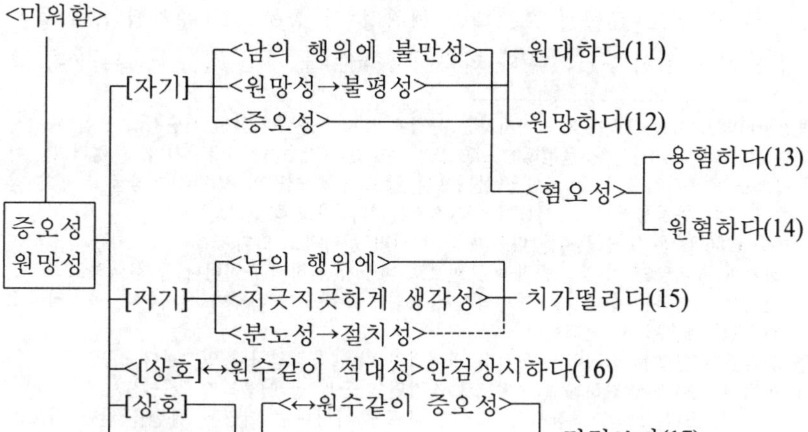

---

13) 金璟姬(1995:173)는 적개심에 대하여 "억압자는 적개심과 공격적 충동을 피하고 언어적이건, 신체적이건, 공격 반응을 나타내는데 수동적이라 가정된다. 적개심을 귀인시키는데 있어서 민감자들은 억압자들보다 적개심을 타인에게 귀인시킨다"고 말하고 있다.

다음 (18-24)까지는 미워서 심술부리는 내용이므로 <증오성→심술부리는 행위성>이 공통으로 부가된다.

(18) 심사나다(心思-)　　　　(19) 심사놀다(心思-)
(20) 심사부리다(心思-)　　　(21) 심사놓다(心思-)
(22) 을근거리다[14]　　　　　(23) 을근을근하다[15]
(24) 용심부리다(用心-)

위의 (18)은 "남의 일에 시기하거나 방해하거나 미워하려는 심술궂은 마음이 일어나다"의 개념이니, 남의 일에 시기심과 방해 및 증오심·심술궂은 마음이 일어남이 분절성이 되어 <[자기]→남의 일에 시기심, 증오심, 방해하려는 심술궂은 마음이 생성성>이 추가되고, (19-21)은 의도적인 행위이므로 (18)의 분절성에 <의도적인 행위성>이 공통으로 더 추가된다. 그리고 (22-23)은 "미워서 해치려는 의사를 드러내어 으르대다"의 개념을 공유하고 있어, 증오심으로 가해하려는 의사를 표출하는 것이 분절성이 되어 <[자타]→증오성→가해 의도 표출성+으르대는 행위성>이 공통으로 추가되나, 이들은 지속성을 가진 접사 '-거리다'와 단속성(斷續性)을 가진 접사 '-하다'[16]의 교

---

14) 沈在箕(1983:401)는 "先行素가 지시하는 동작에 反復性을 추가하여 서술적 기능을 완결시킨다. 이것은 [-대-]와 交互選擇的으로 쓰일 수 있다(기웃거리, 달랑거리, 출렁거리). 이 동사화소는 통사적 기능에 변환을 불러오지 않고 선행 어근의 서술적 기능을 본래의 의미에 맞추어 완결시켜 주는 서술기능 완결소들이다."라고 하였다.
　　신현숙(1986:81)은 [-거리다]를 다음과 같이 의미 분석하고 있다.
　　① 화자의 흉내말인 어근을 동적인 표현으로 바꾸기 위하여 [-거리다]를 선택하고 있다.
　　② 어근이 지시하는 흉내말을 연속되는 움직임으로 바꾸기 위하여 선택한다. 움직임이 2회 이상 계속될 때 선택한다.
　　③ 움직임의 양끝을 인지하지 못하고 완성되지 않은 움직임처럼 인지한다.
　　④ 동적인 표현과 밀접하게 관련되므로 정적인 어근과 잘 어울리지 않는다.
　　⑤ 움직임, 소리, 느낌, 생김새의 모양이 다르게 나타나는 어근은 제한을 받는 정도가 높다.
　　⑥ 완성된 움직임이라고 화자가 인지되면 선택하지 않는다.
15) 서정수(1975:61)는 " '-하-'는 의태어 곧 부사어를 선행요소로 한 경우에는 동사적으로 쓰이게 한다. '독서하다'의 '하다'는 동사적 형식을 갖추기 위한 형식요소로 볼 수 있다. 실지 동작 내용은 '독서'에 내포되어 있다."고 하였다.
16) 신현숙(1986:87)은 '-하다'의 의미 특성을 다음과 같이 기술하고 있다.

체로 어감(語感)[17]이 주는 뉘앙스에 의하여 분절되므로 (22)는 <지속성>, (23)은 <단속성>이 각각 더 추가되어 서로 분절한다. 그리고 (24)는 "남을 미워하여 심술을 부려 해치다"의 개념이니, 증오심으로 심술을 부려 남을 가해하는 것이 분절성이 되어 <[자타]→남을 증오성→심술부려 가해성>이 추가되어 분절한다. 미워서 심술부리는 분절구조는 다음과 같다.

---

① 화자가 정적인 것으로 인지한 현상을 표현하거나 정적인 것으로 추리한 현상을 표현하기 위하여 선택하는 형식이다.

② 어근이 지시하는 움직임을 단속(斷續)적인 움직임으로 바꾸어 표현하기 위하여 선택된다. 따라서 2회 이상 움직임을 지시하면서도 연속된 것으로 인지되지 않는다.

③ 움직임의 출발점과 도착점을 모두 인지할 수 있는 완성된 움직임을 표현하기 위하여 선택된다. 따라서 완성상을 나타내는 형식이다.

17) 金敏洙(1972:142)는 "국어의 어감 표현은 母音相對의 차이(指小意素), 子音加勢의 차이(加勢意素). 음절의 길이, 疊形, 말음변환이다. 상징어는 거의 음의 반복으로 된 첩어들이다. 즉 音相의 對蹠(antipodes)에 따라 어감의 차이를 가장 인상 깊게 하는 의미의 전이(semantic shift)이다."라고 하고, 다음과 같은 표로 보여 주고 있다.

| 母音音素 | 덧意素 |
|---|---|
| ㅏ ㅐ ㅗ(ㅚ) ㅑ ㅒ | 小 少 明 急 輕 淸 銳 陽 薄 强 |
| ㅓ ㅔ ㅜ(ㅟ) ㅡ ㅣ | 大 多 暗 緩 重 濁 鈍 陰 厚 弱 |

| 子音音素 | 덧意素 | 語感의 크기 |
|---|---|---|
| ㅂ ㄷ ㅈ ㄱ ㅅ ㅇ | 順平·普通 | 예사 어감 |
| ㅃ ㄸ ㅉ ㄲ ㅆ ㅎ | 銳利·輕小 | 센 어감 |
| ㅍ ㅌ ㅊ ㅋ | 硬濁·鈍重 | 게센 어감 |

단, 語感 부분은 필자가 첨가한 것이다.

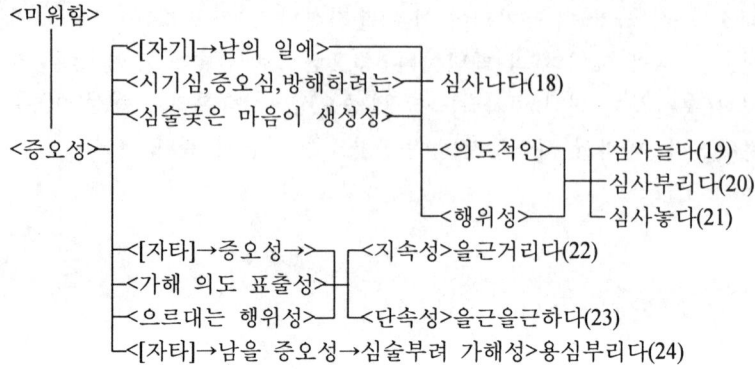

<그림 4> 미워서 심술부리는 분절구조

## 2.1.2. 증오받는 자동사의 분절

(25) 견오(見忤)하다　　　　　(26) 견증(見憎)하다

(27) 눈총맞다　　　　　　　　(28) 증척(憎斥)되다

(29) 소박맞다(疏薄-)

위의 낱말들은 "남에게 미움을 받다"의 내용(inhalt)[18]을 함유하고 있어 <[자기]←남이 증오성>이 공통으로 부가된다. 따라서 (25-26)은 "남에게 미움을 받다"의 개념을 공유하고 있어 <[자기]←남에게 증오 받는 상황성>이 공통으로 추가되고, (27)은 "남의 미움을 몹시 받다"의 개념이니, 미움받는 정도가 높은 정도이므로 <[자기]←몹시 미움받는 상황성>이 추가되므로 (25-26)과는 정도면에서 계단대립(Graduelle Opposition)[19]을 이루고 있다. 그리

---

18) 金敏洙(1983:13)는 "언어는 음성형식으로써 정신 내용을 전달한다. 그런데, 형식적인 음성은 물리현상이며, 내용인 의미는 순전한 정신 현상이다. 정신 현상의 연구는 심리학의 영역이지만, 전달 행위에서 음성과 관련지어진 심리현상은 언어학의 대상이다."고 하였다. 이병찬, 신수종(1984:757)은 "언어 내용이란 정신적 언어적 중간세계의 구조로서의 모국어적 세계상이요, 음형태와 외계, 현실과의 중간에 위치해서 언어화되기 이전의 외계, 현실의 사상, 대상물이 중간세계에서 특정 언어공동체에 의해서 언어화된 정신적 대상물을 말한다"고 하였다.

19) Horst Geckeler(1973:25)는 "Graduelle Opposition sind solche Glieder durch verschiedene Grade oder Abstufungen derselben Eigenschaft gekennzeichnet sind...."라고 하였다.

고 (27)은 "남이 미워하여 배척을 당하다"의 개념이니, 배척당함이 분절성이 되어 <[자기]←남이 증오성←배척성>이 추가되어 분절되고, (28)은 "안해를 박대하거나 미워하여 안해로 취급하지 않다"의 개념이니, 남편이 안해를 박대하거나 미워하여 안해로 취급하지 않음이 분절성이 되므로 <[안해]←남편이 박대성←안해로 불인정성>과 <[안해]←남편이 증오성←안해로 불인정성>이 내용에 따라 추가되어 분절한다. 앞에서 논의한 미움을 받는 분절구조는 다음과 같다.

<그림 5> 미움 받는 분절구조

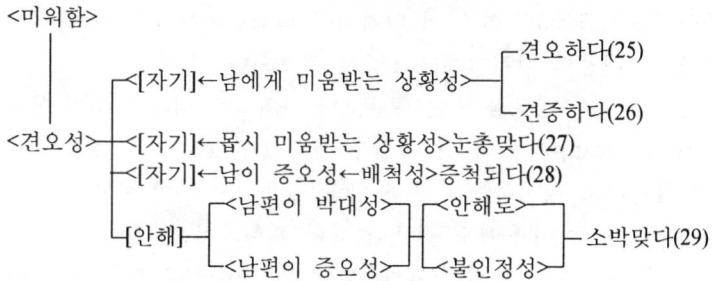

### 2.1.3. 마무리

지금까지 미움 자동사 29개에 대하여 개별적인 분절성을 논의하였다. 이제 이것을 바탕으로 하여 전체적인 분절구조를 고찰하려 한다.

(1) 미워하는 내용이 24개(82.76%)이고, 미움을 받는 내용이 5개(17.24%)이다.

미워하는 내용 24개 중에는 남의 행위에 불만을 품고 원망하고 불평하며

---

허 발(1977:54)은 이태리어의 온도 형용사의 계단대립을 다음과 같이 보여주고 있다.

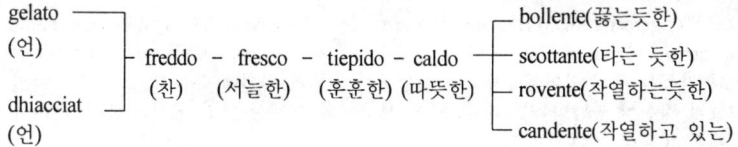

증오하는 내용이 4개(13.79%)로 가장 많고, 남의 일에 시기심이 생겨 일부러 방해하는 내용이 3개(10.34%)로 다음으로 많으며, 서로 증오하는 내용, 의도적으로 능청떨고 천연스럽게 행동하여 가증스런 내용, 서로 반목질시하는 내용, 상대를 몹시 미워하여 쏘아보는 내용, 상호 불화로 원수같이 미워하는 내용, 증오심으로 해치려고 으르대는 행위 등이 각각 2개(6.9%)이다. 그리고 자학행위, 상호 불화로 미워하고 상심하는 내용, 남의 행위에 진절머리 나는 내용, 남의 일을 시기하여 방해하려는 심술궂은 마음이 일어나는 내용, 심술궂은 마음이 일어나는 내용, 남을 미워하여 심술을 부려 해치는 내용 등이 각각 1개(3.45%)로 분포되어 있고, 미움을 받는 내용 5개 중에는 남의 미움을 받는 내용이 3개(10.34%)이고, 남이 미워하여 배척당하는 내용과 남편이 박대하여 소박맞는 내용이 각각 1개(3.45%)로 분포되어 있다.

위와 같은 분포로 보아 미움을 받는 내용보다 미워하는 내용에 우리 언어공동체(Sprachgemeinschaft)[20])는 더 큰 관심을 보이고 있고, 또 남의 행위에 불만을 가지고 불평하고 미워하는 내용과 남의 일을 시기하여 방해하는 내용과 남에게 미움을 받는 내용에도 깊은 관심이 표현되어 있다.

(2) 미워하는 주체는 자기 자신이 14개(48.28%)로 가장 많고, 나와 남이 12개(41.38%)로 다음으로 많으며, 타인이 2개(6.9%)이다. 그리고 남편이 1개(3.45%)로 분포되어 있다.

(3) 미워하는 상대와 객체는 나와 상대가 11개(37.93%)로 가장 많고, 타인이 7개(24.14%)로 다음으로 많으며, 남의 행위와 자기 자신이 각각 5개(17.24%)로 세 번째로 많다. 그리고 안해가 1개(3.45%)이다.

(4) 미워하는 요인은 상대에 대한 불만, 시기심, 남의 행위, 자기의 행위가 각각 4개(13.79%)이고, 서로 불화함이 3개(10.34%)이며, 능청스럽고 천연스러워 가증심이 일어내는 내용, 서로 질투하는 내용, 상대를 싫어하는 내용, 상대에 대한 원한이 각각 2개(6.9%)이다. 그리고 자기 학대와 남편이 박대함

---

20) Leo Weisgerber(1967:21)는 "der Inbegriff der Menschen, die in Wirkungszusammenhang der stehen."이라고 하였다. 언어 공동체를 결속시키는 것은 모국어의 세계상이다. 즉 모국어의 작용을 통해 언어공동체 전구성원들이 공통의 차원에 올라서고, 이러한 차원 위에서 그들의 정신적 만남이 가능하다. 물론 모국어의 세계상은 긴 세월의 흐름 속에서 언어공동체의 노력을 통해 형성된다.

이 각각 1개(3.45%)이다. 따라서 우리 민족은 상대에 대한 불만, 시기심, 남의 행위, 자기 자신의 행위가 미움을 일으키는 주된 요인으로 생각하고 있음이 드러나 있고, 또 서로 불화함도 미움의 요인으로 보고 있다.

(5) 미워한 결과로 일어나는 행위나 상태는 다음과 같다. 불평하는 내용이 4개(13.79%)로 가장 많고, 남의 일을 방해함과 남에게 미움을 받는 내용이 각각 3개(10.34%)로 다음으로 많으며, 서로 미워하는 내용, 가증스럽게 생각하는 내용, 독기를 띠고 쏘아보는 내용, 반목질시하는 내용, 남을 해치려고 으르대는 내용이 각각 2개(6.9%)이다. 그리고 자기가 자기를 학대함, 비위가 상함, 지긋지긋하게 생각함, 심술궂은 마음이 생김, 심술부려 남을 해침, 배척당함, 소박맞음이 각각 1개(3.45%)이다. 따라서 불평과 남의 일을 방해하는 내용이 주된 행위로 드러나 있다.

(6) 미워하는 낱말밭은 모두 바람직하지 못한 부정적인 내용이다. 그리고 의태어는 '을근거리다. 을근을근하다' 등 2개(6.9%)이다.

(7) 우리 국어는 한자어가 수적으로 많은 편이다. 훈민정음이 비록 어리석은 백성을 위한 문자로 창제되었다 하나, 그것을 실제로 배우고 쓴 계층이 실질적으로 사대부들이었음을 감안하면, 그 사대부들에 의하여 한자어가 한글로 적혀오는 과정에서 한자어는 국어 어휘체계 속에 점진적으로 확산되고 정착되어 왔다고 믿어진다. 따라서 한자어가 계속 증가되어 마침내 국한문 혼용이라는 기구한 문자생활을 하게 된, 이른바 개화기에 와서 오늘날과 같은 한자어 폭주현상을 겪게 된 것이다. 더구나 한문화를 바탕으로 하는 학문과 문화적 풍토는 고유어에 의한 조어 능력마저 감퇴되기에 이르러 오늘날 우리는 한자어를 쓰지 않고 노래말 한 줄은커녕 편지글 한 대목도 쓸 수 없는 기형적 언어생활을 하지 않을 수 없게 된 것이다. 석보상절뿐만 아니라, 선조대왕의 언문 교지나 숙종 때의 사대부의 편지글들이 고유어로 짜여졌으면서도 얼마나 아름답고 풍부한가를 보면 오늘날 우리들이 국어를 다듬기 위해서 해야 할 일이 무엇인가를 새삼 깨닫게 된다(김종택, 1992:88).

미움 자동사의 낱말밭에서도 이와 같은 현상이 드러나 한자어는 13개(44.83%)이고, 우리 고유어와 혼종어는 각각 8개(27.59%)이다. 그런데 서구 외래어가 하나도 없는 것이 특징이다.

## 2.2. 시기 자동사의 내용

사랑은 우리로 하여금 어떤 사람으로부터 존중받고 있다는 느낌을 갖도록 만들며, 우리는 그 사람이 우리를 존중하지 않는다는 것을 두려워할 때에 질투를 느낀다. 긍정적 정서들은 그것들이 우리를 유능하게끔 만들고, 부정적 정서들은 부적절성, 즉 타인들에 비해서 자신이 부적절하다는 것과 우리에 대한 타인들의 감정의 측면에서 설명되고 있다. 대인관계에서의 부정적 정서들(질투)은 우리의 자존심이나 하나의 사회적 행동이나 상대로서의 우리 자신의 유능함을 반영하고 있기 때문에 불쾌하다. 질투에는 소유적, 배제적, 경쟁적, 자아중심적, 공포적 질투가 있다(홍대식 편역, 1994:333).

<그림 6> 시기 자동사의 상위 분절구조

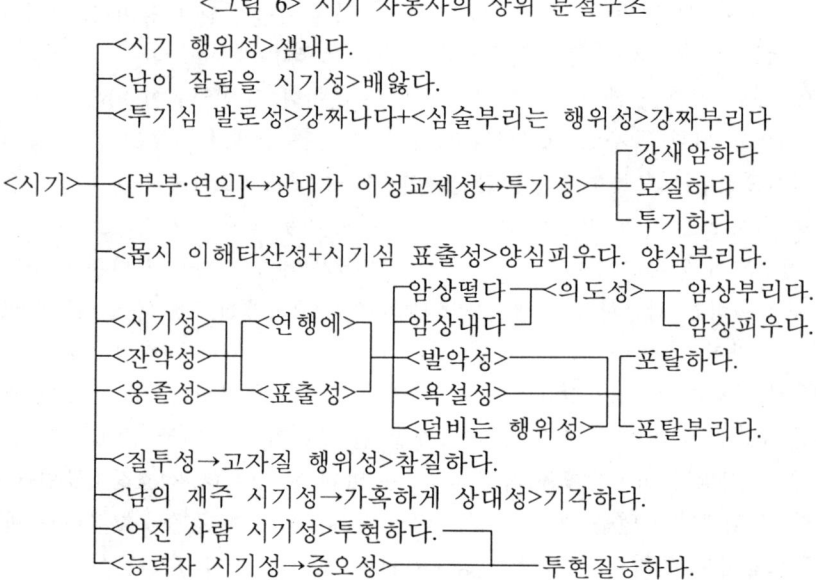

### 2.2.1. 시기의 분절

이 부분밭은 남을 시기하고 질투하는 내용을 함유하고 있어 <시기성·질투성>이 공통으로 부가된다.

(1) 샘내다                    (2) 배앓다

위의 (1)은 "샘하는 마음을 먹다"의 개념(concept)[21]이니, 남을 샘하는 것이 분절성이 되어 <[자타]→시기심 간직성>이 추가되고, 또 "샘을 부리다"의 개념도 가지고 있어, 시샘하는 행위가 분절성이 되어 <[자타]→샘부리는 행위성>이 더 추가되며, (2)는 "남이 잘되는 것을 시샘하다"의 개념이므로, 시샘의 대상이 남이 잘되는 것이므로 <[자타]→남이 잘됨을 시기성>이 추가되며, 또 "속을 태우다"의 개념일 경우는 <[자타]→상심성>을 가지고 상심의 밭에서도 분절하며, "뱃병으로 앓다"의 개념일 경우는 <[자타]→배앓는 상태성>을 가지고 질병의 낱말밭에서도 분절한다.

(3) 강짜나다              (4) 강짜부리다
(5) 강새암하다            (6) 강샘하다
(7) 모질(媢嫉)하다        (8) 투기(妬忌)하다

위의 (3)은 "강새움하는 마음이 일다"의 개념이니, 투기심의 생성이 분절성이 되어 <[자기]→투기심 생성성>이 추가되고, (4)는 "샘이 나서 심술부리다"의 개념이므로, 투기심의 발로로 심술부림이 분절성이 되어 <[상대]→투기심 생성성→심술부리는 행위성>이 추가되며, (5-8)은 "부부 사이나 상대되는 이성이 다른 이성과 좋아하거나 할 경우에 지나치게 시기하다"의 개념을 공유하고 있어, 행위의 주체가 부부나 연인이므로 <[부부]↔이성 교제성↔투기성>과 <[연인]↔이성 교제성↔투기성>이 공통으로 추가되어 분절하는 유의어이므로 한 동아리에 묶었다.

---

21) 김봉주(1988:26)는 "개념은 개개인의 정신적 구성물 뿐만 아니라, 동일 언어를 구사하는 사회적 집단들이 받아들인 단어들 및 기타의 기호들의 의미를 가리킨다. 동일 속성을 가진 대상들로부터 추상화된 일반화된 관념이고, 다양한 사물에서 그 공통된 성질에 의하여 하나의 통일된 생각을 결합시킨 하나의 심적 통일체이다."라고 하였다.
R. M. Kempson(1977:21)은 "언어는 전적으로 동시에 존재하는 다른 용어들로부터 기인하는 상호 의존적 용어들의 한 체계이다. bachelor는 spinter, woman, husband, boy와 같은 단어들에 의하여 의미를 갖게 된다. 이와 같이 주변의 여러 가지 어휘를 통해서 올바른 의미가 부여되는 것이다."고 하였다.

(9) 양심피우다                    (10) 양심부리다

이들은 "몹시 샘바르고 시기하는 태도를 겉으로 드러내다"의 개념을 공유하고 있어, 몹시 이해타산성과 시기하는 태도를 의도적으로 표출하는 내용이므로 <[자타]→몹시 이해타산성+시기심을 의도적으로 겉으로 표출성>이 공통으로 추가되어 분절한다.

(11) 암상내다                    (12) 암상떨다
(13) 암상부리다                  (14) 암상피우다
(15) 포탈하다                    (16) 포탈부리다

위의 (11-14)는 "남을 시기하고 샘을 잘 내며 잔약하고 옹졸한 마음을 언행으로 나타내다"의 개념을 공유하고 있어, 시기심과 잔약함 및 옹졸한 마음을 언행으로 표출하는 내용이 분절성이 되어 <[자타]→남을 시기성+잔약성+옹졸성을 언행으로 표출성>이 공통으로 추가되나, (12-14)는 의도적으로 나타내는 행위가 공통으로 더 첨가되어 <의도성>이 공통으로 더 추가된다. 그리고 (15-16)은 "남을 시기하고 샘을 잘 내는 잔망스런 마음이 나서 악을 쓰고 함부로 욕을 하며 대들다"의 개념을 공유하고 있어, 시샘하고 잔망스런 마음으로 악을 쓰고 욕설하며 대드는 것이 분절성이 되어 <[자타]→남을 시기성+잔망스런 심리성→포악성+함부로 욕설성→대드는 행위성>이 공통으로 추가되어 분절한다.

(17) 참질(讒嫉)하다              (18) 기각(忌刻)하다
(19) 투현(妬賢)하다              (20) 투현질능(妬賢嫉能)하다

위의 (17)은 "고자질하고 질투하다"의 개념이니 <[자타]→질투성→고자질 행위성>이 추가되고, (18)은 "남의 재주를 시기하여 가혹하게 대하다"의 개념이므로, 시기의 대상이 남의 재주이고 시기의 표현이 가혹한 행위에 있으므로 <[자타]→남의 재주 시기성→가혹하게 상대성>이 추가된다. 그리고 (19)는 "어진 사람을 시기하다"의 개념이니, 시기하는 대상이 어진 사람이므

로 <[자타]→어진 사람 시기성>이 추가되고, (20)은 "어질고 유능한 사람을 시기하여 미워하다"의 개념이므로, 시기와 미워하는 대상이 어질고 유능한 사람이므로 <[자타]→어진 사람·유능한 사람 시기성→증오성>이 추가되므로, (19)와는 계단대립을 이루고 있다.

앞에서 논의한 시기하는 분절구조는 다음과 같다.

<그림 7> 시기하는 분절구조

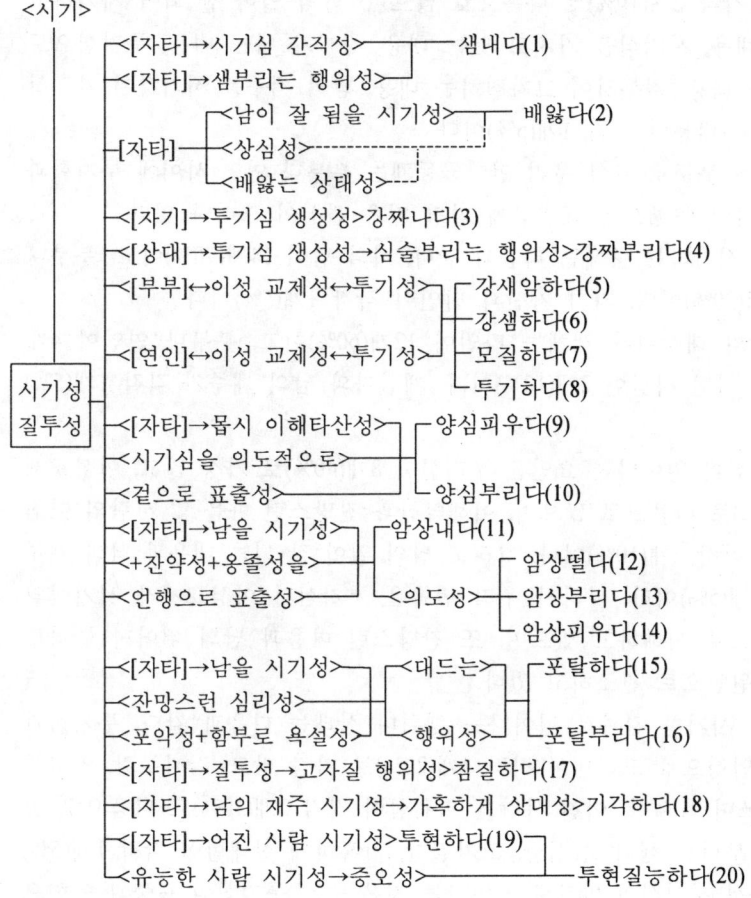

## 2.2.2. 마무리

이제까지 기시 자동사 20개에 대하여 개별 낱말의 분절성을 논의하였다. 이제 이것을 바탕으로 하여 전체적인 분절구조를 살펴보려 한다.

(1) 부부나 연인이 이성교제를 함으로써 투기하는 내용과 남을 시기하여 행동으로 표현하는 내용이 각각 4개(20%)로 가장 많고, 시기심을 겉으로 드러내는 내용, 남을 시기하여 포탈부리는 내용, 어진 사람을 시기하고 미워하는 내용이 각각 2개(10%)로 다음으로 많으며, 남의 일이 잘 되어 시기하고 상심하는 내용, 시기심을 가지고 있는 내용, 강짜가 나는 내용, 투기심으로 심술부리는 내용, 질투하여 고자질하는 내용, 남의 재주를 시기하여 가혹하게 상대하는 내용이 각각 1개(5%)이다.

위와 같은 분포로 보아 우리 언어공동체는 부부나 연인 사이에 투기함과 남을 시기하여 언행으로 표현함에 가장 깊은 관심이 드러나 있다.

(2) 남을 시기하는 주체는 다음과 같다. 나와 남이 14개(70%)이고, 부부나 연인이 4개(20%)이며, 자기 자신과 타인이 각각 1개(5%)이다.

(3) 시기의 대상이나 객체는 타인이 12개(60%)이고, 부부나 연인이 4개(20%)이며, 어진 사람이 2개(10%)이다. 제삼자와 남의 재주가 각각 1개(5%)이다.

(4) 시기심이 일어나는 요인은 투기심이 8개(40%)로 가장 많고, 이성교제가 4개(20%)로 다음으로 많으며, 이해타산과 잔망스런 마음 및 사람의 어짊과 능력이 각각 2개(10%)이다. 그리고 남의 일이 잘 되는 내용과 남의 재주가 각각 1개(5%)이다. 따라서 우리 민족은 투기심과 이성교제가 시기심의 주된 요인으로 이해하고 있으며, 또 잔망스런 마음과 남의 뛰어난 능력도 시기심의 원인으로 관조하고 있다.

(5) 남을 시기한 결과로 일어나는 행위나 상태는 다음과 같다. 투기함과 시기심을 언행으로 드러냄이 각각 4개(20%)로 가장 많고, 강짜부림, 양심부림, 악을 쓰며 욕설함, 어진 사람을 미워함이 각각 2개(10%)로 다음으로 많으며, 심술부리는 행위, 상심함, 고자질함, 가혹하게 상대함이 각각 1개(5%)이다. 따라서 시기심의 발로로 일어나는 것은 주로 투기심의 표출과 언행으

로 드러내고 있음을 알 수 있다.

(6) 시기하는 자동사는 모두 바람직하지 못한 부정적인 내용이다.

(7) 우리 국어는 수적으로 한자어가 많은 편이다. 그런데 시기의 낱말밭에서는 우리 고유어가 14개(70%)에 달하고 있으며, 한자어는 6개(30%)에 불과하다. 그리고 우리 고유어와 한자어가 융합된 혼종어나 서구 외래어가 하나도 없는 것이 특징이다.

## 참고 논저

강호진(1989), '언어밭의 형식화 가능성 문제에 대하여', 언어내용연구, 태종출판사.

高永根(1974), 現代國語의 接尾辭에 대한 構造的 硏究, 百合出版社.

金璟姬(1995), 性格, 민음사.

金光海(1993), 국어어휘론 개설, 집문당.

金明勳·鄭永潤(1997), 心理學槪論, 博英社.

金敏洙(1972), 新國語學, 一潮閣.

_____(1983), 國語意味論, 一潮閣.

金芳漢(1983), 一般言語學槪要, 一潮閣.

김봉주(1988), 개념학-의미론의 기초, 한신문화사.

김시업 역(1994), 심리학, 문음사.

김유진 외 2인 역(1994), 심리학 개론, 螢雪出版社.

金應模(1989), 國語平行移動自動詞 낱말밭, 翰信文化社.

_____(1993), 國語移動自動詞 낱말밭(1)-平行移動篇, 曙光學術資料社.

_____(1993), 國語移動自動詞 낱말밭(2)-垂直移動篇, 曙光學術資料社.

_____(1996), 韓國語 身體關聯 自動詞 낱말밭, 도서출판 박이정.

_____(1997a), 韓國語 運動競技 動詞 낱말밭, 도서출판 박이정.

_____(1997b), 韓國語 球技競技 動詞 낱말밭, 도서출판 박이정.

_____ 편저(1997), 「한국어학의 이해와 전망, 도서출판 박이정.

_____(1998), 韓國語 餘暇善用 自動詞 낱말밭, 도서출판 박이정.

김종택(1992), 어휘의미론, 탑출판사.

김중술 저(1998), 사랑의 의미, 서울대학교출판부.

金鎭宇(1988), 言語와 心理, 翰信文化社.

金興洙(1989), 현대국어 심리동사 구문 연구, 탑출판사.

남기심 외2인(1985), 언어학개론, 탑출판사.

류병호(1994), 술 텔레비전, 도서출판 여민.

리득춘(1996), 조선어 어휘사, 도서출판 박이정.

朴炳采(1973), 古代國語研究, 高麗大 出版部.

박영순(1994), 한국어 의미론, 고려대 출판부.

朴鐘榮(1994), 心理學槪論, 大旺社.

裵禧任(1988), 國語被動研究, 高麗大 民族文化研究所.

서울대 심리학연구실 역(1991), 집단심리, 星苑社.

서정수(1975), 동사 '하'문법, 형설출판사.

宋秉鶴(1974), '「하」에 관한 연구', 忠北大 大學院(박사).

신수종·이병찬(1984), 곡어학개론, 한신문화사.

신익성(1974), 'Weisgerber의 언어이론-해석과 주석적 비판', 한글 153호, 한글학회.

신현숙(1986), 의미분석의 방법과 실제, 한신문화사.

沈在箕(1983), 國語語彙論, 集文堂.

우리말내용연구회 편(1994), 우리말내용연구, 창간호, 국학자료원.

_____(1995), 우리말내용연구 2호, 국학자료원.

윤진·최상진 역(1990), 사회심리학, 探求堂.

李庸周(1993), 한국어의 의미와 문법(1), 三知院.

李益煥(1986), 意味論槪論, 翰信文化社.

李鉉洙(1989), 性格 및 個人差 心理學, 祐成文化社.

임지룡(1993), 국어의미론, 탑출판사.

_____(1997), 인지의미론, 탑출판사.

田秀泰(1986), 國語移動動詞研究, 翰信文化社.

정시호(1994), 어휘장이론연구, 경북대 출판부.

鄭元容(1996), 隱喩와 換喩, 新知書院.

최창렬(1988), 우리말 語源研究, 一志社.

한인희(1976), '국어 어휘의 의미론적 연구-그림씨 어휘를 중심으로-', 한글 157호, 한글 학회.

허  발(1977), 'Coseriu의 의미연구와 낱말밭', 언어학 2, 한국언어학연구회.

_____(1985a), 낱말밭이론, 고려대 출판부.

_____(1985b), 언어내용의 핵심문제, 고려대 출판부.

_____(1996), 언어내용론, 고려대 출판부.

_____(1997), 현대 의미론의 이해, 국학자료원.

洪大植 譯(1990), 사회심리학, 博英社.

_____ 편역(1994), 인간관계심리, 養英閣.

洪叡基 譯(1992), 性格心理學, 博英社.

홍승우(1988), 의미론입문, 청록출판사.

金光海(1987), 類意語·反意語 辭典, 한샘.

신기철·신용철(1980), 새우리말 큰사전, 삼성출판사.

李家源·張三植(1973), 詳解漢字大典, 庚庚出版社.

이희승(1985), 국어대사전, 민중서관.

서울대 심리학연구실(1991), 집단심리, 星苑社.

Coseriu, E.(1973), Probleme der Strukturellen Semantik, Tübingen.

Geckeler, H.(1973), Strukurelle Semantik des Frazösischen. Max Niemyer Verlag, Tübingen.

Kemoson, R. M.(1977), Semantic Theory. London Cambridge Univ. Press.

Martin, S.(1954), Korean Morphophonemics. Baltimore. Linguistic Society of America.

Nida, E. A.(1979), Componential Analysis of meaning (Approches to Semantics). Moution.

Palmer, F. R.(1976), Semantics. London. Cambridge Uive Prees.

Ramstedt, G. I.(1939), A Korea Grammer. Helsink.

Trier, J.(1973), Der deutsche Wortschatz im Sinnbezirk des Verstandes. Heidelberg.

Weisgerber, L.(1962), Grundzüge der inhaltbezogenen Grammatik. Schwann. Düsseldorf.

_____(1964), Das Menchheitsgestz der Sprache. Quelle & Meyer Verlag. Heidelberg.

_____(1967), Sprachgemeinschaft als Gegenstand Sprachwissenhaftlicher Forschung. Westdeucher Verlag.

_____(1971), Die Muttersprache in Aufbau unserer Kultur. Pädagogischer Verlag. Schwann. Düsseldorf.

김응모    608-738 부산시 남구 우암동 부산외국어대학교 국어국문학과
ⓣ051-640-3132 /
경기도 용인시 수지읍 풍덕천리 639 삼성1차 아파트 101동 102호
ⓔemkim@taejo.pufs.ac.kr

# 국어학사에 나타난 느낌씨의 연구

## - 역대한국문법대계(1986)를 중심으로 -

강 우 원

## 1. 머리말

이제까지 이루어진 국어학에 대한 많은 업적에서 느낌씨는 거의 주목을 받지 못하여 씨가름의 한 모퉁이를 차지하는 정도의 극히 주변적인 언어 사실로밖에 취급받지 못하였다.

이 글은 이러한 느낌씨에 주목하여, 「역대한국문법대계(1986, 탑출판사)」 제1부 43책 122권[1]을 대상으로 느낌씨의 명칭, 범위, 특성, 정의에 대한 우리 앞선 학자들의 문법적 의식을 밝혀 그 국어학사적 의의를 조명하는 데에 목적이 있다.

우리의 전통 문법에서는 다음과 같은 것을 느낌씨의 범위에 넣고 있다.

(1) ㄱ. 아, 아이구, 어머나.
ㄴ. 예, 아니오, 글쎄.
ㄷ. 여보, 이봐, 애.
ㄹ. 구구, 워리, 머며.
ㅁ. 쉬쉬, 헛, 아서라.

---

1) 이 글의 연구 대상인 「역대국어문법대계」 제1부는 우리나라 사람이 우리말을 대상으로 연구한 것으로, 시기는 유길준 「조선문전(1897~1904)」에서 김민수 「국어국문론연구(1969)」까지이다. 이 중에서 느낌씨에 대해 논한 것은 98권이고, 느낌씨에 대해 언급한 학자는 모두 52명이 있으며, 나머지는 주로 소리갈을 다룬 것이어서 이 글과는 무관한 것이다.

ㅂ. 음, 저어, 저기요.

(1ㄱ)의 보기는 순수 느낌의 뜻을 나타낼 때에 쓰이는 말이며, (ㄴ)은 대답하는 말, (ㄷ)은 사람을 부르는 말, (ㄹ)은 동물을 부르는 말, (ㅁ)은 명령적인 뜻을 담은 말, (ㅂ)은 말의 첫머리나 도중에 머뭇거리는 말들이다.

그런데, 이들은 월 중에 있는 다른 성분과 관련되지 않는 독립적인 자리를 차지하는 특성을 공통적으로 가지고 있으나, 그 의미 면에서 볼 때 (ㄱ)이 진정한 느낌을 나타내는 것인데 비해 (ㄴ-ㅂ)은 그렇지 않고 또 다른 특성이 있는 것이다.

따라서, 학자에 따라 느낌씨의 범위가 서로 다를 뿐만 아니라, 그 명칭도 다양하여, 느낌씨에 대한 특성과 정의가 제각기 다르게 나타나고 있다.

이 글에서는 학자들의 이러한 느낌씨에 대한 명칭, 범위, 특성, 정의에 대한 견해를 비교·검토해 보고, 오늘날의 입장에서 이들에 대한 연구의 방법과 방향을 모색해 본다.

느낌씨는 대부분 발화(utterance)의 단위로 기능하기 때문에 화용적 특성을 다분히 지닌 요소이다. 따라서, 이에 대한 종합적 연구를 통해, 담화 또는 텍스트언어학의 발달로 관심을 가지기 시작한 개별적인 담화표지(discourse marker)의 연구와 몇 가지 담화표지를 묶어 비교 연구하는 것에 도움을 줄 것이다. 또한, 우리 문법이 실질적으로 시작된 시기부터 우리말의 느낌씨에 대한 연구의 흐름을 살펴봄으로써 앞으로의 느낌씨에 대한 연구 방향과 방법을 모색하는데 조그마한 길잡이가 될 것이다.

## 2. 느낌씨의 명칭

이 장에서는 느낌씨에 대한 학자들마다의 명칭을 의미적 명칭과 기능적 명칭으로 나누어 살펴보고, 오늘날 입장에서 그 명칭의 타당성을 모색해 본다.

## 2.1. 의미적 명칭

의미적 명칭은 느낌씨가 느낌(exclamative)을 나타내는 것에 두어 명칭한 것으로 한자어로 된 것과 토박이말로 된 것으로 나눌 수 있다.

한자어로 된 것을 정리하면 다음과 같다.

(2) ㄱ. 감탄사(感歎詞): 유길준(1-1, 1987~1904), 김규식(1-14, 1909)[2]

  ㄴ. 경각(警覺): 주시경(1-107, 1905)

  ㄷ. 감동사(感動詞): 유길준(1-6, 1909), 안확(1-26, 1923) 등

  ㄹ. 감동(感動): 주시경(1-9, 1909경)

  ㅁ. 감발사(感發詞): 권달영(1-58, 1941)

토박이말로 된 것을 정리하면 다음과 같다.

(3) ㄱ. 놀: 주시경(1-11, 1910), 이규영(1-113, 1913경)

  ㄴ. 드: 이규영(1-112, 1913)[3]

  ㄷ. 늑: 김두봉(1-22, 1916), 이규영(1-114, 1919경) 등

  ㄹ. 늑임말: 강매/김진호(1-31, 1925)

  ㅁ. 느낌씨: 최현배(1-44, 1930), 박창해(1-65, 1946) 등

이들 의미적 명칭은 '말할이의 느낌'을 표현한 것에 초점을 맞춘 것으로 한자어로 된 것은 외국학자로부터 직접·간접의 영향을 받은 용어이며, 토박이말 된 명칭은 우리말에 대한 애착을 가진 학자들이 토박이말로 문법 용어를 만들어 보고자 한 것이다.

---

[2] '김규식(1-14, 1909)'은 김규식이 지은 「역대한국문법대계」의 1부 14권이라는 뜻이고, '1909'는 이 책의 발행연대를 표시하는 것이다. 또, 같은 책을 다시 언급할 때는 '김규식(1909)'와 같이 지은이와 발행연대만으로 표시한다.

[3] 이규영(1913:24)에서는 임씨 하위 분류로 '드'를 설정하고, '드'를 다시 '늣김, 부름, 이름, 여김'으로 나누고 있다.

## 2.2. 기능적 명칭

기능적 명칭은 느낌씨의 범위에 속하는 것 중에서 의미적인 면에서 볼 때 느낌을 드러내지 않는 것이 있다는데 주목하여, 이들이 홀로 쓰일 수 있는 점과 월 속에서 다른 월성분과 관계를 가지지 않는 기능적 공통점으로 그렇게 불러지게 된 것이다. 기능적 명칭에 관계되는 것은 간투사(間投詞), 관계사(關係詞), 환투사(喚投詞)가 있다.

먼저 간투사에 대하여 살펴보자.

이 용어는 유길준(1909:89)에서 찾을 수 있다. 그는 느낌씨를 느낌씨 다음에 오는 월과 "其 意味의 關連ᄒᆞᆫ 바가 업고 語外에 獨立ᄒᆞ야 言者의 喜悅ᄒᆞ는 감정올 表홀 쁜이니 一般 感動詞의 用法이 皆 此와 如ᄒᆞ야 設或 其 位置가 語句의 中間에 在홀지라도 亦 同ᄒᆞᆫ 故로 感動詞롤 指ᄒᆞ야 間投詞라 稱ᄒᆞ는 者도 有ᄒᆞ니라"[4]라고 언급하고 있다.

유길준(1909)에서 살펴볼 수 있는 것은 간투사라는 용어를 사용한 사람이 있다는 점과 그 근거를 밝힌 점이다. 그러나, 국내 학자(제1부에서)는 없었으며, 이 용어는 유길준(1909) 이전의 어떤 학자가 달레(Dallet, 2-21, 1874) 등의 서양 학자들의 'interjections' 용어를 번역하여 간투사로 사용한 것으로 보인다. 또, 유길준(1909)의 '設或 其 位置가 語句의 中間에 在홀지라도 亦 同ᄒᆞᆫ 故로'에서도 알 수 있듯이 간투사라는 용어를 사용한 근거는 느낌씨의 위치가 대개는 월 앞에 나타나지만, 그 위치가 반드시 월 앞에 한정되는 것이 아니고 월의 중간에도 들어갈 수 있다는 것에 두고 있다.

다음은 관계사에 대하여 살펴보자.

이는 느낌씨 중에서 대답말에 한정한 용어로 김규식(1909:32)에서 볼 수 있다. 그는 '네, 아니오'를 "或은 副詞로 置ᄒᆞ되 此等 詞字가 動詞나 形容詞나 他 副詞를 補佐홈이 都無ᄒᆞᆫ 故로 副詞라 云ᄒᆞ기 難ᄒᆞ고 或 感嘆詞라 稱ᄒᆞ나 '앗차, 아이고' 等 詞字와 갓치 慨歎이나 驚動을 發表홈이 無ᄒᆞᆫ 故로 亦 感歎詞라 ᄒᆞ기 不能ᄒᆞ니라 然則 此等 詞字ᄂᆞᆫ 已爲 發表된 思想에 對ᄒᆞ야 言者가

---

4) 인용문은 원문을 그대로 인용하는 것을 원칙으로 하나, 띄어쓰기는 편의대로 현대에 맞게 한다.

可否間 說明호는 者이니 關係詞라 稱홀지오"라고 언급하고 있다.

김규식(1909)에서 주목되는 것은 대답말은 의미적으로는 느낌씨와 다르고, 기능적으로는 앞말에 대한 '가부간 설명'을 하여, 앞말과 관계하여 대답하는 것이므로, 느낌씨와 달리 명칭이 지어져야 한다는 것이다. 또, 그는 대답말의 기능을 김규식(1909:32)에서 "其 作用에 對호야는 動詞나 一句語의 全體가 隱覺된다 云홀지니라 假令 '진지 잡슈셧소'호는디 '녜'라 호던지 '아니오'라 디답호면 其 實은 '밥 먹엇소' 호던지 '밥 아니 먹엇소'로 디답홀 바를 畧省호야 關係詞 '녜'나 '아니오'로 簡單히 說明호느니라"라 하여 대답말 그 자체가 독립적인 월을 이룰 수 있다는 것을 설명하고 있다.

다음은 환투사라는 용어에 대하여 살펴보자.

이는 김민수(1-97, 1955:174)에서 찾아볼 수 있는데, 이 책에서는 환투사의 특성과 보기를 들고 있고, 김민수(1-98, 1960:167~168)에서 "「感歎詞」란 「間投詞」라고도 하는 것으로 「interjection」에서 由來하였으리라고 생각되나, 「여보·네·구구……」와 같은 말들을 總括하는 品詞로서는 適當한 名稱이라 할 수 없다. 自體의 定義를 分明히 내리었더라도, 名稱으로 인한 認識의 잘못을 벗어나기 어렵다. 그리하여, 「喚投詞」란 새 名稱으로 부르고자 한다. 이 외의 것은 하는 수 없이 名稱을 그대로 取하고, 定義에 있어서 獨特한 職能을 說明하기로 한다."라고 하여 씨의 명칭을 정하는데 고심한 흔적을 우리가 읽을 수 있는데, 그는 느낌씨라는 용어가 느낌씨의 범위에 속하는 대답말이나 부름말을 총괄하는 용어가 되지 못한다고 판단하여, 느낌씨의 범위에 속하는 것을 공통적으로 묶을 수 있는 명칭을 이들의 기능에서 찾아 환투사라는 용어를 사용할 것을 제의했다. 이러한 근거는 그가 씨가름의 기준인 형태, 기능, 의미 중에서 기능에 초점을 두어야 한다는 데서 알 수 있다. 즉, 김민수(1960:154)에서 "요컨대, 文法의 目的에 必要한 分類가 무엇이냐 하는 問題다. 文法 硏究에 必要한 分類는 글월 가운데 있어서의 單語가 지니는 職能[5]에 基準하지 않으면 아니된다"라고 했다.

다시 말하면, 기능적 명칭은 느낌씨의 범위에 속하는 것의 문법적 기능을

---

5) 김민수(1960:154)의 직능(function)은 일반적으로 사용하고 있는 '기능'과 같은 의미의 용어이다.

중시한 것으로 간투사는 서양 문법의 'interjections'에서 유래된 용어이고, 관계사는 앞말과 관계하여 대답하는 말에 한정된 용어이며, 환투사는 순수 느낌씨, 대답말, 부름말 등을 총괄하는 용어이다.

앞선 학자들의 느낌씨에 대한 의미적 명칭과 기능적 명칭에 대해, 우리들은 오늘날 입장에서 어떤 명칭을 취해야 하는 문제를 모색해 보아야 할 것이다.

그러면, 느낌씨의 범위와 관련하여 이에 대한 명칭을 살펴보자.

오늘날 일반적으로 느낌씨를 고영근 외(1985:172)에서는 "화자가 자신의 느낌이나 의지를 특별한 단어에 의지함이 없이 직접적으로 표시하는 품사"라고 하여, 그 범위에 '허, 에, 아이고, 아' 등의 감정적 느낌씨와 '아서라, 여보, 예, 글쎄' 등의 의지적 느낌씨를 구분하고 있다.

이들은 의미적인 면에서는 서로 공통점을 가지고 있지 않다. 즉, 상대방을 의식하지 않고 말할이의 감정을 표출하는 감정적 느낌씨와 발화 현장에서 상대방을 의식하며 말할이의 생각을 표시하는 의지적 느낌씨는 그 의미면에서는 공통점을 가질 수 없는 것이다. 그러나, 기능적인 면에서는 월에서 다른 성분과 관계를 가지지 못하여 홀로말로 기능한다는 공통점을 가지고 있다.

이러한 면에서 보면, 느낌씨를 기능적 명칭으로 불러야 함이 마땅하겠다.

그러나, 씨에는 느낌씨만 있는 것이 아니므로, 씨가름 전체 입장에서는 어떻게 불러야 할 것인가를 또한 살펴보아야 할 것이다.

전반적인 씨가름의 설정기반과 관련하여 느낌씨의 명칭에 대하여 살펴보자.

허웅(1983:189)에서는 "먼저 고려되어야 할 것은 형태이다. 곧 낱말이 굴곡을 하느냐, 하지 않느냐가 먼저 고려되고, 다시 굴곡을 한다면 어떤 방식으로 하느냐가 고려되어야 한다. 다음으로 고려되어야 할 것은 기능이다. 기능은 월에 있어서 차지하는 그 낱말(말마디)의 지위인데, 형태적 특색과 기능은 어느 정도 병행하므로, 굴곡을 하는 말에 있어서는 형태와 기능은 함께 작용하는 수도 있으나, 굴곡 없는 말에서는 기능만이 범주를 정하는 기반이 된다. 뜻은 형태와 기능과 병행하는 일이 많으나, 매우 걷잡기 어려운 경우가 많으므로 참고 정도로 하는 것이 좋다."라고 하여, 씨가름의 기준을 형태, 기능, 의미 순으로 하는 것이 좋다고 하고 있다. 이에 따른다면 모든 씨의 명칭도 이러한 기준이 반영되어 불려지면 좋을 것이다.

그런데 이러한 씨가름의 기준이 우리말의 씨의 명칭에는 적절하게 반영되지 않았다. 왜냐하면 우리말에 대한 연구는 우리나라 학자들보다도 외국 사람이 먼저 시작하였기 때문이다. 그러므로, 이들은 자기 나라의 문법 이론과 명칭을 우리말에 그대로 적용하여, 우리 학자들의 연구에 직접 영향을 주었다.

이러한 영향으로 우리말의 씨의 명칭은 '명사, 대명사, 동사, 형용사……' 등으로 불려지고 있는데, 이들은 주로 의미 면에서 규정되어 씨가름의 기준과 일치하지 않는 것이 대부분이다. 그러므로, '형태, 기능, 의미' 순서의 씨가름 기준은 씨가름에 대한 기준이지, 씨의 명칭에 대한 기준은 아닌 것이다.

그러면, 논의 대상인 느낌씨는 어떻게 명칭되어야 할 것인가?

기능의 공통점으로 하여, 간투사 혹은 환투사라고 규정할 수 있을 것이다.

그러나, 이러한 씨에 대한 명칭은 김민수(1960:167)에서 "品詞의 名稱은 以前부터 불러오는 習慣이 있어 一時에 이것을 改造하기란 여간 힘든 것이 아니다"라고 지적하고 있듯이 그 명칭을 바꾸는 것은 씨가름 전체에 대한 작업으로 대단히 어려운 것이다.

그러므로, 이 글에서는 이들을 일단 느낌씨라 명칭하고, 앞으로 연구 거리로 모든 씨의 명칭을 씨가름 기준과 함께 고려하여, 씨의 명칭을 정하는 것은 앞으로의 연구 과제로 남겨 둔다.

## 3. 느낌씨의 범위

이 장에서는 앞선 학자들이 연구한 느낌씨의 범위를 의미적 범위와 기능적 범위로 나누어 살펴보고, 오늘날 입장에서 그 범위를 모색해 본다.

## 3.1. 의미적 범위

느낌씨는 일반적으로 말할이의 '느낌, 의지, 요구'들을 이름지어 나타내지 않고 직접 표현하는 낱말로 정의되는데, 느낌씨의 의미적 범위는 이러한 '느낌, 의지, 요구'를 모두 '느낌'으로 파악하여 느낌씨의 범위를 설정하는 것을 말한다.

이 부류에 속하는 것은 1) 순수 느낌6)을 나타내는 독립된 낱말만을 느낌씨 범위에 넣는 견해 2) 느낌씨끝과 느낌토씨도 느낌씨 범위에 넣는 견해 3) 파생 느낌씨도 느낌씨 범위에 넣는 견해 4) 대답말도 느낌씨 범위에 넣는 견해 5) 대답말과 부름말7)도 느낌씨 범위에 넣는 견해 6) 소리흉내말도 느낌씨 범위에 넣는 견해가 있다.

### 3.1.1. 순수 느낌을 나타내는 독립된 낱말만을 느낌씨 범위에 넣는 견해

 (4) ㄱ. 유길준(1-1, 1894~1904:14): 어, 아, 음, 허, 하, 앗쳐, 잇기
   ㄴ. 김규식(1-14, 1909:44): 아, 오, 하하, 허허, 앗코, 아이고 등

이들은 느낌씨를 '희로애락애오욕' 등 인간의 느낌을 표현하는 것으로 보고, 이러한 느낌이 독립된 낱말로만 표현된다는 견해이다. 이러한 견해는 대부분의 초기 문법 학자들에서 찾아 볼 수 있다.

### 3.1.2. 느낌씨끝이나 느낌토씨도 느낌씨 범위에 넣는 견해

 (5) ㄱ. 이완응(1-40, 1929:176): 좃소구려, 한 사람도 업네그려 등
   ㄴ. 정렬모(1-63, 1948:22): 밥맛이 꿀맛 이에, 그려, 매우 곱고나 등
   ㄷ. 심의린(1-60, 1949:118): 하나도 없구나, 바다야 넓기도 하다 등

---

6) '순수 느낌'이란 '의지나 요구'와는 달리 순수하게 인간의 감정을 표출한 것을 말한다.
7) 대답말과 부름말은 느낌씨가 아닌 것으로도 형성될 수 있으나, 여기에서의 대답말과 부름말은 느낌씨에 속하는 대답말과 부름말이다.

이러한 견해는 느낌을 드러내는 형식에는 상관하지 않고, 느낌의 의미를 가진 것에 초점을 두어 느낌씨끝과 느낌토씨도 느낌씨의 범위에 포함시킨 것이다.[8]

그러나, 최현배(1-47, 1937:823~826)에서는 다른 견해를 가진다. 그는 "느낌을 들어내는 말은 여러 가지의 꼴(形式)이 있다. 그러나, 느낌을 들어내는 것이라고 그것들이 다 느낌씨 임은 아니다"라고 하여, 다음과 같은 것들을 느낌씨에서 명백히 제외했다.

(6) ㄱ. 느낌꼴의 씨끝으로 된 것: 달이 밝구나!
    ㄴ. 느낌을 나타내는 토씨로 된 것: 사람도 많다.
    ㄷ. 보통의 말(베풂꼴)에 느낌의 가락(語調)을 더한 것: 끝돌아, 달이 뜬다!

그는 (6ㄱ)의 느낌씨끝은 '독립한 씨가 아니라, 다만 풀이씨의 씨끝(語尾)이니'라고 하여 느낌씨에서 제외하고, (ㄴ) 느낌토씨는 '느낌씨와는 딴판인 것'이라 하여 느낌씨에서 제외한다. 즉, 느낌씨끝이나 느낌토씨가 생각씨가 아니므로 느낌씨에서 제외한 것이다. 또, (ㄷ)의 말은 그 월 가운데에서 특히 느낌을 드러내는 느낌씨라고 할 만한 것이 없고, 그 월을 이룬 전체의 씨가 다 같이 느낌의 소리가락을 띤 것이므로, 이와 같이 소리가락으로써 다만 느낌을 나타내는 것은 어떠한 말에든지 다 할 수 있는 일이니, 느낌씨라고 할 수 없다고 했다.

### 3.1.3. 파생 느낌씨도 느낌씨 범위에 넣는 견해

(7) ㄱ. 주시경(1-11, 1910:28): 참
    ㄴ. 이규방(1-29, 1922:192): 둏다, 장하다, 무엇이어, 이것 보아라, 그것 참 등

---

8) 이들을 정렬모(1948:22)에서는 '동사의 감탄꼴', 심의린(1949:28)에서는 '조사'로 보기도 한다.

ㄷ. 안확(1-26, 1923:43): 죽엇나, 칼인가.

ㄹ. 박승빈(1-48, 1931:184): 무어, 참, 아니, 저런 등

이런 견해는 원래 느낌씨가 아닌 것이 발화(utterance) 속에 사용되다가 느낌씨로 파생된 것으로 보는 것이다. 이런 파생 느낌씨는 '참, 돟다, 죽엇나, 무어' 등과 같이 한 어절로 된 것도 있고, '이것 보아라, 그것 참' 등 두 어절로 된 것도 있다.

이런 파생 느낌씨는 발화 상에서 본래의 개념적 낱말로도 쓰이면서 한편 느낌을 나타내는 데도 쓰이는 과정에 개념적 의미를 잃고 사람의 주관적 느낌을 나타내는 낱말로 고착되면서 느낌씨로 된 것이다. 즉, 언어사용 과정에 개념적 낱말로부터 새롭게 분화된 느낌의 의미로 결국 느낌씨로 굳어지게 된 것이다. 따라서, 이것은 본래의 낱말이 사라지고 새로운 낱말이 생겨나는 것이 아니라, 같은 형태의 하나의 낱말로부터 형태는 비록 같지만 또 다른 새로운 의미를 가진 낱말이 더 생겨난 것으로 된다.9) 이에 따라 이들은 원래 느낌씨가 발화상의 맥락(context)에 의존하는 발화의미(utterance meaning)를 가지는데 대해 어휘적 의미를 더 가지게 된다.

이렇게 파생 느낌씨가 생기는 것은 느낌씨가 발화상의 화용적 단위로 작용함을 보이는 것이라고 할 수 있다.

### 3.1.4. 대답말도 느낌씨 범위에 넣는 견해

대답말도 느낌씨에 포함시킨 최초의 학자는 김희상(1-17, 1909:53/1-19, 1911:19)이다.

(8) ㄱ. 응, 늬가 잘못ㅎ엿다.

ㄴ. 암 그러치.

---

9) 이런 견해는 한 형태가 여러 가지 의미 기능을 가질 때에는 이들을 기존의 범주에 따라 무리하게 집어넣고 나머지들은 예외로 간주해 버리는 '일형태-일기능 원칙'의 허구를 지적할 수 있게 한다. 이성하(1998:122~123) 참조.

(8ㄱ)의 '응'은 김희상(1909)에 나오는 보기이며, (ㄴ)의 '암'은 김희상(1911)에 나오는 보기이다. 그는 "희로애락애오욕의 칠정을 발표하는 어를 감탄사"라고 정의한 것으로 보아서, 이들이 느낌을 나타내는 것으로 보았다.

이상춘(1-36, 1925:119)에서는 느낌씨의 갈래를 '희열감탄사, 비애감탄사, 경탄감탄사, 우려감탄사, 분노감탄사, 각오감탄사' 등으로 잡고, 경탄감탄사에 '응'을, 각오감탄사에 '암'을 보기로 들면서, 이들을 '놀라는 느낌과 깨달음의 느낌'으로 설명하고 있으므로, 이들을 느낌으로 파악한 것이다.

그러나, 순수 느낌씨가 외부 세계에 대한 말할이의 반응을 나타내는데 대해, 대답말[10]은 말할이의 내부 세계에 대한 표현이라는 것을 고려해 볼 때, 이와 같은 대답말을 느낌으로 파악한 것은 잘못된 것이라고 볼 수 있다.

### 3.1.5. 대답말과 부름말도 느낌씨 범위에 넣는 견해

대답말과 부름말을 함께 느낌씨의 범주에 넣은 최초의 학자는 이규영(1-112, 1913:24)이다. 그는 느낌씨를 임씨의 하위 분류인 '드'로 설정하여, '드'를 다시 '늣김, 부름, 이름, 여김'으로 나누고, 부름의 보기로 '구구, 돌돌, 오래[11]', 이름의 보기로 '예, 오냐, 어이', 여김의 보기로 '글세, 암, 글엄'을 들고 있다.

김두봉(1-22, 1916)에서는 '늑'의 갈래를 '깃븜늑, 놀람늑, 부름늑, 이름늑, 녀김늑, 걱정늑'으로 나누어, 대답말과 부름말에 관계되는 것을 '부름늑, 이름늑, 녀김늑'에 '여보/구구, 녜/오냐, 암/글세'의 보기를 들고 있다. 그는 '늑'을 "여러 가지 늑김을 낱아내는 씨"라고 정의하고, '부름늑'을 "부르는 느낌을 낱아내는 소리", '이름늑'을 "이르는 느낌을 낱아내는 소리", '녀김늑'을 "녀기는 느낌을 낱아내는 소리"라고 설명하고 있으므로, 이들도 느낌으로

---

10) 대답말이 부름말보다 느낌씨의 범위에 먼저 거론된 것은 대답말과 부름말의 특성과 관련이 된다. 즉, 부름말은 느낌이라기 보다는 말할이의 들을이에 대한 요구이고, 대답말은 말할이의 의지 표현이므로 대답말에는 말할이의 느낌이 포함될 수 있는 가능성이 높기 때문이다.

11) 여기에서 고려해 볼 만한 것은 '구구, 머며, 오래' 등과 같은 동물을 부르는 소리에 대한 것인데, 이들도 사람을 부르는 소리와 같이 상대방(동물)에게 일정한 요구를 하는 부름말의 특성을 가진 것이므로 부름말의 일종이라고 할 수 있다.

본 것이다.

신명균(1-57, 1933:81~82)에서는 느낌씨의 종류를 '喜悅, 驚異, 叫呼, 對答, 認定, 憂愁'로 나누고 '叫呼'에 '머머'(송아지 부르는 소리), '구구'(닭 부르는 소리), '對答'에 '네', '認定'에 '암'의 보기를 들고 있으며, 박승빈(1-50, 1935: 375~376)에서도 '承認'에 '네, 응'을, '半承認'에 '글세'를, '注意'에 '여보, 여보시오'를 보기로 들고 있다.12)

이들은 대답말과 부름말을 느낌씨의 범위에 넣는 근거를 제시하지 않고 있으나, 이들이 내세운 느낌씨의 정의와 갈래의 설명을 통해 볼 때, 대답말과 부름말을 느낌의 일종으로 파악한 것으로 보인다.

그러나, 이들을 느낌의 일종으로 잘못 파악한 것은 앞의 대답말에서 지적했듯이, 순수 느낌씨는 말할이가 상대방을 의식하지 않고 말할이 자신의 여러 가지 느낌을 나타내는 상황에 쓰이는 것이지만, 대답말과 부름말은 말할이가 상대방을 의식하면서 들을이에게 의지나 요구를 나타내는 상황에서 쓰이는 점이 다르고, 형태적 특성에서도 대답말과 부름말이 '여보게-여보세요-여보시오, 응-예'와 같이 불완전하나마 들을이높임법에 따른 체계를 가진 점으로 볼 때, 대답말과 부름말을 느낌으로 볼 수가 없는 것이다.13)

### 3.1.6. 소리 흉내말도 느낌씨 범위에 넣는 견해

홍기문(1-38, 1927:173)에서는 느낌씨를 표정과 의성으로 나누고, '씀북, 쇠꼴, 부헝, 귀똘'과 같은 동물의 소리 흉내말을 느낌씨의 범위에 넣고 있으나, 이숭녕(1-90, 1956:124~125)에서는 "개가 맞으면 '깽깽'하고, 놀라면 '멍멍'하고, 아프면 '끙끙'하는 것이어서 품사될 자격이 없다고 주장하는 의견도 있다. 그러나 개가 감탄사를 가졌다고는 보기 어려운 것이다"라고 하여, 이와 같은 소리 흉내말도 느낌씨가 될 수 있다고 설명하고 있다.

한편, 최현배(1937:827)에서 "느낌씨가 그 獨立的 特性을 버리고 아주 緊密

---

12) 이 밖에 이규영(1-27, 1920), 이필수(1-34, 1922), 안확(1-26, 1923)에도 대답말과 부름말에 관련이 있는 보기들을 들고 있다.

13) 강우원(1994:8) 참조.

하게(어찌씨 같이) 다른 풀이씨를 꾸미는 일이 있나니"라고 하여 다음과 같은 보기를 들어 그것들을 느낌씨의 변칙적 쓰임으로 보고 있다.

(9) ㄱ. 그 사람이 허허 웃으면서 하는 말이......
    ㄴ. 아이가 히히 웃는다.
    ㄷ. 그 놈이 피 웃으니까.......
    ㄹ. 어머니는 아아갸 하면서 엎들어진 아이를 일으켜 안았다.
    ㅁ. 일군이 그 짐을 지고, 휘휘 하면서 그 재를 넘어가오.

여기서 우리는 먼저 홍기문(1927)과 이숭녕(1956)에서 느낌씨의 범주에 넣고 있는 동물의 소리 흉내말에 대하여 살펴보자.

이들 동물의 소리 흉내말은 말할이가 외부 세계를 있는 그대로의 객관적인 사실로 받아 들여 자신의 느낌으로 여과시키지 않고 그대로 투명하게 반영시킨 것이다. 외부 세계에 대한 말할이의 주관적인 반응을 나타내는 느낌씨의 특성에서 말할이의 주관적 반응이 나타나지 않는 것이므로, 이들을 느낌씨의 범주에 넣지 말아야 한다.14)

다음은 최현배(1937)에서 느낌씨의 변칙적 쓰임으로 본 (9)를 살펴보자.

(9)는 두 가지 면에서 느낌씨로 볼 수 없는 것이다.

첫째는 느낌씨는 그 특성상 제3자의 느낌을 나타낼 수 없고, 말할이의 느낌을 나타내는 것인데, (9)의 사람의 소리 흉내말은 제3자의 느낌을 나타내는 것이므로, 느낌씨의 특성에 맞지 않기 때문에 소리 흉내말로 보아야 할 것이다.

둘째는 (9)의 사람의 소리 흉내말도 앞의 동물의 흉내말과 같이 말할이가 외부 세계를 있는 그대로의 객관적인 사실로 받아 들여 자신의 느낌으로 여과시키지 않고 그대로 투명하게 반영시킨 점에서 느낌씨가 될 수 없다.

그러나, (9)에서 쓰인 사람의 소리 흉내말은 다음과 같이 말할이의 느낌을 나타낼 때에는 당연히 느낌씨의 기능을 하는 것이다.

---

14) 신지연(1988:21~22) 참조.

(10) ㄱ. 허허, 웃기는 일이네!

　　ㄴ. 히히, 가사롭구나!

　　ㄷ. 피, 웃기고 있네!

　　ㄹ. 아아갸, 엎들어잘라!

　　ㅁ. 휘휘, 잘 돌아 가네!

따라서, 사람의 소리 흉내말은 같은 형태라도 그 쓰임에 따라 느낌씨도 될 수 있고, 소리 흉내말도 될 수 있다.

## 3.2. 기능적 범위

기능적 범위는 '느낌'이라는 의미적 기준으로 느낌씨의 범위를 설정하지 않고, 월 속에서 작용하는 기능적 공통점으로 느낌씨의 범위를 설정하는 것을 말한다. 이것은 1) 대답말과 부름말을 느낌씨의 범위에 넣는 견해 2) 입버릇말과 말더듬말을 느낌씨의 범위에 넣는 견해로 나눌 수 있다.

### 3.2.1. 대답말과 부름말을 느낌씨의 범위에 넣는 견해

대답말과 부름말을 '느낌'을 나타내는 말과 구분하여, 느낌씨의 범위에 넣은 학자는 최현배(1-47, 1937:827)이다. 그는 느낌씨를 "마디나 월의 우에서 그것들을 꾸미는 씨를 이름이니, 그 꾸미는 內容(뜻)은 여러 가지 느낌하고 부름(呼)과 대답과의 첫머리하고를 들어내는 것이니라"라고 정의하여 '느낌'과 '부름과 대답'을 구별하면서 이들을 느낌씨에 모두 포함하고 있다. 또한 그는 뜻과 꼴이 완전히 느낌씨인 것과 뜻으로는 좀 다름이 있지마는, 꼴로서는 역시 분명히 느낌씨인 것을 다음과 같이 구별하여, 이들을 느낌씨에 모두 포함하고 있다.

(11) ㄱ. 아, 이게 웬 일이오?

　　ㄴ. 허허, 오래만이올시다!

ㄷ. 아차, 잊었네?

ㄹ. 옳지, 그렇구나!

(12) ㄱ. 여보, 저 양반, 서울로 가오?

ㄴ. 예, 나는 서울 가오.

ㄷ. 여봐라, 저것 좀 가져오너라.

ㄹ. 아니, 이 사람이 그리 하겠다는 말이오.

그는 (11)의 "밑줄 그은 말은 정말 느낌씨의 으뜸가는 것들이니, 놀람이나 기쁨 같은 느낌을 들어내어서 그 뒤의 말을 꾸미는 꾸밈씨이다"라고 하였으며, (12)는 "부름(呼)과 대답(答)에 관한 것이니, 역시 느낌씨이다"라고 하였다.

최현배(1937)에서 느낌씨의 범위에 포함시킨 것은 '꼴에서는 같고 뜻에서는 좀 다름이 있다'라고 했는데, '꼴에서는 같다'는 것은 이들이 '마디나 월을 꾸미는 월 속에서의 공통적 기능'에 대한 것이고, '뜻에서는 좀 다름이 있다'는 것은 '느낌'과 '대답과 부름'의 의미가 서로 다르다는 것으로 해석할 수 있다.

이희승(1-86, 1956:100)에서는 대답말과 부름말을 느낌씨에 넣는 이유에 대하여 설명하고 있는데, 그는 '부르고 대답하는 말이 별로 감탄하는 느낌이 담겨 있지 않지마는, 그 성질에 있어서 감탄하는 것과 꼭 같은 말'이라 하여, 이들을 느낌씨에 포함시키고 있으며, '그 성질이 꼭 같다'는 것을 "한 개의 단어로서 한 덩어리의 느낌이나 생각을 단번에 나타내는 일, 주어나 서술어가 없어도 한 개의 글월 노릇을 하는 일, 흔히는 감탄하는 느낌을 나타내는 경우가 많은 일"이라고 말하고 있다.

이숭녕(1-121, 1961:126~127)에서는 "감탄사는 글을 엮을 때에 글과는 외떨어진 것으로, 아무런 관계를 가지고 있지 않다."라고 정의하여, 그 보기로 '아, 에라, 어머나' 등을 들고, '우리의 감정이 극단에 이르렀을 때에 발하는 소리'가 아닌 대답말과 부름말인 '예, 여보, 애, 오냐' 등도 "글에서 외떨어진 말이기에 감탄사라고 한다."라고 설명하고 있다.[15]

---

15) 이밖에 대답말과 부름말을 느낌씨에 포함시킨 학자는 정렬모(1-61, 1946:60), 이영철(1-

이들은 우선 대답말[16]과 부름말이 느낌을 나타내는 말과는 그 의미 면에서 다름이 있다는 것을 지적하고, 이들의 공통점을 문법적 기능에서 찾아, 하나의 범주로 묶으려고 한 것이다.

### 3.2.2. 입버릇말과 말더듬말을 느낌씨의 범위에 넣는 견해

정인승(1-83, 1956:159~160)에서는 '아무 느낌이나 생각 없이 단순히 입버릇으로 말에 섞어 내는 것'과 '말이 얼른 안 나올 때 말을 더듬는 모양으로 아무 뜻 없는 소리로 내는 것'을 느낌씨의 범위에 포함하여 다음과 같은 것을 들고 있다.

> (13) ㄱ. 입버릇말: 머, 멀, 그래, 말이지, 말이어, 말이요, 말입니다…
> ㄴ. 말더듬말: 어, 에, 거시키, 음, 에헴, 애햄…

정인승(1956)에서 이들을 느낌씨의 범위에 넣는 아무런 근거를 밝히고 있지 않다. 그러나, 이들은 발화를 처음 시작하겠다는 것을 알릴 때 또는 단순한 입버릇이나 말할이가 적절한 표현을 찾기 위하여 머뭇거리는 것에 쓰이는 것으로 앞의 대답말이나 부름말과 같이 월 속에서 다른 월성분과 관계를 가지지 않는 특성이 있으므로, 그 기능상으로 느낌씨의 범주에 넣을 수 있다.

앞선 학자들의 느낌씨에 대한 의미적 범위와 기능적 범위에 대해, 우리들은 오늘날 입장에서 느낌씨의 범위에 대한 문제를 모색해 보아야 할 것이다.

의미적 범위는 의미에 초점을 두어 느낌씨 범위를 설정하여, 대답말과 부름말, 느낌씨끝과 느낌토씨 등을 그 범주에 넣고 있으나, 이는 대답말과 부름말이 진정한 느낌을 나타내는 것이 아니므로, 기능적 범위에 따라 그 범

---

78, 1948:91), 최태호(1-92, 1957:74) 등이 있다.
16) 대답말이 순수 느낌을 나타내는 낱말과 문법적 기능이 달라 명칭을 관계사로 한다고 주장한 학자는 앞의 느낌씨의 명칭에서 살펴본 김규식(1-14:32, 1909)이다.

위를 설정해야 할 것이다. 또, 사람의 소리 흉내말에서 보았듯이 같은 형태가 맥락에 따라 그 기능이 달라지는 것이 많으므로, 맥락을 고려하여 느낌씨 범위를 설정해야 할 것이다.

느낌씨의 범위에 속하는 순수 느낌을 나타내는 말, 파생 느낌씨, 대답말, 부름말, 입버릇말과 말더듬말, 소리흉내말 등은 각각 음운적, 형태적, 통어적, 의미적, 화용적 특성이 서로 다른 점이 있음으로 이들 각각에 대한 개별적인 연구가 이루어져야 할 것이다.

## 4. 느낌씨의 특성

이 장에서는 느낌씨의 특성을 음운적, 형태적·통어적, 의미적·화용적 특성으로 나누어 살펴본다.

### 4.1. 음운적 특성

음운적 특성에서는 같은 형태의 느낌씨가 운소적인 특성에 따라 다양한 기능을 한다는 학자들의 견해에 대해 살펴본다.

(14) ㄱ. 유길준(1909): "同一의 語로서 音調의 低昻抑揚에 依ᄒ야 互相通
　　　 用ᄒ는 者가 多ᄒ니 此는 覽者가 參量ᄒ면 可히 知得홀바인…"
　　 ㄴ. 이규방(1922): "「아, 하, 참, 아이고」 等과 如히 同一한 語로 各種
　　　 의 境遇에 用함에는 其 語調로써 區別하나니, 卽 爽快한 時에는
　　　 爽快한 語調, 悲憤한 時에는 悲憤한 語調를 自然 發하는 者니라"
　　 ㄷ. 강매/김진호(1925): "같은 늡임말이라도 그 말세의 높낮과 길 잘
　　　 들에 따르어 그 뜻이 판연하게 달너지나니 이는 자서이 살피어야
　　　 할 것이라 하노라"
　　 ㄹ. 박승빈(1935): "同一한 單語가 各히 다 쓰ᄂ 여러 가지 感歎에 使
　　　 用되는 것이 이슴. 그러나 그 境遇에 싸라서 發音의 抑揚이 다씀"
　　 ㅁ. 최현배(1937): 감정적 느낌씨에서 같은 형태를 가진 것은 "같은

것은 그 경우와 가락으로써 서로 區別함"

위의 여러 학자들의 견해는 '음조, 어조, 말세의 높낮과 길 잘, 억양, 가락'
등의 운소적인 요소로 같은 형태의 느낌씨가 다른 기능을 하고 있음을 언급
한 것이다.

유길준(1909)의 견해에서 주목할 만한 것은 '互相通用ᄒ는 者가 多ᄒ니 此
는 覽者가 參量ᄒ면 可히 知得홀바인'으로, 이는 말할이의 의도와 들을이의
이해가 일치하여야 느낌씨의 기능을 알 수 있음을 나타내고 있다. 따라서,
이것은 들을이의 이해를 고려하여 음운적 특성을 나타내고 있는 점이 그 당
시의 상황으로 볼 때 주목할만하다. 이규방(1922)에서는 같은 형태의 느낌씨
가 다른 기능을 하는 것은 말할이의 어조에 따라 달라진다고 했으며, 강매/
김진호(1925), 박승빈(1935), 최현배(1937)에서는 각각 '말세의 높낮과 길잘',
'억양', '가락'에 따라 그 기능이 달라짐으로 자세히 살펴야 한다고 했다.

이러한 견해는 느낌씨의 입말적인 특성을 고려하여 그 기능을 나타낸 것
이나, 글말적인 측면에서는 앞 뒤 맥락에 따라 느낌씨의 기능이 밝혀지게
된다.

## 4.2. 형태적 · 통어적 특성

### 4.2.1. 형태적 특성

형태적 특성에서 살펴 볼 수 있는 것은 느낌씨의 형성 방법, 활용적 특성
에 관한 것이다.

먼저 느낌씨의 형성 방법에는 원래 느낌씨, 다른 씨에서 파생된 느낌씨,
느낌씨가 다른 씨로 전이되는 것 등이 있다.

원래 느낌씨와 파생 느낌씨에 대해서는 학자들은 다음과 같이 언급하고
있다.

(15) ㄱ. 김두봉(1922): "다른 씨라도 소리와 높이와 길이를 다르게 하면

늑으로 쓰임"

ㄴ. 이규방(1922): "감탄사는 본래 감탄사오 유하며 부사와 형용사에
   서 전성된 것으로"

ㄷ. 안확(1923): "다른 품사에 토를 더하여 감동사로 쓰임"

ㄹ. 강매/김진호(1925): "늬임말은 근본 늬김말노 된 것도 있고 혹은
   꿈임말이나 꼴말들이 바꾸여 된 것도 있나니…"

ㅁ. 박승빈(1935): "感歎詞 中에는 다른 品詞가 感歎詞로 轉用되는 것
   도 이슴. 感歎詞 中에는 다른 品詞가 合하야 感歎詞의 意義로 轉
   成되는 感歎詞句 이슴"

위의 학자들의 견해는 느낌씨의 형성이 원래 느낌씨와 다른 씨에서 파생
되어 형성된 파생 느낌씨가 있다는 것이다.

김두봉(1922)에서는 '소리, 높이, 길이' 등의 운소를 달리하면 다른 씨라도
느낌씨가 된다고 했고, 이규방(1922)에서는 '파생 감탄사는 부사와 형용사에
서 전성되는 것'으로 보았으며, 안확(1923)에서는 '타동사에 토씨를 합하여
느낌씨를 형성한다'고 하여 그 보기로 '죽엇나, 칼인가'를 들고 있으나, 이는
기능으로써 씨가름을 한 것이며, '토'를 토씨와 씨끝을 함께 보는 종합적인
견해에 따른 것이다. 강매/김진호(1925)에서는 느낌씨가 '꾸밈말(어찌말)과
꼴말(매김말)'이 바뀌어 파생된다고 하였으며, 박 승빈(1935)에서는 다른 씨
가 느낌씨로 파생되는 보기로 '무어 火災가 나써요, 참 잘 한다, 아니 이 사
람아 내가 잘못 하얏다는 말인가'를 들고 있으며, 다른 씨가 합하여 느낌씨
로 파생되는 '感歎詞句'의 보기로 '올ㄱ다, 됴ㄱ다, 저런'을 들고 있는 점은
특이하다.

이들은 느낌씨가 원래 느낌씨와 파생 느낌씨로 이루어지는데, 원래 느낌
씨는 느낌이나 의지 또는 요구를 비명명적으로 나타낸 것이고, 파생 느낌씨
는 다른 씨에 속하는 낱말들이 운소적 요소와 함께 느낌을 나타내는 곳에
자주 쓰여 느낌씨로 된 파생된 것이라는 견해이다.

그런데, 원래 느낌씨는 하나의 홀소리로 이루어진 것이 대부분이며, 이들
은 다른 자립적인 씨에 속하는 낱말들과 파생적 관계를 맺지 않는 특성이

있다.17) 그러나, 파생 느낌씨는 그 만들어짐에 있어서 다른 씨들과 관련을 가지는데, 다른 씨들이 가지고 있던 명명적 기능은 상실되고 단순히 감정이나 의지 또는 욕구를 표시하는 것으로 바뀐 것이다.

다음은 느낌씨가 다른 씨로 전이되는 것에 대한 것이다. 이에 대한 것으로는 정인승(1956)에서 찾아볼 수 있다.

(16) ㄱ. 구구! 구구! (느낌씨)
　　　ㄴ. 구구 보러 가자.(어린애들 말로) (이름씨)
　　　ㄷ. 저, 거시키, 내 말 좀 들어 봐요. (느낌씨)
　　　ㄹ. 거시키를 좀 사다 주게. (이름씨)
(17) ㄱ. 우리 거시키합시다. (움직씨)
　　　ㄴ. 그건 너무 거시키하다. (그림씨)
(18) ㄱ. 만세! 만세! (느낌씨)
　　　ㄴ. 사방에서 만세 소리 일어난다. (매김씨)
　　　ㄷ. 후유! 다들 좀 쉽시다. (느낌씨)
　　　ㄹ. 후유 한숨 길게 쉰다. (매김씨)
(19) ㄱ. 아차, 이게 웬 일인가? (느낌씨)
　　　ㄴ. 아차 한 번 죽어지면… (어찌씨)
　　　ㄷ. 하하, 참 우습구나! (느낌씨)
　　　ㄹ. 하하 웃으면서 쳐다본다. (어찌씨)

(16)에서는 (ㄱ, ㄷ)의 '구구'와 '거시키'의 느낌씨가 (ㄴ, ㄹ)의 이름씨로 바뀐 보기를, (17)에서는 '거시키'가 (ㄱ, ㄴ)과 같이 움직씨와 그림씨로 바뀐 보기를 보인 것이다. (18)에서는 (ㄱ, ㄷ)의 '만세', '후유'의 느낌씨가 (ㄴ, ㄹ)의 매김씨로 바뀐 보기를 보인 것이며, (19)에서는 (ㄱ, ㄷ)의 '아차', '하하'의 느낌씨가 (ㄴ, ㄹ) 어찌씨로 바뀐 보기를 보여주고 있다.

그러나, 이들은 오늘날의 입장에서 볼 때 씨의 통용에 관한 것으로 맥락

---

17) 이와 같은 원래 느낌씨에는 '아, 야, 여, 오, 피, 쉬, 아유, 어유, 흐흥, 쯧쯧, 아이쿠…' 등이 있다.

에 따라 다른 기능을 하는 낱말들이다.

다음은 느낌씨의 활용적 특성에 대한 견해는 다음과 같다.

느낌씨가 활용을 하지 않는 특성을 다음과 같이 들고 있다.

(20) ㄱ. 홍기문(1947): "文法 上 별로 變化가 업다."
    ㄴ. 이희승(1949): "활용이 되지 않는 일."

이들은 대부분의 느낌씨가 활용하지 않음을 나타내고 있다. 홍기문(1947)
에서는 '네, 응, 아니, 글쎄, 아차, 에라, 에끼, 오오' 등의 보기를 들면서, 느
낌씨는 문법상 별로 변화가 없다고 하고 있으나, '아니, 글쎄' 등은 대답의
기능을 할 때는 상대방에 따라 활용을 하는 느낌씨이다.[18] 또한, 이희승
(1949)의 견해도 대부분 느낌씨가 활용하지 않는 특성에 대한 언급이다.

## 4.2.2. 통어적 특성

통어적 특성에서는 느낌씨의 기능과 위치에 대한 견해를 살펴 볼 수 있
다.

느낌씨의 기능에서는 월의 기능을 한다는 견해와 월성분의 기능을 한다
는 견해로 나누어 살펴볼 수 있으며, 월성분으로 기능한다는 견해는 다시
꾸밈 기능을 한다는 견해와 홀로 기능을 한다는 견해로 나누어 살필 수 있
다. 느낌씨의 위치에 대한 견해는 느낌씨가 원래부터 월의 첫머리에 위치한
다는 견해와 느낌씨의 위치가 자유스럽다는 견해로 나눌 수 있다.

먼저 느낌씨가 월의 기능을 가지느냐와 월성분의 기능을 가지느냐에 대

---

18) 김병하, 황윤중(1957)의 느낌씨의 분류 중에서 '상대방의 이야기에 대한 각종 태도를 표현
하는 감동사'를 설정하고 그 보기로 '예, 그래, 응, 오냐, 옳지, 암, 아무렴, 암은요, 그럼은
요, 그래요, 아니오, 글쎄요' 등을 들고 있다.
이런 보기들은 느낌씨가 활용한다는 것이 있다는 것을 보여 주며, 또한 텍스트의 상호 작
용적인 면에서 보면, 이들 요소는 들을이에 따라 그 태도가 달리 표현된 것으로 들을이가
상대의 발화를 이해하고 있다고 보여 주는 요소이며, 그라이스(Grice, 1975)의 협동의 원
칙의 면에서 보면, 들을이가 텍스트(담화, 대화)에 잘 협조하고 있다는 증거이다. 즉, 진정
으로 대화에 공헌하고 있다는 것을 보여 주는 요소이다.

한 견해를 살펴보자.

월의 기능을 한다고 주장한 학자들의 견해는 다음과 같다.

> (21) ㄱ. 김두봉(1916): "늑은 다른 갈래의 씨와 같이 쓰이지 아니하고 홀로 한 월과 같이 쓰이나니..."
> ㄴ. 이규영(1920): "늑씨는 다른 씨처럼 쓰이지 아니 하고 홀로 한 월처럼 쓰임."
> ㄷ. 이희승(1949): "감탄사는 대개 글월의 첫 머리에 쓰이지마는, 그것만 따로 떼어서 어떠한 한 덩어리의 생각이나 느낌을 나타낼 수 있는 말이다. 그러므로 감탄사는 주어나 서술어나 수식어나 한정어로 쓰이어서, 글월을 이루는데 한 개의 성분이 될 수는 없다. 즉 감탄사 하나만으로 한 개의 글월과 같은 구실을 한다."

김두봉(1916)과 이규영(1920)에서는 느낌씨가 다른 씨와는 달리 한 월의 기능을 하고 있음을 나타낸 것이고, 이희승(1949)에서는 느낌씨가 '한 덩어리의 생각이나 느낌을 나타낼 수 있는 말'로 보아 느낌씨가 월의 기능을 함을 나타내었다. 이들의 견해는 느낌씨가 형태적으로 볼 때는 온전한 월의 형식을 갖추지 않았지만, 의미적으로는 온전한 월에 버금가는 표현 효과를 드러내는 점에서 월의 기능을 한다고 본 것이다.[19]

다음은 느낌씨가 월성분으로 기능한다고 주장한 학자들의 견해이다.

> (22) ㄱ. 유길준(1909): "感動詞눈 特別히 言外에 獨立ᄒ야 他 句節에 關連치 아니ᄒ나니..."[20]

---

19) 김민수(1981:169~172)에서는 이들을 소형문(minor sentence)이라고 하고, 소형문의 특징으로 분리성을 가지며 확장성 곧 전개성이 없다고 하고 있다. 또한, 이들을 김승곤(1991)에서는 '작은월', 신지연(1988)에서는 '단어형 문장(phrasillons, word-sentence)'이라고 한다.
20) 다음과 같은 보기를 들어 다시 자세히 설명하고 있다.
(1) 아, 깃븐 비가 온다.
"此에 (아)가 感動詞이니 (깃븐 비가 온다) 云ᄒ는 語에 對ᄒ야 其 意味의 關連ᄒ 바가 업고 語外에 獨立ᄒ야 言者의 喜悅ᄒ는 感情을 表홀 뿐이니 一般感動詞의 用法이 皆此와

ㄴ. 이완응(1920): "一個의 文中에 上述한 四個 成分의 何者에도 屬치
아니하는 語가 有하니 感動詞 及 文을 連續케하는 接續詞와 呼
語·應答 等의 語가 그것이니라."

(23) ㄱ. 최현배(1937): "느낌씨는 마디(句)나 월의 우에 서어서 그 아래의
마디나 월을 꾸미는 씨."

ㄴ. 이상춘(1946): "감탄사는 여러 가지 느낌과 및 부름과 대답까지
나타내는 낱말이니, 글의 위나 아래에서 그 글을 꾸미는 것이다."

(22)의 유길준(1909)과 이완응(1920)의 견해는 느낌씨가 '홀로' 기능을 하
는 월성분임을 언급한 것이고, (23)의 최현배(1937)와 이상춘(1946)의 견해는
느낌씨가 '꾸밈'의 기능을 하는 월성분임을 나타낸 것이다.

'홀로' 기능[21]을 주장한 학자들은 느낌씨가 월 가운데의 다른 성분과 직
접적인 관련을 맺음이 없이 독립성을 가지는 것에 초점을 둔 것이고, '꾸밈'
기능을 주장하는 학자들은 느낌씨가 월 전체를 꾸미는 기능이 있음을 나타
낸 것이다. 이것은 체계언어학에서 월 안에 있는 요소를 월의 어떤 부분과
관련을 시키려고 한 것에서 기인한 것이다.

그리고, 느낌씨가 '홀로'와 '꾸밈'의 두 기능 모두를 한다고 주장하는 학자
로는 김윤경(1948)을 찾아볼 수 있다.

(24) 김윤경(1948): "늑씨는 한 월의 첫 머리에 쓰이어 그 월을 꾸미나 직
접 어느 씨와 매임은 없다."

이 견해는 체계언어학적인 면에서 느낌씨가 '꾸밈'과 '홀로'의 두 기능이
있다고 본 것이다. 느낌씨가 꾸밈의 기능을 한다고 본 것은 느낌씨가 그 뒤

---

如ᄒ야 設或 其 位置가 語句의 中間에 在홀지라도 亦同ᄒ 故로 或 感動詞룰 指ᄒ야 間投
詞라 稱ᄒ는 者도 有ᄒ니라"
21) 느낌씨가 '홀로'의 기능을 한다는 것을 글말의 문장부호와 관련하여 생각해 볼 수 있다.
입말에서는 느낌씨를 다른 것과의 사이에 얼마 간의 동안을 두고 띄어서 발음하지만, 글
말에서는 반점을 찍어서 구획 짓는 일이 많다. 이는 느낌씨가 '홀로' 기능함을 글말에서
나타낸 것으로 볼 수 있다.

에 오는 월 전체를 꾸민다고 본 것이며, '홀로'의 기능을 한다는 것은 다른 꾸밈말하고는 그 성질이 매우 달라서 그 꾸미는 방식이 긴밀하지 아니하여, 월의 짜임에는 형식상으로 큰 관계가 없음을 나타낸 것으로 볼 수 있다.

다음은 느낌씨의 위치에 관한 것이다.

학자들의 견해는 다음과 같다.

(25) ㄱ. 최현배(1930): "월의 우에 서어서..."
     ㄴ. 김윤경(1948): "때로는 월의 끝에 쓰임도 있으나 이는 옳게 쓰임
        은 아니다. 그리하여 첫 머리에 옮기어 쓰면 순순하여지는 것이
        다."
     ㄷ. 정인승(1956): "느낌씨는 월 전체의 뜻을 반영하는 것이므로, 월
        의 앞에 놓임이 원칙이다. 그러나, 경우에 따라 월의 뒤에 놓일
        수도 있고, 혹은 월의 중간에 놓일 수도 있다."

이들의 견해는 느낌씨의 위치가 월 앞에 위치함이 원칙인 것을 밝힌 것이다. 그런데, 정인승(1956)의 견해에서는 느낌씨의 위치가 월의 앞에 놓임이 원칙임의 이유를 밝히고 있다. 그 이유는 느낌씨가 앞 월 전체의 뜻을 반영하기 때문에 월 앞에 온다는 것이다.[22]

정인승(1956)의 견해는 느낌씨가 앞 상황에 대한 반응을 나타내기 때문에 월 앞에 위치하는 것으로 본 것이다. 그리고, 월 중간과 월 끝에도 위치할 수 있다는 것은 우리말의 월성분의 위치가 비교적 자유로운 점과 관련되는 것이다.

---

22) 위치를 월머리, 월 앞 등의 용어로 썼는데 이는 월성분이라는 관점에서 붙여진 것인데, 이 글에서는 이들 느낌씨들이 월성분만으로 기능하는 것이 아니라는 입장에 서기 때문에 후행하는 월의 선행하는 위치라고 하여야 할 것이다. 단위 월에 선행한다는 것은 다시 말해 후행월과는 독립되어 있음을 말한다. 곧 후행월에 개입되어 후행월 내에서 어떠한 역할도 하지 못함을 말한다. 김 일웅(1994) 참조.

## 4.3. 의미적 · 화용적 특성

### 4.3.1. 의미적 특성

의미적 특성에서는 느낌씨의 의미가 들을이의 판단에 따라 그 의미기능을 가진다는 견해와 느낌씨가 월 전체의 의미를 반영한다는 견해에 관한 것이다.

먼저 들을이의 판단에 따라 그 의미기능을 가진다고 주장한 학자는 유길준(1987~1904)이다.

(26) 유길준(1987~1904): "感情에 因하는 分別은 讀者의 自解로 知得할 듯…"

유길준(1987~1904)의 '讀者의 自解로 知得'은 느낌씨의 의미를 말할이와 들을이가 협동적으로 알아야 한다는 것으로, 말할이의 의도와 들을이의 이해가 일치되어야 그 의미를 정확하게 알 수 있다는 견해이다.

이는 느낌씨가 상황에 따라 그 의미기능이 다양하게 나타나는 것과 관련되는 것이다.

월 전체의 뜻을 한 말로 반영한다고 주장한 학자의 견해는 다음과 같다.

(27) 정인승(1956): "월의 앞이나 중간이나 뒤나에 덧붙어가든지, 혹은 월은 없이 월의 대신으로 되든지 하여…"

정인승(1956)의 견해에서 '월의 대신으로 되든지'는 느낌씨가 홀로 사용되면 월 전체의 의미를 느낌씨가 반영한다는 것으로 느낌씨가 한 월의 기능을 할 수 있다는 것을 나타내는 견해이다.

느낌씨가 월 전체의 뜻을 나타낸다는 것은 느낌씨가 앞 상황에 대한 반응을 한 단위로 집약적으로 나타내는 것과 관련되는 것이다.

## 4.3.2. 화용적 특성

화용적 특성에서는 느낌씨가 말할이 중심의 말, 민족지학적[23]인 언어 요소, 발화 상황에 대한 직접적인 요소, 한 덩어리의 사고를 나타내는 말이라는 주장에 대한 것이다.

우선 느낌씨가 말할이 중심의 말이라는 견해에 대해 살펴보자.

(28) ㄱ. 정렬모(1946): "감동사는 말하는 사람 자기의 사상상태를 주관적으로 표시하는 감말."

ㄴ. 심의린(1949): "自己만의 驚歎과 應對."

ㄷ. 이인모(1949): "딴 씨는 사람의 생각을 객관적으로 나타내는 것이지만, 느낌씨는 느낌을 주관적으로 나타내는 것이다."

ㄹ. 최현배(1956): 느낌을 나타내는 말은 "말하는 이가 기쁨과 슬픔의 느낌들을 직접으로 나타낼 적에 쓰이는 말"

심의린(1949)과 최현배(1956)는 느낌씨가 말할이의 감정을 나타낸 것을 강조하는 견해이며, 정렬모(1946)와 이인모(1949)는 느낌씨를 다른 씨와 비교하여 앞 상황에 대한 반응을 말할이가 주관적으로 표현한 것임을 강조한 견해이다.

이들의 견해는 어떤 씨의 특성을 설명하는데, 말할이와 들을이라는 개념을 끌어 들여 설명했다는 점에서 그 의의가 있다고 하겠다.[24]

다음은 느낌씨가 민족지학적인 언어 요소라는 견해이다.

(29) 최현배(1956): "그 느낌을 나타내는 소리가 말이 되려면, 사회의 버릇

---

23) 민족지학적인 방법(ethomethodology)은 언어와 사회문화적 맥락 사이에 존재하는 관련성을 체계적으로 분석함으로써 밝혀지게 될 언어사용의 기능에 관심을 가지는 연구 방법이다.

24) 감정이나 태도를 개념적인 낱말로 나타낼 때에는 말하는 사람 자신의 감정뿐만 아니라 말을 듣는 사람이나 제삼자의 감정도 나타낼 수 있다. 그러나, 느낌씨는 오직 말하는 사람 자신의 감정, 의지, 요구 등 다양한 느낌을 나타낸다. 이러한 특성에 비추어 볼 때 개념적 낱말은 사유의 표식으로 되며, 느낌씨는 감정적 신호의 표식으로 된다고 말할 수 있다. 바로 여기에 개념적 낱말들과 구별되는 느낌씨의 기본 특성이 있다.

과 전통에 어울려 맞아야 한다."

최현배(1956)의 견해는 한 나라 언어의 느낌씨는 그 나라의 사회적·문화적 특성으로 형성될 뿐만 아니라, 그 나라의 사회적·문화적 쓰임에 맞게 사용되어야 그 기능을 한다는 것으로 이는 각 나라마다 느낌씨의 형태와 기능이 다름을 표현한 것이다. 이것은 느낌씨가 그 나라의 민족지학적인 언어 요소임을 보인 것이다.[25]

느낌씨가 발화 상황에 대한 직접적인 말이라는 견해는 다음과 같다.

(30) ㄱ. 심의린(1935): "感動할 때 偶然히 發하야 나오는 感情의 말을 感歎詞."
　　 ㄴ. 장지영(1937): "마음에 질겁거나 슯브거나 놀나거나 할 때에 느낌이 생기어 갑작이 하는 말을 늑씨."
　　 ㄷ. 최현배(1956): "말하는 이가 기쁨과 슬픔의 느낌들을 직접으로 나타낼 적에 쓰이는 말을 느낌씨."
　　 ㄹ. 김민수 밖(1960): "감탄사는 자기의 생각과 느낌을 자세히 나누어 나타내는 것이 아니고, 생각과 느낌을 그냥 직감적(直感的)으로 또는 종합적(綜合的)으로 나타내는 것이다."
　　 ㅁ. 고창식 밖(1965): "감동이나 부름, 대답 등의 뜻을 직접적으로 나타낸다."

심의린(1935)과 장지영(1937)의 견해는 느낌씨가 '우연히', '갑자기' 하는 말이라고 한 견해로서, 느낌씨가 앞 상황에 대한 즉발적인 반응을 표시하는 것으로 본 것이며, 최현배(1956)와 고창식(1965)의 견해는 느낌씨가 어떤 상황을 직접적으로 나타낼 적에 쓰이는 말이라고 한 견해로, 이는 느낌씨가 다른 씨와 달리 명명적 기능을 가지지 않고 말할이의 반응을 직접적으로 나타내었다는 것이다. 김민수 밖(1960)의 견해는 느낌씨가 '직감적, 종합적'인

---

25) 이러한 것은 '아이고, 잘못했구나.'와 'Oops! My mistake.'에서 '아이고'와 'Oops!'를 비교해 보면 알 수 있다.

말이라는 견해로 느낌씨가 앞 상황에 대한 반응이 직감적이며, 앞 상황의 의미를 종합적으로 나타내는 말이라는 것이다.

이들의 견해는 느낌씨가 발화 상황에서 직접적으로 쓰인 말임을 보인 것으로, 이는 느낌씨가 입말의 발화 상황에서 대부분 사용된다는 것을 나타낸 것으로 볼 수 있다.

## 5. 느낌씨의 정의

이 장에서는 각 학자들이 느낌씨의 특성을 어떻게 파악하여 느낌씨의 정의에 반영하고 있는 지를 살펴본다.[26]

### 5.1. 하나의 특성으로 정의

하나의 특성으로 정의한 것은 느낌씨의 여러 특성 중에서 하나의 특성만을 반영하여 느낌씨를 정의한 것이다. 여기에는 의미적 정의, 통어적 정의, 화용적 정의가 있다.

#### 5.1.1. 의미적 정의

의미적 정의는 느낌씨의 정의를 느낌씨의 의미적 특성에 따라 정의한 것인데, 대표적인 학자들의 견해는 다음과 같다.

(31) ㄱ. 유길준(1897~1904): "感歎詞는 喜怒哀樂 及 感歎等에 顯하는 詞를 謂함이니…"
ㄴ. 주시경(1910): "놀나거나 늣기어 나는 소리를 이르는 기."
ㄷ. 김희상(1927): "무엇을 느끼어 탄식하는 말."

---

26) 여기서 느낌씨의 정의는 각 학자들이 느낌씨에 대한 전체 설명에 대한 것이 아니고, 느낌씨를 정의한 부분에서 말한 것만을 인용한다.

이들의 견해는 느낌씨의 정의를 '느낌, 놀람, 탄식' 등의 감정적 의미를 중점적으로 하여 정의한 것으로 학자에 따라 감정을 추상적으로 표현한 것과 구체적으로 표현한 것이 있다. 이는 느낌씨를 단지 사람의 감정을 순수하게 나타내는 것으로 본 것이다.

## 5.1.2. 통어적 정의

통어적 정의는 느낌씨의 통어 상의 특성을 중심으로 정의한 것이다.
대표적인 학자의 견해는 다음과 같다.

(32) ㄱ. 박승빈(1931): "문의 구성에 다른 단어와 연결의 관계가 없음."
ㄴ. 박윤경(1948): "늑씨는 한 월을 꾸미거나 홀로 월 같이 쓰이거나 하는 모임 씨."
ㄷ. 박태윤(1948): "어법의 형식상 독립적으로, 한 완전한 의사 표시를 대신할 수 있게 된 낱말."

이들의 견해는 느낌씨가 월에서의 통어적 기능 즉, 홀로 기능과 꾸밈 기능을 하는 요소임을 특성으로 정의한 것이다. 또한, 느낌씨가 월로서의 기능, 즉 '완전한 의사 표시를 대신할 수 있는 낱말'임을 특성으로 삼아 정의한 것이다.

## 5.1.3. 화용적 정의

화용적 정의는 화용적 특성을 포함하여 정의한 것이다.
이렇게 정의한 학자는 정렬모(1946)이다.

(33) 정렬모(1946): "말하는 사람 자기의 사상상태를 주관적으로 표시하는 감말이다."

이 견해에서 살펴 볼 수 있는 것은 '말하는 사람, 주관적'이라는 용어를 사용하여, 느낌씨가 상대방이나 제3자가 아닌 말할이 자신의 감정을 표현하는 것에 초점을 두어 정의한 것이다.

## 53.2. 복합적 특성으로 정의

복합적 특성으로 정의한 것은 느낌씨의 여러 특성 중에서 둘 이상의 특성을 모아서 정의한 것으로 이것은 다음과 같이 나눌 수 있다.

### 5.2.1. 형태적·통어적 정의

형태적·통어적 정의는 느낌씨의 형태적 특성과 통어적 특성을 고려하여 정의한 것이다.
이런 정의를 한 학자는 홍기문(1947)에서 찾아볼 수 있다.

(34) 홍기문(1947): "원래 고립해 있는 말이다. 문법 상 별로 변화가 없다"

홍기문(1947)은 느낌씨의 대부분이 불변화사인 형태적 특성과 홀로말의 기능을 하는 통어적 특성에 중점을 두어 정의한 것이다.

### 5.2.2. 통어적·의미적 정의

통어적·의미적 정의는 느낌씨의 통어적 특성과 의미적 특성을 고려하여 정의한 것이다.
이런 정의를 한 학자는 다음과 같다.

(35) ㄱ. 최현배(1937): "마디(句)나 월의 우에 서서서 그 아래의 마디나 월
을 꾸미는 씨니, 그 뜻이 항상 느낌을 나타내는 것이므로…"
ㄴ. 이상춘(1946): "느낌과 부름과 대답까지 나타내는 낱말이니, 글의

위나 아래에서 그 글을 꾸미는 것."

    ㄷ. 정인승(1956): "다른 낱말과 직접 붙지 않고 따로 떨어진 대로, 월
의 앞이나 중간이나 뒤나에 덧붙어 가든지, 혹은 월은 없이 월의
대신으로 되든지 하여, 느낌이나 간단한 의사를 나타내는 낱말
들."

  통어적 특성에서는 느낌씨의 홀로 기능과 꾸밈 기능, 위치, 월의 기능 등
에 초점을 두고 있으며, 의미적 특성에서는 느낌씨의 표현 내용이 '느낌, 부
름이나 대답' 등을 포함하고 있음을 강조하고 있다.

### 5.2.3. 의미적 · 화용적 정의

  의미적 · 화용적 정의는 느낌씨의 의미적 특성과 화용적 특성을 고려하여
정의한 것이다.

  이런 정의를 한 학자는 다음과 같다.

  (36) ㄱ. 심의린(1935): "감동할 때 우연히 발하야 나오는 감정의 말."
      ㄴ. 장지영(1937): "마음에 질겁거나 슯브거나 할 때에 느낌이 생기어
갑작이 하는 말…"
      ㄷ. 이인모(1949): "느낌을 주관적으로 말소리로 나타내기도…"
      ㄹ. 최현배(1956): "말하는 이가 기쁨과 슬픔의 느낌들을 직접으로 나
타낼 적에 쓰히는 말."
      ㅁ. 허 웅 밖(1960): "자기의 생각과 느낌을 자세히 나누어 나타내는
것이 아니고, 생각과 느낌을 그냥 직감적(直感的)으로 또는 종합
적(綜合的)으로 나타내는 것이다."

  이들의 견해는 느낌씨가 '생각, 느낌' 등을 나타내는 의미적 특성과 '우연
히, 갑작이, 주관적, 직접으로, 직감적, 종합적' 등의 표현으로 느낌씨가 화용
적 요소를 다분히 간직하고 있음에 중점을 두어 정의한 것이다. 이들이 화

용적 요소를 느낌씨의 정의에 반영한 것은 느낌씨에 대한 새로운 시각과 입말에 대한 연구에 기여한 바가 크다고 하겠다.

## 6. 마무리

지금까지 논의한 내용을 요약하면 다음과 같다.

1. 앞선 학자들은 느낌씨의 명칭을 의미에 초점을 둔 의미적 명칭과 기능에 초점을 둔 기능적 명칭으로 나누는데, 의미적 명칭은 느낌씨 범위에 속하는 것을 모두 묶을 수 없다는 약점이 있다. 따라서, 기능적으로 명칭이 되어야 하나, 이렇게 하면, 우리말 모든 씨의 명칭과 관련되는 것이므로, 앞으로의 연구를 통하여, 씨가름의 기준도 함께 고려가 되어 씨의 명칭을 정하여야 할 것이다.

2. 느낌씨의 범위도 학자에 따라 의미적 바탕으로 설정한 것과 기능적 바탕으로 설정한 것이 있는데, 의미적 범위는 의미에 초점을 두어 느낌씨 범위를 설정한 것으로, 대답말과 부름말, 느낌씨끝과 느낌토씨 등을 그 범주에 넣고 있다. 그러나, 이는 대답말과 부름말이 진정한 느낌을 나타내는 것이 아니므로, 기능적 범위에 따라 그 범위를 설정해야 할 것이다. 또한, 사람의 소리 흉내말에서 보았듯이 같은 형태가 맥락에 따라 그 기능이 달라지는 것이 많으므로, 맥락을 고려하여 느낌씨 범위를 설정해야 할 것이다. 한편, 느낌씨의 범위에 함께 넣고 있는 순수 느낌을 나타내는 말, 파생 느낌말, 대답말, 부름말, 입버릇말과 말더듬말, 소리 흉내말 등은 각각 음운적, 형태적·통어적, 의미적·화용적 특성이 서로 다른 점이 있음으로 이들 각각에 대한 개별적인 연구가 이루어 져야 할 것이다.

3. 느낌씨의 음운적 특성은 같은 형태가 운소적 요소에 따라 다른 기능을 한다는 것이며, 형태적 특성은 느낌씨의 형성이 원래 느낌씨와 다른 씨들이 명명적 기능을 상실하고 단순히 감정이나 의지 또는 욕구를 표시하는 것으

로 바뀐 파생 느낌씨로 이루어진다는 것, 또 대부분의 느낌씨는 활용하지 않지만, 들을이와 관련되는 몇몇 느낌씨는 활용한다는 것이다. 통어적 특성은 느낌씨가 월의 기능을 한다는 견해와 월성분으로 기능을 한다는 견해로 나눌 수 있는데 월성분의 기능을 한다고 주장하는 견해는 다시 꾸밈 기능과 홀로 기능을 한다는 견해로 나누어지며, 느낌씨는 월 앞에 위치한다는 등의 특성이 있다. 의미적 특성으로는 들을이의 판단에 따라 그 의미 기능을 가진다는 주장과 월 전체의 뜻을 반영한다는 것이고, 화용적 특성으로는 말할이 중심의 말, 민족지학적인 언어 요소, 발화 상황에 대한 직접적인 요소, 한 덩어리의 사고를 나타내는 말 등으로 보는 견해가 있다.

4. 하나의 특성으로 느낌씨를 정의한 것은 의미적 특성으로 정의한 것, 통어적 특성으로 정의한 것, 화용적 특성으로 정의한 것으로 나눌 수 있다. 복합적 특성으로 정의한 것은 형태적·통어적 특성으로 정의한 것, 통어적·의미적 특성으로 정의한 것, 의미적·화용적으로 정의한 것으로 나눌 수 있다.

## 참고 논저

강우원(1994), '홀로말의 특성', 한글 제225호, 한글학회.
_____(1994), '홀로말의 유형과 화용적 특성', 부산한글 제13집, 한글학회 부산지회.
_____(1999), '느낌씨의 국어학사적 검토(1)-명칭, 범위를 중심으로-', 언어과학 6권 2호, 동남언어학회.
김민수(1981), 국어의미론, 일조각.
김민수 밖 편저(1986), 역대한국문법대계 제1부, 탑출판사.
_____(1986), 역대한국문법대계 제2부, 탑출판사.
김병하·황윤종(1957), 조선어 문법, 국립교육도서출판사.
김선희(1994), '감탄사와 담화표지의 관련성', 우리말 연구 제1집, 우리말 학회.
김일웅·김하얀(1994), '홀로말은 모자란 월이다', 우리말 연구 제4집, 우리말 연구회.
남기심 외(1985), 표준 국어문법론, 탑출판사.
신지연(1988), '국어 간투사의 위상 연구', 국어 연구 83호, 국어 연구회.

허  웅(1983), 국어학, 샘문화사.

Grice, H. Paul(1975), "Logic and Conversation" Syntax and Semantics. Vol. 3: Speech Acts. Peter Cole and Jerry L. Morgan, eds. New York: Academic Press.

강우원   621-749 김해시 어방동 607 인제대학교 국문과          ⓣ055-320-3154
        621-190 김해시 삼방동 한일 아파트 3동 1203호
        ⓔkllkangw@ijnc.inje.ac.kr

# 한국어 어휘 교육의 방향

우 형 식

## 1. 머리말

어휘는 그 자체가 하나의 개념을 나타내며, 따라서 개인의 인지적인 능력을 구성하는 핵심적인 요소이다. 또한 어휘는 언어에서 기초적인 의미 단위로서, 의미를 이해하고 표현하는 데 기본적인 바탕이 된다. 그것은 언어가 형식적으로는 음성이나 문자로 표현되지만, 이에는 반드시 의미가 수반되는 것이기 때문이다. 따라서 어휘는 언어의 이해와 표현에서 의미의 기본 요소가 되는 것이다.[1] 이와 같이 의미를 파악하기 위해서는 기초적인 의미 단위인 어휘에 대한 이해가 요구된다. 즉, 언어로 이해하고 표현하는 것은 궁극적으로 의미를 주고받는 것이므로, 의미의 기초 단위가 되는 어휘는 언어 교육에서 가장 기본이 되는 것이다.

전통적으로 외국어 교육에서 어휘 교육은 매우 중요한 영역의 하나로 인식되어 왔다. 이는 목표 언어를 통한 독해와 작문 능력을 지향하는 전통적인 문법·번역식 교수법에서 어휘를 문법과 아울러 가장 중요한 교육 요소로 삼았던 점으로 이해할 수 있다. 이러한 생각은 오늘날의 언어 교육에서도 크게 달라지지 않았다. 우리가 외국어를 학습해 본 경험을 통해서 어휘력이 얼마나 중요한가 하는 점은 쉽게 이해할 수 있는 것이기도 하다.

---

[1] 어휘의 의미(meaning)는 크게 개념적(conceptual) 의미, 내포적(connotative) 의미, 문체적(stylistic) 의미, 정서적(affective) 의미, 반영적(reflected) 의미, 연어적(collocative) 의미, 주제적(thematic) 의미 등으로 구분될 수 있다. 이 중에서 외국어 교육에서의 어휘는 일차적으로 개념적 의미를 습득하는 것이 중요하다.

어휘는 언어 사용자의 사고 방식이나 문화적인 특징을 반영한다. 그리하여 언어에 따라 어휘의 형식과 내용의 대응 관계가 다르다든지, 특정 부류의 어휘가 발달되어 있다든지 하여 서로 다른 체계를 지닌다. 따라서 어휘의 의미에 대한 이해는 단순한 사전적인 의미에 그치는 것이 아니라, 해당 언어 사용자들의 의식과 문화에 대한 이해와 맞물리는 것이기도 하다.

이 글은 한국어 교육에서 어휘를 어떻게 선정하여 제시할 것인가 하는 문제를 다룬다. 이를 위해서는 우선 한국어 어휘 체계의 특징을 이해할 필요가 있을 것이며, 기본 어휘의 선정과 관련되는 문제가 대두될 것이다. 그리고 교육 현장에서 구체적으로 어떻게 어휘를 제시하고 용법을 설명할 것인지의 문제를 언급하게 될 것이다.

## 2. 어휘력과 어휘 관계

**2.1.** 어휘 교육에서는 학습자가 목표 언어의 어휘를 얼마나 알고 있는가도 문제가 되거니와, 또한 습득한 어휘를 어떻게 적절히 사용하는가 하는 것도 매우 중요하다. 언어 교육에서는 이러한 문제를 어휘력(vocabulary)이라는 용어로 표현하는데, 이것은 언어 능력을 평가하는 주요한 영역 중의 하나이다.[2] 또한 어휘력은 듣기, 말하기, 읽기, 쓰기 등의 언어 기능이 실현되는 가장 기초적인 요소이기도 하다.

어휘 지식이 왜 언어 능력과 밀접한 관계가 있는지를 설명하는 이론으로는 도구 가설과 언어 적성 가설, 그리고 지식 가설이 있다고 한다(박영목 외, 1998:272~4). 우선 도구(instrument) 가설에서는 어휘에 대한 지식이 텍스트를 이해하는 데 인과적인 연쇄 관계에 있다고 본다. 즉, 단어를 많이 알고 있을수록 텍스트의 이해 정도가 높아진다는 것이다. 그런데 도구 가설은 단어가 텍스트의 이해에 필수적인 조건이 된다는 점을 강조하지만, 이러한 연

---

2) 김광해(1997)에서는 학습자가 습득한 어휘의 양을 어휘력이라 하고, 이것을 '텍스트에 사용된 어휘 목록의 범위, 또는 개인 화자가 동원할 수 있는 어휘 목록의 범위'라고 정의한다. 한편, 어휘력과 함께 어휘 능력(lexical competence)이라는 용어도 사용하는데, 이것은 '어휘를 이해하고 구사하는 데 관련된 일체의 능력'이라 해석한다.

쇄 관계가 어떻게 나타나는 것인지에 대해서는 설명하지 않는다.

언어 적성(aptitude) 가설에서는 알고 있는 어휘의 양보다는 언어에 대한 이해력이 빠른 사람이 어휘력이 높게 나타난다고 본다. 따라서 많은 어휘 지식이 텍스트를 이해하는 데 직접적인 관련이 없으며, 언어 감각이 높은 사람이 어휘력도 높아지고, 아울러 텍스트에 대한 이해도 정확성이 높다는 것이다.

지식(knowledge) 가설에서는 어휘력이 문화적 배경 지식의 정도를 반영한다고 본다. 즉, 목표 언어에 대한 문화적인 배경 지식이 높을수록 어휘력이 높아지고, 따라서 텍스트에 대한 이해도 높이 나타난다는 것이다. 이것은 도구 가설과 유사하면서도 서로 구별되는 점이 있다. 즉, 도구 가설이 개별 단어의 의미를 강조하는 데 비해서, 지식 가설은 개념을 이해하는 골격, 즉 스키마(schema)를 강조한다.

그러나 이 세 가지 이론 중에서 어느 것이 타당한지에 대해서는 검증되지 않았다. 아마도 이 세 가지는 나름대로의 영역에서 어휘력이 언어 능력에서 차지하는 비중을 설명하고 있는 것이라 할 수 있다. 따라서 포괄적인 의미에서 어휘력은 어느 정도의 단어를 이해하는가의 능력으로서 텍스트를 이해하는 도구가 되며, 높은 언어 감각과 문화적인 배경 지식이 요구되는 언어 능력의 한 부분이라 할 수 있다.

**2.2.** 언어 능력과 관련한 어휘력에서는 개별 어휘 그 자체가 아니라 이들의 형태와 의미, 용법에 대한 이해의 폭과 깊이가 중요하다. 김광해(1997)에서는 단어 하나를 습득할 때 엄청난 양의 정보가 수반되어 입력된다고 하면서, Nation(1990)에 따라 단어 하나를 수용하거나 생산하는 데 관련된 언어 내적 지식을 다음 표와 같이 제시한다.

이것은 어휘 교육이 양적 측면뿐만 아니라 개별 단어가 실제로 사용되는 양상을 이해하고 적용할 수 있는 능력을 키워야 함을 의미한다. 따라서 어휘 교육에서는 우선 단어의 사전적 정의와 문맥적 의미를 동시에 다루어야 하며, 또한 단어에 대한 심층적인 이해가 이루어지도록 접근되어야 한다.

| 구분 | | 언어내적 지식 | |
|---|---|---|---|
| | | 수용 | 생산 |
| 형태 | 구어 | 어떻게 들리는가? | 어떻게 발음되는가? |
| | 문어 | 단어가 어떻게 생겼는가? | 어떻게 쓰는가? 철자는 어떠한가? |
| 위치 | 문법적 구조 | 어떤 구조에서 단어가 나타나는가? | 어떤 구조에서 단어를 써야 하는가? |
| | 호응 관계 | 단어의 앞뒤에 어떤 유형의 단어가 올 것으로 예상되는가? | 어떤 유형의 단어를 다른 단어와 같이 써야 하는가? |
| 기능 | 빈도 | 단어의 수준은 어느 정도인가? | 단어를 얼마나 자주 사용해야 하는가? |
| | 적절성 | 이 단어를 어디서 만날 것으로 예상되는가? | 이 단어를 어디에다 써야 할 것인가? |
| 의미 | 개념 | 단어의 의미는 무엇인가? | 이 뜻을 표현하기 위해서는 어떤 단어를 써야 하겠는가? |
| | 연합 | 이 단어가 상기시키는 다른 단어들은 무엇인가? | 이 단어 대신에 쓸 수 있는 다른 말은 무엇인가? |

단어의 의미를 안다는 것은 사전적인 것과 문맥적인 것을 모두 이해함을 뜻한다. 따라서 어휘 교육에서는 학습자가 이미 습득한 어휘와 새로 습득하게 되는 어휘를 관련짓는 활동이 요구된다. 이를 위해서는 단어 사이의 의미적인 관계를 통해 유의어나 반의어 등으로 확대될 수 있으며, 빈칸 넣기나 관련 어휘 찾기, 짧은 글 짓기 등의 활동을 통해 습득한 단어를 연습할 수 있다.

단어의 의미에 대한 이해는 학습자의 사전 지식을 활용하는 것이 적절하다. 즉, 새로 학습하는 단어를 학습자의 사전 경험이나 지식과 관련시킴으로써, 유의미적인 학습이 이루어지고 단어에 대한 깊이 있는 이해가 가능하게 된다. 아울러 다른 영역과 마찬가지로 어휘 교육도 학습자의 능동적인 참여를 유도할 수 있는 방향으로 이루어져야 한다.

**2.3.** 어휘 사이의 의미 관계(유의, 대립, 상하, 동음이의, 다의 등)도 어휘 교육에서 어휘의 확장과 관련하여 중요한 의의를 지닌다. 즉, 어휘 교육에서

는 교육 대상이 되는 어휘(예를 들면, 교재의 해당 단원에 등장하는 어휘)뿐만 아니라 이를 바탕으로 하여 더 많은 어휘를 제시할 필요가 있는데, 어휘 사이의 의미 관계는 관련되는 어휘를 선택하여 확장하게 되는 근거가 되는 것이다. 특히 의미장이 내용상으로 인접하고 있고 상호 의존하여 서로 기능을 규정하는 낱말들의 무리라고 정의된다고 보면, 한국어 교육에서 특정 주제(예를 들어, 인사, 방문, 물건 사기, 여행, 취미, 학교 생활 등)와 관련되는 어휘는 일종의 의미장으로 구별될 수 있다는 점에서 유용하다.

또한 어휘 사이의 관계는 언어학적인 측면뿐만 아니라, 조현용(2000:115~120)에서 지적하고 있는 것처럼 경어와 평어, 완곡어, 비속어, 유행어, 방언과 표준어, 외래어와 고유어 등과 같은 사회언어학적인 측면에서의 어휘 관계도 고려할 필요가 있다.3)

**2.4.** 어휘는 통합적으로 더 큰 구성을 이룰 때 연어적인 관계를 형성한다. 연어적 구성은 문법 이론에서의 선택 제한(selectional restriction) 또는 호응 관계(co-occurence relation)와 관련된다. 다시 말하면 어떤 중심어(보통은 서술어)가 그에 딸리는 어휘를 선택하여 더 큰 언어 구성체를 이룰 때, 특정 의미를 지닌 어휘를 선택하게 된다는 것이다. 외국어의 어휘 교육에서 이러한 연어적 제약은 매우 중요한 가치를 지닌다. 그것은 목표 언어의 어휘와 의미상으로 대응되는 학습자의 모국어 어휘가 용법상에서도 반드시 일치하는 것은 아니기 때문이다.

강현화(2001)에서는 어휘의 호응 정보에 대한 기술은 실제 자료를 바탕으로 이루어져야 하며, 이를 통해 어휘의 문법 정보에 대한 정확한 기술을 가능케 하고 나아가 기초 어휘들의 교육에도 큰 도움을 줄 것이라고 하면서, 이를 위해 교육용 말뭉치(corpus)의 중요성을 강조하고 있다. 특히 여기에서

---

3) 이와 함께 한국어 교육에서 속어나 은어를 어떻게 다루어야 하는 점이 문제가 될 것이다. 또한 지역적 특수성을 감안할 때, 지방에 소재해 있는 한국어 교육 기관의 경우에는 그 지방의 방언을 교육의 대상으로 삼아야 하는지의 문제도 대두된다. 이를 위해서는 현실적인 언어 생활에서 쓰이고 있는 정도를 바탕으로 하여 속어 사전이나 방언 사전 등이 마련될 필요가 있을 것이다. 아울러 속어나 방언이 교재에 반영될 정도는 아니더라도, 학습자들이 일상 생활에서의 의사 소통에 필요한 범위 내에서 교육되어야 할 것으로 보인다.

는 이러한 어휘적인 호응 정보가 실제로 언어적 직관이 부족한 학습자에게 발화나 작문에 도움을 줄 수 있음을 강조한다. 특히 필수적인 호응에 대해서는 비교적 연구가 되어 왔고 그 수도 제한되어 있으나 수의적인 호응 관계는 그리 주목을 받지 못했는데, 말뭉치는 수의적인 호응 관계에 대한 정보까지도 제공해 주며, 또한 의미적으로 유사한 어휘들 중에는 문법적인 제약으로 인한 구별은 어려우나 화용적인 정보에 의해 구분되는 것들도 말뭉치를 통해 확인할 수 있다는 것이다.

말뭉치는 어휘의 다양한 용례를 제공함으로 해서 용례를 바탕으로 한 유사어의 대체를 통해 의미를 변별할 수 있게 한다. 또한 등급별로 정선된 말뭉치의 제공을 통해 문맥 안에서 해당 어휘를 습득할 수 있는 방법을 제공할 수 있으며, 구체적으로는 적절한 용례를 추출하는 데에도 활용되는 것이다.4) 특히 한 어휘의 다의적인 현상에 따라 문장의 형식도 달라지게 되는데, 말뭉치를 통해 얻은 문형 정보는 실제적인 용법을 통하여 어휘를 제시하는 데 상당한 도움을 제공해 주는 것이다.

## 3. 어휘의 선정

**3.1.** 외국어로서의 한국어 교육에서는 실용적인 어휘를 중심으로 단계적으로 제시해야 하는데, 이를 위해서는 어휘별 빈도 조사가 선행되어야 한다. 따라서 주제별로 사용되는 어휘를 수집하여 빈도가 높은 것부터 차례로 학습할 수 있도록 제시되어야 한다. 한국어 교육에서 제시되는 어휘는 그 범위와 수가 중요한데, 일반적으로 기본 어휘를 중심으로 제시한다.5)

Richard(1970)에서는 기본 어휘의 선정 기준을 빈도(frequency), 분포 범위(range), 언어의 필요(language need), 이용도 및 친숙도(availability and familiarity),

---

4) 실제로 말뭉치를 이용하여 동사의 용례를 문형을 중심으로 제시할 수 있다. 이것을 한국어 세계화추진위원회의 '한국어 문형 사전의 개발 사업 보고서'(2000)에서는 한국어 교육용 기초 어휘 중 용언 286개를 추출하여 의미를 세분하고 그에 따른 문형과 용례를 기술하고 있다.
5) 기본 어휘란 기본적인 일상생활에서 가장 일반적으로 사용되며 사용 빈도수가 높은 어휘를 말한다.

적용 범위(coverage), 규칙성(regularity), 학습 용이도 또는 학습 부담(ease of learning or learning burden) 등을 들고 있다. 특히 이 중에서 빈도가 가장 중요하면서도 객관적인 선정 기준이 될 수 있을 것이다.

그러나 Nation(1990)에서는 빈도 조사에서 몇 가지 유의할 점을 지적하고 있다(조현용, 2000 재인용). 우선 빈도 조사를 위한 말뭉치의 크기가 적절해야 한다는 것이다. 그것은 한국어 사용에서 어휘가 차지하는 빈도를 좀더 정확히 산출하는 데 필요하기 때문이다. 그리고 말뭉치는 문어와 구어를 모두 반영하는 것이어야 하며, 또한 텍스트 유형이나 화제, 언어 사용역, 상황 등과 같은 말뭉치의 범위에 대해서도 고려해야 한다. 그리고 말뭉치는 최신 정보를 상당 부분 수용하여 시사 용어나 그때그때 사용되는 어휘들에 대한 정보를 얻을 수 있어야 한다.

**3.2.** 기본 어휘의 수에 대해서는 여러 견해가 있으나, 실제로 한국어 교육의 초급 단계에서 요구되고 있는 것은 1,000개 정도이다. 그런데 한국어 능력 시험에서 보면, 2급에서 1,500~3,000개, 3급에서는 일상 생활에서 불편함이 없을 정도의 양을 요구하고 있다.6)

교육용 기초 어휘를 선정하기 위해서는 우선 빈도 조사가 필요할 것이다. 그러나 하나의 어휘 형태가 동음이의적이거나 다의적인 현상으로 다양한 의미로 쓰인다는 점에서 보면, 단순한 어휘 형태의 선정만으로는 부족하다. 동음이의적인 특정 형태들 사이에도 빈도 차이가 있을 것이며, 동일한 어휘 항목이라 하더라도 이것이 지니고 있는 다의적인 의미 항목에 따라 용법상에서 차이가 있는 것이다. 그리하여 교육용 어휘 사전에서는 한 어휘의 다양한 의미 항목이 구별되고, 각각의 의미 항목에 따른 빈도가 제시되어야 한다. 따라서 한국어 교재에서 특정한 어휘를 활용하고자 할 때는 어떤 의미 항목부터 접근해야 하는지를 사전을 통해 확인할 수 있어야 한다.

이에 따라 하나의 어휘 항목이 지니고 있는 여러 의미 항목에 대한 빈도

---

6) 서상규·남윤진·진기호(1998)에서는 어휘 사용률을 바탕을 둔 어휘 분포 분석과 어휘 증가율에 따른 구간의 분석을 통하여, 기본 어휘 후보 목록을 사용률 80% 이상에 해당하는 약 5,000개를 제안하고 있다.

조사가 요구된다. 서상규 외(2000)의 '한국어 교육 기초 어휘 의미 빈도 사전의 개발 사업 보고서'에서는 총 100만 어절의 표준적 한국어 교육용 말뭉치를 바탕으로 1,087개의 기초 어휘를 선정하고 있는데,[7] 이것을 품사별로 보면 다음과 같다.

| 품사 | 명사 | 의존명사 | 대명사 | 수사 | 관형사 | 부사 | 형용사 | 동사 | 보조용언 | 감탄사 | 계 |
|---|---|---|---|---|---|---|---|---|---|---|---|
| 수(개) | 481 | 75 | 21 | 22 | 23 | 123 | 69 | 233 | 20 | 20 | 1,087 |
| 비율(%) | 44.25 | 6.90 | 1.93 | 2.02 | 2.12 | 11.32 | 6.35 | 21.44 | 1.84 | 1.84 | 100.00 |

여기에서 조사는 의존 형태소로서 문법 요소의 하나로 하여 포함되지 않았으며, 오히려 의존명사와 보조용언이 특정 영역으로 고려되었다. 그것은 이들이 문법적인 기능을 담당하기도 하지만, 그 자체로는 하나의 어휘에 해당하는 것이기 때문이다.[8]

그런데 학습자가 습득한 어휘는 실제로 사용된다 해도 듣거나 읽어서 이해하는 데 사용되는 것과 말하거나 쓸 때 사용되는 것은 어휘 수에서 다르다. 김광해(1993:57)에서는 모국어 화자의 언어에서 나타나는 것을 바탕으로 하여, 전자를 이해 어휘(수동적 어휘, 획득 어휘)라 하고 후자를 사용 어휘(능동적 어휘, 발달 어휘)라 하여 구분하는데, 일반적으로 사용 어휘의 양은 이해 어휘의 3분의 1 정도가 된다고 한다. 이러한 구분은 외국어 학습에서도 적용될 수 있을 것이나, 그 양에서는 크게 다를 것이다.

한 언어의 기본 어휘는 이러한 양적인 측면도 고려되어야 하지만, 내용별 분류 또한 고려해야 한다. 따라서 빈도를 기준으로 기본 어휘를 설정하는 것은 객관성을 보장받을 수 있으나, 실제로 일상 생활의 의사 소통에서 필요한 어휘가 그대로 반영된다고 하기는 어렵다.[9]

---

7) 이것은 2000년도 한국어 세계화 추진을 위한 기반 구축 사업(문화관광부)의 일환으로 이루어진 것이다. 그런데 제시된 어휘가 어휘 의미 빈도 조사를 위한 자료라는 점에서 순수하게 교육용 기초 어휘로 선정된 것인지에는 의문이 있다.

8) 특히 의존명사나 보조용언은 다른 구성 요소와 함께 하나의 덩어리(chunk)를 구성하여 상당히 다양한 문법적인 의미를 실현하는 데 특징이 있다.

**3.3.** 학습 대상으로 선정된 어휘는 교재에 반영된다. 여기에서도 등급과 단원별 주제 등을 고려하여 선정하게 된다. 실제로 단원에 따른 주제에서 빈도수가 높은 어휘를 중심으로 선정하는데, 따라서 영역별 또는 분야별 어휘의 빈도수가 주요 선정 기준이 되는 것이다.

예를 들어, 연세대의 「한국어」(1995) 1권 4과 "뭘 드시겠습니까?" 단원의 구성을 어휘적인 면을 중심으로 보면 다음과 같다.

| 소단원 | 구성 | 언어 기능 | 어휘 |
|---|---|---|---|
| ① 김미선 씨와 존슨 씨는 도서관에서 나왔다.[10] 김미선 : 지금 몇 시입니까? 존슨  : 한 시입니다. 김미선 : 배가 고픕니다. 존슨  : 식당에 갑시다. 김미선 : 무슨 음식을 좋아하십니까? 존슨  : 한식을 좋아합니다. | 전경 제시 본문 (대화체) | 제의하기 | 배, 고프다→식당→음식→한식 |
| ② 두 사람은 한식집에 들어갔다. 김미선 : 덥지요? 존슨  : 예, 덥습니다. 김미선 : 여보세요, 여기 물 좀 주십시오. 존슨  : 뭘 잡수시겠습니까? 김미선 : 저는 냉면을 먹겠습니다. 존슨  : 그럼, 불고기하고 냉면을 시킵시다. | 본문 (대화체) | 주문하기 | 한식집→덥다→물→냉면→불고기→시키다 |

---

9) 곽지영(1997)에서는 영어의 경우 Ogden 등이 제시한 영어의 기초 어휘를 다음과 같이 내용별 분류와 수를 함께 제시하고 있다(재인용).

　　사물어 600;　일반어 400
　　　　　　　　그림 그릴 수 있는 말 200
　　성질어 150;　일반 성질어 100
　　　　　　　　반대 성질어 50
　　작용어 100;　주요 작용어 18
　　　　　　　　방향어 20
　　　　　　　　기타 62

10) 원문에서 '죤슨'으로 되어 있는데, 이것은 현행 외래어 표기법에 어긋난다. 여기서는 '존슨'으로 고쳐 인용한다.

| 소단원 | 구성 | 언어 기능 | 어휘 |
|---|---|---|---|
| ③<br>김미선 : 불고기 맛이 어떻습니까?<br>존슨　: 참 맛이 있습니다.<br>김미선 : 이것 좀 잡수십시오.<br>존슨　: 그것이 무엇입니까?<br>김미선 : 오이김치입니다.<br>존슨　: 맵습니까?<br>김미선 : 아니오, 맵지 않습니다. | 본문<br>(대화체) | 권유하기 | 맛이 있다→오이김<br>치→맵다 |
| ④<br>김미선 : 불고기를 더 시킬까요?<br>존슨　: 아니오, 많이 먹었습니다.<br>김미선 : 그럼, 차를 마십시다.<br>존슨　: 인삼차가 어떻습니까?<br>김미선 : 저는 커피를 마시겠습니다.<br>존슨　: 여보세요, 인삼차하고 커피를 주<br>　　　십시오. | 본문<br>(대화체) | 상호의사<br>교환하기<br>주문하기 | 차를 마시다→인삼<br>차→커피 |
| ⑤<br>나는 한 시에 점심을 먹습니다.<br>나는 한국 음식을 좋아합니다.<br>오늘은 친구와 같이 식당에 갔습니다.<br>비빔밥하고 냉면을 시켰습니다.<br>그 집 음식이 참 맛이 있었습니다.<br>값도 비싸지 않았습니다.<br>아가씨도 친절했습니다. | 정리<br>(서술체) | | 점심→한국 음식→<br>식당→비빔밥, 냉면<br>→맛→값→아가씨<br>→친절하다 |

　교재에서의 한 단원은 하나의 주제로 구성된다. 위에서는 식당에서의 식사를 주제로 한 것이며, 이것이 다시 5개의 소단원으로 구성되어 있다. 각각의 소단원은 대단원의 주제를 이루는 하위 영역들로 구성되는데, 여기서는 구체적인 언어 형식으로 짜여진다. 이 때 언어 형식은 특정한 어휘와 문법이 반영되며, 이에 의해 실현된 언어 구성체는 일정한 언어 기능을 표현한다.

　위에서 각각의 소단원의 내용은 어휘의 배열을 통해 전개됨을 알 수 있다. 이것은 적어도 한 단원에서 제시되는 어휘는 그 단원의 주제에 집중되는 것이어야 함을 뜻한다. 그리하여 이렇게 제시되는 어휘는 하나의 어휘장 (위에서는 식당에서의 식사 행위)을 이루는 것들이 주요 구성원이 되는 것이다.

## 4. 어휘의 제시

**4.1.** 교수·학습의 현장에서는 학습 대상이 되는 어휘를 어떻게 제시하고 지도해야 하는지가 문제가 된다. 우선 학습 어휘로 선정된 것을 제시하고, 그것의 발음과 형태를 분명히 인지하도록 하여, 해당 어휘가 학습자에게 시각적, 청각적으로 분명히 자리잡도록 한다. 의미적인 면에서는 사전적 의미를 제시하는 것이 아니라 해당 어휘의 용법을 통해 학습자가 유추하여 이해하도록 유도한다. 그것은 어휘의 의미가 부자연스럽게 전달되지 않도록 하기 위함이며, 또한 이렇게 함으로써 실제 적용할 수 있는 방법을 모색할 수 있기 때문이다.

어휘 의미를 이해시키는 경우, 초급 단계의 학습자에 대해서는 실물이나 모형, 그림, 사진 등의 시청각 자료를 활용할 수 있으며, 동작이나 표정 등을 통해 이해하도록 유도한다. 이러한 방법을 사용하기에 적절한 것은 생활 주변의 구체적인 사물을 지시하는 명사나 '위, 아래' 등의 공간 지시어, 색을 나타내는 어휘, 날씨와 관계되는 어휘, 기본적인 동작 동사들이 있다. 그것은 초급 단계에서는 단어를 형성하는 원리를 습득하는 것보다 단어 자체를 어휘 사전에 입력시키려는 경향이 크게 작용하기 때문이다. 즉, 이 단계에서는 목표 언어의 어휘를 모국어의 특정 어휘와 일 대 일로 대응시켜 기억하려는 경향이 있으며, 따라서 초기 단계에서는 상당량의 어휘가 암기와 같은 방법을 통해 신속하게 학습되는 것이다.

중급 단계에서는 암기 위주에서 벗어나 어휘를 생성하는 원리에 의해서 확장을 이루기 시작한다. 따라서 이 단계에서는 학습자가 알고 있는 어휘로 의미를 설명해 줄 수 있으며, 필요한 경우에는 몸짓이나 흉내 등을 활용할 수도 있다. 그런데 이 때 사용하는 어휘는 전에 학습된 어휘로 한정하는 것이 좋다. 또한 어휘 사이의 관계에 유의하여 유사어와 반의어 등을 제시하여 이해하도록 할 수 있다.

고급 단계에서는 이미 구축된 어휘 사전을 통해 새로운 어휘를 확장하게 된다. 따라서 이 단계에서는 정의나 설명, 예시 등을 통해 어휘의 의미를 전달할 수 있는데, 이 때에는 교사의 설명이 지나치게 길어지지 않도록 유의해야 하며, 가급적 간단한 문장을 사용하여 학습자의 이해를 돕도록 해야 한다.

새로운 어휘는 이미 학습한 관련 어휘와 연계하여 제시한다는 점에 유의하고, 좀더 확장된 방법으로 다의적인 양상을 고려한다. 어휘의 확장은 유의, 대립, 상하, 동음이의, 다의 등의 어휘의미 관계에 따라 관련되는 어휘를 선별하며, 또한 학습자의 수준과 관심 분야 등을 고려해야 한다. 그러나 지나친 확장은 오히려 효과를 떨어뜨리게 된다. 특히 어휘의 의미를 문맥 속에서 파악할 수 있는 능력을 기르게 하는 것이 중요하다. 또한 형태론적으로 파생이나 합성 등으로 복잡하게 형성된 어휘는 그 형성의 과정을 분석적으로 제시해 주거나 어원적인 해석을 덧붙이는 것도 어휘를 정확하게 해석할 수 있는 능력을 기르는 데 도움이 될 수 있다. 그러나 지나친 언어학 분석은 피해야 한다.

또한 효과적인 어휘 교육을 위해서는 해당 어휘 속에 내재되어 있는 문화적인 요소에 대한 이해가 반드시 적용되어야 한다. 따라서 필요한 경우에는 개별 어휘에 따른 문화적, 정서적인 의미에 대해서도 언급되어야 한다. 또한 경어, 완곡어, 비속어, 유행어 등의 어휘의 사회언어학적 특징을 고려하여야 한다.

어휘를 제시할 때 교사의 말하기 속도와 발음, 억양, 표현 등이 자연스러워야 하며, 어휘 제시가 끝난 후에는 간단한 질의 응답 등을 통해서 충분히 이해되었는지를 점검할 필요가 있다. 이 때에는 어휘의 의미를 직접적으로 묻는 것이 아니라 새로 학습한 어휘를 문장 안에서 자연스럽게 활용할 수 있도록 유도해야 한다.

**4.2.** 어휘의 제시에서는 의미 자체도 중요하지만, 그것의 용법에 중점을 둠으로써 학습자가 실제로 활용하는 데 도움이 되도록 해야 한다. 이 때 용

법은 학습자의 수준에 따라 난이도를 적절히 고려하여 제시한다. 이것은 어휘 교육에서 의미를 직접 설명하지 않고 용법을 통해 학습자 스스로 문맥 안에서 이해할 수 있도록 유도한다는 점에서도 의의가 있으며, 어휘들 간에 나타나는 연어론적 제약도 함께 학습할 수 있는 기회가 되기 때문이기도 하다. 특히 용법상의 문제에서는 필요한 경우 해당 어휘가 구어체 또는 문어체의 어느 쪽에 해당하는지도 함께 고려하여 구체적인 언어적 상황 속에서 사용되는 양상을 제시하는 것이 좋다.

결국 어휘의 제시에서는 낱말들의 세로 관계와 가로 관계를 중심으로 계열체와 통합체를 고려하는 방법을 취하게 되는 것이다. 여기서 세로 관계는 유의, 동음이의, 상하, 다의 관계와 함께 의미장을 포괄하는 것이며, 가로 관계는 연어적 통합 관계에 해당하는 것이다.

예를 들어, 다음과 같은 본문에서 어휘를 추출하여 제시하는 경우를 살펴보기로 한다.

---

존슨: 여보세요. 김미선 씨 계십니까?
미선: 바로 전데요. 누구십니까?
존슨: 톰 존슨입니다. 죄송하지만 내일은 약속을 지키지 못하겠습니다.
미선: 무슨 일이 있어요?
존슨: 급한 일이 있어서 대사관에 가려고 합니다.
미선: 그러면 시간이 있을 때 연락하세요.

---

위 단원에서 교육의 대상이 되는 어휘를 '바로, 지키다, 생기다'로 한정한다면, 이들은 다음과 같이 제시하게 된다.

바로   1) 바로
       _____ 전데요.
       _____ 여기에요.
       _____ 오늘이에요.
   2) 박 선생이 누구입니까? (저)        바로 _____입니다.
      기숙사가 어디에 있습니까? (여기)   바로 _____입니다.

김 선생님 생일이 언제입니까? (오늘)  바로 _____ 입니다.

지키다    약속을 지킵니다/어깁니다.

시간을 _____

규칙을 _____

생기다    일이 생겼습니다.

돈이 _____

친구가 _____

* 얼굴이 잘 생겼다 / 못 생겼다

위에서 '바로'는 이른바 체언수식부사로서 뒤에 오는 체언을 한정하는 특수한 용법의 부사이다. 이것을 학습자에게 이해시키기 위해 연어적인 관계로 예를 제시하게 되는데, 1)은 통제된 연습으로 주어진 예에 따라 '바로'를 넣어 전체 표현을 만들어 보면서 학습자는 그것의 용법을 읽히게 되는 것이다. 그리고 2)와 같이 대화에 의한 연습을 함으로써 '바로'의 용법을 체득하게 된다. 이 때에는 가급적이면 학습자의 개인적인 사정을 고려하여 응답할 수 있는 연습을 하면 더욱 효과적일 수 있다.

'지키다'를 제시하면서 이와 대립 관계에 있는 '어기다'를 함께 다룬다. 우선 '지키다'의 의미를 연어적 관계에 따라 제시하여 이해하도록 하고 이와 대립되는 '어기다'로 교체하는 연습을 하는 것이 좋다. '생기다'는 상태성이 강한 동사로서 객관적인 사실 외에는 대부분 '-었-'이 첨가되어 쓰이는 것이 보통이다. 이러한 용법상의 특징을 고려하여 예시할 때에도 '-었-'을 첨가하도록 하는 것이 좋을 것이다.

# 5. 착용동사의 경우

여기서는 앞에서 논의한 어휘의 제시와 연습의 과정을 이른바 착용동사류의 교수·학습에 적용해 보기로 한다. 이를 위해 먼저 언어학적 접근을 통해 착용동사의 어휘·문법적인 특징을 살피고, 이를 바탕으로 교수·학습의 과정을 전개하는 방법을 택하기로 한다.

## 5.1. 어휘적 특징

5.1.1. 한국어에서 착용동사는 착용 대상과 신체 부위에 따라 여러 형태로 분화되어 있다. 이들은 착용성의 개념에서는 동일하지만 호응의 범주가 다르며, 따라서 이들은 동의적인 것이 아니라 하나의 어휘장을 이루는 것이다. 서상규 외(2000)에서 제시하고 있는 기본 어휘의 목록을 바탕으로 착용동사의 목록을 뽑으면 다음과 같이 된다.

(1) 감다, 걸다, 걸치다, 끼다, 매다, 신다, 쓰다, 입다, 하다

그런데 이들 동사는 1차적으로 호응 관계를 이루는 신체 부위 명사와의 관련을 통해 구분된다.[11] 이 때 신체 부위는 목과 발목을 기준으로 3분되어, 각각의 부위는 '쓰다, 입다, 신다'에 호응한다. 이들의 용법을 보면 다음과 같다.

(2) 가. (얼굴에) 가면을 쓰다.
　　나. (머리에) 모자를 쓰다.
　　다. (눈에) 안경을 쓰다.
　　라. (입에) 마스크를 쓰다.
(3) 가. 저고리를 입다.
　　나. 바지를 입다.
　　다. 두루마기를 입다.
　　라. 한복을 입다.
(4) 가. 구두를 신다.
　　나. 양말을 신다.

---

11) 서상규 외(2000)에서 기본 어휘에 포함된 신체 부위 명사와 착용 대상을 지칭하는 명사의 어휘 목록은 다음과 같다.
　가. 신체 부위 명사: 가슴, 귀, 눈, 다리, 등, 머리, 목, 몸, 입, 코, 팔, 어깨
　나. 착용 대상 명사: 옷, 신

위에서 (2)의 '쓰다'는 '가면, 모자, 안경, 마스크' 등과 같이 목 위의 부위에 관련되는 대상과 호응 관계를 이룬다. 그리고 (3)의 '입다'는 목에서 발목까지 이르는 부위에 관련되는 착용 대상과 호응 관계를 이룬다. 이 때는 상의와 하의가 구분되거나('저고리'와 '바지') 그렇지 않은 경우('두루마기, 한복')가 있을 수 있는데, 이들은 구별되지 않고 모두 '입다'와 관련된다. 한편, (4)의 '신다'는 '구두, 양말' 등과 같이 발목 이하의 부위에 관련되는 착용 대상과 호응 관계를 이룬다. 이와 같이 착용 대상이 관련되는 신체 부위에 따라 호응 관계가 구분되는 '쓰다, 입다, 신다'는 한국어에서 가장 기본적인 착용동사에 해당하는 것이다.

부위성 착용동사와 대립 관계를 이루는 것은 '벗다'이다. 특히 이 경우에는 대립 관계가 하나의 어휘로 수렴된다는 점에서 착용에 대한 긍정은 분화되어 있으나 그와 대립되는 것은 하나로 나타나는 것이다.

(2)' {가면, 모자, 안경, 마스크}-을/를 벗다.

(3)' {저고리, 바지, 두루마기, 한복}-을/를 벗다.

(4)' {구두, 양말}-을/를 벗다.


5.1.2. 그런데 착용동사는 위의 (2~4)와 같이 신체 부위에 따라 변별되기도 하지만, 착용의 행위가 어떻게 이루어지는가에 따라 분화되기도 한다. 이에 해당되는 것으로 위 (1)에서 '쓰다, 입다, 신다'를 제외한 '감다, 걸다, 걸치다, 끼다, 매다, 차다'가 있다.12)

---

12) 기본 어휘로 선정되지는 않았으나, 행위적 속성이 강한 착용동사에는 '띠다, 달다' 등이 포함될 수 있다.
   (1) 가. (허리에) 권총을 차다.
       나. (가슴에) 금배지를 달다.
   또한, 일시적인 부착의 의미까지도 착용성의 범우에 포함시킨다면, '이다, 지다, 들다, 업다, 안다' 등도 착용동사에 해당할 것이다. 특히 이들은 호응 관계를 이루는 신체 부위가 구분된다는 점에 특징이 있다.
   (2) 가. (머리에) 보따리를 이다.
       나. (등에) 짐을 지다.
       다. (손에) 가방을 들다.
       라. (등에) 아이를 업다.

(5) 가. (머리에) 붕대를 감다.

　　 나. (다리에) 붕대를 감다.

(6) 가. (목에) 금메달을 걸다.

　　 나. (목에) 넥타이를 매다.

(7) 가. (눈에) 안경을 끼다.

　　 나. (손가락에) 반지를 끼다.

(8) (몸에) 가운을 걸치다.

(9) (손목에) 시계를 차다.


위 (5)에서 '감다'는 특정 신체 부위에 관계 없이 착용 대상에 대한 행위를 표현하는 데 초점이 있다. 따라서 '*머리에 붕대를 쓰다' 등으로는 쓰이지 않는다. (6)의 '걸다'와 '매다'는 동일한 신체 부위에서 착용 대상에 따라 구분되는데, 이것을 착용 대상의 차이라기보다는 착용 행위의 차이를 뜻하는 것으로 해석된다. (7)에서 '끼다'도 행위적인 면이 강조되는 것으로, 따라서 '안경을 쓰다'와 '안경을 끼다'는 부위적인 것과 행위적인 것에서 구분된다. (8)의 '걸치다'도 행위적인 면이 두드러지며, 따라서 '가운을 입다'와 '가운을 걸치다'는 서로 구별된다.

이들 행위성 착용동사는 대립 관계를 이루는 동사가 '벗다' 하나로 수렴되지 않는다는 점에서 앞의 부위성 착용동사와 다르다.


(5)' 붕대를 {*벗다, 풀다}.

(6)' 넥타이를 {*벗다, 매다}.

(7)' 가'. 안경을 {벗다, 끼다}.

　　 나'. 반지를 {*벗다, 끼다}.

(9)' 시계를 {벗다, 풀다}.


위에서처럼 '감다'와 '매다'는 '벗다'와 대립 관계를 이루어지지 않는다. 그러나 '끼다'의 경우에는 '벗다'와의 대립 관계가 형성되는 것 같으나, 이 때에

---

마. (가슴에) 아이를 안다.

는 (7-나)'와 같이 대상 명사가 '안경'일 경우이며 이 때에는 착용동사 '쓰다'와의 대립으로 이해된다. (9)'는 '차다'의 경우 '벗다'와의 관계는 '풀다'보다 수용 가능성의 정도가 낮은 것으로 이해된다. 이와 같이 행위성 착용동사와 대립 관계를 이루는 어휘가 다양하게 나타나는 것은 이들이 착용 행위에 따라 분화되는 것이어서 그 대립 관계도 분화된 행위로 표현되기 때문인 것으로 보인다.

5.1.3. 다음으로 기본 어휘에 속하는 착용동사에 '하다'가 있다. 이것은 신체 부위나 행위보다는 착용 상태를 뜻하는 것으로 구분된다.

(10) 가. 귀걸이를 하다.
　　 나. 마스크를 하다.

위 (10)에서 '하다'는 착용 행위가 이루어진 상태를 뜻한다. 따라서 이들은 다음과 같이 구별된다.

(10)' 가'. *귀걸이를 걸다.
　　　 나'. 마스크를 쓰다.

위 (10-가)'에서 행위성 착용동사와 호응하지 못하지만, (9-나)'에서는 부위성 착용동사와 교체된다. 그것은 '하다'가 행위성의 '걸다'나 부위성의 '쓰다'와 구분되는 속성을 지녔기 때문이다.

결과적으로 한국어 착용동사는 부위성, 행위성, 상태성으로 구분되는데, 이에 따라 앞 (1)의 목록을 구분하여 다시 쓰면 다음과 같이 된다.

(11) 가. 부위성 착용동사; 신다, 쓰다, 입다
　　 나. 행위성 착용동사; 감다, 걸다, 걸치다, 끼다, 매다, 차다
　　 다. 상태성 착용동사; 하다

## 5.2. 용법적 특징

5.2.1. 착용동사류에서 '신다, 쓰다, 입다'의 부위성 착용동사는 가장 일반적인 용법을 지니고 있다. 이들은 또한 몇몇의 동음이의적이거나 다의적인 성격을 띠고 있는데, 이 중에서 착용성을 띠는 형태의 다의적인 성격을 살펴 이들이 지니고 있는 착용성의 특성을 서상규 외(2000)에서 제시하고 있는 주석을 인용하면서 확인해 보기로 한다.

입다 [동] [507:0.0272%]
   ① (옷을) 몸에 걸치거나 두르다. <452:89.15%>
   ② (손해, 피해, 상처 등을) 당하다. <46:9.07%>
   ③ (도움이나 은혜 등을) 받다. <9:1.78%>
   ④ (때 등이) 묻다. <0%>
   ⑤ (어떤 몸이나 넋을) 가지다. <0%>
신다 [동] [100:0.0054%]
   양말 따위로 발의 전부나 일부를 덮다. <100:100.0%>
쓰다³ [동] [100:0.0054%][13]
   ① (모자 등을) 머리에 얹다. <63:2.77%>
   ② (우산을) 머리에 펴 들다. <5:0.22%>
   ③ 얼굴을 보이지 않게 가리거나 덮다. <12:0.53%>
   ④ (안경 등을) 얼굴에 붙어 있게 걸다. <10:0.44%>
   ⑤ (이불을) 머리까지 푹 덮다. <5:0.22%>
   ⑥ (먼지나 액체 등을) 온통 몸에 받다. <2:0.09%>
   ⑦ 억울한 지목을 당하거나 당치 않은 죄를 입다. <1:0.04%>
   ⑧ (형구를) 목에 걸다. <0%>
   x1 ["감투를 쓰다"의 꼴로] 어떤 자리나 지위에 오르다. <1:0.04%>
   x2 ["굴레를 쓰다"의 꼴로] 속박에 얽매이다. <0%>
   x3 ["바가지(를) 쓰다"의 꼴로] 물건을 제값보다 비싸게 주고 사다. <0%>
   x4 ["색안경을 쓰다"의 꼴로] 어떠한 사물이나 현상을 제대로 보지 않고 선

---

13) 서상규 외(2000)에서는 '쓰다'에 5개의 동음이의어를 제시하고 있다. 이 중에서 착용성을 띠는 것은 '쓰다³'이다.

입견을 가지고 비뚤게 보다. <1:0.04%>
x5 ["인두겁을 쓰다"의 꼴로] 사람으로 태어나다. <0%>
x6 ["~ 멍에를 쓰다"의 꼴로] 일에 얽매어 구석을 받게 되다. <0%>

위에서 우선 '입다, 신다, 쓰다'의 부위성 착용동사가 빈도 수에서 '입다'가 가장 많고, 다음으로 '신다'와 '쓰다'가 동일하게 쓰임을 알 수 있다. 다의 항목에서 보면, '입다'의 경우 착용성이 직접적으로 드러나는 것은 ①에 해당한다. 특히 이 항목은 '입다'의 전체 빈도 수 중에서 89.15%를 차지할 정도로 용법상의 비중 또한 매우 크다. 그런데 '신다'는 어휘 항목이 매우 단순하여, 다의적 현상이 나타나지 않고, 오직 착용성의 의미로만 나타난다. 한편, '쓰다'의 경우에는 다의적인 현상도 두드러지거나와 관용적인 용법도 꽤 분화되어 있음을 보여 준다. 그리고 '쓰다'의 다의 항목 중에서 ①, ②, ③, ④, ⑧에서 착용성의 의미가 실현된다.14)

행위성 착용동사는 본래 어떤 사물에 대한 행위를 표현하는데, 그것이 특정한 사물을 특정한 신체 부위에 부착하는 행위로 쓰일 때, 착용성이 나타나게 된다. 예를 들어, '감다'는 본래 '(실이나 끈처럼) 길고 가는 것을 헝클어지지 않게 무엇에 두르다'의 의미인데, '손에 붕대를 감다' 등과 같은 구성에서는 착용성이 드러난다. '걸다'와 '걸치다'도 유사하며, 특히 '걸치다'는 '(겉옷을) 제대로 입지 않고 헐렁하게 입다'는 의미로 나타날 때 착용성이 드러난다.

'끼다'도 '(벌어진) 사이에 무엇을 넣어서 누르거나 죄어 빠지지 않게 하다'를 뜻하는 것으로, '몸에 걸려 있도록 걸치거나 꿰거나 하'는 동작으로 착용성이 드러난다. 또한 '매다'는 '(따로 떨어지거나 풀어지지 않도록) 서로 걸어서 잡아 묶다'를 뜻하는 것으로, '(허리띠나 넥타이 같은 것을) 서로 걸어서 마디를 지어 맺'는 의미로 착용성이 실현된다.

5.2.2. '하다'는 착용 대상의 범위가 아주 제한되어서 착용성이 실현되는

---

14) 그러나 '쓰다'의 경우 위와 같이 다의 항목을 세밀하게 구분하는 것이 타당한지의 문제가 제기될 수 있을 것 같다. 이런 정도로 구분한다면, '입다'의 경우도 다의 항목은 더 증가될 수 있을 것이기 때문이다.

경우, 이미 존재하는 특정한 착용동사와 대체되기도 한다. 부위성 착용동사 '쓰다'와 '입다'는 대상에 따라 '하다'로 대체되기도 하는데, '신다'의 경우에는 이러한 현상이 쉽게 나타나지 않는다.

    (12) 가. {모자, 안경}-을/를 {쓰다, *하다}.
        나. {가면, 마스크}-을/를 {쓰다, 하다}.
    (13) 가. {저고리, 바지}-를 {입다, *하다}.
        나. 두루마기를 {입다, 하다}
    (14) 가. 구두를 {신다, *하다}.
        나. 양말을 {신다, *하다}.

    위 (12)에서 '쓰다'는 '모자, 안경'과 대응될 때에는 '하다'와 대치될 수 없으나, '가면, 마스크' 등과 대응될 때에는 대체가 가능하다. 이러한 현상은 (13)의 '입다'의 경우에서도 발견되는데, 이 때 대체가 불가능한 경우와 가능한 경우를 비교하면 전자는 후자에 비해 착용의 대상이 특정적이라는 점에서 구분된다. 특히 (14)의 경우에는 '신다'가 '하다'로 대체될 수 없음을 보여 주는데, 이것은 '신다'가 지니고 있는 특정적 부위 관련성과 관계가 있다.
    행위성 착용동사의 경우에는 이러한 '하다'와의 대체가 비교적 널리 나타난다.

    (15) 붕대를 {감다, 하다}.
    (16) 가. 금메달을 {걸다, *하다}.
        나. 넥타이를 {매다, 하다}.
    (17) 가. 안경을 {끼다, *하다}.
        나. 반지를 {끼다, 하다}.
    (18) 가운을 {걸치다, 하다}.

    위 (15~18)에서 행위성 착용동사는 비교적 널리 '하다'와 대체 관계가 나타남을 보여 준다.

결국 상태성 착용동사로서의 '하다'는 어떤 특정한 신체 부위나 착용의 행위보다는 대상이 착용된 상태를 표현하는 의미가 강하다. 이 때의 '하다'는 '무엇을 몸에 걸치거나 착용하다'의 뜻으로 매우 포괄적인 착용성이 실현되는 것이다.

5.2.3. 동사가 어휘적으로 지니고 있는 상적(aspectual) 특징은 문장을 구성하는 형식에도 영향을 미친다. 착용동사는 보통 결과성을 지닌 완성동사의 부류로 해석된다. 착용동사의 이러한 상적 특성을 완료 지속상이라고도 하는데, 이것은 동작의 전개 과정에서 동작이 완료된 모습이 확정적이고, 완료된 동작의 상황이 지속적임을 의미한다.

이런 점에서 착용동사는 시상의 형태와 결합할 때 발화 상황에 따라 다른 해석이 가능해진다.

(19) 가. 철수가 청바지를 입는다.
　　 나. 철수가 청바지를 입었다.
(20) 철수가 청바지를 입고 있다.

위에서 (19-가)는 현재의 동작이나 습관적인 반복의 동작을 표현하는 것이며, (19-나)는 과거 시점의 상황을 나타나기도 하면서 과거의 동작이 완료되어 발화시까지 그러한 상황이 지속됨을 표현하기도 한다. 특히 (20)의 경우 착용동사에 '-고 있다'가 붙으면, 이른바 진행의 의미와 함께 완료 지속의 의미도 실현된다. 따라서 '입고 있다'는 현재 진행되는 동작을 표현하기도 하지만, '입'는 동작이 완료되고 그러한 상태가 지속되는 뜻으로도 해석되는 것이다. 이런 점에서 착용동사 '입다'는 완료 지속성을 지니고 있음을 확인할 수 있다.

## 5.3. 어휘 제시

위에서 살핀 바와 같은 착용동사의 어휘적인 특징을 고려하여 이를 대상으로 하는 교수·학습의 과정을 정리할 수 있다. 우선 착용동사가 구성하는 문장의 형식을 통해 이들 어휘의 용법을 중심으로 지도한다면, 착용동사뿐만 아니라 이들과 연어적인 관계를 이루고 있는 명사(착용 대상 명사, 신체 부위 명사)도 함께 제시될 필요가 있다. 우선 전형적인 것으로 부위성 착용동사를 먼저 제시하는 방법으로 접근하게 된다. 다음에서 교수·학습의 과정을 크게 어휘 제시와 활동으로 구분하고, 활동은 다시 짝 활동과 전체 활동으로 나누어 조직해 보기로 한다.

### 5.3.1. 형태 확인

우선 착용동사 '입다, 쓰다, 신다'의 어휘를 제시하는데, 이 때에는 어휘 카드를 이용하거나 판서하는 방법을 활용할 수 있다. 그리고 어휘를 제시할 때에는 단어의 형태와 발음에 유의한다. 그리고 이들 동사가 용법을 기본 문형을 통해 제시하며, 이 경우에는 연어적 관계를 이루는 전형적인 대상 명사를 제시하도록 한다.

- _____을/를 입다.
  옷, 양복
- _____을/를 신다.
  신, 구두
- _____을/를 쓰다.
  모자

이 단계에서는 착용동사의 형태를 확인하고 이들이 구성하는 문장 형식을 간단한 모형으로 제시하는 데 목표를 둔다. 그리하여 우선 착용동사가 연어론적 관계를 이루는 명사와의 관계를 통하여 어휘를 제시한다. 이를 위해 우선 착용의 대상이 되는 사물들을 준비하고 해당되는 어휘를 익히는 것을 선행 과제로 한다. 그리고 대상물이 제시된 어휘 카드를 동사와 연결하여 연어적 구성을 이루는 연습을 하면서, 착용 동작으로 그 의미를 이해시킨다.

## 5.3.2. 대상 명사와 대립 관계의 어휘 확장

부위성 착용동사와 연어적 관계를 이루는 대상 명사는 더욱 확장될 수 있다. 그리하여 그림 또는 사진과 어휘가 앞뒷면에 쓰인 카드를 제시하면서 이들 각각의 명사가 어떤 동사와 연어적 관계를 이루는지 확인하고 연습한다. 이 때에는 가급적 학습자들이 선행 학습이 된 어휘로부터 제시하되 수준에 따라 더 확대할 수 있을 것인데, 예시하면 다음과 같다.

- 입다; 치마, 바지, 셔츠, 재킷
- 신다; 양말, 슬리퍼, 스타킹
- 쓰다; 안경, 가면, 마스크

여기서 어휘 카드를 제시하면서 학습자가 연습을 통해 연결되는 동사를 확인하도록 한다.

그리고 가능하다면, 학습자가 하나씩 선택하게 한다. 다음으로 이들 착용 동사의 대립어로서 '벗다'를 제시하고, 앞에서 제시된 기본 문형을 활용하여 '입다, 쓰다, 신다'가 모두 '벗다'와 대립 관계에 있음을 확인해 준다.

- _____을/를 입다. ↔ _____을/를 벗다.
  옷, 양복
- _____을/를 신다. ↔ _____을/를 벗다.
  신, 구두
- _____을/를 쓰다. ↔ _____을/를 벗다.
  모자

즉, 이 단계에서는 대상의 착용과 관련되는 행위를 표현하는 동사와 통합되는 양상을 문맥 속에서 파악하도록 한다. 예를 들어, '입다'는 '치마, 바지, 셔츠, 재킷'과 관련되고, '신다'는 '구두, 양말, 슬리퍼' 등과 관련되는 등의 관계를 일종의 문형을 통해 연습하는 것이다. 이러한 착용에 대한 반의적인 관계가 모두 '벗다'에 수렴됨을 연습한다.

### 5.3.3. 착용동사의 어휘 확장

착용동사는 부위성을 띠는 '입다, 쓰다, 신다'가 대표적인 형태이지만, 이 외에도 착용의 부위와 행위에 따라 변별되는 형태가 있다. 이에 해당하는 것으로는 '감다, 걸다, 걸치다, 끼다, 매다, 차다' 등의 행위성 착용동사와 상태성 착용동사 '하다'가 있다. 그런데 행위성 착용동사 중에서 '끼다, 매다, 차다'가 실제적으로 사용되는 측면에서 중요성이 높다고 할 수 있으며, '감다, 걸다'는 특별한 대상('붕대', '메달')의 일시적인 부착의 의미가 두드러지고, '걸치다'는 '입다'의 불완전한 행위와 관련된다.

여기서 '끼다'와 '매다, 차다'에 한정하여 보면, 이들은 용법상에서 착용 대상과 신체 부위 명사와의 연어적 관계가 서로 변별된다. 따라서 이들도 앞의 부위성 착용동사의 경우와 같이 문형과 관련되는 명사를 연결하면서 용법상의 특징을 이해시켜 준다.

· _____을/를 끼다.
  장갑, 반지, 안경
· _____을/를 매다.
  넥타이
· _____을/를 차다.
  시계

이들 행위성 착용동사는 대립 관계를 이루는 동사가 '벗다'로만 대응되지 않는다는 점에 유의한다. 또한 이 경우에는 동사만의 문제가 아니라 착용 대상에 따라 대응되는 대립어가 달라질 수 있음에도 유의해야 한다.

· _____을/를 끼다.  ↔  _____을/를 벗다.
  장갑, 안경
· _____을/를 끼다.  ↔  _____을/를 빼다.
  반지

·_____을/를 매다. ↔ _____을/를 풀다.
　넥타이
·_____을/를 차다. ↔ _____을/를 풀다.
　시계

　한편, 상태성 착용동사 '하다'와 연어적 관계를 이루는 경우도 문형을 통해 용법을 예시한다.

·_____을/를 하다.
　귀걸이, 목걸이

### 5.3.4. 문형의 확장

　착용동사는 착용 대상뿐만 아니라 관련되는 신체 부위를 나타내는 명사가 '-에' 명사구를 이루어 통합되기도 한다. 그러나 이 경우에는 착용되는 신체 부위를 분명히 한정하려는 경우에 수의적으로 통합됨에 유의해야 한다. 이것을 다음과 같은 문형을 통해 용법을 이해하고 연습한다.

·_____에 _____을/를　Vst-습/ㅂ니다.
　발　　　구두　　　신다
　머리　　모자　　　쓰다
　목　　　넥타이　　매다

　특히 착용동사는 상적인 속성에서 완료 지속상과 관련되기 때문에 과거 또는 완료의 선어말어미 '-었-'이 결합되면 착용 동작의 완료적 상태를 표현하기도 한다. 이런 점에 유의하여 학습자들의 착용 상황을 고려하면서 다음의 문형을 연습한다.

·(_____에) _____을/를　Vst-었습니다.
　　발　　　구두　　　신다

| 머리 | 모자 | 쓰다 |
| 목 | 넥타이 | 매다 |

또한 착용동사는 '-고 있다'가 첨가되면 동작의 진행을 표현하기도 하거니와 착용된 상태를 나타내기도 한다는 점에 유의하면서 다음의 문형을 연습한다.

·(_____에) _____을/를    Vst-고 있습니다.

| 발 | 구두 | 신다 |
| 머리 | 모자 | 쓰다 |
| 목 | 넥타이 | 매다 |

위와 같은 문형에서 '-었-'은 행위가 완료된 상태의 지속적인 상황을 나타내는 뜻으로 이해고 '-고 있다'도 착용 상태의 지속을 뜻하게 되기도 하여, 학습 현장의 실제적인 상황을 표현할 수 있는 방법을 제시해 줄 수 있다는 데 특징이 있다.

또한 명사가 착용 대상을 묘사하는 한정어(예를 들면, 색깔을 나타내는 형용사는 '예쁘다' 등과 같은 성상 형용사)의 수식을 받는 구성을 제시하여 연습한다.

· 영희가 _____ 옷을 입고 있습니다.
       빨간, 예쁜
· 영희가 _____ 구두를 신고 있습니다.
       검은, 예쁜

위와 같은 형식의 문장은 학습자의 착용 상태를 구체적으로 묘사하여 연습할 수 있는 방법이 된다.

## 5.4. 연습 및 활용

### 5.4.1. 기본 용법의 연습

앞에서 제시된 착용동사의 용법에 따라 이들이 구체적으로 쓰이는 양상을 학습자들의 활동을 통해 연습한다. 이러한 활동에서는 칠판에 크게 사람의 모습을 그리거나 또는 그림을 붙이고, 착용 대상물의 카드를 해당 부위에 위에 하나씩 붙여 보는 것도 한 방법이 된다. 이러한 과정에서 학습자는 착용동사를 통해 그림에 부착된 대상을 문장 형식으로 표현하는 연습을 한다. 그리고 반대로 그림 카드를 하나씩 떼어내면서 반의적인 표현을 연습한다.

또한 그림 카드에 제시된 것 외에도 각각의 착용동사와 대응되는 명사를 확대하여 볼 수 있다. 그림 카드의 명사 외에 다른 적합한 어휘가 혹시 있는지, 학습자들이 알고 있는 것을 이끌어내어 확인한다.

### 5.4.2. 짝 활동

3~4명의 남녀가 파티에서 서로 이야기를 하고 있는 그림이나 사진을 제시하고, 그 속에 등장하는 인물의 착용 상태에 대해 이야기 해 본다. 그리고 동일 인물에 대한 착용 상태가 대립되는 두 개의 그림 또는 사진을 제시하고 착용 상태의 차이를 표현하는 연습을 한다.

### 5.4.3. 전체 활동

학습자들끼리 상대방의 착용 상태를 표현하게 한다.

> 예) 학생 1 : 스티븐 씨는 안경을 썼어요.
> 학생 2 : 스티븐 씨는 안경을 썼고, 마히루 씨는 청바지를 입었어요.
> 학생 3 : 화진 씨는 안경을 썼고, 마히루 씨는 청바지를 입었고, 수잔 씨는 운동화를 신었어요. …

다음으로 학습자를 몇 개조로 구분하여 상대편 학습자들의 착용 상태를 표현한다.

## 5.4.4. 형성평가

앞에서 학습한 착용동사의 용법을 어느 정도 이해했는지에 대해 다음의 문항을 이용하여 확인한다.

① 다음 <보기> 중에서 알맞은 말을 찾아 쓰세요.

[ <보기> 입다, 쓰다, 매다, 신다, 차다, 끼다 ]

가. 까만 양복을 (          ) 모자를 (          ).

나. 빨간 넥타이를 (          ) 까만 구두를 (          ).

다. 팔에는 시계를 (          ). 손에는 하얀 장갑을 (          ).

② 서로 관련 있는 것끼리 줄을 그으세요.

옷       ·          · 차요

넥타이 ·          · 입어요

시계     ·          · 신어요

양말     ·          · 써요

모자     ·          · 매요

③ 다음 <보기>와 같이 지금 현재 자신의 모습을 쓰십시오.

[ <보기> 저는 지금 하얀 양말을 신고 있습니다. 그리고 청바지를 입고 있습니다.]

[                                                                                              ]

위에서 ①은 주어진 보기에서 적절한 것을 선택하는 것이고, ②는 착용 대상을 나타내는 명사와 착용동사의 두 개의 집합에서 서로 연어적 관계를 이루는 것끼리 연결시키는 것이다. ③은 학습한 어휘를 문장으로 구성하여 실제적인 상황을 표현하는 것이다.

# 6. 마무리

한국어 교육에서 의미를 이해하고 표현하는 데 기본적인 요소가 되는 어휘 교육은 큰 비중을 차지한다. 그러나 한국어의 모든 어휘가 교육의 대상이 되는 것은 아니다. 교육 대상의 어휘는 제한적으로 선정되고, 또한 단계에 따라 배열되어야 한다. 따라서 어휘 교육에서는 우선 대상 어휘를 어떻게 선정할 것인가가 중요한 문제를 대두된다. 이를 위해서는 어휘의 빈도 조사와 함께 일상적인 한국어에서 주제별로 주요하게 쓰이는 어휘가 어떤 것인지가 조사되어야 한다.

어휘 교육은 단순히 한 어휘의 형태와 대응되는 의미를 암기하는 것에 머무는 것이 아니라, 그것의 용법을 이해하고 실제 문맥 속에서 활용할 수 있는 능력을 길러 줄 수 있어야 한다. 이를 위해서는 어휘의 호응 관계에 대한 이해가 필요하며, 이러한 호응 관계를 실제적인 문형을 통해 제시할 필요가 있다. 또한 주어진 어휘와 관련되는 것을 확장하여 제시하여 어휘력을 높여 주어야 하는데, 이 경우에는 유의 관계나 반의 관계, 특히 의미장 이론을 활용하여 관련되는 어휘를 확장하여 제시할 수 있다.

이러한 입장에서 앞에서는 교재의 특정 단원에서 어휘가 어떻게 배열되며, 그것이 주제를 표현하는 데 어떠한 기여를 하는지 살펴 보았다. 그리고 특정 단원에서 교육 대상 어휘를 추출하고 용법을 통해 이들을 제시하는 접근 방법을 모색해 보기도 하였다. 특히 이른바 착용동사의 경우에 대해 좀 더 심층적으로 접근하였다.

한국어에서 착용동사는 기본 어휘를 구성하는 것으로 사용 빈도가 높은 편에 속한다. 앞에서는 이들 착용동사에 대해 어휘·문법적인 성격을 분석한 뒤 이에 대한 교수·학습의 방법을 구안해 보았는데, 어떤 면에서는 이론적인 경향을 띠는 것이라 할 수 있다. 그러나 적어도 특정한 개별 어휘 또는 어휘류의 성격 규명은 이들에 대한 교육에서 반드시 선행되어야 함은 분명하다. 즉, 해당 어휘가 어휘적으로 또는 문법적으로 어떤 속성을 지니는지에 대한 이해를 바탕으로 교수·학습의 방법이 모색될 때, 학습자들은 좀더 체계적이고 분명하게 습득할 수 있을 것이다.

그러나 이러한 이론적인 이해는 교사에게 요구되는 것이고, 이론 자체가 설명되거나 학습 내용이 될 수는 없다. 학습은 어디까지나 특정 어휘 또는 어휘류의 형태와 용법을 이해하여 실제 문맥에서 활용함으로써 한국어 능력을 신장시키는 데 초점을 두어야 하는 것이다.

## 참고 논저

강현화(2001), '코퍼스를 이용한 부사의 어휘 교육 방안 연구', 경희한국어교육연구회 발표요지.

고석주·남윤진·서상규(1999), '한국어 교육을 위한 기초 어휘 의미 빈도 사전의 개발', 언어정보의 탐구 1, 연세대 언어정보개발연구원.

곽지영(1997), '외국인을 위한 한국어 어휘 교육', 말 22, 연세대 한국어학당.

김광해(1993), 국어 어휘론 개설, 집문당.

김광해(1988), '2차 어휘 교육에 관하여', 선청어문 16·17, 서울대 국어교육과.

김광해(1997), '국어어휘론의 지평', 말 22, 연세대 한국어학당.

김수정(1988), '문맥을 통한 한국어 어휘 교육', 이화여대 대학원 석사학위논문.

김재봉(1988), '착용(着用)동사의 낱말밭 연구', 고려대 교육대학원 석사학위논문.

박동호(1998), '대상부류에 의한 한국어 어휘 기술과 한국어 교육', 한국어교육 9-2, 국제한국어교육학회.

박영목 외(1999), 국어교육학 원론, (주)교학사.

박이도(1996), 모국어 습득과 외국어 학습, 한국문화사.

서상규·남윤진·진기호(1998), '한국어 교육을 위한 기초 어휘 선정 1 -기초 어휘 빈도 조사 결과-', (한국어 세계화 추진을 위한 기반 구축 사업 1차년도 결과 보고서), 한국어세계화추진위원회/문화관광부.

서상규·최호철·강현화(1999), '한국어 교육 기초 어휘 의미 빈도 사전의 개발(한국어 세계화 추진을 위한 기반 구축 사업 결과 보고서), 한국어세계화추진위원회/문화관광부.

서상규·유현경·강현화(2000), '한국어 교육 기초 어휘 의미 빈도 사전의 개발(한국어 세계화 추진을 위한 기반 구축 사업 결과 보고서), 한국어세계화추진위원회/문화관광부.

성광수(1999), '어휘부의 구조와 기초어휘의 활용', 박갑수 교수 정년퇴임기념논문집, 월인.

유덕자(1998), '외국어로서의 한국어 관용어 교육', 이화여대 대학원 석사학위논문.
이정희(1997), '외국인을 위한 한국어 어휘 교육에 관한 연구', 경희대 교육대학원 석사학위논문.
이충우(1994), 한국어 교육용 어휘 연구, 국학자료원.
임지룡(1989), '국어의 기초어휘에 대한 연구', 국어교육연구 23, 경북대 국어교육연구회.
조현용(1999), '한국어 어휘의 특징과 어휘교육', 한국어교육 10-1, 국제한국어교육학회.
조현용(2000), '어휘 중심 한국어 교육 방법 연구', 경희대 대학원 박사학위논문.
한정일(2000), '한국어 어휘 교육 방안', 이화여대 대학원 석사학위논문.
Nation, I. S. P.(1990), Teaching and Learning Vocabulary, Heinle & Heinle Publishers.

우형식   608-738 부산시 남구 우암동 부산외국어대학교 국어국문학과
         Ⓣ051-640-3132
         부산시 남구 대연3동 243-231 청구아파트 101동 1001호 Ⓣ051-611-9408
         Ⓔwoohs@taejo.pufs.ac.kr

# 우리말 여성 기호의 인지 의미론적 연구

박 선 자

## 1. 머리말

### 1.1. 문제 제기

이 글은, 우리말 여성 기호1)의 근원적 의미를 함축하고 있는 내용으로서 텍스트로 된 단군신화와, 여성의 대표적인 이름인 여성 지칭어로서 '계집, 아내, 어머니'를 성 인지적 관점으로 의미 해석을 시도함으로써 우리 말무리 [言衆]의 여성에 대한 인식과 자각을 밝혀 본 여성어의 인지 의미론적 연구이자, 이를 통해 한국 여성의 정체성을 밝혀보고자 한 여성학적 연구이다.

우리말 여성어에 대한 연구는, 국어 어원 연구의 일환으로 여성 관련 낱말의 말밑을 밝힌 어원론적 연구, 국어 표현 연구로 여성이 부려쓰는 말이나 여성에 대한 표현의 언어적 특성을 다루거나, 여성 가리킴말과 부름말 등의 특성을 의미론적 관점에서 논의한 국어 사회언어학(sociolinguistics)적 연구, 여성주의(feminism) 관점으로 여성 언어 표현이 여성의 사회적 인식에 미치는 영향을 다룬 여성학적 연구들이 있다.

여성주의 언어이론은 언어로 드러나면서 사회 현상을 지배하고 있는 보이지 않는 힘의 정체를 밝히고자 언어를 분석하기 시작하였는데, <표상>(representation)이라는 표제 아래 '여자에 관해서 쓰이는 언어뿐만 아니라, 매스컴에 의한 일반적인 여자의 묘사 방식'도 포함하여(데보라 카메룬, 1985;

---

1) 이 글은 여성을 대상으로 한 여성어를 중심으로 한 것인데, 우리 신화도 여성에 대한 의미론적 실체를 담고 있으므로 이를 포함하기 위해 여성 기호라 하여 포괄한 것이다.

이기우 옮김, 1995: 서문) 성차(sex difference), 성차별(sexism), 소외(alienation) 의 분야를 주로 다루어 왔다(같은 책: 제1장).[2] 이같이 여성 존재 자체의 인 식에 대한 차별성의 관점은 인류학적인 면, 문화적인 면, 역사적인 면, 사회 적인 면 어디에나 고루 번져 있고, 나아가 슬기사람으로서 인간 행동 양식 인 언어에까지 그대로 드러나 있다.

페미니즘의 물결은 우리나라에도 예외 없이 밀려 와 페미니스트의 목소 리는 각계에서 비판의 강도를 높여 왔는데, '우리나라 여성들은 차별 받고 있다', '인류사에서 여성은 역사적으로 사회적으로 차별되어 왔다'는 움직일 수 없는 명제 아래 '성 차별 극복'을 목적으로 여성학이 이루어지고 발전해 왔다.

차별이란 어디까지나 '남성에 맞세워' 이루어진 사회문화적 성차별로서, 우리 사회에 남아 있는 강력한 부정적 편견으로 여성의 사회 문화적 인식은 물론이고 그 권한조차 보장되지 못한 사회적 불평등 상태를 뜻한다. 이는 단순한 불평등을 넘어서서 심하게는 '학대, 수탈, 금기, 왜곡, 배제나 제외'까 지를 포함한다(김열규, 1995:2)고 한다.

이러한 차별적 여성관은, 여성은 어떠한 사회적 권리도 인격도 없는 존재 인 것으로 인류의 역사가, 우리가 사는 이 사회가 만든 역사적 사회적 의식 의 소산이다. 심지어는 여성이라는 타고난 성 자체까지도 있어서는 안되는 그 무엇, 없어져야 하고 지워져야 하는 존재로 인식하고 있으며, 거의 자신 의 이름 없이 살다간 한국 여성은 특히 개체성이 없고 삶의 경영에 있어서 주체성과 능동성이 없는 뒤웅박 팔자이며 저제나 이제나 뱃속에서부터 계

---

2) 페미니즘은 여성의 정치적 사회적 실천을 목표로 하는 운동에서 출발하였으므로 그 실천 사회학의 성격을 견지하고 있다. 이에 따라, 사회 현상이자 사회에 내재하여 사회 현상의 동인이 되는 언어에 관심을 가지기 시작한 것이다.
당연히 그들의 관심은 언어 내적 구조보다는 언어와 사회의 연구, 곧 사회적 차이와 언어 적 차이의 상호관계나 언어의 문화적 기능에 있으므로 위의 세 분야도 언어외적인 것으로 서 언어의 사회적 속성 발견 및 개선을 기반으로 하면서 구별되고 있다. 첫째, 성차의 연 구는, 여자와 남자의 언어 사용 방식은 다른 것인가, 다르다면 그것은 무엇을 의미하는 것 인가 하는 것이고, 둘째, 언어 속의 성차별의 문제는 그 영향이나 성차별을 없애는 방법을 연구하는 것이고, 셋째는 소외의 문제로, 언어란 여자가 경험을 표현할 수 없는 <억압자의 언어>인지의 문제를 다루는 것이다(데보라 카메룬, 1985; 이기우 옮김, 1995:19 볼 것).

집애라는 것이 들키면 지워지는 삶을 살아 왔다고 한다(김열규, 1995).

성의 자연적 차이는 가치 중립적이지만, 세계 구성소로서의 실제를 인식 대상으로 개념화하여 기호과정을 거치는 기호의 본질을 놓고 본다면 언어에서의 성 인식은 기호 특성상 모든 성의 관념, 사고 체계를 형성한다는 점에서 중립적 가치로만 머무르지 않는다. 이러한 전제 아래, 언어 변이체(linguistic variant)의 선택이 사회에 미치는 영향(Fischer, J. L., 1958)으로서 언어와 사회와의 연관성이 기술되자 여성의 사회적 차별상을 언어에서 찾으려는 사회언어학적 여성학 연구(여성주의-사회언어학적 연구)가 발달하여 왔다.

말 곧 언어 기호의 특정 표현을 원용하여 여자를 가치 규명한 김용옥(1986)은 여자라는 존재론적 대상 인식의 사변적 고찰이므로 접어 두더라도, 언어 자체에서 그리고 언어의 쓰임에서 여성에 대한 사회적 인식과, 이에서 비롯된 사회적 불평등과 차별상, 그리고 극복 방안 등은 페미니스트들이 주로 논의해 왔고, 이를 바탕으로 하여 살아가는 사회적 존재로서의 한국 여성의 정체성과 삶의 양식 규명이 여성학의 주요 분야로 다루어져 왔다.

이러한 맥락에서 김열규(1995)는 한국 여성, 우리말 여성어를 대상으로 문화인류학적 관점에서 여성 차별상의 기원과 의미를 해석하고, 민현식(1995)은 사회언어학적 관점에서 국어의 여성어를 지칭어와 국어 표현 자체의 여성 차별적 쓰임을 밝히고, 이어 국어의 성별언어 연구로 국어 성차이어의 관점에서 남녀 언어를 대상어와 발화어의 차원으로 나누어 성차별적 요소를 조명하고 발화어의 성차별적 표현을 집중 조사 분석하여 국어 성별언어 연구로서 국어 사회언어학적 연구를 계속하고 있다(민현식, 1997). 한편 강주헌(1995)은 사회언어학적 관점에서 한국 여성의 사회적 차별을 불러온 우리말의 성차별 구조에 초점을 맞추어, 성차별어가 사회와 여성 의식에 미치는 영향을 페미니즘의 시각에서 논의하였다. 민현식(1995, 1997)은 비교적 중립적인 시각으로 우리말에 드러난 쓰임만을 기술한 것이지만, 김열규(1995)는 근본적으로 여성의 몸과 몸짓 자체를 철저하게 남성 중심의 시각에서 해석한 것이다. 여성에 대하여 보호막을 치는 것 같은 말투의 강주헌(1995)도 기실은 남성 중심의 편견 아래 여성 차별상 그리기에 그침으로써

성 차별에서 벗어날 통로를 오히려 막고 있다.

한편, 한국 여성 연구와 여성 능력 개발을 목적으로 하는 한국여성개발원의 연구들은 사회 현상 실태 조사를 바탕으로 하여 여성의 문제들을 통찰하고 해결책을 모색하는 일련의 작업들이다. 성차별적 언어 사용에 관한 연구(1996 연구자: 이춘아, 김이선)에서는 실제 우리말 성차별적 언어 사용 실태 조사를 통하여 성차별 양상을 구체적으로 밝히고 성차별적 언어 개선을 위한 지침을 제안하였으며, 텔레비전 드라마와 광고의 성전형성의 영향분석(1997 연구자: 김양희, 민인철)에서는 이의 성차별성 및 성전형성이 여성과 여성 문제에 대한 태도에 미치는 영향을 사회학적 관점에서 논의하였는데, 이들 이어진 한국 여성학의 연구들은 모두 여성학의 출발이 그러했듯이 여성의 사회적 불평등과 차별을 전제로 하고 있다는 점에서, 적어도 여성의 정체성 인식에 있어서는 논의의 한계를 지니고 있을 수밖에 없었다. 이들 연구는 현대라는 특정 사회 현상을 구조적으로 분석 검토하는 공시적 관점의 사회학 방법론으로 도출된 여성학의 연구와 학문적 성과로서 그 사회적 의의가 매우 크다. 그러나 이는, 불평등과 차별화로 구조화된 사회적 특정 현상을 분석 검토하여 사회 구조 속에서 여성 문제를 파악하고 해결하고자 하는 여성학의 사회적 정치적 함의를 밝힌다는 점에서는 충분한 가치를 지니지만, 변화를 내적 속성으로 하는 과정의 구조인 사회를 대상으로 한다는 점에서는 여성학을 여성사회학의 자리에 머무르게 하는 한계를 지니고 있다. 이 한계 속성으로 성차별적 관점은 편견과 불평등으로 된 성차별 구조가 없어지는 날, 여성학이 더는 학으로서 설 자리를 잃어버리게 할 것이다.

이제 우리의 여성학이 좀더 자유로운 학문의 영역, 곧 학제적 기반을 가진 개방적이고 튼튼한 학문으로 자리잡기 위해서는 이제까지의 차별 논란을 버리고 학의 대상인 여성 존재를, 그 존재론적인 개체 인식과 정체성 인식, 그리고 그들의 영혼과 몸짓을 모두 통찰할 수 있는 근본적 시각을 얻어야 할 것이다. 여성을 특정 시각이나 차별이라는 고정 관점에 얽매이지 않은 **한 처음의 인식 대상**으로, 자유로운 여성 바라보기를 시도해 보는 것도 열린 여성학으로 나아가려는 한 몸짓이다. 계량-사회언어학적 연구도 아니요, 여성주의-사회언어학적 연구도 아닌 여성어의 인지의미론적 연구가 필요한 까닭이 여기에 있다.

여성어의 언어학적 연구 특히 인지의미론적 관점에서의 여성어 연구는 순수 언어학적(기호학적) 관점에서3) 여성 기호와 여성어를 다시 살펴봄으로써, 기존 구조의미론의 의의관계의 그물을 이루는 근저를 밝히는 데에도 기여하겠지만, 학제적 성격을 띨 수밖에 없는 여성학의 합목적성을 얻는 데에도 도움이 될 것이다.

## 1.2. 인지의미론적 방법의 타당성

때와 자리[時空]의 연속성을 따로 노는 차원으로 쪼개어 매김한 서구 분석주의 사고 방식은 학의 방법론으로서 구조주의라는 해석의 틀을 낳았다. 이는 '때의 흐름에 눈을 실어 바라보기[通時的 觀點]'와, '머물러 있는 때에 펼쳐진 자리 바라보기[共時的 觀點]'라는, 같은 대상이라도 바라보는 눈을 달리하면 서로 다른 모습으로 보이는 것으로 해석하는 학의 대상 해석 방법론이다. 공시적 관점의 바라보기는 대상을 낱낱의 개체인 구성소(constituent)가

---

3) 이는, 여성에 대한 사회적 차별이라는 전제를 두지 않는다는 점에서 기존의 여성어 연구들과는 변별될 것이다. 여기서 순수 언어학적 관점이란, 사회 현상 분석과 논의에서 벗어나 특정 말무리의 인식을 담은 언어 기호의 형성 곧 말밑의 바탕뜻을 밝혀 그에 따라 의미 해석을 시도하는 인지의미론적 관점으로서, 기존의 자율언어학에서 말하는 순수성을 뜻하는 것이 아니라, 오늘날 언어학의 새로운 관점으로 부각되고 있는 인지언어학적 관점의 테두리 안에서의 언어학적 순수성을 뜻한다. 자율언어학과 인지언어학에서의 언어 연구 목적과 방법론적인 특성은 언어를 어떻게 보느냐에 따라 나누어진 언어학의 경향으로 앞것은 언어 자체를 그것만으로서 유기적 조직체로 보고 학의 대상으로 파악한 것이고, 뒷것은 언어를 다면적 연관성을 가진 인간 행동 양식으로 보고 학의 대상으로 파악한 것이다(임지룡, 1997:19∼21).
자칫 자율언어학은 언어 외적인 것을 전혀 고려하지 않는다는 점에서 완벽하게 언어학적 순수성을 가진 방법론이라고 오해할 수도 있겠으나, 언어가 자연과학의 대상처럼 유기적 실체일 뿐 아니라 더 나아가 정신 심리적, 사회 문화적, 상황 연계적 의사 소통의 행동 양식이라고 할 때에 이는 언어의 한 단면밖에 기술하지 못한다는 한계를 피할 수 없다. 그러므로 필자는, 삶의 총체적 형식화로서 사유 방식과 문화의 반영이라는 기호의 다면성을 긍정하고, 특정 말무리의 삶이 녹아 있는 기호의 의미와, 이에 상관된 기호의 쓰임에서 성인지적 관점(gender cognitive view-point)을 밝혀 보겠다는 점에서 인지언어학적 순수성을 말한 것이다. 이로써 언어학의 순수성을 괴롭히는 언어의 사회적 지배력이나 정치적 함의의 문제를 다루어 온 페미니스트들과는 논의를 달리한다.

특정의 관계성(relationship)을 가지고 모인 하나의 구조적 체계로 파악하므로 낱낱으로 쪼개진 낱덩이로서의 개체 인식과, 전체와 개체, 개체와 개체 사이에 빚어지는 관계 인식의 기술을 내용으로 하는 구조 기술 방법론이다. 이 방법론은 서구 과학에서의 분석 기술 방법론이 인문 사회 전반에도 학문적 방법론으로 발전되어 정착된 결과이다. 이로써 인간 행위 양식의 전반을 학의 대상으로 하는 인문 사회학이 과학으로 성립하게 되었다. 언어학, 인류학, 사회학, 정신심리학, 문학까지 인류 사회 문화는 물론이고 정신 심리과정과 이를 바탕으로 하는 행동 양식으로서 언어와 문화 전반이 구조주의라는 분석적 방법으로 과학이 된 것이다.

물질을 쪼개듯이 차원을 쪼개는 일은 이론적으로는 가능하며 또한 타당하므로 학(學)이 된다. 이러한 구조주의 분석학은 맨 먼저 구성소를 찾아내고자 개체를 맞세운 관계[對立關係] 구조를 분석하였다. 이에서 어떠한 개체이든 개체가 되려면 낱덩이 사이에 서로 맞서는 다른 바탕[辨別性]을 지녀야하므로 모든 낱덩이들 사이에 그 차이성을 밝히는 데 초점을 두었다. 이는 사물 자체를 아는 데에는 분석의 방법론이 성공적이었다.

이는 사람도 마찬가지로 몸과 마음의 대립된 요소의 결합체로 보고, 꼴이 있는 몸짓도 구조화하고 꼴이 없는 마음까지도 그 정체를 밝히기 위해 쪼개기를 거듭한다. 실제로서 꼴을 갖추고 있든 그렇지 않든, 그것이 소리든 빛이든 그 꼴은 말할 것도 없고 그 꼴을 이루는 관계의 법칙이나 방식, 또 그것들이 머물고 움직이는 짓거리까지도 분석하여 구조화한다. 그러나 느낌, 사랑, 들숨과 날숨의 단순한 되풀이만으로 살아 있는 **숨[생명]**의 참된 있음은 쪼갤 수도 만들 수도 없으며 또한 풀이되지도 않는다. 사람살이는 살아 숨쉬는 모듬살이[社會]다. 그러므로 사회학이 살아 숨쉬는 사람살이를 다루는 학이 되려면, 구조주의, 분석주의, 개체주의를 방법론으로 하는 사회학은 이제 새로운 방법적 전환을 모색해야 한다.

한 처음 숨탈 때부터 여성과 남성으로 태어난 사람 사이의 관계는 오직 서로 다른 성의 구조적 대립관계가 아니라, 사람으로 태어나 사람으로 서로 사랑하면서 사람을 낳고 살아가는 한 처음 이루어진 관계로 서로 주고받음으로써 살아가는 숨의 한 과정적 존재이다. 여성과 남성은 사람이라는 하나의 성[人性]을 함께 가지면서 서로 나뉜 사이, 주는 것이 받는 것이 되고 받는 것이 주는 것이 되는 사이, 존재의 유한성을 뛰어 넘기 위해 여성은 남성과 하나되고자 하고 남성은 여성과 하나되고자 찾아 나서서 마침내 하나됨으로써 삶을 이어가는 존재이다. 한 낱[個體]으로 존재하나 쪼개진 서로 다른 개체가 아니라 끊임없이 이어지는 연속적 통합체이다. 그러므로 여성에 대한 올바른 이해도 분리된 실존을 바탕으로 하는 개체주의를 넘어서서 모든 개체가 타고난 존재 바탕을 가지고 서로 이어져 존재의 울타리를 만든다는 통합주의의 깨우침에서 이루어져야 한다. 여성학이 여성 본질과 역할을 찾아서 밝힘으로써 여성을 올바로 인식하게 하는 학이라면 더욱 존재와 삶에 대한 근원적 통찰 위에서 이루어져야 할 것이다.

이제 서구의 개체주의 분석주의 관점을 접어두고 여성에 대한 근원적 통찰을 **한 처음 이야기**에서, **이름붙이기(naming)**에서[4], 그리고 그 이름의 **이름풀이**에서 찾아보기로 한다. 또한 이는 기호로 그려진 **몸과 몸짓의 풀이**도 아우르게 된다. 여성과 그에 관한 인식을 기호화한(encode) 말들의 말밑[語源]을 찾아 바탕뜻을 살펴봄으로써 언어 속의 여성관 곧 우리말 속의 여성의 참모습을 밝힐 수 있을 것이기 때문이다.

학이 이루어지기에 앞서 학의 대상은 먼저 기호로 옮겨지고 그려진다. 자연이 대상인 자연과학은 형식적인 기호로 옮겨지나, 사람이 대상이 되는 인문사회과학은 그 대상인 사람이 언어 기호 곧 말로써 세계를 인식하고 말로써 경험 세계를 서로 나누며 말로써 모듬살이를 이어가는 존재이므로 모듬살이를 이루는 말무리들이 쓰고 있는 말이 학의 일차적인 대상이 된다. 그래서 언어학을 포함하는 기호학과 논리학이 인문과학의 기층 학문이 되는 것이다.[5] 여성은 사회 구성소로서의 사회학적 대상이기도 하지만 그 존재자

---

4) 언어를 그 자체만으로 구조로 파악한 자율언어학에서는 자의성(arbitrary)을 언어기호의 본질로 파악하지만 기호 주체인 인간이 인식 대상에 이름을 붙이는 기호 과정에서 대상 인식에 따르는 의미의 스며들기는 기호화의 주요 단계이다. 여기서 우리는 구조언어학의 자의성을 재고할 필요가 있으며, 인지언어학의 기본 가설인 도상성(iconicity)에 동의할 수밖에 없다.

5) 사람은 누구나 세계와 세계를 겪는 경험을 말로써 풀이하고, 이를 보편적이고 항구적 실체인 말로써 내적 세계로 갈무리함으로써 다른 동물과 구별되는 이성적 존재 곧 슬기사람이 된다. 이같이 사람은 말을 가지고 말로써 말하며 살아가는 존재이다. 그러므로 그 말을 살

로서의 인식은 언어학 곧 기호학의 접근 대상이다. 이 글은 이러한 전제에서 출발하여, 특정 말무리의 인식으로 구조화된 우리말 속의 여성 기호와 여성 표현을, 성인지적 관점이기도 한 인지의미론적 관점으로 풀이하게 될 것이다.

## 2. 신화 속의 여성: 한 처음 이야기에서

신화[한 처음의 이야기]는 사람의 삶이 비롯함을 이야기 형식으로 담은 기호체[code]이다. 그리고 '**인간이란 무엇인가?**'라는 물음에 대한 **보편적 응답**이다. 인간 존재에 대한 보편적 자각, 여성 존재에 대한 첫 자각은 신화에서 드러난다. 사람이 언제 어디서 어떻게 사람이 되었는가 하는 이 한 처음 이야기는 사람이 무엇이며 어떤 존재론적 가치를 지닌 실체인가 하는 대상 인식의 보편적 기호이다. 신화는 낱사람[個人]이 아닌 모듬살이의 깨우침이므로 보편성과 항구성을 지니는 기호로 갈무리되며 모듬살이를 엮어가는 원동력을 가진 기호로 특정 말무리의 내적 세계에 작용한다.

현대의 분석적 학문을 주도한 인구어는 존재 구성의 본질적이고 근원적 실체인 아루케를 찾고자 대상 실체 분석으로 일관된 사유 논리를 가지고 있다. 이를 실체(entity) 중심의 분석적 논리이다. 이와는 달리 우리말은, 시공을 넘어서서 변함없는 존재 구성소로서의 실체보다는 시공 속에 펼쳐진 존재 사태인 현상의 어떠함을 밝히고자 자연을 그대로 두고 그 안에서 되어가는 모습을 풀이한 현상학적 사유 논리를 가지고 있다(이규호: 말의 힘)고 한다. 이러한 우리말의 논리는, 실체가 현상에서 분리되지 않은 채로 그 타자와의 관계 양상 안에서 인식되므로, 존재와 삶의 모습인 현상을 있는 그대로 풀어내는 힘을 가지고 있다. 그러나 이는 어디까지나 인식자인 **보는이**

---

펴보면 그가 사는 세계를 어떻게 받아들이고 그 자신의 존재를 어떻게 깨닫고 있는지 알 수 있다. 이의 분석과 해석으로 학이 비롯한다. 이같이 사물의 이치를 말로써 따지므로 사람의 말은 그것 자체가 논리를 가진 최초의 학이 되는 셈이다.

논리학(logic)을 logos[理性, 言語]의 학이라 하는 까닭도 이미 그 자체에 사람의 세계 인식 논리를 가진 말(object language)을 대상으로 하여 그 말의 분석으로 인식 과정의 논리를 찾아 '말을 말(meta-language)로써 말하는 말[學]'이기 때문이다.

의 판단 범주(modality) 안에서 이루어지므로 우리말 현상 인식은 **주관화된 현상 인식**이라 해야 할 것이다. 이의 주관화는 물론 말무리 모두의 총체적 주관화로서 보편성을 획득한 보편적 주관화이다. 그러므로 판단 범주는 그 범주화에 있어 특정 개별 언어의 인지적 특성이 강력하게 드러난다.

사유와 인식의 테두리를 짓는 말의 논리에 따라 현상으로서의 존재와 실체로서의 존재자를 나누어, **존재자[몸]로서 여성 인식과 존재[몸짓]로서 여성 인식**을 밝혀 보고자 창세기와 단군신화의 한 처음 이야기 속으로 들어가 몸[실체]과 몸짓[현상]의 기호학으로 풀이해 본다. 그리하여 그 몸의 관점으로 세계를 겪고 느끼는 주체로서, 바라보고 겪고 느끼는 대상으로서, 여성 그 실재로서의 몸과, 그 모듬살이 안에서 살아가는 여성의 몸짓이 **우리**라는 울타리 안에서 어떻게 범주화되고 있는지, 체계 내적 관계 기술이 목적인 언어학 이전에 실재가 대상으로서 기호 내용이 된다는 의미 작용으로서 기호학적 의미를 찾아 볼 것이다. 이는 의미와 기호의 유기적 상관성에 앞서 인지 의미론적인 해석의 당위성을 전제로 하므로 이 글에서의 의미 기술은 인지 의미론적인 해석임을 밝혀 둔다.

## 2.1. 몸의 기호학: 여성의 몸, 그 숨타는 집으로서의 안

몸은 기호가 아니라 자연이다. 그러나 그 몸이 보는 우리에게 어떤 느낌을 불러일으키고, 그 몸이 몸임으로 해서 자연과 그리고 자연 속의 다른 것들과 어떤 관계의 구조를 이루어 그 관계 구조가 무엇인가를 알아채게 한다면 몸은 떳떳하고 뚜렷한 기호로서 의미론적 실체가 된다. 몸으로 해서 일어나는 **느낌이나 알아챔**은 몸이라는 것으로 나타내어지는 뜻(signifié: 記意) 곧 의미론적 실체이고, 몸은 그 뜻을 나타내는 기호형식으로서의 보람(signifiant: 記標)이므로 몸 자체가 의미 실현 단위로서 하나의 기호가 되는 것이다. 이 때 한 울타리 안에서 뜻을 서로 나누면서 살아가는 모듬살이로서의 우리는 **기호로서의 몸**을 바라보고 같은 느낌으로 느끼며 같은 뜻으로 안다.

바라보고 인식한 대상인 기호로서의 몸은 실재 세계 속에서 서로 부딪히며 겪는 대상으로서의 몸과 어떻게 변별되고 어떠한 상관성을 가지는 것으로 그려지고 있는지, 뜻매김 곧 의미 작용의 대상으로서 몸은 기호 내용의 의미론적인 실체로서 어떻게 알고 그려지는지[形象化]는 한 처음의 이야기 속에 구조화되어 있다.

　이제까지의 여성학에서는 여성을 남성과 맞세워 존재론적으로 차별되는 대립의 구조에서 존재하는 개체로 알고 또 그에 따라 여성의 존재적 특성과 사회적 현상을 해석해 왔다. 하느님께서 먼저 아담을 만드시고 그 갈빗대 하나를 뽑아 에와를 만들었다는 창세기 2장의 신화는, 여자는 남자의 일부라는 전체-부분 관계 구조와, 남녀의 이원적인 대립의 구조라도 그 대립의 성격이 한 쪽은 적극적이고 우세하며 다른 쪽은 소극적이고 열등하다는 차별 구조로 해석되어 왔다. 이는 과연 여성의 보편적인 의미론적 실체인가?

　창세기에서 하느님은 **한 처음**-히브리어로 브레쉬트는 모든 것에 앞서 있는 **절대적인 시작**을 말한다- 하늘과 땅을 지어내셨는데, 먼저 모양을 갖추지 않은 땅 위에 '빛이 생겨라' 하여 빛과 어둠을 나누시고 빛을 낮이라 어둠을 밤이라 불렀다고 한다. 곧 첫째 날부터 말씀으로 모든 존재의 집[環境]인 땅[宇宙]을 만들고 빛을 생기게 하자, 그 하나의 빛에 상대적으로 어둠이 나뉘어졌는데, 이를 불러[記號化] 빛의 있고 없음에 따라 밤과 낮의 하위 요소로 변별하여 구분한 것이다. 절대적인 것은 시작도 끝도 없는 한 처음의 하느님뿐, 그 밖의 모든 존재는 최초의 시작인 빛이 있고 없음의 상대적인 관계에서 존재의 상대적인 구분이 생기고 존재의 법칙과 존재의 율동이 일어나 있음과 없음의 이원적 논리 구조를 가지게 된 것이다.

　한 처음부터 있었던 정적인 공간[땅]에 빛으로 상대적인 구분이 되는 동적인 시간이 이차적으로 얹혔다는 것은 어느 하나를 중심으로 한 상대적인 구조 인식이다. 둘째 날 창공을 만들어 그것을 하늘이라고 불렀다는 것은, 곧 하늘은 한 처음부터 실체로서 존재한 것이 아니라 땅의 존재에 따라 그에 상대되는 개념으로 맞세워지면서 범주화된 것으로 인식했다는 것이다.

　말씀[로고스, 理性]으로 만들고, 그 만들어진 대상에 다시 이름을 부름으로써 실재가 의미론적인 대상으로 변별되었다는 것은 기호의 본질로서 의미 작용이다. 말씀으로 비롯되는 창조 과정은 이름지어 부른다는 이 기호 과정으로 말미암아 실재가 범주화됨으로써 내적 세계로 완성된다는 것이다. 이름지어 부른다는 세계의 범주화는 세계 구성소의 존재 바탕과 역할에 따라 변별됨을 뜻한다. 그러면 여성과 남성은 어떤 존재 바탕으로 인식되어 범주화되고 있는가?

창세기 1장에 따르면, 모든 창조의 마지막 날에 땅의 조물을 다스릴 사람을 당신의 모습대로 사람을 지어내되 남자와 여자로 지어내어 자식을 낳고 번성하여 온 땅을 정복하라 하였으니 남자와 여자는 이미, 사람을 지어내면서 구분된 **원초적 변별 존재**이다. 여성과 남성은 한 처음부터 빛과 어둠, 낮과 밤처럼 '있고 없음'의 상대적인 나뉨이 아니라, 두 존재가 다 하느님 당신 모습으로 숨을 타고 난 참된 있음[實存]으로, 나뉨으로써 함께 있는[共存] 존재이다. 아이를 낳고 번성하여 땅을 정복하고 모든 다른 존재를 다스림으로써 살아가며, 서로 만나 하나가 됨으로써 숨[生命]을 이어가고 그 있음을 다한다는 존재 바탕을 나누어 가진 평등 개체인 것이다. 분석주의자들은 이 개체로서의 나뉨에 주목하고 있다. 그러나 우리는 이어짐으로써, 어우름으로써 함께 있음에 주목해야 할 것이다. 이 두 성은 어느 하나에 따라 값이 결정되어 상대적인 관계 구성을 이루는 것이 아니라, 처음부터 각각의 몸이 자석의 S극과 N극처럼 전혀 상반된 극성을 가지면서 서로 견줄 수 없는 절대적인 고유성을 지니고, 나뉘어 있기는 하지만 서로 끌어당김으로써 함께 하는 영원한 공존 관계 구성체이다. 성(性)은 서로 끌어당겨 하나로 만나도 그 극성이 전혀 없어지거나 바뀌지 않는 자성과 같다.

남성은 陽이고 여성은 陰이라는 음양이론에서도 음양은 태극에서 나왔으되 머무름의 상태는 음이요, 움직이면 양이라 하여 아무리 쪼개도 늘 함께 존재하는 두 속성으로 파악한다. 오직 어느 한 쪽이 커졌다가 줄어졌다 할 뿐 두 속성은 하나로 **어우름의 현상적 속성**이다.[6]

민속과 설화 그리고 옛이야기 속에서, 여성은 남성에 딸린 존재로, 남성

---

6) 삶의 이해는 서양학에서의 개체주의 분석주의로 일관된 구조주의 관점에서 동양학의 종합주의 상호주의를 내포한 어우름의 현상학적 관점으로 재해석될 때 그 참모습에 이를 수 있을 것이다. 여기서 어우름의 현상학적 관점이란 필자의 용어로서, 어떠한 개체라도 개체끼리의 만남에 따라 개체의 고유 형질의 실현이 강화 또는 약화, 상승 또는 하강될 수 있다는 어우름과 바뀜의 현상학적 원리를 뜻한다. 이는 주역의 원리와 같다.

이 해이면 여성은 달로, 이에서 나아가 남자가 하늘이면 여자는 땅으로, 남성은 높고 여성은 낮은 존재로 구조화되었다는 성 인식은 개체의 차별 인식에서 오는 오류에 지나지 않는다. 그러므로 사람이었다가 여성과 남성으로 쪼개져 살아가면서 얻은 바탕, 곧 보바르의 제 2의 성은 사회 구조적 모순에서 비롯된 것이므로 수정 극복되어야 하는 당위성을 가지며, 그 극복 방안은 타고난 바탕[天性]에 대한 이해와 자연 질서에 겸허한 수용에서만이 이루어질 수 있다.

창세기 2장에서는 아담-흙으로 빚어진 존재라는 뜻이다-을 만들고 나서 그를 거들 짝으로서 아담의 갈빗대를 뽑아 에와를 만들었다고 한다. 여기서의 여성은 이미 아담의 눈에 따라 맞추어진 변질된 의미론적 실체를 가진 기호이다. 이는 한 처음의 사람 창조 과정이 아니라 아담과 에와가 첫 대면하는 만남의 장으로서 **사회화 과정의 설화**이다. 하느님이, 그의 갈빗대로 만든 여자를 아담에게 데려오시자 아담은 이렇게 외친다.

"드디어 나타났구나! 내 뼈에서 나온 뼈요, 내 살에서 나온 살이로다. 지아비(ish)에게서 나왔으니 지어미(ishah)라고 부르리라!"

여기서 남성을 뜻하는 ish에 가지 -ah가 붙어 여성을 뜻하는 기호가 된 것부터가 나성을 존재의 일차적 실체로 우선적으로 파악하여 언어 기호의 도상적(iconic) 특성7)으로 드러난 결과이다. 이의 도상적 특성에서 인간 존재의 파악은 남성을 원형(prototype)8)으로 파악하고 있다는 것을 알 수 있다.9) 이

---

7) 기호와 의미 내용의 관련성(motivation)을 인지언어학에서는 도상성(iconicity)이라 하고, 도상적 순서(iconic sequencing), 도상적 근접성(iconic proximity), 도상적 양(iconic quantity)으로 나누어 기호와 의미와의 상관성을 파악하고 있다. Friendrich Ungerer & Hans-jörg Schmid(1996/임지룡·김동환 옮김 1998:368~374), 임지룡(1997:372~396), 이수련(2001:30~33) 볼 것.

8) "'원형'(prototupe)은 그 범주를 대표할 만한 가장 '전형적' '적절한' '중심적' '이상적' '좋은' 보기를 말한다. 곧 원형적 보기는 중심적 보기이며 비원형적 보기는 주변적 보기가 된다." (임지룡 1997:64)라 한 것처럼, '사람'의 원형을 'ish'(지아비)로 파악한 것이다. 인지언어학의 '원형 이론'은 '개념화의 원리'로서 개념 범주 내부 구조에 대한 심리언어학적 연구에서 비롯된 것인데, 크루스(1990:384~6/임지룡 1997:65f 다시 옮김)는 중심성(centrality)의 지표로서 '적형성', '전형성', '질'을 들어 범주를 형성하는 중심적 보기와 주변적 보기가 나뉜다고 하였다.

9) 그러나, 지어미라 불린 여성의 기호는 아담이라는 기호 주체의 부르짖음인 만큼 한 처음의 눈으로 본 여성과 남성의 의미론적 실체라고 할 수 없다. 오히려 이 아담의 외침에서, 에

는 한 처음의 사람 창조 과정이 아니라 아담과 에와가 첫 대면하는 만남의 장으로서 사회화 과정의 설화이다.

이같은 실체중심주의의 파악에서는 변별된 실체의 다름을 그 어느 하나에 중심성을 부여하게 된다. 그러나, 여성과 남성은 한 처음부터, 첫 만남부터 같은 사람이면서 서로 다른 바탕으로 존재한다. '해와 달', '하늘과 땅'이라는 등급을 가진 이질성의 만남도 아니고, '높고 낮음'이라는 상대적인 정도성을 가진 이질성의 만남도 아니다. 한 쪽이 있으면 상대 쪽이 반드시 있고, 이 두 쪽은 서로 밀어내지 않고 끌어 당기는, 하나로 맺어지면 그 본디 바탕이 없어지거나 중화(neutralization)되지 않고 더욱 강화(intensification)되어 모성(maternity)과 부성(paternity)의 양극성(polarity)으로 하나가 되는 현상 종합의 양면일 뿐이다.

여성을 오직 남성과 맞세우는 대립적 존재로만 볼 수 없는 까닭은, 여성은 어머니가 되는 거룩한 창조의 공간이기 때문이다. 사람의 숨은 여성의 배 안에서 이루어진다. 사람의 숨이 이어지는 창조의 공간인, 한 처음의 우주가 되기 위하여 어성은 스스로 '안'이 된다. 모든 있음이, 본디 비어있는 우주 안에 있듯이 사람의 숨은 여성이라는 '안'에서 이루어진다. 한 처음의 창조 과정이 여성의 몸에서 이루어진다는, 모성 함의의 여성은 더욱 대립 관계 구성소로서의 여성을 거부한다.

여기서 우리는 여성과 남성의 몸을 [0]과 [1]의 수의 두 근원적 요소로서 기호 내용과 기호 형식 둘 다를 충족하는 기호로 파악할 수 있다. 기호 내용으로서, [1]은 그저 처음 시작하는 수, 맨 처음의 한 낱덩이를 가리키지만 [0]은 모든 수의 근원으로서 어떠한 수에도 맞설 수 있다. 그러므로 헤아림 [進法]의 단위를 나타내는 보람으로 쓰인다. '열[10]'은 '하나[1]'를 열 번 쓰지 않고 '하나의 낱덩이가 헤아림의 끝에 이르렀음'의 뜻으로 그 하나를 세는 자리에 [0]을 쓰는 것이다. 마찬가지로 '열'을 묶음으로 하여 또 '열'이면 그 세는 자리에 [0]을 써서 '100'이라 쓴다. 이같이 [0]은 한 처음이면서 또한 한

---

와인 여성은 아담이 만든 그의 소유이거나 그의 갈빗대로서 그에 딸린 종속물이 아니라, 아담인 남성이 가장 아끼고 소중하게 여겨야 할 놀람의 대상으로 주어진 존재(의미론적 실체)로 파악되어야 할 것이다.

처음부터 한 끝까지를 모두 안는 수로서의 함의를 지니는 수이다. 어느 하나에서 아무리 많은 수를 안아도 그 바탕은 바뀌지 않는다. 안긴 수가 아무리 많아도 한 낱도 새어나가지 않게 하며, 어떠한 수라도 그 안긴 수의 바탕은 그대로 지켜 준다. 그래서 어떠한 진법에도 단위의 자리에는 [0]을 쓰는 것이다.

어떠한 낱덩이라도 그것이 그것이게 하는 [0]의 의미론적 실체는 그저 '없음[無]'이 아니라 어떠한 존재도 존재이게 하는 '비어 있음[空]'으로서 '참된 있음[眞空妙有]인 것이다. 이같이 여성이라는 몸의 기호가 지닌 의미론적 실체를 깨달을 때, 여성의 몸 앞에 그 누구도 숙연해지지 않을 수 없을 것이다. 흩어져 스러지는 낱을 안아들여 숨이 되게 하는 숨 타는 집[생명 창조의 공간], 이는 그대로 안이 되어 그 남을 밖이 되게 하는 뫼비우스의 띠10)로서 여성의 본 바탕이라고 해도 지나친 해석은 아닐 것이다. 이는 닫긴 '안'이 아니라 숨을 탐으로써 새로운 생명 창조로 우주적 존재로의 확장이 되는 '열린 안[공간]'이며, 생명을 살려 내보냄으로써 끊임없는 숨의 이어짐 곧 존재의 영속성을 이루어내는 뫼비우스 띠의 시원이다.

## 2.2. 몸짓의 기호학 : 여성의 몸짓, 그 겪음과 살림의 이중주

### 2.2.1. 몸과 몸짓의 도상성

삶은 몸으로 하는 몸짓이다. 몸은 참으로 있는 실체(entity)이고 몸짓은 몸이 짓는 현상(phenomenon)이다. 그러므로 실체인 몸은 몸짓 안에 그저 있는 것이나 그저 있는 그것 또한 한 몸짓이니 몸짓함으로써 몸이 되고, 현상인 몸짓은 몸이 짓는 모든 짓으로 이는 서로 떼어 놓을 수 없는 관계 구조이다. 그러나 이미 몸이 특정 모듬살이에서 의미론적 실체로 작용하므로 그 몸짓도, 있는 그대로의 자연적 현상(natural phenomenon)이 아니라 인식의 구조를

---

10) 두 존재가 서로 맺음으로써 하나의 고리가 생긴다. 서로 마주하여 같은 손을 맞잡음으로써 두 존재이면서 하나로 맺어진 ∞자의 고리 바로 뫼비우스의 띠가 되는 것이다. 안이 밖이 되고 밖이 안이 됨으로써 끝없이 되풀이되는 영속성의 우주가 되는 것이다.

이루고 인식을 그려내는 창조적 기호로서 모듬살이의 삶인 문화를 이루는 문화소이다.

이러한 실체와 현상의 관계 구조를, 현상 인식 지향적인 우리말은 그대로 그려내는 언어이다. 곧 현상 구성소로서의 실체를 그 실체만을 분리하여 대상 인식 단위로 인식하지 않고 현상 속의 역할 개념을 가진 관계적 요소로 파악한다는 것이다. 이러한 **관계와 관계의 어떠함**을 추상화하여 언어화한 것이 바로 우리말의 **토씨**이다. 이 토씨는 오로지 관계(임자, 부림, 기움, 위치, 방편 등의 걸림관계)와 관계의 어떠함(도움토씨들의 뜻에 따른 관계들)만을 드러낼 뿐, 실체 자체를 바꾸지는 않는다. 이러한 실체와 현상의 관계 양상을 임자씨와 토씨로써 보인다는 것도 바로 **도상성(iconicity)**의 하나이다. 이같이 인지의미론에서 언어기호의 가장 주요 개념으로 파악된 인지적 특성인 도상성은 인지가 보편·추상화한 우리말 말본범주를 형성하는 토의 실현에서부터 드러난다. 그러므로 우리말의 논리로 정형화한 인지 특성은 어떠한 몸(실체)이 어떠한 몸짓(현상)을 짓더라도 그대로 몸(실체)임을 깨닫고 알고 있다는 것을 뜻한다.

우리의 몸짓은, 몸의 어떠함을, 몸이 느끼는 느낌을, 그 느낌으로 일어나는 마음을, 우리의 바람을, 우리의 뜻을, 우리의 앎을 그려내는[形象化] 의미론적 실체를 가진 표상(表象)으로서 앎의 단위가 된 기호이다. 이는 자연언어로서 우리말에 드러남으로써 범주화된 것이다. 우리말은 풀이말로써 몸짓이라 할 수 있는 모든 현상을 그려내는데, 그림씨로써 사태의 모습이나 바탕[屬性]의 어떠함을, 움직씨로써 자연적이거나 의도적이거나 움직이는 모든 짓거리를 나타낸다는 것은, 몸짓의 임자인 몸이 오직 동작 주체만을 뜻하는 것이 아니라 사태를 겪는 임자로서 경험주와, 더하여는 현상 주체 모두를 뜻하며, 아울러 그 몸짓도 동작주의 동작만을 뜻하는 것이 아니라 현상의 어떠함 일체를 뜻한다.

이러한 자연언어에 드러나는 인식의 관점에 따르면, 인구어의 몸짓은 몸이 임자로서 하는 짓[行爲]만을 뜻하나, 우리말에서의 몸짓은 몸과 더불어 몸으로 해서 일어나는 모든 현상을 다 포함함을 뜻한다. 곧, 몸의 꼴, 느낌, 마음, 뜻, 앎과 이들이 빚는 서로 어울림까지 모두가 몸짓으로 인식되므로 이들은 모두 기호 구성소가 되어 총체적인 기호를 이룬다. 그러므로 인구어의 논리에서는 몸과 몸짓이 서로 분리된 이원적인 요소로 파악되나, 우리말의 논리에서는 몸과 몸짓이 어우러져 현상으로 종합된다.

따라서 근원적인 실체인 아루케를 찾아 나서는 인구어의 논리가 실체로서 몸의 기호를 밝혀 내는 데 이바지한다면, 현상의 어떠함을 바라보는 우리말의 논리는 몸과 몸짓이 어우러져 빚어내는 몸짓의 기호를 밝히는 데 이바지한다고 해야 할 것이다. 토씨로써 그 관계의 어떠함으로 어우러진 현상으로서 풀이씨끝에서 다시 계층적으로 종합되는 것으로 파악된다.11)

## 2.2.2. 몸과 몸짓의 기호학-그 겪음과 살림의 이중주

삶을 언어로 형상화한 기호체는 모두 서사인 이야기이자 담화(discourse)이다. 신화는 인간의 출현을 다룬 한 처음 이야기로서 존재에 대한 보편 인식을 담고 있다. 단군신화는 그 첫 사람으로서의 몸을 여성이라고 규정하며 그 여성의 몸짓은 겪음과 살림이라고 말함으로써 신화적 의의를 다하고 있다. 신화 해석의 궁극적인 목적은 그 이야기에 담긴 겨레의 특정 개별적 보편 인식을 밝히는 데에 있다. 여성, 그 몸짓의 기호학적 풀이를 위해 우리 겨레의 한 처음을 그려낸 단군신화를 풀어 보고자 하는 의의가 여기에 있다.

> 『魏書에 이런 말이 있다. 지금으로부터 2000년 전에 檀君王儉이 계셔 阿斯達에 도읍을 정하고 새로 나라를 세워 朝鮮이라 불렀는데, 堯와 같은 때였다고 한다.
> 古記에 이런 말이 있다. 옛날에 桓因(帝釋을 이름)의 서자 桓雄이 계셔, 천하에 자주 뜻을 두고, 인간세상을 탐내어 구했다. 아버지는 아들의 뜻을 알고 三危 太白山을 내려다 보니, 인간세계를 널리 이롭게 할 만했다. 이에 天符印 세 개를 주어 내려가서 다스리게 했다. 桓雄은 그 무리 3000명을 거느리고 太白山 꼭대기의 神檀樹 밑에 내려와서 神市라 불렀다. 이 분을 桓雄天王이라 한다. 그

---

11) 우리말 풀이씨의 씨끝은 형태적으로는 풀이씨의 줄기에 붙는 가지이나 의미적으로는 명제 전체에 대한 판단 범주이며, 또한 형태적으로는 선조적이나 의미적으로는 앞선 판단을 안고 실현되는 계층적 짜임이다.

는 風伯, 雨師, 雲師를 거느리고 곡식, 수명, 질병, 형벌, 선악 등을 주관하고, 인간의 360가지나 되는 일을 주관하여 인간세계를 다스려 교화시켰다.

이 때 곰 한 마리와 범 한 마리가 같은 굴에 살았는데, 늘 桓雄에게 사람 되기를 빌었다. 때마침 桓雄이 신령한 쑥 한 심지와 마늘 스무 개를 주면서 말했다. "너희들이 이것을 먹고 백날을 햇빛을 보지 않는다면 곧 사람이 될 것이다."

곰과 범은 이것을 받아 먹었다. 곰은 忌한 지 21일 만에 여자의 몸이 되었으나, 범은 능히 지키지 못했으므로 사람이 되지 못했다.여자가 된 곰은 그와 혼인할 상대가 없었으므로 항상 檀樹 밑에서 아이 배기를 축원했다. 桓雄은 이에 임시로 변하여 그와 결혼해 주었더니, 그는 임신하여 아들을 낳았다. 이름을 檀君王儉이라 일렀다.

王儉은 堯 임금이 왕위에 오른 지 50년인 庚寅年에 平壤城에 도읍을 정하고 비로소 朝鮮이라 불렀다.』: 史料로 본 韓國文化史 古代篇 檀君神話 볼 것.

이에서 다른 신화적 풀이는 신화학자에게 미루고, 우리 겨레가 인식한 한 처음 사람인 여성의 이야기만을 보기로 한다. 모든 존재가 비롯하는 한 처음의 하늘[桓因 : ᄒᆞ올>ᄒᆞ놀>하늘]의 아들[桓雄]이, 이 땅에 '모두를 두루 좋이 하려고 누리를 다스리고 사람을 가르치기' 위하여 왔다 하여, '사람보다 앞서 하늘이 존재하고 있었음'으로 이야기가 시작된다. 일반적으로 三國遺事에 기록된 '弘益'을 한자의 뜻 그대로 '널리 이롭게 하다'라고 옮기지만, 우리 토박이말 그대로 옮긴다면 '존재하는 모든 것을 다 살게 하기[다스리다←다+술+이+다]' 위하여 '두루 좋이[좋게] 하다'의 뜻이 된다. 사람과 그밖의 모든 것들을 다스리되 사람은 특히 가르친다 하였다. '가르치다'는 그 말밑이 '가ᄅ다' 곧 '말하다'와 '치다' 곧 '기르다'의 합친말[合成語]로서 '말로써 기르다'라는 뜻이므로 다스림의 방법론이 된다.

이에 따르면, 우리 사람의 삶은 하늘이 뜻한 바대로 온 누리를 살리는 일이며, 사람살이에서 있어야 하고 비롯되는 '곡식, 수명, 질병, 형벌, 죄악'을 내리기도 하고 거두기도 하는 일은 모두 하늘에 달렸다는 것이다. 여기서 우리 겨레는 '사람은 본디부터 스스로 있는 자연적 실재가 아니라 하늘의 뜻으로 이루어진 존재'라고 깨닫고 있음을 알 수 있다. 우리가 자주 '타고 났다'[天性]고 말하는 것은 '하늘로부터 타고 났다'는 것을 뜻한다. 이 거룩한 깨달음이 우리 겨레의 삶을 이어가는 바탕이다.12) 이는, '사람이 곧 하늘[人 乃天]'이라는 것이 아니라, 사람은 곰과 호랑이라는 한 짐승의 바람[發願]으 로 된 존재라는 자각이다. 수성(獸性)을 가진 존재가 사람되기를 하늘에 빌 어 천성(天性)을 가진 존재[桓雄]와 하나되어 비로소 사람바탕[人性]을 가진 존재인 사람[檀君王儉]을 낳았다는 것이다.

여기에는 어쨌든 놓칠 수 없는 사실이 있다. 그것은 우리의 토템이 곰이 었다는 것보다 첫 사람을 낳기에 앞서 하늘을 안아들이려면 사람이 된 계집 [女子]이 먼저여야 한다는 것이다. 이는 한 낱덩이로서 여성에 대한 존재 인 식이 남성보다 앞섰다는 뜻은 아니다. 다같이 짐승인 곰과 호랑이는 다 사 람이 되고픈 바람을 가졌으되 쓴 쑥과 매운 마늘을 3×7일 동안 먹고 이겨 낸 곰만이 여성으로서의 사람이 된 것이다. 이 사람은 이 땅에 사는 낱덩이 [個體]로서의 사람이 아니라 모든 삶이 이루어지는 한 처음 공간으로서, 사 람으로 살려고 온갖 쓰고 매운 어려움을 참음으로써 '겪는 집'이라는 것이 다. 이는 바로 사람이 된 첫 존재는 바로 여성인 **겨집[겪는 집 : 겨집→계 집]**이며, 여성은 **참음으로써 겪음의 몸짓인 집**으로서 숨을 타고 살아가는 창조의 공간, 곧 **하늘을 담아 살리는 집**이어야 한다는 것이다. 한 처음의 하늘을 담아 살리는 집은 땅에서 나는 모든 것들을 살리는 집이 된다. 이로 써 **겪음의 몸짓은 이어 살림의 몸짓으로** 그대로 이어지는 것이다. 하늘의 기운을 받아 살리는 몸짓이 어찌 모든 존재를 살리지 못할 것인가. 살림살 이는 바로 살리는 몸짓이며 이는 여성의 삶인 것이다.

집이 지어지면 그 경계인 울이 쳐지고 이로써 안이 되고 밖이 된다. 그 안 은 밖을 기워주는 보완 공간이 아니라 여성이 삶의 임자가 되어 이루어지는 중심 공간이다. 안채는 울안의 중심이고 안주인은 살림의 주체이다. 이의 인 식이 한국 여성의 정체성의 바탕을 이루어왔다.

이같이 사람 삶의 몸짓을 기막히게 그려낸 우리의 단군신화는, 사람됨이 쓴 쑥과 매운 마늘을 먹고 사는 인고(忍苦)의 몸짓인 겪음이며, 이러한 맵고 쓴 삶을 참아내고 겪어내는 몸이어야만 사람의 숨을 하늘로부터 탈 수 있다

---

12) 훈민정음의 글자 만들기에서 제 홀로 소리[홀소리]이며 이 홀소리의 머리이자 으뜸이 되 는 소리를 하늘을 본떠 [ · ]로 삼은 것은 이에서 비롯된 것이다.

는 함의를 지니고 있다. 이는, 하늘이 사람이 되는 몸짓은 곧 여성만이 치러낼 수 있다는 자각의 형상화이다. 우리 밖으로 떠 있던 하늘이 내려와, 하늘을 안아들이려고 참고 겪는 터가 된 계집 안에 머물어 사람을 낳게 되었으니, 하느님이 사람을 지어내신 것이 아니라, 하늘과 하나되게끔 삶을 참고 겪어내는 집이 된 계집 안에서 하늘과의 만남으로 하늘이 스스로 머물어 **그대로 사람이 된** 것이다. 머무름 없는 바람과 비와 구름을 거느리고 하늘에서 내려온 또 하나의 하늘인 환웅을 안아들인 몸짓의 임자가 바로 계집이요, 아낙이다. 하늘이 사람이 되는 몸짓은, 바람[發願]을 참음으로써 겪어내는 삶의 집이 되어 하늘을 안아들인 아낙으로서의 몸짓과, 한곳에 머물러 누리를 다스리겠다는 뜻으로만 떠도는 바깥 하늘이 참으로 있을 수 있는 존재[實在]인 집 안에 내려와 그 안에 머무는 몸짓의 하나됨이다.

그러므로 사람이 되어 사람으로 태어나는 이 몸짓은 바로 둘이 아닌 하나로서 밖이 안이 되고 안이 다시 밖이 되는 존재의 미학으로서 뫼비우스의 띠가 아니고 무엇이겠는가? 뫼비우스의 띠는 일차원으로 이어진 하나의 띠이나 그 안에 삼차원 공간을 이루듯, 한 처음의 하늘이, 안이 밖이 되고 밖이 안이 되는 몸짓의 되풀이로 시간성을 얻어 일차원이 이차원이 되고 이차원이 삼차원이 되고 다시 사차원으로서 참으로 있는 삶의 공간을 이루는 것이다.

계집이 안이 되어 하늘을 그 안에 담아 안은 아낙의 몸짓, 그것은 **모든 몸짓의 임자로서 안아들이고 내보내고, 먹이고 살리는 시킴이[使役主]의 몸짓**이다. 이리저리 끌려 다니는 소극적이고 피동적인 몸짓이 아니라 사람을 살게 하는 동인(動因)으로서 살림살이 임자[主體]의 적극적이고 능동적인 몸짓이다. 밖으로 드러나지 않아도 어엿하고 떳떳한 아낙의 몸짓이다. 이 안이 돌아 나가면 밖이 된다.

이 기막힌 겪음과 살림의 이중주인 뫼비우스 띠의 미학[13]을 꼭 집어서 그려낸 것이 우리 겨레의 보편 자각으로서 한 처음 이야기로 엮인 단군신화이다. 어떤 신화나 설화라도 모두 그 겨레, 그 무리의 보편 사고와 감성을 바탕으로 하는 고유한 기호이다. 단군신화는 바로 우리 겨레의 보편 심성이

---

13) 앞의 주 (10) 볼 것.

바탕이 된 의미론적인 실체를 지닌 우리의 기호인 것이다. 존재로서의 여성은 가치 중립적인 실재이나, 앞서 살펴본 신화 속의 여성은 이미 특정 무리의 보편 인식을 바탕으로 한 의미론적 실체가 매겨진 이야기이므로 기호로서의 여성이다.

## 3. 우리말 여성어의 인지의미론적 의미

### 3.1. 기호 과정에서 여성의 인지적 의미

세계 속의 참된 있음(實存)은 기호가 아니다. 세계 안에 태어난 존재자로서의 여성, 세계를 겪고 살아가는 주체로서의 여성, 다른 존재와 마주한 여성, 마주친 또 하나의 존재(他者)에게 주는 느낌 자체는 기호가 아니라는 뜻이다. 이는 오직 참된 있음으로서의 실재일 뿐이다.[14] 그러므로 여성이라는 실재는 사람의 인식에 따른 가치 판단이 주어지기 이전의 참된 있음이므로 어떠한 편견이나 강요도 있을 수 없는 가치 중립적 존재자이다. 그저 있는 그대로일 뿐이다. 이를 우리는 자연(自然)이라 한다. 자연으로서의 여성에게는 아무 이름이 없다. 이름 불리기 이전의 실재이기 때문이다. 그러나 실재를 대상으로 하는, 자연과학으로서 생물학이나 의학 용어로서의 이름인 우/☆, female/male, 암컷/수컷들조차도 일상언어인 자연언어로서의 기호 의미가 스며들어 가치 중립적이지 못하다. 산것[生物]을 대상으로 하여 성 (sexuality)의 나눔이라는 잣대에 따라 암수로 범주화하고 그 범주화에 따라 기호화했기 때문이다. 그러나 어떤 경우건 개념화로서 범주화한 이름이면 인지적 가치가 스며든 기호로서 가치 중립적 순수 객관적일 수 없다.

내가 그의 이름을 불러 주었을 때 비로소 그는 나에게 와서 꽃이 되는 것처럼, 우리가 여성이라는 실재(reality)를 만나[色] 마주 바라볼 때[受] 그 실재는 이미 바라보는 대상(object)으로서의 여성이 되어 나의 머리 속에 그려지고[想] 이를 놓치지 않고 능동적인 정신 작용이 일어나[行] 비로소 '여성이구나' 하고[識] 내가 알게 되는 것이다. 이 때 바라보는 대상으로서의 여성은

---

14) S. I. Hayakawa(1949)가 말한 바대로 지도는 현지(現地)가 아니라는 것이다.

자연 실재이면서 존재론적인 가치를 가진 의미론적 실체로서 기호 과정의 구성소로서 참여하게 된다. 내가 아는 이 앎[認識]을 우리가 함께 가지고 나누려고[社會的 契約] 이름을 붙이는 일[命名]이 바로 기호화이며, 그 모듬살이 안에 약속의 체계로 갈무리되어(langue) 서로 '계집, woman'이라 일컬으며 이름 부르며(parole) 살아가는 일을 뭉뚱그려 말[言語活動]이라 한다.

그러므로 여성이 '계집이나 woman'이라 불리는 이름이 아니라도, 적어도 기호이기 위해서는 그 모듬살이 속에 살면서 누군가가 바라보는 대상(object)이 되어야 하고 그 대상이 그 대상 자체가 아닌 다른 무엇으로서의 의미론적 실체를 가리킬 수 있어야 한다. 마치 구름은 자연의 실재이지만 우리가 자주 바라보면서 비를 내리게 하는 원인으로서의 지시체로 인식할 때 구름 자체만으로도 자연적 기호(natural sign)가 되듯이 말이다.

이러한 기호 과정 속에서 사물들의 세계의 사태적이고 우연적인 층위로서(A. J. Gremas, 김성도 옮김, 1997: 106) 있는 그대로의 자연은 우리 세계의 형상들의 층위(같은책: 106)[15]인 머릿속 그려지기로 옮겨지면서[抽象化] 형식 체계로 범주화되어 자연 언어인 언어 기호 체계를 이루게 된다. 그러므로, (ㄱ) 감각 세계와 자연 언어 사이의 상관 관계는 단어와 사물들의 층위에서 찾아지는 것이 아니라 그것들의 분절을 구성하는 단위들의 층위에서 찾아지며, (ㄴ) 감각 세계는 언어 형식에까지 직접적으로 현존하며, 우리가 다른 곳에서는 기호학적이라고 불렀던 의미 작용의 영역을 언어 형식에 제공하면서 그 구성에 참여한다(같은 책: 108~109)고 한다. 이는, 순수 언어학적 한계 안에서는 언어라는 형식 체계 안에서 단위체인 낱말들의 관계로써 의미를 파악할 것이나, 그 의미 또한 실재가 언어 형식에까지 직접적으로 현존함으로써 의미 작용의 영역을 제공한다는 점에서 실재는 기호 형식의 구성에 참여 요소로 받아들여야 한다는 것을 뜻한다.

그레마스의 주장대로 언어는 첫째, 실체가 아닌 형식이므로 동질적 본질로서 체계적 분석이 가능하며, 둘째, 의미론적 대상이므로 의미 작용의 체계를 구비하고 있고, 셋째, 사회적 대상이므로 구성원들 사이에 이루어진 계약

---

15) 김성도(1997)의 옮김에는 '수준'이라고 되어 있으나 동일 선상이 아니므로 '층위'라 옮긴다.

의 보편적 양식을 전제하므로, 기호화 과정에서 이미 여성의 몸은 세계 구성의 실재인 자연이지만, 동시에 세계를 겪으면서 세계를 대상으로 바라보고 인식하는 주체이자, 다른 대상들과 함께 바라보는 대상이 됨으로써, 기호의 구성소가 된다.

언어 기호를 기호 자체만으로 'signifié(記意, 所記: 나타내어진 것)와 signifiant (記標, 能記: 나타내는 것)'으로 나누어 의미 작용을 이 둘의 서로 불러 일으키는 환기 관계로 정의한 소쉬르의 형식주의에서는 기호 자체의 형식 체계만을 대상으로 하므로 실재는 기호의 범주에 들지 않는 지시대상(referent)일 뿐이다. 이는 기호를 그 자체만으로 독립된 실체로 떼어내어 그 양면을 맞세움[代立關係]으로써 정의한 결과이다. 그러나 기화 과정이란, 기호 주체인 사람이 실재를 바라보고 인식함으로써 이루어지는 역동적인 정신 작용이다. 기호의 나타내어진 것은 실재의 지시 대상(referent)을 보고 떠오른 인식의 덩어리[觀念, thought, reference⇒sense]로서 실재를 가리키게 되고(refer to), 이 개념에 기호 주체의 이름붙이기(naming 곧 symbolize) 과정을 거쳐 이로써 기호의 형식인 signifiant 곧 이름(symbol⇒name)이 실재인 지시 대상을 대신하게(stand for) 되는 것이다. C. K. Ogden & I. A. Richards(1936)는 의미의 세모꼴(meaning triangle)로써 이를 잘 보여 준다.

여기서 '대상을 보고 떠오른 인식의 덩어리'는 같은 모듬살이를 하면서 같은 말을 쓰는 무리들의 공통 분모이다. 이는 또한 실재를 의미론적 실체의 바탕으로 삼는 보편적 인식이다. 그러므로 기호 연구는 그 기호의 내용과 형식만을 쪼개 볼 것이 아니라 그 기호의 의미론적 실체를 찾아 밝힘으로써 기호 주체인 특정 말무리의 인식의 논리 곧 사유 방식을 밝혀 보아야 비로소 그 완성을 볼 수 있는 것이다.

이러한 전제에서, 우리 겨레는 '여성을 무어라 불렀는가?' '한국 여성의 이름은 무엇인가?' '그 이름의 의미론적 실체는 어떠한가?' '이 나라 이 땅의 사람들은 도대체 여성을 무어라고, 어떠해야 한다고 알고 그려내는가?'라는 오늘날 우리 여성의 삶을 바라보면서 먼저 떠오르는 이 물음부터 풀어내야 할 것이다.

## 3.2. 삶을 겪는 집으로서의 계집: 숨·삶·살림의 역학 관계

　우리말에서 사람살이의 바탕을 이루는 몸짓은 모두 '짓다'라고 한다. 옷도 짓고, 밥도 짓고, 집도 짓는다. 눈물도 짓고, 한숨도 지으며 글도 짓는다. 감을 가지고 구상하여 창조하는 과정을 가지고 처음 감에서 전혀 다른 새로운 결과물을 만들어낼 때 '짓다'라고 한다. '집'은 지어진 것 가운데 대표적인 것이며 삶이 이루어지는 공간이다. 살아가는 공간으로서 만남이 이루어지는 자리, 처음 숨을 타고 자라고 기쁨도 슬픔도 어우러지는 삶의 터가 집이다. 우리의 집은 어느 산자락이나 개울가에 빙둘러 울을 치고 아늑한 곳을 잡아 잠자리, 앉을 자리, 설자리에 따라 방과 부엌, 마루와 마당을 두고 있다. 사람살이 오밀조밀한 일들이 모두 이루어지는 삶터이다. 우리의 삶을 간싸 안음으로써 사람살이가 이루어지는 자리 곧 공간이다. 우리의 집은 산을 등지고 들을 내다보며 개울을 동무하고 하늘을 한마당 가득 담아 천지만물의 기운을 이어가고 사립문 비죽이 열어 밖으로 이웃과 길을 터 오손도손 정다운 마을이 된다. 집집마다 울타리를 쳐 두어도 서로 열려 있고 이어져 있어 마을이 하나의 집처럼 옹기종기 모여 있다. 한 집안에 안채, 사랑채, 행랑채, 헛간이 머무는 임자와 쓰임새에 따라 나뉘어져 있는 것처럼 한 마을도 그 안에 사는 이의 직책과 신분에 따라 크기와 모습이 다른 집들이 한데 어우러져 있는 것이다. 한 집에 들어서는 문이 있듯이 마을을 들어서는 데에도 문을 지나야 한다. 우리의 집은 '나'와 '남'을 나누는 집이 아니라 '나'와 '남'이 만나 우리가 되는, 삶을 감싸 안는 집이다. 웃어른의 집은 위에 아랫사람의 집은 아래에, 가장 소중한 사람, 지켜져야 하는 사람은 안쪽에, 드나듦이 많은 사람일수록 바깥쪽에 자리잡는다. 한 울타리 안이라도 거치고 거쳐야 깊은 곳에 이르게끔 겹겹이 문을 두기도 한다.

　흩어지고 떠도는 기운을 감아 들이고 싸 안을 수 있는 집은 아늑한 집이다. 우리 옷이 소중한 몸을 싸 안을 수 있게 지어지듯이 우리 집은 우리 삶을 감싸듯이 지어지는 것이다. 우리는 집 없이 나가 지내는 나그네가 아니며, 한 곳에 머물지 못하고 들을 헤매는 떠돌이가 아니다. 나그네 설움은 나를 안아 주는 집이 없어서이고, 떠돌이 아픔은 내가 머물 집을 잃어서이다.

집의 찬사로 가장 좋은 것은 '아늑하다'이다. '아늑'의 말밑은 '안'이다. 그저 벌판이라도 울을 치면 울안이 되고, 나만이 아닌 우리가 머물러 살 아늑한 집이 되는 것이다.

김열규(1988)는 '한 여성이 신부에서 며느리로, 다시 시어머니로 성장하여 마침내 안채 안방에 좌정하게 되었을 때, 한 여성은 드디어 그 평생에 걸친 입사 의식을 마감하고 집의 집, 태의 태라는 자리를 누리기에 이르고, 여기서 한 여성의 대모상이 최종적으로 완성된다'고 했으나, 한 여성이 태어나면서 주어진 이름이 계집이라는 데서 이미 숨의 창조적 공간으로서 여성의 몸에 대한 존엄성이 깃들어 있음을 인정해야 할 것이다. 이 엄숙한 이름붙이기[命名]는 아낙으로서 집 안의 임자가 되는 과정과, 이어지는 삶의 으뜸으로 자리함에 밑바탕이 되어 우리 겨레의 여성 인식 구조를 이루게 된 것이다. 가부장주의 아래 그것이 통시적으로 변질되었다면 이를 돌이키고 바로잡는 길이 올바른 여성관 세우기에 도움이 될 것이다. 여성은 새각시에서 며느리로 시어머니로 거치지 않아도 그 바탕 자체가 숨의 비롯함과 삶을 겪는 공간으로서의 랑그이자 그 몸은 그 존엄성의 실체로서 빠롤인 것이다.16) 자리로서 누리는 대모는 이미 계급 의식의 소산이다. 사람의 보편적 욕망 구조로 볼 때 여성 또한 남성 못지 않은 권력에의 욕구, 소유의 욕구를 지니고 있을 것이나, 이는 생명 창조의 거룩한 바탕을 앞서지 못한다.

이렇게 삶이 이루어지는 곳을 집이라 하듯이 사람이 숨을 타고 나서 삶을 겪고 살아가는 한 처음 사람의 집을 '겨집'이라 하였다. 우리말 '겨집'의 말밑은 '겨다'와 '집'의 합친말[合成語]이다. '겨다'는 그냥 어떤 것이 존재한다고 하는 '있다'의 어휘적 높임말이다. 중세어에서 이시다(>있다)는 겨시다와 높임의 축으로 어휘적 대립을 이룬다. 요샛말에서 '계시다'는 어른에게 쓰는 '있다'의 높임말로 높임의 씨끝 '-시-'가 붙은 높임의 뜻으로만 쓰이고 있지만, 본디뜻은 '사람이 사람살이를 겪고 살아가는 모든 몸짓'을 뜻한다. 숨을

---

16) 이어령(2000:7)은 공간이야말로 실체가 아니라 관계를 나타내는 개념이라 하고 공간의 랑그는 언제나 개개인의 신체성의 파롤에 의해서 실현된다고 하였으나, 우리가 여성을 계집이라 부름은 실체를 공간으로 파악함으로써 우주론적 존재의 확장으로 이해해야 할 것이다. 물론 이는 숨타는 공간으로서, 삶을 겪는 공간으로서 생명을 함의하고 있으므로 실체와 공간은 더 이상 분리되지 않은 하나의 생명 우주라는 것을 뜻한다.

타서 태어남에서부터 이러저러한 일들을 겪고 늙어가서 죽기까지의 모든 몸짓을 다 일컫는다. '어려움을 이겨내다', '아픔을 참고 지내다'의 뜻으로 쓰이는 '겪다'에서 '봄, 여름, 가을, 겨울'의 때를 지내다의 '겪다'와 '계시다'가 다 '겨다'가 같은 말밑을 가지고 나뉜다. 이렇게 '겨다'는 오로지 어떤 사물이든지 존재한다는 뜻의 높임이라기보다는 만물의 영장으로서 으뜸 존재인 사람이 임자가 되어 살아감 자체를 뜻한다. 그저 주어진 대로 있는 물체와 다르므로 높임말로 쓰일 수 있었던 것이 아닌가 한다.

그렇다면 여성을 '겨집'이라 일컫은 기호는 그 의미론적 실체인 여성 존재 자체의 깊은 뜻을 깨닫고 붙인 이름이 아니겠는가? 그렇다. 여성은 그저 남성과 맞서는 낱덩이가 아니라, 하늘의 기운인 숨을 받아들여 사람으로 태어나게 하고, 떠도는 짐승의 바탕을 다독여 한 자리에 머무는 사람이 되게 하고, 사람으로서 사람의 삶을 살게 하는, 거룩한 생명 창조의 아늑한 공간인 우주로서의 집인 것이다. 이 엄청난 깨침으로 여성은 얼마든지 스스로 떳떳할 수 있으며, 어떠한 어려움도 그 몸을 허물거나 다치게 하지 못하는 어엿한 존재로 설 수 있는 것이다. 우리는 여성이라는 몸이 **한 처음 사람이 숨타는 집으로서 창조의 공간**임을 일찍이 깨닫고, 그 몸이 사람의 거룩한 숨을 타려면 맵고 쓴 맛을 거쳐 더욱 맑고 깨끗이 지켜져야 한다고 믿고 있었다. 이 믿음은 거룩한 숨을 타기 위한 집이 되는 계집의 순결이 가장 으뜸가는 가르침으로 이어진다.17)

맑고 깨끗함이라는 순결, 이는 하늘, 해, 빛으로 나아가는 굴광성의 바탕을 지니고 어떤 물도 들이지 않은 흰 빛깔을 좋아하고 사랑하게 한다. 그 몸이 맑고 깨끗함을 알고 또 그래야 한다고 믿었기에 입는 옷도 희어야 하고, 눕는 자리도 희어야 하는 줄로 알고 그렇게 살아왔다. 흰옷 겨레, 이는 사람의 숨의 거룩함을 깨달은 믿음의 몸짓이다. 이 맑고 깨끗한 바탕은 저절로 지닐 수 있는 바탕이 아니라 마늘과 쑥을 먹고 맵고 쓴 과정을 거치고 나서야 비로소 타고 나는 바탕이다. 조금이라도 물빛이 남았을라 두드리고 빨아

---

17) 으뜸인 가르침, 그것은 종교(宗敎)이다. 한국 여성의 전통적인 순결관은 외재적 이데올로기인 가부장주의의 소산이라기보다는 모성의 거룩함을 깨달은 내재적 이데올로기로서 종교보다 숭고했던 것이 아닌가 한다.

햇빛에 바래고 바래야 흰 빛이 된다. 해가 된다. 빛 그 자체가 된다. '희다'는 '희[해](다)'에서 온 낱말이다. '푸르다'는 '풀'에서, '붉다'는 '불'에서 '검다'는 '검[어둠]'에서, '누르다'는 '누리[세상]'에서 나온 말이다. 그러므로 흰빛 사랑은 해사랑이며 곧 해의 바탕인 빛을 사랑함이요, 그대로 빛이 됨이다. 한 처음에 빛이 있었음을 알고 우리 사람이 이 빛에서 숨타서 태어남을 믿음에 따라 빛이 되어 사람의 숨을 이어가고자, 깨어 있을 때는 흰 옷을 입어 빛이 되고, 잘 때마저도 하얀 이부자리에 누워 흰 빛이 된 채 산다. 물드는 것을 더러워지는 것으로 알고 맑고 깨끗이 사는 삶을 가장 높은 삶으로 여겼다. 청렴 결백은 우리 삶의 영원한 이상이었다.

우리 겨레의 바탕과 이상을 그린 단군신화는, 어위큰 짐승으로서 맵고 쓴 아픔을 참고 이겨내고 빛을 끌어 와 빛이 된 한 처음의 사람이 바로 여성이라는 존재라고 일러준다. 이는, 사람이 계집에서 남을 알고 겨레의 이상을 계집에서 찾고자 한 겨레의 얼밭으로서 보편적 자각이다. 계집은 우리 겨레가 이어갈 집이요, 겨레가 돌아갈 집이므로 한 처음의 맑고 깨끗한 바탕을 지켜져야 한다는 순결주의를 함의한다. 그러므로 여성의 순결은 숨을 타는 몸 자체이며, 남성으로부터 강요된 것이 아니라 여성 스스로 깨달은 몸의 주체적 자각이다.18) 이처럼 맑고 거룩한 존재의 집인 '계집'을 어떻게 여성의 낮춤말로 쓸 수 있겠는가?

우리말에서는 '하늘'이라는 신성(神性)의 관념 안에 모든 존재가 머물러 있는 우주를 '집'이라 부른다. 宇宙의 '宇'도 '집 우'요 '宙'도 '집 주'이다. 그 집은 모든 존재의 집이나 사람이 사는 집이나 다같이 '있게 하고 살게 하려고 지은 구체적 지각 공간'이다. 그 중에 가장 으뜸인 사람이 숨을 타 태어나고 삶을 이어가는 열린 공간인 집이 '계집'인 것이다. 그러므로 계집은 숨이 비롯하여 개체로서 살아가는 몸이 되고 나아가 우주적 존재로 열리는 공

---

18) 이로써 자녀는 쾌락의 산물이 아니라 빛을 받아 안아 지어진 집에서 탄 거룩한 존재가 되는 것이다. 우리 아이들이 그저 한때 일어났다 사라지는 허망한 욕망과 그에 따른 쾌락으로 어쩌다 난 존재가 아니라, 자칫 들기 쉬운 물에 들지 않고 지킨 맑고 깨끗한 집 안에 한 자락으로 모인 거룩한 빛의 모듬으로 된 존재라는 자각, 이는 자식을 가장 귀하고 소중한 삶의 의미로 알고 그 자식을 잘 기르는 일이 어머니의 삶이 된다는 한국 여성·모성의 정체성을 이루게 된 것이다.

간으로서의 의미[랑그]를 지니는 몸[빠롤]이 되는 것이다. '사내'는 산과 들을 돌아다니며 먹거리를 마련하는 '힘쓸이[손=壯丁]'인 '아히'이다. 그 이름에서 '겨집'이 정적인 공간의 의미를, '손아히' 동적인 개체의 의미를 찾을 수 있다.

우리말에서 사내의 몸짓은 **'찾아 듦'**이요, 계집의 몸짓은 **'안아 들임'**으로 그려진다. 여기서 찾아들고 맞아들이는 과정은 한낱 능동과 수동의 1:1 대응 구조가 아니다. 모든 집은 문이 있고 그 문은 안에서 열어 주어야 하듯이 맞아들이는 쪽에서 대상을 곰곰 짚어 보고 가려서 맞아들인다. 선택의 고리는 집 자체인 계집에 달린 것이다. 그러므로 계집은 스스로 뜻을 죽이고 이끌려 살아가는 영원한 수동의 존재가 아니라, 숨타는 자리가 되려고 온갖 쓰고 매운 어려움을 참고 겪어내는, 태어난 숨을 키워서 사람되게 하는 사람살이 도맡은 으뜸으로서의 능동적 주체이다. 그렇다고 계집이 나서서 사내와 맞서고 사내를 부리는 상하관계의 구성이라는 뜻은 아니다. 이 두 존재의 만남을 우리말에서는 '맺어지다'라고 한다. 곧 두 존재를 같은 값으로 매겨 서로 맺는다고 하는데, '맺음'의 모습은 두 끈이 하나로 되는 '이음'과는 본질적으로 다르다.

두 존재가 서로 맺어져 들숨날숨의 삶터가 되는 존재의 집, 그것이 바로 우리말 계집의 의미론적 실체이며 계집이라는 기호의 인지적 의미[참뜻]이다. 사람이 숨을 타고 살아가는 집 중의 집인 것이다. 계집은 또한 그 안에 숨이 스며드는 아기집[子宮]을 지님으로써 겹겹이 집이 되어 한 처음의 숨을 감싸 안을 거룩한 존재의 집이 되는 것이다. 맑고 깨끗한 집으로서 빛의 모듬인 숨을 태우고, 빛을 찾아 빛의 모듬인 해를 내 것으로 하여 그대로 빛이 되는, 생명의 무한 창조 공간인 집 안의 집인 것이다. 이 안은 닫긴 공간이 아니라 삶이 이루어지고 끊임없이 이어가는 열린 공간으로서 살림의 공간이다. 여기서 숨·삶·살림의 역학 관계가 이루어짐으로써 공간의 관계적 의미가 획득된다.

## 3.3. 삶을 안아 들여 살리는 임자로서의 아내

결혼한 여자를 '아낙'이라 하고, 그 남편 쪽에서 가리킬 때 '아내'라고 한다. '아낙'이나 '아내'나 다 '안'을 말밑으로 한다. '아낙'은 '안 + 악(아기)'의 합친말로서 '안에 있는 아기'가 아니라 '안'을 '아기'로 사랑스럽게 일컫는 말이다. 우리는 결혼 전의 여자를 아기씨 또는 아가씨라 부르고 남편의 누이도 시집가기 전에는 아가씨라 부른다.

'아내'는 '안(ㅎ) + 희(에)'로 이름씨에 위치자리토씨가 붙어 임자씨로 굳어진 것이다. 우리말에서 이와 같이 사람을 장소화한 간접 표현은 사람을 바로 가리키기 어려울 때, 곧 그 대상을 높일 때 쓰이는 때가 많다. 요샛말에서 높임의 임자자리토씨로 쓰이는 '께서'의 말밑도 옛말의 '-끠 + -서'가 결합된 꼴인데, '-끠'는 다시 매김토 'ㅅ'과, 위치말로만 쓰이는 매인이름씨 '*그 + 억 + 의'가 결합되어 말본 가지인 토씨가 된 것으로 쪼갤 수 있다. 이는 사람을 높이기 위하여 위치말 형식으로 장소화한 간접 표현에서 온 것이다. 한편, '-끠'는 매김토 '-익/의'와 '그에'가 결합되어 이루어진 '-에게'와 높임으로써 대립된다. 이에서 장소가 될 수 없는 대상을 위치말로 삼기 위해 장소를 뜻하는 매인이름씨 '(그)억(의)'을 빌려온 것이다. 높임의 임자자리토씨인 '께서' 또한 '끠 이시어(>있어)'로 재구조화 할 수 있는데, 이는 '장소화+현상화'의 겹침으로서 실체의 장소화와 현상화라는 간접 표현으로서 높임의 의미를 가지게 된 것이다. 이 밖에도 사람을 높이기 위하여 장소화한 간접 표현은 옛말(조선시대)에서 임금을 '殿下', 왕비를 '中(宮)殿마마', 세자를 '東宮마마'라 불렀던 것에서, 익은말[慣用語]에서 큰아버지 쪽을 큰집이라 일컫는 데서 잘 볼 수 있다.[19] 이같은 간접 표현의 성격을 보아 '아내'는 '집 안에 있는 사람'으로 자신의 처를 낮춘 말이 아니라 처를 불러 높이는 말인 것이다.

그 '안'은 앞에서도 풀어 보았듯이 그저 소극적이고 머물 데로만 여긴 공간이 아니다. 그 '안'은 삶의 근원적 공간으로 거룩하고 아늑한 '집'의 안이다. 밖으로 나가면 떠돌 수밖에 없다. '나그네'가 낭만적인 서정의 존재로 보

---

19) 꼭 장소화 간접 표현이 아니라도 우리말에서는 대상을 높이기 위한 간접 표현으로 부름말[呼稱]이나 가리킴말[指稱]을 벼슬 이름인 上監, 大監, 令監들을 써 왔다.

이지만 기실 그 말밑은 '나곤아이: 집을 나간 아이'로 머물 데 없는 떠돌이 설움을 지고 다닐 수밖에 없는 존재이다. 우리말에 욕 중에 욕이 '나가 죽어라'이다. '나가 죽은 이'는 죽어도 집에 들일 수 없어 장례도 집에서 치르지 않는다. 그만큼 집을 나가는 일을 가장 궂은 일로 여겼던 것이다.

사내는 먹거리를 마련하려 힘써 일할 터를 찾아 나선다. '사내'의 말밑은 '순[=壯丁] + 아히'로 '힘써 일할이'이다.[20] 먹거리를 얻는 남성의 일터는 밖이라는 것이다. 밖은 일터일 뿐 사랑으로 만남을 이루고 살아가는 사람다운 삶이 이루어지는 공간은 아니다. 그의 땀으로 얻은 곡식을 지고, 소먹이 꼴을 베어 지고, 식구를 누일 방을 덮일 나뭇짐을 지고 그는 집으로 돌아온다. 해거름에 빈 지게를 지고 돌아오는 발걸음은 한 짐 가득 진 발걸음보다 무거울 수밖에 없다. 하다 못해 꽃이라도 꺾어지고, 마른 명태라도 달고 들어가고 싶다. 빈 지게로는 돌아가고 싶지 않다. 아무것도 가지고 돌아갈 것이 없는 빈 지게는 무엇이든 채울 때까지 사나이를 떠돌게 한다. 오직 채울 때까지이므로 떠돌이의 삶은 한때에 그친다. 언젠가 그 지게에 가득 채울 것만 있으면 떳떳하게 부릴 곳으로 돌아가고 싶어하고 돌아가게 되어 있다. 이 집에 돌아가고픔[歸巢本能]은 목숨만큼이나 타고나는 사나이의 숙명이다. 그럼에도 목숨처럼 질긴 이 필연적 삶도 사람이 살아가는 일인데 우리는 그것을 살림이라 하지 않는다. 그저 일이고 일거리이고 일터라고 할 뿐이다. 그들이 일을 마치고 돌아오는 곳은 터가 아닌 집이다. 부린 짐, 거둔 곡식을 갈무리하여 먹이고 입히고 재우는 일은 그저 일이 아니라 살림이고 살림살이이다. 살림은 산다고 하지만 일은 산다고 하지 않는다. 그 살림은 모두 집에서 이루어지고 집은 곧 안이며 그 안의 임자는 '아내'이다.

그러므로 아내는 일하러 나가든 놀러 나가든 그저 떠돌아 다니는 이를 반드시 돌아오게끔 하는 삶의 공간이다. 그렇게 돌아오는 님을 아내는 앉아서 맞이한다. 배웅은 서서 하여 떠나는 이와 몸짓을 같이 하더라도 마중은 앉아서 한다. 일에 매였던 마음을 놓게 하는 **아늑한 집 안에 으뜸으로서 어엿함과 느긋함을 두루 갖춘 앉음새**, 이는 이 나라 아낙의 몸짓이다. 돌아

---

20) 그 글자의 꼴에서 낱말의 뜻을 드러낸[낱말글자, logogram] 한자의 남(男)도 먹거리 일터인 밭[田]을 힘[力]으로 떠받치고 있는 그림글자[象形文字]이다.

온 이를 맞이하는 집안의 임자로서 아내는 한 다리는 앉음새로 한 다리는 섬새로, 언제든 설 수 있게 무릎을 세우고 앉는다. 그것은 엉거주춤(김열규 1988)이 아니라, **안의 으뜸으로서 느긋한 어엿함이요 지쳐 돌아오는 이를 선뜻 일어나 맞이하는 재바른 아늑함**이다. 지친 몸을 풀게 하고 얼은 몸을 녹여 새로운 힘을 얻게 하는 사역주[시킬이]로서의 구실은 일이 아니라 **살림살이**이며 **여성의 삶**인 것이다. 사내를 맞이하여 아이를 배어 낳고, 나아가 지아비와 자식을 튼튼하게 하고 의젓하게 차리게 하여 사람답게 살게 하는 삶의 임자가 바로 여성인 계집이자 아내이다. 밖으로 나돌아도 여기저기 떠돌아도 죽어라고 싸우고 다녀도 마침내는 거두어 들여 품에 품고 가슴에 보듬고 집안에 안아 들이는 우리 안의 님인 것이다.

## 3.3. 누리를 다스리는 으뜸으로서의 어머니

나를 낳으시고 기르신 이를 '엄마' 부르고, 모든 숨탄 것을 낳는 존재를 '어미'라 일컫지만 철이 들면서는 우리는 그 거룩한 존재를 감히 엄마라 부르거나, 어미라 일컫지 않고 '어머니(어머님)'라 부르고 일컫는다. '엄마', '어미', '어머니'는 모두 '엄'을 말밑으로 한다. 이빨 중에 가장 큰 안쪽의 이빨인 '어금니'도, 손가락 중에 가장 굵은 손가락인 '엄지'도 '엄'을 말밑으로 한다. 사람 사이를 가리키는 말에서 가장 으뜸인 존재라는 뜻이다. '아빠', '아비', '아버지'의 말밑인 '압'에는 이런 큰 뜻은 없다.

우리의 인식 가운데 가장 앞서 떠오른 대상, 그를 부를 때, 혀를 그리 낮추지도 높이지도 않고, 혀의 앞쪽도 뒤쪽도 아닌 가운데에서 입을 다물고 깊은 울림을 만들어 낸다. 두 입술을 다물어 코안으로 울림을 불어 내면 그 울림은 오랜 지속을 지니고 몸 안에 울려 퍼진다. 밖으로 내 보내는 소리가 아니라 내 안에 가득 담은 소리이다. '엄'이라는 소리는 입을 벌렸다가 그저 다물기만 하여도 절로 소리난다.[21] 정지음(p, t, k)을 가질 경우 입을 다물면 소리

---

21) 이는 가장 원초적이고 자연스러운 발성의 첫 단계이다. 이를 낳은 존재의 이름으로 삼은 것은 거의 인류 보편적인 현상이다. 시발음인 모음을 가지는 경우와 그렇지 않은 경우의 차이는 있다.

는 그치기 마련인데 '엄'은 [m]의 울림이 그대로 지속된다. 이 울림은 몸안에 오래 고루 퍼지면서 그 부름 안에 잦아들 듯 포근히 안기는 느낌을 준다. 이같이 '엄'은 그 소리로서도 벌써 그 몸의 의미론적 실체를 그대로 담고 있는 **음성적 도상성(phonetic iconicity)**을 드러낸다. 시늉말을 빼고는 기호형식인 소리(signifiant)와 기호내용인 뜻(signifié)이 아무런 필연적 관련성이 없다[기호의 恣意性]고 하나, 이 '엄'은 그 소리 자체가 '어머니'의 존재론적 특성과 느낌을 오롯이 담고 있다. 소리와 뜻이 필연적인 관련성을 가지고 있다는 시늉말도 들리는 소리나 보이는 꼴, 짓을 듣고 보아 감각된 것만을 본뜬 말이나, '엄'은 그 소리 그대로가 우리 어머니의 존재론적 실체와 그 느낌을 그대로 담고 있다는 데에 이 하나뿐인 이름의 신비가 들어 있는 것이다.

훈민정음은 닿소리 글자를 소리내는 틀[發音器官]을 본 떠 만들고 홀소리를 그 소리의 성격을 우주 존재에 빗대어 홀소리의 으뜸소리를, 하늘(天), 땅(地), 사람(人)을 본떠 ·, ㅡ, ㅣ로 만들었는데, 이는 그 소리의 성격을 그림으로 형상화한 것이다. 훈민정음 제자해의 풀이를 빌려 풀어 보면, '엄'의 'ㅓ'는 '舌小縮而聲不深不淺(혀는 조금 줄고 소리는 깊지도 얕지도 않음)'의 'ㅡ'와 같되 입술을 벌린[口張] 소리이고, '압'의 'ㅏ'는 '舌縮而聲深(혀는 줄고 소리는 깊음)'의 '·'와 같되 입술을 벌린[口張] 소리인데, 그 글자의 꼴을 두 글자 다같이 사람의 'ㅣ'와 하늘의 '·'를 겸하여 쓴 것은 '取天地之用發於事物待人(하늘과 땅의 부림은 사람을 기다려서야 사물에서 피어난다)'이라는 뜻으로 삼은 것이라 하니 또한 그 글자의 됨됨이도 있는 그대로의 사람이 아니라 하늘의 부림을 땅에 끌어와 사물에서 피어나게 하는 존재로서 하늘의 꼴과 사람의 꼴을 어우른 것이다. 그러므로 소리나 글자의 꼴이나 모두 '어미'와 '아비'가 사람됨으로서의 존재적 특성을 잘 그려낸다 하겠다.

과연 '엄'의 'ㅓ'는 혀를 힘써 줄이지도 않고 그렇다고 일부러 펴지도 않으며, 그 울림[聲]은 혀를 낮추어 깊지도 않고 혀를 높여 얕지도 않다. 맨 처음 자연적 상태에서 내는 소리인 것이다. 그에 반해 '압'의 'ㅏ'는 힘을 들여 혀를 줄이고 그 울림은 혀를 낮추어 깊게 하여 내는 소리이다. '어'에 견주어 힘을 들인 이차적인 소리이다. 끝소리인 'ㅁ'과 'ㅂ'은 다름에서도 두 존재의 특성이 뚜렷이 드러난다. 'ㅁ'은 울림이고 'ㅂ'은 '터짐'이다 두입술을 다물고

울림을 내면 소리가 밖으로 터져 나가는 것이 아니라 몸 안에 머물러 몸 안의 모든 기운을 살아 움직이게 한다. 잠자는 존재의 기운을 불러 일으켜 살리는 것이다.

내 안의 기운을 두루 고루 다 살리는 몸짓은 존재의 참다운 '다스림'이다. '다스리다'는 '다ᄉ리다'의 바뀐꼴이고 '다ᄉ리다'는 '다 살리다'의 뜻이다. '압'의 'ㅂ'은 '아'의 힘들인 울림을 밖으로 터뜨려 내보내지만 '엄'의 'ㅁ'은 아무런 힘없이 우러나는 한 처음의 소리 '어'의 울림을 안으로 머금어 내 안의 존재를 깨우고 살려내어 '엄'과 하나가 되게 함으로써 나를 존재로서의 떨리는 울림이 되게 한다. 그러므로 사람으로 나서 가장 먼저 인식되는 어버이로서 '엄'과 '압'은 그 말소리와 글자 자체가 다같이 '어미'와 '아비'의 의미론적 실체를 그리려 한 것임을 알 수 있다.

소리내기에 있어서 가장 자연스러운 상태의 소리이면서 우리를 감싸고 우리 몸 안에 가득 퍼지며 오래 우리 몸 안에 남는 소리, 어느 한 쪽으로 치우치지 않고 고루 퍼지면서 그대로 내 안에 울림으로 남는 소리, 이는 사람들이 뜻없이 그 뜻이나 대상을 소리에 갖다 붙인 계약으로 이루어진 형식이 아니라 한 처음 터져 나온 숨의 소리이다. 우리가 말을 배우면서 맨 처음 터져 나온 소리이다. 말로서는 맨 처음 배운 말이며 대상으로서는 맨 처음 불러 하나이고 싶은 대상인 것이다.

그러므로 '엄', 이는 모성으로서의 몸의 기호적 의미이자 의미론적 실체이다. '엄'의 몸짓은 어떠한가. 그 소리 그대로 그저 있는 생물학적 존재로서 몸만이 아니라 그 몸 안에 깃든 나의 영혼을 불러 일으키는 '사랑의 울림'이고, 잠자는 존재인 나를 깨워 숨쉬게 하는 '다스림[다 살림]의 울림'이다. 낳고, 기르고, 치고, 다스림을 그 품에 품고, 그 안에 안고, 그 등에 업어서 이루어내는 존재, 그 님이 바로 우리 어머니의 인지적 뜻인 의미론적 실체이다.

이 어머니는 나라는 한 낱덩이에게만의 어미가 아니다. 우리말에 '아주머니'의 바탕에도 '어머니'가 있다. '아주머니'는 '앚 + 어머니'로, '아주버니'는 '앚 + 아버니'로 쪼개진다. '앚'은 바로에서 좀 떨어진 경우를 뜻한다. 그 매김꼴인 '아춘'이 '아춘아들 : 조카 또는 손자', '아춘설 : 작은설'에 쓰임을 보면 아주머니, 아주버니는 내 어머니에서 떨어진 어머니이긴 하되 그 또한 어머니 바탕을 지닌 존재로 풀이된다. 영어에서는 이모나 고모, 형수나 제수, 큰어머니나 작은 어머니 들이 모두 aunt로 mother와 형태적으로 어원적 유사성을 가지지 않으나 우리말에서는 이들이 모두 '엄'을 공유함으로써 '엄'의 존재 바탕을 지닌 것으로 알고 있다. 곧 내 집에서 벗어나 우리 집안으로, 나아가 우리 마을이나 우리나라에 이르기까지 여성이라면 모두 '엄'의 바탕을 지닌 존재로 인식하고 있다. 한 어미가 숨을 낳고 다스리듯이 우리 여성은 온 누리의 숨을 보듬을 수 있고 다스릴 수 있는 바탕이 존재이다. '우리'는 나와 너의 만남이라는 작은 모듬에서 비롯하여 겹겹이 퍼져 온누리로 넓혀지기 때문이다. 나를 보듬고 내 안을 다스리는 우리의 어머니는, 나와 너의 모임에서 더 널리, 바로 온 누리를 보듬고 그 안을 다스리는 크고 어엿한 으뜸으로서의 몸짓으로 몸의 몸이다.

## 4. 한국 여성의 정체성 : 계집 · 아내 · 어머니의 국어사회학적 의의

이제까지 우리는 우리의 신화인 단군신화와 우리말이라는 기호를 중심으로 한국 여성 기호의 인지적 의미로서 그 의미론적 실체를 **겪음과 안음과 살림의 삶을 몸짓으로 하는 계집이요, 아내·아낙이며 어머니로** 뜻매김하였다. 기호 주체와 기호 대상으로서 우리 겨레에게 인식된 한국 여성의 몸과 그들이 빚어낸 몸짓의 의미론적 실체를 찾음으로써 한국 여성은 누구이며 어떤 논리로 살고 있는가를 밝혀 한국 여성의 정체성에 접근하고자 했다. 이는 우리 겨레에게 밀려 온 역사의 질곡으로 한국 여성의 오롯한 정체성이 허물어지고 닳아 없어지고 변질되었다고 보고, 역사를 거슬러 올라가 우리 겨레가 참으로 여성을 어떻게 보고 여성의 참다운 몸짓이 어떠해야 한다고 알고 있는지를 찾아봄으로써 한국 여성의 참다운 모습의 바탕을 밝혀 이 어지럽고 흐린 오늘을 이겨내고, 빛나는 내일을 살아야 할 여성의 삶을 그려내고 싶었기 때문이다.

이 땅에서 태어나 이 겨레를 낳고 이 나라의 역사를 일구어 온 한국 여성이 그렇게 소극적이고 부정적인 몸[存在者]이며, 그 몸짓이 아무런 되새김없이 내동댕이쳐도 좋을 무가치하고 뜻없는 삶의 몸짓[存在]이었던가? 이 아득한 물음 앞에서 서글프게 서 있다가 문득 우리말과 우리 신화를 들추어보니 거기에는 거룩한 숨타는 집으로서의 맑은 몸으로, 깊고 아늑한 안이 되어, 으뜸으로서 거느리고 다스리는 몸짓을 지닌 어엿한 어머니가 말없이 우리를 내려다보고 있었다. 깃발을 펄럭이며 나서지 않고서도 헐벗은 우리 겨레를 보듬어 키워 왔고, 신바람으로 한바탕 떠돌다 그치는 숨을 아늑한 품에 품어 안아 간직하였다가 힘찬 숨으로 되살리고, 내노라 새긴 이름 없이도 누리를 너그러이 다스리는 어엿한 몸짓으로 메마른 이 땅을 기름지게 하는 젖줄이 되어 이 나라 배고픈 역사의 바닥을 도도히 흐르고 있었다.

한국 여성은 한 처음 숨타서 삶을 겪어 나가는 거룩한 집으로, 밖으로 지쳐 돌던 몸을 받아들여 느긋하게 머물게 하는 아늑한 공간으로, 누구든 가리지 않고 널리 고루 살리는 어엿한 으뜸으로서 그들만이 지닐 수 있는 몸짓으로 살아온 것이다. 지난적 한 때의 삶이 아니라 우리 머릿속 뚜렷이, 우리 마음속 깊숙이, 그렇게 새겨진 참된 있음의 몸이고 몸짓이다.

현대 사회는, 힘의 논리에 따르는 지배 이데올로기는 물러가고 있지만, 숨없는 물질이 사람을 재는 잣대가 되어 물질이 사람을 앞섬으로써 사람까지도 숨없는 것들로 보는 사물화, 도구화가 스며들고 있다. 이러한 사물주의, 도구주의의 스밈은 사람바탕이나 사람다움에 가치를 두지 않는 몰개성으로 몰고 가고 있다. 마음과 몸, 그리고 이의 임자가 되어 이루는 몸짓의 총체적 실체인 사람은 어느새 어느 한 구조체에 딸린 부속물로 여겨질 뿐이다. 우리말에서 모든 소리의 으뜸이라고 하는 [ · ](하늘)를 잃어버리듯, 하늘이 누리[世上]에 내려와 사람이 되었다는 한 처음의 깨우침을 잃고 사는 시대가 되었다. 구조주의에서 말하는 구성소의 개별적 인식은 이루어졌으나 어디까지나 마음이 떠나 버린 메마른 구조체 안에서의 구성소라는 인식일 뿐, 한 낱의 숨이라도 몸과 마음이 어울어짐으로써 광야에서도 우뚝선 天上天下唯我獨尊이라는 사람의 존엄성을 잃고 우리는 그야말로 하나의 도구로 인식되고 있을 뿐이다. 이어지고 함께 흘러야 들숨날숨으로 삶이 되는 숨의 바탕을 잊음으로써, 낱덩이로서 개인의 자각과 삶의 일상성은 폈지만, 어느새 우리는 사람다움을 잃고 사랑이 빠진 산업사회의 도구로서 기계의 부속품으로 전락하고 만 것이다.

현대 사회는 나 하나의 몸과 마음만으로 살려고 한다. 더욱이 21세기에 들어서면서 지난 삶의 자취를 모두 지워 버리고 거듭 '바꿔 바꿔' 외치며 스스로 사람임을 지겨워한다. 사람다움을 잊고 사람의 마음을 버리고 한낱 사물이 되어 스치기의 빈껍데기로 머물려고 한다. 의미 없는 만남들이 제멋대로 휘젓는 가상 공간에서 치솟다가 사라지는 욕구를 내뿜으며 자신의 존재를 스러지게 하고 있다. 쓰라린 아픔과 고된 어려움[忍苦]을 겪으면서 여물어지고, 사랑으로 살림으로써 빛으로 나아가는 삶의 이상은, 쾌락으로 치닫는 허무한 탐욕에 밟혀 버리고, 가졌다가 버리고 또 새것만을 찾아 나서는 가짐[所有]와 놓아버림[放棄]의 휘몰이에서 허우적대니 사람이 본디 하늘이었음을 까맣게 잊어버리게 되었다. 집을 잃은 떠돌이의 삶[浮草]으로 그저 실려 다니는 것이다. 거룩한 숨을 하찮게 여기고 계집은 스스로 계집이기를 거부하니 삶을 이룰 집을 잃을 수밖에 없는 것이다.

한 처음의 숨은 이어져 숨결로 흐른다. 여성과 남성의 공존은 한 처음부터 있어온 숨의 질서이다. 들숨과 날숨은 이론적으로 쪼갤 수는 있으나 참된 있음으로서는 쪼갤 수 없는 이어짐으로서 뫼비우스의 띠이다. 낱덩이로 따로 따로 떠돌아 흩어질 것이 아니라, 겹겹이 나아가 그대로 우주로 열린 집 안에서 서로 맺어져 고리가 되는 들숨날숨의 숨결이 되어 한 처음 사람이 비롯된 하늘이 될 것이다. 모두를 있게 하는 참된 있음의 빛이 되는 것이다.

하늘을 알고 사람을 알며 사람의 숨을 가장 소중한 것으로 여기고 숨을 타려고 스스로의 집을 맑게 지키는 계집으로서의 여성, 떠도는 숨을 감싸 안아 힘찬 숨결로 내세우는 아늑한 아내로서의 여성, 여린 숨을 보듬고 먹이고 키우고 내세우고 내보내는 시킬이로서 삶을 다스리는 으뜸으로서의 어머니인 여성, 이는 어떠한 역사의 질곡 속에서도, 급변하는 발전의 어지러움 속에서도, 넋도 마음도 빠져버린 메마른 벌판에서도 고귀한 존재로 지켜야 할 한국 여성의 참모습으로서 정체성인 것이다. 우리 겨레의 숨결을 고스란히 지켜 빛으로 나아가게 할 한 처음의 깨달음인 것이다.

성 차별과 종속, 억압과 몰아[沒我]는 참다운 정체성을 돌이킴으로써 허물처럼 벗겨지기 마련이다. 이는 허약한 현상적 존재를 붙들고 싸워서 되찾을 것이 아니라, 한 처음 나의 바탕을 찾아 깨우침으로써 그 참된 몸을 깨닫고 믿으며 삶의 임자로서, 삶을 다스리는 이로서, 힘찬 삶을 살리는 이로서, 숨을 타는 거룩한 몸[계집]에서 우러나는 참된 몸짓 곧, 겪음과 살림을 하나로 보듬는 자리[아내]에서, 숨을 다스리는 어엿한 으뜸[어머니]의 몸짓으로 이루어 나가야 할 것이다. 나만의 닫긴 집에서가 아니라 시대와 사회로 열린 집에서, 나와 너가 일인칭이 되는 우리의 집에서, 인류가 하나되는 누리의 집에서 드러내야 할 몸이자 펼쳐야 할 몸짓인 것이다.

'性은 주어지는 것이 아니라 타고난 숨의 바탕이다.' 여성과 남성은, 사람이라는 추상적 보편적 실체로서 공통의 성이 환경에 따라, 상황에 따라, 조건에 따라 달리 실현되는 변이체(varient)가 아니라 처음부터 서로 다른 바탕을 타고난 실존이다. 사람이라면 반드시 남성이거나 여성의 하나이며, 여성도 남성도 아니면서 사람일 수 없다. 남성이 여성의 부분 집합일 수도 없는 것과 같이 여성도 남성의 부분 집합일 수도 없다. 이는 남성이면 사람이듯이 여성이면 또한 사람이라는, 사람이라는 범주에 어떠한 다른 개념도 허용하지 않으며 동시에 중간 개념도 허용하지 않는 영원한 동위 개념의 논리를 함의한다. 그러면서 이 두 실존은 서로 끌어당기는 양극성으로 하나가 됨으로써 한 처음 창조 과정의 생명을 잉태하는 엄청난 에너지 흐름의 역동적 우주가 되는데, 이러한 하나되기에서도 두 극성은 그 본디 바탕[固有 屬性]을 그대로 지니면서 한 처음대로 여전히 여성과 남성인 사람으로 남는다. 같은 사람이되 생명 창조를 함께 하도록 나뉜 실존이라는 것이다. 몸은 따로 나뉘어도 숨을 이어가려면 서로 만나 온전한 하나가 되어야 하는 실존이다. 보편적 실재로서의 사람 바탕이 두 상반되는 개별적 실재로 여성이나 남성이 되어 서로 상대의 실존 안에서 자신의 존재를 깨닫고, 그의 몸짓을 뚜렷이 한다는 것이다. 몸의 깨달음에 따른 그들만의 몸짓, 이로써 이루는 그들 무리만의 삶의 양식, 이는 문화이다. 문화는 몸의 깨달음으로 빚어내는 몸짓이다.

### 참고 논저

강주헌(1995), 계집팔자 상팔자, 서울: 고려원.

고영복(1971), '한국사회에서의 여성의 지위', 아세아여성연구 제10집, 숙대아세아여성문제연구소.

김성도 옮김(1997), 의미에 관하여(그레마스 지음), 기호학총서 5, 서울: 인간사랑.

김양희(1997), '텔레비전 드라마와 광고의 성전형성의 영향분석', 한국여성개발원, 연구보고서 240-17.

김열규(1988), '여성과 집에 관한 시론', 서강대 인문과학 연구소.

_____(1995), '한국 여성 의미론', 아세아여성연구 34집, 숙대 아세아여성문제연구소.

김용옥(1986), 여자란 무엇인가, 동양사상입문특강, 서울: 도서출판 통나무.

김종택(1978), '한국인의 전통적인 여성관', 여성문제연구 7, 효성여대 한국여성문제연구소.

민현식(1995), '국어의 여성어 연구', 아세아여성연구 34집, 숙대 아세아여성문제연구소.

_____(1997), '국어남녀언어의 사회언어학적 특성연구', 사회언어학 5-2, 한국사회언어학회.

서정범(1969), '여성에 관한 명칭고', 아세아여성연구 제8집, 숙대 아세아여성문제연구소.

유창돈(1966), '이조 여성어 연구', 아세아여성연구 제5집, 숙대 아세아여성문제연구소.

이기우 옮김(1995), 페미니즘과 언어이론(D. Cameron 1995: Feminism and Linguistic Theory), 서울: 한국문화사.

이수련(2001), 한국어와 인지, 서울: 박이정.

이어령(2000), 공간의 기호학, 서울: 민음사.

이춘아(1996), '성차별적 언어 사용에 관한 연구', 한국여성개발원, 연구보고서 200-17.

임지룡(1997), 인지의미론, 서울: 탑출판사.

임지룡·김동환 옮김(1998), 인지언어학 개론, 서울: 태학사.

임칠성 외(1997), 한국어 계량 연구, 광주: 전남대 출판부.

임홍빈(1993), '국어의 여성어', 국어사 자료와 국어학의 연구, 서울: 문학과 지성사.

장태진(1969), '현대 여성어 연구', 아세아여성연구 제8집, 숙대아세아여성문제연구소.

차현실·김창섭·전혜영(1977), '현대 국어 여성어와 여성의 사회적 위치', 한국여성연구원 창립 20주년 기념학술대회, 이화여대 한국여성연구원.

부산대학교 여성연구소(1996), 여성과 남성을 위한 여성학, 서울: 중앙적성출판사.

성서와함께 편집부(1997), 보시니 참 좋았다, 서울: 분도출판사.

한국문화상징사전편찬위원회(1992), 韓國文化 상징사전, 서울: 동아출판사.

한국여성개발원(1998), 한국역사 속의 여성인물 상, 하.

한국전통자료편찬위원회(1986), 史料로 본 韓國文化史 -古代篇, 서울: 일지사.

박선자    609-735 부산시 금정구 장전동 부산대학교 국문과    ☎051-510-2012
         609-391 부산시 금정구 장전1동 21 태평양 임페리얼 빌라 1201호
         Ⓔparksj@pusan.ac.kr

# 소유 표현으로서 '있다'의 원형성

이 수 련

## 1. 머리말

최근 소유 표현의 방식이 '있다'보다 '가지다'를 많이 선호하게 된 것은 영어의 영향으로 보인다. 보기를 들면, '나는 슬퍼하고 있습니다.' 대신에 '나는 슬픔을 갖고 있습니다'라고 말함으로써, 말할이의 주관적 경험을 배제시켜 경험의 주체로서 <나>가 소유의 <그것>으로 대치되는 경향을 보이고 있다.

우리말에서 소유 표현만을 본격적으로 접근한 연구는 크게 눈에 띄지 않고, 어떤 표현 꼴에 '소유'의 뜻이 있다고 언급하는 정도였다.1) 우리말에 쓰이는 상태소유 표현 가운데 아직은 '있다' 표현이 '가지다' 표현보다 많이 쓰이고, 제약도 적은 것으로 볼 수 있다. 따라서 이 글에서는 '있다'를 대상으로 그 가운데서 'X에 Z가 있다.'를 대표적인 표현 꼴로 삼아 상태소유 표현의 특징을 살피기로 한다. 먼저 소유주와 소유물의 관계에 초점을 맞추어 둘의 관계가 양도 가능한가 아닌가 둘로 나눈 다음 이들 표현에 나타나는 이름씨의 뜻바탕이 유정물, 무정물인가에 따라서 소유 표현의 꼴과 특징이

---

1) 지금까지 소유 표현 연구는 크게 셋으로 나눌 수 있다. 첫째, 매김말이나 매김토씨 '-의'를 연구하는 과정에서, '-의'에는 소유의 뜻이 있다고 들고 있다.: 임홍빈(1981), 김봉모(1983), 김광해(1984) 참조. 둘째, 도움풀이씨 가운데 '어 가지다' 따위는 '보유, 소유'의 뜻이 있다고 보고 있다.: 허웅(1983), 이기동(1978) 참조. 셋째, 으뜸풀이씨로서 '있다' 연구에서 '소유'의 뜻이 있다고 보는 견해와, 소유이동 풀이씨로서 '주다', '받다' 연구가 있다. 박양규(1975), 성광수(1976), 김차균(1982)은 '있다'가 '소유'와 '소재'의 뜻이 있다고 밝히고 있다. 외국의 경우는 장소이론적 관점에서 R. S. Jackendoff(1983), J. Lyons(1967), Inoue(1981), 池上嘉彦(1981)은 소유도 구체적 공간개념으로 설명할 수 있다고 본다.

어떻게 달라지는가를 통해서 소유 표현에 나타나는 원형의 정도성을 살피기로 한다. 이를 위한 방법으로서 'X에 Z가 있다.'를 'X가 Z를 가지다' 표현으로 치환해 보기로 한다. 이에 의한 두 표현의 성립 여부에 따라서 원형, 덜 원형, 비원형으로 정도성을 세워 보고자 한다. 이를 통하여 '있다'가 상태소유 표현으로서 어떤 유연성을 갖는가를 원형이론의 관점에서 살펴보고자 한다.

## 2. 상태소유 표현의 원형

소유 양식의 본질은 사유 재산의 인정에서 유래하고 있다. 이 소유 양식에서 중요시되는 것은 소유주가 재산을 취득하는 것, 그리고 취득한 것을 지키는 권리를 지니는 것이다.[2] 소유 표현은 주체인 <나>(또는 그, 우리, 당신, 그들)와 객체인 <대상> 사이의 관계를 나타내는 것이다. 그런데 주체든 객체든 영속적인 것은 없다. 내가 어떤 물건을 갖고, 소유하고 지배하는 것은 사는 과정에서의 한 순간에 불과하기 때문이다. 여기서 주체는 소유자이고, 객체는 소유물이다.

소유 표현은 소유주, 피소유주, 소유물, 금전 이런 요소들이 배경이 되는데, 이 가운데 소유주와 소유물 따위가 윤곽으로 드러나는 꼴이다. 먼저 소유 표현에 나오는 소유주와 소유물의 원형을 다음과 같이 특징지을 수 있다 (이수련, 2001:238~240).

① 소유주는 유정물로서 무정물인 소유물보다 더 두드러진 요소가 된다.
② 소유주는 한정적인 것일수록 원형에 가깝지만, 소유물은 그렇지 않다. 따라서 소유주는 유정물이고, 제한적인 것이 원형에 가장 가깝다. 그리고 소유주는 월머리에 온다.
③ 소유물은 월 가운데 주로 실현되고, 무정물도 가능하고, 비제한적인 것도 허용하므로 덜 두드러진 요소이다. 그러므로 참조점은 소유주이고,

---

2) 소유 양식은 타인을 배제한다. 불타는 이런 행동 양식을 갈망이라 평했고, 유대교와 기독교는 탐욕이라 평했다.

목표는 소유된 개체인 소유물이 된다. 참조점과 목표는 공간적 탄도체(trajector)와 지표(landmark)에 각각 대응된다.

위와 같은 특징을 갖는 소유 표현을 바탕으로 해서 '있다'를 중심으로 원형적 특징을 좀 더 자세히 살피기로 한다.

우리말에서 소유 표현은 매김소유(attritive possession), 풀이소유(predicative possession)[3) 표현으로 둘로 크게 나눌 수 있다. 우선 이 글에서는 풀이소유를 대상으로 하고자 하는데, 이 소유 표현도 상태소유 표현과 이동소유 표현으로 나눌 수 있다. 상태소유 표현은 풀이씨 '있다, 가지다, 속하다…' 따위로 실현되고, 이동소유 표현은 '주다, 받다, 들어가다, 나오다…' 따위를 대표로 들 수 있다. '있다'는 전자의 상태 소유 표현에 속한다.

우리말에서 상태소유 표현은 '있다'와 '가지다'를 대표로 들 수 있다. 그런데 이 글에서 '있다'를 '가지다'보다 더 원형으로 보기로 하는데, 그 이유를 들면 다음과 같다.

원형이 되려면, 뜻이 제한적인 것보다 덜 제한적인 것으로서 일반적인 것일수록 좋은 보기가 된다. 보기를 들면 색채말의 경우도 모두 동등한 자격을 갖는 것이 아니라 다음과 같은 원형성을 갖는 것으로 연구되고 있다(조명원·나익주, 1997:9~18).

검정, 흰색>빨강>노랑, 초록>파랑>갈색>회색, 오렌지색, 자주색, 분홍색

색채말의 경우 가장 왼쪽의 검정과 흰색이 전 세계의 언어에 나타나는 가장 원형적인 색이고, 오른쪽으로 갈수록 비원형적인 보기가 된다.

이와 마찬가지로 우리말의 상태소유 표현인 '있다'도 원형을 찾을 수 있을

---

3) 매김소유 표현과 풀이소유 표현의 차이점을 찾아서 간략히 나타내면 다음과 같다(이수련, 2001:190~195).

| 매김소유 표현 | 풀이소유 표현 |
|---|---|
| 일반적 | 특수적 |
| 비제한적 | 제한적 |
| 비명시적 | 명시적 |

것으로 보고 이를 정도성으로 등급화 하기로 한다.

현대 우리말에서 상태소유 표현으로서 '있다'는 '소유' 의미도 있지만, '장소, 전체-부분, 사건 발생'의 여러 가지 뜻을 갖고 있다(이수련, 1986:137~150). 이에 대해서 '가지다'는 '소유'의 의미에 거의 한정된다.4) 또 '있다'는 소유주에 무정물이 올 때도 있지만, '가지다'는 유정물만 올 수 있어서 임자말 제약이 있는 것으로 나타난다. 이런 점으로 볼 때 '있다'가 '가지다'보다 쓰임의 범위가 더 넓다고 볼 수 있다.

또 중세말에 보면 '있다'는 '이시다' 또는 '잇다' 꼴로, '가지다'는 'ㄱ지다'로 주로 실현되는데, 그 표현 분포가 '있다'가 '가지다'보다 훨씬 넓게 분포되어 있는 것으로 보인다. 'ㄱ지다'는 '사법어, 노걸대언해'에서 발견되지만, '잇다'와 '이시다'는 '용비어천가, 석보상절, 월인석보, 두시언해, 박통사언해, 고시조' 따위에서 넓게 분포되어 있음을 알 수 있다.

(1) ㄱ. 가리라 흐리 이시니(龍歌 37장)
    ㄴ. 이 ㄱ트니 이시리잇고(釋譜6:7)
    ㄷ. 재논 이실 씨라(月釋序10)
    ㄹ. 平時예 사던ㅅ다흘 사랑하논 배이쇼라(杜解6:8)
(2) 生死 두字롤 ㄱ져(持生死二字) <法語7>

(1) '잇다'의 분포가 (2)의 'ㄱ지다'보다 더 넓은 것으로 나타난다.
또 서구의 경우도 '있다'가 '가지다' 표현보다 더 빨리 발달되었다고 한다(E. Fromm, 1986:46~47).

소유가 인간 존재의 극히 자연스러운 범주라고 믿는 사람들은 여러 언어에

---

4) '가지다'의 사전적 뜻을 보이면 다음과 같다(한글학회, 1992, 우리말 큰사전).
 ① 손에 쥐거나 몸에 지니다.          ② 마음에 지니다.
 ③ 제 것으로 되게 하다.             ④ 거느리거나 모시거나 두고 있다.
 ⑤ 주로 모임을 나타내는 말과 함께 쓰이어, 그것을 하다.
 ⑥ 관계 따위를 맺다.               ⑦ =배다³
 ⑧ '~를(을) 가지고' 꼴로 쓰임.

<갖는다>는 말이 없다는 사실을 알게 되면 놀랄 것이다. 예를 들면 히브리어에서는 <나는 가지고 있다.>는 jesh li(=it is to me)<그것은 내게 있다>라는 간접적 형태로 표현해야만 한다. 사실 소유를 이렇게 표현하고, <나는 가지고 있다>고 표현하지 않는 언어 쪽이 지배적이다. 알고 보면 흥미 있는 일이지만 여러 언어의 발달에 있어서 <그것은 내게 있다.>라는 구문이 우선 있고, 뒤에 <나는 가지고 있다.>라는 구문이 이루어진다. 그런데 Emil Benveniste가 지적하고 있듯이 그 반대 방향으로 진화하는 일은 없다.

위 인용문을 볼 때, 서구의 경우 '있다'가 '가지다'보다 먼저 발달되었음을 알 수 있다. 또 우리말의 경우도 '있다'가 '가지다'보다 다양한 뜻으로 쓰이면서 분포가 넓은 것으로 보아서 '있다'를 상태 소유 표현의 원형으로 삼는 것은 큰 무리가 없을 것으로 보인다.[5]

그런데 소유 표현과 관련된 '있다'의 표현도 'X에 Z가 있다.'와 'X가 Z가 있다.'를 대표적인 두 꼴로 들 수 있다. 이 때 X는 소유주, Z는 소유물을 대신해 나타낸 것이다. 인지언어학에서는 '표현구조가 다르면 의미구조도 다르다'라는 관점에 있다. 이 글에서도 'X에 Z가 있다.'와 'X가 Z가 있다.'가 표현 구조가 다르기 때문에 의미구조도 다르다고 보고 두 표현의 차이점을 밝혀보고자 한다.

먼저 이 두 표현의 공통점을 찾아보면, [Z가 있다]라는 존재 표현을 안고 있다는 점이다.

(3) ㄱ. [소녀-에게 [책이 있다]]

---

[5] '있다'는 다음과 같이 다양한 뜻을 갖고 있다(한글학회, 우리말 큰사전, 1992).
① 어떤 곳에 자리를 차지하다.
② 어떤 사실이나 현상이 생기거나 나타나다.
③ 머무르다.
④ 머물러 살거나, 직장에 근무하다.
⑤ 생기거나 벌어지거나 하다.
⑥ 갖추거나 가지거나 하다.
⑦ 어떤 상태에 놓이다.
⑧ '-ㄹ 수 있다'의 꼴로 쓰이어, '가능하다'의 뜻.
⑨ 입말에서 '있지, 있잖아' 따위로 쓰이어, 어떤 대상이나 사실을 강조, 확인하는 뜻을 나타낸다.

ㄴ. [소녀-가 [책이 있다]]

(3)에서 [책이 있다]는 존재 표현이므로, (3ㄱ, ㄴ)은 모두 소유주가 존재 표현을 안고 있는 구조이다. 이 존재 표현도 독립된 의미 영역이지만, (3)에서는 존재가 소유 표현에 포함되어 있다. 곧 소유 표현 안에 존재 표현이 들어가 있으므로 (3)과 같은 표현에서는 소유 표현이 상위개념이고 존재 표현은 하위개념으로서, 소유 표현은 존재개념을 전제로 해서 표현하는 것으로 볼 수 있다. 김기혁(1987:209)에서도 존재와 소유의 관련성을 다음과 같이 언급하고 있다.

존재는 소유와 의미적으로 연관된다. 존재와 소유의 관계는 존재자와 존재 위치의 관계에 의하여 이루어지는데 존재는 소유의 바탕이고 소유는 존재를 통하여 실현된다. 존재는 존재자의 존재를 기본의미로 갖고 있지만 존재 위치에 대한 소유의 의미를 형성한다.

이러한 존재와 소유의 관련성은 영어를 비롯한 다른 언어에서도 발견되는 현상이다(Lyons, 1967, 1977).

그러므로 (3)의 두 표현에 나타나는 차이점은 소유주의 실현이 'X에'인가 'X가'에서만 차이가 있다. 이에 따른 두 표현의 차이점은 소유주 '소녀에게'는 소유라는 2, 3차원적인 공간 영역을 배경으로 하고, '소녀가'는 1차원적인 점을 배경으로 한다는 점에 있다. 따라서 '-가'로 실현되는 소유주는 구체적 공간개념에서 추상화된 점적인 존재라고 하겠다. 추상적인 개념도 구체적인 개념으로 해석할 수 있다고 본다면(이성범, 1999:295~396), 'X에 Z가 있다.'가 'X가 Z가 있다.'보다 더 구체적인 표현으로 볼 수 있다.

또 'X에 Z가 있다.'가 'X가 Z가 있다.'보다 제약이 더 적은 것으로 나타난다. 그런데, 이 두 표현의 공통점을 보면, 소유주가 유정물이고 소유물이 양도 가능한 경우는 모두 성립한다.

(4) ㄱ. 소녀에게 꽃이 있다.
    ㄴ. 소녀가 꽃이 있다.

(4ㄱ,ㄴ)의 '소녀-꽃'은 양도 가능한(alienable) 경우로서 모두 성립된다. 그런데 소유주가 무정물인 경우는 그렇지 않다. 소유물이 양도 가능한 경우 'X에 Z가 있다.'는 소유 표현으로서 성립 가능하지만, 'X가 Z가 있다.'는 그렇지 않다.

(5) ㄱ. 집에 꽃이 있다.
    ㄴ. ˀ집이 꽃이 있다.

소유물 '꽃'은 양도 가능한 소유물인데, 'X가 Z가 있다.'는 어색하다. 그런데 전체-부분 관계로서 양도 불가능한(inalienable) 경우에는 성립된다.

(6) ㄱ. 문에 손잡이가 있다.
    ㄴ. 문이 손잡이가 있다.

(5,6)은 소유주가 무정물인 경우로서 'X에 Z가 있다.'는 모두 성립되지만, 'X가 Z가 있다.'는 (5) 양도 가능한 경우에는 성립되지 않고, (6) 양도 불가능한(inalienable) 경우에는 성립된다. 이로 볼 때 'X에 Z가 있다.'가 'X가 Z가 있다.'보다 제약이 덜 하기 때문에 표현의 범위가 더 넓다고 볼 수 있다. 그러므로 두 표현 가운데 전자가 후자보다 원형에 더 가깝다고 볼 수 있다. 따라서 'X에 Z가 있다.'를 주 대상으로 삼아서 상태소유 표현의 특징을 밝혀보기로 한다.

그런데 'X에 Z가 있다.'도 두 가지 꼴이 있는데, 그것은 'X에'가 월머리에 오는가 중간에 오는가에 따른 차이이다.

(7) ㄱ. 소녀에게 꽃이 있다.
    ㄴ. 꽃이 소녀에게 있다.

(7)을 소유 관점에서 설명한다면 ㄱ은 소유주-소유물, ㄴ은 소유물-소유주의 짜임새로서 전자는 소유주 중심 표현, 후자는 소유물 중심 표현이므로

두 표현의 의미구조는 같다고 볼 수 없다.

　이를 형태심리학적인 입장에서 본다면 소유 표현에서 소유주가 두드러진 요소이고 소유물은 덜 두드러진 요소이므로 (7ㄱ)은 윤곽-배경 짜임새이고, (7ㄴ)은 배경-윤곽 짜임새로서 전자가 후자보다 더 자연스럽다. 또한, 유정물, 무정물이 배열될 때 유정물이 무정물보다 더 두드러진 요소이므로 '유정물-무정물' 어순인 (7ㄱ)이 (7ㄴ)보다 자연스럽다. 그런데 이들을 문법론적인 관점에서 보면 (7ㄱ)은 '어찌말-임자말'의 짜임새이고, (7ㄴ)은 '임자말-어찌말'의 짜임새로서, 임자말이 월머리에 오는 ㄴ이 ㄱ의 짜임새보다 더 자연스럽다. 이와 같이 어떤 관점에서 표현구조를 보는가에 따라서 자연스러움의 정도가 다른 것으로 나타난다.

　이 글은 소유 표현의 특성을 밝히고자 하므로 소유 표현의 관점에서 ㄱ인 '소유주-소유물'의 짜임새가 ㄴ인 '소유물-소유주' 짜임새보다 더 자연스럽다고 보고, (7ㄱ) 'X에 Z가 있다.'를 '있다' 표현의 원형으로 보고 이를 주 대상으로 삼고자 한다.

　그럼 'X에 Z가 있다.'는 소유주와 소유물의 관계에 따라서 어떤 표현적 특징을 갖고 있으며, 이 원형에서 번져나간 표현들에는 어떤 것들이 있는가를 살피기로 한다.

## 3. '있다'의 원형성 정도

　2장에서 상태 소유표현의 원형을 살펴보았다. 곧, '있다'가 '가지다' 표현보다 소유 표현의 원형으로, 또 '있다' 표현 가운데서 'X에 Z가 있다.'가 'X가 Z가 있다.'보다 더 원형으로, 또 'X에 Z가 있다.'가 'Z가 X에 있다.'보다 더 원형으로 볼 수 있음을 살펴보았다.

　그럼 이 장에서는 'X에 Z가 있다.'를 대상으로 해서 소유주와 소유물의 관계에 초점을 맞추어 둘의 관계가 양도 가능한가 아닌가에 따라서 원형의 정도성이 어떻게 달라지는가를 살피기로 한다.

　먼저 양도 가능한 관계와 아닌 경우를 살피기로 한다.

(1) 소녀에게 인형이 있다.

(2) 소녀에게 팔이 있다.


(1) 소유 표현에서 '소녀-인형'은 필연적인 관계가 아니고, 우연히 소유주와 소유물의 관계가 성립된 것이다. 따라서 소유물은 언제든지 바뀔 수도 있고, 또 다른 사람에게 양도할 수도 있다. 이것에 대해서 (2)의 '소녀-팔'의 관계는 전체-부분 관계로서 둘은 다른 사람에게 양도할 수 없는 관계에 있다. 이 둘을 소유 표현에서 본다면 양도 가능한 (1)이 (2)보다 더 원형에 가깝다고 볼 수 있다. 왜냐면 소유개념은 자기 것을 소유하는 데서 출발한 개념이기는 하지만, 사람의 인지가 발달할수록 소유물이란 서로 주고받는 것이라는 사회적 개념으로 확대되었기 때문이다.

또, 이 두 소유 표현은 다른 특성을 갖는데, (1)의 양도 가능한 경우는 비제한적인 관계로서 예측이 불가능하다. 곧 '소녀'가 '인형'을 갖는 경우는 소유주가 다른 어떤 소유물을 갖게될 지 추이가 어렵다. 이것에 대해서 (2)의 양도 불가능의 경우는 전체-부분 관계로서 제한적인 관계이므로 예측이 어느 정도 가능하다. 곧 '소녀'가 '팔'을 갖는 것은 일반적 추이로서 항상 예측가능한 것은 아니지만, 양도 가능한 경우에 비해서 상대적으로 추이가 가능한 표현이다. 이것은 소유주 자리에 무정물이 오면 더 분명해진다.


(3) ㄱ. 문에 손잡이가 있다.

　　ㄴ. 자동차에 바퀴가 있다.

　　ㄷ. 책상에 서랍이 있다.


(3) 표현은 소유 표현에서는 꽤 멀어졌지만, 전체- 부분 관계로서 두 이름씨의 관계는 제한적이므로 어느 정도 예측이 가능하다. 또한 이 표현은 모두 이중임자말로 바꿀 수 있는 표현이다.


(4) ㄱ. 문이 손잡이가 있다.

　　ㄴ. 자동차가 바퀴가 있다.

ㄷ. 책상에 서랍이 있다.

이중임자말에 나타나는 이름씨의 관계도 '전체-부분, 부류-일원, 유형-사례, 총수량-수량, 피영향자-영향자'[6]로서 어느 정도 제한되어 있어서 예측 가능하다.

지금까지 살펴본 (1,2)의 양도 가능한 표현과 양도 불가능한 표현을 '가지다'로 치환해 보면 후자의 경우는 어색한 것으로 나타난다.

(5) 아이가 인형을 가지다.
(6)[7] 소녀가 팔을 가지다.
(7) ㄱ. *문이 손잡이를 가지다.
　　ㄴ. *자동차가 바퀴를 가지다.
　　ㄷ. *책상이 서랍을 가지다.

(5)는 양도 가능한 소유 표현이고, (6,7)은 양도 불가능한 표현이다. 또 이들은 (5,6)에서는 소유주가 유정물인 보기이고, (7)에서는 소유주 자리에 무정물이 온 보기이다. 그런데 (6)는 비문은 아니지만 상당히 어색하고, (7)은 비문으로 나타난다. 그런데 (6) '가지다' 표현이 꽤 어색하지만 비문이 아닌 것은, 우리말이 영어의 영향으로 '가지다'의 표현이 상당히 일반화된 것에서 그 이유를 찾을 수 있을 것이다.

따라서 소유 표현에서 소유물이 양도 가능한가 아닌가에 따라서 다음과 같은 차이를 세울 수 있다.

**양도 가능**(아이 - 인형)　　**양도 불가능**(문 - 손잡이)
　비제한적　　　　　　　　　　제한적
　예측 불가능　　　　　　　　　예측 가능

---

6) I. Yang(1972)에서는 겹임자말을 macro-micro relation으로 보고 의미론적 관점에서 여섯 꼴로 나누었다(서정수, 1996:179~180).

이처럼 소유 표현에서 양도 가능한 경우와 양도 불가능한 경우는 의미론적 특징이 다르다고 볼 수 있다. 이에 따라서 소유 표현의 특징을 더 살펴보기로 한다.

앞에서 상태소유 표현 가운데 'X에 Z가 있다.'가 'X가 Z를 가지다.'보다 제약이 적어서 표현의 범위가 넓다고 보았다. 그것은 'X에 Z가 있다.'는 소유주 자리에 무정물도 올 수 있지만, 'X가 Z를 가지다.'는 소유주 자리에 유정물만 올 수 있다는 것에서 나타난다. 그런데 소유주는 제일 두드러진 요소이고 소유물은 제이 두드러진 요소로 볼 수 있다. 그러나 'X에 Z가 있다.'는 'X'가 본래는 배경 요소였는데, 이것이 월머리에 옴으로써 윤곽 요소로 바뀌어서 '배경의 윤곽화'가 일어난 표현이다. 그러나 'X가 Z를 가지다.'에서 소유주 'X'는 본래부터 소유주이다. 그러므로 'X에 Z가 있다.'와 'X가 Z를 가지다.'는 모두 소유주 중심 표현이라는 공통점을 갖는다. 따라서 'X에 Z가 있다.'의 경우 'X가 Z를 가지다.'로 치환이 된다면, 소유 표현으로서 가장 원형적 표현이라고 볼 수 있다. 왜냐면 '있다'는 'X에 Z가 있다.'가 가장 원형에 가깝고, '가지다'는 'X가 Z를 가지다.'가 원형이므로 이 두 꼴로 모두 표현 가능하다면 소유 표현의 원형이 될 수 있을 것으로 추정해 볼 수 있기 때문이다.

따라서 상태소유 표현의 원형을 찾기 위해서 'X에 Z가 있다.'를 'X가 Z를 가지다.'로 치환을 해 보고 이 두 표현이 다 성립하면 표현상 제약이 적다고 보고 **원형**으로, 'X에 Z가 있다.'는 성립되지만 '가지다'가 성립하지 않으면 **비원형**으로 삼기로 한다. 그런데 'X에 Z가 있다.'는 성립하지만, 'X가 Z를 가지다.' 표현이 상당히 어색하면 **덜 원형적** 표현으로 삼기로 한다. 이러한 검증에 따라서 소유 표현의 정도성을 살피기로 한다.

## 3.1. 소유물이 양도 가능한 경우

소유는 동물만이 할 수 있는 행위이므로, 소유주는 유정물, 특히 사람이 오는 것이 원형이라고 볼 수 있다. 그런데 소유물은 무정물, 유정물 다 올 수 있지만 유정물보다는 무정물이 더 원형이라고 볼 수 있다. 왜냐면 무정물 가운데서도 구체적이고 제한적인 것일수록 양도가 쉽게 일어나므로 소유물의 원형에 가깝다고 볼 수 있기 때문이다.

(8) ㄱ. 소녀에게 책이 있다.
ㄴ. 누나에게 인형이 있다.

(8)은 구체적 소유물 '책, 인형' 따위가 온 표현으로서 '가지다'로 치환이 가능하다.

(9) ㄱ. 소녀가 책을 가지다.
ㄴ. 누나가 인형을 가지다.

(8,9)는 소유주가 피소유주에게 양도가 가능한 무정물들이 온 보기이다. 그런데 이 소유물 자리에 무정물이기는 하지만 추상말이 와도 양도 가능한데 재물과 관련된 소유물을 들 수 있다.

(10) ㄱ. 장남에게 재산이 있다.
ㄴ. 장남에게 재산 상속권이 있다.

'재산, 재산 상속권'은 양도가 가능한 추상적 소유물에 해당하는 소유표현이다. 또한 다음 (11)처럼 'X가 Z를 가지다.'로 치환이 가능하다.

(11) ㄱ. 장남이 재산을 가지다.
ㄴ. 장남이 재산 상속권을 가지다.

따라서 (8-10) 양도 가능한 소유 표현은 모두 '가지다'로 치환이 가능하므로 소유 표현의 원형으로 삼을 수 있다.
(8-11)는 소유주 자리에 모두 유정물이 온 보기이고, 다음은 소유주 자리에 무정물이 오는 보기들이다. 이 때 소유주와 소유물의 관계가 양도 가능

한 경우 'X에 Z가 있다.'의 표현이 성립되려면 소유주 자리에 공간이름씨가 오고 소유물은 무정물로서 구체적인 사물이 오면 된다.

(12) ㄱ. 집에 책이 있다.
    ㄴ. 학교에 마이크가 있다.
    ㄷ. 길에 가로수가 있다.

(12)의 두 이름씨들을 소유주와 소유물의 관계로 보면 둘의 관계는 양도 가능하다. 그러나 소유주 자리의 이름씨는 장소역(Locative)이므로 소유주로 보기 어렵다. 따라서 이 표현은 소유 표현이라기보다 장소 표현으로 해석된다. 그래서 이 표현에서는 (12)처럼 장소를 나타내는 '집, 학교, 길' 따위의 공간 이름씨가 월머리에 오는 것이 아니라 월 가운데로 가는 것이 더 자연스러운 것으로 보인다.

(13) ㄱ. 책이 집에 있다.
    ㄴ. 마이크가 학교에 있다.
    ㄷ. 가로수가 길에 있다.

(13)에서 '집, 학교, 길'은 소유주가 아니라 어떤 사물이 존재하는 장소로서 배경에 해당한다. 이를 소유 표현에서 해석한다면 공간말 '집, 학교, 길'을 소유주, '책, 마이크, 가로수'는 소유물로써 '소유물-소유주'의 짜임새인 (13)보다 '소유주-소유물'의 짜임새인 (12)가 더 원형에 가깝다고 할 수 있다.
그런데 (12)의 표현을 '가지다'로 바꿔보면 성립되지 않는 것으로 나타난다.

(14) ㄱ. *집이 책을 가지다.
    ㄴ. *학교가 마이크를 가지다.
    ㄷ. *길이 가로수를 가지다.

이것으로 볼 때 소유주 자리에 공간이름씨가 오면, '있다' 표현은 성립되지만 '가지다'는 성립되지 않으므로 이 때 '있다' 표현은 비원형 표현의 보기이다. 그래서 우리는 (12)를 장소 표현이라고 부르고 있다.

그런데 앞의 (12)의 표현은 소유주 자리에 공간이름씨가 온 보기인데, 그렇지 않고 일반이름씨도 올 수 있다.

(15) ㄱ. 컵에 포장이 있다.
　　 ㄴ. 국에 콩나물이 있다.

(15) 'X에 Z가 있다.'는 소유주 자리에 공간이름씨 대신에 '컵, 국'과 같은 일반이름씨가 온 표현인데, 이 경우도 장소이름씨와 같은 것으로 해석된다. 곧 '컵, 국'은 사람이 다닐 수 있는 공간은 아니지만 이들도 3차원의 입체적 공간을 차지하는 구체적 공간물임에는 틀림없다. 그런데 이 표현은 소유주와 소유물의 관계가 거꾸로 되면 성립되지 않는다.

(16) ㄱ. *포장에 컵이 있다.
　　 ㄴ. *콩나물에 국이 있다.

따라서 (15)처럼 작은 입체물도 장소로 해석하면 (12)와 같은 장소 표현의 범주 속에 넣을 수 있다. 따라서 이 표현도 비원형적 소유 표현의 범주에 넣기로 한다.

또한 소유주 자리에 무정물이 오는 경우, 단체나 국가명 같은 인공적인 사회 집단도 올 수 있다. 그런데 이러한 표현이 앞의 (12-15)과 같은 장소 표현과 다른 점은 소유물 자리에 유정물이 오는 점이다.

(17) ㄱ. 한국에 대통령이 있다.
　　 ㄴ. 회사에 회장님이 있다.
　　 ㄷ. 우리 반에 반장이 있다.

위 표현은 소유물 자리에 '회장, 대통령, 반장' 같은 유정물이 온 보기인데, 이들 이름씨의 특징은 어떤 집단이나 단체의 직책을 나타내므로 이것은 다른 사람에게 양도가 가능하다는 점이다.[7] 그러나 위 표현들을 '가지다'로 바꾸면 어색하다.

(18) ㄱ. ?한국이 대통령을 가지다.
     ㄴ. ?회사가 회장님을 가지다.
     ㄷ. ?우리 반이 반장을 가지다.

(18)처럼 '가지다'로의 치환이 어색한 것은 우리가 어떤 직책을 맡는 것은 잠깐 그 자리에 앉아서 어떤 역할을 수행할 뿐이지 그것을 소유한다고는 볼 수 없기 때문인 것으로 보인다. 그래도 이 표현이 완전히 비문이 아닌 것은 영어의 영향도 있겠지만, 한국인의 의식구조가 어떤 직책도 잠시 그 자리에 앉아서 임무를 수행하는 것이 아니라 소유하는 것으로 생각이 점차 바뀌는 데서 그 까닭을 찾을 수 있을 것으로 본다. 따라서 이 표현은 (11)에 나타난 것처럼 '가지다' 치환이 어색하므로 덜 원형적 소유 표현으로 삼기로 한다.

지금까지 **양도 가능한 소유 표현**에 대해서 살펴보았는데, 크게 세 가지 꼴로 나눌 수 있다.

첫째, 소유주가 유정물이고 소유물이 무정물로서 구체적이면 양도 가능한 경우로서 일반적 소유 표현은 모두 이것에 해당한다. 이 표현은 소유 표현의 원형으로서 '가지다'로 치환이 가능하다. 마찬가지로 소유물이 추상적이라도 재산과 관련된 표현은 '가지다'로 치환이 가능하다.

둘째, 소유주가 무정물이고 소유물도 무정물로서 양도 불가능한 경우, '가지다'로는 치환이 되지 않는다. 이 경우에 해당하는 장소 표현들은 소유 표

---

7) 소유 표현에서 '있다'가 사회 집단의 대표를 나타내는 경우, 고유이름씨가 오면 소유 표현보다 존재 표현으로 해석된다. 따라서, 이 때 '있다' 표현은 어떤 주체가 어느 집단에 있는가 없는가에 초점이 놓이는 것으로 보인다.

ㄱ. 우리 회사에 이건희 회장님이 있다.
ㄴ. 한국에 김대중 대통령이 있다.
ㄷ. 우리 반에 김다운 반장이 있다.

현의 입장에서 보면 비원형적 표현이다.

셋째, 소유주가 무정물이고 소유물이 유정물인 표현은 사회나 단체의 대표를 나타내는 표현으로서 '가지다'로 치환이 어색한 것으로 나타난다. 이 표현은 덜 원형적 소유 표현의 보기에 해당한다.

## 3.2. 소유물이 양도 불가능한 경우

앞에서 소유주와 소유물의 관계가 양도 가능한 경우 소유주가 유정물이고 소유물에는 구체적인 사물이 오는 표현이 원형이 됨을 살펴보았다.

이 절에서는 소유주와 소유물의 관계가 양도 불가능한 경우를 생각해 보기로 한다. 양도 불가능한 관계란 소유주와 소유물을 따로 떼어놓을 수 없는 관계로서 이 절에서 언급하는 것은 모두 전체-부분 관계에 속하게 된다. 이 때도 소유주의 자리에 유정물, 무정물이 오는 경우를 모두 생각해 볼 수 있다.

첫째, 소유주 자리에 유정물, 특히 사람이 오는 보기에 대해서 살펴보기로 한다. 그리고 소유물 자리에 이름씨가 오는 보기인데, 이 때 이름씨는 두 가지 꼴이 가능하다. 하나는 소유물 자리에 본래부터 이름씨가 오는 경우로서, 이러한 소유 표현을 자유소유(free possession) 표현이라고 부른다. 이처럼 소유 표현의 소유물에는 구체물이 오는 것이 원형으로 볼 수 있다. 왜냐면 소유물은 소유주가 갖고 있거나, 소유주와 피소유주 사이에 주고받는 이동체라는 개념에서 출발했기 때문이다.

둘째, 소유물이 언어화 될 때, 이름씨가 오는데 또 풀이씨의 이름꼴도 올 수 있다. 이처럼 소유 표현의 경우 소유물의 자리에 풀이씨의 이름꼴이 오면 합성소유(synthetic possession) 표현이라고 부르기로 한다.

앞 절에서 살펴본 양도 가능한 경우 소유물은 본래부터 이름씨들인 자유소유 표현들이다. 이 자유소유 표현은 양도 불가능한 경우에도 나타나므로, 이들 원형의 정도성에 대해서 살피기로 한다.

우선 소유주 자리에 유정물이 오고, 소유물이 내면적인 속성을 보이는 추상말들이 오는 보기부터 보도록 한다.

사람은 '생각, 감정, 의지…' 따위처럼 사고나 인지, 감정과 관련된 추상적이고, 정신적인 행위를 한다. 일반적으로 소유물이 추상적이면 양도 불가능하지만 소유 표현은 성립한다.

(19) ㄱ. 소녀에게 사랑이 있다.
　　ㄴ. 소녀에게 용기가 있다.
　　ㄷ. 소녀에게 희망이 있다.
　　ㄹ. 소녀에게 기쁨/슬픔이 있다.

(19)의 소유물 자리에 오는 표현들은 소유주의 생각, 감정 따위를 나타내는 추상말들이다. 그런데도 '가지다'와의 치환이 가능한 것으로 나타난다.

(20) ㄱ. 소녀가 사랑을 가지다.
　　ㄴ. 소녀가 용기를 가지다.
　　ㄷ. 소녀가 희망을 가지다.
　　ㄹ. 소녀가 기쁨/슬픔을 가지다.

그런데 소유물 '꿈, 희망' 따위는 '있다'와 결합될 때는 양도 불가능한 표현으로 쓰이지만, '주다'처럼 수여풀이씨와 결합하면 양도 가능한 표현으로 쓰이기도 한다.

(21) ㄱ. 소녀가 아이에게 꿈을 주다.
　　ㄴ. 선생님이 소녀에게 희망을 일깨워 주다.

(21)에서 '꿈, 희망…' 따위는 다른 사람에게도 전이시킬 수 있는 양도 가능한 소유물로 표현되어 있다. 그런데 실제로 나의 꿈을 다른 사람에게 주는 것이 아니라 대부분은 어떤 주체 속에 있는 '꿈, 희망' 따위를 일깨워 준다는 뜻이므로 이 표현도 양도 불가능한 소유물의 범주에서 다루기로 한다. 또 우리는 사람을 이루고 있는 성격, 성향도 '있다'를 통하여 소유 표현으

로 나타낸다.

(22) ㄱ. 소녀에게 신경질이 있다.
    ㄴ. 그에게 내향적인 면이 있다.
    ㄷ. 그에게 반항 기질이 있다.

(22) 사람의 성향도 '가지다'로 치환이 가능하다.

(23) ㄱ. 소녀가 신경질을 가지다.
    ㄴ. 그가 내향적인 면을 가지다.
    ㄷ. 그가 반항 기질을 가지다.

지금까지 살펴본 (19-23)까지의 소유 표현은 '가지다'로 치환이 되므로 소유 표현의 원형으로 삼고자 한다.
또한 우리말에서 질병을 앓는 것도 '있다' 소유 표현으로 나타낸다.

(24) ㄱ. 그녀에게 골다공증이 있다.
    ㄴ. 소녀에게 두통이 있다.

(24) 질병의 경우는 '가지다'로 치환이 약간 어색한 것으로 나타난다.

(25) ㄱ. ?그녀가 골다공증을 가지다.
    ㄴ. ?소녀가 두통을 가지다.

우리말에서 볼 때 우리 몸을 이루고 있는 여러 가지 질병은 우리가 경험하는 것이지, 우리가 소유하는 것은 아닌 것으로 볼 수 있다. 이러한 특징에서 볼 때 우리말은 '신경질'이나 '두통'도 소유하는 것이 아니라 그런 상황을 경험하는 언어로 볼 수 있다. 이와 같은 특징을 들어서 우리말은 상황 중심 언어라고 부른다. 이에 대해서 영어는 'I have a headache.'로 표현하는 언어로서 '신경질'이나 '두통'도 소유하는 것으로 나타낸다. 이런 특징은 인간 중심적인 언어(문용, 1999:26~30)라고 볼 수 있다.[8] 그런데 우리말에서 (24)도 소유 표현으로서 어색하기는 하지만 비문으로 보기는 어려우므로 덜 원형적인 보기로 삼는다.

또 유정물은 자기 신체의 일부분을 나타낼 때도 전체-부분 관계의 소유 표현으로 나타낸다.

(26) ㄱ. 소녀에게 긴 머리가 있다.
     ㄴ. 아이에게 파란 눈이 있다.

이 표현은 '가지다'와 치환이 되는 소유 표현이다.

(27) ㄱ. 소녀가 긴 머리를 가지다.
     ㄴ. 아이가 파란 눈을 가지다.

(27)의 신체 표현도 약간은 어색한 것으로 보이나, 요즘은 영어의 영향으로 이런 표현들이 젊은 층에서 많이 쓰이고 있으므로 '가지다'로 치환이 되는 것으로 보인다.

다음은 말할이와 관련된 외부적인 사태 곧 날씨, 기온 따위와 관련된 표현을 보기로 한다.

(28) ㄱ. 다운이에게 추위가 있다.
     ㄴ. 다운이에게 더위가 있다.

(28)의 경우는 '가지다' 표현으로 치환이 되지 않는 것으로 나타난다.

(29) ㄱ. *다운이가 추위를 가지다.

---

8) 소유표현에서 동서양 모두 '있다' 표현이 '가지다' 표현보다 앞선 것으로 볼 수 있으나, 영어의 경우 지금은 '가지다' 표현이 우세한 언어로 바뀐 것으로 보인다.

ㄴ. *다운이가 더위를 가지다.

날씨와 관련된 표현이 '있다'는 성립되지만 '가지다'는 성립되지 않는 것은 우리가 외부의 상황을 느끼는 것이지 소유하는 것은 아닌 것에서 까닭을 찾을 수 있다. 그래서 (28)은 비원형적 소유 표현으로 볼 수 있다.

지금까지 소유주와 소유물이 양도 불가능한 경우 소유주는 유정물, 소유물은 무정물인 경우를 살펴보았다.

다음은 (19-29)처럼 소유주는 같은 유정물이지만 소유물에 유정물이 온다는 점이 앞의 논의와 다른 점이다. 먼저 소유물 자리에 유정물 가운데서도 특히 사람이 오면 소유주와의 관계가 서로 인간관계를 이루는데, 먼저 혈연관계부터 보기로 한다..

(30) ㄱ. 나에게 형이 있다.
    ㄴ. 나에게 사촌동생이 있다.

(30)은 혈연, 친척관계로서 사람이 태어나면서 타고나는 분류적 성분(Classified component)(임지룡, 1992:61~62)에 해당한다. 이런 관계는 양도가 불가능한 관계로서 '가지다'로 치환이 되지 않는다.

(31) ㄱ. *내가 형을 가지다.
    ㄴ. *내가 부모님을 가지다.

혈연관계처럼 본래 타고나는 관계는 '가지다'로 치환이 되지 않아서 비원형적인 보기에 해당한다. 그런데 이 밖의 일반적인 인간관계인 관계적 성분(Relational component)은 다른 것으로 나타난다.

(32) ㄱ. 나에게 절친한 친구가 있다.
    ㄴ. 친구에게 애인이 있다.

(32)의 '친구, 애인'은 타고난 인간관계가 아니라 사회적 환경에서 맺어진 인간관계이다. 그런데 이들을 '가지다'로 바꿔 보면 약간 어색한 것으로 나타난다.

(33) ㄱ. <sup>?</sup>내가 절친한 친구를 가지다.
　　 ㄴ. <sup>?</sup>내가 애인을 가지다.

(33)의 '친구'나 '애인'을 소유 표현으로 나타내는 경우 '가지다'로 치환이 약간 어색하지만, 완전 비문은 아닌 것으로 보인다. 이런 현상은 사회적 접촉에 의한 인간관계는 혈연관계에 비해서 상대방에 대한 소유의 개념이 더 강하기 때문에 상대방을 소유하는 것으로 생각의 틀이 바뀐 데서 그 원인을 찾을 수 있을 것이다. 이런 점으로 볼 때 '있다'는 성립하지만 '가지다'가 약간 어색한 것으로 나타나는 사회적 인간관계는 소유 표현의 덜 원형으로, 그렇지 않고 '있다'만 성립하는 혈연관계는 비원형적 소유 표현으로 볼 수 있다. 그래서 후자인 혈연관계는 소유개념보다 존재개념에 더 가까운 것으로 해석할 수 있다. 아무튼 이 둘을 포함하는 인간관계는 다른 사람에게 양도할 수 없는 관계이므로 비양도성 소유 표현의 범주에 넣을 수 있다.

또 소유주, 소유물이 모두 유정물인 경우, 소유주 자리에 사람이 아닌 식물이 와도 소유물과의 관계가 전체-부분 관계가 성립한다.

(34) ㄱ. 나무에 가지가 있다.
　　 ㄴ. 장미에 가시가 있다.

이 표현도 '가지다'로 치환하면, 어색한 것으로 나타난다.

(35) ㄱ. <sup>?</sup>나무가 가지를 가지다.
　　 ㄴ. <sup>?</sup>장미가 가시를 가지다.

(34,35) 표현에서는 식물은 유정물이기는 하지만, 무정물처럼 무엇을 소유

한다고 보기는 어렵기 때문에 '있다'는 성립되지만 '가지다' 표현은 어색한 것으로 보인다. 따라서 소유 표현으로 본다면 덜 원형적 소유 표현으로 볼 수 있다.

둘째, 상태소유 표현의 경우 소유물에 동작 자체는 대상이 될 수 없지만, 동적인 상태는 소유의 대상이 될 수 있다. 따라서 합성소유 표현에는 풀이씨의 이름꼴은 올 수 있다.

먼저 그림씨의 경우 그림씨의 이름꼴 가운데 '-음' 이름꼴은 올 수 있지만, '-기'는 올 수 없는 것으로 나타난다.

(36) ㄱ. 다운이에게 아름다움이 있다.
     ㄴ. 다운이에게 착함이 있다.
     ㄷ. 다운이에게 신비로움이 있다.
(37) ㄱ. *다운이에게 아름답기가 있다.
     ㄴ. *다운이에게 착하기가 있다.
     ㄷ. *다운이에게 신비롭기가 있다.

그림씨 이름꼴의 경우 (36)의 '-음'은 성립하지만 (37)의 '-기'는 비문으로 나타난다. 그 이유는 '-기'가 '-음'보다 더 동적인 상태나 동작을 보이기 때문에, 소유의 대상이 되지 못하는 데서 그 이유를 찾을 수 있다.

이 (36)의 '있다' 표현도 '가지다'로 치환해 보면 가능하다.

(38) ㄱ. 다운이가 아름다움을 가지다.
     ㄴ. 다운이가 착함을 가지다.
     ㄷ. 다운이가 신비로움을 가지다.

(38)은 그림씨의 '-음' 이름꼴로서, 소유주는 '아름다움, 착함, 신비로움' 따위를 소유한다고 볼 수 있다. 따라서 이들 그림씨는 주체의 속성 곧 내면적 속성을 나타내는 말로서 '가지다'로 치환이 된다. 따라서 이것에 해당하는 '음' 그림씨 이름꼴의 다른 보기를 더 들면 '착함, 훌륭함, 뛰어남…' 따위도

'있다'와 '가지다' 소유 표현이 모두 성립하는 원형적 소유 표현의 보기이다. 그러나 움직씨의 이름꼴의 경우는 '-음, 기' 둘 다 성립되지 않는다.

(39) ㄱ. *유이에게 감이 있다.
     ㄴ. *유이에게 달림이 있다.
(40) ㄱ. *유이에게 가기가 있다.
     ㄴ. *유이에게 달리기가 있다.

(39,40)에서 움직씨의 이름꼴은 모두 성립되지 않는 이유는 소유주와 동작은 부분-전체를 이룰 수 없고, 또 소유주의 행위는 동작성이므로 동작은 소유할 수는 없는 것이기 때문이다.

지금까지 소유물이 양도 불가능한 경우 소유주 자리에 유정물이 오는 표현에 대해서 살펴보았다.

다음은 소유주 자리에 무정물이 오는 보기들의 특성에 대해서 살피기로 하는데, 이 표현도 앞의 소유주가 유정물인 경우와 마찬가지로 전체-부분 관계가 성립되어야 한다. 이 경우 소유물에 무정물이 오는 보기부터 보기로 한다.

(41) ㄱ. 자동차에 바퀴가 있다.
     ㄴ. 교실에 창문이 있다.

(41)의 월은 소유주 자리에 무정물이 오고, 동시에 소유물도 무정물로서 모두 성립된다. 그러나 이들 표현은 소유주 자리에 무정물이 오기 때문에 '가지다' 표현은 성립되지 않는다.

(42) ㄱ. *자동차가 바퀴를 가지다.
     ㄴ. *교실이 창문을 가지다.

(42)가 성립되지 않는 것은 '가지다'는 임자말에 유정물인 소유주만 취할

수 있기 때문이다. 따라서 (41)은 비원형적 표현이 된다.

마지막으로 전체-부분 관계로서 소유주에 무정물이 오고, 소유물에 유정물이 오는 표현은 성립될 수가 없으므로 더 이상 언급하지 않기로 한다.

지금까지 언급된 **양도 불가능한 표현**을 정리하면 다음과 같다.

양도 불가능한 표현은 전체-부분 관계로서, 소유주 자리에 유정물, 무정물이 모두 올 수 있는 표현을 말한다.

첫째, 소유주가 유정물 특히 사람인 경우 '있다' 표현은 내면적 속성과 관련된 표현들로서, 이 때 소유물은 무정물로서 추상적인 소유 표현으로 나타난다. 곧 내면적 속성이란 '생각, 인지, 감정…' 따위를 들 수 있는데, 이를 소유하는 표현은 '가지다'로 치환이 가능해서 소유 표현의 원형으로 볼 수 있다. 마찬가지로 내면적 속성이 그림씨의 이름꼴 '음'으로 실현되는 '착함, 신비로움…'도 '가지다'로 치환이 되므로 원형적 소유 표현에 속한다. 그러나 풀이씨의 이름꼴은 '음, 기' 모두 성립되지 않는 것으로 나타난다. 또한 소유주의 성격, 속성, 질병, 신체 부위와 관련된 자유 소유 표현도 양도 불가능한 표현 가운데 원형에 해당한다.

둘째, 질병이나 사회적 인간관계, 식물의 전체-부분 관계는 '있다'는 성립하지만 '가지다'는 어색하기 때문에 덜 원형적 표현으로 삼기로 한다.

셋째, 기온과 관련된 표현, 혈연관계 소유주와 소유물 자리에 모두 무정물이 오는 양도불가능성 표현 '자동차-바퀴', '교실-창문' 같은 전체-부분 관계의 경우 '있다 표현은 성립하지만 '가지다'는 성립되지 않으므로 비원형적 소유 표현에 속한다.

## 4. 마무리

상태소유 표현은 크게 소유주와 소유물의 관계가 양도 가능한가 아닌가로 나누어진다. 양도 가능한 소유 표현은 소유주와 소유물의 관계가 비제한적이고, 예측 불가능하다면, 양도 불가능한 표현은 둘의 관계가 제한적이어서 어느 정도 예측 가능하다는 점에서 둘은 구별된다. 따라서 소유 표현으로 본다면, 원형적 표현은 양도 가능한 관계인데, 이 표현이 더욱 번져 나가서 양도 불가능한 소유 표현으로 확대되어 비원형적 표현으로 쓰이고 있다.

이 글에서는 상태소유 표현 가운데 'X에 Z가 있다.'를 '있다'의 원형으로 보고 이 꼴을 대상으로 해서 원형의 정도성에 대해서 살펴보았다. 그 방법으로서 'X에 Z가 있다.'를 'X가 Z를 가지다'와 치환을 해서 성립되면 원형, 약간 어색하면 덜 원형, 치환이 안 되면 비원형으로 삼았다. 이것은 'X에 Z가 있다'와 'X가 Z를 가지다' 이들 두 표현이 상태 소유 표현에서 가장 많이 쓰이는 꼴로서, 이 둘의 표현 꼴로 다 실현되는 것을 원형으로 본 것이다. 지금까지 논의된 것을 정리하면 다음과 같다.

| | 양도 가능한 | 양도 불가능한 |
|---|---|---|
| 원형 | ① 구체물<br>② 재산을 나타내는 표현 | ① 전체-부분 관계로서 소유주의 내면적 세계와 관련된 자유소유 표현(생각, 감정)<br>② 전체-부분 관계로서 그림씨 이름꼴 '음'의 합성 소유 표현(신비로움, 착함)<br>③ 소유주의 성격, 속성, 질병, 신체 부위와 관련된 표현 |
| 덜 원형 | ③ 어떤 집단의 대표를 나타내는 표현<br>(대통령, 회장) | ④ 사회적 인간관계를 보이는 표현<br>⑤ 질병<br>⑥ 식물의 전체-부분 관계 |
| 비원형 | ④ 장소표현 | ⑦ 기온과 관련된 표현<br>⑧ 혈연관계<br>⑨ 무정물의 전체-부분 관계 |

지금까지 소유 표현 'X에 Z가 있다.'를 대상으로 상태소유 표현의 특징을 살펴보았다.

첫째 소유 표현을 양도 가능한 표현과 양도 불가능한 표현으로 나누었는데, 이를 가짓수로 보면 양도 가능한 경우가 4가지, 양도 불가능한 경우가 9가지로서 양도 불가능한 표현이 더 다양하게 발달된 것으로 볼 수 있다.

둘째, 또 소유 표현에 나타나는 원형의 정도성에서 본다면 '원형>덜 원형>비원형'으로 발달된 것을 알 수 있다. 이들도 가짓수로 본다면 원형은 5가지, 덜 원형은 4가지, 비원형은 3가지로서 원형 표현이 가장 많고, 덜 원형,

비원형 순서로 나타난다.

위의 두 가지 양상을 통해서 상태소유 표현의 특성을 살펴보면, 소유 표현이 양도 가능한 표현에서 양도 불가능한 표현으로 번져나가서 지금은 양도 불가능한 표현이 상당히 다양하게 쓰이고 있다는 것을 알 수 있다. 또한 원형성의 정도성에서 볼 때도 원형적인 표현과 함께 덜 원형적 표현, 비원형적 표현으로 많이 번져나간 것을 알 수 있다.

우리가 언어생활을 할 때 원형적 표현을 하면 말할이가 말하기도 쉽고, 듣는 사람의 쪽에서도 이해가 빨라서 의사소통에 매우 유익하면서 편리하다. 그러나 표현의 범위가 넓어지면서 원형적인 표현만으로 의사소통을 하기에는 어려움이 많다. 따라서 비원형적 표현도 시간이 흐름에 따라서 점점 익숙하게 되면 표현의 원형성 등급이 점차 커지게 될 것이다. 이러한 비원형적인 보기들은 들을이가 이해하는 데 시간은 오래 걸릴 수도 있지만, 새로운 표현들을 자꾸 만들어 나갈 수가 없기 때문에 종전에 쓰던 표현들을 활용함에 따라서 생겨나는 언어현상 가운데 하나이다. 이에 따라서 상태소유 표현도 원형에서 비원형으로 많이 번져나간 것으로 보인다. 따라서 비원형 표현도 표현의 원형은 아니지만 넓은 뜻에서 소유 표현의 범주에 넣을 수 있을 것이다. 그리고 이것은 다른 범주와의 경계선에 있어서, 또 다른 범주와 관련을 맺고 있다고 볼 수 있다.

우리는 어떤 표현을 '맞다, 틀리다'의 이분법적 사고를 하는데, 원형 이론은 이 이분법적 사고의 틀을 경계하고 있다. 또한 '맞다'라고 보는 표현도 원형, 덜원형, 비원형처럼 단계를 두어서 정도성을 갖고 언어를 바라보는 유연성을 보이고 있다.

소유 표현 연구는 아직 출발에 불과하다고 본다. 이 논문도 하나의 시도에 불과한 것으로서 아직 많은 논의거리가 남아 있다. 보기를 들면, 상태소유 표현 가운데서도 '가지다' 표현에 대한 연구가 더 깊이 있게 논의되어야 하겠고, 또 소유이동에 관한 표현도 더 연구되어야 할 것이다. 또 우리말의 소유 표현을 다른 언어와 비교를 함으로써 우리말의 소유 표현의 특징을 더 명확히 할 수 있을 것으로 생각된다. 이런 문제들은 다음을 기약하기로 한다.

# 참고 논저

고영근(1980), '처소이론과 동작상', 난정 남광우 박사 회갑기념 논총, 일조각.

고석주(1996), "있다' 구문에 관한 연구', 국어문법의 탐구 3, 태학사.

김광해(1984), "의'의 의미', 문법연구 5.

김기혁(1987), '존재와 시간의 국어 범주화', 한글 240-241, 한글학회.

김봉모(1983), 국어 매김말 연구, 문학박사 학위논문, 부산대 대학원.

김영미(1995), "있다'의 의미에 대한 고찰', 전남대 대학원 석사.

김차균(1982), "있다'의 의미연구', 언어학 5호, 한국언어학회.

김홍수(1981), '기점과 지향점의 한 해석', 관악어문 연구 6, 서울대학교 국어국문학과.

남기심(2001), 현대 국어 통사론, 태학사.

문 용(1999), 한국어의 발상. 영어의 발상, 서울대학교 출판부

박양규(1975), '소유와 소재', 국어학 3, 국어학회.

성광수(1976), '존재동사 '있다'에 대한 재고', 국어국문논총: 강복수 박사 회갑 기념 논문집.

서정수(1996), 국어문법, 한양대학교 출판원.

이기동(1978), '조동사 '있다'의 의미 연구', 허웅 박사 환갑 논문집.

이수련(1986), "있다' 월의 의미 연구', 동의어문논집 제2집, 동의대학교 국어국문학과

이수련(2001), 한국어와 인지, 박이정.

이수련(2001), '소유의 개념화', 새얼어문논집 제12집, 새얼 어문학회

이숭녕(1976), '15세기 국어의 쌍형어 '잇다', '시다'의 발달에 대하여', 국어학 4, 국어학회.

임지룡(1992), 국어의미론, 탑출판사.

임지룡(1998), 인지의미론, 탑출판사.

임홍빈(1981), '존재 전제와 속격 표지의 {-의}', 언어와 언어학 7, 경희대 언어연구소.

허 웅(1983), 국어학, 샘출판사.

한글학회(1992), 우리말 큰 사전, 어문각

Anderson, J. M.(1971), The Grammar of case: Towards a localist Theory, Cambridge: Cambridge University Press.

Blake, Barry. J.(1984), "Problems of possessor ascension: Some Australian examples", Linguistics 22: 437~53.

Freeze, Ray(1992), "Existentials and other locative", Language 68-3: 553~95.

Fromm. E.(1978), To have or Be? Harper & row, Publishrs, New York(최혁순 옮김(1978), 소유냐 존재냐, 범우사).

Hawkins, Roger(1981), "Towards on account of the Possessive- Constructions: NP'S N and the N of NP", Journal of Linguistics 17:247~69.

Heine, Bernd(1997), Possession, Cambridge University Press.

Heine, Bernd(1997), Cognitive Foundations of Grammar, New York, Oxford: Oxford University Press.

Inoue, K.(1975), "Some Speculations on Locative, Possessive," and Transitive Constructions, Sopia Linguistica: 41~60.

Jackendoff, R.(1983), Semantics and Cognition, The MIT Press.

Lyons, J.(1967), "A Note on Possessive, existentential and other locative Sentences", Foundations of Language 3: 390~39.

Rosch, E.(1973), "Natural categories", Cognitive Psychology 4: 328~350.

Stolz T.(2001), "To be with X is to have X," Linguistics 39-2: 321~350

Yoshiki Ogawa(2001), The Stage/individual Distinction and (In)Alienable Possession Language 77-1

池上嘉彦(1974), 意味論, 大修館西店.

이수련   614-714 부산시 부산진구 가야동 산24 동의대학교 국어국문학과
         Ⓣ051-890-1218
         609-392 부산시 금정구 장전2동 벽산그린 빌라 201호
         Ⓣ051-518-8789 / Ⓔslli@dongeui.ac.kr

# 3부
# 낱말의 변천

# 강화 현상 연구

박 홍 길

## 1. 머리말

언어는 사회 변화의 요인, 인간 심리의 요인, 최소 노력의 원칙, 전달 효과의 극대화 의식 등[1]으로 말미암아 끊임없이 생성되고 변천해 왔다. 우리말 또한 훈민정음 반포 이후에 나타난 문헌 자료만 보더라도 쉼없이 변천 발전해 왔음을 알 수 있는데, 그 변화 양상 가운데 두드러진 모습의 하나가 전달 효과를 높이기 위한 강화(strengthening) 현상이다.

여기서 말하는 강화란 크게 세 가지, 즉 음운을 덧보태어 청각상을 명료하게 하거나, 같은 자리의 예사소리를 센소리로 내어 강한 인상을 주는 일, 또 전혀 이질적인 음운으로 바꾸어 생신감을 주는 달라짐 등의 말소리의 강화를 먼저 들 수 있다. 그리고, 과거에는 별다른 장치가 없었어도 구별이 가능했던 말에 차츰 문법소를 끼어 넣거나, 문법소를 이중으로 하여 확실한 문법적인 기능을 다하도록 한 문법 의식의 강화, 끝으로 단순한 어휘 형태에 뒷가지를 붙여 파생어를 만들거나, 풀이하는 말을 덧붙여 합성어를 만들기도 하고, 또 그냥 풀이하는 말로 쓰는 경우, 그리고 불분명해진 문법소를 없애고 그냥 풀어 쓰는 말 등의 어휘 형태의 강화를 통틀어 말한다.

그래서, 이제까지 굳어져 온 '아ᄋ>아우, 곳>꽃' 정도의 소리 현상에서 벗어나 문법적으로나 어휘상의 형태 변화에 이르기까지, 즉 발화 노력을 좀더 들이더라도 표현을 명료하게 하려는 데서 일어나는 모든 변화 양태를 총망

---

1) 이현규, 국어 형태 변화의 원리, 영남대, 1995, 27-37쪽.

라하여 일컫고자 한다.

그래서, 본고에서는 15세기 이후 현재까지의 통시적인 어휘 변천 양상의 자료를 분석해 봄으로써, 이러한 발전 양태가 앞으로 어떻게 이어질 것인가를 진단하여 국어 교육의 한 방향을 감지해 보려는 것이 목적이다. 이것은 어휘사의 한 가지 변화 모습을 파악하는 작업이 되어, 국어 발전의 한 가닥 흐름을 예견하고, 국어 교육, 특히 국어 순화 교육의 한 방향을 제시하는 일이 될 것이라 본다.

방법으로는 문헌·방언·현대어 자료를 최대한 수집하여 이를 양상별로 분류하는 자료 제시에 중점을 두되, 얼마간의 어휘에 대해서는 그 변화 원인을 약간씩 논의해 보고자 한다.

## 2. 말소리의 강화

발음 노력을 경제하려는 자연스러운 현상과는 반대로, 비록 노력은 좀더 들이더라도, 청각 인상을 뚜렷이 하여 뜻 전달의 효과를 드높이려는 강화 현상이다.

### 2.1. 덧보탬

말소리의 통합적 관계로 일어나는 변화 가운데 덧보탬(첨가)이 있다. 이것은 연결되는 두 소리가 줄어져서 낱말이 너무 짧아질 가능성이 있을 때 이를 보수하기 위함이거나, 또는 말의 청각상을 한층 더 명료하게 하기 위하여 청각 인상이 뚜렷한 새로운 닿소리를 덧붙여 넣거나[2], 두 닿소리의 결합 체계가 변천함으로써 두 닿소리 사이에 홀소리를 끼어 넣거나, 청각상을 분명히 하기 위해 홀소리를 덧붙이는 것을 말한다.

---

2) 허웅, 국어학, 샘문화사, 1984, 376쪽.

## 2.1.1. 닿소리 덧보탬

(1) /ㄱ/

- 가(다)/아라→가거라
- 구무/이→굼기(굼근, 굼글, 굼긔)
- 나모/온→남근
- 도치>돗귀>도끼
- 드틀>듣글>티끌
- 맛디다>맡기다
- 믈→*믈다>믉다>묽다
- 벙을다>벙글다
- 블→*블다>븕다>붉다
- 새배, 새볘>새벼>새벽
- 솔옷>송곳[錐]
- 젖다→저지다→적시다[霑]
- 좀다, ᄌᆞᄆᆞ다>좀ᄀᆞ다>잠그다[潛, 鎖]

- 가찹다>갓갑다>가깝다
- 구믈어리다>구물거리다
- 녀느/을→년글
- 두텁다>둗겁다>두껍다
- 돈니다>돈기다(>다니다)
- *ᄆᆡᆫ올다>ᄆᆡᆫ글다(>만들다)3)
- 바회>박회, 박휘>바퀴[輪]
- 불무/의→붊긔
- 비두리>비둘기
- 새앙>생강
- 여믈다>염글다(>여물다)
- 즈싀>즈싀>즈픠>찌끼, 찌꺼기[滓]

중세 국어에서, 풀이씨의 줄기 끝소리가 ㄹ[l]이거나, ㅣ(리)일 경우 씨끝 '-거나, 거뇨, 거늘, 거니, 거든, 거ᅀᅡ, 거지라, 건마른, 고, 고도, 고라, 고져, 곡, 곤, 과뎌, 과라, 관ᄃᆡ'의 첫소리 ㄱ이 줄어졌었는데4), 그 뒤에 ㄱ이 복귀한 것도 일종의 강화라 하겠다.

그리고, 입음이나 시킴의 뒷가지 {-이-}가 {-기-}로 되는 것도 강화라 볼 수 있다.

- 앗다→아ᅀᅵ다>앗기다
- 웃다→우ᅀᅵ다>웃기다

(2) /ㄴ/

- 가치>⑲간치, 깐챙이(>까치)
- 그츠다>근츠다(>그치다)
- 고치다>⑭곤치다(>고치다)
- ᄀᆞ초다>근초다>ᄀᆞᆷ초다>감추다

---

3) 유창돈 님은 '만들다(ᄆᆡᆫ글다)'의 기어를 'ᄆᆡᆫ올다'로 보았다. 어휘사 연구, 선명문화사, 1974, 46쪽 및 124쪽.
4) 허웅, 주해 용비어천가, 정음사, 1955, 40~42쪽.

- 너출>넌출[蔓]
- 더디다>던지다
- 둠다, ᄃᄆ다>둠ᄀ다>담그다
- 마치>만치(만큼)
- 므스>므슨>무슨
- 수ᄉ어리다>수선거리다
- 아직>안직, 안쪽 (>아직)
- 앚다>앉다
- 어그럽다>너그럽다
- 어치>언티, 언치[鞴]
- 얻디않다>어찌않다>언찌않다>언짢다
- 엇텽이>어청이>언청이
- 오(다)/아라→오너라
- 자치다>잔치다 (>잦히다: 가라앉히다)
- 호ᄡ>혼자

(3) /ㄷ/
- 거니다>건디다>건지다
- 겨너다>견듸다>견디다
- *민올다>ᄆ돌다>만들다
- 흐늘다, 후늘다>흔들다

(4) /ㄹ/
- 고오다>(코)골다
- 그ᄉ다>ᄭᄉ다>끌다[曳]
- 넙다>넓다
- 누르(다)/어→누르러(이르러, 푸르러)
- 베프다>베플다>베풀다
- 사인교(四人轎)>사린교
- 수ᄉ워리다>수런거리다
- *잎다>읖다>읊다
- 점다>졂다>젊다
- 지이산(智異山)>지리산
- 퍼기>펄기 (>포기)[叢]
- 폐염(肺炎)>폐렴
- 혼가지/오/디→한가지로되

위의 '사린교', '지리산', '폐렴'으로 된 것과 잡음씨 '이(다)'에 이른바 삽입
모음 {-오-}가 연결됐을 때의 어형이 '한가지로되'로 되는 것은 일종의 활음
조 현상이라 하겠다.

(5) /ㅁ/
- ᄀ초다>곰초다>감추다
- 머추다>멈추다
- 먼저>먼첨(>먼저)
- 므스, 므ᄉ>므슴, 므슴(>무슨)
- 우훔, 우흠>움큼[掬]
- 호ᄡ>홈차(>혼자)

(6) /ㅂ/
- 발→*발다>밟다
- 아호(鴉好)>아홉5)

---

5) '아호>아홉'은 '닐굽, 여듧'에 유추된 것이라 하였다. 유창돈, 국어 변천사, 통문관, 1961,
173쪽.

· 엇나가다>벗나가다　　　　　· 이슷ᄒ다>비슷하다

(7) /ㅅ/

· 거즈>거츳>거짓　　　　　　· 그르>그릇(잘못)
· 므스>므스>므읏>무엇　　　　· 쟝ᄎ>쟝ᄎ(>장차, 將次)
· ᄌ모, ᄌᄆ>ᄌ몯, ᄌ믓>자못


위 '자못'의 끝소리 ㅅ은 상징적인 표기일 뿐 실제는 안터뜨림(내파)의 [tˀ]
이다.


(8) /ㅇ/

· 가히→*개아지>강아지　　　　· 그어긔>긍어긔 (>거기)
· 긋다→그ᅀᅥ>그어>긍어(>그어)　· ᄀ라비>가랑비[粉雨]
· 나ᅀᅵ>낭이>냉이　　　　　　· 눈마올>눈망울
· 니마>ᄝ이망(>이마)　　　　　· 돗오다>됳오다>ᄃ오다>둥오다[愛]
· 리어>링어>잉어　　　　　　　· 마치>망치
· 모야ᄒ>모양　　　　　　　　· 모이>몽이(>모이)
· *몰아지>ᄆ야지>망아지　　　· 미양>밍양 (>매양)
· 바히>바외>ᄝ방구(>바위)　　· 버우어리>버워리>버어리>벙어리
· 부어>붕어　　　　　　　　　· 부우리>붕우리>봉우리
· 비어>뱅어　　　　　　　　　· 사앗대, 사횟대, 사엇대>상앗대[篙]
· 사어>상어　　　　　　　　　· 새양>생강
· 쇠아지>숑아지>송아지6)　　　· 쇠량>승량이
· ᄯᅡᄒ>땅　　　　　　　　　· 이어긔>잉어긔(>여기)
· 조ᅀᅳ롭다>조ᅀᅳᄅ외다>종요롭다　· 죠알이>종아리[小腿]
· 죠희>죵이>종이　　　　　　· 쳬오다>켕기다

(9) /ㅈ/

· 견호다, 견후다>견주다　　　· 그리메>그림제>그림자
· ᄆ니다>ᄆ지다>만지다

(10) /ㅎ/

· 나올>나홀>나흘　　　　　　· 마ᄉ>마ᄋ>마흔

---

6) {-아지}를 두고 Samuel E. Martin은, 한국어에서 /ŋ(ng)/으로 시작되는 오직 하나밖에 없는
형태(형태소)라 하였다.
Korean Morphophonemics, Linguistic Society of America, 1954, p.20.

· 사올>사흘　　　　　　　　· ᄉ다>ᄡ다>쌓다[築]

위의 '마흔'은 '설흔'에 이끌린 것이다.[7)]

　그리고, 시킴의 뒷가지 {-이-}가 {-히-}로 된 것이 많은데, 역시 강화 현상이라 하겠다.

　　· 닉다→니기다>익히다　　　　　· 닑다→닐기다>읽히다
　　· 붉다→볼기다>밝히다

　이상으로 닿소리 덧보탠 어례들을 들었거니와, 유창돈 님은 ㄲ, ㄵ, ㄳ, ㅀ, ㄺ, ㄻ, ㄼ, ㅀ, ㅁ, ㅄ, ㅅ 따위 합용병서 받침의 후행 닿소리는 모두 후대에 와서 덧보태어진 것이라고 하였다.[8)]

## 2.1.2. 홀소리 덧보탬

　홀소리 덧보탬의 보기로는 '맞>마주', '세다>세우다', '풀>파리', '긏다>그치다' 등도 있으나, 이런 말들은 각각 그럴만한 언어학적 까닭이 있어 딴 항목에서 다룬다.
　순수한 홀소리 덧보탬의 보기는 다음이 있다.

　　ᄊ히>ᄉ나히>사나이

　'ᄉ나히'는 낱말 첫소리에 올 수 있었던 /ᄮ(sn)/ 음소 결합 체계가 허용되지 않는 체계로 변천함에 따라 부득이 두 닿소리 사이에 /ㅏ/를 개입시킨 것이다.[9)]
　다음 보기들은 /ㅣ/ 반홀소리가 그냥 덧붙거나 /ㅣ/ 홀소리 치닮음으로 반홀소리가 덧붙은 것이라 강화 현상으로 보기는 어렵겠으나, 옛말 발음으로

---

7) 박병채, 국어 발달사, 세영사, 1989, 263쪽.
8) 유창돈, 국어 변천사, 172쪽.
9) 허웅, 국어 음운학, 샘문화사, 1985, 556~57쪽.

는 분명히 겹홀소리로 발음되어 청각 인상이 뚜렷해졌을 것이므로 여기에 보인다.

- 가야미>개야미(>개미)
- 고롭다>괴롭다
- 그려긔>그려기(>기러기)
- ᄌᆞᆺ(ㅎ)다>젓ᄌᆞᆺ다>깃깃다>씻씻다>깨끗(하)다
- 너기다>녀기다 (>여기다)
- 다야>대야
- 뵈이다>뵈야다
- 스골>싀골(>시골)
- 우ᅘ>우>위

- 겨시다>계시다
- 곳고리>굇고리(>꾀꼬리)
- 녀다>녜다(>예다)
- ᄆᆞ초라기>뫼초라기>메추라기
- ᄇᆞ얌>비얌(>뱀)
- **ᄲᅢᆷ>ᄲᅣᆷ>뺨**
- 져비>졔비(>제비)

'우ᅘ>위'는 /ㅎ/ 소멸로 인한 청각상의 모호함을 없애기 위해 /ㅣ(j)/를 덧 붙인 것이라 하였다.[10]

### 2.1.3. 겹홀소리의 두 홀소리 되기

오름 두 겹 홀소리인 /워/나 내림 두 겹 홀소리였던 /애·외·의/ 등이 두 홀소리로 분리되어 음절이 늘어난 보기들이다. 한 음절의 겹홀소리를 두 음 절의 두 홀소리로 나눔으로써 청각 인상을 똑똑하게 한 것들이다. 이는, 자 칫 모호하게 들릴 가능성을 미리 막아 낱말의 뜻을 명료하게 하려는 심리에 서 비롯했다고 할 수 있다.

외>오이          웡>우엉          퍼다>파이다[掘]

발음이 소홀해질 염려가 있는 1음절어를 청각상이 분명한 2음절어로 내 어 확실히 하고자 하는, 일종의 강화라 볼 수 있다.

옛말의 겹홀소리 흔적은 아직도 남아 있어서 두 홀소리로 되는 경향이 있

---

10) 허웅, 국어 음운학, 551쪽.

다.11)

| | |
|---|---|
| 괴다>고이다 | 쐬다>쏘이다 |
| 죄다>조이다 | 쬐다>쪼이다 |

그리고 다음 말들도 위의 양상과 비슷하다.

| | |
|---|---|
| 개다>개이다 | 외다>외우다 |

## 2.2. 센소리되기

여기서 말하는 센소리란 같은 자리(서열, ordre)에서 나는 닿소리12)를 내는 힘에 따라, 약한소리에 해당하는 예사소리(평음, 연음)에 대칭되는 소리로, 이에는 된소리(경음, 농음)와 거센소리(격음, 기음)가 포함된다.13)

역사적인 어휘 자료를 보면, 우리말은 후대로 오면서 차츰 된소리나 거센소리로 되어 온 것이 많음을 알 수 있다. 이는 분명히 청각상의 강화라 할 것이다.

### 2.2.1. 된소리되기

15세기 이후 '뜯, 쓰다, 딱, 뷔우다, 쐬, 싸히, 썩, 샨ㄹ다, 씀, 빼' 따위 말의 첫소리로 쓰였던 닿소리떼(합용병서)들의 음가에 대해서는 여러 가지 논의가 있어 왔으나,14) 일단 두세 소리의 겹으로 보았을 때,15) 이런 소리들이 뒷날 대체로 된소리로 된 것16)을 두고 소리의 강화로도 볼 수 있겠으나, 여기

---

11) 1989년부터 둘다 표준말(복수 표준어)로 인정하였다. 다만 '개이다'는 인정치 않았음. 문교부, '표준어 사정 원칙' 제18항.
12) 허웅, 국어 음운학, 96쪽.
13) 허웅, 국어 음운학, 107, 203쪽.
14) 김형주, 국어 어두 자음군의 연구, 동아대학교, 1987, 134~180쪽 참조.
15) 허웅, 국어학, 샘문화사, 1984, 339쪽.
16) 허웅, 위의 책, 364쪽.

서는 두세 소리가 한 소리로 된 것은 어떤 의미로는 소리의 없앰(탈락, 생략)으로도 되므로 본고의 논의에서는 제외하기로 한다.

- 가둛다>까다롭다
- 가볼오다>까보로다>까부르다[簸]
- 가토리>까투리
- 갓괴>까뀌(자귀)
- 거플>꺼풀[皮]
- 겁질>껍질
- 곡도손이>꼭두서니
- 곡지>꼭지>꼭지[端]
- 골독이>꼴뚜기
- 곳>꽃
- 과심ᄒ다>괘씸하다
- 구슝>ᄭ죵>꾸중
- 구짖다>ᄭ짖다>꾸짖다
- 그스다>ᄶ스다>끌다
- 긇다>끓다
- 금즈기다>끔적이다
- 긴ᄒ>쓴>끈
- ᄀᆯ다괴, 갈따귀>깔따구[蚋]
- 눈섭, 눈섭>눈썹
- 다히다>따히다>때다[燒]
- 댓뎌구리,닫뎌구리>ᄭ뎌구리>딱따구리[鴷]
- 덕지>딱지
- 덤석>덤썩
- 도리개>도리깨>도리깨
- 듬부기>뜸부기
- 디르다>ᄶ르다>찌르다[刺]
- 딯다>쌓다>찧다[春]
- 돈돈ᄒ다>딱딱하다
- -ㄹ가, ㄹ고, ㄹ소냐,…>-ㄹ까, ㄹ꼬, ㄹ쏘냐,…(씨끝)
- 버국이, 버곡댱이>뻐꾸기
- 벋벋ᄒ다>뻣뻣하다

- 가마괴, 가마귀>까마귀
- 가치>까치
- 감보기>깜부기[黑麥]
- 갔다>깎다
- 걸쥭ᄒ다>걸쭉하다
- 겼다>껶다
- 곡뒤ᄒ,곡뒤,곡디>꼭듸>꼭뒤(뒤통수)
- 골>꼴[面像]
- 곳고리>꾀꼬리
- 곳다>쏫다>꽂다
- 구디>꾸지(뽕나무)
- 구지람>꾸지람
- 그므록ᄒ다>끄무레하다
- 글다, 그르다, 글ᄒ다>끄르다[解]
- 금뎍>끔쩍
- ᄀᆮ>쓷>끝
- -ᄀ지>ᄭ지>까지[至](토씨)
- ᄀᆷ쥭, ᄀᆷ즉>깜짝
- 다와기>따오기
- 닿다>땋다[辮]
- 덛덛ᄒ다>썯썯ᄒ다>떳떳하다[常]
- 뎌르다,댜ᄅ다>쟈르다>짧다,⑭짜르다
- 듧다, 듦다>뚫다[穿]
- 디들다>씨들다>찌들다[衰老]
- 딕다>직다>찍다[斫]
- 드ᄉ(ᄒ)다>따스하다
- 돗ᄃ시>ᄯᄹ시>따뜻이
- 번ᄒ다>뻔하다
- 봄>ᄲᆷ>뽐, 쌈>뺨

- 분>쌘>뿐[唯]
- 불휘, 샐히>뿌리
- 비티다>비치다>삐치다
- 빅빅ᄒ다>빡빡하다
- 사호다>싸우다
- 삭삭ᄒ다>싹싹하다
- 살히뿔>삿리쑬(>핍쌀)
- ᄉ다>쌓다[積]
- 소다>쏘다[射]
- 쇠다>쐬다, 뽀이다>쐬다[熏,蒸]
- 쇠야기>쐬야기,뽀야기>(풀)쐬기
- 스다>쓰다[書]
- 시름>씨름
- 싯다>씻다[洗]
- ᄉ다>싸다>쌓다[築]
- 스라기>쓸악이>싸라기
- 슴다>쌈지
- 우둑ᄒ다>우뚝하다
- 쟉자공이>짝자꿍이
- 조ᄭ리다>쪼그리다
- 족>쪽, 조각[片]
- 좃다>쪼다[啄]
- 죡박>쪽박>쪽박
- 줏구리다, 줏그리다>주꾸리다>쭈그리다
- 줏의, 즈쇡>즈식, 즈의>즈믜 >즉긔>쓱기>찌끼(지스러기)[滓]
- 질늬>찔레

- 불상ᄒ다>불쌍하다
- 비븨다>쎄븨다>삐비다(>비비다)
- 비양(뿍)>비영>쎄양>뺑쑥
- 쓰다>스다>쓰다[冠, 用, 苦]
- 사홀다>싸홀다>썰다[切]
- 살쟉, 살젹>살쩍>살쩍[鬢]
- 상>쌍>땅>쌍(雙)
- 석다>써다>썩다[腐]
- 솓다>쏟다[注]
- 쇠야기>쐐기[楔]
- 수다>(죽)쑤다
- 슺다>쓧다>씻다[拭]
- 십다>씹다
- ᄉ다>빳다>싸다(오줌 싸다.)
- ᄉ다>싸다[價]
- 술디다,솗지다>술찌다>살찌다[肥]
- 아줄ᄒ다>아찔하다
- 자히>째(뒷가지)
- 겨부러지다>찌(짜)부러지다
- 조지다>*좃다>쫓다[束髮]
- 족>쪽[藍]
- 좃다>쫓다[追]
- 주굴위다>쭈그러지다

위의 '스라기'는 원래 '슬다, 슬다[屑,銷]'의 줄기에 {-아기} 뒷가지가 붙어 된 '부스러기'의 뜻이었는데,[17] 뒷날 '뽈(>쌀)'에 이끌리어 '쌀+아기'로 생각한 민간어원적인 말이 됐다. 아무튼 '슬다'는 그냥 있는데, 이 말은 '쌀'에 끌려 된소리로 된 것이다.

위에 보인 '쪼그리다, 쪼다, 쭈그리다'는 된소리되기의 자리가 바뀐 자리

---

17) 유창돈, 어휘사 연구, 68쪽.

바꿈(도치, 전위)이라 볼 수 있다.

그리고, 다음처럼 두 음절의 경계에서 두 닿소리로 구분하여 씌어졌던(당시의 현실음은 어떠했는지는 알 수 없으나, 다만 두 닿소리를 구분하여 표기하였던) 것이 이제말에서 하나의 된소리로 된 것은 논의에서 제외한다.

- 낟ㅂ다>나쁘다(ㅃ)
- 돗긔>도끼(ㄲ)
- 밧삭>바싹(ㅆ)
- 엇더ᄒ다>어떠하다(ㄸ)
- 엇디>어찌(ㅉ)

그리고, 낱말의 뿌리 끝소리에 쓰였던 ㅅ이 뒷날 ㄲ으로 된 다음 보기들도 논외로 한다.

- 잤다(갓가)>깎다
- 겼다>꺾다
- 낛다>낚다
- 닧다>닦다
- 묶다>묶다
- 밪(밧기)>밖
- 붔다>볶다
- 섰다>섞다
- 엮다>엮다

위의 자료들만 보더라도, 오늘날 된소리를 포함하고 있는 말들의 그 된소리는 거의 대부분 중세어에서는 예사소리였거나 두 예사소리였던 것이 차츰 하나의 된소리로 된 것임을 알 수 있는데, 시대가 바뀜에 따라 점점 된소리되기가 확대되어 온 것임을 알 수 있다. 특히 경상도에서는 다음과 같은 말들도 벌써 된소리로 발음하고 있다.

다음에 말할 거센소리되기와 함께, 교육의 힘에 의해 억제하는 것이 국어 순화의 한 가지 일이라 생각한다.

- 가지>까지[茄]
- 개구리>깨구리
- 개미>깨미
- 게>끼[蟹]
- 구리>꾸리[銅]
- 구리다>꾸리다
- 굴>꿀(굴조개)
- 굽다>꿉다[炙]
- 긁다>끍다
- 다듬다>따듬다
- 닦다>딲다
- 두드리다>뚜드리다
- 번데기>뻔데기
- 볶다>뽂다
- 본>뽄
- 볼>뽈(뺨)
- 삶다>쌂다
- 상놈>쌍놈
- 서리>써리[霜]
- 섞다>썪다[混]
- 속다>쏙다[欺]

- 쇠>쐬[鐵]
- 시가>씨가(시집)
- 시레기>씨레기
- 자르다>짜르다[切]
- 작두>짝두
- 조각>쪼각[片]
- 족두리>쪽두리
- 좇다>쫓다[隨]
- (살)지다(그림씨)>찌다[肥]
- 혀>쎄[舌]

## 2.2.2. 거센소리되기

거센소리되기 또한 청각 인상의 강화로 볼 수 있다. 여기 보이는 어휘들은 별다른 까닭 없이 예사소리가 거센소리로 되는 것을 든다. 따라서, 중세국어에 있었던 80여 어휘의 ㅎ 끝소리 임자씨가 다른 말과 결합하여 합성어를 이룰 때 나타나는 거센소리되기의 말들(살코기, 수캐, 안틀다, 암키와, 조팝,…)은 논의에서 제외한다.

- 간(間)>칸
- 갓블>갓플>갖풀[膠]
- 고ㅎ>코
- 나다나다>나타나다
- 녁>녘
- 누기다>누키다(>눅이다)
- 니르혀다>일으키다
- 닷>탓
- 돕>톱(손톱, 발톱)
- 디질>*지질>치질[痔]
- 라발>나발>나팔(喇叭)
- 맜다>맡다[任]
- 몬지다>몬치다(>만지다, ᄬ만치다)
- 바지>바치(노릇바치)
- 분(分)>푼
- 브섭, 브섁>부엌>부억
- 비편>피편[敵]
- 볼ㅎ>팔
- 섭, 섭>섶>섶[薪]
- 시기다>시키다
- 갈ㅎ>칼
- 견주다>견추다(>견주다)
- 곳>꽃
- 내혀다>내키다
- 넙>넙>옆
- 늧>늦(빌미)
- 닫, 닷>닻[碇]
- 덧, 덫>덫
- 듣글>틧글>티끌
- 둘ㅎ>틀(>-들)[等]
- 마줌>마춤>마침(어찌씨)
- 뭉긔다>뭉킈다(>뭉개다)
- 바루>파루(罷漏)
- 버리>파리(玻璃)
- 불무>풀무
- 비마ᄌ>피마자
- 빌>필(疋)
- 사당>사탕(砂糖)
- 숫, 숫>숯[炭]
- 식브다>시프다>싶다[欲]

- 숨씨다>삼키다[呑]
- 안답씨다>안타깝다
- 언덕>언턱(>언덕)
- 우훔>움큼[掬]
- 자곡자곡,지곡지고기>차곡차곡
- 쟈실>차일(遮日)
- 젼쵸>쳔쵸>천초(川椒)
- 주굴위다>츠글위다(>쭈그러지다)
- 즉빅>측백(側柏)
- 홅다>핥다
- 호은자>호온차>⑲혼차(>혼자)

- 아ᅐ, 어져>아차(느낌씨)
- 양지>양치(양치질)
- 옷>옻[漆]
- 입겿>입곁
- 자히>차히>채(매인이름씨)
- 젼국>쳥국(장)(淸國)
- 종갓>총간,총갓(말총갓)[椶帽]
- 준(罇)>충(항아리)
- ᄌ비>차비(差備)>채비
- 혀다, 혀다>켜다[引]
- ᄒ옷>ᄒ욷>홑[單]

위의 '칼, 코, 틀(>들,等), 팔' 등은 옛말 ㅎ 끝소리가 치건너뛰어 첫소리와 결합한 거센소리되기(월타 역행 격음화)라 하겠는데, 최범훈 님은 이제말 '갗[革], 겉, 곁, 꽃, 끈, 끝, 녘, 잎, 돝[豚], 뜰[庭], 무릎, 밑, 밭, 북(붚), 섶, 솥, 앞, 잎(지게문), 초[醋]' 등도 더욱 옛말로 거슬러 올라가면 모두 ㅎ 끝소리 임자씨였다고 하니,[18] 이런 말들의 센(된·거센)소리는 모두 ㅎ의 영향이라 하겠다.

그리고, '나팔, 파루, 파리, 사탕, 차일, 청국(장), 천초, 측백, 차비' 등은 한자음의 취음이거나 군두목으로서의 한자 표기인 듯하다.

그리고, 앞서 /ㅎ/ 덧보탬에서 말한 '니기다>익히다, 닐기다>읽히다, 볼기다>밝히다' 따위는 결국 거센소리되기이다.

## 2.2.3. 터짐갈이소리되기

국어 변천사에서 ㅅ>ㅿ(두서>두ㅿㅓ>두어, 닛/어→니ㅿㅓ>이어) 현상은 일반적이었다. 이는 울림소리 사이에서의 울림소리되기로 닮음인데, 이와는 달리 오히려 ㅅ, ㅿ이 ㅈ으로 강화되는 몇 어례도 있다.

---

18) 최범훈, 중세 한국어 문법론, 이우출판사, 1981, 76~78쪽.

- 구숑>구죵>꾸중[叱]
- 몸쇼>몸조(>몸소)
- 손쇼>손조, 손ᄌ>손수[自]
- ᄒ 녕ᅀᅡ>ᄒ 오ᅀᅡ>호ᅀᅡ>혼자[獨]

- 남ᅀᅵᆫ(男人)>남진
- ᄠᅱ긔다>ᄠᅱ긔다>ᄶᅵᆼ기다[響]
- 이웇>이웆(>이웃)19)

## 2.2.4. ㅅ의 다시 쓰기

중세어로 ㅅ과 ㅿ이 병용되는 것이 더러 있었다. 음운사상 거스른 옛말은 ㅅ이었을 것으로 보이는데, 이런 말들이 ㅿ으로 울림소리가 되어 얼마간 쓰이다가 그 뒤로는 다시 ㅅ으로 되돌아간 것이 있다. 청각 영상의 강화 현상이라 보아야 할 것이다.

- 몸쇼>몸소
- 수ᅀᅳ, 수ᅀ>수수
- 아ᅀ라히>아스라이
- 어스름>어스름

- 손쇼>손소>손수[自]
- 수ᅀ다→수ᅀ워리다>수선거리다
- 아ᅀ라ᄒ다>아스라하다
- 우숨>우움, 우욤>웃음

## 2.3. 달라짐

발음 경제상의 심리로 말미암아, 어떤 어휘가 너무 간단한 말소리로 바뀌어 뜻의 전달이 오히려 곤란해지거나, 또는 이미 있어 온 다른 말과의 구별이 어려워질 가능성이 있을 경우, 이를 피하기 위해 미리 구별이 똑똑히 되는, 성질이 다른 말소리(음운: 음소와 운소)로 바꾸는 경우가 있다. 이것이 달라짐 현상인데, 이러한 소리 바뀜에는 홀소리뿐 아니라 몇몇의 닿소리 달라짐 어례도 있다.

## 2.3.1. 닿소리 달라짐

- 거붑>거북
- 곱도숑>곡도숑

- 고봄>고곰>고금(학질)
- 붑, 붚>북

_____

19) 경상 방언은 지금도 '이웆'임.

· 브섭>브억>부억>부엌                    · 존자리>잠자리

닿·홀소리를 가리지 아니하고 입술소리 성질의 되풀이를 깨뜨리는 달라
짐이다. '존자리>잠자리'는 ㄴ·ㅈ > ㅁ·ㅈ으로 소리나는 자리를 멀리 떨어
지게 하고 있다.

## 2.3.2. 홀소리 달라짐

홀소리 달라짐에는, 통합적 관계로 일어나는 변화 가운데 하나인, 표현을
명료하게 하려는 의식적인 노력의 달라짐 이외에, 우리말의 두드러진 모습
이었던 홀소리어울림을 깨뜨리는 현상도 여기에 포함하여 논의한다.
음양으로 구별되던 홀소리의 어울림은 두 형태소 사이는 물론 한 형태소
안에서도 이루어졌었는데, 청각상의 강화를 위해서는 옛말에서도 더러 깨뜨
렸다.[20]

仰은, 德本을, 글위롤, 丞相의, 겨트로, 여르시며, 죠흔, 마글, 펴아, 혀아

이러한 홀소리어울림의 무너짐은 후대로 오면서 차츰 확대되었는데, 가장
큰 원인이 18세기 끝에 /ㆍ/ 음소가 사라진 때문이다.[21]
이렇게 되자 {-ㄴ/은, ㄴ는/는, 올/을, 롤/를}, {-ㆍ니/으니}의 구별도 없어졌
고, 그 밖에도 /이, 의, 애, 외/ 등이 어두운홀소리로 되어 버렸으며, {-애/에,
의/의}, {-오/우-} 따위 형태소도 모두 어두운 쪽으로 통합하게 되었다.

나는>나는                    ᄂᆞ문>남은
ᄆᆞᅀᆞ물>마음을                쇼롤>소를
자ᄇᆞ니>잡으니

ᄃᆞ외야>되어                    미다>밀어

20) 유창돈, 이조 국어사 연구, 이우출판사, 1980, 176~178쪽.
21) 허웅, 국어학, 455쪽.

미자>맺어　　　　　　　　　　배야>배어[孕]
ᄒ야>하여

알픠>앞에　　　　　　　　　　오뇺나래>오늘날에

도도다>돋우다　　　　　　　　마초다>맞추다

그리고 이제말(특히 서울말)에서는 이러한 무너짐 현상이 두드러지고 있다. 모두가 어두운홀소리쪽으로 깨어진다. 특히, 홀소리어울림과는 관계 없이, 밝은홀소리를 어두운홀소리로 바꾸는 현상이 계속되고 있다.

공부하고>공부하구　　　　　　그리고>그리구
깡총깡총>깡충깡충　　　　　　나하고>나허구
반가와서>반가워서　　　　　　밥도 (있다)>밥두
(나도) 알아>알어　　　　　　오또기>오뚜기

따라서 여기서는, 주로 한 형태소 안에서 유지되고 있던 홀소리어울림이 통시적으로 깨어진 것을 나열한다. 역시 청각 인상에 생신감을 주는 강화의 한 가지라 하겠다.

· 가마괴>까마귀　　　　　　　· 가마오디>가마우지
· 가모티>가무치　　　　　　　· 가슴>가슴
· 가온디>가운데　　　　　　　· 감보기>깜부기
· 감토>감투　　　　　　　　　· 갓고다>가꾸다
· 고고리>고그리(꼭지)　　　　· 고돌개>고들개
· 고토리>꼬투리　　　　　　　· 곡도손이>꼭두서니
· 골독이>꼴뚜기　　　　　　　· 그르ᄒ>그루[株]
· ᄀ늘다>가늘다　　　　　　　· ᄀ득ᄒ다>가득하다
· ᄀ르>가루[粉]　　　　　　　· ᄀ르치다>가르치다,가리키다
· ᄀᄉ애>가위　　　　　　　　· ᄀ술>가을
· ᄀ올ᄒ>고을[鄕]　　　　　　· ᄀ족>가죽[革]
· 곰초다>감추다　　　　　　　· 나ᄀ내>나그네
· 나모>나무　　　　　　　　　· 노로>노루

· 눉ᄌᅀ>눈자이>눈자위　　　　· ᄂᆞᄅᆞ>나루[津]
· 논호다>나누다　　　　　　　· 다봊>다봇>다북(쑥)
· 다숫>다섯　　　　　　　　　· 다토다, ᄃᆞ토다>다투다
· 달호다>다루다　　　　　　　· 대쵸, 대초>대츄>대추[棗]
· 둪다>덮다　　　　　　　　　· 마고>마구(어찌씨)
· 마ᄉᆞᆫ>마은>마흔　　　　　· 마ᄉᆞᆯ>마을
· 마조(보다)>마주(보다)　　　· 모다>모두
· 모로>모루(쇠받침)[鐥]　　　· 무릅>무릎
· 믈웃>무릇(어찌씨)　　　　　· ᄆᆞᄅᆞ, 마로>마루
· ᄆᆞᅀᆞᆷ>마음　　　　　　　· 바독>바둑
· 바회>바위, 바퀴　　　　　　· ᄇᆡ호다>배우다
· 사슴>사슴　　　　　　　　　· 살작>살쩍[鬢]
· 서르>서ᄅᆞ>서로　　　　　　· 손소>손수
· 쇼곰>소곰>소금　　　　　　· 시르>시루
· ᄉᆞ이>(주)사위　　　　　　· 싸호다>싸우다
· 아ᅀᆞ>아ᅌᆞ>아우　　　　· 아조>아주(어찌씨)
· 아ᄌᆞ가리,아족가리>아주까리　· 여ᅀᅳ>여ᅌᅳ>여우
· 오좀>오줌　　　　　　　　　· 올모>올무
· 외로왼>외로운　　　　　　　· 외오다>외우다
· 쟈토리>자투리　　　　　　　· 쪽도리>족두리
· 즈름>주룹(중매자)　　　　　· ᄌᆞᄅᆞ, 쟈ᄅᆞ>자루[柄]
· ᄌᆞ조>자주　　　　　　　　· 직조>재주
· 처섬>처음　　　　　　　　　· 춤>침
· 펴(다)/어→펴아(녀아, 혀아, 혀아)(>펴)　· 하ᄂᆞᆯ,하ᄂᆞᆯ>하늘
· 홍독기>홍돗개>홍두깨　　　· ᄒᆞ(다)/아→ᄒᆞ야>하여
· ᄒᆞᄅᆞ>하루

위에 보인 '가무치, 깜부기, 나무, 다북, 오줌, 올무' 등은 둥근입술소리 성질(원순성)이 강한 /우/로 되었다는 사실로 보면 오히려 닮음(동화)으로도 볼 수 있으나, 홀소리어울림이 깨어졌다는 점에서 달라짐이 된다. '둪다>덮다', '춤>침'은 위와는 반대로 둥근입술소리 성질을 파괴하였다. '둪다>덮다'의 경우 /우:어/는 홀소리섞바꿈(모음 교체)으로 볼 수 있다.22)

---

22) 서재극, 중세 국어의 단어족 연구, 계명대, 1980, 61쪽.

그리고 '가슴, 마음, 사슴, 소금, 처음' 등은 이름꼴 {-음}에 이끌린(유추된) 모습이라 하겠고, '서르>서로' 또한 어찌꼴 {-로}에 이끌린 것이라 하겠다.

'시르>시루, 여스>여우'는 두 음절 홀소리끼리의 소리나는 자리(조음 위치, 혓자리)가 멀어졌으므로 달라짐에 넣을 수 있다. '즈름>주름'의 끝소리 /ㅁ:ㅂ/은 서로 통함(상통) 현상으로 보인다.

## 3. 문법 의식의 강화

말의 뜻을 정확하게 전달하기 위하여는 여러 가지 규칙이 있다. 이 규칙 가운데 가장 중요한 구실을 하는 것이 문법 형태소(주로 토씨나 씨끝)인데, 시간의 흐름에 따라 차츰 그 문법 형태소가 갖는 기능에 부족함이 있어, 이를 더욱 보완하고 강화해야 할 필요성이 생기게 된다.

이러한 문법 의식의 강화로 문법소를 새로 끼어 넣거나 이중으로 겹쳐 쓰는 것들이 있다.

### 3.1. 문법소의 끼어넣기

옛말에는 문법소가 따로 들어 있지 않아도 풀이씨의 여러 가지 기능(제·남움직씨, 입음, 하임 등)을 다한 것이 더러 있었는데, 차츰 구별해야 할 의식의 강화로 말미암아 문법소를 따로 끼어 넣은 것을 말한다.[23]

3.1.1. {-기·리·이-}

- · 굿블다, 굿불다>구푸리다        · 긋다, 궂다>그치다
- · 몯다>모이다                    · 못다>마치다

---

23) · 현대 국어의 하임법과 입음법의 다양한 실현 양상에 대해서는 다음을 참조할 것.
김승곤, 현대 나라 말본, 박이정, 1996, 594~607쪽.
· 중세 국어의 하임법 파생 용례는 다음을 참조할 것.
송창선, 국어 사동법 연구, 홍문각, 1998, 243~269쪽.

· 벌다>벌리다                    · 빌다>빌리다[債]
· 삐다, 끼다>끼이다>끼이다      · 옮다>옮기다
· 줌다>잠기다

'빌다'는 1989년부터는 '빌리다'에 합류되어 사라지고 말았으며[24] 옛말 '빌리다'는 '빌려 주다'로 구분하여 쓰고 있다.

빌다(차용하다)>빌리다
   └───→빌리다(대여하다)>빌려 주다

그리고 이제말에서 '(날이) 개다'나 '(목이) 메다'를 소용없이 {-이-}를 넣어 '개이다', '메이다'로 쓰고들 있다.

3.1.2. {-우·후-}

· 갖다>갖추다                    · ᄀ리다>가리우다
· 드리다>드리우다[垂]            · 밀다>미루다
· 일다>일우다>이루다             · 지다>지우다[佛式]

이제말에서 '드리우다'에 이끌림인지, 흔히 '가리다[選]'를 '가리우다'로 잘못 쓰고 있다.

3.1.3. {-치-}

· 늬웃다>뉘우치다               · 믄흐다>문희치다(>무너뜨리다)
· 슫다>스치다                    · 헤다>헤치다

---

24) 1989년 문교부의 '표준어 사정 원칙' 제6항 참조.

## 3.2. 문법소의 겹쳐쓰기

문법 형태소를 겹치게 하여 보다 분명한 기능을 하도록 한 것이 있다.

### 3.2.1. 하임·입음꼴 뒷가지 겹쳐쓰기

다음 보기들은 남움직씨로 만들기 위해서 {-이-} 하임 뒷가지를 끼어 넣은 것들인데, 반홀소리 [j]의 청각상이 분명하지 않으므로 이를 더욱 강화하기 위하여[25] {-우-}를 더 첨가한 것이다. 결국 원래의 {-이-}는 제 기능을 잃고 마치 본디의 줄기 끝소리 같은 형태로 남아 있는 것이다.

- 뜨다→띄다>띄우다　　　　　· 쓰다→씍다>씌우다
- 셔다→셰다>셰오다>세우다　· 자다→재다>재우다
- 츠다→칙다>치우다　　　　　· 츠다→치다>치오다>채우다[滿,佩]
- 크다→킈다>킈우다>키우다　· 트다→틔다>틔우다
- 트다→틔다>태우다　　　　　· 프다→픠다>픠우다>피우다

그런데, 이런 현상은 앞으로도 계속 일어날 것으로 보인다. 그것은 이제 말에서 하임뿐만 아니라 입음말에서도 광범위하게 실현되고 있음을 보아서 이다.

- 놀라다→놀래다>*놀래키다　· 늘다→늘리다>*늘리우다
- 듣다→들리다>*들리우다　　· 먹다→먹히다>*먹히우다
- 밟다→밟히다>*밟히우다　　· 부르다→불리다>*불리우다
- 씻다→씻기다>*씻기우다　　· (발로) 차다→채다>*채이다
- (땅을) 파다→패다>*패이다

그런데, 북한에서는 '상을 나타내는 끼움토'라 하여, '시킴이나 입음의 끼움토' {-기·리·히-}를 더욱 강조하기 위하여 {-기우·리우·허우-}를 쓴

---

25) 허웅, 국어 음운학, 552쪽.

다면서, 다음과 같은 보기말을 사전에 올리고 있다.[26]

- · 뜯다→뜯기다→뜯기우다      · 말다→말리다→말리우다
- · 밝다→밝히다→밝히우다      · 빨다→빨리다→빨리우다
- · 뽑다→뽑히다→뽑히우다      · 읽다→읽히다→읽히우다

### 3.2.2. 토씨의 겹쳐쓰기

(1) {-ㄴ}>{-ᄂᆫ/는}
   · 長生인 **붏ᅌ흘씨** <월인 11>
   · 나ᄂᆫ 어버ᅀᅵ 여희오 <석보 6:5>
   · 뒤헤ᄂᆫ 모딘 도죽 <용가 30>
(2) {-ㄹ}>{-ᄅᆯ/를}
   · 굼긧 개야밀 어엿비 너기고 <두초 7:18>
   · 阿難이 뎡바기ᄅᆯ 문지샤 <능엄 1:49>
   · 我后를 기드리ᅀᆞᄫᅡ <용가 10>
(3) {-ㅣ}>{-ㅣ가}
   · 내 이ᄅᆯ 爲ᄒᆞ야 <훈정 서>
   · 내가 간다.

대조(다름), 부림, 임자의 뜻을 분명히 하기 위한 변이형태이다.[27]

## 4. 어휘 형태의 강화

간단한 형태의 옛말로써는 다양한 뜻의 분화를 만족시킬 수 없게 되자, 원래의 형태에 뒷가지를 덧붙여 음절수가 많은 어형으로 바꾸거나, 또 원래 있어 왔던 말의 그 뜻을 분명히 하기 위해서 그것을 풀이하는 말을 덧붙여

---

26) 북한 사회과학원 언어학연구소, 조선말 대사전, 사회과학출판사, 1992.
   한편, 1990.9.6. 동아일보에는 서울에 온 북한 연형묵 총리의 '먹고 먹히우는…' 하는 연설
   이 실려 있었다.
27) 졸저, 우리말 어휘 변천 연구, 세종총판사, 1997, 130쪽.

새로운 합성어를 만드는 일도 있고, 의미 영역[28]이 넓은 어떤 말은 거기에 포함되는 하위 범주의 말을 풀이하여 쓰는 일도 있다. 그리고, 문법 형태소의 청각 인상이 분명하지 않아 대신 이것을 풀어 쓰는 수가 많아졌다.

　이러한 강화 현상은, 비록 발화 노력을 더 들이더라도, 너무 간다하여 오히려 알아듣기 힘들거나, 동·유음어가 생겨 구분하기 힘든 경우에 이를 피하기 위한 장치라 할 수 있다.[29]

## 4.1. 뒷가지 덧붙이기

　과거엔 뒷가지가 없는 상태의 낱말만으로도 의사 소통이 되었었는데, 이제는 그것이 뿌리 모습으로만 남아 있고, 뒷가지가 붙은 긴 어형만이 쓰이고 있는 것이 대단히 많다.[30] 단순성을 깨뜨리는 다음절화로 의미 전달의 강화이다.

　몇 가지 뒷가지 형태별로 나눠 열거해 본다.[31]

### 4.1.1. 풀이씨 뒷가지

　(1) {-하다}

| | |
|---|---|
| · 구스다>구수하다 | · 깃ㄱ다>기뻐하다 |
| · ᄀ만다>가만하다 | · 깃깃다>깨끗하다 |
| · 남죽다>남좃ᄒ다>남짓하다 | · 납다>납죡ᄒ다>납짝하다 |
| · 더으다>더하다 | · 덛덛다>떳떳하다 |
| · 맛갓다>마땅하다 | · 믜다>미워하다 |
| · 뭣뭣다>밋밋하다 | · 미옥다>미욱하다 |
| · 미뭇다>매무시하다 | · 붓그리다>부끄러워하다 |
| · 블다>부러워하다 | · 비롯다, 비롯다>비롯하다 |

---

28) 천시권·김종택, 국어 의미론, 형설출판사, 1975, 23쪽.
29) 허웅, 언어학, 샘문화사, 1981, 397쪽.
30) 현대 국어의 다양한 뒷가지 양상에 대해서는 다음을 참조할 것.
　　김계곤, 현대 국어의 조어법 연구, 박이정, 1996, 138~223쪽.
31) 허웅, 우리 옛말본, 샘문화사, 1975, 149~261쪽 참조.

· 삼가다>*삼가하다　　　　　　· 서슴다>*서슴하다(서슴치)
· 손치다>손짓하다　　　　　　· 시름다>시름하다
· 섧다>꺼림칙하다　　　　　　· 아니다>아니하다
· 아둑다>아득하다　　　　　　· 우묵다>우묵하다
· 이러뇨>이러하뇨　　　　　　· 절다>절하다
· 젛다>저어하다(두려워하다)　· 져구맛다>조그마하다
· 착다>착하다　　　　　　　　· 축다>축축하다
· 췸다>췸하다　　　　　　　　· 측다>측은하다
· 흑마면>하마하면32)

위의 '삼가하다'는 걷잡을 수 없는 세력으로 쓰이고 있다.
그런데, 다음과 같은 말은 {-하다}가 붙어 있었는데, 이제말에서는 이를
풀어 쓰고 있다.

　　비흑다>비오게 하다　　　　이른다>되게 하다

(2) {-지다}
　· 너출다>넌출지다　　　　　· 믜다>미어지다
　· 벌다>벌어지다　　　　　　· 빗다>비뚤다>비뚤어지다
　· 슬다>스러지다, 사라지다　· 일다>이루어지다
　· 잊다>이지러지다　　　　　· 자즐다>자지러지다
　· 헛글다, 흐틀다>흐트러지다　· 흩다>흩어지다
(3) {-거리다}
　· 프드덕이다>푸드덕거리다　· 플더기다>풀덕거리다
　· 흔드기다, 흔덕이다>흔들거리다
(4) {-뜨리다 · 르다 · 리다}
　· 맛둧다, 맛둘다>맞닥뜨리다　· 무지다>무지르다
　· 문희다>무너뜨리다　　　　· 뻬다, 째다>깨뜨리다
　· 짓괴다>지껄이다　　　　　·(값을) 치다>치르다
(5) {-롭다 · 스럽다}
　· ᄀᆞ놋브다>가느스럽다　　　· 눌캅다>날카롭다

_____
32) '하마면'은 안갖춘움직씨이나 거의 어찌씨로 굳어졌다.

- 어렵다>어리광스럽다
- 의심둡다>의심스럽다
- 허므롭다>허물스럽다

- 외다>외롭다
- 징그랍다>재미스럽다
- 흔흡다>한스럽다

## 4.1.2. 임자씨 뒷가지

(1) {-기}
- 곡디>꼭대기
- 무엇>무시기<제주 방언>
- 비지>비제기<제주 방언>
- 옹지>옹재기
- 잇>잇기>이끼
- 즛>즈끠>찌꺼기
- 킈>크기

- 막대>막대기
- 보시, 보ᅀ>보시기
- 딸>딸기
- 율모>율모기
- 줄>줄기
- 진디, 진뒤, 진듯>진드기
- 톳>토끼

(2) {-악·억·옥·욱}
- 갗, 갖>가죽
- 기리, 기릐>기럭지
- 낡>나막신
- 무릎>무르팍
- 숨박질>숨바꼭질
- 줌>주먹
- 털>터럭

- 겇>거죽
- 낟>나락[穀]
- 뜰>뜨락
- (뿔→)뽀눈>싸락눈
- 안>아낙
- 쥭>쥬걱>주걱

(3) {-앙·엉·옹·웅(이)}
- 갈공>갈고랑이
- 고>공이
- 골>고랑
- 괴>굉이, 팽이(고양이)
- 굳>구덩이
- 낫>나ᅀᅵ>낭이, 냉이
- 맏>마당
- 호미>호미, 호맹이<경상 방언>
- 꼬리>꼬랑이
- 나믄>나머지

- 걸>거랑(작은 도랑)
- 곧>곳, 곶>고장
- 곶>고장(꽃)<제주 방언>
- 구무(굵)>구멍
- 긷>기동, 기둥
- 돌ㅎ>도랑, 또랑
- 싣나모>시당나무

(4) {-아지·어지·앙지·엇}
- 꼴>꼬라지
- 닷>다섯

- 믯구리>미꾸라지
- 압>아비>아버지

- 벌에>벌레>버러지<방언>
- 하나비>할아버지

(5) 그 밖
- {-구} 누>누구
- {-까래} 혀>서까래
- {-네} 녀편>여편네
- {-ㅁ새} 내>냄새
- {-발} 기>깃발 / 이>이빨
- {-아미} 귓도리>귀뚜라미 / 피리>피라미
- {-악서니} 꼴>꼬락서니
- {-어미} 지네>지느러미
- {-우리} 명마기>명마구리
- {-을} 굳>구들
- {-ㅇ개} 올미>올망개(올방개)
- {-찍} 채>채찍
- {-터기} 그루>그루터기

- {-구레} 넙>넙구레>옆구리
- {-깔} 빛>빛깔 / 색>색깔 / 젓>젓깔
- {-다리} 울ㅎ>울타리
- {-미} 길>길미
- {-아리} 닢>이파리

- {-어니} 암>어미>어머니
- {-업} 넚>너겁(물속의 잡초)
- {-으랑이} 곁>겨드랑이
- {-음} 몰>마름, 읻히>이듬희
- {-제} 그리메>그림제>그림자
- {-캐} 혀>서캐

## 4.1.3. 어찌씨 뒷가지

- 굿>굳이
- 닫>따로, 달리
- 맛(맞)>마주
- 모로매>모름지기
- 빗기>비뚜로, 비스듬히
- 얼프시, 얼픠시>어렴풋이>조그마치
- 올, 오른>오로지
- 일찍>일찍이
- 죠고마, 죠그매
- 츠기>측은히
- 하>해(많이)

- 곧>같이
- 더욱>더욱이
- 머리>멀리
- 붓그리>부끄러이
- 새려, 새례>새로>새로이
- 오로>온전히
- 외오>외따로
- 쟉쟉, 격격>조금씩, 조그마치
- 천천>천천히
- 촌촌>찬찬히
- 히여>하여금

그런데, 다음과 같은 어찌씨는 이제말에서는 풀이씨의 어찌꼴이나 다른 어찌말로 확실히 하여 쓰고 있다.

- 눌내>날래, 날래게, 빠르게
- 세우>세차게
- 우이>우습게
- 조리>줄이어, 줄여[減]
- 지리히>지리하게
- 추러히>추레차게
- 키>크게
- 흐리시>흐릿하게
- 히로>해마다

- 부치>부치이게, 나부끼게
- 외오>왼쪽으로
- 일록, 일롯>이로부터
- 주기>죽도록
- ᄌ래>자라게
- 추히>추하게
- 탐히>탐나게
- 흘리>흘리어, 흘려

이상으로, 뒷가지가 붙어 어형이 길어지면서 동음·유음어와의 구별을 확실히 한 얼마간의 보기를 살폈다.

그런데, 어형이 길어지는 것으로는 위와 같은 뒷가지 이외에 잘못 분석(오분석)으로 말미암아 /이/나 /으/ 소리가 덧붙는 말이 있는데,[33] 강화와는 다른 것이다. 그러나 말이 길어졌다는 것만으로도 기억에 도움이 될 수 있을 것이다.

- 갖>가지[枝]
- 궂다>그츠다>그치다
- 슻다>*스츠다>스치다>시치다
- 슻>*ᄉ치>ᄉ끼>새끼[繩]

- 거슬다>거스르다
- 두롬>두루미
- ᄉ뭊다>ᄉᄆ춏다>사무치다
- 잇>읷>잇기>이끼

## 4.2. 뜻풀이 합성어 만들기

옛말로서는 대개가 1, 2음절 정도의 비교적 간단한 말이었었는데, 이와 같거나 비슷한 소리의 말(동음·유음어)들이 새로 생겨나게 되자, 이런 말들과 확실히 구별하고자 하는 심리에서, 이미 있어 온 말에 뜻을 풀이하는 말을 더 보태어서 좀더 길게 된 새로운 합성어를 많이 생산하였다. 어휘 형태의 강화라 할 수 있다.

---

33) 잘못 분석말의 자료는 다음을 참조할 것. 졸저, 어휘 변화의 원인별 연구, 한국문화사, 1998, 37~70쪽.

· 갑(甲)>갑옷
· 곡도>꼭두각시
· 골>갈대
· 낫다, 나ᅀᅡ다>나아가다
· 노고>노구솥
· 닢>잎사귀
· 대>대나무
· 돍>돗자리
· 드시>따뜻이
· 둘외>진달래
· 미시>미싯가루>미숫가루
· 버그다>버금가다
· 벗, 봋>벚나무
· 븥다>불붙다
· 빗다>빛내다
· ᄇᆞ롬>바람>바람벽
· 삳, 삿>삿자리
· 솔>소나무
· 수릐, 수리>독수리
· 숨>목숨
· 쉬궁>시궁창
· 숡>삵괭이
· 쐬, 뾔>쬐>잔디
· 약>약념>양념
· 어느>어느것
· 연>연자>연자방아
· 엿다>엿보다
· 오디>오지그릇
· 외가>외가집
· 욱다>욱어들다
· 위두(爲頭)>우두머리
· 자재>자벌레
· 자치>자채논[山田]
· 져비>수제비

· 결>물결
· 깃ᄒᆞ다>깃들이다
· 납>긋납>잔나비
· 낱다>나타나다
· 닐다>일어나다
· 다복, 다봊>다북쑥
· 도요>도요새
· 드레>드레박>두레박
· 드리>사다리, 사닥다리
· 물리다>물려주다
· 밤>야밤
· 버들>버드나무
· 부르다>불러들이다
· 비>*빗자루
· 빙쟈>빈자떡, 빈대떡
· 사ᅀᅳ, 사이, ᄉᆞ애>주사위
· 섬>섬돌
· 숑골>송골매
· 술>숟가락
· 숨궂다, 숨꿏다>심술궂다
· 신>*신발
· 싸히>ᄉᆞ나히>사나이
· 쓰다>비싸다
· 어금>어금니
· 어양이>어양가시(사마귀)
· 염>염소
· 오ᄂᆡ>활오내
· 올모나>실오리만큼이나
· 외양>외양간
· 원앙>원앙새
· 자약>조약돌
· 자장>자작나무
· 쟌다귀>존드기풀
· 졉다>접어주다

- 지다>떨어지다
- 지례>지렛대
- 질>진흙
- ᄌᆞ애>무자위
- 쫓다>쫓아내다, 쫓아버리다
- 초(初)>애초, 애당초
- 초리>회초리
- 총>총나무
- 추다>추켜들다
- ᄎᆞ리다>알아차리다
- 텨ᄲᅳ리다>처깨뜨리다
- 팍ᄒᆞ다>괴팍하다>괴팍하
- 혀다, 혀다>다리다, 당기다, 켜다, 뽑다
- 회오리>회오리밤
- 히당>해당화

- 지다>살찌다
- 지르다>불지르다
- 질늬>찔레꽃
- 지조ᄒᆞ다>재주부리다
- 처가>처가집
- 초가>초가집
- 총(聰)>총기
- 총ᄒᆞ다>총기있다
- 추ᄉᆞ다>추어모으다
- ᄎᆞ리다>정신차리다
- 틈>틈새
- 표ᄌᆞ>표주박
- 회>회나무
- 힘>힘줄, 심줄

## 4.3. 풀이말 덧붙여 쓰기

전혀 뜻이 다른 동음어가 생겨 나거나, 어떤 말은 그것이 포함하는 의미 영역이 넓어져서 이들을 구별할 필요가 커짐에 따라, 이 가운데 어느 하나나 한 의미 영역에 속하는 말에는 그것을 풀이하는 말을 붙여서 쓰거나, 새로운 합성어를 만드는 일이 있다. 뜻의 전달을 분명히 하려는 강화 현상이다.

- 고기>물고기, 육고기
- 기계>이발기계, 타작기계
- 기름>콩기름, 석유기름, 들기름
- 다리>건너는 다리, 팔다리
- 말>하는 말, 타는 말, 말뚝

- 배>타는 배, 먹는 배
- 빌리다>빌려 주다
- 초>식초, 불켜는 초
- 차>타는 차, 커피차
- 칼>면도칼, 부엌칼, 식칼, 차는 칼

## 4.4. 문법소의 풀어쓰기

옛말 풀이씨로서, 줄기와 씨끝 사이에 {-오·우,이-} 등의 일정한 문법 형태소가 들어가 제 기능을 다했었는데, 차츰 이것이 제 문법 기능을 잃어, 이제는 이런 말이 쓰이지 않고 '-게 하다, -게 ~다, -어지다, -뜨리다' 등으로 풀어 쓰고 있는 것이 많다. 이것도 뜻을 정확하게 전달하려는 의식 때문인데, 간결한 옛말이 아쉽다 할 만하다. 지역에 따라 아직도 옛말 형태를 쓰고 있는 방언이 있다.

## 4.4.1. {-오·우-}의 풀어쓰기

- 고르다→골오다>고르다, 고르게 하다 (방)골우다
- 곳다→고초다, 곳초다>곧추세우다, 곧게 세우다
- 낫다→*나쇼다>낫우다>낫게 하다 (방)낫우다
- 너르다→널우다>너르게 하다 (방)널우다
- 넡다→녀토다>얕게 하다
- 닛다→닝우다>잇게 하다. (방)이우다
- 느리다→느리오다>내리게 하다
- 됴ᄒ다→됴히다→됴히오다>좋게 하다
- 바르다→*발오다>바루다, 바르게 하다 (방)바루다
- 비리다→비리우다>비리게 하다
- 어울다→어울오다, 어울우다>어울게 하다, 어우르게 하다
- 얼다→얼우다>얼게 하다(얼리다) (방)얼우다
- 얼의다→얼의우다>엉기게 하다
- 엎다→업데우다>엎디게 하다
- 열다→열우다>열게 하다
- 염글다→염글우다>여물게 하다
- 올다→올오다>온전하게 하다
- 져믈다→져믈오다, 져믈우다>저물게 하다
- 졈글다→졈글우다>저물게 하다
- 지긔다→지긔오다, 지긔우다>지겹게 하다
- 헏글다→헏글우다, 헏틀오다>흐트러뜨리다
- 헐다→헐우다>헐게 하다 (방)헐우다
- 휘다→휘오다, 휘우다>휘게 하다
- 흐리다→흐리오다, 흐리우다>흐리게 하다
- 힐다→힐우다, 힐후다>힐(詰)게 하다, 힐난하다
- 힘쓰다→힘쁴오다, 힘싀우다>힘쓰게 하다

### 4.4.2. {-이-}의 풀어쓰기

- 깃ㄱ다→깃기다>기뻐하게 하다
- 날호다→날회다>느리게 하다
- 낳다→나히다>낳게 하다
- 눌ㄴ다→눌내다>날래게 하다
- 덜다→덜이다>덜게 하다
- 됴ᄒ다→됴히다, 됴희오다>좋게 하다
- 앗다→앗기다>앗기이다>아끼어지다
- 어즐다→어즈리다>어지럽히다 ⊕어지리다
- 웃다→웆이다, 우이다>웃음을 받다(제움직씨)
  ※웃기다(남움직씨)
- 잃다→일히다>잃게 하다
- 지다→지이다>(짐을) 지게 하다
- 짓다→지싀다, 짓이다>짓게 하다
- 처디(평성)다→처디(상성)다>처지게 하다
- 츠다→츠이다, 칙다>(채로) 치게 하다
- 츠다→츠이다>(춤을) 추게 하다
- 춧다→춧이다>(문이) 채워지다
- 춧다→춧이다>(칼을) 차게 하다
- 티다→티이다>(뺨을) 치게 하다
- 푸다→퓌다>(땅이) 파이다, (땅을) 파게 하다
- 헐다→헐이다>헐게 하다, 상처를 입다

## 5. 마무리

이상 논의한 것을 요약하여 정리하면 다음과 같다.

15세기 이후 현재까지의 통시적인 어휘 변천 양상의 자료 분석에서, 우리 말의 강화 현상으로 말소리의 강화, 문법 의식의 강화, 어휘 형태의 강화로 크게 나눠 논의할 수 있었다.

먼저, 말소리의 강화로는 덧보탬, 센소리되기, 달라짐으로 나눌 수 있다.

닿소리 덧보탬: 비두리>비둘기(ㄱ), 더디다>던지다(ㄴ), 겨늬다>견디다
  (ㄷ), 넙다>넓다(ㄹ), ᄀ초다>감추다(ㅁ), 이슷ᄒ다>비슷하다(ㅂ), 즈
  모>자못(ㅅ), ᄀᄅ뷔>가랑비(ㅇ), ᄆ니다>만지다(ㅈ), ᄊ다>쌓다(ㅎ)
홀소리 덧보탬: 싸히>ᄉ나히(>사나이), 고롭다>괴롭다, 우ᄒ>위, 윙>우엉,
  괴다>고이다, 외다>외우다
된소리되기: 겁질>껍질, 닿다>땋다, 불휘>뿌리, 족>쪽, 솓다>쏟다, ᄉ다>
  싸다 (첫소리)
  도리개>도리깨, 우둑ᄒ다>우뚝하다, ᄀ죽>깜짝, 눈섭>눈썹 (중간)
  돗긔>도끼, 엇더ᄒ다>어떠하다, 낟브다>나쁘다, 엇디>어찌, 밧삭>
  바싹 (두 소리)
  밝>밖, 믊다>묶다 (합용병서)
  개구리>깨꾸리, 두드리다>뚜드리다, 번데기>뻔데기, 속다>쏙다, 족
  두리>쪽두리, 혀>쎄 (경상 방언)
거센소리되기: 갈ㅎ>칼, 혀다>켜다, 닷>탓, 불무>풀무, 자히>채 (첫소리)
  우훔>움큼, 안답씨다>안타깝다, 마즘>마침 (중간)
  녁>녘, ᄒ옷>홑, 셥>섶, 닷>닻 (끝소리)
터짐갈이소리되기: 구숑>꾸중, 삥긔다>찡기다, 호사>혼자
ㅅ>ㅿ>ㅅ되기: 손소>손수, 몸쇼>몸소, 우숨>웃음
닿소리 달라짐: 거붑>거북, 고봄>고곰(>고금), 붑>북, 존자리>잠자리
홀소리 달라짐: 감토>감투, 그르ㅎ>그루, ᄀᅀᆞᆯ>가을, 노로>노루, 둪다>덮
  다, 모다>모두, 무릅>무릎, ᄌ조>자주, ᄒᄅ>하루, 깡총깡총>깡충깡
  충, 오또기>오뚜기, 반가와서>반가워서
  그리고>*그리구, 알아>*알어, 나하고 놀자.>*나허구 (특히 서울 방언)

  다음으로, 문법 의식의 강화에는 문법소의 끼어넣기와 겹쳐쓰기가 있다.
이렇게 하는 것은, 이런 문법소가 없었어도 쓰이던 말인데, 좀더 문법적 기
능을 확실히 하도록 하기 위한 장치라 할 수 있다.

  끼어넣기: 굿블다>구프리다, 좀다>잠기다, 빌다>빌리다, 갓다>갖추다, 지

다>지우다, 헤다>헤치다

겹쳐쓰기: 쁘다→쁴다>씌우다,  서다→셰다>세우다,  크다→킈다>키우다,
   트다→틔다>태우다

북한에서는 '끼움토'라 하여 '뜯기우다, 말리우다, 뽑히우다' 등을 사전에
올리고 있다.

끝으로, 어휘 형태의 강화에는 뒷가지 붙이기, 뜻을 풀이하는 합성어 만
들기, 풀이말 덧붙여 쓰기, 문법소의 풀어쓰기 등이 있다. 간단한 어형을 길
게 만듦으로써 뜻의 전달을 확실히 하기 위한 강화 현상이다.

뒷가지 붙이기: 졓다>저어하다, 슬다>스러지다, 흔드기다>흔들거리다, 짓
   괴다>지껄이다, 외다>외롭다 (풀이씨)
   톳>토끼, 갗>가죽, 긴>기둥, 닷>다섯, 겯>겨드랑이, 굳>구들 (임자씨)
   곧>같이, 얼프시>어렴풋이, 오르>오로지, 죠고마>조그마치 (어찌씨)
뜻풀이 합성어 만들기: 노고>노고솔, ᄇᄅᆷ>바람벽, 섬>섬돌, 숡>삵괭이,
   염>염소, 졉다>접어주다, 지다>살찌다, 지조ᄒ다>재주부리다, 초리>
   회초리, 추ᅀ다>추어모으다
풀이말 덧붙여 쓰기: 고기>물고기, 육고기, 기름>콩기름, 들기름
문법소의 풀어쓰기: 닝우다>잇게 하다, 열우다>열게 하다, 휘오다>휘게
   하다, 깃기다>기뻐하게 하다, 놀내다>날래게 하다, 일하다>잃게 하
   다, 칰다>치게 하다

이상에서 정리한 바와 같이, 소리나 문법, 어휘의 강화 현상은 결국 말소
리를 거칠게, 음절수를 늘리는 결과를 낳았고, 이러한 현상은 더욱 번져 가
고 있다. 이는 인구가 증가하고 사회 구조가 복잡해짐에 따라, 그 복잡다기
한 의사 내용을 구분하여 확실히 나타내기 위한 어쩔 수 없는 추세라고 하
겠다. 그러나, 어릴 때부터 국어 교육을 철저히 하여, 언어 규칙이 몸에 밴다
면 말소리도 순화할 수 있고, 간결한 표현으로써도 의사 소통을 충분히 할
수 있을 것이다.

# 참고 논저

고영근(1997), 표준 중세 국어 문법론, 탑출판사.

김계곤(1996), 현대 국어의 조어법 연구, 박이정.

김승곤(1996), 현대 나라 말본, 박이정.

김영신(1988), 국어학 연구, 제일문화사.

김형주(1987), 국어 어두 자음군의 연구, 동아대.

문교부(1989), 국어 어문 규정집, 대한교과서주식회사.

박병채(1989), 국어 발달사, 세영사.

박홍길(1998), 어휘 변화의 원인별 연구, 한국문화사.

박홍길(1997), 우리말 어휘 변천 연구, 세종출판사.

서재극(1980), 중세 국어의 단어족 연구, 계명대.

송창선(1998), 국어 사동법 연구, 홍문각.

오종갑(1988), 국어 음운의 통시적 연구, 계명대.

유창돈(1961), 국어 변천사, 통문관.

유창돈(1974), 어휘사 연구, 선명문화사.

유창돈(1980), 이조 국어사 연구, 이우출판사.

이기문(1983), 국어사 개설, 탑출판사.

이승욱(1980), 국어 문법 체계의 사적 연구, 일조각.

이현규(1995), 국어 형태 변화의 원리, 영남대.

천시권·김종택(1975), 국어 의미론, 형성출판사.

최범훈(1981), 중세 한국어 문법론, 이우출판사.

최범훈(1990), 한국어 발달사, 경운출판사.

최현배(1955), 우리 말본, 정음사.

하치근(1989), 국어 파생 형태론, 남명문화사.

허  웅(1985), 국어 음운학, 샘문화사.

허  웅(1983), 국어학, 샘문화사.

허  웅(1981), 언어학, 샘문화사.

허  웅(1975), 우리 옛말본, 샘문화사.

허  웅(1995), 20세기 우리말의 형태론, 샘문화사.

허  웅(1955), 주해 용비어천가, 정음사.

Samuel E. Martin(1954), Korean Morphophonemics, Linguistic Society of America. (전재호·김태한, 한국어 형태 음소론, 선명문화사, 1969.)

남광우(1960), 고어 사전, 동아출판사.

언어 연구소(연변 사회과학원)(1995), 조선말 사전, 연변인민출판사.

언어학 연구소(북한 사회과학원)(1992), 조선말 대사전, 사회과학출판사.

유창돈(1964), 이조어 사전, 연세대.

이희승(1961), 국어 대사전, 민중서관.

한국 고전 간행회(1972), 한국 고전 총서(복원판), 대제각.

한국 정신 문화 연구원(1995), 17세기 국어 사전, 태학사.

한글학회(1991), 우리말 큰사전, 어문각.

# 이끌림말 연구

## - 형성 과정과 그 갈래 -

박 홍 길

## 1. 머리말

여기서 말하는 '이끌림말'이란, 여태까지 주로 '유추(類推, analogy)'란 말로
불려 온 술어1)를 순수한 우리말로 바꿔 본 것이다. 다만 그 범위를 조금 넓
혀, 이른바 '민간 어원(folk etymology)',2) 또는 '부회(附會)'3)라고 해 온 용례
들도 이미 있어 온 어떤 어형에 이끌렸다는 뜻에서 이 '이끌림말'에 집어넣
어 다루고자 한다.

말은 쉼 없이 변화·발전한다. 음운, 문법, 의미 등 어느 영역에서나 그
구조는 끊임없이 동요하며, 동요하다가는 어느 한 쪽으로 변화하여 고정되
고, 시간이 흐르면 그 고정된 꼴이 또 동요하여 변하게 된다.

그런데, 이 언어의 변화하는 모습을 설명하는 데에는 일반적으로 음운론
적 변화(phonological change)와 이끌림(analogy), 그리고 차용(borrowing)을 들
고 있다. 따라서 차용을 제외하면, 언어 변화의 커다란 두 원인이 음운 변화
와 이끌림인데, 음운 규칙으로 설명할 수 있는 모든 변화가 음운 변화인데
비하여, 음운 구조와 문법 구조에 두루 관련을 가지면서도, 특히 규칙적인
음운 변화로써는 설명할 수 없는 현상들을 설명하는 것은 모두 이 이끌림의
몫이 된다 하였다.4)

---

1) 허 웅, 국어음운학, 샘문화사, 1985, 565쪽. 그 밖의 대부분의 학자들 용어임.
2) 허 웅, 위의 책, 570쪽. 그 밖의 대부분 학자들 용어임.
3) 유창돈, 어휘사 연구, 선명문화사, 1974, 67쪽.

그래서 종래 학자들은 이끌림을 언어 변화의 잘못으로 일어난 것처럼 생각하여, 이것을 '잘못된 이끌림(false analogy)'이라 했으나, 19세기 독일의 소장 문법 학자들은, 이끌림이야말로 언어 창조의 원동력임을 강조하였다.[5] 그래서, 단순한 이끌림 변화(analogical change)에 그치는 것이 아니라, 현존하는 그 고유한 형태와 기능 관계를 확장시켜 새로운 형태를 만들어 내는 이끌림 창조(analogical creation)로 나아간다고 하였다.[6]

그래서, 이끌림의 결과로 나타날 수 있는 일반적인 경향은, 의미 집단을 형성하며, 낱말의 균형을 잡아 주고, 말본의 통일을 기하며, 새로운 어형을 창조하여 언어에 변화를 일으킨다고 한다.[7]

이끌림이 생겨나는 원인은, 연합적 관계(rapports associatifs)를 이루고 있는 낱말의 대부분이 어떠한 일정의 특색을 가졌을 때, 그 연합군 중의 소수의 말이 이 특색에서 벗어나는 일이 있으면, 이 소수의 말은 많은 말의 공통된 특색에 이끌리게 되기 때문이다.[8] 즉, 어떤 유형적인 말의 떼를 기준으로 하여, 거기에 통일시키려는 심리 작용으로 일어나는 어형 변화가 이끌림이다. 그리고, 어떤 어휘의 꼴이나 뜻이 비슷하거나, 또는 그 뜻에 있어 어떤 연관성이 있다고 생각되는 다른 어휘가 있을 경우, 그 다른 어휘나 어원상 어떤 관련이 있다고 부회 판단하여, 그 어휘와 같은 어형으로 끌어들이게 되어, 그 꼴이 같게 되거나 비슷한 꼴로 바뀌게 된다. 따라서, 이 변형에는 언제나 그 기준이라고 인식되는 어떤 유형적인 어형의 존재를 필요로 하게 된다.

그러므로 본고에서는, 이 기준이 되는 어떤 유형 또는 어형에 이끌리어 이루어졌다고 보이는 어휘 자료들을 최대한으로 모아, 나름대로의 어떤 기준을 정하여 이를 몇 가지 갈래로 나눠, 그 통시적인 형성 과정을 살펴본다. 그리하여 우리말이 이런 과정을 밟는다면 앞으로 어떻게 발전해 갈 것인가를 내다보는 것이 본고의 목적이다.

여기에서 논의된 자료들은, 여러 학자들이 이제까지 언급한 것들을 총망

---

4) 김방한, '유추적 변화의 조건', 한글 제200호, 한글 학회, 1988. 6, 351쪽.
5) 허 웅, 언어학, 샘문화사, 1981, 61쪽 재인용.
6) 이정민·배영남, 언어학 사전, 한신문화사, 1982, 40쪽.
7) 하치근, '유추와 어휘 습득', 국어국문학 제5집, 동아대학교, 1983, 119쪽.
8) 허 웅, 국어학, 샘문화사, 1983, 379쪽.

라한 것에다, 부분적으로 논증한 바 있는 졸고나 옛말 사전, 그리고 그 밖의
문헌들에서 얻어진 자료들을 보탠 것이다.

## 2. 형성 과정상의 갈래

### 2.1. 꼴 이끌림

#### 2.1.1. 이름꼴에 이끌림

**(1) -이**

　현대 우리말에는 /i/로 끝나 있는 낱말이 유별나게 많다. 유재원 님의 통
계에 의하면, 올림말 37,491개의 순우리말 가운데 26.668%에 이르는 9,998개
로 나와 있어 압도적으로 많은 수를 차지하고 있는 셈이다.[9] 그런데 이 1만
개에 가까운 어휘 속에는 줄기 끝소리가 /i/인 '마치다, 비키다, 피다, 흐리다,
…'는 물론, 뒷가지(도움줄기)인 {-거리 · 기 · 뜨리 · 리 · 시 · 이 · 지 · 치 · 히,
…-} 등을 포함하는 움직씨 3,526개와 그림씨 175개 등의 풀이씨를 전부 넣
었고, 거기에다 씨끝과 뒷가지 그 자체도 따로 올려놓아, 이런 것들을 모두
합하면 약 3,700개 정도가 된다. 따라서 이러한 어휘들을 모두 제외한다면,
순수한 /i/ 끝소리 낱말은 6,300개 정도가 되는데, 이 가운데 어찌씨가 881개
를 차지하고 있어, 이를 제외하면 거의 대부분인 5,271개가 임자씨이다. 이
속에는 '거기, 어디, 우리, 저이, …' 등의 대이름씨 13개, '너이, 서이' 셈씨 2
개뿐, 나머지는 모두가 순수한 이름씨이다.

　그런데, /i/ 끝소리 이름씨의 상당수가 과거에는 /외 · 위 · 의 · 이/ 끝소리
였다는 점에서 주목할 필요가 있다. 이는 옛말의 이름꼴 뒷가지 {-의 · 이}
가 {-이}로 홑홀소리되기가 되자 여기에 이끌린 것이 아닌가 생각한다.

　　　구븨>굽이　　　　　　　기릐>길이
　　　기픠>깊이　　　　　　　노픠>높이

---

9) 유재원, 우리말 역순 사전, 정음사, 1985.

물론 다음에 보일 낱말들이 모두 단순한 /i/ 홀홀소리되기 현상이라고도 할 수 있겠으나, 허다한 홀소리 중에서 특별히 /i/로 된 것은 역시 이름꼴에 이끌린 것이라고 봄이 타당하겠다.

다음 보기들은 대개가,

/외·위·의·읜/>/의/>/이/

과정을 밟게 되는데, 근세어로는 대부분 /의/로 통일되고, 이것이 다시 /이/로 된 것이다. 1933년에 확정된 한글 맞춤법 통일안에 한자음 '긔, 븨, 싀, 츼'를 '기, 비, 시, 치'로 적는다는 규정이 있어,[10] 이것이 순수 우리말 홀소리 /의/를 /이/로 적게 한 또 하나의 큰 원인이 되었을 것으로도 보이나, 이는 맞춤법 문제일 뿐, 실제로는 그 이전부터 /이/로 발음되었을 터이다.

/의/가 /이/로 발음되었다면 그 원인도, 짝이 되던 /읜/가 다른 소리로 바뀜에 따라 홀소리 체계에서 외돌토리가 되어 동요하고 있는 것으로[11] 볼 수도 있으나, 특별히 /i/로 된 것은 아무래도 이름꼴 {-이}에 이끌린 것으로 보고자 한다.

가싀>가시
골회>고리[還子]
구뷔, 구븨>굽이
긃픠>글피[大前日]
기뮈, 기믜>기미
나비, 나뵈, 나뷔, 나븨>나비
누의>누이
느틔(나모)>느티(나무)
도치, 도츼>도끼[12]
말미, 말믜>말미
모기, 모괴, 모긔>모기

거뮈,거믜>거미
공긔>공기(놀다)
그려긔>기러기
기릐>길이
기퓌, 기픠>깊이
노픠, 노픠>높이
눈츼>눈치
담뵈, 담뷔, 담븨>담비
ᄃ리>달리>다리(가발)
멀믜>멀미
몬짓>먼지

---

10) 한글 맞춤법 통일안 제40항.
11) 허 웅, 언어학, 79쪽.
12) 잘못 돌이킴.

무뤼, 무릐>무리(우박)　무뎌>마디
바뎌, 바듸>바디　반뎌, 반듸>반디
보믜, 보믜>보미(곡식 껍질)　본뎌>본디
불휘, 뿔휘, 불희>뿌리　뷔>비[箒]
빌믜>빌미　쀠, 쀠, 뛰>띠[茅]
쪄, 믜>끼　션비, 션뷔, 션븨>선비
소릐, 쏘릐, 소릐>소리　수릐>수리[鵰]
슬긔>슬기　시근치, 시근취>시금치
싸븨>따비　씌>때[帶]
아히>아이　어뎌, 어듸>어디
여긔>여기　잔뎌, 잔쬐, 잔듸>잔디
잔치,잔척>잔치　져긔>저기
조긔>조기　죠릐>조리
죵기>종기　쥬릐>주리
진치, 짐척>김치[13]　킈>키
틔>티　호미, 호뫼, 호믜>호미

　/외·위·의·이/가 반드시 /이/로만 변한 것은 아니고, 다른 홑홀소리로
된 것도 있다.

가지>가재　겨릐>겨레
고싀>고수[芝荽]　그늬>그네
그듸, 그뎌>그대　둗긔>두께
멀위>머루　모릐>모래
보비, 보뵈, 보븨>보배　샤마괴>사마귀
샤외>사위　수뤼>수레
어지>어제　율믜>율무

**(2) -음**
　이름씨 가운데는 풀이씨에서 몸바꾼 '그리움, 그림, 꿈, 다짐, 얼음, 웃음,
잠, 지름, 짐, …' 등 {-음} 형태 이름씨가 많은데, 이와 같은 어형에 이끌려

---

13) 잘못 돌이킴.

원래 {-음} 형태가 아니었던 이름씨들도 {-음} 끝소리로 바뀐 것들이 더러 있다.

고솜(돝)>고슴(도치)　　구룸>구름
소곰>소금　　　　　　　소롬>소름
일홈, 일훔>이름　　　　죠곰>조금
조오롬>졸음　　　　　　처섬>처음

대이름씨 '무엇'의 옛말 '므스'가 '므슴'으로도 되었는데, 이는 이름꼴에 이끌린 것이라 보인다.

므스>므슴(>무엇)

닐온 거슨 므스고 <원각 서:12>
네 뎌를 츠자 므슴 홀다 <노번 하:1>

위의 보기들이 {-음}으로 된 것은 모두 결과적으로는 달라짐(이화)이 된 것인바, 이렇게 된 까닭은 결국 이끌림이라 하겠다.

원래부터 {-음} 형태를 갖추고 있는 다음 이름씨들도, 그 형성 과정상 {-음} 이끌림말이 아닐까 추측해 볼 수 있으나, 문헌상의 이전 형태를 찾을 수 없다.

그믐, 마름, 머슴, 버금, 보름, 비듬, 비름, 시름, 씨름, 어음, 여름, 으뜸

**(3) -애·에**

이제말 이름씨 가운데는 /-애·에/로 끝나 있는 것이 또한 많은데, 유재원 님은 /-애/이름씨가 1,153개, /-에/이름씨가 371개가 된다 하였다. 그러나 대부분이 겹이름씨이거나 풀이씨 줄기나 뿌리에 {-이·의} 뒷가지가 붙어 변한 파생어이기 때문에 순수한 홀이름씨로는,

가래, 가재, 고개, 늑대, 달래, 대, 막대, 망태, 매, 모래, 무지개, 바대, 배, 버

캐, 번개, 빈대, 사개, 사태, 새, 서까래, 서캐, 소매, 소태, 솔개, 순대, 술래, 썰매, 아래, 안개, 어깨, 억새, 오랑캐, 자개, 재, 조개, 채, 타래, 태, 파래, 해

가게, 걸레, 겅그레, 게, 겨레, 고수레, 구세, 굴레, 그네, 길체, 나그네, 너스레, 노래, 너테, 누에, 두레, 드레, 떼, 멍에, 메, 모레, 벌레, 부레, 어제, 얼레, 올케, 이레, 지네, 지레, 지에, 지체, 주체, 치레, 켤레, 테

등이 있다. 이런 말들은 풀이씨에서 파생한 '가리개, 날개, 마개, 쑤시개, 찌개, 뜯게, 무게, 지게, 집게, 두께' 등에서 볼 수 있는 뒷가지 {-개, 게, 께}의 홀소리 /-애·에/에 이끌려 통일된 것이 아닌가 하는 생각도 해 볼 수 있다. 그리고 위치자리 토씨 {-애·에}에 어느 정도 이끌릴 수도 있었을 것으로 생각할 수 있다. 이런 말들 중 옛말꼴로 달리 나타나 있는 것은 대개 /-ᅟᅵᆼ/가 /-애/로 되었고,[14] 더러는 /-ᅵᆼ, 위, 의/ 등이 /-에/로 된 것이다.

|  |  |
|---|---|
| 가롤>갈래 | 가지>가재 |
| 노러>노래 | 모러>모래 |
| 번기>번개 | 보죠기>보조개 |
| 빈>배 | 자기>자개 |
| 파리>파래 | 히>해 |
|  |  |
| 그늬, 그릐>그네 | 둔긔, 두틔>두께 |
| 모릐, 모릐>모레 | 술위, 수뤼>수레 |
| 자너>자네 |  |

## 2.1.2. 어찌꼴에 이끌림

**(1) -로**

우리말 어찌씨 끝 음절이 {-로}로 된 낱말이 120개 나타나 있다.

가로, 거꾸로, 바야흐로, 서로, 스스로, 시나브로, 저절로, 함부로, 홀로, …

---

14) 한글 맞춤법 통일안 제 34항에서, 한자음 /ᅵᆼ/는 /애/로 적는다고 규정해 있으니, 일찍부터 /ᅵᆼ/는 /애/로 된 모양이다. 기량>개량, 싴치>색채.

위와 같은 어찌씨의 끝 음절 {-로}를 뒷가지로 보면 뿌리가 분명하게 드러나지 않는다. 그러나,

그야말로, 날로, 따로, 새로, 외로, 억지로, 참으로, 통으로, …

등은 뒷가지 {-로}가 붙었음이 확실하다.

아무튼 이처럼 끝 음절이 {-로}로 된 것이 많은바, 이런 말들은 처음부터 {-로}였던 것이 아닌데, 어찌자리 토씨(연장, 자격, 쪽)[15] {-로}에 이끌려 이렇게 통일된 것이 아닌가 싶다. 특히 다음과 같은 말은 그 변한 모습이 문헌 상에 나타나 있다.

바ᄅ>바로                    서르>서로
ᄒᄫᅀᅡ>ᄒ오ᅀᅡ>ᄒ오아>ᄒ올로>홀로

禮數를 몰라 바ᄅ 드러 묻ᄌᄫᆞ디 <석보 6:20>
文字와로 서르 ᄉᄆᆺ디 아니홀ᄊᆡ <훈정>
도장 안해셔 오직 ᄒ오아 보ᄂᆞ니라 <두중 12:4>

## (2) -이

우리말의 어찌씨 끝소리가 /이/로 끝나 있는 것이 881개 있다고 앞서 말했다. 그런데, 이 가운데는 어찌꼴 뒷가지 {-이} 붙은 '같이, 꿋꿋이, 더욱이, 새로이, 없이, 옳이, 줄줄이, 텁수룩이'와 같은 말이 426개, {-히} 붙은 '넉넉히, 느슨히, 마땅히, 무던히, 어지간히, 천천히, 팽팽히, 환히'와 같은 말이 277개가 있어 대부분을 차지한다.

그리고 다음과 같은 말들도 분석해 보면 뒷가지 {-이}가 붙어 변한 말들이다.

갑자기, 나부시, 넌지시, 모름지기, 물끄러미, 바삐, 빨리, 슬피, 어설피, 지그시

---

15) 최현배, 우리 말본, 정음사, 1955, 602~07쪽.

다음과 같은 /이/ 끝소리 어찌씨들은 그 어원이 확실치 않은데, 이런 말들도 위의 뒷가지 {-이·히}에 보조를 맞추는 격이 되었다.

곱다시, 다시, 도무지, 몹시, 반드시, 애오라지, 어찌, 오로지

그런데, 다음과 같은 어찌씨는 변천 과정을 거쳐 /이/ 끝소리로 되었는바, 이는 어찌꼴 /이/에 이끌린 것이라 하겠다.

브디, 브듸>부디, 부듸>부디
이믜>이미

이것도 또한 단순한 홑홀소리되기라 봄직하기도 하다. 그리고 다음은 대이름씨이나 어찌씨로도 쓰인다.

그어기>거기 　　　　　　　　　어디, 어듸>어디
여긔>여기 　　　　　　　　　　져어긔, 져긔>저기

그런데, 어찌씨 '멀리'는 그림씨 '멀다[遠]'에서 파생한 말이므로 원칙으로는 '멀이'로 돼야 한다. '멀리'가 되자면 그림씨로는 '머르다'라야 한다. 그러므로 이 말도 '빠르다→빨리', '다르다→달리'에 이끌린 것이 확실하다.[16]

길다[長]→길이
멀다[遠]→*멀이>멀리
빠르다, 다르다→빨리, 달리

思愛롤 머리 여희여 어즐코 아득ᄒᆞ야 <석보 6:3>
勾漏令을 머리 븟그리노니[遠慚勾漏令] <두초 7:5>
둘하 노피곰 도ᄃᆞ샤 어긔야 머리곰 비취오시라 <악학 정읍사>
父母ㅣ 겨시거든 멀리 노디 아니ᄒᆞ며 <소해 2:11>

---

16) 박병채, 국어 발달사, 세영사, 1992, 209쪽.

**(3) -우**

어찌씨에는 /우/ 끝소리를 가진 것이 많다. 토박이말만 해도 64개로 나와 있다. 대강 살펴보면, 풀이씨의 줄기에 {-우·추·후-} 따위 형태소가 붙어 되었거나 시늉말 등이다.

문헌에 나타난 말들을 보면 과거엔 {-오}이던 것이 홀소리어울림과는 관계없이 {-우}로 바뀐 것이 많다. 아무튼 /우/로 통일되어 온 것은 어찌씨의 한 형태라 할 수 있다.

| | |
|---|---|
| 갖추<ᄀ초 | 겨우<계오 |
| 고루<고로, 골오 | 고루고루<고로로, 골오로 |
| 곧추<곳초 | 너무<너모<너므 |
| 늦추<ᄂᆞ즈웨, ᄂᆞ주워여 | 도두<도도 |
| 되우<되오 | 두루<두로, 둘우 |
| 마구<마고 | 마주<마조<맛 |
| 매우<미오<ᄆᆡᄫᅵ<ᄆᆞᄫᅵ | 모두<모다 |
| 부수수<부스스 | 손수<순소, 손ᅀᅩ<손ᅀᅳ, 손조, 손ᅑ |
| 아주<아조 | 알맞추<알마초 |
| 외우<외오 | 자주<ᄌᆞ조<ᄌᆞ로, ᄌᆞᄅᆞ |
| 휘뚜루<횟두로, 횟도로 | |

거푸, 겸두겸두, 골고루, 나우, 낮추, 느루, 데구루루, 뚜뚜, 바투, 부부, 얕추, 어이쿠, 얼추, 에구데구, 우, 우수수, 이루, 일쑤, 자꾸, 잦추, 재우, 조추, 푸, 허투루, 후, 후루루, 후후

등도 앞든 문헌어와 비슷한 과정을 거쳐서 되었을 듯하다.

## 2.1.3. 활용형에 이끌림

**(1) -웁다**

'ㅂ' 벗어난 그림씨는 다음과 같이 활용하는 것이 원칙이다.

{겹다}

겹거나, 겹거든, 겹기, 겹고, 겹네, 겹다가, 겹도록, 겹자(잇달음꼴), 겹지→(정칙)

겨우니, 겨우면, 겨운데, 겨운, 겨울뿐더러, 겨울수록, 겨움, 겨워, 겨워도, 겨워라, 겨워서→(변칙)

그런데, 흔히 정칙으로 활용해야 할 닿소리로 시작하는 씨끝이 연결될 경우에도, 홀소리 씨끝이 연결될 때의 변칙 활용에 이끌려 이에 발을 맞추려고 하는 경향이 있다.

겹다>*겨웁다→겨웁거나, 겨웁거든, 겨웁기, 겨웁고, 겨웁네, 겨웁다가, 겨웁도록, 겨웁자, 겨웁지, …

사투리이긴 하나, 자주 잘못된 어형으로 나타나는 것들로는,

| | |
|---|---|
| 가볍다>*가벼웁다 | 고맙다>*고마웁다 |
| 그립다>*그리웁다 | 냅다>*내웁다 |
| 놀랍다>*놀라웁다 | 덥다>*더웁다 |
| 뜨겁다>*뜨거웁다 | 맵다>*매웁다 |
| 무섭다>*무서웁다 | 밉다>*미웁다 |
| 반갑다>*반가웁다 | 사납다>*사나웁다 |
| 서럽다>*서러웁다 | 아쉽다>*아쉬웁다 |
| 우습다>*우스웁다 | 즐겁다>*즐거웁다 |
| 차갑다>*차가웁다 | 참답다>*참다웁다 |

유행가 가락에 "헤어지면 *그리웁고…", "*즐거웁게 노래해…" 등이 나올 정도이다.

그런데, '곱다>*고웁다, 수줍다>*수주웁다, 어둡다>*어두웁다, 춥다>*추웁다' 형이 나타나지 않는 것은 /ㅂ/ 앞의 홀소리가 /오·우/이기 때문에 발음상 두드러지게 나타나지 않는 까닭일 것이다.

'ㅂ' 변칙 움직씨로는 '굽다, 깁다, 눕다, 돕다, 뵙다, 뷉다, 여쭙다, 여

쭙다' 정도가 있는데, 이 가운데 '돕다'의 꾐꼴(청유형) '돕자'를 흔히 '도우자'라고 하는데, 이도 분명 이끌림 현상이다.

## (2) -옵다

여기서 또 한 가지 언급하고 싶은 것은 '뵙다:뵈옵다'와 '여쭙다:여쭈옵다'이다. 국어 사전에 따라 약간 차이가 있으나, 대체로 다음과 같이 보는 듯하다.

뵈다(어른을 대하여 보다.)→뵈옵다('뵈다'의 겸양어)→뵙다('뵈옵다'의 준말)

여쭈다(말씀을 올리다.)→여쭈옵다('여쭈다'의 겸양어)→여쭙다('여쭈옵다'의 준말)

물론 여기에 나타나는 {-옵-}을, 옛말 {-습 · 줍 · 숩-}의 잔영이 바뀐 겸양 도움줄기라고 볼 수 있겠고, 이것이 줄어져 {-ㅂ-}으로 되었다고 할 수도 있으나, 이것 역시 '뵙거든, 뵙고, 뵙다, 뵙도록, 뵙지, …'라 해야 할 것을, '뵈오니, 뵈오면, 뵈온, 뵈올, 뵈와도, 뵈와서, …'(옛말에선 /외/가 밝은 홀소리였음.)에 이끌리어 '뵈옵거든, 뵈옵고, 뵈옵다, 뵈옵도록, 뵈옵지, …'로 잘못 나타났고, 이것이 그냥 굳어져 '뵙다'와 '뵈옵다' 쌍형으로 등장한 것이 아닌가고도 생각해 볼 수 있다.

## (3) 'ㄷ' 벗어남

여기서 덧붙인다. 함경도 방언에서는 '듣다[聞]→들으니, 들으면, 들으니'와 같이 되는 'ㄷ' 변칙 풀이씨의 활용형에 이끌려, 정칙으로 활용해야 할 '듣고, 듣다, 듣지'도 '들고, 들다, 들지'로 한다고 한다.[17]

## (4) -르르다

중부 방언권 언중들은 한결같이, 모든 '르다' 변칙 풀이씨의 으뜸꼴을 {-르르다}로 잡고 활용시킨다. 즉,

---

17) 허 웅, 국어학, 566쪽.

{모르다}

　모르고, 모르는, 모르면, 모르지→(정칙)

　몰라, 몰라도, 몰라서, 몰라야→(변칙)

로 해야 하는데, 정칙으로 활용시켜야 할 경우에도 어김없이 '몰르고, 몰르는, 몰르면, 몰르지, …'로 하는 것이다. 이것은 분명 '몰라, 몰라도, …'에 발맞추기 위한 이끌림이다.

　　가르다>*갈르다　　　　　　그르다>*글르면

　*굴르는(굴다), *길르고(기르다), *날르도록(나르다), *달르지(다르다), *발른(바르다), *빨르게(빠르다), *일르도록(이르다), *찔르면서(찌르다)

　여기서 반드시 짚고 넘어가야 할 것은 '-르르다'를 으뜸꼴로 잡아 '으' 변칙으로 규정하고 있는 유일한 움직씨 '들르다' 문제이다. 이 말은 '들다[시]'에 {-으-}가 덧붙어 된 남움직씨 '드르다'가 으뜸꼴인 듯하다. '살다→사르다', '돌다→도르다'와 같다. 그런데 '사르다>살리다', '도르다>돌리다'로 된 것을 보면 차라리 '들리다'[18]로 잡든지, 그냥 '드르다'를 으뜸꼴로 잡아야 한다.

　위에서 본 바처럼, 서울 사람들이 한결같이 '-르다' 풀이씨를 '-르르다'로 활용하더라도 이는 사투리로 처리함과 같다. 지금이라도 으뜸꼴을 '드르다'로 세우고 '르' 변칙으로 처리해야 마땅하다.[19]

## (5) -뢰다

　이제말 '사뢰다'는 "말씀을 드리다."란 뜻의 겸삿말로서, 옛말 '숣다'의 활용형에서 변천한 말이다.

　　숣다→살ᄫ-, 술보-, …>술오니, 술오뇨, …

　　→술오다>ᄉ로다>ᄉ리다>사뢰다(←아뢰다)

---

18) 경상도에선 '들리다'로 쓰고 있음.

19) 박홍길, 우리말 어휘 변천 연구, 세종출판사, 1997, 273쪽.

이처럼 '〉로다'가 '사뢰다'로 되었는데, 이렇게 될 수 있었던 까닭은, 아마 비슷한 뜻을 가진 '아뢰다'의 {-뢰다} 어형에 이끌린 것이라 보인다.

功德을 國人도 솗거니 <용가 8:30, 72>
빠라몬 술᠍ 말을 텬씬이 됴타 솗씨 <월인 32>
大受道끠 술ᄫᅡ샤더 <석보 6:7>
비르서 듣ᄌᆞ오물 술오뇨 <금육 73>
하늘의 추미러 므스 일을 ᄉᆞ로리라 <송강 이 2, 관동별곡>

한편, '아뢰다'란 말의 뜻바꿈도 재미있다.
'아뢰다'의 옛꼴 '알외다'는 '알리다'란 뜻의 겹시킴꼴일 뿐 겸사의 뜻은 들어 있지 않았었다. 그런데, 이웃하고 있는 '솗다>사로다'가 '사뢰다'로 끝 어형이 {-뢰다}로 같아지자, 그 뜻에 이끌려 겸사의 뜻을 갖게 된 것이다. 꼴과 뜻이 서로 주고받은 이끌림의 특이한 현상이다.20)

## 2.1.4. 그 밖

### (1) 날짜 낱말꼴 {-홀}
날짜를 나타내는 다음 말의 변천도 이끌림으로 보고 있다.21)

나올>나흘>나흘                    사올>사흘>사흘

일후믈 디니ᅀᄫᅡ 홀리어나 이트리어나 사ᅌᅵ리어나 나ᅌᆞ리어나 <월석 7:71>
사ᄒᆞᆯ 바믈 ᄌᆞ조 그더롤 ᄭᅮ메 보니 <두초 11:52>
열나ᄒᆞ롤 밥 아니 머거 주그니 <삼강 중 충:8>

이는 이웃하고 있는 '이틀(읻흘), 열흘, 며츨(몇흘)'의 {-흘}에 이끌린 것이다. 이리하여 일정한 꼴을 공동으로 갖는 낱말밭을 이룬다 하겠다.22)

---

20) 허 웅, 국어학, 388~89쪽.
21) 박병채, 국어 발달사, 208쪽 등.
22) 허 발, 낱말밭의 이론, 고려대학교, 1979, 26, 36쪽 참조.

한편, 얼른 보면 '사올>*살'로 줄어들 것을 피하기 위한 강화 현상으로 /ㅎ/을 덧보탠 것으로도 볼 수 있겠으나, 이럴 경우는 뒷음절의 홀소리를 전혀 성질이 다른 홀소리로 바꾸는 것이 예사이다.[23]

아수>아으>아우                           여스>여으>여우

## (2) 셈씨 낱말꼴 {-흔}·{-ㅂ}

마순>마온>마흔

마순 사스미 등과 도조기 입과 <용가 9:40, 88>
마온애 惑디 아니ᄒ고 <논해 1:10>

이것 역시 단순한 /ㅎ/ 덧보탬이 아니라 선행 서열어인 셈씨 '셜흔'의 {-흔}에 이끌린 것으로 보아야 한다.

아호(鴉好)>아홉

九曰 鴉好 <계림유사>
九는 아호비라 <월석 1:33>

이것도 선행 서열어인 '닐굽, 여듧'의 /ㅂ/ 끝소리에 이끌린 것으로 보아야 겠다.

## (3) 매김씨 낱말꼴 {-ㄴ}

15세기 어형으로, 오늘날 '무엇'과 같은 뜻의 대이름씨에 '므스', '므슴' 양형이 있었다는 것은 앞에서 언급하였다. 모두 자리토씨가 연결되지 못하는 불구적인 것이었다. 그런데, 두 말은 그대로 이제말 '무슨'과 같은 뜻의 매김 씨로도 쓰였다.

---

23) 허  웅, 국어학, 377쪽.

비호는 거시 므스 이린고 <번소 8:33>
일로 혜여 보건덴 므슴 慈悲 겨시거뇨 <석보 6:6>

그러므로 이제말 '무슨'은 '므스'나 '므슴'에서 바뀐 것이 되겠는데, 유창돈
님은

므스>*므슨>무슨
므슴>*므슨>무슨

가운데 뒤엣것을 취하여 '유추 전화'라 하였다.24)
이는 '므스'가 그냥 매김꼴에 이끌려 '므슨'으로 되었다고 보는 것은 무리
이므로, '므슴'의 끝소리 /ㅁ/이 그 소리가 비슷한 /ㄴ/과 혼동되었는데, 이런
혼동은 매김꼴 {-은}에 이끌린 까닭이라고 본 듯하다.

또한 유창돈 님은 이제말 매김씨 '웬, 어인, 어떤'도 옛말 어찌씨 '웨(>왜),
어이, 엇디'에서 전성한 것으로 보았다. 즉, '-흐다>-흔'과 같이 매김꼴 {-ㄴ}
에 이끌려 형성된 것으로 보았다.25)

우에(웨) 물어 보노? <경남 방언>
우리도 이런 일을 어이 주세 아올고 <첩신 2:10>
오놀 서르 볼 주롤 엇디 알리오 <두초 15:47>
엇딘디 날 보시고 네로다 녀기실시 <송강 이 11, 속미인곡>
웬 차들은 저렇게 많은지. <우리말 큰사전>
어인:'어찌 된'의 예스러운 말 <우리말 큰사전>
어떤 경우에도 진실을 말해야 한다. <우리말 큰사전>

## (4) 뒷가지 {-ㅂ다} 따위
역사적으로 보아 움직씨 줄기에 뒷가지가 붙어 그림씨가 되는 것은 예사
이다.26)

---

24) 유창돈, 앞든 책, 379쪽.
25) 유창돈, 앞든 책, 425쪽.

| | |
|---|---|
| 깃다>깃브다>기쁘다 | 그리다>그립다 |
| ᄌᆞ다>가쁘다 | 놀라다>놀랍다 |
| 누다>*누럽다(마렵다) | 덜다>더럽다 |
| 두리다>두렵다 | 밧다>바쁘다 |
| 시들다>시드럽다 | 앓다>알프다>아프다 |
| 자르다>짧다 | 즐기다>즐겁다 |

그런데, 이러한 조어법에 이끌렸음인지, 이미 있어 온 그림씨에다 역시 뒷가지를 붙여, 별 의미상의 차이가 없는 다른 그림씨를 만들어 내기도 했었다.

| | |
|---|---|
| 가둛다→까다롭다 | 눚다>눚갑다 |
| *둛다→두텁다(※둛+의→두틔>두께) | |
| 드ᄉᆞ다→*드습다>따습다 | 둘다→둘갑다>달갑다 |
| 맞다→맞갑다 | 머흘다→머흐럽다 |
| *믁다→므겁다>무겁다(※믁+의→므긔>무게) | |

이러한 비슷한 뜻의 두 가지 형태의 그림씨 가운데 대개 어느 한 쪽은 도태되고 말았으나, 다음과 같은 그림씨는 아직 두 형태가 쓰이고 있다.

| | |
|---|---|
| 너르다:넓다 | 넙다:넓다 |
| 섧다:서럽다 | *짜르다<방언>:짧다 |

## (5) 그 밖

상치>상추(←배추)

1989년에 문교부의, 발음 변화에 따른 표준어 규정에서 고친 말이다. 어떤 규칙성도 없이, 언중의 발음 습관에 따라 일어난 변화인데, 여기서 말하는 '습관'이란 곧 '배추'의 '추'에 이끌린 것이다. 경상도에선 처음부터 '상추'

---

26) 유창돈, 앞든 책, 360쪽.

였다.

## 2.2. 짝말 이끌림

허웅 님은 짝말(대칭어, antonym)도 말 무리를 만드는 힘이 있다면서, 이 끌림의 범주에 넣어 '하라비, *야푸다, *긇다'를 보기로 들었다.[27]

　　하나비(한아비)>하라비(←할미)

그러나, 이 '하라비(할아비)'는 일반적으로 활음조(호음조, euphony) 현상으로 보고 있으며, 유창돈 님은 ㄹ:ㄴ의 대응이라 하였다.[28]

　　얕다>*야푸다(←*지푸다<깊다) <경남 방언>

그런데, 여기서 이것을 짝말로 내세운 것은 '얕다'의 /ㅌ/이 '깊다'의 /ㅍ/에 이끌렸다는 뜻이다.

한편, 경남 방언에서 '깊다>*지푸다, 높다>*노푸다, 싶다>*시푸다' 등으로 되는 것은 짝말로서가 아니라, 단순히 그림씨 '기쁘다, 나쁘다, 슬프다, 애달프다' 따위에 이끌린 것이 아닌가 싶다.

또한 허웅 님은 다음을 '이은말'이라 하여 이끌림에 넣었으나[29] 이것도 '짝말'에 포함시킬 수 있을 것 같다.

　　들락나락>*들락날락(←들락)
　　오너라가거라>*오너라가너라(←오너라)

나중에 '씨끝의 단순화' 항목에서 논의하겠지만, '업슨(없은)'이 움직씨처

---

27) 허　웅, 국어 음운학, 샘문화사, 1985, 567~68쪽.
28) 유창돈, 이조 국어사 연구, 이우출판사, 1980, 145쪽.
　　언마>얼마, 안음>아름, 대노>대로, 허낙>허락, 재녕>재령, 구룸>그눔>구름, 글위>그네, 믈어디다>무너디다, -마론>-마는, 의론>의논.
29) 허　웅, 앞든 책, 568쪽.

럼 '없는'으로 활용하게 된 것은 그 짝말인 '잇는'에 이끌린 것이 아닌가 싶다.

## 2.3. 잘못 분석

이끌림에서 중요한 몫을 차지하는 것이 잘못 분석이다.

잘못 분석에 대해서는 졸고로 두어 차례 발표한 적이 있기 때문에,[30] 여기서는 자료만 정리해 둔다.

### 2.3.1. 달라붙음[31]

**(1) -이**

임자자리 토씨 {-이}나 잡음씨 줄기 {이-}에 이끌려 닫힌 음절로 끝난 이름씨에 {-이}를 덧붙여 열린 음절의 이름씨로 만들면서 길어진 보기들이다.

| | |
|---|---|
| 갓>가시>각시 | 갓>가싀>가이(>가) |
| 갖>가지[枝] | 갖갖>가지가지 |
| 개굴>개구리 | 거북>*거부기(거북이) |
| 곡도손>꼭두서니 | 곳골>꾀꼬리 |
| 곶>꼬치 | 굼벙>굼벙이 |
| 궁궁>궁궁이 | 그력>그려긔>기러기 |
| ᄀ랏>가라지(풀 이름) | 나→내(내가←개/가) |
| 나방>*나방이 | 나ᄒ>나이 |
| 낫>낙시>낚시 | 남샹>남생이 |
| 낫>나싀>나이>냉이 | 너→네(네가←게/가) |
| 도간>도가니 | 도랏>도라지 |
| 돈, 돝>돼지 | 동고림>동그라미 |

---

30) 박홍길, '잘못 분석말의 유형별 고찰', 부산 한글 제3집, 한글학회 부산지회, 1984 및 '잘못 분석말을 다시 살핌', 동의어문논집 제7집, 동의대 국어국문학과, 1994. 우리말 어휘 변천 연구, 세종출판사, 1997, 52~105쪽.
31) 허웅 님은 '녹아붙음'이라 해 왔으나 <국어 음운학>(1985)부터 '달라붙음'이란 용어를 썼다.

두롬>두루미　　　　　　　　　　두텁>두터비(>두꺼비)
둗겁>두꺼비　　　　　　　　　　등울, 둥울>둥우리
디룡(地龍)>디룡이>지렁이　　　며눌>며느리
무적>무저기>무더기　　　　　　물>무리
뱜>*배미　　　　　　　　　　　벌>버리(>벌, 蜂)
부헝>부엉이　　　　　　　　　　뻐꾹>뻐꾸기
샘>*새미[泉]　　　　　　　　　설>서리[雪]
숑골>숑고리(>송골매)　　　　　숫>ᄉᅀᅵ>사이
악>아기　　　　　　　　　　　　압>아비
앗>아ᅀᅵ>아이　　　　　　　　엄>어미
엇>어이>어버이　　　　　　　　온밤>온바미>올빼미
올창>올챙이　　　　　　　　　　올ㅎ>오리
우렁>우렁이　　　　　　　　　　웅덩>웅덩이
아스랒>아스라치(앵두)　　　　　저→제(제가←메/가)
졉>져비>제비　　　　　　　　　초골>초고리
특>트기>튀기　　　　　　　　　풀>파리
호랑>호랑이　　　　　　　　　　힉올>힉오리>해오라기

## (2) -으(ᄋᆞ)

역사적으로 보아 고룸소리(조성 모음)였던 /으(ᄋᆞ)/가 달라붙어 이루어졌
거나, 옛말 {-르다} 풀이씨의 바른 활용형을 {-르다} 풀이씨의 '으' 벗어남으
로 잘못 분석하여[32], 그 으뜸꼴에 /으(ᄋᆞ)/를 덧붙인 것들이다.

　　ᄆᆞᆾ(다)/ᄋᆞ리잇가→ᄆᆞ추리잇가 (고룸소리 /ᄋᆞ/)
　　ᄆᆞ추리잇가←ᄆᆞ추(다)/리잇가 (줄기 끝소리 /ᄋᆞ/로 잘못 잡음.)
　　ᄆᆞᆾ다>ᄆᆞ치다(앞홀소리되기)>마치다

　　거슬(다)/어→거스러 (정칙, 연철)
　　거스러←거스르(다)/어 ('으' 벗어남으로 잘못 분석)
　　거스르다→거슬러 ('르' 벗어남으로 됨.)

　　거슬다>거스르다　　　　　　거칠다>거치르다

---
32) 박홍길, '"-르다" 풀이씨 연구', 한글 제218호, 한글 학회, 1992. 겨울.

그울다>굴다>구르다 　　　　　　 궂다>그츠다>그치다
날다→*나르다 (나르는 새) 　　　 낯설다→*낯서른
녹슬다→*녹스른 　　　　　　　 뉘읓다>뉘웃츠다>뉘우치다
다돋다>다다르다 　　　　　　　 딛다>딜다>디르다>지르다[焚]
*딸다>따르다[注] 　　　　　　　 마믈다>마물다>머무르다
*문질다>문지르다 　　　　　　　 및다>미츠다>미치다[及]
몾다>ᄆ츠다>마치다 　　　　　　 술다>사르다[燒]
까불다(뒤~, 들~)>까부르다[簸] 　 쏠다>따르다[隨]
샐다>(병 주둥이가) 빠르다[窄] 　 아올다, 아울다>아우르다[竝]
어그롲다>어그르츠다>어그러지다 어울다>어우르다
얼다>어르다[婚] 　　　　　　　 *엎질다>엎지르다
외뿔다>외딸다>*외따르다(본디말은 안 씀. 불구 그림씨)
울월다>우럴다>우러르다 　　　　 저즐다>저질다>저지르다
지즐다>지즈르다>지지르다[壓] 　 줌다>ᄌᄆ다(>잠그다)
줌ᄀ다>줌ᄆ다(>잠그다[潛]) 　　 흞다>흐르다[交尾]

## 2.3.2. 끊어짐[33]

### (1) -이

　이름씨 끝소리 /이/를 임자자리 토씨 {-이}나 잡음씨 줄기 {이-}로 잘못
분석하여 끊어 버린 것이다.

　　버리>벌[蜂] 　　　　　　　 비디>빋>빚[債]
　　터리>털[毛] 　　　　　　　 퍼리>펄[개펄]

### (2) -ᄋ(으)

　옛말 풀이씨의 줄기 끝소리 /ᄋ(으)/를 고룸소리로 잘못 보아 이를 끊어
버린 것이다.

　　ᄀᄒ다→ᄀ트니(←ᄀ트/니) (바른 분석)
　　ᄀ트니←ᄀᆯ/ᄋ니 (잘못 분석)

---

33) 허웅 님은 종래 '끊김'이라 하였다.

| | |
|---|---|
| 거머ᄒᆞ다>거멓다 | ᄀᆞᆮᄒᆞ다>같다 |
| 너므다>넘다 | 누르ᄒᆞ다>누렇다 |
| 니르다>닑다>읽다[讀] | 됴ᄒᆞ다>둏다>좋다 |
| 만ᄒᆞ다>많다 | 멀거ᄒᆞ다>멀겋다 |
| 슬ᄒᆞ다>슗다>싫다 | 시ᄆᆞ다>심다 |
| 시프다>싶다 | ᄭᅳᆫ츠다>끊다 |
| 우르다>울다[哭] | 읇프다>읊다 |
| 파라ᄒᆞ다>파랗다 | 퍼러ᄒᆞ다>퍼렇다 |
| 흗ᄒᆞ다>흩다 | |

## (3) -어

옛말 풀이씨의 줄기 끝 음절 {-혀(혀)-}를 {-히+어}의 결합으로 잘못 분석하여 줄기 끝음절에서 /어/를 끊어버린 것이다.

| | |
|---|---|
| 기우리혀다>기울이다 | 내혀다>내키다 |
| 니르혀다>일으키다 | 도ᄅᆞ혀다>돌이키다 |
| 두르혀다>뒤치다 | ᄲᅢ혀다>빠이다>빼다 |
| 켜다>*키다 | |

## (4) -ㄹ

줄기 끝음절 {-롤·를-}을 가진 풀이씨의 정상적인 활용형을 잘못 분석하여 끝소리 /ㄹ/을 끊어버린 것이다.

누를(다)/어→누르러 (정칙, 연철)
누르러←누르(다)/러 ('러' 벗어남으로 잘못 잡음.)

노롤다>노르다
누를다>누르다
니를다>니르다>이르다[到]
프를다>프르다>푸르다

## 2.4. 말본 형태의 통일

말본 변화를 가져오는 광범위하고도 주요한 현상의 하나가 이끌림으로 알려져 있다. 과거 복잡하고 혼란스러웠던 어형을 보다 넓은 기준에 포함시켜 단순화(leveling)시키거나 통일시키는 경향이 있는데,[34] 이도 여러 가지 형태 가운데 어느 하나에 이끌려 거기로 통일시키는 현상이다.

씨끝이나 토씨의 단순화, 뒷가지의 쓰임 통일 등 모두 이끌림으로 볼 수 있는 것들을 열거한다.

### 2.4.1. 씨끝의 단순화

**(1) 업슨(없은)>없는**

앞서 '짝말 이끌림'에서 잠깐 언급했지만, 과거에 '잇다'는 움직씨다운 활용형 '잇는'을, '없다'는 그림씨다운 '업슨'을 취했으나, 차츰 '잇는'에 이끌려 '없는'으로 된 것은, 이끌림에서 흔히 적용하여, 비례항으로 설명 가능한 것인바,[35] 문법 형태소의 통일이라 하겠다.

> 부텨를 맛나 잇느니 <석보 6:11>
> 黃河를 츠자갈시 아노니 잇는 동 업슨 동 ᄒᆞ니라 <두초 9:30>
> 아비 업슨 이와 남진 업슨 이 잇거든 <소해 6:96>
> 人家ㅣ 업스니라 <노초 상:9>
> 人家ㅣ 업느니라 <노중 상:9>

**(2) -ᄂᆞ다>-는다**

15세기 현실법 서술형인 {-ᄂᆞ다}가 16세기에 와서, 열린 음절 다음에는 세 열린 음절이 거듭 나는 것을 피하려는 발음상의 노력 경제로 {-ㄴ다}로 되자, 여기에 이끌려 17세기에 오면 닫힌 음절 다음에도 {-ㄴ다}를 쓰게 된

---

34) 이승환, '유추의 생성 음운론적 해석', 동방학지 제12집, 연세대학교 동방학 연구소, 1971, 183쪽.
35) 이현규, 국어 형태 변화의 원리, 영남대학교, 1995, 195~96쪽.

다.

> ᄒᆞ다→ᄒᆞᄂᆞ다(15c)>ᄒᆞᆫ다(16c)>한다(20c)
> 먹다→먹ᄂᆞ다(15c)>먹ᄂᆞᆫ다(16c)>먹ᄂᆞᆫ다(17c)>먹는다(20c)

## (3) -으녀, -으려>-으냐, -으랴

옛말 물음씨끝 {-아·야·여}에 안맺음씨끝 {-니·리-}가 연결된 형태는 다음과 같다.

> 그 ᄠᅳ디 ᄒᆞᆫ가지아 아니아 <능엄 1:99>
> 家門ㅅ 소리를 ᄯᅡ해 디요ᄆᆞᆯ 즐기리아 <두초 8:57>
> 이 無ㅎ子애셔 너므니 잇ᄂᆞ니야 업스니야 <몽산 62>
> 뉘 ᄯᅡᆯ올 골ᄒᆡ야ᅀᅡ 며느리 ᄃᆞ외야 오리야 <월인 상, 기 36>
> 四海ᄅᆞᆯ 년글 주리여 <용가 20>
> 太子ㅣ 부로디 앗가본 ᄠᅳ디 잇ᄂᆞ니여 <석보 6:25>

그런데, 이 때 {-니·리-}가 붙어 줄어진 형태로는,

> 이 大施主의 功德이 하녀 져그녀 <석보 19:4>
> 이 數를 알려 몯ᄒᆞ려 <월석 14:8>

로 쓰여 15세기 말까지는 {-으냐·으랴} 형태는 나타나지 않았었는데, 16세기 초부터는 나타나기 시작한다. 그리고 16세기 후반부터는 오히려 {-으녀·으려} 형태가 사라지는데, 이는 늦게 생겨난 {-으냐·으랴} 형태에 이끌려 흡수·통일된 것으로, 서로 짝을 이루고 있는 말본 형태의 통일을 향한 노력인 것이다.36)

> 다으게 호미 올티 아니ᄒᆞ냐 <번소 9:90>
> ᄆᆞᅀᆞᆷ애 붓그러온 주리 업스랴 <번소 9:51>

---

36) 허 웅, 국어학, 448, 460쪽.

## (4) -나·아>-거-

회상법 안맺음씨끝의 구실을 하던 {-거·어·나} 따위가 때김법 기능을 잃고 씨끝과 어울려 이음법 씨끝으로 되자, {-어늘·어든}, {-나는·나든} 따위가 모두 {-거늘·거든} 형태에 합류되고 마는 것도 이끌림의 결과라 할 수 있다.[37]

> 사르미 다 모르거늘 <석보 서:3>
> 두 고지 空中에 머믈어늘 <월석 1:4>
> 쯰 업슨 손이 오나놀 갓 버슨 主人이 나셔 <진청 73쪽>
> 구지즈며 티거든 다 추마 <석보 13:22>
> 구단 디롤 어더든 <삼략 상:10>
> 아슥미 오나돈 이바도려 흐느니 <석보 6:16>

## (5) -아라·너라>-거라

이현규 님은, 현대 국어에 와서 {-거라} 씨끝이 확대되어 가는 모습을 발견할 수 있다면서, 이것은 여러 개의 형태로 분화되어 각각 연접되는 줄기가 정해져 있던, 씨끝의 복잡한 용법에 변화를 보이고 있는 것이라 하면서, 이러한 변화 현상을 이끌림에 의한 것이라 하였다.[38]

> 앉아라>*앉거라 ┐
> 먹어라>*먹거라 │
> ────── ←가거라
> 오너라>*오거라 │
> 하여라>*하거라 ┘

그러나, {-거라} 형태는 오히려 옛말에서 광범위하게 쓰였으나 차츰 '가다'에 한정되고, 이것도 {-너라}와 더불어 최근에는 {-아라}에 흡수되어 정착돼 가는 경향을 보이고 있다.

> 어셔 도라 니거라 <월석 8:101>

---

37) 이기문, 국어학 개설, 탑출판사, 1991, 7쪽.
38) 이현규, 앞든 책, 33쪽.

뎌 즁아 게 잇거라 <송강 성주, 하:16>
思ㅣ 갑가라 ㅎ니아 <몽산 31>
眞實로 모몰 갊가라 ㅎ논디라 <두초 21:29>
어서 가(아)라. 어서 와라.

## (6) /ㄱ/ 줄어들기와 복귀

우리말의 통시적인 변천 과정에서, 옛말로는 씨끝 {-가 · 거나 · 거뇨 · 거늘 · 거니 · 거든 · 거쎠 · 건ㅁ론}, {-고 · 고도 · 고라 · 고져 · 곡 · 곤 · 과뎌 · 과라 · 관ᄃᆡ}, {-게 · 긔} 등이 /ㄹ/과 / ㅣ / 아래에서는 /ㄱ/이 줄어들었었는데, 그 뒤 다시 복귀한 것[39]은 정상적인 /ㄱ/ 유지형에 통합된 이끌림 현상이다.

大乘 誹謗ᄒㅗ미 잇거나 부텻 禁戒를 헐어나 <능엄 8:77>
狄人이 ᄀㅭ외어늘 <용가 4>
智慧논 微妙ᄒㅑ야 第一이언마론 <석보 13:57>
고히 길오 놉고 고ᄃㅡ며 <석보 19:7>
使者 브려 보내오라 ᄒㅑ놀 <월석 7:15>
엇던 아ᄒㅣ완ᄃㅣ 허튀를 안아 우는다 <월석 8:85>
敎化논 ᄀㄹ쳐 어딜에 ᄃㅚ올씨라 <월석 1:19>

위의 /ㄱ/복귀는 말본 형태상의 통일이란 관점에서 이끌림으로 논의했지만, 15세기 당시에, /ㄱ/이 줄어들지 아니할 음운 환경임에도 /ㄱ/이 준 것이 있는데, 이는 /ㄱ/이 줄 음운 조건에 이끌린 것이다.[40]

帝命이 ᄂㅡ리어시놀 <월석 7:23>
微妙한 봃고ㅁ로 흐리에 ᄒㅕ며 <능엄 4:15>

'ᄂㅡ리다', '흐리다'의 줄기 끝소리 '-리'를 미래시상의 안맺음씨끝 {-리-}로 혼동[41]한 이끌림의 보기이다.

---

39) 유창돈, 국어 변천사, 통문관, 1961, 25~46쪽.
40) 허 웅, 우리 옛말본, 샘문화사, 1975, 604쪽.
41) 허 웅, 주해 용비어천가, 정음사, 1955, 42쪽. 여기선 '혼동'이라 했다.

## (7) {-지 아니하다}로의 통일

옛말 도움풀이씨 '아니ㅎ다'에 앞서는 으뜸풀이씨의 씨끝으로는 여러 가지가 있었으나, 결국은 {-디}로 단순화되었다. 이것도 결국 이끌림에 의한 통일로 볼 수 있다.

```
-ᇙ 아니ㅎ다 ┐
-ᄃᆞᆯ 아니ㅎ다 │ >-디 아니ㅎ다>-지 아니하다
-디 아니ㅎ다 ┘
```

感에 브트샤미 두루 아니ᇙ 아니ᄒᆞ시니 <금삼 5:10>
눔 더브러 ᄃᆞ토ᄃᆞᆯ 아니ᄒᆞ나이다 <석보 11:34>
서르 ᄉᆞᄆᆞᆺ디 아니ᄒᆞᆯᄊᆡ <훈정>

## (8) {-니까}로의 통일

옛말에서, 월에 의문사가 없으면 {-니잇가}가, 의문사가 있으면 {-니잇고}로 구별하여 쓰였던 것이, 차츰 {-니잇가}로 통일되고, 결국 이제말 {-니까}로 된 것도 제약을 덜 받는 {-니잇가}형에 이끌려 통합된 것이다.

하라빌 미드니잇가 <용가 125>
어드러서 노시니잇고 <월석 8:91>
할아버지를 믿었습니까?
어디에서 오셨습니까?

## (9) 맛지다>맡기다

이제말 '맡기다'의 형성 과정은 다음과 같다.

맜다 → 맛디다 > 맛지다 > 맛기다 > 맡기다
　　　(시킴꼴)(입천장소리되기)(잘못 돌이킴, 이끌림?)

위의 과정에서, '맛지다'가 '맛디다'로 되는 것은 입천장소리되기에 대한 잘못 돌이킴(부정회귀)이거나 '감기다, 남기다, 넘기다, 벗기다, 빗기다, 숨기다, 신기다, 튀기다' 등[42])에 이끌린 것이라 하겠다. 이기문 님은 이끌림으로

보았다.[43)]

> 나라홀 맛드시릴쎄 <용가 6>
> 나라홀 아 맛디시고 <월석 1:5>
> 交付 通稱 맛지다 <한청 2:61>
> 地上 사람 다 맛기고 <교시조 227~28쪽>

## 2.4.2. 토씨의 단순화

### (1) {-에게}로의 통일

> -익그에 · 의그에 · 의거긔>-익게 · 의게>-에게

이렇게 단순한 형태로 된 것은 음운론적인 변화가 더 크게 작용했겠으나, 옛말에 같이 쓰였던 다음의 {-손디}형은 음운적인 유사성도 없을뿐더러 상보적 분포를 이루는 관계도 아니므로, 17세기에 들어오면 결국 {-의게}에 이끌려 도태 · 합류되고 만다.

> -익손디 · 의손디 · 손디>-의게>-에게

> 龍익그엔 이쇼리라 <월석 7:26>
> 겨지븨그에 브튼 더러본 이스리 업스며 <월석 1:26>
> 大衆의거긔 눕 위흐야 굴히내 니르며 <석보 19:8>
> 무더멧 神靈돌히게 니르고 <월석 9:35>
> 一切 衆生의게 브튼 모숨 업수디 <월석 8:28>
> 須達익손디 보내야눌 <석보 6:16>
> 漢ㅅ사롬의손디 글 빈호니 <노걸 상:2>

다음은 <번역 노걸대>(1547?)와 <노걸대 언해>(1745)와의 비교이다.

---

42) 김계곤, 현대 국어의 조어법 연구, 박이정, 1996, 180쪽.
43) 이기문, 국어사 개설, 7쪽.

쥬신손디 하딕호라 가져 <번노 상:38>
主人의게 하딕호고 가쟈 <노언 상:34>

## (2) {-마다} 쓰임의 단순화

이제말에서 임자말 다음에 붙는 토씨 {-마다}는 옛말엔 풀이씨의 씨끝 {-ㄴ다}에 붙어 {-ㄴ다마다}로 쓰였는데, 그것은 {-을 적마다}의 뜻이었다.[44]
그러니까 이것도 결국은 임자씨에 붙어 쓰이는 경우에 이끌려 단순화하였다 하겠다.

說法호신다마다 다 能히 놀애로 브로숩느니라 <월석 1:15>
뮌다마다 法에 어지면 엇뎨 나ᅀᆞ며 <금삼 2:18>
일마다 天福이시니 <용가 1>

## (3) /ㄱ/ 줄어들기와 복귀

풀이씨의 씨끝처럼 토씨에서도 /ㄱ/이 줄었다가 다시 살아난 것이 있다. {-곳/옷}, {-곰/옴} 따위인데, 이제까지 살아 있는 말이 아니므로 제외하면, 한 가지 견줌자리 토씨에 특이한 보기가 있다.

ᄂᆞᆽ 양ᄌᆞ는 아힛 時節와 엇더뇨 <능엄 3:5>

그리고 물음토씨로

이 ᄯᆞ리 너희 죵가 <월석 8:94>
이제 소리아 아니아 <몽산 53>

의 구별이 있었다. 이 말은 잡음씨 활용형인 {-인가·ㄴ가}로 표준삼고 있으나, 경상도 방언에선 아직 쓰고 있다. 다만, /ㄱ/ 줄어든 꼴은 다시 복귀하였다.

내가 니 죵가? (내가 네 종인가?)

---

44) 이현규, 앞든 책, 192~94쪽.

이기 물소리가 앙이가? (이게 물소린가 아닌가?)
저기 사람가 소가 개가 개미가? (저게 사람인가 소인가 개인가 개미인가?)

## 2.4.3. 뒷가지의 재편성

과거에는 그토록 많이 쓰이지 않던 말이 차츰 세력을 확장하여 쓰이게 되는 경우가 있는데, 이는 기존어의 용법에 이끌려 쓰다 보니 어느새 자기 영역이 확장되어 재편성되는 결과를 낳게 된 것이다.

다음은, 이러한 이끌림에 의한 변화가 문법적인 요소들의 배합에 있어서 재편성의 기능을 맡게 된 이끌림의 신구성 보기이다.[45]

### (1) {-둡다}>{-스럽다}

옛말에는 추상적(-concrete)인 자질의 이름씨에 {-둡다} 뒷가지가 붙어 쓰였는데, 현대어로 오면서 이를 {-스럽다}가 대신하게 되었다. 이끌림에 의한 신구성인 것이다.

> 슬픈 일와 시름다톤 이리 <석보 9:8>
> ᄆᆞᆺ다보몯 긔지ᄒᆞ야 <월석 서:20>
> 疑心ᄃᆞ빈, 간다톤, 實다비, 쥬변둡고, …

그런데, 위와 같은 '추상물+둡다'의 구성은 현대어에서는 잘 허용되지 않고 모두가 {-스럽다}에 넘기게 된다.

> *근심답다, *의심답다, *안(마음)답다, *자유답다→조심스럽다, 의심스럽다, 안스럽다, 자유스럽다, 사내답다, 꽃답다, 겨울답다

### (2) {-하다}의 확장

옛날부터 {-ᄒᆞ다}는 여러 가지 말에 붙어 다른 말을 파생하였다.

---

45) 이현규, 앞든 책, 200~01쪽.

가난ᄒ다 (이름씨→그림씨)
글왈ᄒ다 (이름씨→움직씨)
몯호이다 (어찌씨→그림씨)
잘ᄒ다 (어찌씨→움직씨)
자족ᄒ다 (불구 뿌리→그림씨)
슳허ᄒ다 (그림씨 줄기+-아/어→움직씨)
깃거ᄒ다 (움직씨 줄기+-아/어→움직씨)

그러나 옛말은 이제말처럼 그렇게 생산적이지는 못했었는데, 차츰 그 범위가 새 말의 생김과 함께 비례적으로 확장되어 왔고 되고 있다.

유재원 님의 통계에 의하면 순수한 토박이말만으로도 움직씨가 2,574 개, 그림씨가 2,044개로 나와 있다. 이 통계에는 들어 있지 않은, 요즘 한창 쓰이고 있는 말들과 한자말 뿌리에 {-하다}가 붙은 말도 모두 포함한다면 그 수는 엄청날 것이다. 최근에는 서구 들온말에도 {-하다}를 붙이고 있다.

노력하다, 성공하다, 연애하다, 타자하다, 퇴출하다, …
리드하다, 메모하다, 터치하다, …

그리고 다음과 같은 말들도 곧 사전에 등장할 듯하다.

게을리하다, 떡하다, 밥하다, 뻥땅하다, 술하다, 안주하다, 학문하다, …
데모하다, 조깅하다, 카운터하다, 킥하다, 해딩하다, …

이렇게 {-하다} 파생어가 확대되어 가는 것은, 어떤 규칙에 바탕한 언어 형식의 유형에서 이끌림다운 창조(analogical creation)를 하는 것으로, 현존하는 공시적 규칙을 적용한다든지, 또는 가능한 규칙을 적용하여 새로운 형식을 창조해 가는 것이 된다.[46]

'줄기(뿌리)+-아/어' 조어 규칙은 더욱 확대되어 가는 경향이다.

감격해하다, 더러워하다, 반가워하다, 분해하다, 아니꼬워하다, 즐거워하다,…

---

46) 이현규, 앞든 책, 210쪽.

## 2.5. 발음에 이끌림

### 2.5.1. 센소리에 이끌림

ㅌ 받침을 가진 이름씨에 홀소리 토씨가 연결될 경우 /ㅊ/으로 발음하는 경우가 많은데, 이는 /이/가 연결되었을 때의 입천장소리되기 현상에 이끌린 것이라 보아야겠다.

끝이→/끄치/ (입천장소리되기)
끝을→/끄틀/>*/끄츨/ (←끝이)

'곁, 볕, 솥' 따위 말에서 이런 발음을 많이 들을 수 있다.

그런데, '꽃, 빛, 숯, 옻' 따위 말에 홀소리 토씨가 이어질 경우, 가령 '꽃을'을 /꼬틀/로 발음하는 경우가 있는 것으로 보면, /ㅌ/이나 /ㅊ/이나 다 같이 거센소리라는 데서 표준말 자체를 혼동, 서로 이끌리고 있는 것이 아닌가 하는 생각도 든다.

그리고, 요즘에는 ㅊ, ㅌ 받침 모두를 /ㅅ/으로 발음하는 경향도 점점 확대되어 가는 느낌이다. 특별히 '깨끗이'는 /깨그치/로 발음하는 경향이 있는데, 이는 ㅊ 받침에 이끌렸다기보다는 주변의 된소리 /ㄲ/에 이끌려 결국 강화한 것이라 하겠다.

두꺼비>*뚜꺼비　　　　　　볶음밥>*뽂음밥

이와 같은, 떨어진 치닮음의 된소리되기도 이웃의 된소리에 이끌린 것이라 볼 수 있다.

### 2.5.2. 연음 규칙에 이끌림

허 웅 님은 15세기 문헌에 나타나는 '놀애', '몰애', '달아', '달애-' 등이 뒷날 '노래', '모래', '달라', '달래-'로 된 현상은 소리 이음 규칙에 좇아 [l]이 [r]로 되거나 [l]을 하나 덧보탠 것으로, 다른 말들에 이끌린 것이라 보았다.[47]

/nol-aj/ [nol-aj]>/no-laj/ [no-raj]>/norɛ/
/tal-a/ [tal-a]>/tal-la/ [tal-la]

## 2.6. 같은소리 끌기

어떤 어휘는, 그 어형이나 의미에 있어 연관성이 있다고 생각되는 다른 어휘가 있을 경우, 그 다른 어휘를 끌어들여 해석하려고 한다. 즉 어느 정도 알고 있는 고정 관념, 기득 지식에 끌어넣어 유연화하려고 하는 것이다. 그러므로 그 유연성은 형태(소리)가 먼저이고 의미 부여는 다음의 문제이다. 그 소리는 어형 전체에 미치는 수도 있고 일부분에만 그치는 수도 있다. 전문가가 아닌 대중들의 억지스런 해석이기 때문에 어원 연구와는 근본적으로 달라 빗나가는 것이 원칙이나, 결과적으로는 어형을 바꾸는 일이 있다.

그리하여 이를 일반적으로는 '민간 어원(folk etymology)'이라고 불러 왔고, 더러는 '부회', 또는 '어원 속해'라고도 해 왔으나, 소리에 이끌렸다는 뜻에서 '같은소리 끌기(동음견인, attraction homonymique)'라 하므로 이를 받아들이는 바, 까닭은 이끌림말에 넣어 다룰 수 있다는 뜻에서이다.

대부분 여러 글에서 이미 논의되었던 것들이므로, 여기서는 자료들을 모아 정리해 두는 데 그친다.

자료들을 크게 나눠 보면, 첫째 토박이 우리말 소리에 이끌린 것, 둘째 한자음에 이끌리거나 그것을 끌어들여 유연화하려는 것 등으로 볼 수 있다.

### 2.6.1. 토박이말 소리에 이끌림

**(1) 닛므윰>잇몸**

닛므윰, 닛믜윰>닛므윰>닛무음>닛뭄>닛몸>잇몸

---

47) 허 웅, 국어 음운학, 570쪽.

'이의 움직임'이란 뜻의 말이 '몸[身]'에 이끌린 것이다.

## (2) 아춘설>까치설

'작은 설'이란 뜻인데, 발음의 유사성으로 말미암아 '기쁜 소식을 전하는 새'라고 생각하는 '까치'와 인연을 맺은 것이다.

한편, 부산 영도에 딸린 작은 섬을 '아치섬', 또는 '조도(朝島)'라고 하는데, 이는 큰 섬인 영도에 딸린 '작은 섬'이란 뜻이었던 듯하다.

아춘섬>아치섬>조도

'아춘'을 '아침'에 결부시킨 것이다.

## (3) 스라기[屑]>싸라기[米子]

술(다)[屑]+아기(뒷가지)→스라기>싸라기(←쌀+아기)

'술다, 슬다'에서 파생된 말로 '부스러기'와 같은 뜻인데, '술-'과 '쌀'과의 소리가 비슷한 데서 끌어붙인 것이다.

## (4) 므리므리예>므디므디예

어원이 분명치는 않으나, 아마 '믈>므리[群]'에서 온 듯한 '므리므리'에 다시 토씨 '-예'가 붙어 된 '이따금, 때때로, 왕왕(往往)'이란 뜻의 어찌씨 '므리므리예'가 있었는데, 이것이 <두시언해> 중간본에서는 '므디므디예', '므듸므듸예'로 나타난다. 이는 음운론적인 흐름소리되기(유음화)의 잘못 돌이킴(부정회귀)으로 볼 수도 있겠으나, '므디[節]에 이끌린 변이형이라고도 볼 수 있다.[48]

醉中에도 므리므리예 逃去ᄒᆞ야 <두초 15:41>
므디므디예 長使ᄅᆞᆯ 주기ᄂᆞ니라 <두중 16:19>

---

48) 허 웅, 우리 옛말본, 258쪽.

므듸므듸예 鮑照謝眺롤 凌犯ᄒ더라 <두중 3:59>

### (5) 곳답다[香]>꽃답다[花]

'옷곳ᄒ다, 고소다' 등의 '곳'에 {-답다}가 붙은 말로 '향기롭다'의 뜻이었는데, '곳'이 '꽃'에 이끌린 것이다. 따라서 뜻도 변질되어 '(꽃처럼) 아름답다'로 되었다.

### (6) 드나둘다>드나들다

들다[入]+나다[出]+둘다(강세 뒷가지)

로 된 말인데, {-둘-}을 '들다'의 {들-}에 결부시켜 버린 것이다.

### (7) 스다[築]>쌓다[積]

성이나 담을 축조하는 일을 '스다'라 했는데, '쌓다'에 이끌려 결국 성, 담도 '쌓다'로 돼 버렸다.

### (8) 하ᄂ님>하나님

하ᄂᆞᆯ[天]+님→하ᄂ님>하느님

으로 돼야 한다. '하나[一]'의 옛말은 'ᄒ나'였으므로 'ᄒ나님'이란 어형이 옛날에 있어야 하나 그런 문헌어(근세어)는 없었다.

### (9) 쇠나기>소나기

'소나기'를 "소를 걸어 놓고 내기를 하였다."는 데서 유래하였다고 하는 말이 있다면[49] 같은소리 끌기가 되겠으나, 유창돈 님은 '쇠나기'의 '쇠'가 '소'로 된 것은 '솓다[覆]'의 '소'에 이끌린 것이라 하였다.[50]

---

49) 허 웅, 국어 음운학, 570쪽.
50) 유창돈, 국어 변천사, 176쪽.

## (10) 일훔 짛다>이름 짓다

'일훔'은 '붙이다'란 뜻의 '짛다[附]'로만 쓰였는데, '만들다'는 뜻의 '짓다'에 이끌려 차츰 '이름 짓다'로 되었다.

　　'기르마(>길마)[鞍] 짛다'도 '짓다'로 되었다.

## (11) 한숨 딯다>한숨 지다

'한숨'은 '(방아를)찧다'라는 뜻의 '딯다'로 쓰였는데, 이것이 입천장소리 된 '짛다'로 되자 '지다[落]'와 소리가 비슷해짐에 따라 이에 이끌리고 말았다.

## (12) 새가 지지다>새가 짖다

'까막까치'는 '지지다, 브르지지다, 우지지다'였었는데, '(개가) 짖다[吠]'에 이끌리어 이것도 '짖다'로 되었다.

## (13) 검[神]>곰[熊](단군 신화)

고대 국어에서 한자 차자로 '儉, 今, 邯' 등으로 표기되었던 'kɔmɔ/kɔma'는 왕이나 신의 뜻인 듯하다.[51] 따라서 이 'kɔma', '검'에 '곰[熊]'을 끌어들여 단군 신화를 만들어 낸 듯하다.

## (14) 고마ᄂᄅ[小津]>곰나루[熊津]

충남의 지명 '공주(公州)'의 옛 이름은 '웅진(熊津)'이었는데, 한자로 고치기 전에는 '고마ᄂᄅ'였다.

옛날 '고마'는 이제말 '꼬마(어린아이)'로 바뀐 것인데, 그 전에는 '첩(妾)'을 일컫는 말이었다. 이로 보아 원래 '작다, 뒤'의 뜻이었던 듯하다. 그러니까 '작다'는 뜻의 '고마'를 소리가 비슷한 '곰[熊]'으로 갖다붙인 소리끌기의 보기가 된다.[52]

우리나라 지명에서 '웅(熊)'이 붙은 것은 '작다, 뒤'의 뜻을 가졌던 '고마'와

---

51) 이병선, 한국 고대 국명 지명 연구, 형설출판사, 1982, 126~30쪽.
52) 최범훈, 한국어 발달사, 경운출판사, 1990, 173쪽.

관련된 것이 아닌가 생각해 볼 수 있다.

> 느미 겨집 드외노니 츨히 뎌 고마 드외아지다 <법화 2:28>
> 妾 고마 쳡 俗稱小娘子 <훈초 상:16>
> 公州…縣十一江卽熊津고마ᄂᄅ也 <용가 3:15>

## (15) 스믜나모[楡]>스무나무

'스믜나모'가 셈씨 '스물'에 이끌리어 '스무나무'로 된 듯하다. 김삿갓 시에도 '二十樹'란 말이 나온다.

## (16) 소쩍새>*솥적새

'소쩍새'를 '솥 적다 우는 새'라고 노래한 바가 있는데, 소리시늉말을 유연화한 것이다.

## (17) 중도 속(俗)도>중도 소[牛]도

"중도 속도 아니다."란 속담을 흔히 "중도 소도 아니다."라고 하는데, 이는 '속'과 '소'와의 소리가 비슷하기 때문이다.[53]

## (18) 벌쓰다>벌서다

'벌쓰다'를 '벌서다'라고 하는 일이 있다. "누명을 쓰다."처럼 '받다, 입다, 당하다'란 뜻의 '쓰다'인데, 흔히 교실 뒤에 세워 놓는 '서다'에 끌어넣어 '벌서다'로도 쓰고 있다.[54]

## (19) 아주머니←아이 주머니

'아주머니'라 부르면 "내가 아이 주머니냐?"고 성을 내는 일이 있다.

---

53) 김영신, 국어학 연구, 제일문화사, 1988, 620쪽.
54) 류영남, 말글밭, 육일문화사, 1994, 144쪽.
   1999.1.1. <조선일보>, 11쪽 이어령 님의 글에 '벌서다'가 몇 번 나온다.

**(20) 볏>\*벼슬 <방언>**

경남 방언에서 '닭의 볏'을 '벼슬'이라 한다. 이는 아마 '머리에 쓰는 감투'로 생각, '벼슬'을 연상한 듯하다.

**(21) 민요 가사**

다음과 같은 민요에 언어 유희가 많은데, 이것도 넓은 뜻에서 소리이끌림이라 하겠다.

> 부산 가서 붓 사고 초량 가서 초 사고,
> 섬에 가서 섬 사고 통영 가서 통 사고
> 마포 가서 말 사고 …
>
> 꾸벅꾸벅 구포장 허리가 아파 몬 보고
> 미지기짠다 밀양장 싸개를 묶어서 몬 보고
> 코풀었다 홍해장 밋거리버서 몬 보고
> 똥쌌다 구례장 냄새가 나서 몬 보고[55]
>
> 밤에 난 밤나무 십리 가도 오리 나무
>
> 저리 가면 전주 이리 가면 이리
> 그리 가면 금만 고리 가면 고산[56]

**(22) 노다지←노터치**

'광물이 말 쏟아져 나오는 노다지'를 영어 '노터치(not touch)'에서 유래하였다고 하는 사람들이 있다. 광복 이후 미군이 상륙하여 금광에 "손대지 말라."며 외친 데서 나온 말이란 풀이이다.

**(23) 캐비지>\*카배추**

양배추 '캐비지(cabbage)'를 시장에서 흔히 '카배추'라 한다. 이것은 일부분

---

55) 이병기, 국문학 개론, 일지사, 1961, 46쪽.
56) 최창렬, 우리말 어원 연구, 일지사, 1991, 286쪽.

이나마 '배추'와의 소리 비슷함에서 그리 생각했을 터이다. 뒤섞임(혼태)으로 도 볼 수 있다.

## 2.6.2. 한자음에 이끌림

### (1) ㄱ외>고의(袴衣)
'珂背(계림유사)>ㄱ외'로 된 말인데 한자의 '袴衣(고의)'와 거의 비슷해졌으 므로, 이것을 한자말로 해석하여 결국 '고의'로 굳히고 말았다.

### (2) 여우>*여호
옛 조선어 교과서에는 '여우'를 '여호'라고 하였다는데[57] 이는 한자 '狐 (호)'에 이끌린 것이다.

### (3) 힝ㅈ쵸마>행주치마
임진왜란 때 지명 행주(幸州)에서 '여자들이 치마에 돌을 싸…'라는 얘기 를 끌어들여 굳이 '힝ㅈ'를 '행주'로 잡은 것이라 보는 사람이 많다. 한편 최 창렬 님은 이 '힝ㅈ'는 '속인으로 절에 들어가 불도를 닦는 사람인 힝ㅈ(行 者)가 부엌일을 할 때 입던 작업용 앞치마'일 것이라고 보았다.[58]

### (4) 우레>우뢰(雨雷)

울(다)[鳴,響]+게→*울게>울에>우레→우뢰(雨雷)

로 된 말인데, 순수한 토박이말 '우레'를 한자음으로 끌어들여 '우뢰'로 쓰기 도 한다.

### (5) 지애>기와
이제말 '기와'는 매우 복잡한 과정을 거쳤다.

---

57) 허 웅, 국어학, 382쪽.
58) 최창렬, 우리말 어원 연구, 297쪽.

디새>지새, 지애>지와(←瓦)>기애>기야>기와
(입천장소리되기)(瓦에 이끌림)(잘못돌이킴)

끝소리 /애/와 비슷한 소리의 한자 '瓦'를 끌어들인 것이다. '기와'를 '개와(蓋瓦)'로 끌어들여 쓴 일도 있었다.

## (6) 츠뎨(次第)>차례(次例)

츠뎨>츠례>차례

로 된 말이다. '츠뎨'가 /ㄷ/>/ㄹ/의 흐름소리되기 과정을 거쳐 '츠례'가 되자 한자 '次例'를 끌어들여 결부시킨 것이다. 그리되면 '순서'라는 뜻이 없어지는 데도 말이다.

## (7) 님금>님군

16세기 이후의 문헌에 '님금'을 '님군'으로 적은 일이 많았는데, 이는 '君'에서 형성되었을 것으로 착각한 데서 연유한 것이다.

## (8) 한길>행길

'한길'의 '한'의 뜻이 모호해지자, 비슷한 한자음 '行(행)'을 갖다붙여 '행길'로 잡은 것이다. 원래 '한'의 뜻은 '큰'의 뜻도 있으나, 여기서는 '한디[自然處]'와 같이 쓰이는 앞가지일 것이다.[59]

## (9) 한쇼>황소

'큰'의 뜻인 '한'을 억지로 '黃(황)'에다 갖다 댄 것이다. '황소'를 '황우(黃牛)'라고도 함을 보아 그러하다.

## (10) 한새>황새

'황소'가 일반적으로 '누르다'는 뜻에서 그래도 성립 가능하나, '황새'는 얼

---

59) 유창돈, 어휘사 연구, 72쪽.

토당토않다. 이것은 '황소'의 '황'에 다시 이끌려 '황'이 '큰'의 뜻을 가진 것으로 본 데서 온 잘못으로 보인다.

> 한소>황소
> 한새>x새 … x=황

## (11) 나락←羅祿

철종 때의 윤정기가 <동환록>에서

> 今嶺南湖南人 謂稻曰羅祿 或云新羅稟百官用稻代米故云

이라고 쓴 것은 분명 소리끌기이다. 유창돈 님은 '낟악'에서 변한 말이라 하였다.[60]

> 낟(곡식)+악(뒷가지)→나닥>나락
>                   (흐름소리되기)

## (12) 삼기다>생기다

> 삼(다)[作]+기→삼기다
> 삼기다>상기다>생기다(←生起다)
> (닿소리 닮음) (ㅣ홀소리 닮음)

순수한 우리말에 한자 '生起'로 유연화하려 한다. <독립신문>에 '싱기다'로 쓴 적도 있었다.

## (13) 갓가지>각가지

'가지가지'의 준말 '갓가지'를 '각(各)가지'로 적는 일이 있는데, 이는 소리의 유사성 때문에 갖다 붙인 것이다.

---

60) 유창돈, 이조 국어사 연구, 55쪽.

**(14) 도죽[盜]>도적(盜賊)**

옛말 '도죽'은 이제말 '도둑'인데 사전에는 '도적(盜賊)'으로도 실려 있다. '도적'은 '도죽'을 그럴듯하게 끌어들인 것이다.

**(15) 아이[兒]>아히>兒孩**

'앞서다'란 뜻의 '앗다'에서 파생된 말일 듯한 '아이'를 '아히, 아희'라고도 썼는데, 이는 일종의 강화인 것이다. 그런데 이 '아히'를 개화기에 는 한자를 끌어들여 '兒孩'라고도 더러 썼다.

앗(다)/이→*아시>아ᅀᅵ>아이>아히→兒孩
(강화) (이끌림)

논을 아시 같다. (처음) <경상 방언>
아ᅀᅵ 뿔 분 (처음) <훈초 하:6>
모둔 아히이 튜미 ᄃᆞ외야 <법화 2:165>

**(16) 고린내←고려인내**

박지원의 <열하일기>에 '臭之甚穢曰高麗臭…'라는 말이 있는데, 당시 중국 사람들이 그렇게 조롱하였다는 얘기다. 악성 끌어들임이 아닐 수 없다. 그러나 이 말은 '곯온닉'의 변천이라고 봄이 옳겠다.[61]

**(17) 가시내←가승아(嫁僧兒)**

'계집아이가 얌전치 못하여 살림도 할 줄 모르므로, 여기저기 동냥이나 하고 돌아다니는 중한테나 시집 보낼 아이라는 뜻으로 가승아(嫁僧兒)라고 얕잡아 부른 데서 비롯된 것'이라는 소리끌기를 부정하고, 최창렬 님은 '갓느히'로 잡아 '각시로 태어난 아이'라고 풀이하였다.[62] '갓'의 끝소리 /ㅅ/을 [tʰ]으로 보지 않고 [s]로 본다면 더욱 그럴듯해진다.

---

61) 최창렬, 우리말 어원 연구, 312쪽.
62) 최창렬, 위의 책, 298쪽.

갓(각시)+낳(다)+이→갓나히>가스나의>가스나>가시내

## (18) 되련님←도령(道令)님

흔히 '되련님'을 <춘향전> 등에 나오는 '도령님'에서 온 말로 생각하고 있다. 같은소리 끌기라 하겠다.

최창렬 님은 신라 때의 '都利', 고려 때의 '闍梨'에서 변한 말로 보고, 이 말은,

돌[石]+이(뒷가지)+ㅅ+님→도릿님>되련님

으로 된 것이라며, '돌덩이처럼 튼튼하게 자라 주기를 바라는 마음에서 남아에게 지어 주는 순 우리말 이름'이라 하였다.[63]

## (19) 마감>磨勘·磨戡

'막(다)+옴→마곰>마감'으로 된 말을 '송대 관리들의 성적 매기던 제도'를 끌어들여 '磨勘·磨戡'으로 쓰는 사람이 있다.[64]

## (20) 사둔>사돈(査頓)

'친가, 친족'을 뜻하는 몽고말인 '사둔(sadun)'을 한자 '査頓'으로 끌어붙인 것이다.[65]

## (21) 한자 풀이 민요

시늉말을 한자로 갖다 붙여 유식한 체하는 호사가들의 언어 유희 노래이다.

식은 밥이요 묵은 먹이라(食·墨)
새 세 마리 조삼조삼(鳥三)
고기 일곱 어칠어칠(魚七)

---

63) 최창렬, 위의 책, 302~07쪽.
64) 김성진, '한자로 보는 문화', 부산일보, 1998. 12. 30.
65) 정재도, '맞춤법·표준말 규정·발음법', 한글 새소식 189호, 1988. 5.

보리 뿌리 맥근맥근(麥根)

오동 열매 동실동실(桐實)

**(22) 그 밖**

이 밖에도, 순수한 우리말을 굳이 한자를 끌어들여 유연화하려는 경향이
있다.

가지[枝]→柯枝(가지)　　　　　　걱정→極情(극정)

공부→工夫　　　　　　　　　　물[水]→沒(몰)

살구나무→殺狗나무　　　　　　생각→生覺

설렁탕→雪濃湯(설농탕)　　　　져비→低飛(저비)66)

조카→足下　　　　　　　　　　지게→支機(지기)

그리고 한자를 잘못 읽는 것도 일종의 이끌림인데, 글자 모양이나 발음이
비슷한 데서 온 잘못이다.

개전(改悛)→\*개준(←俊)　　　　구두선(口頭禪)→\*구두탄(←彈)

낙인(烙印)→\*각인(←各)　　　　사주(使嗾)→\*사족(←族)

시사(示唆)→\*시준(←俊)　　　　애로(隘路)→\*익로(←益)

이재민(罹災民)→나재민(←羅)　항문(肛門)→\*홍문(←工)

이 밖에 한자 하나에 둘 이상의 음이 있을 때 발음상의 혼란은 헤아릴 수
없을 정도다.

승낙(承諾)→\*승락(許諾:허락)　　뇌쇄(惱殺)→\*뇌살(←殺人:살인)

동렬(烈)→\*동열(←선열:先烈)　　지련(蓮)→\*지연(←蓮花:연화)

## 3. 마무리

이상에서 논의한 것을 정리하여 마무리를 지으면 다음과 같다.

본고에서 '이끌림말'이라 한 것은, 여태까지 '유추'라고 한 것에다 '민간 어

---

66) 최범훈, 앞든 책, 172쪽.

원'이라 하여 따로 다뤄 온 것도 포함하여 이른 것이다. 민간 어원 역시, 어떤 어휘가 그 형태(소리)의 유사성으로 말미암아 다른 말에 끌려 들어갔거나 끌려 들어가려 하는 현상이기 때문이다.

통시적 형성 과정상의 갈래를 다음과 같이하여 살폈다.

첫째, 꼴 이끌림에는

(1) 이름꼴에 { -이 · 음 · 애/에 } 꼴이 있다.

　　도치>도끼, 무릐>무리, 불휘>뿌리, 호믜>회미
　　구룸>구름, 소곰>소금, 일홈>이름, 처섬>처음, 므스>므슴
　　가롤>갈래, 번기>번개, 술위>수레, 자너>자네

(2) 어찌꼴로는 { -로 · 이 · 우 } 꼴이 있다.

　　바ᄅ>바로, 서르>서로, 호오아>홀로
　　부텨>부디, 이믜>이미, ※머리>멀리
　　계오>겨우, 느즈웨>늦추, 모다>모두, 즈로>자주

(3) 활용형에 이끌린 것이 많은데, 주로 잘못된 현상이다.

　　겹다>*겨웁다(←겨워), 그립다>*그리웁다,
　　즐겁다>*즐거웁다
　　뵈다→뵈옵다(뵙다), 여쭈다→여쭈옵다(여쭙다)
　　모르다>*몰르다(←몰라), 드르다>들르다
　　알외다>아뢰다(높임 뜻)↔솔오다>사뢰다(소리 형태)

(4) 그밖에 날짜, 셈씨, 매김씨, 뒷가지 꼴로서는

　　사올>사흘, 나올>나흘(←열홀, 이틀, 며츨)
　　마순>마온>마흔(←셜흔)

아호>아홉(←닐굽, 여듧)
므슴>무슨, 왜→웬, 어이→어인, 엇디→어떤
가둛다→까다롭다(←놀랍다), 둣ᄉ다→따습다(←즐겁다),
셟다→서럽다(←더럽다)

등이 있다.

둘째, 짝말 이끌림으로는

한아비>할아비(←할미)
그르다>*긇다(←옳다)
얕다>*야푸다(←*지푸다<깊다)
오너라가거라>*오너라가너라(←오너라)

등이 있음을 보았다.

셋째, 잘못 분석에서는 특히 /으(ᄋ)/의 달라붙음과 /ㄹ/의 끊어짐이 많이
있음을 들었다.

(1) 달라붙음에는 /-이·으/가 있다.

갓>각시, 낛>낚시, 물>무리, 졉>제비
거슬다>거스르다, 긏다>그츠다>그치다, 딛다>지르다, 묏다>ᄆᆞ츠다>마치다,
우럴다>우러르다, 즘다>잠그다

(2) 끊어짐에는 /-이·ᄋ(으)·어·ㄹ/ 끊어짐이 있다.

버리>벌, 터리>털, 비다>빗, 퍼리>펄
거머ᄒᆞ다>거멓다, 곧ᄒᆞ다>같다, 너므다>넘다, 니르다>읽다, 슬ᄒᆞ다>싫다, 시
프다>싶다, 끈츠다>끊다, 우르다>울다, 읇프다>읊다
기우리혀다>기울이다, 내혀다>내키다, 두르혀다>뒤치다, 빠혀다>빼다
노롤다>노르다, 누를다>누르다, 니를다>이르다[到], 프를다>푸르다

넷째, 말본 형태의 단순화나 규칙화 등도 이끌림에 들어가는데, 이는 같은 기능을 하는 형태소이면서도 특정 어휘에만 쓰이던 것이 차츰 일반적인 용법으로 흡수되어 통일되는 것을 이른다. 이끌림스런(유추적) 재편성, 신구성, 창조, 확장 등으로 볼 수 있는데, 주로 비례항으로 설명할 수 있는 것들이다.

(1) 씨끝의 단순화가 이뤄졌다.

   업슨>없는, 오나든>오거든, 제일이언마룬>제일이건마는, 알오>알고
   -니잇고>-니까, 오너라>와라, 가거라>가라
   -ㄹㆍㄹㆍ디 아니ㅎ다>-디 아니ㅎ다>-지 아니하다

(2) 토씨도 단순화된 것이 있다.

   -잉그에ㆍ의그에>-에게
   -잉손더ㆍ의손더ㆍ손더>-에게
   (풀이씨)ㄴ다마다, (임자씨)마다>(임자씨)마다

(3) 뒷가지의 용법이 바뀌거나 확대된 것이 있다.

   의심(간, ㅁ숨, 시름, 쥬변)답다>의심스럽다, 사내답다
         <추상성>         <추상성>   <구체성>
   -ㅎ다: 글왈ㅎ다, 깃거ㅎ다, 슳허ㅎ다→게을리하다, 메모하다→감격해하다, 반
      가워하다, 술하다, 학문하다, 데모하다

다섯째, 발음에 이끌리는 수도 있다.

(1) 센소리에 이끌린 것

   밭을>*바츨(←밭이), 두꺼비>*뚜꺼비(←ㄲ)

(2) 연음 규칙에 이끌린 것

　　놀애>노래, 달아>달라

　　여섯째, '민간 어원(부회, 속해)'도 같은(비슷한) 소리에 이끌린 것이라 보고 '같은소리 끌기(동음 견인)'라 하여, 토박이말 소리에 이끌린 것과 한자음에 억지로 갖다붙인 것으로 나눠 정리하였다.

　　(1) 토박이말 소리에 이끌린 것으로

　　　닛므윰>잇몸, 아촌설>까치설, 스라기[屑]>싸라기[米], 므리므리예>므디므디예(←ᄆ디), 곳답다[香]>꽃짖다[花], 일훔짛다[附]>이름짓다[作], 검[神・王]>곰[熊], 고마[小]>곰[熊], 벌쓰다>벌서다, 캐비지>*카배추

등 많음을 보았다.

　　(2) 한자음에 이끌리거나 억지로 끌어들이는 것은 대단히 많다. 그리고 한자를 잘못 읽는 것은 비슷한 글자 모양에 이끌리거나 또다른 음에 이끌린 탓이다.

　　　ᄀ외>고의(袴衣), 우레>우뢰(雨雷), 디새>기와(瓦), 츠례(<次第)>차례(次例), 한쇼>황소, 나락→羅祿, 갓가지>각가지(各), 마감→磨勘, 조카→足下, 살구나무→殺狗나무, 구두선(口頭禪)→*구두탄(彈), 승낙→*승락(←許諾, 허락), 동렬(烈)→*동열(先烈, 선열)

　　이처럼 우리말의 한 가지 변천 모습을 살폈거니와, 주로 어휘의 성질, 즉 낱말의 씨(품사)나 말본 기능으로 보아 같거나 비슷한 것끼리는 그 형태도 한 가지로 통일되거나 비슷하게 되어 왔다는 것을 알 수 있다. 커다란 테두리에서 벗어날 수 없다는 '사회' 원리가 말에도 적용됨을 본 것이다.
　　이상에서 살핀 바처럼, 이끌림에 의한 어휘의 변화가 우리말 변천의 중요한 원인임을 보았거니와, 이러한 추세는 앞으로도 끊임없이, 아니 더욱 빠른

속도로 이뤄질 가능성이 많다. 더욱이 한자말이나 서구 들온말로 말미암아 이러한 변화는 더 심해질 조짐도 있다.

언어의 역사성으로 보아, 이러한 경향은 오히려 자연스러운 현상이라 하겠으나, 다만 한 가지 바람직하지 못한 것은, 순수한 우리말을 굳이 한자로 갖다 붙여 풀이하려는 경향이 있어 왔고, 특히 최근에는 서구 들온말에 우리말의 형태소를 억지로 접목시켜 쓰려고 하는 일이 많다는 것이다. 이는 우리말의 건전한 발전을 가로막는 것으로, 이런 말들을 억제하고 다듬으며, 고운 우리말을 찾고 또 만들어 펴는 일에 정책적인 뒷받침이 있어야 하겠다.

## 참고 논저

김계곤(1996), 현대 국어의 조어법 연구, 박이정.
김방한(1988), '유추적 변화의 조건', 한글 제200호, 한글학회.
김승곤(1996), 현대 나라 말본, 박이정.
김영신(1988), 국어학 연구, 제일문화사.
김형주(1996), 우리말 발달사, 세종출판사.
남광우(1960), 고어 사전, 동아출판사.
류영남(1994), 말글밭, 육일문화사.
박병채(1992), 국어 발달사, 세영사.
박홍길(1998), 어휘 변화의 원인별 연구, 한국문화사.
박홍길(1997), 우리말 어휘 변천 연구, 세종출판사.
서재극(1974), 중세 국어의 단어족 연구, 계명대.
서정범(1989), 우리말의 뿌리, 고려원.
유재원(1985), 우리말 역순 사전, 정음사.
유창돈(1961), 국어 변천사, 통문관.
유창돈(1974), 어휘사 연구, 선명문화사.
유창돈(1980), 이조 국어사 연구, 이우출판사.
유창돈(1964), 이조어 사전, 연세대.
이기문(1983), 국어사 개설, 탑출판사.
이병기(1961), 국문학 개론, 일지사.
이병선(1982), 한국 고대 국명 지명 연구, 형설출판사.

이승환(1971), '유추의 생성 음운론적 해석', 동방학지 제12집, 연세대.

이정민·배영남(1982), 언어학 사전, 한신문화사.

이현규(1995), 국어 형태 변화의 원리, 영남대.

이희승(1959), 한글 맞춤법 통일안 강의, 신구문화사.

정재도(1966), 국어의 갈길, 한빛사.

최범훈(1990), 한국어 발달사, 경운출판사.

최창렬(1991), 우리말 어원 연구, 일지사.

최현배(1955), 우리 말본, 정음사.

하치근(1982), '유추와 어휘 습득', 국어국문학 제15호, 동아대.

한국 정신 문화 연구원(1995), 17세기 국어 사전, 태학사.

한글 학회(1992), 우리말 큰사전, 어문각.

허  발(1979), 낱말밭의 이론, 고려대.

허  웅(1985), 국어 음운학, 샘문화사.

허  웅(1983), 국어학, 샘문화사.

허  웅(1981), 언어학, 샘문화사.

허  웅(1975), 우리 옛말본, 샘문화사.

허  웅(1995), 20세기 우리말의 형태론, 샘문화사.

허  웅(1995), 주해 용비어천가, 정음사.

# '-ㄹ다' 풀이씨 연구

박 홍 길

## 1. 머리말

우리말 어휘 가운데 '갈다, 풀다 ; 둥글다, 잘다'와 같은 '-ㄹ다' 풀이씨(움 직씨와 그림씨)가 꽤 많다.

그런데, 이 '-ㄹ다' 풀이씨는 그 끝바꿈(활용, 굴곡)하는 모습이나 통시적 인 변화 과정에서 몇 가지의 독특한 현상을 보이고 있어 주목된다.

우선 끝바꿈하는 모습에서, 특정 음소 앞에서만 줄기 끝소리 /ㄹ/가 주는 것(날다[飛]→나는, 나세, 납니다, 나오)이 원칙이나, 줄지 않아야 하는 조건 에서도 버릇으로 주는 경우(말지 않는다→마지않는다)가 있는 가 하면, 어떤 것은 어휘에 따라 그 꼴이 불규칙하게 바뀌는 것(살다→삶 ; 알다→앎, 알음 ; 놀다→놂, 놀음, 노름 ; 가물다→가물, 가뭄, 가묾, 가물음)도 있다. 또 끝바 꿈 모습이 통시적으로 현대의 규칙과는 전혀 다르게 되는 것(놀다→노자>놀 자, 놀다→ㄴㄹ샤, ㄴㄹ쇼셔>나셔, 나소셔)도 있다. 특히 '-르다' 풀이씨와는 밀접한 관계를 갖고 그 통시적인 변천 과정을 거쳐 왔다.

즉, 이제말에서 준말과 본디말의 관계를 유지하고 있는 것(㉿서툴다>㉿서 투르다)도 더러 있고, 사투리로 처리되긴 하나 '-ㄹ다' 풀이씨와 같은 뜻으로 쓰이는 것(술다[燒]>*살다-사르다)도 있으며, 역시 사투리이나 마치 '-르다' 풀이씨처럼 끝바꿈하는 것(날다[飛]→*나르고, 나르는, 나르면, 날라,……)이 있는가 하면, 같은 조건에서도 그렇게 되지 않는 것(놀다[遊]→*노르고, 노르 는, 노르면, 놀라,……)도 있으며, 또 사투리로는 모든 '-ㄹ다' 풀이씨가 마치 옛말처럼 되는 경우(돌다[廻]→돈-*돌안)도 있다.

433

그리고, '-ㄷ다' 풀이씨나 '-ㄹ이다, -리다, -루다, -ㅐ다,……' 따위 풀이씨와도 역사상 깊은 관련을 맺고 있는 것(잘다-잔주름, *간질다>간질이다, 길다>기리다, 일다>이루다, 쎫다>떨다,……)도 있으며, 옛말 자체로서는 제움지씨와 남움직씨가 분화되지 않고 같은 꼴로 쓰인 것(일다[成]>일다, 이루다, 이루어지다)이 있는가 하면, 다만 {-`ᄋ・으} 뒷가지가 덧붙음으로써 구별되는 것(㉠살다-㉡사ᄅ다, ㉠울다[鳴]-㉡우르다)도 많았다.

옛말은 '-ㄹ다' 풀이씨가 아니었는데 '-ㄹ다' 풀이씨로 된 것(그스다>끌다), 옛 '-ㄹ다' 풀이씨가 사라지고 그 꼴이 완전히 바뀌거나(홀다>홀례하다), 심한 음운 변화를 거쳐 온 말(덤글다>졈글다>져믈다>저믈다>저물다), 부분적인 음운 변화를 겪은 말 (곡걸다>곱걸다, 횟돌다>휘돌다), 다른 말에 합류된 말(봄놀다>뛰놀다)도 있다.

그래서, 본고에서는 먼저 '-ㄹ다' 풀이씨의 끝바꿈 양상을 살펴보고, 그 통시적인 변동 형태도 살핀다.

그리고는 이제말 '-ㄹ다' 풀이씨 일람표를 만들어 통계도 내어 보고, 또 그 옛말과 비교할 수 있게 하고, 따로 사라진 옛말 '-ㄹ다' 풀이씨 일람표도 만들어 그 말의 변천 역사를 살펴볼 수 있게 한다.

중점적으로 논의할 대상은 '-르다' 풀이씨와의 관계다. 먼저, 본디말과 준말의 실태를 파악하고, 또 '-르다' 풀이씨처럼 끝바꿈하는 사투리도 조사하여 그렇게 된 원인을 밝힌다.

다음으로, 다른 형태의 풀이씨와의 통시적인 연관도 알아보고, 아울러 '-르다' 풀이씨의 소멸과 생성 과정도 논의해 보고자 한다.

이러한 작업은 '-ㄹ다' 풀이씨의 역사적인 형성과 변천 과정을 이해하게 되고, 나아가 내일의 어휘 양상도 짐작할 수 있게 되며, 또한 표준말과 사투리와를 구분할 수 있어 새로운 어휘 생성도 가능하게 되므로, 국어 교육적인 측면에서도 이바지가 될 것으로 본다.

## 2. 표제어 통계 문제

'-ㄹ다' 풀이씨를 조사하면서 우선 느낀 점은, 사전마다 올린 표제어 숫자가 매우 다르다는 점이다. 붙여 써서 하나의 합성어로 처리한 사전이 있는 가 하면, 띄어 써서 둘 이상의 낱말로 다룬 사전이 있기 때문이다.

가령, '장가 들다'로 하여 두 낱말로 치느냐, '장가들다'로 하여 한 낱말로 보느냐, 이에 관계되는 '첩장가들다'는 또 어떻게 처리하느냐, 그리고 '장가 가다'와의 형평은 유지하였는가, 게다가 '중매들다, 쭈그러들다, 구종(驅從)들다, 두손들다' 등과는 어떻게 관련지어 처리할 것인가 따위 등의 논읫거리가 생긴다.

그리고 표제어 수의 통계에서 가장 큰 차이가 나는 까닭은, 사전에 따라 한 표제어 밑에 '①②③······'으로 갈라 뜻풀이(쓰임)를 한 것이 있는가 하면, 이 한 묶음의 표제어를 '1, 2,······'으로 나눠 독립시킨 것도 있기 때문이다.

'굴다, 까불다, 들다, 떨다, 불다, 슬다; 멀다,······'등에 연결되는 말들이 다 그러하다. 전체 숫자와는 관계없으나, '기울다, 벌다, 살다, 여물다, 살다' 등 움직씨냐 그림씨냐, 움직씨라도 제움직씨냐 남움직씨냐 하는 모호한 점도 더러 있다.

유재원 님의 <우리말 역순 사전>[1](앞으로 <유>라 부름.)에 따르면, 우리 말 풀이씨 가운데 '-하다' 풀이씨가 가장 많고(4,206 낱말), 다음으로 '-거리 다'(1,494), '-ㅂ다'(531, '-스럽다' 215 포함), '-지다'(493)에 이어 '-르다' 풀이 씨는 다섯 번째로 많은 492 낱말로 올려 있다.

그런데, 한글 학회 엮은 <우리말 큰사전>[2](앞으로 <한>이라 부름.)을 조 사한 바로는, <유>에 실려 있는 말, 주로 합성어 34 어휘가 빠져 있는가 하 면, 그 대신 <유>에 실려 있지 않은 215 어휘의 합성어를 새로 올려 놓고 있 음을 알 수 있어, 결과적으로 181 낱말이 더 많다. 거기에다 필자(<박이라 부름.) 나름으로 꼭 올렸으면 싶은 35 어휘도 더 있어 올려 보았다. 결국 전 체 수에서 237 어휘가 더 올린 셈이다.

<유>는 한글 학회에서 엮은 이전의 <새 한글 사전>[3](앞으로 <새>라 부 름.)을 토대로 하여 엮은 것이라고 밝혔지만, 김계곤 님의 <현대 국어의 조

---

1) 유재원, 우리말 역순 사전, 정음사, 1985.
2) 한글 학회, 우리말 큰사전, 어문각, 1991.
3) 한글 학회, 새 한글 사전, 홍자출판사, 1972.

어법 연구>4)에 인용되고 있는 많은 파생어, 합성어들도 거의 한글 학회의 <새 한글 사전>을 조사한 결과라고 하니, 요약하면 이 통계는 옛 <새 한글 사전>과 최근에 나온 <한>과의 차이가 되는 셈으로, 20년 동안에 없어지고 생겨 난 우리말의 한 단면을 보는 것이 된다. 결과적으로 그 숫자가 크게 불어 났음을 알 수 있다.

아주 잦게 쓰이는 익은말(숙어)의 잦기(빈도)가 더욱 높아지면 결국 하나의 합성어로 보아 올려야 하기 때문에, 세월이 흐를수록 사전에 올릴 표제어 수는 점점 늘어나게 된다. 그래서, 쓰이지 않는 옛말은 자연 죽은말(사어)이 되어 도태한다 하더라도 새로 올리는 수가 훨씬 더 많아지게 된다.

대체로 보아, <한>에선 뜻이 상당히 변질된 것이라 하더라도, 그 어원을 존중하여 한 표제어 밑에 묶되 쓰임을 자세히 예시하고 있어 통계 숫자는 상당히 줄어들 듯한데, 다른 사전에선 둘 이상의 낱말로 처리한 익은말을 과감히 붙여 써서 한 낱말로 처리한 것이 많아 결국 전체 표제어 숫자는 상당히 늘어난 셈이다. (뒤에 단 통계와 일람표 참조)

## 3. '-ㄹ다' 풀이씨의 변동

### 3.1. 줄기 끝소리 /ㄹ/의 음운 변동

3.1.1. [l]→[r] 변동

'갈다, 울다 ; 모질다, 잘' 등 모든 '-ㄹ다' 풀이씨의 줄기 끝소리 /ㄹ/는,

갈다[kalda], 갈고[kalɡo], 갈면[kalmjʌn], 갈지[kalʤi]]……

의, 닿소리로 시작되는 씨끝 앞에서의 [l]에서, 다음에 홀소리로 시작되는 씨끝이 이어지면 [r]로 변동된다.

---

4) 김계곤, 현대 국어의 조어법 연구, 박이정, 1996.

갈아[kara], 둥글어서[tuŋŋïrəsə]

이는, '-르다[rïda]' 풀이씨의 줄기에 {-아/어}가 이어지면 줄기 끝소리 [ï]가 줄고 [r]가 [l]로 되는 것과는 대조적인 현상이다.

다르다[tarïda]→달라[talla]

15,6세기의 표기법으로는 '달아'로 적기도 했었다.[5]

## 3.1.2. [l] → [ʎʎ] 변동

줄기 끝소리 [l]가 입음이나 시킴의 뒷가지 {-이>리}에 이어지면 센입천장소리 [ʎ]의 겹소리 [ʎʎ]로 된다.[6]

헐다[həlda] → 헐이다[həl-ida] > 헐리다[həʎʎida]

## 3.1.3. [l-r] → [ll] 변동

줄기에 옛말투인 시킴의 맺음씨끝[7] {-(으)라[ra]}가 이어지면 [l-r]가 [ll]로 된다.

가라[kara], 먹으라[məgïra] → (들다[tïlda]→들라[tïl-ra]) 들라[tïlla]

## 3.2. '-ㄹ다' 풀이씨의 형태소 변동

### 3.2.1. 줄기 다음의 고룸소리 없애기

줄기 끝소리 /ㄹ/ 다음에는 고룸소리 /으/는 없어진다.[8] 이는, 닿소리 가운

---

5) ㄹㅇ>ㄹㄹ 표기는 17세기에 와서 일반화하였다. 이기문, 국어 음운사 연구, 국어학회, 1980, 22쪽.
6) 김영송, 우리말 소리의 연구, 샘문화사, 1975, 320쪽.
7) 허웅, 20세기 우리말의 형태론, 샘문화사, 2000, 754쪽.

데 흐름소리(/ㄹ/)는 Saussure가 말한 공깃길(간극, aperture) 3도[9]로 홀소리에 가장 가깝기 때문이다.[10]

먹(다)/으며→먹으며
보(다)/으며→보며('으' 없어짐)
울(다)/으며→울며('으' 없어짐)

### 3.2.2. /ㄹ/의 줄어짐

#### (1) 'ㄹ' 벗어난 끝바꿈

줄기 끝소리 /ㄹ/는 /ㄴ, ㅂ, ㅅ, ㄴ/와 매김꼴 씨끝 {-을} 앞에서 줄어진다. 이 변동은 고룸소리 없애기 규칙에 뒤따르는데,[11] 현행 한글 맞춤법에서도 줄기의 벗어남을 규정하고 있다.[12]

놀(다)/으니→놀니→노니(논, 노는, 노느냐, 노네)
놀(다)/읍니다→놀ㅂ니다→놉니다(놉시다)
놀(다)/으시다→놀시다→노시다(노소, 노시오, 노소서)
놀(다)/으오→놀오→노오
놀(다)/을→놀ㄹ→놀

이병건 님은 형태소 경계에서 n, s 또는 z 앞에서 흐름소리 l이 삭제된다는 유음 삭제 규칙으로 처리하였다.[13]

그런데, 위의 '놉니다'로 되는 것은 논읫거리가 된다. 즉, 과거 혼란스럽게 썼던 '-읍니다'와 '-습니다' 중 이제는 '-습니다'를 확실한 역사적 근거 때문에 표준말로 삼았기[14] 때문이다.

---

8) 토씨나 씨끝의 변이형태 가운데 고룸소리 가진 형태를 대표로 삼는다. 허웅, 국어음운학, 샘문화사, 1985, 282쪽.
9) 허웅, 언어학, 샘문화사, 1981, 128쪽.
10) 허웅, 국어음운학, 282쪽.
11) 허웅, 앞든 책, 283쪽.
12) 한글 맞춤법 제18항.
13) 이병건, 현대 한국어의 생성 음운론, 일지사, 1976, 93쪽.

놀(다)/습니다→노습니다(ㅅ 앞의 ㄹ 없어짐)

로 돼야 할 터인데,

놀(다)/습니다→놀읍니다→놀ㅂ니다→놉니다

로 설명할 수도 없고, 부득이

놀(다)/ㅂ니다→놉니다

로 설명할 수밖에 없다. /ㄹ/는 홀소리와 같은 소리바탕이므로 '가(다)/ㅂ니다
→갑니다'처럼, 처음부터 '-습니다'가 아닌 '-ㅂ니다'가 결합한다고 보아야겠
다.

그러나, '-습니다'는 통시적으로 바로 '-습ᄂ이다'의 변천형이라 봄이 옳
다.15)

-습(객체높임)/ᄂ(현실법  때매김)/이(상대높임)/다→-습ᄂ이다>-습넝이다>-습
너이다>-습니다>-습니다>-습니다

그러므로 '놉니다'는,

놀(다)/습/ᄂ/이/다→*놀습ᄂ이다>노습ᄂ이다>노습니다>*노웁니다>놉니다

로 된 것이다.

## (2) /ㄹ/ 떨어짐의 버릇스런 말

이상은 'ㄹ' 벗어난 풀이씨의 규칙적인 현상이나, 다음 보기처럼 닿소리가
줄어지는, 버릇으로 굳어진 말도 많이 있다. 모두 표준말로 인정한다.

---

14) 그러므로 표준어 규정 제17항 비고란의 "모음 뒤에는 '-ㅂ니다'임."을 "모음과 'ㄹ' 뒤에는
…."으로 고쳐야 한다.
15) 허웅, 우리 옛말본, 샘문화사, 1975, 753쪽.

<ㄴ/ 앞에서>

나닐다(날다), 노닐다(놀다), 도닐다(돌다)

<ㄷ/ 앞에서>

가느다랗다(가늘다), 기다랗다(길다), 머다랗다(멀다), 미닫이(밀다)
미대다(밀다), 비대다(빌다[借])[16], 여닫다(열다), 자디잘다(잘다), (하)다마다
(말다)

<ㅈ/ 앞에서>

(하)자마자(말다), 마지못하다(말다), 마지않다(말다), 머지않아(멀다)
우짖다(울다), 우지 : 잘 우는 아이(울다)

<{-라, 아} 앞에서>

(하)지 마라(말다), (하)지 마(아)(말다)

## (3) 옛말의 'ㄹ' 벗어남

옛말에서도 이제말과 같이 /ㄴ, ㄹ, ㅅ(ㅿ)/ 및 {-오, -라} 앞에서는 줄기
끝소리 /ㄹ/가 줄었다.

ᄂᆞᄂᆞᆫ(놀다[飛]), 버므니(버믈다), 존(줄다[細])
받 갈 씨라←가/ㄹ←갈/ㄹㅎ(갈다[耕]) <월석 21:67>
노새 노새 미양 쟝식 노새(놀다) <청언 58>
아ᅀᆞᆸ볼까(알다), 우숩ᄂᆞ니(울다)
출히 說法 마오(말다) <석보 13:58>
감디 마라(말다) <월석 10:20>

위의 '아ᅀᆞᆸ-, 우숩-'은 '알ᅀᆞᆸ-, 울ᅀᆞᆸ-'의 변이형태인데, /ㄹ/ 줄임과 울림
소리되기가 함께 일어난 서로닮음(상호동화)이다.
매우 드문 보기이지만, /ㅈ/ 앞에서도 /ㄹ/이 주는 수가 있었다.

---

16) 1989년부터는 '빌다[借]'를 '빌리다[貸]'에 포함시켜 버렸으니, 아름다운 우리말 '비대다:<남>
남의 이름을 빌어서(이제는 "빌려서") 대다.'도 자연 사라지게 되었다. (표준어 사정 원칙
제6항)

ㅂ리디 마져 ᄒ더라(말다) <두초 16:18>
사져 죽져 ᄒ야(말다) <두초 23:49>

그리고 이제말과는 달리 /ㄷ/ 앞에서도 어김없이 /ㄹ/가 줄었다.

기돗던고(길다), ᄀ디(굴다[代]), 어디도다(어딜다), 사더니(살다[生])

다만, /ㅅ/이라도 {-(으)시}와 {(ᄋ/으)쇼셔} 앞에서는 줄기 끝소리 /ㄹ/가 줄지 않는 것이 규칙이었다.

기르신(길다[長]), 미르시다(밀다[推]), ᄂᄅ샤(눌다[飛])
더르쇼셔(덜다[減]), 마ᄅ쇼셔(말다[勿]), 아ᄅ쇼셔(알다)

그리고 /ㄹ/ 줄어짐과는 관계 없는 사실이나, 줄기 /ㄹ/ 다음에 이어지는 다음과 같은 씨끝의 첫소리 /ㄱ/가 떨어진다.

-거나, 거뇨, 거늘, 거니, 거든, 거ᄿ, 거(가)지라, 건마론
-고, 고도, 고라, 고져, 곡, 곤, 과라

머믈어늘, 알어도, 모딜언마론
알오져, 말옥, 알와라

## 4. '-ㄹ다' 풀이씨의 몸바꿈

'-ㄹ다' 풀이씨 일람표를 따로 만들어 보았지만, 주로 '순수한 홑씨'[17]인 '으뜸말'은 그 수가 얼마 안 되고, 여기서 번져 나간 파생어 또는 합성어인 '번진말'의 수가 훨씬 많다. 그래서, 여기서는 일람표에 올린 파생어나 합성어의 조어론적인 형성 과정은 논외로 하고, 여기에 실린 모든 '-ㄹ다' 풀이씨가 형태소를 다양하게 붙여 뜻이나 구실상의 다른 파생어로 되는 모습과 다른 씨(전성 품사)로 몸바꿈하는 것만을 정리해 본다. 보기를 들면,

---

17) 박종국, 말본 사전, 정음사, 1980, 689쪽.

들다[入]→가난들다, 가물들다, 감돌아들다, 맛들다, 안틀다, 철들다, 힘들
        다,……
걸다[掛]→걸리다, 걸치다―걸개, 걸이
걸다[肥]→걸우다―거름
늘다[延]→늘리다, 늘이다, 늘어뜨리다―느리다
벌다[擴]→벌기다, 벌리다, 벌이다―벌음
일다[成]→일구다, 이루다, 일으키다, 일어나다―일찍

과 같이 되는 모습들을 살핀다. 김계곤 님의 <김>에서 '-ㄹ다' 풀이씨와 이에 관계되는 어휘들을 모조리 찾아 정리하되, 유재원 님의 <유>와 한글 학회의 <한>에서 더 찾아 보태는 방식을 취한다.

## 4.1. 하임 · 입음의 뒷가지 파생어

'-ㄹ다' 풀이씨의 줄기에 {-구 · 기 · 리 · 우 · 이 · 추 · 치-} 따위 하임이나 입음의 뒷가지가 붙어 된 말을 정리한다.

    {-구-} 달구다(달다[熱]) 일구다(일다[成])

제움직씨를 하임의 남움직씨로 만든다.

    {-기-} 벌기다(벌다[裂])

'벌기다'는 '벌다'의 하임꼴이다. 그런데, 이 말의 작은말인 '발기다'는 있는데 그 으뜸꼴이 됨직한 '발다'는 없다. '벌다>*발다', '벌리다>발리다', '벌기다>발기다'로 돼야 한다.
    그리고 '두들기다, 뚜들기다'가 있음을 보아 '두들다, 뚜들다'란 말도 있음직하다. 더욱 '두드리다, 뚜드리다'도 있다.

    {-리-} '-ㄹ다' 풀이씨의 전형적인 하임 · 입음 뒷가지이다.

| | | | |
|---|---|---|---|
| 갈리다(갈다) | 걸리다 | 궁글리다 | 그을리다 |
| 글리다 | 까불리다 | 깔리다 | 꼴리다 |
| 끌리다 | 날리다 | 널리다 | 놀리다 |
| 늘리다 | 달리다 | 덜리다 | 돌리다 |
| 들리다 | 떨리다 | 말리다 | 말리다 |
| 몰리다 | 물리다 | 발리다 | 비틀거리다 |
| 버물리다 | 벌리다 | 보풀리다 | 부풀리다 |
| 빌리다 | 빨리다 | 살리다 | 쏠리다 |
| 아물리다 | 알리다 | 얼리다 | 울리다 |
| 졸리다 | 털리다 | 틀리다 | 팔리다 |
| 풀리다 | 헐리다 | 흔들리다 | |

동글다(그)→동글리다(남) 둥글다(그)→둥글리다(남) 몽글다(그)→몽글리다(남)

끝에 붙인 '동글리다, 둥글리다, 몽글리다'는 그림씨에서 바뀌어 하임의 남움직씨가 된 것이다.

위의 보기들은 일람표에 오른 표제어에서 파생된 말만이다. 일반 사전에 올려 있는 지역 사투리나 특수 직업어, 은어 등은 올리지 않았다. 그리고, 제 움직씨와 남움직씨와의 차이, 하임이나 입음의 구실이 달라 그 발음(뜨내기 소리바탕)의 다름이 있다손 치더라도, 외형상 같은 형태(같은 맞춤법)라면 하나로 적었다.

실제로 사전에는

갈리다: ①젬나눔을 당하다(←가르다). ②젬목이 쉬다. ③젬차에 치이다.(경 남) ④젬문지름(마찰)을 당하다. 햄문지르게 하다. ⑤젬바꿈을 당하 다. 햄바꾸어 대게 하다. ⑥젬논밭이 갊을 당하다. 햄논밭을 갈게 하 다. ⑦→가리다(경남) ⑧→갈기다(평북)

로 되어 있으나, 여기서는 ④⑤⑥ 셋만 실은 것이다.

참고로, 대부분의 '-르다' 풀이씨나 '-ㅀ다' 풀이씨도 뒷가지 {-리-}로 이 어진다.

눌리다, 불리다, 잘리다, 흘리다

곪리다, 굶리다, 닳리다, 뚫리다

그리고 'ㄷ' 벗어난 풀이씨도 {-리-}에 이어진다.

걸리다(걷다), 들리다(듣다), 실리다(싣다), 일컬리다(일컫다)

이런 경우 '-ㅀ다, 르다, ㄷ다' 풀이씨는 마치 '-ㄹ다' 풀이씨인 것처럼 변동되는 셈이다.

{-외-} 알다[識](남)→아뢰다(남, 하임)
　　　　(솗다→*살다→사뢰다)

{-외-}는 하임과 함께 높임의 뜻도 포함된다.
'아뢰다'와 비슷한 뜻, 형식의 말에 '사뢰다'가 있는데, 이 말도 공시론으로는

(솗다>)삶(다)/외/다→살외다(/ㅂ/ 떨어짐)→사뢰다

로 되었다고 볼 수밖에 없다.[18]

{-우-} 걸우다(걸다[肥]), 미루다(밀다[推]), 이루다(일다[成])

'미루다'는 '밀다'에서, '이루다'는 '일다'에서 온 말이나 본뜻에서 멀어졌고, 굳이 시킴말로 볼 필요가 없기 때문에 '일우다'로 밝혀 적지 않는다.[19]

---

18) '아뢰다'와 '사뢰다'는 다음과 같은 서로의 이끌림(상호 유추 작용)에 의해 비슷한 형식과 뜻을 갖게 되었다.

　｛ 알(다)/오/이(겹하임)/다→알외다>아뢰다(높임의 뜻 가짐.)
　　 솗다(→술ᄫ-)>술오다>사뢰다(비슷한 형식이 됨.)

　허웅, 국어학, 샘문화사, 1983, 388-389쪽.
19) 한글 맞춤법 제22항.

{-으키 · 이키 · 키-} 이것 또한 하임 · 입음의 구실을 하는 뒷가지다.

　일으키다(일다[起]), 돌이키다(돌다[廻]), 들키다(들다[擧])

'들키다'만 입음말이다.
'들이키다:안쪽을 향하여 다그다.'는 '들이-키다'로 된 말이요, '들이켜다:마구 마시다'도 '들이-켜다'로 된 말이므로 '-르다' 풀이씨에서 번진 말이 아니다.

　{-이-} 갸울이다, 기울이다, 꺄울이다, 끼울이다, 늘이다, 달이다, 도리다, 드리다, (안으로)들이다, 들이다(땀을 그치게 하다.), 벌이다, 절이다, 조리다, 졸이다

'(땀을)들이다'가 '들다[入]'에서, 또는 '들다[擧]'에서 온 말인지는 의문스럽다. 한결같이 시킴을 나타낸다.
다음과 같은 말들은 {-이-}가 연결됐으나 하임 · 입음의 뜻이 없을 뿐만 아니라, 뿌리말에서 의미상 거리가 멀어졌으므로 소리나는 대로 적는다.

　'(상처 부위를)도리다', '(돈을)드리다'나 '(쇠고기를)조리다', '(배를)주리다'는 '들다[擧]'나 '졸다(탕약이 졸다.)', '줄다[縮]'와는 거리가 멀어졌으므로 소리대로 적는 것이다.

　{-추-} 들추다(들다[擧])
　'들어 나타내다'란 뜻의 하임말이다.

## 4.2. 힘줌의 뒷가지 파생어

다음의 {-뜨리 · 치-}는 힘줌의 뒷가지다.

　{-뜨리-} 갸울어뜨리다, 기울어뜨리다, 꺄울어뜨리다, 끼울어뜨리다, 늘어뜨리다, 들뜨리다(들다[入]), 떨뜨리다(떨다[振]) 떨어뜨리다(떨어지게 하다), 밀뜨리다(밀다[推])

'들뜨리다'는 '들이뜨리다'의 준말이다. '떨뜨리다', '밀뜨리다'는 뿌리에 바로 이어지고 있다.

　　{-차-} 걸다[肥]→걸차다(땅이 매우 걸다.)

이름씨에 붙는 '보람차다, 줄기차다, 힘차다,……'의 {-차-}와 같은, '매우'란 뜻의 힘줌 뒷가지로 보고 싶다.

　　{-치-} 걸치다(걸다[掛]),　달치다(달다[熱]),　떨치다(떨다[振]),　밀치다(밀다
　　[推]), 열치다(열다[開]), 풀치다(풀다[解]

'(부채를)부치다[扇]'를 '(바람이)불다'의 시킴꼴 '불치다'의 /ㄹ/ 떨어진 꼴, 반대로 '펼치다'는 '펴다'의 힘줌꼴 '펴치다'가 '풀치다'에 이끌려(유추되어) /ㄹ/ 덧붙은 꼴로 보기도 한다.[20)]

## 4.3. 정도 표현의 뒷가지 파생어

대체로 그림씨의 변형이다. 다만 '물다[咬]'는 남움직씨이다.

　　{-갑-} 달다(甘)→달갑다

'뜨겁다, 반갑다, 무겁다, 즐겁다,……' 등에 있는 {-갑/겁-} 형태와 비슷한 듯하나 확실치 않다. '마음에 맞다'의 뜻을 지니는 것 같다.

　　{-다랗-} 일부의 그림씨 뿌리에 붙어, '그 정도가 매우 뚜렷함'의 뜻을 나타내는 뒷가지이다.

　　가느다랗다(가늘다), 기다랗다(길다), 길다랗다(길다), 머다랗다(멀다), 잗다랗
　　다(잘다)

---

{-부르-} 설다[未熟]→섣부르다

{-업-} 물다[咬]→무럽다 (섧다→*설다→서럽다)

위의 {-갑·다랗·부르·업-} 뒷가지를 '정도 표현'이란 말로 묶어 보았지만, 다음 '들다→들르다'는 '정도'라는 말과는 어울리지 않는다.

{-르-} 들다[入]→들르다

'지나가는 걸음에 잠깐 들어가다.'의 뜻이므로 '들다[入]'에서 {-르-} 뒷가지가 붙어 파생한 것으로 보고 있다.[21]

그런데, 이 말의 뿌리는 '들다'인 듯한데, 현재의 으뜸꼴은 '들르다'인 듯하다. 그럼에도 서울·경기 사람들이 '들르다'로 하는 것은 '가르다→갈르다, 나르다→날르다, 빠르다→빨르다,……'처럼, 모든 '-르다' 풀이씨를 '-ㄹ르다'로 말하는 것과 똑 같은 서울·경기 사투리이다.[22]

경남 사투리로는 '들리다'로만 쓰는데, 북한이나 중국 조선족 사람들도 '들리다'로만 사전에 올려 놓았다.[23] 지금이라도 '드르다' 또는 '들리다'로 올려야 한다.[24] '들리다'로 올리자니 {-리-}의 구실이 모호해진다. 덧붙일 말은, 사전들에는 '들르다→들러'의 끝바꿈을 '르' 벗어남으로 잘못 처리하고 있다. '으' 벗어남이다. 무의식 중에 '드르다'로 으뜸꼴을 세운 셈이다.

## 4.4. 몸바꿈하여 된 이름씨

다음은 '-르다' 풀이씨가 이름씨로 몸바꿈하는 다양한 모습을 정리해 본다. 대개 줄기에 그냥 뒷가지가 붙어 되지만, 줄기 끝이 /ㄹ/가 줄어지거나 다른 음운으로 바뀌는 수도 있다.

21) 김계곤, 현대 국어의 조어법 연구, 183쪽.
22) 김계곤, 경기도 사투리 연구, 박이정, 2001.
   위의 책에서는 '-르다>-ㄹ르다'로 되는 경기도 사투리를 60여 군데 채록하고 있다.
23) (북한) 사회과학원, 조선말 큰사전, 1992, 843쪽.
   (중국) 연변인민출판사, 조선말 사전, 1992, 802쪽.
24) 졸저, 우리말 어휘 변천 연구, 세종출판사, 1997, 273쪽.

### 4.4.1. 첫째이름꼴 이름씨

줄기에 그냥 {-ㅁ}이 붙는 것이 원칙이나, 옛법, 또 시방말에서도 가끔 {-음}이 쓰이는 수가 있다.[25] 특별히 줄기 끝소리 /ㄹ/가 주는 수도 있고 줄기 자체가 이름씨가 된 것도 있다.

    &lt;-ㄻ&gt; 삶(살다), 앎(알다)

으뜸말로서 이름씨가 된 '-ㄻ' 형태는 이 둘뿐이다.

    &lt;-ㄻ&gt;-ㅁ&gt;

줄기 끝소리 /ㄹ/이 줄어지고 이름꼴 뒷가지 {-ㅁ}이 바로 붙어 된 이름씨이다. 이 경우 /ㅁ/ 앞에서 /ㄹ/이 떨어진 특수한 'ㄹ' 벗어남이라 할 수 있다.

    가물다→가뭄[旱], 헐다→험[?]

'가물다'에서 몸바꾼 이름씨는 '가뭄' 밖에 '가물(zero 뒷가지)', '가물음'이 있어 특이하다.
'험'은 사전에서 '흠[欠]'의 변한말이라고 되어 있으나, 토박이말 '헐다[毁]'에서 온 것으로 보인다.[26]

    &lt;-ㄹ음&gt; 가물음(가물다), 갈음(갈다), 그을음(그을다), 글음(글다), 놀음(놀다)
    (각시놀음, 꼭두각시놀음, 문쥐놀음, 박첨지놀음, 산디놀음, 탈놀음),
    먼지떨음(먼지떨다), 모질음(모질다), 벌음(벌다), 보풀음(보풀다)(→
    보풀, 북어보풀음), 빨음(빨다)[27], 알음(알다), 얼음(얼다)(살얼음, 석
    얼음, 첫얼음), 울음(울다)(강울음, 건울음, 귀울음), 절음(절다), 졸음
    (졸다)

---

25) 최현배, 우리말본, 정음사, 1955, 278쪽.
26) 김계곤, 현대 국어의 조어법 연구, 168쪽.
27) 다른 사전에는 실려 있지 않으나, 한글 학회 지은 <새 한글 사전>(1972)에만 실려 있다.
   빨음 : 여러 가지 물질을 핏줄 속이나 임파관 속으로 옮기어 넣는 작용.

여기서 말해 둘 일은, 위의 보기들은 모두 '-ㄹ다' 풀이씨와 관계는 있지만, 엄격히 말하면 '-ㄹ다' 풀이씨에서 몸바꾼 이름씨라고는 할 수 없는 것이 많다. 가령, '각시놀음'을 올렸으되, 이는 '각시-놀음'으로 된 말이지 '각신로(다)-음'으로 된 말은 아니다. '각시놀다'란 말은 없다. 마찬가지로 '박첨지놀다, 산디놀다, …살얼다, 석얼다, …건울다' 등도 모두 사전에 올린 말이 아니다.

'먼지떨음' 같은 것은 '먼지떨다'는 물론 '떨음'이란 말도 사전에 없다.

다음은 '-ㄷ다' 풀이씨가 'ㄷ' 벗어남(흐름소리되기)으로 마치 '-ㄹ다' 풀이씨인 것처럼 된 것들이다. 반드시 분철한다.

> 걷다[步]→걸음(가재걸음, 가탈걸음,……황소걸음, 휘장걸음<36개>), 두루일컬음, 통틀어일컬음, 불음 <ㄷ>ㄹ>

> <-름> 거름(걷다)(늦거름, 뒷거름, 똥거름, 물거름, 밑거름, 보릿거름, 살거름, 웃거름, 중거름, 풋거름), 노름(놀다)(가귀노름), 마름(말다)(용마름), 사름(살다)(모가 생기를 찾음), 주름(줄다)(잔주름, 좐주름), 해거름(해 걸다)

{-음}으로 분철하지 아니한 것은, 그 뿌리말 '걷다[肥], 놀다[遊], (이엉을) 말다[捲], 살다[生], 줄다[縮]'에서 거리가 멀어진 말이기 때문이다.[28]

다음과 같은 '-름' 형태의 말은 바로 '-ㄹ다' 풀이씨에서 온 것은 아니다. 음운 변동의 결과 마치 '-ㄹ다' 풀이씨인 것처럼 보이는 것이다.

> 아름(←안다[抱]) <ㄴ>ㄹ>
> 고름(←곪다[膿]) <ㄻ>ㄹ>

## 4.4.2. 그 밖의 뒷가지가 붙어 된 이름씨

> {-개} 갈개(갈다), 깔개(깔다), 날개(날다)
> {-기} 기울기(기울다), 더위팔기(더위팔다), 되팔기(되팔다)

---

28) 한글 맞춤법 제19항 2.

{-껏} 돌껏(돌다)

{-래} 빨래(빨다)

{-레} 둘레(*둘다←두르다), 홀레(*홀다←흐르다[婚])

{-림} 살림(살다)

{-매} 열매(열다)

{-뱅이} 떠돌뱅이(떠돌다)

{-보} 울보(울다)

{-앙곳} 아랑곳(알다)

{-아미/어미} 동그라미(동글다), 둥그러미(둥글다)

{-앙이/엉이} 고부랑이(고불다), 모지랑이(모질다), 거치렁이(거칠다), 구부렁이(구불다)

{-애} 노래(놀다), 다래(달다), 도래(둥근 물건의 둘레)(돌다), 도래(돌게 하는 기구)(돌다)

{-애끼} 다래끼(달다)

{-에} 써레(썰다)

{-에기} 쓰레기(쓸다)

{-이} 갈이(갈이 기계)(갈다), 갈이(논밭을 가는 일)(갈다), 갈이(새것을 대는 일)(갈다), 걸이(걸다), 길이(길다), 놀이(놀다), 들이(들다), 떨이(떨다), 맨들이(←만들다), 몰이(몰다), 벌이(벌다), -살이(-살다), 풀이(풀다)

{-이깨} 도리깨(돌다)

{-지} 우지(←울다)

{-찌} 깔찌(깔다)

{-치} 날치(날다)


위에서 '갈개, 깔개, 날개, 기울기, 돌껏, 빨래, 열매, 떠돌뱅이, 울보, 깔찌, 날치' 등의 앞 낱내(음절) 끝소리 'ㄹ'이 줄기 끝소리인지 매김꼴 씨끝인지는 확실치 않으나, 일단 줄기 끝소리로 보고 처리한 것이다.29)

{-이} 뒷가지는 {-음}, {-기}와 함께 매우 생산적이다. 그리고, '다리[脚], 머리[頭], …' 따위 말들도 역사적으로 보면 '달다[掛], 멀다[遠], …'에서 온 말인지도 모른다.

---

29) 김계곤, <김>, 172쪽.

{-∅} 가물[早]↔가물다, 길[路]↔길다, 너출(>넌출[藤])↔너출다(>넌출지다), 돌[生日]↔돌다, 보풀↔보풀다, 부풀↔부풀다

'-ㄹ다' 풀이씨에 영(zero, ∅) 뒷가지가 붙었다 보고 내세운 것이다. 어느 쪽이 뿌리말인지는 알 수 없다.

이상은 줄기에 뒷가지가 바로 붙어 된 것이지만, 다음은 매김꼴 다음에 뒤가지가 붙어 된 보기이다.

{-재비} 잔재비(잘다)
{-챙이} 잔챙이(잘다)

## 4.5. 몸바꿈하여 된 어찌씨

{-ㄹ다} 풀이씨가 몸바꿈하여 된 어찌씨로는 다음과 같은 것들이 있다.

{-ㄴ} 드문드문(드물다)
{-나} 보나마나(말다)
{-래} 길래(길다)
{-리} 멀리(멀다)
{-아/어} 몰아(몰다), 번갈아(*번갈다), 더불어(*더불다), 몰밀어(몰밀다), 밀어
(밀다), 통밀어(통밀다), 통틀어(*통틀다)
{-애} 동그래(동글다), 둥그래(둥글다)

'동그래, 둥그래'를 {-애} 뒷가지 결합으로 볼 수 있겠다 싶어 제시했으나, 사전에는 '동그랗(다)/아', '둥그렇(다)/어'의 바뀜꼴로 처리하고 있다. 그렇다면 '둥그래'는 오히려 '둥그레'라야 할 것 같다.

{-앙/엉} 사부랑사부랑, 시부렁시부렁, 서부렁서부렁, 싸부랑싸부랑, 씨부렁씨
부렁(*씨불다)

경남 방언에선 분명히 '씨불다(=씨부렁거리다)'를 쓰고 있다. '지껄이다'의

낮은말이다.

{-에} 벙그레(벙글다)
　※방그레, 뱅그레, 빙그레, 빵그레, 뺑그레, 삥그레(*방글다,…)

'벙글다'를 '벌다'의 사투리로 보고 있는 마당에 '방글다, 뱅글다, 빙글다, 빵글다, 뺑글다, 삥글다'는 생각지도 못하겠으나, 정서적인 표현을 위해 이런 말을 사전에 모두 올렸으면 한다.
　이렇게 되면 {-으르} 뒷가지도 성립된다.

{-으르} 뱅그르르, 빙그르르, 뺑그르르, 삥그르르(*뱅글다, …)30)

{-오} 도로(돌다), 배뚜로(배뚤다), 비뚜로(비뚤다), 삐뚜로(삐뚤다)
{-우} 느루(늘다), 이루(일다)
{-이} 길이(길다)
{-이어} 도리어(돌다)
{-쭉} 길쭉길쭉(길다)
{-쯤} 길쯤길쯤(길다)
{-찍} 길찍길찍(길다), 일찍(일다←이르다[무])
{-찍이} 일찍이(일다[무])
{-∅} 건들건들(건들다←건드리다), 까불까불(까불다), 늘(늘다), 동글동글(동글다), 둥글둥글(둥글다), 들까불들까불(들까불다), 벙글벙글(벙글다), 시들시들(시들다), 흐물흐물(*흐물다←허물다?)

　다음 말도 '- ㄹ다' 풀이씨가 뿌리인 듯하나 인정하지 않고 있다. 인정한다면 {-∅} 뒷가지 연결인 셈이다.

간질간질(*간질다>간질이다31))

---

30) 사전에 '방그르르'는 올리지 않고 있다. 올림 직하다.
31) '간질이다'로 분칠하는 까닭은 '-거리다'가 붙을 수 있는 시늉말이기 때문이다.(맞춤법 제 24항) 그런데, 위의 '건드리다'는 '건들거리다', '건들건들'로 다 되는 말임에도 '건들이다'로 적지 아니한다. 그 까닭은 '건들다'를 인정하므로 '건들(다)/이다→건드리다'로 보아, '-이, 음' 뒷가지가 아니므로 연철하는 것이다. 그러나 '간질이다'는 '간질다'를 인정하지 않

## 4.6. 몸바꿈하여 된 매김씨 · 느낌씨 · 토씨 · 씨끝

<매김씨>

　　{-ㄴ} 기나긴(길다), 긴긴(길다), 먼먼(멀다), 애먼(멀다), 헌(헐다)
　　　※딴(*딸다 <경남>)

<느낌씨>

　　{-이} 도리도리(돌다)

<토씨>

　　{-말고} (너)말고(말다)(너말고 누가 있니?)

<씨끝>

　　{-고말고} (가고)말고(말다)(응, 가고말고.)

## 5. '-르다' 풀이씨와의 관계

　　'-ㄹ다' 풀이씨와 '-르다' 풀이씨와는 그 끝바꿈하는 경우나, 뒷가지가 붙어 다른 형태의 파생어를 만드는 경우 똑 같은 모양으로 되어, 줄기 끝소리가 닫힘마디(폐음절)냐 열림마디(개음절)냐의 차이가 있음에도 불구하고, 마치 그 말뿌리가 같은 것이지 않았나 싶을 정도이다. 또 본디말과 준말과의 관계로 되는 수도 있고, 옛말과 이제말과를 비교해 보면 서로 앞뒤가 뒤바뀌는 경우도 있다.

---

　　으므로 '간지리다'로 적지 않는다.

## 5.1. '-ㄹ다' 풀이씨처럼 바뀌는 말

다음은, 현대 표준말로 되고 있는 '-르다' 풀이씨가 뒷가지를 붙여 파생어가 될 때, 그 모습이 마치 '-르다' 풀이씨처럼 되는 것들이다.

이렇게 모아서 살피는 까닭은, 그 말뿌리가 '-르다' 풀이씨가 아니었던가 하고 의심할 정도이기 때문이다.

### 5.1.1. {-리-} 뒷가지 풀이씨

앞에서 살핀 대로, '갈리다(갈다), 널리다, 돌리다, 물리다, 부풀리다, 썰리다, 울리다, 졸리다, 털리다, 팔리다, 흔들리다, …'처럼 '-르다' 풀이씨(움직씨)는 거의 대부분 {-리-} 뒷가지를 붙여 하임이나 입음의 파생어가 만들어진다.

그런데, 다음의 '-르다' 풀이씨(움직씨)도 똑 같은 모양이 된다. 줄기 끝소리 /으/가 줄어 그 으뜸꼴이 '-르다' 풀이씨인 것처럼 되는 것이다.

| | | | |
|---|---|---|---|
| 가로질리다(가로지르다) | 가위눌리다 | 갈리다 | 건너질리다 |
| 걷어질리다 | 곁질리다 | 겹질리다 | 골올리다 |
| 공글리다 | 굴리다 | 굽질리다 | 그슬리다 |
| 길리다 | 까발리다 | 까불리다 | 꼭뒤질리다 |
| 끄어올리다 | 끄집어올리다 | 끌어올리다 | 내둘리다 |
| 눌리다 | 다질리다 | 닻올리다 | 대질리다 |
| 둘리다 | 뒤딸리다 | 들까불리다 | 딸리다 |
| 막질리다 | 말리다 | 맞올리다 | 맞질리다 |
| 멋질리다 | 무찔리다 | 문질리다 | 물리다 |
| 발리다 | 배불리다 | 버물리다 | 불리다 |
| 섞갈리다 | 손독올리다 | 아울리다 | 안올리다 |
| 약올리다 | 어울리다 | 억눌리다 | 엇갈리다 |
| 엇올리다 | 올리다 | 옻올리다 | 욱질리다 |
| 자아올리다 | 자질리다 | 잘리다 | 접질리다 |
| 졸리다 | 지질리다 | 질리다 | 쪼들리다 |
| 쩔리다 | 추어올리다 | 치올리다 | 침흘리다 |

| 편갈리다 | 핏대올리다 | 헛갈리다 | 헷갈리다 |
| 혀굴리다 | 흘리다 | | |

위의 보기들 가운데, 가령 '꺼올리다'와 같은 합성어는 으뜸꼴 '꺼오르다'
란 말은 쓰이지 않으나 뒷말 '오르다'가 으뜸말이 되므로 올렸고, '딸리다'처
럼 하임이나 입음의 꼴이 표기상 같은 경우 한 번만 실었으며, 또 표제어가
다른 '(종이가 벽에 잘)발리다'나 '(알이)발리다'도 한 번만 실었다.

## 5.1.2. 그 밖의 뒷가지 풀이씨

다음의 '널따랗다'는 '길다→길다랗다(→기다랗다)'처럼, 마치 그 으뜸말이
'널다'인 것처럼 된다는 뜻이다.

{-따랗-} 널따랗다(너르다)
{-컫-} 일컫다(이르다)

## 5.1.3. 이름씨 뒷가지

다음의 보기들 또한 '줄다→주름', '빨다→빨래'처럼, 으뜸꼴이 '-ㄹ다' 풀이
씨인 것처럼 보이는 것들이다.

| {-ㅁ} 가름(가르다) | 개름 | 개으름 |
| 게름 | 게으름 | 구름(구르다?) |
| 목누름 | 벼름 | 보리누름(보리 누르다[黃]) |
| 씨름 | 이름 | 지름 |
| (*씨르다-씨루다) | | |
| 판가름 | | |

{-개} 보리누르개(보리 누르다[壓])
{-레} 둘레(두르다)
{-막} 가풀막(*가푸르다>가파르다)
{-앙이} 모지랑이(*모지르다<무지르다)
{-어미} 거스러미(거스르다)

{-엉} 두렁(두르다)

{-엉이} 두렁이(두르다)　　　무지렁이(무지르다)

{-에} 저지레(저지르다)

{-이} 마무리(마무르다)

### 5.1.4. 어찌씨 뒷가지

어찌씨로 몸바꿈하는 형식도 '-르다' 풀이씨와 같다. '널리'는 '너르(다)/리'
로 되었지마는 '멀(다)/리→멀리'와 같은 꼴이란 뜻이다.

{-러} 아울러(아우르다)　　어울러(어우르다)

{-리} 개을리(개으르다)　　갤리(개르다)　　　게을리(게으르다)

　　　겔리(게르다)　　　글리(그르다)　　　남달리(남다르다)

　　　널리(너르다)　　　달리(다르다)　　　빨리(빠르다)

　　　선불리(선부르다)　　약빨리(약빠르다)　재빨리(재빠르다)

{-오} 바로(바르다)

{-우} 고루(고르다)

## 5.2. 본디말과 준말과의 관계

현대 국어 사전에서는 '-ㄹ다' 풀이씨 가운데 어떤 것은 '-르다' 풀이씨의
준말이라고 올려 있다. 이것은 현실적으로 두 가지 형태가 다 쓰이고 있
음[32]을 말하는데, 나름대로 생각해 보면 사전에서 인정하는 것 밖에도 준말
로 인정했으면 하는 것이 더 있음을 느낀다. 이것은 결국 이 두 가지 말이
그 말뿌리가 같음을 말해 주는 것이 된다.

사전에서 준말로 인정하는 것을 든다.

(본)구르다[轉] - (준)굴다　　　까부르다[簸] - 까불다

꺼두르다 - 꺼둘다　　　　　　눈 서투르다 - *눈서툴다

---

32) 표준어 규정 제16항에서는, 준말의 경우 홀소리 씨끝이 연결되는 것은 인정하지 않고 있
다.
머무르고(○) → 머물고(○), 머물러(○) → 머물어(×), 머물러서(○) → 머물어서(×)

| | |
|---|---|
| 뒤까부르다 - 뒤까불다 | 들까부르다 - 들까불다 |
| 마무르다 - 마물다 | 머무르다 - 머물다 |
| 서두르다 - 서둘다 | 서투르다 - 서툴다 |
| 손서투르다 - 손서툴다 | 쏠까스르다 - 쏠까슬다 |
| 이르다[무] - 일다 | 일서두르다 - *일서둘다 |
| (*는 올렸으면 하는 말임.) | |

## 5.3. 옛말 '-ㄹ다'와 '-르(ㄹ)다'의 움직씨 바탕

옛말 '-ㄹ다' 움직씨는 주로 제움직씨이나, 어떤 것은 남움직씨를 겸하기도 했다. 그런데 이 밑말이 '-르(ㄹ)다' 형식으로 되면 남움직씨가 되어 분화된다.

구을(울)다, 그울다[轉]<제> → 구르다<남>(>굴리다)
길다(=자라다)<제> → 기르(르)다<남>(>돌리다)
돌다[廻]<제> → 도르다<남>(>돌리다)
살다[生]<제> → 사르다<남>(>살리다)
아올다[並]<제·남> → 아우르다<남>
[※아올다<제>(:성교하다) > 아울리다]
어울다[並](>아올다 <제·남>) → 어우르다<남>
[※어울다<제>(:성교하다) > 어울리다]
얼다[娶, 嫁]³³)<제·남> → 어르(ㄹ)다<남>
[※얼다→얼이다 > 얼리다 : 배필로 삼게 하다.(하임)]
울다[哭, 鳴]<제> → 우르(ㄹ)다<남>(>울리다)

---

33) 옛말 사전들에는 '얼다'를 인정하지 않고 '얼-'을 '어르다'의 '으' 벗어남으로 다루고 있으
나, 다음을 보면 분명히 으뜸꼴은 '얼다'이다.
이제말의 '으' 벗어남 자체가 으뜸꼴(다다르다, 들르다, 따르다, 우러르다, 치르다)을 잘못
본 데서 온 것이다(졸저, 우리말 어휘 변천 연구, 세종출판사, 1997:271~277쪽).

샤옹 어루믈 발뵈디 몯ᄒᆞ니 <두해 초 25:45>
뎌 나괴 어러 나ᄒᆞᆫ 노미 <박번 상: 34~35>
{ 얼(다)/우/ㅁ/을 → 어루믈
{ 어르(다)/우/ㅁ/을 → 얼우믈(※'어루믈'로 적지 않았음.)
{ 얼(다)/어 → 어러
{ 어르(다)/어 → 얼어(※'어러'로 적지 않았음.)

일다[成, 起]<제·남> → 이릋다<남>(>일으키다, 이루다)
　　　　　　　　　　　　일우다<남>(>이루다)
졸다[減]<제> → 조르다<남>(>졸이다)
횟돌다<제> → 횟도릋다<남>(>휘돌리다)

## 5.4. '-ㄹ다' > '-르다'로 된 말

위에서 본디말과 준말 관계를 보았지만, 오히려 준말이라고 하는 '-르다'
말이 문헌상 먼저 나타나고 있는 것이 많다.

이제말 '이르다[至, 到], 푸르다[靑], 누르다[黃]'는 원래 '니를다, 프를다, 누
를다'였었는데,[34] 어찌꼴 {-어}가 이어지는 정상적인 꼴 '니르러, 프르러, 누
르러'를 잘못 분석, '니르(다)/러, 프르(다)/러, 누르(다)/러'로 보고 어찌꼴 {-
러}를 인정하는 형식의 '러' 변칙으로 잡은 것이다. 그리하여 결국 '-ㄹ다' 풀
이씨가 '-르다' 풀이씨로 되고 말았다.[35] 조상말이 어느쪽인지 생각해야 하
겠다. 문헌에 좇아 '옛말 > 이제말' 순서로 적는다.

| | |
|---|---|
| 값프를다 > 검푸르다 | 거슬(슬)다 > 거스르다 |
| 구을(울다) > 구르다 | 노롤다 > 노르다 |
| 누를다 > 누르다[36] | 니를다 >이르다[至] |
| *다돌다(다돋다) > 다다르다 | 들다[入] → 들리다 > 들르다 |
| 마믈다 > 마무르다 | *막다돌다(막다돋다) > 막다르다 |
| 머믈다 >머무르다 | 빅불다 > 배부르다 |
| 뽈다[隨] > 따르다 | 서툴다 > 서투르다 |
| 술다[燒] > 사르다 | 까블다[簸] > 까부르다 |
| 샐다[尖] > 빨다 | 아올다 > 아우르다 |
| 어울다 > 어우르다 | 얼다[嫁] > 어르다 |
| 울월다(>우럴다) > 우러르다 | 일다[旱] > 이르다 |

---

34) 김영신, 국어학 연구, 제일문화사, 1988, 211쪽.
35) 졸저, 우리말 어휘 변천 연구, 세종문화사, 1997, 277-284쪽.
36) 이제말의 '으' 벗어남 자체가 역사적인 오류에서 비롯하였지만(주 19 참조), 이제말의 '러'
　　벗어난 풀이씨(누르다, 이르다, 푸르다)도 옛말 '누를다, 니를다, 프를다'의 정상적인 연철
　　표기를 잘못 분석한 데서 비롯한 것이다(졸저, 우리말 어휘 변천 연구, 277-284쪽.).

| | |
|---|---|
| 저즐다37) > 저지르다 | 졸경치다(>*졸경칠다) > 졸경치르다 |
| (졸다→)졸오다 > 조르다 | 지즐다 > 지지르다 |
| 줌グ다 > 잠그다, 잠기다 | 치다(>*칠다) > 치르다 |
| 프를다 > 푸르다 | 흘다[婚] > 흐르다 |

## 5.5. '-르(ᄅ)다' > '-ㄹ다'로 된 말

다음은 옛 '-르다'말이 이제말 '-ㄹ다'로 된 것들이다. 위의 항목과는 반대되는 현상이니, 이 두 형태 말의 뿌리가 더욱 혼란스러워진다.

| | |
|---|---|
| ᄀᄅ다 > 갈다[替] | 나르다 > 널다(옷을 널다.) |
| ᄇᄅ다, ᄲᄅ다 > 빨다[尖] | 부르다 > 불다(자세히 설명하다.) |
| 사르다 > 살다[生] | 설오르다, 설우르다 > 설다[未熟] |
| 우르다 > 우를다 > 울다[響] | 우르다 > 울다[泣, 啼, 哭, 鳴] |
| 즈르다 > 줄다[縮] | |

## 5.6. '-ㄹ다' > '-르다'(본디) → '-ㄹ다'(준)로 된 말

'-ㄹ다' 옛말이 이제말 '-르다'로 되고, 이것의 준말로 다시 '-ㄹ다'를 인정하고 있는 보기들이다.

구을(울)다 > 구르다 → 굴다[轉]
마믈다 > 마무르다 → 마물다[完結]
머믈다 > 머무르다 → 머물다[留]
서툴다 > 서투르다 → 서툴다[未熟]
까블다 > 까부르다 → 까불다[簸]
일다 > 이르다 → 일다[早]

이밖에도 지역 방언으로는 아직도 '-ㄹ다' 풀이씨가 쓰이고 있어, 준말로 인정해 줄 만한 것들이 더러 있다.

---

37) 경남 방언에선 '저질다'로 쓰고 있다. "니는 와 밤잦 못된 짓만 저질고 다니노?"

저슬(슬)다 > 거스르다 → (방)거슬다[逆]
뽈다 > 따르다 → 딸다[從]
아올다 > 아우르다 → 아올다[和合]
어울다 > 어우르다 →어울다
저질다 > 저지르다 → 저질다
홀다 > 흐르다 → 홀다[婚]

그런데, 준말로 처리하고 있는 이제말 '-르다'는 사실상 '-르다'의 준말이라기보다는 옛말 '-르다'가 아직도 그 생명을 유지하고 있는 것이라고 봄이 옳겠다. 즉 '서툴다'의 경우 꼭이 '서툴다 > 서투르다 → 서툴다'가 아니고 다음 세 가지 경우 중의 어느 하나일 것이다.

$$
? \begin{cases} > 서투르다 > 서투르다 \\ \qquad\qquad\qquad\downarrow \\ > 서툴다 > 서툴다 \end{cases}
$$

$$
서툴다 \begin{cases} > 서투르다 \\ \quad\downarrow \\ > 서툴다 \end{cases}
$$

$$
서투르다 \begin{cases} > 서투르다 \\ \quad\downarrow \\ > 서툴다 \end{cases}
$$

## 5.7. '-르다' 풀이씨처럼 끝바꿈하는 '-ㄹ다' 풀이씨

'-ㄹ다' 풀이씨 가운데는 마치 '-르다' 풀이씨인 것처럼 끝바꿈하는 것이 있다. '놀다'와 '날다'를 비교해 보자.

∘놀다[遊]: (가) 놀고, 놀더라도, 놀면, 놀지, 노는, 논, 놀, 놀아서(ㅇ)
　　　　　(가) 노르고, 노르더라도, 노르면, 노르지, 노르는, 노른, 노를, 놀라서
　　　　　(×)

반드시 표준말 규정인 (가)대로 쓰지 (가)처럼 말하지 않는다. 그러나 '날

다'는 사정이 아주 다르다.

- 날다[飛]: (나) 날고, 날더라도, 날면, 날지, 나는, 난, 날, 날아서(○)
  (나') 나르고, 나르더라도, 나르면, 나르지, 나르는, 나른, 나를, 날라서
  (×)
  (나") 날고, 날더라도, 날면, 날지, 나르는, 나른, 나를, 날아서( 친 것
  은×)

(나)대로 말하여 마치 '나르다[運]'인 것처럼 끝바꿈을 하는 사람이 상당히 많다. 주의를 기울이는 사람들이라도 (나")처럼 매김꼴만은 틀리게 말하는 사람이 많다. 문헌어는 '놀다'였으므로 '나르다[運]'와는 처음부터 다른 말이 었는데…. '놀다'의 '노는, 논, 놀'은 다른 말 (논[畓], 놀[夕陽])과 혼동될 염려가 현실적으로 거의 없으나 '나는, 난, 날'은 '나[我]는, 나[我]/ㄴ, 나[我]/ㄹ'과 동음 충돌을 일으킬 염려 때문일까 하고 생각은 해 보겠으나, 다른 말들도 끝바꿈하다 보면 이런 경우가 얼마든지 있을 수 있으므로 타당성이 없다.
아마도 '나르다, 서두르다, 남모르다' 따위 '르다' 풀이씨의 끝바뀜꼴에 이끌린(유추된) 결과라고 봄이 낫겠다.
'날다'처럼 잘못 끝바꿈되는 것으로 '낯설다'와 '녹슬다'가 있다.

- 낯설다: 낯서르고, 낯서르면, 낯서르지, 낯서른, 낯서를, 낯설러서
- 녹슬다: 녹스르고, 녹스르면, 녹스르지, 녹스른, 녹스를, 녹슬러서

덧붙일 말은, 경상 방언으로는 지난적 매김꼴을 '갈안(간←갈다), 놀안(논 ←놀다), 불언(분←불다), 풀언(풀←풀다), …' 등으로 쓰는데, 이것은 '르다' 풀이씨가 아닌 다른 말에도 한결같이 적용되는바, '잡안(잡은←잡다), 먹언 (먹은←먹다), 핸(한←하다), …' 등으로 쓰이는 지난적 때매김의 옛 형태소 안맺음씨끝 {아/어}에 매김꼴 {ㄴ}이 붙은 형태의 잔영인 것이다.

# 6. 그 밖 풀이씨와의 관계

## 6.1. '-리다' 풀이씨

다음과 같은 '-리다' 풀이씨의 파생어를 보면, 이 또한 '-르다' 풀이씨에서 파생된 것처럼 보인다. 가령 '구부러뜨리다'를 보면

구부리다 → 구부리어뜨리다 → 구부려뜨리다 → 구부러뜨리다

로 된 말이지만는, 이것은 마치,

*구불다 → 구불어뜨리다 → (연철 표기) 구부러뜨리다

로 된 것처럼 보이는 것이다.

<유>에 의하면 '-리다' 풀이씨가 모두 2,099개(움직씨 2,074개, 그림씨 25개) 실려 있다. 이 가운데 {-거리다} 뒷가지가 붙은 말이 1,494개, '-르다·르다' 풀이씨의 하임·입음꼴인 '-리다'말이 220개, {-뜨리다}가 붙은 말이 102개, {-부리다}말이 66개, {-그리다}말이 40개로 거의 대부분을 차지하고 있다.

이 가운데 '-르다'나 '-르다'의 입음꼴은 앞에서 이미 다루었고, '-거리다', '-그리다', '-뜨리다' 풀이씨는 대부분 시늉말에서 유래한 것이며, '-부리다'는 모두 이름씨에서 파생된 것이므로 제외하고, 오직 그 말밑이 분명하지 않은 것만 논의한다.

결론적으로 말하면, 이 말밑이 확실치 않은 말들이 대부분 '-르다' 풀이씨에서 파생된 것으로 보인다는 것이다. 열거하면 다음과 같다.

<움직씨>
| | |
|---|---|
| 결리다(*결다←겯다?) | 기리다(길다) |
| 달리다(*달다←돋다[走]) | 시달리다(*시달다←시닳다?) |
| 쏠리다(*쏠다←쏟다) | 오므리다(*오믈다) |

움츠리다(*움츨다)                     웅크리다(*웅클다)
쪼들리다(*쪼들다)                     쫄리다(*쪼르다>조르다←졸다)
틀리다(:어긋나다)(틀다)              홀리다(*홀다)

<그림씨>
느리다(늘다)                           아리다(*알다←앓다)
자리다(*잘다 < 절다)                 저리다(절다 : 다리를 절다.)


이밖에 '-라뜨리다'나 '-러뜨리다' 말은 대개 그 말밑이 '-르다'가 아니었을
까 생각해 볼 수 있다. 특히 다음과 같은 말들이 그러한데, 지역 방언으로는
이런 말들이 쓰이고도 있다.

꼬부라뜨리다(*꼬불다<방>:꼬부랑하다) 오프라뜨리다(*오믈다)

구부러뜨리다(*구불다<방>:구르다)         뭉그러뜨리다(*뭉글다)
쓰러뜨리다(쓸다)                          어지러뜨리다(*어질다<방>:어지르다)
엎드러뜨리다(*엎들다<방>:엎드리다)       우그러뜨리다(*우글다<방>:우그러지다)
우므러뜨리다(*우믈다)                    찌부러뜨리다(*찌불다<방>:기울다)
흐트러뜨리다(*흐틀다)

다음은 문헌에 '-르다'로 쓰인 말이 현재 '-리다'로 된 것들이다.

거슬(슬)다 > 거스리다[逆]    다슬다 > 다스리다[治]    버믈다 > 버무리다[混]

## 6.2. '-ㄹ이다' 풀이씨

'-ㄹ이다' 풀이씨는 그 자체가 '-ㄹ다' 풀이씨에서 파생된 것처럼 보인다.
'ㄹ-이다'로 분철하는 것은 '-거리다'가 붙을 수 있는 시늉말 어근에 '-이다'
가 붙었기 때문이다.[38]

---

38) 맞춤법 제 24항.

\*간질다 → 간질이다(간질간질, 간질거리다)
\*근질다 → 근질이다(근질근질, 근질거리다)
\*망설다 → 망설이다(망설망설, 망설거리다)
\*재깔다 → 재깔이다(재깔재깔, 재깔거리다)
\*지껄다 → 지껄이다(지껄지껄, 지껄거리다)

다음의 '-ㄹ이다' 풀이씨는 모두가 '-ㄹ다' 풀이씨에서 파생되었거나, 파생어에 다시 다른 말이 결합된 합성어들이다.

기울(귀기울·끼울·갸울·꺄울)이다, 늘(늘·거미줄늘)이다, 달이다, 들(들·갈아들·갈마들·거둬들·거머들·걸터들·곁들·곱들·그러들·그루들·길들[39]·깃들·꺼들·끄어들·끄집어들·끌어들·눈독들·덧들·뜸들·맛들·몰아들·물들·받아들·번갈아들·사들·쓸어들·잡아들·장가들·홀라들·홀라들·흙들·힘들)이다, 벌(뜯어벌)이다, 절(겉절)이다, 졸(마음졸·맘졸)이다, 줄이다

문헌상으로는,

굿블이다(굿블다), 놀이다(놀다), 눌이다(눌다), 돌이다(돌다), 말이다(말다[勿]), 밀이다(밀다), 불이다(불다), 브티들이다(브티들다), 빌이다(빌다=빌리다), 살이다(살다), 샬이다(샬다), 울이다(울다)

등이 나타난다.

---

39) '길들이다'는 '길들다'의 하임꼴인데, 이 말은 '질들다, 질들이다'의 잘못 돌이킴(부정회귀)이다. 문헌에 '질들다, 질드리다(질뜨리다)'가 훨씬 앞서 자주 나타나는 대신 '길드리다'는 18세기 후에야 나타난다.
따라서, 이 말은 원래 '바느질, 톱질, …'의 뒷가지{-질}과 같은 '버릇, 훈련'의 뜻인 옹근이름씨였던 듯한데, '길[路, 道]'에 이끌린 잘못된 민간어원으로 굳어진 말임이 틀림없다.

사르미게 질드느니 곧 괴 가히 둙 돋 類라 <능엄 8:122(1461)>
질드렛더니 <삼강 효: 25(14??), 질드렛도다 <두해 초 7:21~22(1481)>, 질들에 <두해 초 20:39>
調御는 질드릴 씨오 <월석 9:11(1458)>
질드려 <법화 2:252(1463)>, 질드루미 <두해 초 2:27>, 馴질드릴 슌 <신합 하:16(1578)>, 마숨 질뜨률 法 <선집 상:61(1464)>
馴 길드릴 슌 <왜어 하:24(17??)>

참고로, 앞에서 따로따로 인용한 바 있지만, 다음과 같은 말들은 그 표기상의 다름이 있음에도 불구하고 모두 그 말밑은 '-르다' 풀이씨인 듯하다.

| | |
|---|---|
| 느리다 - 늘이다 | 다리다 - 달이다(*달다←닳다?) |
| 목거리 - 목걸이 | 저리다 - 절이다 |
| 조리다 - 졸이다 | 주리다 - 줄이다 |

## 6.3. '-러(라)지다' 풀이씨

<유>에 의하면 '-러지다' 움직씨가 93개, '-라지다' 움직씨가 33개, '-러지다' 그림씨가 14개, '-라지다' 그림씨가 7개, 전체 147개로 나와 있다. '기울어지다, 졸아지다, …'처럼 '-ㄹ어-'로 분철하지 아니하는 까닭은, 앞말의 말밑이 '-르다' 풀이씨라고 볼 수 없기 때문이다.

'-러(라)지다'말을 분석해 보면, 그 말밑이 '-르다'나 '-리다'인 것과 시늉말에서 온 것이 반을 훨씬 넘는다. 그리고 이 말은 '-지다' 자리에 '-거리다', '-뜨리다'가 붙을 수 있는 것이 대부분이다. 따라서 이러한 여러 가지 상황으로 보아 이 '-러(라)지다'말의 뿌리 역시 '-르다' 풀이씨였을 것으로 추정된다.

### 6.3.1. 움직씨 (모두 126개)

**(1) '-르다' 말밑(14개)**

'-라지다': 갈라지다(가르다), 달라지다(다르다), 사라지다(사르다),…5개
'-러지다': 거스러지다(거스르다), 물러지다(무르다), 아우러지다(아우르다),…9개

이처럼 '-르다' 말밑이 확실하므로, 앞서 논의한 대로 '-르다'는 '-ㄹ다'와 뿌리를 같이하는 것으로 본다.

*살다 → 사르다 →사라지다

아울다 → 아우르다 →아우러지다

## (2) '-리다' 말밑(22개)

'-라지다': 꼬부라지다(꼬부리다), 오므라지다(오므리다), 짜그라지다(짜그리다),
···5개
'-러지다': 구부러지다(구부리다), 수그러지다(수그리다), 엎드러지다(엎드리다),
웅둥그러지다(웅둥그리다), 문드러지다(문드리다), 헤뜨러지다(헤뜨리
다), ···17개

이것 또한 말뿌리가 '-르다'일 것으로 보고 열거한 것이다.

\*오믈다 → 오므리다 → 오므라지다
\*엎들다 → 엎드리다 → 엎드러지다

## (3) 시늉말 말밑(33개)

'-라지다': 노그라지다(노글노글), 도드라지다(도들도들), 동그라지다(동글동글),
몽그라지다(몽글몽글), 쪼그라지다(쪼글쪼글), ···8개
'-러지다: 가무러지다(가물가물), 고스러지다(고슬고슬), 구드러지다(구들구들), 누
그러지다(누글누글), 미끄러지다(미끌미끌), 비스러지다(비슬비슬), ···25
개

이러한 시늉말 말밑의 말이 '-르다' 풀이씨와 연계되는지는 의문스러우나,
되풀이되는 도막의 마지막 소리마디가 /르/로 끝나 있어 이렇게 추정해 보는
것이다. 다만 관련된다 하더라도 그 뿌리는 시늉말이 될 것이다.

몽글몽글 → \*몽글다 → 몽그라지다
미끌미끌 → \*미끌다 → 미끄러지다

## (4) 불분명한 말밑(57개)
'-러(라)지다'를 '-르다'와 관련짓는 중점은 본항이다. 말밑이 분명한 앞든
보기들이 '-르다'와 관련된다면, 바로 본항의 보기들도 모두 '-르다' 풀이씨

에서 번졌으리라고 보고 싶다.

따라서, 이러한 말밑을 이용하여 새로운(과거에 쓰이다가 소멸되었는지 모르지만) '-르다' 풀이씨를 만들어 쓸 수도 있겠다.

'-라지다': 고꾸라지다(←*고꿀다), 까라지다(←*깔다)
　　　　　곤드라지다, 꼬꾸라지다, 꼬부라지다, 나라지다, 바따라지다, 바라지다, 빠그라지다, 사그라지다, 소쿠라지다, 옹동고라지다, 잘크라지다, 토라지다…14개
'-러지다': 가꾸러지다(←*가꿀다), 자지러지다(←*자질다)
　　　　　거꾸러지다, 군드러지다, 까무러지다, 까부러지다, 꺼부러지다, 끄무러지다, 누그러지다, 느즈러지다, 느러지다, 늘부러지다, 망그러지다, 물크러지다, 버드러지다, 부러지다, 빙퉁그러지다, 삐그러지다, 삐드러지다, 샐그러지다, 서그러지다, 시그러지다, 실그러지다, 쌜그러지다, 씰그러지다, 아스러지다, 야지러지다, 어그러지다, 어스러지다, 얼크러지다, 여지러지다, 옴츠러지다, 움츠러지다, 으그러지다, 으끄러지다, 으스러지다, 이지러지다, 잔지러지다, 지러지다, 지지러지다, 진지러지다, 질크러지다, 흐트러지다…43개

## 6.3.2. 그림씨(모두 21개)

그림씨로는 '-르다'나 '-리다' 풀이씨가 말밑이 되는 것은 없는 것 같다.

**(1) 시늉말 말밑(10개)**

'-라지다': 꼬부라지다(꼬불꼬불), 도드라지다(도들도들[40]))…2개
'-러지다': 간드러지다(간들간들), 건드러지다(건들건들), 두드러지다(두들두들[41])), 불퉁그러지다(불퉁불퉁), 산드러지다(산들산들), 선드러지다(선들선들), 시건드러지다(시건들시건들), 흐무러지다(흐물흐물)…8개

---

40) 사전에 그림씨 '도들도들하다'는 있으나 어찌씨 '도들도들'이 없다. 올렸으면 한다. ("몸에 두드러기가 도들도들 솟았다.")
41) 사전에 '도들도들하다'는 있는데 '두들두들하다'는 없다. '두들두들' 또한 없다. 둘 다 실었으면 한다. ("몸에 두둘두둘한 두드러기가 두들두들 솟았다.")

**(2) 불분명한 말밑(11개)**

'-라지다': 까부라지다(←*까불다), 다라지다(←*달다), 바라지다 · 되바라지다 ·
해바라지다(←*발다<벌다?)···5개
'-러지다': 비꾸러지다(←*비꿀다), 신둥부러지다(←*신둥불다), 앙그러지다(←*
앙글다), 일그러지다(←*일글다), 자지러지다(←*자질다), 흐드러지다
(←*흐들다)···6개

## 6.4. '-러(라)치다' 움직씨

{-치다} 뒷가지가 붙은 다음 말들도 그 말밑은 '-르다' 풀이씨나 시늉말에
서 온 것이다. 또한 '-르다' 풀이씨와 관련된다 하겠다. 모두 7개가 있다.

'-라치다': 돌라치다(도르다), 소스라치다(*소스르다←솟다)···2개
'-러치다': 가무러치다(*가물다···가물가물), 까무러치다(*까물다···까물까물), 둘
러치다(두르다 : 둘러 내던지다.), 둘러치다(두르다 : 둘러 가리다.), 얼
러치다(어우르다)···5개

## 6.5. '-ㄹ어(아)지다' 풀이씨

'-ㄹ어(아)지다' 풀이씨는 말할 것도 없이 '-르다' 풀이씨에서 파생된 말이
다. 어찌꼴 씨끝 {-어}를 구별하여 적는 까닭은 그 앞의 '-르다' 풀이씨의 본
뜻이 유지되고 있기 때문이다.[42]

### 6.5.1. 움직씨(모두 38개)

'-ㄹ아지다': 앵돌아지다(돌다), 졸아지다(졸다)···2개
'-ㄹ어지다': 기울(갸울 · 꺄울 · 끼울)어지다(기울다), 늘(넘늘 · 물고늘 · 휘늘)어
지다, (곯아 · 끈 · 나가 · 동 · 뒤 · 맞비겨 · 맞아 · 정나미 · 젖)떨어지
다, 벌어지다, 비(배 · 빼 · 삐)뚤어지다, 빼들어지다, 엉클어지다, 줄

---

42) 한글 맞춤법 제15항 [붙임1].

어지다, (뒤·배·비·외)틀어지다, (개개)풀어지다, 허물어지다, 헐
어지다, 헝클어지다…36개

## 6.5.2. 그림씨(모두 3개)

'-어지다': 멋들어지다(들다), 메떨어지다(떨다), 헤벌어지다(벌다)…3개

# 6.6. 시늉말에서 바뀐 그림씨·이름씨

## 6.6.1. '-럽(랍)다' 그림씨

앞에서 시늉말을 말밑으로 하는 '-러(라)지(치)다' 풀이씨를 보았지만, 이
제 시늉말을 뿌리로 하고, 여기에 {-업(압)다} 뒷가지가 붙어 된 그림씨를
모아 본다. 비록 시늉말이 뿌리이긴 하나 '르다' 풀이씨의 과정을 거친 것으
로 보인다.
가령 다음을 보자.

간지럽다 ← *간질다(간질이다) ← 간질간질

이 경우 '-르다' 형태의 말을 지금이라도 쓸 수 있을 듯하다. 실제로 지역
방언으로선 쓰이고 있는 것 같기도 하다.

'-랍다': 반지랍다(반질반질), 보드랍다(보들보들), 장그랍다(장글장글), 쟁그랍다
(쟁글쟁글)…4개
'-럽다': 간즈럽다[43], 간지럽다(간질간질), 군단지럽다, 군던지럽다, 군시럽다(군
실군실), 군지럽다, 근지럽다(근질근질), 깔끄럽다(까끌까끌[44]), 껄끄럽다
(꺼끌꺼끌), 남부끄럽다, 낯간지럽다(간질간질), 낯부끄럽다, 너그럽다(너
글너글), 단지럽다, 더럽다, 던지럽다, 매끄럽다(매끌매끌), 무럽다(←물
다), 미끄럽다(미끌미끌), 바끄럽다(바끌바끌), 바드럽다, 반드럽다(반들

---

43) ( ) 속에 시늉말을 표시하지 아니한 것은 사전에 실려 있지 않기 때문이다. 문헌상 나타
나지 않으나 있었음 직하다.
44) '깔↔까' 앞뒤 관계에 따라 /ㄹ/ 줆이거나 덧붙임이다.

반들), 번드럽다(번들번들), 번지럽다(번질번질), 부끄럽다, 부드럽다(부
들부들하다), 부럽다(←불다<경남>), 빤드럽다(빤들빤들), 뻔드럽다(뻔들
뻔들), 서럽다(←설다 ←섧다), 손부끄럽다, 숙부드럽다, 시끄럽다(시끌
시끌), 어지럽다(어질어질), 주체어지럽다(어질어질), 징그럽다(징글징글)
…36개

## 6.6.2. 뒷가지 붙어 된 이름씨

시늉말에 홀소리로 시작하는 뒷가지가 붙어 된 이름씨인데, 그 뿌리가 마
치 '-르다' 풀이씨인 것처럼 보인다.

    {-아지} 미꾸라지(*미끌다 ← 미끌미끌)
    {-앙이} 나부랭이(*나불다 ← 나불나불)
    {-엉이} 너부렁이(*너불다 ← 너불너불)
    {-이} 미꾸리(*미끌다 ← 미끌미끌)

# 7. '-르다' 풀이씨의 동음 충돌

모두가 'ㄹ' 벗어남인 '-르다' 풀이시와 'ㄷ' 벗어남의 '-ㄷ다' 풀이씨, 그리
고 줄기 끝소리가 홀소리인 풀이씨, 이 셋이 끝바꿈을 하다 보면 우연히 동
음어를 이루어 현상적 동음어의 충돌45) 현상이 일어나게 된다.

## 7.1. 'ㄷ' 벗어남과의 충돌

'ㄷ' 벗어남의 '-ㄷ다' 풀이씨는 42개로 나타나 있다. 그럼씨는 없고 모두
움직씨이다.

    (줄)걷다, (엇)겯다, (물)긷다, 깨닫다, 눋다, (내·치)닫다, (빗방울)듣다, (곧·
곧이·귀넘어·귀담아·귀여겨·넘겨·눌러·빗·새겨·새기어·설·알아·얻
어·여겨·엿·주워·지내·헛·횡)듣다, (되·캐·파)묻다, 붇다, 싣다, 일컫다

---

45) 천시권·김종택, 국어 의미론, 형설출판사, 1973, 178-179쪽.

이제 동음 충돌이 일어나는 경우를 보자.

⎰ 걷다 → 걷고, 걷다가, 걷지, 걸으며, … 걸어, 걸어서
⎱ 걸다 → 걸고, 걸다가, 걸지, 걸면, …… 걸어, 걸어서

걷다 - 걸다           긷다 - 길다           닫다 - 달다
듣다 - 들다           묻다 - 물다           붇다 -불다

## 7.2. 홀소리 줄기끝 풀이씨와의 충돌

'-ㄹ다' 풀이씨의 'ㄹ' 벗어남으로 말미암아 /ㄹ/가 줄어 결과적으로 줄기끝이 홀소리인 풀이씨와 같은 형태로 되는 것을 든다. 움직씨와 그림씨와의 차이, 움직씨 자체의 제·남 바탕의 다름, 또 같은 표기의 표제어가 여럿이 있더라도 한 번만 적는다(갈다₁, 갈다₂, 갈다₃,… → 갈다).

⎰ 가다 ──────→ 가고, 가면, 가지, 가서, … 가는, 간, 갑니다, 가시오, 가오, 갈
⎱ 갈다(갈다₁, 갈다₂, 갈다₃,…) → 갈고, 갈면, 갈지, 갈아서, … 가는, 간, 갑니다,
                                   가시오, 가오, 갈

가다 - 갈다           거치다 - 거칠다           고다 - 골다
기다 - 길다           까다 - 깔다           꼬다 - 꼴다
끄다 - 끌다           나다 - 날다           마다 - 말다
모지다 - 모질다           비다 - 빌다           사다 - 살다
서다 - 설다           써다 - 썰다           쏘다 - 쏠다
쓰다 - 쓸다           이다 - 일다           자다 - 잘다
조다 - 졸다           주다 - 줄다           지다 - 질다
치뜨다 - 치뜰다           트다 - 틀다           파다 - 팔다
푸다 - 풀다

## 8. '-ㄹ다' 풀이씨와 동계의 단어족

다음은 '-ㄹ다' 풀이씨와 그 뿌리가 같거나 같은 계통의 말이라고 생각되

는 것을 따로 뽑아 정리해 본다. 서재극 님의 의견[46]을 따르되, 수긍이 되는 것 가운데 '-ㄹ다' 풀이씨와 관계되는 것만 가려 적는다. 앞의 논의에서 공통 뿌리거나 뿌리일 것이라고 언급한 것은 제외한다.

- 갈다[分] - 골ㅎ다, 골히다[擇, 辨, 別]
- 갓골다, 가싈다[?] - 갓골다, 갓ㄱ로, 것구러디다[倒]
- 거츨다[荒] - 갗, 가족[皮]
- 가볼오다[籤] - 가비얍다[輕], 거풀, 거플, 거피, 겁질[鞘皮]
- 고올다[軒] - 굴다[噓](>불다)
- 굿블다[伏] - 곱다, 굽다[曲], 구븓ㅎ다[穹]
- 궁글다[內空] - 굵[穴, 孔]
- 길다[長] - 기르다[養], 깃다[茂], 길ㅎ, 기리[利子]
- 골다[曰] - 일콛다, 일쿨이다[稱, 謂]
- 골다[替, 代, 更] - 그르다[解]
- 놀다[遊] - 노릇, 노릇[嬉戲]
- 눌다[紅] - ㄴ리다[絡], 눌ㅎ[緯, 輕], ㄴㄹ[津]
- 더블다[與] - 다못ㅎ다, 다뭇[與]
- 돌다[廻] - 두르다[揮, 圍], 도르혀[還]
- 디눌(늘)다[臨] - 디르다[臨]
- 밀다[推] - 므르다[退], 뮈다[動], 무으다[搖]
- 몰다[調水] - 므르다[爛, 軟], 묽다[淡], 믈[水]
- 벌다[列, 羅] - 버리다[設, 排], 빋[友], 뿔[寸數, 行列]
- 시들다[衰] - 시드럽다[疲]
- 샬다[尖, 窄] - 샌ㄹ다[急]
- 알다[良] - 아롬답다[美], 아릇답다[嬌]
- 조올다[稽] - 저습다, 절ㅎ다[拜]
- 할다[訴, 讒] - 헐다[毀, 傷]

# 9. 마무리

이상에서 '-ㄹ다' 풀이씨의 꼴바꿈 형태나 몸바꾼 파생어 등에 대해서 논

46) 서재극, 중세 국어의 단어족 연구, 계명대학교, 1980.

의하고, 다른 풀이씨가 이와 같거나 비슷한 양상으로 변모하는 것에 대해 살피면서, 이 말의 뿌리가 같은 것이 아닐까 하고 추측했다. 논의한 것을 정지하여 마무리를 지으면 다음과 같다.

1. '-르다' 풀이씨는 약 600 낱말이 되는데, 시간이 흐를수록 많이 늘었다.

2. '-르다' 풀이씨의 줄기 끝소리 /르/는 상황에 따라 변동한다.

(1) 소리가 바뀐다.

갈다[kalda]→ ┌ 갈아[kara]
            │ 갈리다[kaʎʎida]
            └ 갈라[kalla]

(2) /르/이 준다.
놀다→노니, 놉니다, 노시다, 노오, 놀
기다랗다, 머지않아, 하지 마라, 하지 마(아)

(3) 옛말에서도 /르/이 줄었다.
ᄂᆞᄂᆞᆫ(놀다), (밭)갈 씨오, 우숩고, 마오, 마라, 마져(말다), 기돗던고(길다)
— 기르신, 마ᄅᆞ쇼셔

(4) 줄기 /르/ 다음의 씨끝 /ㄱ/이 준다.
머믈어늘, 알오져

3. '-르다' 풀이씨는 순수한 홑씨는 얼마 안 되고 오히려 파생어나 합성어가 더 많다.

들다 → 가난들다, 안틀다, 힘들다, …
걸다 → 걸리다, 걸치다, 걸개, 걸이, …

4. '-르다' 풀이씨는 여러 가지 파생어를 생산한다.

(1) 하임·입음 : 달구다, 일으키다, 늘어뜨리다, 달갑다, 기다랗다, 무럽다, …
(2) 몸바뀐 이름씨 : 삶, 울음, 노름, 갈개, 빨래, 써레, 우지, 날치, 가물, …
(3) 몸바뀐 어찌씨 : 길래, 비뚜로, 멀리, 통틀어, 도로, 길이, 흐물흐물, …
(4) 몸바뀐 매김씨, 느낌씨, 토씨, 씨끝 : 긴긴, 헌, 도리도리, (너)말고, (가)고말
고, …

5. '-ㄹ다' 풀이씨의 변동 모습이나 변천 역사상 '-르다' 풀이씨와 같거나 비슷한 점이 매우 많아, 그 뿌리가 같았지 않았나 싶다.

(1) 뒷가지 붙는 모습

$$\begin{cases} 갈다 \to 갈리다 \\ 가르다 \to 갈리다 \end{cases} \qquad \begin{cases} 길다 \to 기다랗다 \\ 너르다 \to 널따랗다 \end{cases}$$

(2) 이름씨 뒷가지 : 게으름, 둘레, 두렁이, 마무리

(3) 본디말과 준말 관계는 역사적으로 순서가 바뀌는 것이 있다.
까부르다 - 까불다, 서두르다 - 서둘다

(4) '-ㄹ다'와 '-르(ㄹ)다'는 움직씨 바탕으로 대치된다.
돌다<제> - 도ㄹ다(>돌리다)<남>
살다<제> - 사ㄹ다(>살리다)<남>

(5) 역사적으로 '-ㄹ다'와 '-르(ㄹ)다'의 순서가 앞뒤 구별이 안 되는 것이 많다.

| | |
|---|---|
| 누를다 > 누르다[黃] | 술다 > 사르다[燒] |
| ㄱㄹ다 > 갈다[替] | 즈르다 > 줄다[縮] |
| 구울다 > 구르다(본디말) → 굴다[轉](준말) | |
| 서툴다 > 서투르다(본) → 서툴다(준) | |

이 경우 이제말 '서툴다'는 준말이 아니고 옛말을 유지하고 있는 셈이다.

(6) '날다, 낯설다, 녹슬다'는 '나르다, 낮서르다, 녹스르다'처럼 끝바꿈하는 수가 있다.

날다[飛] → 나르고, 나르지, 나르는, 나른, 나를, 날라서

6. '-리다, -ㄹ이다, 러(라)지(치)다, ㄹ어(아)지다' 풀이씨의 형태를 분석해 보면 대개가 '-ㄹ다' 풀이씨거나 시늄말 들인데, 시늄말조차도 '-ㄹ다' 풀이씨와 관련이 된다.

(1) 길다 → 기리다             틀다 → 틀리다
(2)*간질다 → 간질이다          샐다 → 샐이다
(3)*갈다 →가르다 → 갈라지다
   *오믈다 → 오므리다 → 오므라지다
   도들도들 → *도들다 → 도드라지다
   *꼬불다 →꼬부리다 → 꼬부라지다
(4)*가물다 → 가물가물 → 가무러지다
(5) 졸다 → 졸아지다            벌다 → 헤벌이지다
(6) 간질간질 → *간질다 → 간지럽다   물다 → 무럽다
(7) 너불너불 → *너불다 → 너부렁이

7. 'ㄷ' 벗어남, 'ㄹ' 벗어남 및 홀소리 줄기 끝의 풀이씨는 그 끝바꿈 과정에서 동음 충돌을 일으킨다

{ 걷다 → 걷고, 걷지, … 걸어, 걸어서
  걸다 → 걸고, 걸지, … 걸어, 걸어서

{ 갈다 → 갈고, 갈지, … 가는, 간, 갑니다, 가시오, 가오, 갈
  가다 → 가고, 가지, … 가는, 간, 갑니다, 가시오, 가오, 갈

8. '-ㄹ다' 풀이씨와 동계라고 생각되는 단어족이 있다.

갈다[分] - 굴희다[擇, 別], 가롤[脚]
돌다[廻] - 두르다[揮, 圍], 도르혀[還]

이상으로 요약하였지만, 결론하면 '-르다' 풀이씨는 변동·변천하는 모습이 다양하며, 또 '-르다, 리다, 르이다, 러지다' 풀이씨나 /르/로 끝나는 시늉말 등과 그 뿌리를 같이하는 말일 것으로 추정해 보았다.

# <부록> '-ㄹ다' 풀이씨 일람표

## (가) 이제말 일람표

### (1) 통계

#### (ㄱ) 올린 낱말 더·덜 통계

| 낱말 더덞 \ 씨별 | 움직씨 | 그림씨 | 계 |
|---|---|---|---|
| (역순 사전)(유재원) | 423 | 69 | 492 |
| 빼어버린 수 | -13 | 0 | -13 |
| <우리말 큰사전>에서 보탬 | 204 | 11 | 215 |
| 나름대로 보탬 | 29 | 6 | 35 |
| 보탠 수 | 233 | 17 | 250 |
| 더던 수 | 220 | 17 | 237 |
| 올린 수 | 643 | 86 | 729 |

#### (ㄴ) 올린 낱말의 으뜸·번진말 통계

| 씨별 \ 갈래 | | 이제말 | | | 옛말 | | |
|---|---|---|---|---|---|---|---|
| | | 으뜸말 | 번진말 | 계 | 으뜸말 | 번진말 | 계 |
| 움직씨 | 제 | 51 | 334 | 385 | 23 | 37 | 60 |
| | 남 | 70 | 159 | 229 | 36 | 27 | 63 |
| | 제·남 | 12 | 17 | 29 | 9 | 4 | 13 |
| | 계 | (133) | (510) | (643) | (68) | (68) | (136) |
| 그림씨 | | 40 | 46 | 86 | 14 | 3 | 17 |
| 합계 | | 173 | 556 | 729 | 82 | 71 | 153 |

(※ 옛말의 통계 숫자가 이제말보다 훨씬 적은 것은 이제말에 해당되는 옛말이 문헌에 나오지 않았기 때문임. 옛말이 없었다는 뜻이 절대 아님.)

## (2) 일람표

<일러두기>

①㉠ 여기에 올린 말(이제말)은 현대 표준말이다.

  ㉡ 본딧말, 준말도 올렸다.

  ㉢ 원말, 변한말도 표준말로 쓰이면 올렸다.

②㉠ '으뜸말'이란 바탕이 되는 뿌리말, 홑씨(단순어)를 일컫는다.

  ㉡ 단, '산들다, 뼈물다' 같은 말은 '산-들다, 뼈-물다'로 보이나, 사전에 선 그렇게 처리하지 않았고, 뜻도 앞 뒤 말과는 전혀 관계가 없으므로, 홑씨로 보았다. '영돌다, 승겁들다'는 움직씨 '돌다, 들다'와 관련 지을 수 있겠으나, 씨 자체가 그림씨로 되었고, 그림씨로서는 '돌다, 들다'가 없으므로, 또 '돌다, 들다'와는 뜻도 전혀 관계가 없으므로 부득이 '으뜸말'로 올렸다.

  ㉢ 그러나, 지역 사투리나 특수 직업어, 은어 등은 싣지 않았다.

  ㉣ 그러나, 필자 나름으로 꼭 올렸으면 싶은 것은 실어 놓았다.('박'으로 표지)

  ㉤ 사전들에는 올리지 않았으나, 필자는 모자란움직씨('모ㆍ움'으로 표지. 안갖춘움직씨, 불구동사)도 올렸다.(*표 한 것) 정서적인 표현을 위해서는 얼마든지 으뜸꼴을 쓸 수 있다고 보기 때문이다. 다른 것들도 실제로 으뜸꼴은 거의 쓰이지 않는 것이다. '으뜸말', '번진말' 모두에 해당된다.

  ※ 더불다 → 드디어 태양은 달과 더불다.(일식)

③㉠ '번진말'이란 '으뜸말'보다 한 글자 뒤로 물려 쓴 것들이다.

  ㉡ 이것들은 위의 '으뜸말'이 뒤에 붙는 합성어거나 그 으뜸말의 파생어이다.

  ㉢ 그 으뜸말의 뜻과는 상당히 거리가 있다 하더라도 웬만하면 함께 묶었다.

④ 연번은 '으뜸말', '번진말' 관계없이 모두를 열거한 숫자이다.

⑤ '으뜸말'은 으뜸말대로, 번호를 붙여 숫자를 따로 파악해 보았다.

⑥ '바탕'의 '제'는 제움직씨, '남'은 남움직씨이다.

⑦㉠ '사전'은 이 말이 실린 사전(책)을 일컫는다.

㉡ 표지가 없는 것은 모든 사전에 다 올려 있다는 뜻이다.

㉢ ㉠은 한글 학회(어문각, 1991)의 <우리말 큰사전>에만 실려 있는 것.(215 어휘)

㉣ ㉠는 한글 학회(홍자출판사, 1972)의 <새 한글 사전>에는 실려 있으나, <우리말 큰사전>엔 실려 있지 않은 것으로, 유재원 님의 <역순 사전>에도 물론 실려 있는 것이다. 유재원 님은 <새 한글 사전>을 조사하여 <역순 사전>(정음사, 1985)을 만든 것이라 하였다. 이 경우 <한>에는 중심말의 풀이 가운데 두 낱말로 띄어 써서 풀이해 둔 것이 대부분이다.(34 어휘)

㉤ ㉠은 필자 나름으로 꼭 올려 썼으면 하는 것.(35 어휘)

⑧㉠ '옛말'은 '이제말'의 옛말이다.

㉡ 여럿일 때는 대체로 본 변천 역사의 순서대로이다.

㉢ 뜻이 같은 옛말이라도 '이제말'의 뿌리라고 볼 수 없는 것은 ( ) 속에 넣었다.

⑨ '이제말'에 해당되는 '옛말' 자리가 많이 비어 있다. 이것은 이에 해당되는 옛말이 없다는 뜻이 아니고, 문헌(옛말 사전 등)에 나타나지 않았다는 뜻이다.

⑩㉠ '뜻'은 이제말의 뜻이되, 짧은 월로 대신하기도 하였다.

㉡ '㉠·㉠, ㉠·㉠, ·㉠, ㉠·㉠, ㉠·㉠'은 각각 '큰말·작은말, 예사말·센말·거센말, 원말·변한말, 본딧말·준말'을 뜻한다. 그러니까 '이제말'난에 올린 것이 그 상대적인 말이 된다는 뜻이다.

⑪ '비고'에는 이제말에서 파생되었거나 몸바꾼 다른 씨 등 관계가 있다고 보여지는 말들을 열거하거나, 참고될 만한 음운·형태론 등의 국어학적 참고 사항을 적은 것이다.

## <움직씨>

| 연번 | 이 제 말 (으뜸말과 번진말) | 바탕 | 사전 | 옛 말 | 뜻 | 비 고 |
|---|---|---|---|---|---|---|
| 1 | ① 가말다 | 남 | | ᄀᆞᅀᆞᆷ알다, ᄀᆞᅀᆞ말다> ᄀᆞᄋᆞ말다>ᄀᆞ으말다 | <본>가음알다 : 일을 맡아 처리하다. | /Δ/ 소실 |
| 2 | ② 가물다[旱] | 제 | | ᄀᆞᄆᆞᆯ다, ᄀᆞ믈다> ᄀᆞ물다 | 오래 비가 아니 오다. | 가물, 가뭄, 가물음 |
| 3 | ③ 갈다[替] | 남 | | ᄀᆞᆯ다 | 바꾸다 | 갈리다. 갈개, 갈음, 갈이 |
| 4 | 굽갈다 | 남 | | | (말)굽을 바꾸다. | 굽갈레 |
| 5 | 되갈다 | 남 | 한 | | 다시 갈다. | 되다 (농사) |
| 6 | *번갈다 | 남 | 박 | | 차례대로 바꾸다. | (모・움) 번갈아 |
| 7 | 엇갈다 | 제・남 | 한 | | 둘이 서로 번갈다. | 엇갈리다 |
| 8 | 이갈다 | 제 | | 니ᄀᆞᆯ다 | 젖니 갈다. | 이갈이 |
| 9 | 창갈다 | 남 | | | 신창을 갈다. | 창갈이, 창갈이하다 |
| 10 | 털갈다 | 제 | | | 털갈이하다 | 털갈이, 환우하다 |
| 11 | ④ 갈다[耕] | 남 | | ᄀᆞᆯ다 | 칼을 갈다. | 갈리다, 갈이 |
| 12 | 옥갈다 | 남 | | | 날을 옥여 갈다. | 옥갈리다 |
| 13 | 이갈다 | 제 | | 니ᄀᆞᆯ다 | 아래윗니를 대고 갈다. | 이갈리다, 이갈이 |
| 14 | ⑤ 갈다 | 남 | | ᄀᆞᆯ다 | (밭을)갈다. | 갈이 |
| 15 | 삭갈다 | 남 | | | 한 번만 갈다. | 삭갈이, 삭갈이하다 |
| 16 | 잔갈다 | 남 | | | 잘게 갈다. | 잔갈리다, 잔- ← 잘다 |
| 17 | ⑥ 갈다 | 제 | 한 | | 민물고기 암수가 몸을 비비다. | |
| 18 | ⑦ 갈다 | 남 | 한 | | 손톱 깎다. (궁중어) | |
| 19 | ⑧ 거들다 | 남 | | | 일을 돕다. | |
| 20 | ⑨ 건들다 | 남 | | | <본>건드리다 | 건들리다 |
| 21 | ⑩ 걸다[掛] | 남 | | 걸다 | (옷을)걸다 | 걸리다, 걸치다, 걸이 |
| 22 | 걸량걸다 | 남 | 한 | | = 걸량짚다: 엽전을 대강 헤아리다. | |
| 23 | 곱걸다 | 남 | | 곡걸다 | 겹쳐 얽다. | ㄱ:ㅂ (서로통함) |
| 24 | 내걸다 | 남 | | | (간판을)내걸다 | |
| 25 | 닫아걸다 | 남 | | 다다걸다 | (문을)닫아걸다 | |

| 연번 | 이 제 말<br>(으뜸말과 번진말) | 바탕 | 사전 | 옛 말 | 뜻 | 비 고 |
|---|---|---|---|---|---|---|
| 26 | 덧걸다 | 남 | 한 | | 겹쳐 걸다. | 덧걸리다,<br>덧걸이(씨름) |
| 27 | 딴죽걸다 | 남 | | | 상대의 다리를 걸어당기다. | |
| 28 | 떼걸다 | 남 | | | 손을 떼다. | |
| 29 | 마수걸다 | 제 | | | 물건을 처음 팔다. | 마수걸이,<br>마수걸이하다 |
| 30 | 막걸다 | 남 | 한 | | 단판으로 내기하다. | |
| 31 | 막걸다 | 남 | 한 | | 맞걸다 | |
| 32 | 맞걸다 | 남 | | | 마주 걸다. | 맞걸리다, 맞걸이(씨름), 맞걸이하다 |
| 33 | 목걸다 | 제 | 한 | | = 목숨걸다 | |
| 34 | 목숨걸다 | 제 | 한 | | 죽음을 각오하다. | |
| 35 | 벗걸다 | 제 | | | 소금가마를 걸다<br>(설치하다). | |
| 36 | 선손걸다 | 제 | | | 선수를 쓰다. | 先- |
| 37 | 솥걸다 | 제 | | | 솥을 걸다. | |
| 38 | 엇걸다 | 제 · 남 | | | 서로 마주 걸다. | 엇걸리다,<br>엇걸이이음 |
| 39 | 옭걸다 | 남 | | | 옭아서 걸다. | |
| 40 | ⑪ 골다 | 남 | | 고오다 | 코를 골다. | |
| 41 | 코골다 | 제 | | 고코오다, 코고오다, 코고으다 | 코를 골다. | |
| 42 | 헛코골다 | 제 | | | 자는 체 코를 골다 | |
| 43 | ⑫ 골다 | 제 | 한 | | = 곯다 : 배곯다 | |
| 44 | ⑬ 굴다 | 남<br>(도움) | | 굴다 | (못살게)굴다 | |
| 45 | 달게굴다 | 제 | 한 | | 정답게 굴다. | |
| 46 | 달게굴다 | 남 | | | 보채면서 조르다. | |
| 47 | ⑭ 굴다 | 제 | | 그울다, 구을다 | <본>구르다 | 그울다 > 구을다<br>ㅡ : ㅜ(자리바꿈) |
| 48 | 나뒹굴다 | 제 | 한 | | 마구 뒹굴다. | |
| 49 | 내리뒹굴다 | 제 | 한 | | 낮은 데로 뒹굴다. | |
| 50 | 뒹굴다 | 제 | | 누우쓸다,<br>누읏굴다 | 이리저리 구르다. | |
| 51 | ⑮ 그슬다 | 남 | 한 | | (불에)그슬다 | 그슬리다,<br>그슬음 → 그을음 |
| 52 | 그을다 | 제 | | | (얼굴이)그을었다 | 그을리다, 그을음<br><준>글다 |

| 연번 | 이제 말 (으뜸말과 번진말) | 바탕 | 사전 | 옛 말 | 뜻 | 비 고 |
|---|---|---|---|---|---|---|
| 53 | 글다 | 제 | | | <본>그을다 | 글음 |
| 54 | ⑯ 기울다[斜] | 제 | 한 | 기울다, 기울다 | 한쪽이 낮아지다. | 기울이다, 기울어뜨리다, 기울기 (그림씨도 있음.) |
| 55 | 갸울다 | 제 | 한 | | <큰>기울다 | 갸울이다, 갸울어뜨리다(그림씨도 있음.) |
| 56 | 검기울다 | 제 | | | 날씨가 껌껌해지다. | |
| 57 | 꺄울다 | 제 | 한 | | <예>갸울다 | 꺄울이다, 꺄울어뜨리다(그림씨도 있음.) |
| 58 | 끼울다 | 제 | 한 | | <예>기울다 | 끼울이다, 끼울어뜨리다(그림씨도 있음.) |
| 59 | ⑰ 까불다[戱] | 제 | | | 경망하게 굴다. | 까불리다, 까불거리다, 까불까불 |
| 60 | 꺼불다 | 제 | 한 | | <작>까불다 | 꺼불거리다, 꺼블꺼블 |
| 61 | 뒤까불다 | 남 | | | 매우 경망스럽게 하다. | |
| 62 | 들까불다 | 남 | | | <본>들까부르다 : 마구 까불다. | 들까불리다, 들까불거리다 |
| 63 | 손까불다 | 제 | 한 | | 경박한 행동을 하다. | |
| 64 | 짓까불다 | 제·남 | 한 | | 마구 까불다. | |
| 65 | 턱까불다 | 제 | | | 턱을 절로 떨다. | |
| 66 | ⑱ 까불다[箕] | 남 | 한 | ᄭᅳᆯ블다>ᄭᅳᆯ블다, ᄭᅡ불다 | <본>까부르다: (키로 곡식을)까불다 | 가불오다, 까보르다 |
| 67 | 뒤까불다 | 제·남 | 한 | | <본>뒤까부르다 : 마구 까불다. | |
| 68 | ⑲ 깔다 | 남 | | | (자리를)깔다 | 깔리다, 깔보다, 깔개, 깔찌 |
| 69 | 내리깔다 | 남 | | | 아래쪽으로 깔다. | 내리깔리다 |
| 70 | 덧깔다 | 남 | | | 다시 덮어 깔다. | 덧깔리다 |
| 71 | 되깔다 | 남 | 한 | | 다시 깔다. | 되깔리다 |
| 72 | 짓깔다 | 남 | 한 | | 함부로 마구 깔다. | 짓깔리다 |
| 73 | ⑳ 깨뜰다 | 남 | 한 | | <본>깨뜨리다 | |
| 74 | ㉑ 꺼둘다 | 남 | | | <본>꺼두르다: 끌어잡고 함부로 휘두르다. | 꺼둘리다 |
| 75 | ㉒ 꼴다 | 남 | | | (자지를)꼴다 | 꼴리다 |

| 연번 | 이 제 말<br>(으뜸말과 번진말) | 바탕 | 사전 | 옛 말 | 뜻 | 비 고 |
|---|---|---|---|---|---|---|
| 76 | ㉓ 끌다[牽] | 남 | | 그스다>그스다,<br>쓰스다<br>쓰스다>그으다,<br>쓰으다>그다, 글<br>다, 쓰다, 끌오다,<br>긋다>쓰을다 | (수레를)끌다 | 끌리다, 끌개<br>(/ㅅ/ 줄고 /ㄹ/ 덧보<br>탬) |
| 77 | 그물끌다 | 제 | 한 | | 그물을 끌어 당기다. | |
| 78 | 이끌다 | 남 | | 잇그다>잇글다,<br>이쓸다>잇쓸다<br>※잇들다 | 따라오게 하다. | 이끌리다, 이끌이 |
| 79 | 들이끌다 | 남 | | | 세게 끌다. | |
| 80 | 들이끌다 | 남 | 한 | | 안쪽으로 끌다. | |
| 81 | ㉔ 날다[飛] | 제·남 | | 놀다 | (새가)날다 | 날리다, 날개, 날치,<br>날림, 날래다, 날뛰다 |
| 82 | 나날다 | 제 | 한 | | 날아 오락가락하다. | |
| 83 | 붓날다 | 제 | | | 말, 짓이 가볍고 들뜨다. | 붓날리다 |
| 84 | ㉕ 날다 | 제 | | | (빛깔이)날았다 | |
| 85 | ㉖ 날다 | 남 | | 놀다 | (베짤 실을)날다 | |
| 86 | ㉗ 널다 | 남 | | 너흘다 | (곡식을)널다 | 널리다, 너르다, 널<br>찍하다 |
| 87 | 짓널다 | 남 | | | 마구 흩어서 널다. | |
| 88 | ㉘ 널다 | 남 | | | 쥐가 쏠아 부서러기를 널<br>어 놓다. | |
| 89 | 잘널다 | 남 | 한 | | 이로 깨물어 잘게 만들다. | 잘- ← 잘다 |
| 90 | ㉙ 넘늘다 | 제 | | | 점잖을 지키면서도 흥취<br>있게 놀다. | |
| 91 | ㉚ 놀다[遊] | 제·남 | | 놀다 | (일하지 않고)놀다<br>놀이, 작용을 하다. | 놀리다, 노래, 놀음,<br>노름, 놀이, 놀림 |
| 92 | 걸립놀다 | 제 | 한 | | 굿거리하다 | |
| 93 | 공기놀다 | 제 | | 공긔놀다 | 공기놀이를 하고 놀다. | 공기놀리다, 공기놀<br>이, 공기놀이하다,<br>공기하다 |
| 94 | 구능놀다 | 제 | | | 무당이 구능차림의 짓을<br>하다. | 구능놀이, 구능놀이<br>하다 |
| 95 | 넘놀다 | 제 | | 넘놀다, 넘놀다,<br>넙놀다, 넘놀다 | 흥취 있게 행동하다.<br>넘나들어 놀다. | |
| 96 | 늑놀다 | 남 | 한 | | 쉬엄쉬엄 일하다. | ← 늑장. '늑놀다'는<br>틀림 |

| 연번 | 이제 말<br>(으뜸말과 번진말) | 바탕 | 사전 | 옛 말 | 뜻 | 비 고 |
|---|---|---|---|---|---|---|
| 97 | 뒤놀다 | 제 | 박 | | 정처없이 돌아다니다. | |
| 98 | 뒷전놀다 | 제 | | | 무당이 마지막 거리를 놀다. | 뒷전놀이, 뒷전놀이<br>하다 |
| 99 | 뛰놀다 | 제 | | 뛰놀다, 쒸놀다,<br>쀠놀다(쏨놀다,<br>쏨닌다, 봄뇌다,<br>봄노을다) | 뛰어다니며 놀다. | |
| 100 | 발매놀다 | 남 | | | 굿 음식을 끼었다. | |
| 101 | 손놀다 | 제 | 한 | | 일없이 놀다. | |
| 102 | 윷놀다 | 제 | 한 | | 윷놀이하다 | 윷놀이 |
| 103 | 하리놀다 | 남 | | 할다 | 헐뜯어 이르다. | 하리들다, 기참하다,<br>참소하다 |
| 104 | 흐놀다 | 남 | 한 | | 그리어서 동경하다. | |
| 105 | 흥글방망이놀다 | 남 | | | 방해하다 | |
| 106 | ⑪ 놀다 | 제 | 박 | | 고정되어 있지 않고 흔들<br>리다. | *표제어 독립 |
| 107 | 겉놀다 | 제 | 박 | | 붙어 있지 않고 흔들리다. | *표제어 독립 |
| 108 | 뒤놀다 | 제 | 박 | | 몹시 흔들리다. | *표제어 독립 |
| 109 | 들놀다 | 제 | 박 | | 마구 흔들리다. | *표제어 독립 |
| 110 | ⑫ 느물다 | 제 | 한 | | 능글맞은 태도로 끈덕지<br>게 굴다. | 느물거리다, 느물스<br>럽다, 느물느물 |
| 111 | ⑬ 늘다 | 제 | | 늘다 | (수가)늘다 | 늘리다, 늘이다,<br>늘어뜨리다 |
| | (*닐다) | | | | | 독립하여 쓰이지 않<br>음. |
| 112 | 거닐다 | 제·남 | | 걷니다, 건니다,<br>것니다 | 한가히 걷다 | 걷+니다, /ㄹ/ 덧보<br>탬 |
| 113 | 굼닐다 | 제·남 | | 굼니다 | <원>굼닐다 : 굽어졌다 일<br>어섰다 하다. | 굽+니다, 〃 |
| 114 | 나닐다 | 제 | | ᄂ니다 | 날아 오락가락하다. | 날+니다, 〃 |
| 115 | 넘노닐다 | 제 | | | 넘나들어 노닐다. | 넘+놀+니다,<br>〃 |
| 116 | 노닐다 | 제 | | 노니다 | 한가하게 놀며 다니다. | 놀+니다, 〃 |
| 117 | 다붓닐다 | 제 | | | 다붙어서 붙임성 있게 굴다. | 다붙+니다, 〃 |
| 118 | 도닐다 | 제 | | 도니다 | 빙빙 돌며 거닐다. | 돌+니다, 〃 |
| 119 | 부닐다 | 제 | | | 가까이 따르며 붙임성 있<br>게 굴다. | 불+니다, 〃 |

| 연번 | 이 제 말<br>(으뜸말과 번진말) | 바탕 | 사전 | 옛 말 | 뜻 | 비 고 |
|---|---|---|---|---|---|---|
| 120 | ㉞ 달다[掛] | 남 | | 둘다 | (기름)달다 | 달리다, 다래, 다래미, 달랑달랑, 달랑거리다 |
| 121 | 갱(坑)달다 | 제 | | | 광맥을 뚫다. | |
| 122 | 곁달다 | 남 | 한 | | 덧붙여 달다. | 곁달리다, 곁다리 |
| 123 | 광달다 | 제 | | | 연 꼭지를 붙이다. | |
| 124 | 내달다 | 제 | 한 | | 바깥에다 달다. | |
| 125 | 덧달다 | 남 | 한 | | 덧붙여 달다. | 덧달리다 |
| 126 | *덩달다 | 제 | | | 남이 하는 대로 따라 하다. | (모·움) → 덩달아, 덩달아서 |
| 127 | 돛달다 | 제 | | | 돛을 올리다. | |
| 128 | 뒤달다 | 제 | 한 | | 뒤를 달다. | |
| 129 | 매달다 | 남 | | | 매어서 달다. | 매달리다 |
| 130 | 목매달다 | 제·남 | | | 목을 걸어 달다. | 목매다 |
| 131 | 미늘달다 | 제 | | | 덮어 누르다. | |
| 132 | 볼달다 | 남 | | | 쇳조각을 덧달다. | |
| 133 | 붗달다 | 제 | | | 언행을 급하게 하다. | |
| 134 | 싯발달다 | 제 | 새 | | 시운(詩韻)을 달다. | |
| 135 | 연(連)달다 | 제·남 | 한 | 니음달다,<br>니음달다 | = 잇달다, 이음달다 | |
| 136 | 운달다 | 제 | 한 | | 운김에 따라 하다. | |
| 137 | 이음달다 | 제·남 | 한 | | = 잇달다 | |
| 138 | 잇달다 | 남 | | (지즐다, 지줄다) | 이어 달다. | 잇달리다 |
| 139 | 종(腫)달다 | 제 | | | 종기가 잇대어 생기다. | |
| 140 | 줄달다 | 제 | | | 끊임없이 잇달다. | 줄달음 |
| 141 | 치달다 | 남 | 한 | | 위로 올라가며 달다. | 치달리다 |
| 142 | ㉟ 달다 | 남 | | 달다 | (무게를)달다 | 뜨다 |
| 143 | ㊱ 달다 | 남 | 박 | | 얻다(범죄자들의 변말) | |

| 연번 | 이 제 말<br>(으뜸말과 번진말) | 바탕 | 사전 | 옛 말 | 뜻 | 비 고 |
|---|---|---|---|---|---|---|
| 144 | ㊲ 달다[熱] | 제 | | 달다, 달회다 | 뜨거워지다 | 달구다, 달이다, 달치다, 달뜨다 |
| 145 | 건몸달다 | 제 | | | 혼자서만 몸이 달다. | |
| 146 | 겉몸달다 | 제 | 한 | | = 건몸달다 | |
| 147 | 등달다 | 제 | 새 | | 등이 화끈해지다. | |
| 148 | 몸달다 | 제 | | | 몹시 조급해하다. | |
| 149 | 속달다 | 제 | 새 | | 애가 타다. | |
| 150 | 애달다 | 제 | | | 애가 달다. | 애달프다 |
| 151 | ㊳ *달다 | 남 | 박 | | 해 주기를 요구하다. | (모 · 움) → 다오, 달라 |
| 152 | ㊴ *더불다 | 제 · 남 | 박 | 더블다 | 함께하다, 데리다 | (모 · 움) → 더불어 |
| 153 | ㊵ 덜다[除] | 남 | | 덜다 | 양, 수를 줄게 하다. | 덜리다, 덜이 |
| 154 | ㊶ 돌다[廻] | 제 · 남 | | 돌다 | 원을 그리며 움직이다. | 돌리다, 돌이키다, 돌림, 도리다, 돌(생일) |
| 155 | 감돌다 | 제 | | 감돌다 | 빙빙 돌다. | 감돌이 |
| 156 | 감미(甘味)돌다 | 제 | 한 | | 단맛이 느껴지다. | |
| 157 | 감싸고돌다 | 남 | | | 편들다 | 싸고돌다 |
| 158 | 겉돌다 | 제 | | | 섞이지 않다. | 겉돌이 |
| 159 | 겉물돌다 | 제 | | | 겉물이 떠서 돌다. | |
| 160 | 계면돌다 | 제 | | | 무당이 돌아다니다. | |
| 161 | 공(空)돌다 | 제 | | | 남아서 굴러다니다.<br>헛돌다 | |
| 162 | 곱돌다 | 제 | 한 | | = 감돌다 | |
| 163 | 나돌다 | 제 | | | 나가서 돌아다니다. | 나돌아다니다 |
| 164 | 날아돌다 | 제 · 남 | 한 | | 날면서 돌다. | |
| 165 | 남아돈다 | 제 | 한 | | 남게 되다. | |
| 166 | 되돌다 | 제 | 한 | | 반대쪽으로 돌다. | 되돌이- |
| 167 | 뒤돌다 | 제 | 한 | 뒤돌다 | 뒤로 돌다. | 뒤돌리다 |
| 168 | 떠돌다 | 제 | | | 정처없이 돌아다니다. | 떠돌뱅이, 떠돌이 |
| 169 | 매암돌다 | 제 · 남 | 새 | | = 맴돌다 | |

| 연번 | 이제 말<br>(으뜸말과 번진말) | 바탕 | 사전 | 옛 말 | 뜻 | 비 고 |
|---|---|---|---|---|---|---|
| 170 | 맴돌다 | 제·남 | | | <원>매암돌다 : 제자리서<br>뱅뱅 돌다. | 맴돌리다, 맴돌이 |
| 171 | 목새돌다 | 제 | 한 | | 벼에 목새병이 걸리다. | |
| 172 | 밑돌다 | 제 | 한 | | 정도에 미치지 못하다. | <비>웃돌다 |
| 173 | 배돌다 | 제 | | | 따로 행동하다. | 배돌이 |
| 174 | 베돌다 | 제 | | | <작>배돌다 | |
| 175 | 순경(巡警)돌다 | 제 | 한 | | 경계하여 돌아다니다. | |
| 176 | 싸고돌다 | 남 | | | 주위를 돌다. | 싸돌다 |
| 177 | 싸돌다 | 남 | | | = 싸고돌다 | |
| 178 | 안돌다 | 남 | 한 | | 안고 돌아가다. | 안돌이 |
| 179 | 에돌다 | 제·남 | | 에돌다 | 피하여 멀리 돌다. | 에돌리다 |
| 180 | 온기(溫氣)돌다 | 제 | 한 | | 온기가 생기다. | |
| 181 | 웃돌다 | 제 | 한 | | 위에 이르다. | <비>밑돌다 |
| 182 | 장돌다 | 제 | | | 속이 회공하여 자위가 뜨<br>다. | |
| 183 | 죄돌다 | 제 | 한 | | = 죄받다 : 벌을 받다. | 좌죄하다 |
| 184 | 치돌다 | 제 | 한 | | 위쪽으로 돌다. | |
| 185 | 통돌다 | 제 | | | 같이하기로 알려지다. | |
| 186 | 헛돌다 | 제 | 한 | | 바퀴가 소용 없이 돌다. | = 공돌다 |
| 187 | 휘돌다 | 제 | | 횟돌다 | 마구 돌다. | 휘돌리다 |
| 188 | ⑫ 들다[入] | 제·남<br>(도움) | | | (안으로)들다, (수청을)들<br>다, (따지려)들다 | 들이다, 들이뜨리다,<br>들이, 들입다 |
| 189 | 가난들다 | 제 | 새 | | 구하여도 없다. | |
| 190 | 가물들다 | 제 | 새 | | 가물음에 영향을 주다. | |
| 191 | 갈마들다 | 제 | | | 서로 번갈아 들다. | 갈마들이다 |
| 192 | 갈아들다 | 제 | | | 대신 들어오다. | 갈아들이다 |
| 193 | 감돌아들다 | 제 | | | 감돌아서 들어오다. | |
| 194 | 개암들다 | 제 | | | 해산 뒤 후더침(산훗병)이<br>나다. | |
| 195 | 개(改)잠들다 | 제 | | | 깨었다 다시 잠들다. | |
| 196 | 감고들다 | 남 | 박 | | 오해하여 달려들다. | |
| 197 | 걸고들다 | 남 | 박 | | 꼬투리를 잡아 달려들다. | |

| 연번 | 이제 말<br>(으뜸말과 번진말) | 바탕 | 사전 | 옛 말 | 뜻 | 비 고 |
|---|---|---|---|---|---|---|
| 198 | 게걸들다 | 제 | | | 욕심이 일어나다. | 게걸들리다, 게걸거리다, 게걸스럽다, 게걸차다 |
| 199 | 곁들다 | 제 | | | 한데 어울리다. | 곁들이다, 곁들이 |
| 200 | 고뿔들다 | 제 | 한 | | 임신하다(변말) | '고뿔 들다.: 감기에 걸리다.'와는 다른 말 |
| 201 | 골병들다 | 제 | | | 병이 깊이 들다. | |
| 202 | 곱들다 | 제 | | | 비용이 갑절로 들다. | 곱들이다 |
| 203 | 공(功)들다 | 제 | 한 | | 정성과 힘이 들다. | 공들이다 |
| 204 | 귀잠들다 | 제 | | | 잠이 깊이 들다. | |
| 205 | 기갈(飢渴)들다 | 제 | 한 | | 몹시 배고프고 목마르게 되다. | |
| 206 | 기어들다 | 제 | 한 | | 몰래 들어가다. | |
| 207 | 길들다 | 제 | | 질들다 | 익숙하게 되다. | 길들이다. 질들다 > 길들다(잘못 돌이킴) (잘못 돌이킴) |
| 208 | 깃들다 | 제 | 한 | | 아늑하게 서려 들다. | 깃들이다(보금자리를 만들다.) |
| 209 | 끼어들다 | 제 | 한 | 삐들다, 씨들다 | 헤집고 들어가다. | 끼어들기 |
| 210 | 나들다 | 제 | | 나들다, 나둘다 | <본>드나들다 | 나들이 |
| 211 | 나이들다 | 제 | 박 | 나틀다 | 나이가 차다. | 낳 + 들다 |
| 212 | 날아들다 | 제 | 한 | | 날면서 들다. | |
| 213 | 넘나들다 | 남 | | | 나갔다 들어왔다 하다. | 넘나다니다 |
| 214 | 노망(老妄)들다 | 제 | 한 | | 노망이 생기다. | 노망나다, 노망되다 |
| 215 | 놀들다 | 제 | 한 | | 벼를 놀이 파먹어서 누렇게 되다. | |
| 216 | 농(膿)들다 | 제 | 한 | | 곪다 | |
| 217 | 눈독(毒)들다 | 제 | | | 눈독이 쏘이다. | 눈독들이다 |
| 218 | 단풍(丹楓)들다 | 제 | 한 | | 잎이 노랗게 되다. | |
| 219 | 달려들다 | 제 | | 둘녀들다, 드라들다 | 와락 대들다. | 달려가다, 달려오다 |
| 220 | 담(痰)들다 | 제 | 한 | | 담에 걸리다. | |
| 221 | 대들다 | 제 | | | 세차게 달려들다. | |

| 연번 | 이 제 말<br>(으뜸말과 번진말) | 바탕 | 사전 | 옛 말 | 뜻 | 비 고 |
|---|---|---|---|---|---|---|
| 222 | 더위들다 | 제 | 새 | | 더위로 병이 나다. | 더위먹다, 더위타다 |
| 223 | 덤벼들다 | 제 | | | 함부로 달려들다. | <본>덤비어들다 |
| 224 | 덤비어들다 | 제 | | | <준>덤벼들다 | |
| 225 | 덧들다 | 제 | | | 잠이 잘 들지 않다. | → 덧들이다 (남의 감정을 건드리다.) |
| 226 | 덧들다 | 남 | 한 | | 다른 길로 들어서다. | |
| 227 | 돌아들다 | 제 | | | 제자리로 돌아오다. | |
| 228 | 되돌아들다 | 제 | | | 다시 돌아들다. | |
| 229 | 뒵들다 | 제 | | | 서로 덤벼들어 말다툼하다. | |
| 230 | 드나들다 | 제 | | 드ᄂ돌다,<br>다들다 | 자주 들어가고 나가고 하다. | <준>나들다 |
| 231 | 뛰어들다 | 제 | | 뛰어들다, 뛰여들<br>다, 뿌여들다 | (싸움판에)뛰어들다 | 뛰어들기 |
| 232 | 뜀들다 | 제 | 한 | | 성내어 말다툼하다. | |
| 233 | 뜸들다 | 제 | | | 삶고 나서 얼마쯤 두어 속<br>속들이<br>잘 익다. | 뜸들이다 |
| 234 | 마(魔)들다 | 제 | 한 | | 마가 생겨 그릇되다. | |
| 235 | 맛들다 | 제 | | 맛들다,<br>맛들이다 | 익어서 제 맛이 생기다. | 맛들이다<br>제힘·입음꼴 같음. |
| 236 | 망녕들다 | 제 | 한 | | 망녕이 생기다. | 망녕들리다 (×) |
| 237 | 먹물들다 | 제 | 한 | | 배워서 좀 알게 되다. | 먹물먹다 |
| 238 | 멋들다 | 제 | | | 멋이 생기다. | 멋들어지다 |
| 239 | 멍들다 | 제 | | | 살갗에 피가 맺히다. | |
| 240 | 모아들다 | 제 | | | = 모여들다 | |
| 241 | 모여들다 | 제 | 한 | | 여럿이 모이다. | |
| 242 | 몰려들다 | 남 | | | 쫓기어 들어오다. 뭉쳐 들<br>어오다. | |
| 243 | 물들다[染] | 제 | | 물들다, 므들다,<br>무들다(덦다,<br>닮다) | 빛이 스미거나 옮아 묻다. | 물들이다, 물들이기,<br>물들이 |
| 244 | 물알들다 | 제 | | 물여물들다 | 곡식의 물알이 생기다. | |
| 245 | 밑들다 | 제 | | | 연이 다른 연 아래에 깔리다. | 밑들이(벌레) |

| 연번 | 이제 말<br>(으뜸말과 번진말) | 바탕 | 사전 | 옛 말 | 뜻 | 비 고 |
|---|---|---|---|---|---|---|
| 246 | 바람들다 | 제 | | ᄇᆞᄅᆞᆷ들다 | 무 등의 속살이 푸석해지다. | |
| 247 | 반당들다 | 제 | 한 | | 혼인집에 이르기 전 잠깐 이웃에 들다. | 평북 민속<br>(살렸으면) |
| 248 | 밤들다 | 제 | | | 밤이 깊어지기 시작하다. | |
| 249 | 번갈아들다 | 제 | | | 차례로 갈아들다. | 번갈아들이다 |
| 250 | 번(番)들다 | 제 | 박 | | 번 차례가 되어 직소로 들어가다. | |
| 251 | 병들다 | 제 | 한 | | 병에 걸리다. | (병에)들리다 |
| 252 | 볕들다 | 제 | | | 볕이 들어오다. | |
| 253 | 선(禪)들다 | 제 | | | 참선하기 시작하다. | 선들이다 |
| 254 | 셈들다 | 제 | | | 슬기가 생기다. | |
| 255 | 승겁들다 | 남 | 박 | | 힘들이지 않고 이루다. | 표제어로 독립<br>(그림씨도 있음.) |
| 256 | 안틀다 | 제 | | | 일정한 수치에 들다. | 않+들다 |
| 257 | 앞들다 | 제 | | | 윷놀이 말이 앞서기 시작하다. | |
| 258 | 양자(養子)들다 | 제 | 한 | | 양아들이 되다. | 양자들이다 |
| 259 | 얼어들다 | 제 | 한 | | 얼기 시작하다. | |
| 260 | 얼음들다 | 제 | 한 | | = 얼음박이다: 동상에 걸리다. | |
| 261 | 업고들다 | 남 | 박 | | 핑계삼아 대들다. | "아들을 업고드는데야…." |
| 262 | 연들다 | 제 | | | 감이 익어 무르게 되다. | |
| 263 | 옆들다 | 남 | 한 | | 한 편만을 도와 주다. | |
| 264 | 오가리들다 | 제 | 새 | | 앞이 오글쪼글하게 되다. | |
| 265 | 오갈들다 | 제 | 새 | | <본>오가리들다 | |
| 266 | 오그라들다 | 제 | | | <큰>우그러들다 | |
| 267 | 오므라들다 | 제 | | | 오므라져 들어가다.<br><큰>우므러들다 | 오므라뜨리다, 오므라지다, 오므리다 |
| 268 | 움츠러들다 | 제 | | | 움츠러져 들어가다.<br><큰>움츠러들다 | 움츠러들이다, 움츠러뜨리다, 움츠러지다, 움츠리다 |
| 269 | 우그러들다 | 제 | | | 우그러져서 들어가다. | 우그러뜨리다, 우그러지다 |

| 연번 | 이제 말<br>(으뜸말과 번진말) | 바탕 | 사전 | 옛 말 | 뜻 | 비 고 |
|---|---|---|---|---|---|---|
| 270 | 우므러들다 | 제 | | | <작>오스라들다 | 우므러뜨리다, 우므<br>러지다, 우므리다 |
| 271 | 욱여들다 | 제 | | | 중심쪽으로 모여들다. | |
| 272 | 움츠러들다 | 제 | | 움처들다,<br>움치들다 | 움츠러져 들다.<br><작>움츠러들다 | 움츠러들이다, 움추<br>러뜨리다, 움추러지<br>다, 움츠리다 |
| 273 | 위들다 | 제 | | | 밤의 연줄을 눌러 얽히게<br>하다. | |
| 274 | 은결들다 | 제 | | | 속이 상하다. | |
| 275 | 자경마(自競馬)들<br>다 | 제 | 새 | | 스스로 잡은 경마로 말을<br>타다. | 자견마(自牽馬) |
| 276 | 잠들다 | 제 | | 좀들다 | 잠자게 되다. | |
| 277 | 잡아들다 | 제·남 | | | 때에 이르다. 정하여 들다. | 잡아들이다, 접어들<br>다 |
| 288 | 장가들다 | 제 | | 댱가들다<br>(겨집어르다,<br>겨집ㅎ다) | 남자가 결혼하다. | 장가들이다, 장가가<br>다 |
| 299 | 장마들다 | 제 | 한 | | = 장마지다<br>: 여러 날 비가 오다. | |
| 280 | 잦아들다 | 제 | | | 차차 없어지다. | |
| 281 | 접어들다 | 제 | | | 어떤 때에 이르게 되다. | 잡아들다 |
| 282 | 정(情)들다 | 제 | 한 | | 정이 깊어지다. | 정들이다 |
| 283 | 정신(精神)들다 | 제 | 한 | | 정신을 차리다. | 정신들이다 |
| 284 | 조독(爪毒)들다 | 제 | 한 | | 손톱자국에 균이 들다. | 조독들이다 |
| 285 | 조잡들다 | 제 | | | <큰>주접들다<br>: 생기가 없어지다. | |
| 286 | 졸들다 | 제 | | | 잘 자라지 않고 주접이 들<br>다. | |
| 287 | 졸아들다 | 제 | | | 졸아서 작게 되다. <큰>줄<br>어들다 | 졸이다, 졸아지다 |
| 288 | 죄들다 | 남 | | | <본>죄어들다: 차츰 죄다. | |
| 289 | 죄어들다 | 남 | | | <준>죄들다 | |
| 290 | 죄여들다 | 제 | 한 | | 바싹 죄여서 오그라들다. | |
| 291 | 주눅들다 | 제 | 새 | | 기운을 펴지 못하여 우그<br>러져 있다. | |

| 연번 | 이제 말<br>(으뜸말과 번진말) | 바탕 | 사전 | 옛 말 | 뜻 | 비 고 |
|---|---|---|---|---|---|---|
| 292 | 주릅들다 | 제 | 한 | | 거간하여 주다. | |
| 293 | 주접들다 | 제 | | 주을들다, 주울들다, 조잡들다, 주으리다 | 잘 자라지 못하고 생기가 없어지다. | 주접스럽다 |
| 294 | 줄어들다 | 제 | | 주러들다 | <작>졸아들다 | 줄이다, 줄어지다, (배를)주리다(?) |
| 295 | 중매(仲媒)들다 | 제 | 한 | | 중매 노릇을 하다 | 중매서다, 중매하다 |
| 296 | 쪼그라들다 | 제 | | | 쪼그라져 작아지다. <큰>쭈그러들다 | 쪼그라뜨리다, 쪼그라지다 |
| 297 | 쪼크라들다 | 제 | 한 | | <예>쪼그라들다 | 쪼크라뜨리다, 쪼크라지다 |
| 298 | 쭈그러들다 | 제 | | | <작>쪼그라들다 | 쭈그러뜨리다, 쭈그러지다 |
| 299 | 쭈크러들다 | 제 | 한 | | <예>쭈그러들다 | 쭈크러뜨리다, 쭈크러지다 |
| 300 | 철들다 | 제 | | | 사리를 분별하는 힘이 생기다. | |
| 301 | 첩(妾)장가들다 | 제 | | | 첩을 예로 맞아들이다. | |
| 302 | 파고들다 | 제·남 | 한 | | 헤쳐 뚫고 들다. | |
| 303 | 풍년들다 | 제 | 한 | | 곡식이 잘 되다. | |
| 304 | 하리들다 | 제 | | | 방해가 생기다. | 하리놀다 |
| 305 | 황(黃)들다 | 제 | 한 | | 소, 개에 황(병)이 생기다. | |
| 306 | 휘어들다 | 제 | | | 안으로 휘어지다. | |
| 307 | 흉년(凶年)들다 | 제 | 한 | | 곡식이 안 돼 주리게 되다. | |
| 308 | 힘들다 | 제 | | | 힘이 쓰이다. | 힘들이다, 힘쓰다 |
| 309 | ⑬ 들다 | 제 | | | 나이가 차다. | |
| 310 | ⑭ 들다[擧] | 남 | | | (손을)들다 | 들리다, 드리다, 들추다, 들키다, 드러나다, 들것 |
| 311 | 걷어들다 | 남 | | 거두들다 | 걷어서 들다. | 걷어들이다 |
| 312 | 곁들다 | 남 | 한 | | 곁에서 붙잡아 들다. | 곁들리다 |
| 313 | 구종(驅從)들다 | 제 | 한 | | 말 구종이 되다. | |
| 314 | 꺼들다 | 남 | | 쯔들다 | <본>끄어들다 : 끄어서 추켜들다. | |

| 연번 | 이 제 말 (으뜸말과 번진말) | 바탕 | 사전 | 옛 말 | 뜻 | 비 고 |
|---|---|---|---|---|---|---|
| 315 | 껴들다 | 남 | 한 | 쎠들다, 쎠들다 | 팔로 끼어서 들다 | |
| 316 | 껴붙들다 | 남 | | 쎠붓들다 | 끼어서 붙들다. | |
| 317 | 꿰들다 | 남 | | | <본>꿰어들다 : 꿰어서 쳐들다. | |
| 318 | 꿰어들다 | 남 | 한 | | <준>꿰들다 | |
| 319 | 끄어들다 | 남 | | 쯔들다 | <준>껴들다 | |
| 320 | 끈붙들다 | 제 | 새 | | 살아갈 길을 얻어 붙들다. | |
| 321 | 날들다 | 제 | 한 | | 날이 개다. | |
| 322 | 내들다 | 남 | 한 | | 밖으로 내어 들다. | 내들이 |
| 323 | 되들다 | 남 | | | 얼굴을 쳐들다. | |
| 324 | 되들다 | 제 | 한 | | 다시 들다. | |
| 325 | 두손들다 | 제 | 한 | | '손들다'의 강조말 | |
| 326 | 떠들다 | 남 | | 쩌들다 | (이불을)떠들다 | |
| 327 | 떠받들다 | 남 | 한 | | 한 부분만 쳐들다. | |
| 328 | 맞들다 | 남 | | | 마주 들다. | 맞들이 (맞잡이) |
| 329 | 맞붙들다 | 남 | 한 | | 마주 붙들다. | |
| 330 | 반기(反旗)들다 | 제 | 한 | | 반대 의사를 나타내다. | |
| 331 | 받들다 | 남 | 한 | 받들다 | 받쳐 올리다. | 받들리다 |
| 332 | 방망이들다 | 제 | | | 남의 일에 헤살을 놓다. | |
| 333 | 봉화(烽火)들다 | 제·남 | 한 | | 봉횟불을 켜서 올리다. | |
| 334 | 붙들다 | 남 | | 브티들다, 븓들다, 붓들다(잡들다) | 꽉 쥐다. | 붙들리다 |
| 335 | 손들다 | 제 | 한 | | 항복하다 | |
| 336 | 수종(隨從)들다 | 남 | 한 | | = 시중들다 | |
| 337 | 수청(守廳)들다 | 제 | 한 | | 수령에게 몸을 바치다. | |
| 338 | 시중들다 | 남 | | | = 수종들다, 심부름을 하다. | |
| 339 | 역들다 | 남 | 한 | | = 역성들다 | |
| 340 | 역성들다 | 남 | 한 | | 한쪽만 두둔하다. = 역들다 | 역성하다 |
| 341 | 옆들다 | 남 | | | 옆에서 도와 주다. | |
| 342 | 짓쳐들다 | 제 | 한 | | 세게 몰아쳐 들다. | |

| 연번 | 이 제 말<br>(으뜸말과 번진말) | 바탕 | 사전 | 옛 말 | 뜻 | 비 고 |
|---|---|---|---|---|---|---|
| 343 | 쳐들다 | 남 | | 추들다 | 들어서 올리다. | |
| 344 | 초들다 | 남 | | | 입에 올려서 말하다. | |
| 345 | 추켜들다 | 남 | | 추혀들다 | 치올리어 들다. | 추켜세우다, 추커올<br>리다 |
| 346 | 치받들다 | 남 | 한 | | 높이 받들다. | |
| 347 | 판들다 | 남 | | | 재산을 모두 없애다. | |
| 348 | 편들다 | 남 | | 넉들다 | 두둔하다 | |
| 349 | ⑮ 들다 | 제 | | | 비가 그치다. | 들이다 (땀을 ~.) |
| 350 | 날들다 | 제 | | | 날이 개다. | |
| 351 | 웃날들다 | 제 | | | 날이 개기 시작하다. | |
| 352 | ⑯ 들다 | 제 | | | (낫이)들다 | |
| 353 | ⑰ 떠들다 | 제 | | | (큰소리로)떠들다 | 떠들어대다, 떠들썩<br>거리다, 떠들썩하다,<br>떠버리 |
| 354 | 뒤떠들다 | 제 | | | 마구 떠들다. | |
| 355 | 들떠들다 | 제 | | | 함부로 떠들다. | |
| 356 | 짓떠들다 | 제 | 한 | | 몹시 떠들다. | |
| 357 | ⑱ 떨다 | 제·남 | | 떨다, 썰다, 뛻다 | 흔들(리)다. 경망스런 행<br>동을 하다. | 떨리다, 떨어뜨리다,<br>떨뜨리다, 떨치다,<br>떨이 |
| 358 | 가살떨다 | 제 | 한 | | 밉살스런 행동을 하다. | 가살부리다 |
| 359 | 괘사떨다 | 제 | 새 | | 언행을 우습고 괴상하게<br>하다. | 괘사부리다 |
| 360 | 괴망(怪妄)떨다 | 제 | 한 | | 괴망스런 언행을 하다. | 괴망부리다 |
| 361 | 궁(窮)떨다 | 제 | 한 | | = 궁상떨다 | |
| 362 | 궁상(窮狀)떨다 | 제 | 한 | | 궁상(곤궁한 상태)을 떨다. | 궁상맞다 |
| 363 | 내떨다 | 남 | | | 몸을 심하게 떨다. | 내떨리다 |
| 364 | 내숭떨다 | 제 | 한 | | <원>내흉떨다 | |
| 365 | 내흉(內凶)떨다 | 제 | 한 | | 내흉스런 말이나 짓을 하<br>다. | |
| 366 | 너스레떨다 | 제 | | | 방정맞게 너스레를 놓다. | 너스레부리다,<br>너스레치다 |
| 367 | 넉살떨다 | 제 | 한 | | 야단스럽게 넉살을 부리다. | 넉살부리다 |
| 368 | 넌덜머리떨다 | 제 | 한 | | 몹시 넌덜머리를 내다. | |

| 연번 | 이 제 말<br>(으뜸말과 번진말) | 바탕 | 사전 | 옛 말 | 뜻 | 비 고 |
|---|---|---|---|---|---|---|
| 369 | 능청떨다 | 제 | 박 | | 능청맞게 굴다. | 능청부리다, 능청피우다 |
| 370 | 뒤떨다 | 남 | | | 몹시 떨다. | 뒤떨치다 |
| 371 | 뒤설레떨다 | 제 | 한 | | 서두르며 수선을 떨다. | 뒤설레치다, 뒤설레놓다 |
| 372 | 뒤스럭떨다 | 제 | 한 | | 몹시 부산한 행동을 하다. | |
| 373 | 들이떨다 | 남 | 한 | | 몹시 떨다. | |
| 374 | 따귀떨다 | 남 | | | '뺨따귀를 때리다.'의 낮은 말 | |
| 375 | 맨망떨다 | 제 | | | 요망스럽게 까불다. | |
| 376 | 방정떨다 | 제 | 새 | | 언행을 경망스럽게 하다. | 방정맞다 |
| 377 | 변덕떨다 | 제 | 박 | | 변덕을 부리다. | |
| 378 | 북새떨다 | 제 | 박 | | 야단스럽게 부산을 떨다. | 북새질치다 |
| 379 | 새살떨다 | 제 | | | 몹시 새살스런 짓을 하다. | |
| 380 | 수떨다 | 제 | | | 수다스럽게 떠들다. | |
| 381 | 수선떨다 | 제 | 새 | | 수선스런 행동을 많이 하다. | 수선부리다 |
| 382 | 시설떨다 | 제 | | | 몹시 시설스런 짓을 하다. | 시설맞다 |
| 383 | 심술떨다 | 제 | 한 | | 심술을 피우다. | |
| 384 | 아양떨다 | 제 | 새 | | 아양을 부리다. | |
| 385 | 애교떨다 | 제 | 박 | | 애교를 몹시 부리다. | |
| 386 | 야살떨다 | 제 | 새 | | 야살을 몹시 부리다. | |
| 387 | 야지랑떨다 | 제 | | | 몹시 야지랑스럽게 행동하다. | 야지랑부리다 |
| 388 | 어리광떨다 | 제 | 새 | | 경망스럽게 어리광을 부리다. | 어리광부리다, 어리광피우다 |
| 389 | 엄살떨다 | 제 | 새 | | 엄살을 몹시 부리다. | 엄살궂다 |
| 390 | 영절떨다 | 제 | 한 | | 그럴듯한 말로 지껄이다. | |
| 391 | 오망떨다 | 제 | 한 | | 몹시 경솔하게 오망부리다. | 우망(迂妄) |
| 392 | 요망(妖妄)떨다 | 제 | 한 | | 요망스런 짓을 하다. | 요망부리다 |
| 393 | 요변(妖變)떨다 | 제 | 한 | | 몹시 요변스런 짓을 하다. | 요변부리다, 요변피우다 |

| 연번 | 이 제 말<br>(으뜸말과 번진말) | 바탕 | 사전 | 옛 말 | 뜻 | 비 고 |
|---|---|---|---|---|---|---|
| 394 | 요사(妖邪)떨다 | 제 | 한 | | 몹시 요사스런 짓을 하다. | 요사부리다, 요사피우다 |
| 395 | 유난떨다 | 제 | 박 | | 유난스런 언행으로 나타내다. | |
| 396 | 육갑떨다 | 제 | 박 | | 몹시 경망스런 언행을 하다. | |
| 397 | 이지랭떨다 | 제 | 새 | | 몹시 이지렁스럽게 행동하다. <작>야지랑떨다 | |
| 398 | 익살떨다 | 제 | | | 남을 웃기느라고 언행을 활발히 하다. | |
| 399 | 자발(自發)떨다 | 제 | 한 | | 자발 없는 행동을 나타내다. | |
| 400 | 조라떨다 | 제 | | | 일을 망치도록 경망스럽게 굴다. | 자발머리없다 (낮은말) |
| 401 | 주접떨다 | 제 | 새 | | 주접스러운 짓을 하다. | |
| 402 | 치(齒)떨다 | 제 | 새 | | 극히 분해하다. 내놓기를 무서워하다. | |
| 403 | 허풍떨다 | 제 | 박 | | 허풍을 자꾸 치다. | |
| 404 | ㊾ 떨다 | 남 | | | (먼지를)떨다 | 떨치다, 떨어뜨리다, 떨이 |
| 405 | 내떨다 | 남 | | | 밖으로 대고 힘있게 떨다. | |
| 406 | 손털다 | 제 | 한 | | 본전을 모조리 잃다. | |
| 407 | 주접떨다 | 제 | | | 주접스런 짓을 함부로 하다. | |
| 408 | 털다 | 남 | | ᄠᅥᆯ다 | <예>떨다 | (먼지를)털다 |
| 409 | (50) 만들다[造] | 남 | | ᄆᆡᆼᄃᆞᆯ다, ᄆᆡᆼᄀᆞᆯ다>ᄆᆡᆫᄃᆞᆯ다, ᄆᆡᆼ글다>ᄆᆡᆫ들다, ᄆᆡᆫ글다 | (물건을)만들다 | 만듦새 |
| 410 | (51) 말다[捲] | 남 | | ᄆᆞᆯ다 | (종이를)말다 | 말리다 |
| 411 | 휘말다 | 남 | | | 휘휘 감아서 말다. | |
| 412 | (52) 말다 | 남 | | 말다 | (물에 밥을)말다 | |
| 413 | 엎어말다 | 남 | | | 곱빼기로 말다. | |
| 414 | (53) 말다[勿] | 남<br>(도움) | | 말다 | 그만두다 | '만다 만다 하면서', '마지못하여'(/ㄹ/ 줄어짐), 마라, 마오 |
| 415 | (54) 머물다[留] | 제·남 | | 머믈다 | <본>머무르다 | |
| 416 | (55) 멀다[盲] | 제 | | 멀다 | (눈이)멀다 | |

| 연번 | 이 제 말<br>(으뜸말과 번진말) | 바탕 | 사전 | 옛 말 | 뜻 | 비 고 |
|---|---|---|---|---|---|---|
| 417 | 눈깔멀다 | 제 | 한 | | '눈멀다'의 낮은말 | |
| 418 | 눈멀다 | 제 | | 눈멀다 | 눈이 보는 힘을 잃다. | |
| 419 | ㊱ 몰다[驅] | 남 | | 몰다 | (말을)몰다 | 몰리다, 몰이, 몰아,<br>몰몰아 |
| 420 | 건몰다 | 남 | | | 일을 건성으로 빨리 하다. | |
| 421 | 걷몰다 | 남 | | | 거듬거듬 빨리 몰아치다. | 걷몰이<br>※ 겉몰다 (×) |
| 422 | 내리몰다 | 남 | 한 | | 아래로 몰다. | |
| 423 | 들이몰다 | 남 | | | 안쪽으로 몰다. | 들이몰리다 |
| 424 | 들이몰다 | 남 | 한 | | 마구 몰다. | 들이몰리다 |
| 425 | 밀몰다 | 남 | | | 한데로 밀어서 몰다. | 밀몰리다 |
| 426 | 휘몰다 | 남 | | | 서둘러 급히 하다. | 휘몰리다 |
| 427 | ㊲ 물다[咬] | 남 | | 믈다 | (입으로)물다 | 물리다, 무럽다 |
| 428 | 깨물다 | 남 | | 뻬믈다, 쩨믈다,<br>싸믈다 | 깨지게 물다. | 깨물리다 |
| 429 | 다물다 | 남 | | 다믈다 | (입을)다물다 | 다물리다 |
| 430 | 맞물다 | 남 | 한 | | 마주 물다. | 맞물리다 |
| 431 | 베물다 | 남 | | 베믈다 | 물어서 떼다. | |
| 432 | 빗물다 | 남 | 한 | | 삐뚤어지게 물다. | |
| 433 | 빼물다 | 남 | | | 잇사이에 혀나 입술을 넣<br>고 누르다. | |
| 434 | 뻐물다 | 남 | 한 | | 자꾸 성을 내다. 몹시 벼<br>르다. | |
| 435 | 악다물다 | 남 | 한 | | 힘주어 꼭 다물다.<br><큰>옥다물다 | |
| 436 | 악물다 | 남 | | (마고믈다) | 이를 힘주어 눌러 물다.<br><큰>옥물다 | |
| 437 | 어긋물다 | 남 | 한 | | 어긋나게 물다.<br><준>엇물다 | |
| 438 | 엇물다 | 남 | 한 | | <본>어긋물다 | |
| 439 | 옥다물다 | 남 | 한 | | <작>악다물다 | |
| 440 | 옥물다 | 남 | | 응믈다 | <작>악물다 | |
| 441 | 지르물다 | 남 | 한 | | 아래윗니를 눌러 물다. | |

| 연번 | 이 제 말<br>(으뜸말과 번진말) | 바탕 | 사전 | 옛 말 | 뜻 | 비 고 |
|---|---|---|---|---|---|---|
| 442 | 짓깨물다 | 남 | 한 | | 마구 깨물다. | |
| 443 | 짓물다 | 제 | | | 몹시 물다. | |
| 444 | 힘빼물다 | 제 | | | 힘을 빼물다. | |
| 445 | ⑤⑧ 물다 | 남 | 한 | 물다 | 치러 주다. | 물리다 |
| 446 | ⑤⑨ 물다 | 제 | | | 떠서 상하다. <원>물쿠다 | 물리다 |
| 447 | ⑥⓪ 밀다[推] | 남 | | 밀다 | (뒤에서)밀다 | 밀리다, 밀뜨리다,<br>밀치다, 미대다 |
| 448 | 거미치밀다 | 제 | | | 계염스럽게 욕심이 일어<br>나다. | |
| 449 | 내리밀다 | 남 | | | 아래쪽으로 밀다. | 내리밀리다 |
| 450 | 내밀다 | 제 | | 내밀다<br>(내왇다, 니왓다) | 한쪽 끝이 밖으로 나오다. | 내밀리다, 내밀치다 |
| 451 | 데밀다 | 남 | | | = 들이밀다<br>(안쪽으로 밀다.) | |
| 452 | 들이밀다 | 남 | 한 | | 안쪽으로 밀다.<br><준>디밀다 | 들이밀리다 |
| 453 | 들이밀다 | 남 | | | 몹시 밀다. | 들이밀리다 |
| 454 | 디밀다 | 남 | | | <본>들이밀다<br>(안쪽으로 밀다.) | 디밀리다 |
| 455 | 떠다밀다 | 남 | | | 세게 밀어내다. | |
| 456 | 떠밀다 | 남 | | | <변>떼밀다 | 떠밀리다(?): "부득이<br>떠밀려 출마했다." |
| 457 | 떼밀다 | 남 | 새 | | 몸을 기대고 힘을 주어 밀<br>다. <원>떠밀다 | |
| 458 | 몰밀다 | 남 | 한 | | 모두 한데 밀다. | 몰밀어 |
| 459 | 묶어치밀다 | 제 | | | 한데 몰리어 올라오다. | |
| 460 | 물밀다 | 제 | | 믈밀다, 믈미다 | 조수가 육지로 밀려오다. | 물밀듯이 |
| 461 | 배내밀다 | 제 | 새 | | 요구에 응하지 않고 버티<br>다. | |
| 462 | 손내밀다 | 제 | 한 | | 달라고 요구하다. | |
| 463 | 치밀다 | 남 | | | 위로 밀다. | |
| 464 | 치밀다 | 제 | | 추밀다 | 힘차게 밀다. | |
| 465 | 통밀다 | 남 | 한 | | 가라지 않고 평균으로 치<br>다. | 통밀어 → <준>밀어 |

| 연번 | 이 제 말 (으뜸말과 번진말) | 바탕 | 사전 | 옛 말 | 뜻 | 비 고 |
|---|---|---|---|---|---|---|
| 466 | (61) 밀다 | 남 | | | <본>미루다 : 일을 나중으로 넘기다. | 밀리다 |
| 467 | (62) 버물다[累] | 제 | | 범글다, 버믈다, 범을다 | 못된 일에 관계하다. | 범글다>버믈다 (/ㄱ/ 줄어짐) |
| 468 | (63) 버물다 | 남 | 한 | 버믈다 | = 버무리다 : 뒤섞다 | 버물리다 |
| 469 | (64) 벌다 | 남 | | | (돈을)벌다 | 벌리다, 벌이 |
| 470 | 돈벌다 | 제 | | | 돈을 벌다. | 돈벌이하다, 돈벌이 |
| 471 | 막벌다 | 제 | | | 막일로 돈을 벌다. | 막벌이 |
| 472 | (65) 벌다 | 제 | | 벌다 | 틈이 생기다. = 벙글다, 벙을다 | 벌기다, 벌리다, 벌음 (그림씨도 있음.) |
| 473 | 아람벌다 | 제 | | | 아람 든 송이가 벌어지다. | |
| 474 | 줌벌다 | 제 | | | 한줌으로 쥐기에 지나치다. | |
| 475 | (66) 벙글다 | 제 | 한 | 벙글다, 벙을다, 버을다 | 꽃봉오리가 열리다. = 벌다 | 벙글대다, 벙글하다, 벙글벙글 |
| 476 | 벙을다 | 제 | 한 | | <원>벙글다 | 벙으르다 = 벌리다 |
| 477 | (67) 베풀다 | 남 | | 베프다, 페프다, 베포다, 베플다 | (잔치를)베풀다 | |
| 478 | (68) 부풀다 | 제 | | 브플다, 부플다 | (꿈이)부풀다 <작>보풀다 | 부풀리다, 부풀 = 부풀음, 부푸러기, 부풀부풀 <그>부프다 |
| 479 | 보풀다 | 제 | | | <큰>부풀다 | 보풀리다, 보풀 = 보풀음, 보푸라기, 보풀보풀 |
| 480 | 얼부풀다 | 제 | | | 얼어서 부풀다. | |
| 481 | (69) 불다 | 제 | 한 | | 까붐질하다 | 부치다 (← 불/치다) |
| 482 | (70) 불다 | 제 | | 블다>불다, 굴다 | (바람이)불다 | 불리다, 불다 : 굴다 ㅂ : ㄱ (서로 통함) |
| 483 | 나발불다 | 제 | 한 | | 함부로 떠벌리다. (낮은말) | 나발대다 = 나불거리다 |
| 484 | 나팔(喇叭)불다 | 제·남 | 한 | | 나팔을 불다. = 나발불다 | |
| 485 | 내불다 | 남 | | | 밖으로 향하여 불다. | |
| 486 | 들이불다 | 제 | | 드리불다 | 안으로 불다. | |
| 487 | 들이불다 | 제 | 한 | | 마구 불다. | |
| 488 | 맞불다 | 제 | | | 마주 불다. | |

| 연번 | 이제 말<br>(으뜸말과 번진말) | 바탕 | 사전 | 옛 말 | 뜻 | 비 고 |
|---|---|---|---|---|---|---|
| 489 | 치불다 | 제 | 한 | | 위쪽으로 불다. | |
| 490 | ⑪ 불다[吐] | 남 | 한 | | 사실대로 말하다. | |
| 491 | ⑫ 빌다 | 남 | | 빌다 | (잘못을, 소원을)빌다 | |
| 492 | 개개빌다 | 제 | 한 | | 간절히 빌다. | |
| 493 | 젖빌다 | 제 | | | 젖이 나오게 해 달라고<br>빌다. | |
| 494 | ⑬ 빌다[借] | 남 | | 빌리다 ※ 1989년부터 '빌<br>리다'에 포함 | '빌다'는 없어졌음. | |
| 495 | 손빌다 | 제 | | | (손빌리다) | '손빌리다'로 써야<br>할 터 |
| 496 | ⑭ 빨다[濯] | 남 | | 셀다, 쁠다 | (옷을)빨다 | 빨리다, 빨래 |
| 497 | 애벌빨다 | 남 | 한 | | 처음으로 대강 빨다. | 애벌빨래 |
| 498 | ⑮ 빨다[喫] | 남 | | 셀다, 쁠다 | (입으로)빨다 | 빨리다 |
| 499 | 감빨다 | 남 | | 감셀다 | 쪽쪽 빨다. | 감빨리다 |
| 500 | 들이빨다 | 남 | | 드리셀다 | 몹시 빨다. | |
| 501 | 흠빨다 | 남 | | 흠셀다 | 흠뻑 빨다. | |
| 502 | ⑯ 뻬뜰다 | 남 | | | 뺴앗다 | |
| 503 | ⑰ 뼈들다 | 제 | | | 힘만 들고 오래 걸리다. | |
| 504 | ⑱ 뼈들다 | 제 | 박 | | 연장을 가지고 손장난을<br>하다. | 뼈들어지다 |
| 505 | ⑲ 뼈들다 | 남 | 한 | | = 뼈물다(벼르다) | |
| 506 | ⑳ 뼈물다 | 남 | | | 벼르다 | |
| 507 | ㉑ 뼈물다 | 남 | 박 | | 옷치장을 하다. | ※ 사전엔 ⑳ '뼈물<br>다'에 포함시키고<br>있음. |
| 508 | ㉒ 산들다 | 제 | | | 바라는 일이 틀리게 되다. | |
| 509 | ㉓ 살다[生] | 제·남 | | 살다 | (오래)살다, (머슴을)살다 | 살리다, 삶, 살림, 사름 |
| 510 | 귀양살다 | 제 | | (되쎠다) | 귀양살이를 하다. | 귀양살이하다, 귀양<br>살이 |
| 511 | 남의집살다 | 제 | | | 남의 집에서 살다. | 남의집살이하다,<br>남의집살이 |
| 512 | 되살다 | 제 | | | 다시 살아나다. | 되살리다, 되살리기 |
| 513 | 드난살다 | 제 | | | 남의 집 행랑에서 살다. | 드난살이하다, 드난<br>살이 |

| 연번 | 이 제 말<br>(으뜸말과 번진말) | 바탕 | 사전 | 옛 말 | 뜻 | 비 고 |
|---|---|---|---|---|---|---|
| 514 | 막살다 | 제 | | | 아무렇게나 살다. | 막살이하다, 막살이 |
| 515 | 먹고살다 | 제 | | | 생계를 유지하다. | |
| 516 | 벼슬살다 | 제 | | | 벼슬살이를 하다. | 벼슬살이하다,<br>벼슬살이 |
| 517 | 숨어살다 | 제 | 한 | | 숨어서 몰래 살다. | 숨어살이 |
| 518 | 없이살다 | 제 | | | 몹시 가난하게 살다.<br>= 없이지내다 | |
| 519 | 잘살다 | 제 | 한 | | 부유하게 살다. 탈없이 지<br>내다. | |
| 520 | 헛살다 | 제 | 박 | | 아무 보람 없이 세월을 보<br>내다. | |
| 521 | ⑭ 서둘다 | 제·남 | | | <본>서두르다 | |
| 522 | 일서둘다 | 제 | 박 | | 일을 서둘러 시작하다. | |
| 523 | ⑮ 설다 | 제 | | 설다 | 열매가 덜 익다. | 설익다 |
| 524 | ⑯ 솔다 | 제 | | | 귀가 아프게 되다. | (그림씨도 있음.) |
| 525 | ⑰ 솔다 | 제 | | | 말라서 굳어지다. | |
| 526 | ⑱ 솔다 | 제 | | | = 무솔다 | |
| 527 | 무솔다 | 제 | | | 푸성귀가 물러 썩다. | |
| 528 | ⑲ 슬다 | 제 | | 슬다, 술다 | 사라지다, 스러지다, 스러<br>지게 하다. | 무솔다 |
| 529 | ⑳ 슬다 | 제 | 한 | | 쇠붙이에 녹 따위가<br>생기다. | |
| 530 | 녹슬다 | 제 | 한 | (보믜다, 보뫼다,<br>보믜다) | 녹이 생기다. | |
| 531 | 등록(銅錄)슬다 | 제 | 한 | | 동록이 생기다. | |
| 532 | ㉑ 슬다 | 남 | | 슬다 | (알을)슬다 | |
| 533 | 쉬슬다 | 제 | | | 파리가 알을 슬다. | |
| 534 | 알슬다 | 제 | | 알슬다 | 물고기, 벌레 따위가 알을<br>낳다. | |
| 535 | ㉒ 슬다 | 제 | 한 | 슬다 | 곰팡이가 피다. | |
| 536 | 곰팡슬다 | 제 | | | 곰팡이가 널리 나다. | |
| 537 | ㉓ 슬다 | 남 | | | 풀기가 죽다. | |

| 연번 | 이제 말<br>(으뜸말과 번진말) | 바탕 | 사전 | 옛 말 | 뜻 | 비 고 |
|---|---|---|---|---|---|---|
| 538 | ⑭ 시들다 | 제 | | | (잎이)시들다 | |
| 539 | ⑮ 썰다 | 남 | | 사흘다, 서흘다 ><br>쓴흘다, 싸흘다,<br>써흘다, 싸흘다 | (무를)썰다 | 썰리다 |
| 540 | ⑯ 썰다 | 남 | 한 | | = 써리다, (논을)썰다 | 써레 |
| 541 | ⑰ 쏠다 | 남 | | | (쥐가 나무를)쏠다 | |
| 542 | ⑱ 쓸다 | 남 | | 뿔다 | (비로 마당을)쓸다 | 쓸리다, 쓸어지다,<br>쓰러지다, 쓰레기 |
| 543 | 내리쓸다 | 남 | 한 | | 아래로 쓸다. | |
| 544 | 치쏠다 | 남 | 한 | | 위로 쓸다. | |
| 545 | 휩쓸다 | 남 | | | 휘몰아 쓸다. | 휩쓸리다 |
| 546 | ⑲ 쓸다[屑] | 남 | | 슳다 (닳리다) | (톱을)쓸다 | 쓸리다 |
| 547 | ⑩ 쓸다 | 제 | | | = 녹쓸다 | |
| 548 | 녹쓸다 | 제 | | | = 녹슬다 | |
| 549 | ⑩ 아물다 | 제 | | 암굴다, 암글다 ><br>아몰다 | (상처가)아물다 | 아물리다, 암글다><br>아물다 (/ㄱ/ 사라짐) |
| 550 | ⑩ 알다[識] | 남 | | 알다 | 깨닫다 | 알리다, 앎, 알음, 알<br>림, 아랑곳, 아뢰다 |
| 551 | 나쁘알다 | 남 | 새 | | 업신여기고 낮게 보다. | 나쁘보다, 나쁘생각<br>하다, 나쁘여기다 |
| 552 | 낯알다 | 제 | 새 | | 얼굴을 기억하다. | 낯알음, 낯익다 |
| 553 | 데알다 | 남 | | | 대강 알다. | |
| 554 | ⑱ 얼다[凍] | 제 | | 얼다 | (얼음이)얼다 | 얼리다, 얼음, <방><br>얼우다, 어리다 (엉<br>기다) |
| 555 | ⑩ 여물다 | 제·남 | | 여믈다, 염글다,<br>염굴다, 영글다 | (열매가)여물다,<br><작>야물다 | 여물리다 (그림씨도<br>있음.)<br>염글다>여물다 (/ㄱ/<br>사라짐) |
| 556 | 겉여물다 | 제 | 한 | | 겉으로 보기에만 여물다. | (그림씨도 있음.) |
| 557 | 야물다 | 제 | 한 | | <큰>여물다 | (그림씨도 있음.) |
| 558 | ⑩ 열다[開] | 남 | | 열다 | (문을)열다 | 열리다, 열치다 |
| 559 | 입열다 | 제 | 박 | | 말하기 시작하다. | |

| 연번 | 이 제 말<br>(으뜸말과 번진말) | 바탕 | 사전 | 옛 말 | 뜻 | 비 고 |
|---|---|---|---|---|---|---|
| 560 | ⑯ 열다[結] | 제 | | 열다 | (열매가)열다 | 열리다, 열매, 열음 |
| 561 | ⑩ 영글다 | 제 | | | = 여물다 | |
| 562 | ⑯ 울다[哭,吠] | 제·남 | | | (새가)울다, (울음을)울다 | 울리다, 울음, 울림,<br>울보, 우지 |
| 563 | 귀울다 | 제 | | 귀울다 | 귀가 울다. | 귀울이, 귀울림 |
| 564 | 닭울다 | 제 | 한 | | = 날새다 | 닭울이 |
| 565 | 들이울다 | 제 | 한 | | 몹시 울다. | |
| 566 | 자처울다 | 제 | | | 점점 재우쳐 울다. | |
| 567 | ⑯ 울다 | 제 | 한 | | 남포가 터져 바위에 금이<br>가다. | |
| 568 | ⑩ 이울다 | 제 | | 이볼다,니울다,이<br>올다 | 시들다 | |
| 569 | ⑪ 이울다 | 제 | 한 | | = 이지러지다 | |
| 570 | ⑫ 일다 | 남 | | 일다 | (쌀을)일다 | |
| 571 | ⑬ 일다[成] | 제 | | 일다 | 이뤄지다, 되다, 왕성해지<br>다 | 이루다, 일구다 |
| 572 | ⑭ 일다[起] | 제 | | 닐다 | = 일어나다 | 일으키다<br>(부닐다, 다부닐다) |
| 573 | 굽일다 | 제·남 | | | <변>굽닐다 | |
| 574 | 꽃일다 | 제 | | | 화학적 순화 현상이 나타<br>나다. | |
| 575 | 노굿일다 | 제 | | | 콩, 팥 따위의 꽃이 피다. | |
| 576 | ⑮ 일다 | 남 | | | <본>일구다 | |
| 577 | ⑯ 저물다 | 제 | | 뎜글다>졈글다><br>져믈다>져물다><br>저물다(그믈다,그<br>몰다,금을다>그<br>물다) | (날이)저물다 | 저물우다: 저물게<br>하다.(경남) (그믈다<br>→ 그믐) |
| 578 | ⑰ 절다[跛] | 제·남 | | 절다 | (다리를)절다 | 절음, 절뚝절뚝 |
| 579 | ⑱ 절다 | 제 | | | 소금기가 배어 들다. | 절이다,<br>(겉·소금)절이 |
| 580 | ⑲ 졸다 | 제 | | 즈울다, 조올다><br>조올다, 조울다,<br>조을다 | (잠이 와서)졸다. | 졸리다, 졸음<br>(경남)자불다(<즈블<br>다?) |
| 581 | ⑳ 주물다 | 남 | 한 | | <본>주무르다 | 주물리다 |

| 연번 | 이 제 말<br>(으뜸말과 번진말) | 바탕 | 사전 | 옛 말 | 뜻 | 비 고 |
|---|---|---|---|---|---|---|
| 582 | ⑫ 줄다[縮] | 제 | | | (식구가)줄다 | 줄이다, 주름,<br>(배를)주리다 |
| 583 | 졸다 | 제 | | | <큰>줄다 | 졸리다 < 쫄리다 |
| 584 | ⑫ 찌들다 | 제 | | 디들다, 씨들다 | 때가 끼이다. <작>짜들다 | |
| 585 | 짜들다 | 제 | | | <큰>찌들다 | |
| 586 | ⑫ 틀다 | 남 | | | (몸을 옆으로)틀다 | 틀리다, 틀어지다,<br>틀림 |
| 587 | 가리틀다 | 남 | | | 방해하다 | |
| 588 | 곁고틀다 | 남 | | | 지지 않으려고 다투다. | |
| 589 | 되틀다 | 남 | 한 | | 가볍게 조금 틀다. | |
| 590 | 뒤틀다 | 남 | | 디위틀다,<br>두의틀다 | 세게 틀다. | 뒤틀리다, 뒤틀어지<br>다, 뒤틀림 <비>비<br>틀다 |
| 591 | 배배틀다 | 남 | 새 | | <큰>비비틀다 | |
| 592 | 배틀다 | 남 | | | <큰>비틀다 | 배틀리다 |
| 593 | 비비틀다 | 남 | | | 여러 번 단단히 비틀다. | |
| 594 | 비틀다 | 남 | | 뷔틀다, 븨틀다 | 힘있게 틀다. | 비틀리다 |
| 595 | 외틀다 | 남 | | 왜틀다 | 한쪽으로 틀다. | 외틀리다,<br>외틀어지다 |
| 596 | 주리틀다 | 남 | 새 | | 주리로 형벌하다. | |
| 597 | 취병틀다 | 남 | 한 | | 꽃나무 가지로 취병(물,<br>병풍)을 만들다. | |
| 598 | 탕개틀다 | 남 | | | 탕갯줄을 틀다. | |
| 599 | *통틀다 | 남 | 한 | | 있는 대로 한데 묶다. | <모·움> → 통틀어 |
| 600 | 홍예[虹霓]틀다 | 남 | 한 | | 홍예 모양으로 만들다. | |
| 601 | ⑫ 팔다[賣] | 남 | | 풀다 | (물건을)팔다 | 팔리다 |
| 602 | 곁눈팔다 | 제 | 한 | | 몰래 다른 데를 보다. | |
| 603 | 길품팔다 | 제 | 새 | | 대신 가 주고 삯을 받다. | |
| 604 | 날품팔다 | 제 | 한 | | 하루하루 삯을 받고 품을<br>팔다. | 날품팔이 |
| 605 | 눈팔다 | 제 | 한 | | 엉뚱한 곳을 보다. | |
| 606 | 더위팔다 | 제 | 새 | | 더위를 팔다.<br>(정월 보름 풍속) | 더위팔기 |

| 연번 | 이제 말<br>(으뜸말과 번진말) | 바탕 | 사전 | 옛 말 | 뜻 | 비 고 |
|---|---|---|---|---|---|---|
| 607 | 되팔다 | 남 | 한 | | 샀던 물건을 다시 팔다. | 되팔기하다, 되팔기 |
| 608 | 딴눈팔다 | 제 | 한 | | = 한눈팔다 | |
| 609 | 매품팔다 | 제 | | | 매를 대신 맞고 삯을 받다. | 매품팔이 |
| 610 | 먼눈팔다 | 제 | | | 정신을 놓고 먼데를 바라보다. | |
| 611 | 몸팔다 | 제 | 한 | | 정조를 팔다. | |
| 612 | 발품팔다 | 제 | 박 | | 걸어다니는 수고로 이익을 보다. | |
| 613 | 밭팔다 | 제 | | | 정조를 팔다. | |
| 614 | 쌀팔다 | 제 | 한 | | 쌀을 사다. | |
| 615 | 약(藥)팔다 | 제 | 한 | | 입담 좋게 얘기하다. | |
| 616 | 조아팔다 | 남 | | | 조금씩 팔다. | |
| 617 | 품팔다 | 제 | | | 품삯을 받고 일해 주다. | 품팔이하다, 품팔이 |
| 618 | 한눈팔다 | 제 | 한 | | 딴 데를 보다. | 딴눈팔다, 딴눈주다,<br>먼눈팔다 |
| 619 | 헛눈팔다 | 제 | 한 | | 딴 데를 보다 | 한눈팔다 |
| 620 | 헛품팔다 | 제 | 박 | | 삯을 못 받고 쓸데없이 노력하다. | |
| 621 | ⑮ 풀다[解] | 남 | 새 | 플다 | (끈을)풀다 | 풀리다, 풀치다, 풀이 |
| 622 | 귀양풀다 | 남 | | | 귀양살이에서 벗어나게 하다. | 귀양풀리다,<br>귀양풀이 |
| 623 | 논풀다 | 남 | | | 논으로 만들다. | 논풀이하다, 논풀이,<br>신(新)풀이 |
| 624 | 되풀다 | 남 | 한 | | 다시 풀다. | 되풀리다, 되풀이 |
| 625 | 몸풀다 | 제 | 새 | | 아이를 낳다. | |
| 626 | 원풀다 | 제 | 한 | | 소원을 이루다. | 원풀이하다, 원풀이 |
| 627 | 중동풀다 | 제 | | | 허리 꾸밈새 (중동)를 잘하다. | 중동풀이=중동치레 |
| 628 | 코풀다 | 제 | | 고플다, 코플다 | 코를 풀다. | '콩 + 블다', 코풀개 |
| 629 | 활풀다 | 제 | 한 | | 활시위를 벗기다. | |
| 630 | ⑯ 허물다 | 제 | 한 | | 헌데가 생기다. | |
| 631 | ⑰ 허물다 | 남 | | | = 헐다 (집을 헐다.) | 허물리다, 허물어뜨리다 |

| 연번 | 이 제 말<br>(으뜸말과 번진말) | 바탕 | 사전 | 옛 말 | 뜻 | 비 고 |
|---|---|---|---|---|---|---|
| 632 | ⑫ 헐다 | 남 | | | (집을)헐다 | 헐리다 |
| 633 | ⑫ 헐다 | 제 | | | 오래되어 낡아지다. | 험(흠) |
| 634 | ⑩ 헐다 | 남 | 새 | | = 헐뜯다<br>남의 나쁜 점을 들어 말하<br>다. | |
| 635 | ⑩ 헝클다 | 남 | | | (머리를)헝클다 | |
| 636 | 엉클다 | 남 | | | <거센>헝클다 | |
| 637 | ⑫ 흐놀다 | 남 | | | 동경하다 | |
| 638 | ⑬ 흔들대[搖] | 남 | | 흐늘다, 후늘다,<br>혼돌다 | (머리를)흔들다 | 흔들리다, 흔들거리<br>다, 흔들이, 흔들흔<br>들 |
| 639 | 내흔들다 | 남 | 한 | | 함부로 흔들다. 밖으로 흔<br>들다. | |
| 640 | 뒤흔들다 | 남 | | | 몹시 흔들다. | 뒤흔들리다 |
| 641 | 줴흔들다 | 남 | 한 | | <본>쥐어흔들다 | |
| 642 | 쥐어흔들다 | 남 | | | 손으로 잡아 흔들다.<br><준>줴흔들다 | |
| 643 | 쳇머리흔들다 | 제 | | | 병적으로 고개가 저절로<br>흔들려지다. | |

## <그림씨>

| 연번 | 이 제 말<br>(으뜸말과 번진말) | 사전 | 옛 말 | 뜻 | 비 고 |
|---|---|---|---|---|---|
| 1 | ① 가늘다 | | ᄀᆞ놀다, ᄀᆞ롤다 | (허리가)가늘다 | ᄀᆞ놀다: ᄀᆞ롤다 (ㄴ: ㄹ,<br>서로 통합, 미끄럼소리<br>되기), 가느다랗다, 가느<br>랗다 |
| 2 | 가늘디가늘다 | | | 매우 가늘다. | |
| 3 | ② 가멸다 | | ᄀᆞᅀᆞ며다, ᄀᆞᅀᆞ멸다, ᄀᆞ<br>ᅀᆞ열다>가ᅀᆞ멸다, ᄀᆞᅌᆞ<br>멸다>ᄀᆞᅌᆞ열다>가음열<br>다 | 재산이 넉넉하다.<br><원>가음멸다 | 가멸지다, 가멸하다 |
| 4 | 가음멸다 | 한 | | <변>가멸다 | |
| 5 | ③ 거칠다 | | 거출다, 거츨다 (멀텁<br>다) | (말씨가)거칠다 | |
| 6 | 귀거칠다 | | | 듣기에 거북하다. | |
| 7 | 눈거칠다 | | | 보기가 싫어 눈에 들지<br>아니하다. | |
| 8 | 덧거칠다 | | | 까탈이 심하다. | |
| 9 | 덩거칠다 | | 덮거츨다,덥써츨다<br>>덤꺼츨다,덤썹다 | 매우 거칠다. | |
| 10 | 손거칠다 | | | 도둑질하는 손버릇이<br>있다. | |
| 11 | ④ 걸다[肥沃] | | 걸다(거츨다, 믈어츨다) | 기름지다 | 거름 걸우다, 걸차다 |
| 12 | 손걸다 | 박 | | 솜씨가 있다. | |
| 13 | 입걸다 | 박 | | 말솜씨가 있다. | |
| 14 | 입메걸다 | 박 | | 먹성이 좋다. | 제주 방언 (살렸으면) |
| 15 | ⑤ 괄다 | | | 불 기운이 세다. | |
| 16 | ⑥ 팰다 | | | 광석의 금분이 적다. | |
| 17 | ⑦ 굴다 | 한 | | = 굵다 | |
| 18 | ⑧ 궁글다 | | 궁글다 | 속이 비다. | |

| 연번 | 이 제 말<br>(으뜸말과 번진말) | 사전 | 옛 말 | 뜻 | 비 고 |
|---|---|---|---|---|---|
| 19 | 궁굴다 | | | <큰>궁글다 | |
| 20 | ⑨ 기울다 | | | 비스듬하여 한쪽이 낮다. | (움직씨도 있음.) |
| 21 | 갸울다 | | | <큰>기울다 | (움직씨도 있음.) |
| 22 | 꺄울다 | | | <예>갸울다 | (움직씨도 있음.) |
| 23 | 끼울다 | | | <예>기울다 | (움직씨도 있음.) |
| 24 | ⑩ 길다[長] | | | (길이가)길다 | 길다랗다, 기다랗다, 길<br>이, 길, 길래 |
| 25 | 밭길다 | | | 먹게 된 곳에 마침 참여<br>하다. | |
| 26 | 해길다 | | | 낮이 길다. | |
| 27 | ⑪ 놀다 | | | 드물어서 귀하다. | |
| 28 | ⑫ 달다[甘] | | 둘다 | (설탕이)달다 | |
| 29 | 다디달다 | | | <원>달디달다 | |
| 30 | 달디달다 | | | 매우 달다. <변>다디달<br>다 | |
| 31 | ⑬ 둥글다[圓] | | 둥글다, 두렫다, 두렵다 | (공이)둥글다<br><작>동글다 | 둥그리다, 둥그렇다,<br>둥그레지다 |
| 32 | 길둥글다 | | | <큰>길동글다 | 길둥그렇다 |
| 33 | 길동글다 | | | 기름하게 둥그렇다. | 길둥그렇다 |
| 34 | 넓둥글다 | | | 넓죽하고 둥글다. | |
| 35 | 동글다 | | 도렵다 | <큰>둥글다 | 동그리다, 동그랗다, 동<br>그레지다, 동그라미, 동<br>고라미<br>'동골다'가 있었을 듯. |
| 36 | ⑭ 드물다[稀] | | 드물다 | 흔하지 않다. | 드문드문 |
| 37 | ⑮ 멀다[遠] | | | (거리가)멀다 | 머다랗다, 멀리 |
| 38 | 귀멀다 | 한 | | 귀가 어둡다. | 귀먹다<br>'눈멀다'는 움직씨 (?) |
| 39 | 머나멀다 | | | = 멀고 멀다. | |
| 40 | ⑯ 모질다 | | 모딜다 | 마음씨가 매섭다. | 모질음 |
| 41 | ⑰ 몽글다 | | | 곡식의 낟알이 꽉 차다. | |
| 42 | ⑱ 무질다 | 한 | | 끝이 뭉뚱하다. | |

| 연번 | 이 제 말<br>(으뜸말과 번진말) | 사전 | 옛 말 | 뜻 | 비 고 |
|---|---|---|---|---|---|
| 43 | ⑲ 벌다 | | | 정도보다 좀 크다. | (움직씨도 있음.) |
| 44 | ⑳ 비뚤다 | | 빗굴다 | (입이)비뚤다 | 비뚤이, 비뚜로<br>ㄱ : ㄷ (서로 통합) |
| 45 | 배뚤다 | | | <큰>비뚤다 | 배뚜로 |
| 46 | 빼뚤다 | 한 | | <예>배뚤다 | 삐뚤이, 삐뚜로 |
| 47 | 삐뚤다 | | | <예>비뚤다 | |
| 48 | ㉑ 빨다[尖] | | 셸다 | 끝이 차츰 가늘다. <본><br>빠르다 | |
| 49 | 끝빨다 | 한 | | 집안이 쇠하다. | |
| 50 | 하관(下觀)빨다 | 박 | | 하관이 갑자기 끝나다. | |
| 51 | ㉒ 살다 | | | 겨냥보다 좀 크다. | |
| 52 | 속살다 | | | 마음 속으로 벼르는 뜻<br>이 있다. | |
| 53 | ㉓ 서툴다 | 한 | 서툴다 | <본>서투르다 | |
| 54 | 눈서툴다 | 박 | | 눈에 익숙하지 않다. | |
| 55 | 손서툴다 | | | <본>손서투르다 | |
| 56 | ㉔ 설다 | | | 경험이 없이 서투르다. | 선부르다, 설다루다 |
| 57 | 귀설다 | | | 귀에 익숙지 아니하다. | |
| 58 | 낯설다 | | 낯설다 | = 낯서투르다 : 눈에 익<br>지 아니하다. | |
| 59 | 눈설다 | | | = 눈서투르다 = 낯서투<br>르다 | |
| 60 | 손설다 | | | = 손서투르다 : 손에 익<br>지 아니하다. | |
| 61 | ㉕ 섫다 | | | = 섧다 | |
| 62 | ㉖ 성글다 | 한 | | = 성기다 : 물건끼리의<br>사이가 뜨다. | |
| 63 | ㉗ 솔다 | | | 공간이 좁다. | |
| 64 | ㉘ 솔다 | | | 긁으면 아프고 그냥 두<br>면 가렵다. | |
| 65 | ㉙ 승겁들다 | | | 천연스럽다 | (움직씨도 있음.) |
| 66 | ㉚ 어물다 | | | 성질이 여리다. | |
| 67 | ㉛ 어질다 | | 어딜다 | (마음씨가)어질다 | |

| 연번 | 이 제 말 (으뜸말과 번진말) | 사전 | 옛 말 | 뜻 | 비 고 |
|---|---|---|---|---|---|
| 68 | ⑫ 여물다 | 한 | | 단단하다 | (움직씨도 있음.) |
| 69 | 겉여물다 | | | 겉으로 보기에 여무지다. | (움직씨도 있음.) |
| 70 | 손끝여물다 | | | 허술한 데 없이 여무지다. | |
| 71 | 손여물다 | 한 | | = 손끝여물다 | |
| 72 | 야물다 | | | <큰>여물다 | (움직씨도 있음.) |
| 73 | 되새여물다 | | | 화를 잘 내는 성깔이 있다. | |
| 74 | ⑬ 영돌다 | 한 | | 명랑한 태가 가득 차 있다. | |
| 75 | 영이돌다 | 새 | | = 영돌다 | |
| 76 | ⑭ 옹글다 | | | 완전하다 | |
| 77 | ⑮ 외딸다 | | | 외따로 떨어져 있다. | 외따로 |
| 78 | ⑯ 일다[부] | | | <본>이르다 : 때가 앞서 있다. | |
| 79 | ⑰ 잘다[細] | | 줄다 | (알이)잘다 | 잗다랗다, 잔재비, 잔챙이 |
| 80 | 자디잘다 | | | 매우 잘다. | |
| 81 | 잔질다 | | | 마음이 약하다. | |
| 82 | 잗달다 | | | 하는 짓이 잘고 다랍다. | |
| 83 | ⑱ 질다 | | | (땅이)질다 | |
| 84 | 차질다 | | | 차지게 질다. | |
| 85 | ⑲ 치뜰다 | | | 짓이 나쁘고 더럽다. | |
| 86 | ⑳ 흐틀다 | 박 | | 겉으로 보기보다 꽤 너르다. 슬겁다 | 충북 방언 (살렸으면) |

## (나) 옛말 일람표

### (1) 통 계

| 씨별 \ 갈래 | | 이제말에 이어진 말 | 사라진 말 | 계 |
|---|---|---|---|---|
| 움직씨 | 제움직씨 | 76 | 36 | 112 |
| | 남움직씨 | 75 | 48 | 123 |
| | 제·남움직씨 | 2 | 0 | 2 |
| | 계 | (153) | (84) | (237) |
| 그 림 씨 | | 21 | 10 | 31 |
| 합 계 | | 174 | 94 | 268 |

### (2) 일 람 표

&lt;일러두기&gt;

① ㉠ 여기 실린 옛말 '-르다' 풀이씨는 앞에서 보인 이제말 일람표의 '옛
말'과, 이제는 완전히 사라지고 없는 말을 다 실은 것이다.

㉡ 이제말에 이어진 말은 그 앞에 번호를 매겨 따로 숫자를 파악했다.
여기서 '이어졌다'란 말에는 똑 같은 '-르다' 풀이씨로 이어지지는
않았어도, 비슷한 형태로 쓰이고 있는 말도 포함시켰다.(거슬다>거
스리다)

㉢ 사라진 말은 한 글자 뒤로 물려 썼다.

② 뜻은 같되 비슷한 여러 가지 표기의 말이 있을 때는 한데 죽 달아 썼
으며, 통계 숫자도 하나로 잡았다. 대체로 본 변천 순서대로 썼다.

③ 뜻은 같되 전혀 다른 모습(시니피앙)의 말은 따로 세웠다.

④ '비고'에는 옛말 자체의 파생어, 합성어, '-르다' 풀이씨의 끝바꿈·몸바
꿈꼴의 향가 표기 보기, 그밖 국어학적 사실 등을 참고로 적어 두었다.

| 연번 | 문 헌 말<br>(이어진 말과 사라진 말) | 바탕 | 이제말 또는 뜻 | 비 고 |
|---|---|---|---|---|
| 1 | ① 가슴멸다(가스멸다, 가슴열다<br>>가ᄋ멸다, 가음열다, 가음열다) | 그 | 가멸다 | |
| 2 | ② 갈다 (ᄀᆞᆯ다) | 남 | (밭을)갈다 | |
| 3 | 감믈다 | 남 | 꼭 다물다. | |
| 4 | 감ᄲᆞᆯ다 | 남 | 감아 빨다. | |
| 5 | ③ 값돌다 | 남 | 감돌다 | |
| 6 | 갓ᄀᆞᆯ다 (가질다, 갓골다) | 제 | 거꾸로 되다. | 갓ᄀᆞᆯ오다, 가홀오다 |
| 7 | ④ 거두들다 | 남 | 걷어들다 | |
| 8 | 거두불다 (거도불다) | 제 | 붙어 거두다. | |
| 9 | 거두ᄲᆞᆯ다 | 남 | 쓸어 거두다. | |
| 10 | 거두줍굴다 | 제 | 쭈그러들다 | |
| 11 | 거둘다 | 남 | 걸어 달다. | |
| 12 | ⑤ 거슬다(거슬다) | 남 | 거스리다 | 거스리다, 거슬ᄯᅳ다,<br>거슬ᄶᅵ, 거슳ᄯᅳ다 |
| 13 | ⑥ 거츨다(거출다) | 그 | 거칠다 | |
| 14 | 거츨다 | 그 | 허망하다, 망령되다 | |
| 15 | ⑦ 걸다[掛] | 제·남 | 걸다, 걸리다 | 걸우다, 걸이다, 걸위다,<br>거둘다 |
| 16 | ⑧ 걸다[肥] | 그 | (땅이)걸다 | 걸오다, 믈어츨다 |
| 17 | ⑨ 검프르다 | 제 | 검푸르게 되다. | 검푸르다 (그림씨) |
| 18 | ⑩ 고플다 (>코플다) | 제 | 코풀다 | 곻 + 블다 → 고플다 |
| 19 | ⑪ 곡걸다 | 남 | 곱걸다 | ㄱ : ㅂ (서로 통함) |
| 20 | ⑫ 공긔놀다 | 제 | 공기놀다 | |
| 21 | ⑬ 구울다 (구을다) = 그울다 | 제 | 굴다, 구르다 | |
| 22 | 굴다[吹] | 남 | (나발을)불다 | ㄱ : ㅂ (서로 통함) |
| 23 | 굴다 | 남 | 방자하다, 저주하다 | 굴이다 |
| 24 | ⑭ 굴다 | 남 | (못살게)굴다 | |
| 25 | ⑮ 굼닐다 | 제 | 굼닐다 | 丘物叱丘物叱<br>(구믈구믈←구믈다) |
| 26 | 굽슬다 (구쁠다>굿블다>굿불다) | 제 | 엎드리다 | 굽스리다, 굿블이다<br>ㅂ - ㅅ (자리바꿈) |
| 27 | ⑯ 궁글다 | 그 | 궁글다 | 비꿇다 |
| 28 | ⑰ 귀울다 | 제 | 귀울다 | |

| 연번 | 문 헌 말<br>(이어진 말과 사라진 말) | 바탕 | 이제말 또는 뜻 | 비 고 |
|---|---|---|---|---|
| 29 | 그몰다(그믈다>금을다, 그물다) | 제 | 저물다 | 그믐, ㄱ : ㅈ (서로 통합) |
| 30 | ⑱ 그울다(구울다>구으다) | 제 | 굴다, 구르다 | 그울다 - 구으다 (자리바꿈) |
| 31 | ⑲ 기울다(기울다) | 제 | 기울다 | 기우루, 기우로, 기우리다 |
| 32 | 길다 | 제 | 자라다 | |
| 33 | ⑳ 길다[長] | 그 | 길다 | 길이다, 길우다, 기릐, 기리, 기릇다 永良(기리) |
| 34 | ㉑ ᄀᆞ눌다(>ᄀᆞ롤다)[細] | 그 | 가늘다 | |
| 35 | ᄀᆞ리얼다 | 제 | 가리어져 얼다. | |
| 36 | ㉒ ᄀᆞ롤다 | 그 | = ᄀᆞ눌다 | ᄀᆞ눌다 - ᄀᆞ롤다<br>ㄴ : ㄹ (서로 통합, 미끄럼소리되기) |
| 37 | ㉓ ᄀᆞ믈다(>ᄀᆞ믈다>ᄀᆞ물다)[旱] | 제 | 가물다 | ᄀᆞ믈 |
| 38 | ㉔ ᄀᆞᅀᆞᆷ알다(ᄀᆞᅀᆞ말다>ᄀᆞᅀᆞᆷ알다>ᄀᆞ○말다>ᄀᆞ음알다, ᄀᆞᄋᆞ말다) | 남 | 가말다, 주관하다 | |
| 39 | ㉕ ᄀᆞᆯ다[替] | 남 | 갈다, 바꾸다 | ᄀᆞᄅᆞᆷ, ᄀᆞᄅᆞᆺ, ᄀᆞᄅᆞᆽ, 번ᄀᆞ라 |
| 40 | ㉖ ᄀᆞᆯ다[磨] | 남 | (칼을)갈다 | ᄀᆞ다돔다, ᄀᆞᆯ이다, 므르ᄀᆞᆯ다, 브스ᄀᆞᆯ다 |
| 41 | ㉗ ᄀᆞᆯ다[曰] | 남 | 이르다, 말하다 | (모·움) → 가로되 |
| 42 | ㉘ 나들다(나둘다) | 제 | 나들다 | |
| 43 | ㉙ 나틀다 | 제 | 나이들다 | 낳 + 들다 |
| 44 | ㉚ 내밀다 | 제 | 내밀다 | |
| 45 | ㉛ 너를다 | 제 | 널리다 | |
| 46 | 너출다 | 제 | 넌출지다, 퍼지다 | |
| 47 | 너털다 | 제 | 덜덜 떨다. | |
| 48 | 너흘다 | 남 | 널다, 씹다, 물어뜯다 | |
| 49 | 넘놀다 | 제 | = 넙놀다 | |
| 50 | ㉜ 넙놀다 | 제 | 넘놀다 | |
| 51 | 녁들다 | 남 | 편들다 | |
| 52 | ㉝ 놀다 | 제 | 놀다 | 놀이다, 노니다, 놀오다, 놀음놀이<br>遊行如可(노니다가←놀다+니다), 遊烏隱(노론←놀다) |
| 53 | 놀다 | 남 | 연주하다 | |

| 연번 | 문 헌 말<br>(이어진 말과 사라진 말) | 바탕 | 이제말 또는 뜻 | 비 고 |
|---|---|---|---|---|
| 54 | ⑭ 놀다 | 그 | 놀다(귀하다) | |
| 55 | 누를다(누룰다) | 제 | 누르게 하다. | 누르다 (그림씨) |
| 56 | 누웃굴다(누우쑬다) | 제 | 뒹굴다 | |
| 57 | 눅놀다(늑놀다) | 제 | 누긋하게 놀다. | |
| 58 | ⑮ 눈멀다 | 제 | 눈멀다 | |
| 59 | 늘다 | 그 | 낫다 | |
| 60 | ⑯ 니골다 | 제 | 이갈다 (젖니 갈다.) | |
| 61 | ⑰ 니골다 | 제 | 이갈다 (이 문지르다.) | |
| 62 | ⑱ 니를다(니롤다, 리를다, 닐늘다)[到] | 제 | 이르다, 다다르다 | 니르다, 니ᄅ다 |
| 63 | ⑲ 니울다(<이ᄫ다) | 제 | 이울다 (시들다) | |
| 64 | 니음둘다(니음달다) | 제 | 연달다, 잇따르다 | |
| 65 | ⑳ 닐다(돋닐다, 맛닐다, 섯닐다) | 제 | 일다, 일어나다 | 니르받다, 니ᄅ다, 넓드다 |
| 66 | ㉑ 놀다[飛] | 제 | 날다 | ᄂ니다, ᄂ디로다, ᄂ솟다 |
| 67 | ㉒ 놀다 | 남 | (배[布]를)날다 | |
| 68 | ㉓ 놋설다 | 그 | 낯설다 | |
| 69 | ㉔ 다다걸다 | 남 | 닫아걸다 | |
| 70 | ㉕ 다믈다 | 남 | 다물다 | |
| 71 | 다슬다 | 제 | 다스리다, 다스려지다 | 다슬오다 |
| 72 | ㉖ 달다 | 제 | 달다 (뜨거워지다) | 달오다, 달호다, 달회다 |
| 73 | ㉗ 달다(수를 달라) | 남 | 달다(모·움) → 술을 달라. | |
| 74 | ㉘ 댱가들다(댱가들다) | 제 | 장가들다 | |
| 75 | ㉙ 더블다 | 남 | 더불다 | |
| 76 | ㉚ 덜다 | 남 | 덜다 | 덜이다 |
| 77 | ㉛ 덦거츨다(덤쩌츨다, 덥쩌츨다, 덤꺼츨다) | 그 | 덩거칠다 | |
| 78 | 덥달다 | 남 | 덥게 달다. | |
| 79 | ㉜ 뎜글다(>졈글다, 져믈다, 져물다) | 제 | 저물다 | 입천장소리되기, /ㄱ/ 떨어짐, 둥근입술소리되기, 홑홀소리되기 |
| 80 | ㉝ 돌다[廻] | 남 | 돌다, 돌리다 | 돌오다, 돌이다, 돌치다, 도니다, 도ᄅ다, 도르다 廻於尸(도롤), 廻良只(도ᄅ혀) |

| 연번 | 문 헌 말<br>(이어진 말과 사라진 말) | 바탕 | 이제말 또는 뜻 | 비 고 |
|---|---|---|---|---|
| 81 | ㉤ 두위틀다(두의틀다) | 남 | 뒤틀다 | 두의틀다 |
| 82 | ㉤ 둥굴다 | 그 | 둥글다 | |
| 83 | ㉤ 뒤돌다 | 남 | 뒤돌다 | |
| 84 | ㉤ 드나돌다 | 제 | 드나들다 | 나들다 |
| 85 | ㉤ 드리붇다 | 남 | 들이붇다 | |
| 86 | ㉤ 드리쎨다 | 남 | 들이빨다 | 드르리 |
| 87 | ㉤ 드믈다 | 그 | 드물다 | |
| 88 | ㉥ 들다[入] | 제 | 들다, 들어가다, 들어오다 | 들이다<br>入良沙(드러사), 入伊(드리) |
| 89 | 디늘다(디눌다) | 남 | 임하다 | 다돋다, 딜다 |
| 90 | ㉖ 디들다(찌들다) | 제 | 찌들다 | |
| 91 | 딜다 | 남 | 임하다 | |
| 92 | 둗닐다 | 제 | 뛰어 일어나다. | |
| 93 | ㉓ 돌녀들다 | 제 | 달려들다 | |
| 94 | 돌다 | 제 | 얼어터지다 | |
| 95 | ㉤ 둘다[懸] | 남 | 달다, 매달다 | |
| 96 | ㉤ 둘다 | 남 | (저울에)달다 | |
| 97 | ㉤ 둘다[甘] | 그 | 달다 | |
| 98 | 마고믈다 | 남 | 악물다 | |
| 99 | ㉤ 말다[勿] | 남 | (하지)말다 | 말이다, 마디몬ㅎ다 |
| 100 | 맛닐다 | 남 | 만나다 | |
| 101 | 맛들다 | 남 | 좋아하다, 즐기다 | |
| 102 | ㉤ 머믈다[留] | 제 | 머물다, 머무르다 | 머믈우다, 머믈츠다, 머뭇<br>츠다, 止以友(머믈우) |
| 103 | 머흘다 | 그 | 험하다, 사납다 | |
| 104 | ㉤ 멀다 | 제 | (눈이)멀다 | 멀이다 |
| 105 | ㉥ 멀다[遠] | 그 | (거리가)멀다 | |
| 106 | ㉤ 모딜다 | 남 | 모질게 다루다. 해치다 | 惡寸, 惡寸隱(모딘) |
| 107 | ㉤ 모딜다 | 그 | 모질다 | 모디리, 모딜이 |
| 108 | ㉤ 모지말다 = 마디몯ㅎ다 | 제 | 마지못하다 | 몯다말다(ㄴ : ㅏ 자리바<br>꿈) |
| 109 | ㉤ 몰다[驅] | 남 | (말을)몰다 | 몰이다 |

| 연번 | 문 헌 말<br>(이어진 말과 사라진 말) | 바탕 | 이제말 또는 뜻 | 비 고 |
|---|---|---|---|---|
| 110 | 믈다 | 남 | 쌓다, 두껍게 바르다. | 믈이다 |
| 111 | ⑮ 믈다[償] | 남 | 물다, 갚다 | 믈이다 |
| 112 | ⑯ 믈여믈들다 | 제 | 믈알들다 |  |
| 113 | 므너흘다 | 남 | 물어뜯다 | 므너흐리옷미듭 |
| 114 | 므러골다 | 남 | 무르게, 곱게 갈다. |  |
| 115 | ⑰ 믈다[咬] | 남 | (입에)물다 |  |
| 116 | ⑱ 믈들다(므들다, 무들다)[染] | 제 | 물들다 |  |
| 117 | ⑲ 믈밀다 | 제 | 물밀다 | 믈혀다 |
| 118 | 믈어츨다[肥] | 그 | 절다, 기름지다 |  |
| 119 | 믈헐다 | 남 | 허물다 | 믈(물) - 허 (자리바꿈) |
| 120 | ㅁㄹ서흘다 (ㅁㄹ써흘다) | 남 | 마르(마름질하)고 썰다. |  |
| 121 | ⑳ 믈다[捲] | 남 | 말다, 돌려 감다. |  |
| 122 | ㉑ 믈다 | 남 | (밥을 물에)말다 |  |
| 123 | 밍골다 (밍글다, 민글다) | 남 | 만들다 | 밍골이다 |
| 124 | ㉒ 밍돌다(민돌다, 민들다, 무돌다) | 남 | 만들다 | 민글다 : 민들다(ㄱ : ㄷ 서로 통함) |
| 125 | ㉓ 받들다 | 남 | 받들다 |  |
| 126 | 받다 | 남 | 곁에 따르다. | 바니다, 바라나다 |
| 127 | 버믈다 | 제 | 얽매이다, 걸리다 | 버므리다, 범글다, 범을다, 버므레<br>(경남 방언 '버믈다'는 '버므리다'임.) |
| 128 | 버믈다[旋] | 남 | 두르다 |  |
| 129 | ㉔ 벌다 | 제 | 벌리어지다, 벌다 | 버릐 |
| 130 | ㉕ 범글다(>버믈다) | 제 | 얽히다, 걸리다 | 버믈다<br>범글다 > 버믈다 (/ㄱ/ 없어짐) |
| 131 | ㉖ 벙글다(>벙을다) | 제 | 벌다, 벌어지다 |  |
| 132 | ㉗ 베믈다 | 남 | 베물다 |  |
| 133 | 베서흘다(베뻐흘다) | 남 | 베어 썰다. |  |
| 134 | ㉘ 베플다(>베프다) | 남 | 베풀다, 펴다 | 베프다 > 베플다 (/ㄹ/ 덧보탬)<br>施好尸(베플) |

| 연번 | 문 헌 말<br>(이어진 말과 사라진 말) | 바탕 | 이제말 또는 뜻 | 비 고 |
|---|---|---|---|---|
| 135 | 봄놀다(쏨놀다) | 남 | 뛰놀다 | |
| 136 | ⑧ 불다[呼] | 제 | (나발을)불다 | 거두불다, 섯불다, 헤불다 |
| 137 | ⑨ 뷔틀다(븨틀다) | 남 | 비틀다 | |
| 138 | ⑨ 브티들다 | 남 | 붙들다 | 브티들이다 |
| 139 | ⑨ 브플다(>부플다) | 제 | 부풀다 | |
| 140 | ⑨ 븓들다(붓들다) | 남 | 붙들다 | 븓들이다 |
| 141 | ⑨ 블다(>불다)[呼] | 제·남 | (입으로)불다 | 불이다, 블리다 |
| 142 | 블다(>불다) | 남 | 부러워하다 | 경남 방언 '불다' |
| 143 | ⑨ 빌다[祈] | 남 | 빌다 | 비러먹다, 빌뿌다, 비로, 비루<br>祈以女(빌이디) |
| 144 | 빗굴다 | 그 | 비뚤다 | |
| 145 | 빗글다(빗굴다) | 제 | 비뚤어지다 | |
| 146 | ⑨ ᄇᆞ롭들다 | 제 | 바람들다 | |
| 147 | ᄇᆞᄉᆞᆯ다(브ᄉᆞᆯ다) | 남 | 갈아 바수다. | |
| 148 | ⑨ 뻬믈다(>깨믈다, 까밀다) | 남 | 깨물다 | |
| 149 | ⑨ 뛰놀다(쒸놀다) | 제 | 뛰놀다 | 뛰놀리다 |
| 150 | ⑨ 뻘다(썰다) | 남 | (몸을)떨다 | 뻘잇다, 뻘티다 |
| 151 | ⑩ 뛰여들다(뛰어들다) | 제 | 뛰어들다 | |
| 152 | 쓰설다(>쓰셜다) | 남 | 쓸고 치우다. | 쓰설이다, 쓰서럿다 |
| 153 | ⑩ 쓸다[掃] | 남 | 쓸다 | 쓰다듬다, 쓰렛ᄒ다, 쓰리티다, 쓸에질ᄒ다, 후리쓸다<br>掃尸(쓸) |
| 154 | ⑩ 쩌들다 | 남 | 껴들다 | |
| 155 | ⑩ 쩨들다(>씨들다) | 남 | = 쩌들다, 끼어 들다. | |
| 156 | ⑩ 뻘다 | 남 | 털다 | 뻘다 |
| 157 | ⑩ 뛰놀다 = 뛰놀다(쒸놀다) | 제 | 뛰놀다 | 뛰놀다 |
| 158 | ⑩ 사흘다(싸흘다, 싸흘다, 쓴흘다) | 남 | (무를)썰다 | |
| 159 | ⑩ 살다(生) | 제 | 살다 | 다ᄆᆞ사리, 뫼ᄉᆞ리, 사니다, 사라나다, 사ᄅᆞ다, 사롤일<br>生以(사리) |
| 160 | ⑩ 서글다 = 서긇다 | 제 | 서글퍼하다 | '서그러 말라…' |

| 연번 | 문 헌 말<br>(이어진 말과 사라진 말) | 바탕 | 이제말 또는 뜻 | 비 고 |
|---|---|---|---|---|
| 161 | ⑩ 서툴다 | 그 | 서투르다 | '서투론 따부를…' |
| 162 | ⑩ 설다 | 제 | 설다, 덜 익다. | |
| 163 | 설다 | 남 | 걷다, 치우다, 설겆이하다 | 쓰설다, 설엊다, '설고, 설며, 서러…' |
| 164 | 섯닐다 | 제 | 섞여 일다. | |
| 165 | 섯돌다 | 제 | 섞여 돌다. | |
| 166 | 섯버믈다 | 제 | 섞여 엉키다. | |
| 167 | 섯블다(>섯불다) | 남 | 섞어 불다. | |
| 168 | 솟글다 | 제 | 끓어 솟다. | '솟글는' |
| 169 | 숙쉴다 | 제 | 솟고라지다, 솟구치다 | |
| 170 | 숫글다 | 제 | 곤두서다 | |
| 171 | ⑪ 슬다 | 제 | 스러지다, 슬다 | 굽슬다 |
| 172 | ⑫ 슬다(술다) | 남 | 스러지게 하다. | 슬먹다, 슬우다, 슬오다 |
| 173 | 슬다 = 슳다 | 남 | 슬퍼하다 | '슳쥬믈 슬ᄂᆞ니' (← 슳 / ᄂᆞ니) |
| 174 | ⑬ 시들다 | 제 | 시들다 | |
| 175 | 실다 | 남 | 시름하다 | 시름 |
| 176 | ⑭ 술다[燒] | 남 | 사르다 | 스로다, 술오다, 술으다, 술이다<br>燒邪隱(술얀) |
| 177 | 술다[銷] | 남 | 녹이다, 사라지게 하다. | 스라디다 |
| 178 | ⑮ 까블다 (>ᄭᅡᆫ불다)[簸] | 남 | (키로 곡식을)까부르다 | 가불오다>까보로다>까불다 |
| 179 | ⑯ 쩨쑬다 = 쩨듧다, 쩨뚫다 | 남 | 꿰뚫다 | |
| 180 | ⑰ 쩌붓들다 | 남 | 꺼붙들다 | |
| 181 | ⑱ 꿀다 | 제 | (무릎을)꿇다 | |
| 182 | ⑲ 쯔들다 | 남 | 끄어들다, 꺼들다 | |
| 183 | ⑳ 쯔을다[曳] | 남 | = 그스다, 끌다 | |
| 184 | ㉑ 꼴다 | 남 | (방석을)깔다 | ᄭᆞ라디다, 깔이다 |
| 185 | ㉒ 쩌들다 | 남 | 떠들다 | 쓰여 + 들다 |
| 186 | ㉓ 쑬다 = 듧다 | 남 | 뚫다 | <경상>뚧다 |
| 187 | ㉔ 셸다 (>빨다)[喫] | 남 | (입으로)빨다 | |
| 188 | ㉕ 셸다 (>빨다)[濯] | 남 | 빨다, 빨래하다 | |

| 연번 | 문 헌 말<br>(이어진 말과 사라진 말) | 바탕 | 이제말 또는 뜻 | 비 고 |
|---|---|---|---|---|
| 189 | ⑫ 샐다[尖] | 그 | 빨다, 뾰족하다 | 빠르다 (×) |
| 190 | ⑫ 아올다[和] | 남 | 아우르다 | 아오로, 어울다 |
| 191 | 아쳘다 = 아쳗다 | 남 | 싫어하다 | '아쳘며, 아쳐노니…' |
| 192 | ⑫ 알다[知] | 남 | 알다 | 아로리, 아랑곳, 알외다<br>知古如(알고다) |
| 193 | ⑫ 암글다 (암글다, 아믈다) | 제 | 아물다 | 암글다 > 아믈다 > 아물<br>다(/ㄱ/ 떨어짐) |
| 194 | 압닐다 | 그 | 친압하다 (지나치게 친하다.) | 압닐히 |
| 195 | ⑬ 애들다 = 애둛다(애둛다) | 그 | 애닯다 |  |
| 196 | ⑬ 애둘다(>애둟다, 애둟다) | 남 | 애닯게 여기다. | '애ᄃ라 닐오ᄃᆡ' |
| 197 | ⑬ 어딜다[賢] | 그 | 어질다 | 어디리, 어딜우 |
| 198 | ⑬ 어울다[和] | 제 | 어울리다, 합하다 | 어울우다, 아올다, <남>어<br>우르다 (?)<br>※ 嫁良(얼어←얼다, 어르<br>다) |
| 199 | ⑭ 얼다[凍] | 제 | 얼다 | 얼우다, 얼이다, 어름 |
| 200 | 얽머흘다 | 그 | 얽혀 험하다. |  |
| 201 | 업돌다 | 남 | 엎어 달다. |  |
| 202 | ⑬ 에돌다 | 남 | 에돌다 |  |
| 203 | ⑬ 여믈다 | 제 | 여물다 | 염글다(>여믈다) (/ㄱ/ 떨<br>어짐) |
| 204 | ⑬ 열다[結] | 제 | 열다 | 열우다, 여름<br>菓音(여름) |
| 205 | ⑬ 열다[開] | 남 | 열다 | 열이다, 열티다<br>咽嗚爾處米(열치매) |
| 206 | ⑬ 염글다(염ᄀᆞᆯ다) = 여믈다 | 제 | 여물다 | 염글우다(/ㄱ/ 떨어짐) |
| 207 | 오ᅀᆞᆯ다(>오올다, 오ᄋᆞᆯ다) | 그 | 온전하다 | 오ᅀᆞᆯ다, 오ᅀᆞ오다, 오올<br>다<br>烏乙反隱(오ᄋᆞᆯᄇᆞᆫ) |
| 208 | 오힐다 | 그 | 같다 | 오히려 |
| 209 | 올다 (<오ᅀᆞᆯ다) | 그 | 온전하다 | '올놈, 올콩, 올되다' |
| 210 | 왜지글다 | 제 | 한쪽으로 찌그러지다. |  |
| 211 | ⑭ 왜틀다 | 제 | 외틀다 |  |
| 212 | ⑭ 우글다 | 제 | 우그러지다, 욱다 |  |

| 연번 | 문 헌 말<br>(이어진 말과 사라진 말) | 바탕 | 이제말 또는 뜻 | 비 고 |
|---|---|---|---|---|
| 213 | ⑫ 울다[哭] | 제 | (새가)울다 | 우니다, 우르다: 소리치다,<br>포효하다<br>哭屋尸(우룰), 鳴良爾(우리) |
| 214 | ⑬ 울월다(>울얼다>우럴다) | 남 | 우러르다 | '-르다> -르다', 울월다>울<br>얼다(동음 생략)<br>仰攴(울위리), 仰頓隱(울월<br>단) |
| 215 | ⑭ 움치들다 = 움처들다 | 제 | 움츠러들다 | 옮다, 움치혀다 |
| | ※-(으/우)ㄹ다(랴다, ㄹ따) | 씨끝 | -겠느냐 | |
| 216 | ⑮ 응물다 | 남 | 윽물다 | |
| 217 | ⑯ 이블다(>이울다, 이올다) | 제 | 이울다 (시들다) | 이울우<br>迷火隱乙(이보늘), 迷反<br>(이본) |
| 218 | ⑰ 일다[成] | 제 | 일다, 되다 | 일우다, 일오다<br>逸留去耶(이루가라), 成留<br>焉(이룬), 成遣(일고) |
| 219 | ⑱ 일다 | 남 | (쌀을)일다 | 이싯다, 일이다, 일리다,<br>일위다 |
| 220 | 일의놀다 | 제 | 응석부리다 | 일의놀이다, 일의ᄒ다 |
| 221 | ⑲ 잇글다(>이끌다>잇끌다) (<잇<br>그다) | 남 | 이끌다 | 잇글이다(/ㄹ/ 덧붙음) |
| 222 | ⑳ 잇들다 = 잇글다 | 남 | 이끌다 | ㄷ : ㄱ (서로 통함) |
| 223 | 잡들다 | 남 | 붙들다 | |
| 224 | 저즐다 | 남 | 저지르다 | 저즈레ᄒ다 |
| 225 | ㉑ 절다 | 제 | (발이)절다 | 저줍다, 저추기다(남움씨?) |
| 226 | ㉒ 져믈다 = 졈글다 | 제 | 저물다 | 져믈우다, 져믈오다, 져믓 |
| 227 | 졈글다(>져믈다>저믈다(<뎜글다) | 제 | 저물다 | 졈글우다(/ㄱ/ 떨어짐, 둥<br>근입술소리되기, 홀홀소리<br>되기, 잘못 돌이킴) |
| 228 | 졍다술다 | 제 | 정다시다 | /ㄹ/ 떨어짐 |
| 229 | ㉓ 졸다 | 제 | (탕약이)졸다 <큰>줄다 | 조리<br>※ 문헌엔 '줄다', '주리다'<br>가 안 나옴. |
| 230 | 좃닐다(<좃니다) | 남 | 좇아 다니다. | |
| 231 | ㉔ 주러들다 | 제 | 줄어들다 | |

| 연번 | 문 헌 말<br>(이어진 말과 사라진 말) | 바탕 | 이제말 또는 뜻 | 비 고 |
|---|---|---|---|---|
| 232 | 주을들다 = 주울들다 | 제 | 주접들다 | |
| 233 | 죽살다 | 제 | 죽살이치다, 죽고 살다. | 죽사리 |
| 234 | 즈르들다 | 남 | 졸라 들다. | 즈ᄅ다 |
| 235 | ⑮ 즐다 | 그 | (땅이)질다 | |
| 236 | 즛서흘다 | 남 | 마구 썰다. | |
| 237 | 지즐다(지줄다) | 제 | 잇달다, 말미암다 | 지즈로 |
| 238 | 지즐다 | 남 | 지지르다 | 지즐우다, 지즐이다 |
| 239 | ⑯ 질들다[馴] | 제 | 길들다 | ※ 질드리다<월석, 법화,<br>두초,…><br>　> 길드리다<왜어 하><br>질들다>길들다(잘못 돌이<br>킴) |
| 240 | ⑰ ᄌᆞ올다(조을다>조을다, 조올<br>다, 조올다) | 제 | 졸다 | 조올리다, 조을리다, ᄌᆞ오<br>롬, 조오롬, 조을음, <경남<br>> 자불다 |
| 241 | ⑱ 줄다[細] | 그 | (열매가)잘다 | |
| 242 | ⑲ 줌ᄀᆞᆯ다[潛] | 제 | 잠기다 | 줌ᄀᆞᆯ이다, ᄌᆞᄆᆞ다, 줌기다,<br>줌ᄀᆞ다, 줌다 (/ㄱ/, /ㄹ/ 떨<br>어짐) |
| 243 | ⑳ 줌들다 | 제 | 잠들다 | |
| 244 | ㉑ 추들다 | 남 | 추어 들다. 쳐들다 | |
| 245 | ㉒ 추밀다 | 제 | 치밀다 | |
| 246 | ㉓ 추혀들다 | 남 | 추켜들다 | |
| 247 | ㉔ 코플다 = 고플다 | 제 | 코풀다 | |
| 248 | ㉕ 프를다 | 제 | 푸르게 되다. | 검프를다, 파라ᄒᆞ다, 프를<br>다, 푸르다 (그림씨) |
| 249 | ㉖ 플다[解] | 남 | 풀다 | 부플다, 프러디다 |
| 250 | ㉗ ᄑᆞᄅᆞ다 | 제 | 파랗게 되다. | 프를다, 八陵隱(파론) |
| 251 | 풀다[解] | 남 | (물건을)팔다 | |
| 252 | ㉘ 할다 | 남 | 하소하다 | |
| 253 | 할다 | 남 | 하리놀다, 참소하다, 비방하다 | 할리다, 할이다, 하리, 하<br>옷거리다 |
| 254 | ㉙ 헐다 | 제 | (상처가)헐다 | |
| 255 | ㉚ 헐다 | 남 | (집을)헐다 | 믈헐다, 헐우다, 헐이다 |

| 연번 | 문 헌 말<br>(이어진 말과 사라진 말) | 바탕 | 이제말 또는 뜻 | 비 고 |
|---|---|---|---|---|
| 256 | 헛글다 | 제 | 흐트러지다 | <경남>흐트러지게 하다. |
| 257 | ⑪ 헛틀다(허틀다) = 헛글다 | 제 | 흐트러지다 | 헛틀오다, 헐다,<br>헛틀다 : 헛글다 (ㄷ : ㄱ<br>서로 통함) |
| 258 | 헤불다 | 남 | 불어 헤치다. | |
| 259 | 환양놀다 | 제 | 화냥질하다 | |
| 260 | ⑫ 횟돌다 | 제 | 휘돌다 | 횟도르다 |
| 261 | ⑬ 흔들다(흔들다) | 남 | 흔들다 | |
| 262 | ⑭ 후늘다(후눌다, 흐늘다) = 흔<br>들다 | 남 | 흔들다 | 흐늘다>흔들다 (/ㄷ/ 덧붙<br>임) |
| 263 | 후리뜰다 | 남 | 후려 쓸다. | |
| 264 | 훔썰다 | 남 | 훔쳐 빨다. | |
| 265 | 흘다 = 흐르다 | 제 | 흐르다, 흘례하다 | 흐루다, 흐리다, 흘우다,<br>흘오다<br>'나귀 흐러…'<한청 432> |
| 266 | 흘다 | 남 | 흘겨보다, 흘기다 | '누늘 뼈둔 高萬物를 흘<br>시…'<칠대 8> |
| 267 | 훗눌다 | 제 | 날아 흩어지다. 흩날다 | |
| 268 | 흐저즐다 | 남 | 저지레하다 | |

<자 료>

# 국어 어휘 변천 자료 목록

### - 소리 바뀜을 중심으로 -

박 홍 길

## <일러두기>

이 목록에는, 통시적으로 뜻이 바뀌어 온 어휘를 제외하고, 순전히 소리
가 바뀌어 온 것 중 대표적인 몇몇만 들었다. 그것도 ① 말머리 닿소리떼가
된소리로 변해 온 말, ② 머리소리 법칙에 적용된 대부분의 말, ③ ㅑㅕㅛㅠ
ㅖ 겹홀소리가 홑홀소리로 되어 온 말, ④ 준굴곡이나 굴곡 때의 모습, ⑤
없어지거나 대체된 말, ⑥ 이제말에서도 본디말과 준말 두 가지가 다 쓰이
고 있는 말, ⑦ 소리가 바뀌어 온 한자말 등은 거의 대상으로 삼지 않았다.

## 1. 닮음(동화)

### 1) 앞홀소리되기(전설모음화)

- 거츳 > 거짓
- 법측 > 법칙
- 스ᄀᆞᄫᆞᆯ > 스골 > 시골
- 슴겁다 > 싱겁다
- 즐책 > 질책
- 츤의 > 친의
- 편즙 > 편집
- 금슬 > 금실
- 뜯다 > 찢다
- 슳다 > 싫다
- 아춤 > 아침
- 즛 > 짓
- 츩 > 칡

523

### 2) 둥근입술소리되기(원순모음화)

- ᄀᆞ몰다 > 가물다
- 므겁다 > 무겁다
- 므르다 > 무르다
- 므섯 > 무섯 > 무셧 > 무엇
- 므지게 > 무지개
- 믇다 > 묻다
- 믈 > 물
- 믈다 > 물다
- 믈읫 > 무릇
- 브르지지다 > 부르짖다
- 브리다 > 부리다
- 브섭 > 부억 > 부엌
- 블 > 불
- 븕다 > 붉다
- 쁠 > 뿔
- 어듭다 > 어둡다
- 프르다 > 푸르다
- 플 > 풀

### 3) 닿소리 이어바뀜(자음접변)

- 건나다 > 건너다
- 걷니다 > 건니다 >거니다 > 거닐다
- 것다 > 꺾다
- 곡식 > 곳식 (>곡식)
- 곳고리 > 꾀꼬리
- 깃브다 > 기쁘다
- 덥갈나모 > 떡갈나무
- 둗거비 > 두꺼비
- ᄃᆞᆮ니다 > ᄃᆞᆫ니다 > 다니다
- 맛나다 > 먼나다
- ᄠᅳᆮ > 뜻
- ᄡᅳ다 > 쓰다
- ᄢᅮᆯ다 > 꿀다
- ᄢᅳ다 > 끄다
- ᄣᅢ > 때
- 삼기다 > 생기다
- 삿기 > 새끼
- 샹례 > 샹녜 (>상례)
- 손ᄡᅵ > 솜씨
- 슴겁다 > 싱겁다
- 이틋날 > 이튼날 (>이튿날)
- ᄌᆞᆺ밉다 > 잔밉다
- 풍류 > 풍뉴 (>풍류)
- 한박 > 함박
- ᄒᆞᆫᄢᅴ > 함께

### 4) 입천장소리되기(구개음화)

- -디 > -지(어찌꼴)
- 구디 > 굳이[구지]
- 댱가 > 쟝가 >장가
- 댱고 > 쟝고 > 장고
- 더디다 > 던지다
- 뎌 > 져 > 저
- 뎌고리 > 져고리 > 저고리
- 뎌기 > 져기 > 저기
- 뎌녁 > 져녁 > 저녁
- 뎌르다 > 져르다 > 짧다
- 뎍다 > 젹다 > 적다
- 뎐 > 젼 > 전

- 뎜글다 > 졈글다 (>저물다)
- 뎝시 > 졉시 > 접시
- 뎨일 > 졔일 > 제일
- 됴개 > 죠개 > 조개
- 듁디 > 쥭지 > 죽지
- 디다 > 지다(落, 입음뒷가지)
- 디르다 > 지르다
- 디히 > 지(짠지)
- 딜다 > 질다
- 딯다 > 짛다 > 찧다
- 바디 > 바지
- 오디 > 오지그릇
- 텨 > 쳐 > 처(妻)
- 튝 > 츅 > 축(軸)
- 티다 > 치다
- 티쁘다 > 치쁘다
- 하처 > 사처(下處)
- 혁 > 셕 > 석
- 힘힘ᄒ다 > 심심하다

- 뎜심 > 졈심 > 점심
- 뎡즈 > 졍즈 >정자
- 뎨즈 > 졔즈 > 제자
- 둏다 > 죻다 > 좋다
- 듕 > 즁 > 중
- 디레 > 지레
- 디킈다 > 지키다
- 딕다 > 직다 > 찍다
- 딮 > 짚
- 멷이 > 머지(柰)
- ᄯᅵ르다 >찌르다
- 진딧 > 짓짓(眞)
- 텩튝 > 철쭉
- 티 > 치(舵)
- 티례 > 치례
- 팔힘 > 팔심 (>팔힘)
- 혀 > 서캐
- 혜다 > 셰다 > 세다
- 힉도디 > 해돋이[해도지]

## 5) 홀소리 닮음(Umlaut)

- 굼벙이 > 굼벵이 > 굼뱅이
- 그려기 > 긔려기
- 너기다 > 녀기다
- 둘팡이 > 달팽이
- 모밀 > 뫼밀
- 비얌 > 비얌
- 삼기다 > 생기다
- 여듧 > 여덟

- 귀더기 > 구데기
- 낭이 > 냉이
- 둗거비 > 두께비 > 두꺼비
- 머유기 > 메유기
- 본도기 > 본되기 > 번데기
- 볼셔 > 벌셔 > 벌써
- 삿기 > 새끼
- 올창이 > 올챙이

## 6) 울림소리되기(유성음화)

- 곱다 → 고비
- 낫다 → 나사

- 굽다 → 구버
- 닙습고 → 보습고, 보ᅀᅮ봋니

- 닛다 → 니어
- 돕다 → 도바
- 알밤 > 알밤

- 대범 > 대범
- 쉽다 → 쉬비

### 7) ㅸ의 홀소리되기(간극 동화)

- 글발 > 글왈 (>글월)
- ᄃᆞᄫᅵ다 > ᄃᆞ외다
- 셔ᄫᅳᆯ > 셔울 > 서울
- 이ᄫᅳᆯ다 > 이울다
- ᄒᆞᄫᅡ > ᄒᆞ오ᅀᅡ

- ᄃᆞᄫᅵ > 뒤웅박
- 사ᄫᅵ > 새요 > 새우
- ᄉᆞᄀᆞᄫᆞᆯ > ᄉᆞᄀᆞ올 > ᄉᆡ골 > 시골
- 표범 > 표웜 (>표범)

### 8) 흐름소리되기(유음화)

- (즐굽)ᄃᆞᄫᅵ다 → (智慧)ᄅᆞ비며
- -더- → -러- (거더니 → 아니러니)
- 구짇다 → 구지럼 > 꾸지람
- 보뎨(菩提) > 보리
- ᄎᆞ뎨(次第) > 차례(←次例)
- ※ 걷다 → 걸어서

- -다 → -라 (오라다 → ᄀᆞᆮ더라)
- -도소니 → -로소니
  (어렵도소니→ 劫이로소니)
- 사오납다 > 사오랍다 (>사납다)

듣다 → 들으니

## 2. 줄임(축약)

- 가븨엽다 > 가볍다
- 가야미 > 개미
- 가히 > 개
- 가히목 > 개목
- 검듸영 > 검뎡 > 검정
- 공연히 > 괜히
- 나/ㅣ → 내
- 나이다 > 내다(出)
- 다이다 > 대다(觸)
- 도야지 > 돼지
- 뒤어쓰다 > 뒈쓰다
- 또아리 > 똬리

- 가스나히 > 가시내
- 가야지 > (버들)개지
- 가히다 > 개다(晴)
- -거긔 > -게
- 고오다 > 고다(烹)
- 구쉬실 > 구우실 > 구실
- 나리 > 내(川)
- 너/ㅣ → 네
- 당초에 > 당최
- 됴여실 > 되실
- 뒤어지다 > 뒈지다
- 막다히 > 막대

- 무수 > 무우 > 무
- 백주에 > 백줴
- 부우리 > 부리
- 비얌 > 뱀
- 뿌이다 > 쑤이다 > 뀌다
- 소인네 > 쉰네
- 스나히 > 사내
- 싸히다 > 때다(燒)
- 쐬야기 > 뙈기
- 싸홀다 > 썰다
- -야잇->-얫->-얏->-엿-
- 오라/이 > 오래
- 입시울 > 입슐 > 입술
- 자히 > 채, -째
- 조앙이 > 쟁이
- 즉자히 > 즉재(즉시)
- 푸이다 > 패다(掘)

- 미여기 > 메기
- 버히다 > 베다
- 비왇다 > 뱉다
- 쏘야기 > 쇠야기 > 쐬기
- 삼의악이 > 사마귀
- 쇼/ㅣ → 쇼 > 쇠(고기)
- 싸이다 > 깨다
- 쩌히다 > 떼다
- 쌰히다 > 빼다
- -아잇->-앳->-앗->-았-
- -어잇->-엣->-엇->-었-
- 이어긔 > 이여기 > 여기
- 자이다 > 재다 (>재우다)
- 자히다 > 재다(尺)
- 즈슴 > 즈음 > 즘
- 타이다 > 태다 (>태우다)

## 3. 없앰(생략, 탈락)

### 1) 홑홀소리되기(단모음화)

① /의/ > /애/

- 가지 > 가재
- -관디 > -건대
- 그디, 그의 > 그대
- 디졉 > 대접
- 뭉기다, 뭉긔다 > 뭉개다
- 민샹 > 매양
- 번긔 > 번개
- 보죠긔 > 보조개
- 비다 > 배다
- 비호다 > 배우다

- 곰드릭, 곰둘릐 > 곰달래
- 구틔야, 구틔여 > 구태여
- 노릭 > 노래
- 모릭 > 모래
- 민다 > 매다
- 민야미 >매미
- 보빈, 보뵈, 보븨 > 보배
- 비 > 배
- 비츠, 비치, 비차 > 배추
- 빅빅ᄒ다, 벅벅ᄒ다 > 빽빽하다

◦ 뽀기다, 뽀긔다 > 쪼개다　　　　◦ 뼈다 > 째다
◦ 싀다, 싀다 > 새다(漏)　　　　　◦ 싀오 > 새우
◦ 자긔 > 자개　　　　　　　　　◦ 최오다 > 채우다
◦ 킈다 > 캐다　　　　　　　　　◦ 틔오다 > 태우다
◦ 파러 > 파래　　　　　　　　　◦ 퓌다 > 패다
◦ 헤믜다 > 헤매다　　　　　　　◦ 희 > 해(日)

② /의/ > /에/
◦ 가온디, 가온듸 > 가운데　　　　◦ 겨러 > 겨레
◦ 나그늬 > 나그네　　　　　　　◦ 모릐, 모릐 > 모레
◦ -의, -의 > -에(토씨)　　　　　◦ 어즤 > 어제
◦ 자늬 > 자네

③ /애/ > /아/
◦ 그림재, 그림제, 그름제 > 그림자　◦ 아래우 > 아라우 (>아래위)
◦ 겨재 > 저자

④ /야/ > /아/
◦ 간샤ㅎ다 > 간사ㅎ다　　　　　◦ 개얌나모 > 개암나무
◦ 고쟈 > 고자(宦)　　　　　　　◦ 님쟈 > 임자
◦ 댱가 > 장가　　　　　　　　　◦ 샤공 > 사공
◦ 샤마괴, 샤마귀 > 사마귀　　　　◦ 샤외 > 사위
◦ 싐쟈기다 > 깜짝이다　　　　　◦ 쟈 > 자(尺)
◦ 쟈긔 > 자개　　　　　　　　　◦ 쟈르 > 자라
◦ 쟝 > 장(醬)　　　　　　　　　◦ 쟝긔 > 장기
◦ 쟝앗디히 > 장아찌　　　　　　◦ 챵즈 > 창자

⑤ /야/ > /애/
◦ 뱜새 > 뱁새

⑥ /에/ > /아/
◦ 져제 > 저자(市場)

⑦ /에/ > /이/

- 말메 > 말미(事由)
- 메욱, 메육 > 미역
※경상 방언에서
- 게 > 끼(蟹)
- 네 > 니(汝)
- 떼다 > 띠다
- 베다 > 비다(斬)
- 세우다 > 시우다
- 제사 > 지사

⑧ /여/ > /아/

- -고져 > -고자

⑨ /여/ > /애/

- 굴머긔, 굴며기, 갈머기 > 갈매기

⑩ /여/ > /어/

- 간셥 > 간섭
- 갑졀 > 갑절
- 걱정 > 걱정
- 귓젼 > 귓전
- 그려기, 긔려기 > 기러기
- 그져 > 그저
- 넣다 > 넣다
- 뎌기 > 져기 > 저기
- 덕다 > 젹다 > 적다
- 뎝시 > 접시
- 디졉 > 대접
- 몬져, 몬졔 > 먼저
- 므셥다 > 무섭다
- 방셕 > 방석
- 보션 > 버선
- 부텨 > 부쳐 > 부처
- 볼셔, 볼쎠 > 벌써
- 셔다 > 서다
- 셔르 > 서로
- 셔어리 > 써레
- 셔울ㅎ > 서울
- 션비, 션뷔, 션븨 > 선비
- 셜합 > 서랍
- 셜흔, 셔른 > 서른
- 셟다 > 섧다
- 셤 > 섬
- 셤기다 > 섬기다
- 셥 > 섶
- 쇽졀없다 > 속절없다
- 아젼 > 아전
- 엱다 > 얹다
- 위염 > 위엄
- 져 > 저(젓가락)
- 져긔 > 저기
- 져녁 > 저녁
- 져울, 겨올 > 저울

∘격삼 > 적삼          ∘졉다 > 접다
∘졋 > 젓             ∘졎 > 젖
∘쳐섬 > 처음          ∘텩툭 > 철쭉
∘펴디다 > 퍼지다       ∘혓가래, 혓가레 > 셧가래 > 서까래

⑪ /여/ > /에/
∘귀여지 > 귀에지       ∘며다 > 메다
∘며주, 며조, 메조 > 메주   ∘벼개 > 베개
∘져비, 졔비 > 제비       ∘족져비 > 족제비
※경남 방언에서
∘겨울 > 게울 (>겔)      ∘졉다 > 제웁다
∘며느리 > 메느리        ∘며칠 > 메칠
∘멸치 > 멜치           ∘별 > 벨

⑫ /여/ > /이/
∘곡셕 > 곡식            ∘엇뎌, 엇데, 엇디 > 어찌
∘족졉개 > 족집개

⑬ /예/ > /에/
∘몌다 > 메다(塞)        ∘목몌다 > 목메다
∘셰 > 세(稅, 賃)        ∘-셰 > -세(꾐꼴)
∘셰다 > 세다(算)        ∘셰우다, 셰오다 > 세우다
∘쳬ᄒ다 > 체하다        ∘톄ᄒ다 > 체하다

⑭ /와/ > /아/
∘부화 > 부아            ∘소과리 > 쏘가리

⑮ /와/ > /어/
∘-관뎌 > -건대

⑯ /왜/ > /애/
∘쫴티다 > 깨치다

⑰ /외/ > /아/

∘ 뵈야흐로, 뵈야호로, 뵈야흐로, 보야흐로, 보야호로 > 바야흐로


⑱ /외/ > /에/

∘ 뫼사리, 뫼아리 > 메아리　　　∘ 뫼초리 > 메추리
∘ 쇠나기 > 소나기


⑲ /외/ > /오/

∘ 뫼호다 > 모호다 > 모으다　　∘ 뫼시다 > 모시다


⑳ /요/ > /오/

∘ 고쵸다 > 고초다　　　　　　∘ 대뽁 > 대쪽
∘ 됴개 > 죠개　　　　　　　　∘ 됴곰 > 조금
∘ 됴흐다 > 둏다 > 좋다　　　　∘ 보죠기 > 보조개
∘ 쇼 > 소(牛)　　　　　　　　∘ 쇼곰 > 소금
∘ 쇼라 > 소라　　　　　　　　∘ 속졀없다 > 속절없다
∘ 숑이 > 송이　　　　　　　　∘ 죠 > 조(粟)
∘ 죠개 > 조개　　　　　　　　∘ 죠리 > 조리
∘ 죡져비 > 죡제비　　　　　　∘ 죡졉개 > 죡집개
∘ 죨다 > 졸다　　　　　　　　∘ 죵긔 > 종기
∘ 죵달이 > 종다리　　　　　　∘ 죵희 > 종이
∘ 죻다 > 좋다　　　　　　　　∘ 징죠 > 징조
∘ 쵸 > 초　　　　　　　　　　∘ 툑셕누 > 촉석루


㉑ /요/ > /우/

∘ 고쵸 > 고추　　　　　　　　∘ 내죵 > 나중
∘ 대쵸, 대튜 > 대추　　　　　∘ 새요 > 새우
∘ 꾸죵 > 꾸중　　　　　　　　∘ 텩툭 > 철쭉


㉒ /요/ > /이/

∘ 쵸마, 츄마 > 치마(裳)


자료: 국어 어휘 변천 자료 목록 ∥ 박홍길 · *531*

㉓ /워/ > /어/
· 버워리, 버어리 > 벙어리

㉔ /위/ > /에/
· 술위, 수뤼 > 수레

㉕ /위/ > /우/
· 걸뮈여기 > 걸푸역이 · 귀더기 > 구더기
· 귓것 > 굿것 · 멀위 > 머루
· 뮈우 > 무 · 미뤄다 > 미루다
· 비취다 > 비추다 · 위두(爲頭) > 우두(머리)

㉖ /유/ > /어/
· 넙쥭, 넙쭉 > 넙적 · 헤윰, 헤윰, 헤움, 헤옴 > 헤엄

㉗ /유/ > /우/
· 가쥭 > 가죽 · 개듁나모 > 개죽나무
· 걸쥭ᄒ다 > 걸죽하다 · 국슈 > 국수
· 능슈버들 > 능수버들 · 대츄 > 대추
· 듁디 > 죽지 · 벌쑥ᄒ다 > 벌쭉하다
· 뷰시다, 쓔시다 > 쑤시다 · 슈박 > 수박
· 입시울 > 입슐 > 입술 · 쥬걱 > 주걱
· 쥬리, 쥬릐 > 주리 · 쥬발 > 주발
· 쥭 > 죽(粥) · 듁순 > 죽순
· 즁 > 중(僧) · 츈혀 > 추녀

㉘ /유/ > /위/
· 거유 > 거위

㉙ /위/ > /우/
· 쥐물느다 > 주무르다

㉚ /위/ > /위/
- 곰취 > 곰취
- 쥐 > 쥐
- 무쉬 > 무쉬
- 취ㅎ다 > 취하다

㉛ /의/ > /애/
- 구틱여, 구티여 > 구태여
- 뭉긔다, 뭉킈다 > 뭉개다
- 싀다, 싀다 > 새다(漏)
- 그듸, 그더 > 그대
- 뽀긔다 > 뽀긔다 > 쪼개다

㉜ /의/ > /에/
- 그늬, 그릐 > 그네
- -의 > -에(토씨)
- 둗긔, 두틱 > 두께
- -의게, -의거긔, -의그에>-에게(토씨)

㉝ /의/ > /우/
- 고싀 > 고수(芝菜)
- 율믜 > 율무

㉞ /의/ > /으/
- 믈읫 > 믈읏 > 무릇
- 스싀로 > 스스로

㉟ /이·외·위·의/ > /이/
- 가싀 > 가시
- 거뮈, 거믜 > 거미
- 골회 > 고리(環子)
- 구뷔, 구븨 > 굽이
- 긂픠 > 글픠(大前日)
- 긔린 > 기린
- 긔별 > 기별
- 긧발 > 깃발
- 기뮈, 기믜 > 기미
- 굟희다 > 가리다
- 노퓌, 노픠 > 높이
- 눈츼 > 눈치
- 거귀다, 구긔다 > 구기다
- 견듸다, 견듸다 > 견디다
- 공긔놀다 > 공기놀다
- 그려긔, 긔려기 > 기러기
- 긔다 > 기다
- 긔막히다 > 기막히다
- 긔틀 > 기틀
- 기릐 > 길이
- 기퓌, 기픠 > 깊이
- 나비, 나뷔, 나뷔, 나븨 > 나비
- 누의 > 누이
- 느틔나모 > 느티나모

- 담뵈, 담뷔, 담븨 > 담비
- 도치, 도칙 > 도끼
- 디킈다, 딕희다, 딕킈다 > 지키다
- 드리다 > 다리다
- 말믜, 말믜 > 말미
- 멀믜 > 멀미
- 몬지 > 먼지
- 무뤼, 무릐 > 무리(우박)
- 뮙다, 뮙다 > 밉다
- 바디, 바듸 > 바디
- 반뇌, 반듸 > 반디
- 보미, 보믜 > 보미(곡식 껍질)
- 본디 > 본디
- 부디, 부듸 > 부디
- 부쇳돌 > 부싯돌
- 뷔 > 비(箒)
- 브디, 브듸 > 부디
- 빌믜 > 빌미
- 삑다 > 삐다
- 삑다 > 끼다
- 션빈, 션븨, 션븨 > 선비
- 수릐 > 수리
- 슬긔 > 슬기
- 싀아비 > 시아비
- 시근치, 시근취 > 시금치
- 짜븨 > 따비
- 아히 > 아이
- 어듸, 어듸 > 어디
- 이긔다 > 이기다
- 이어긔, 이여긔 > 여기
- 잔치, 잔칙 > 잔치
- 져긔, 져어긔 > 저기
- 죠리 > 조리
- 쥬뢰, 쥬릐 > 주리

- 더디다, 더듸다 > 더디다
- 드더다, 드듸다 > 디디다
- 드릭, 달릭 > 다리(가발)
- 둥기다, 둥긔다 > 당기다
- 말믜삼다, 말믜삼다 > 말미암다
- 모긔, 모괴, 모긔 > 모기
- 무뇌다, 무뒤다, 무듸다 > 무디다
- 무의다 > 무이다(털이 빠지다)
- 믄디 > 마디
- 바퇴다 > 버티다
- 뱌비다, 뱌뷔다, 뱌븨다, 부뷔다,
  쑤븨다, 비븨다, 쎄븨다 > 비비다
- 부듸치다 > 부딪치다
- 부쇠다, 부싀다 > 부시다(洗)
- 불휘, 쑬휘, 불희 > 뿌리
- 뷔다, 븨다 > 비다(空)
- 비치다, 비취다 > 미치다
- 쒸, 쒸, 뛰 > 띠(茅)
- 쁵, 끠 > 끼
- 뗑긔다, 씽긔다, 찡긔다 > 찡기다
- 소릭, 쏘릭, 소릐 > 소리
- 스믜다 > 스미다
- 싀골 > 시골
- 싀집 > 시집
- 싀다, 싀다 > 시다(酸)
- 띄 > 띠(帶)
- 어긔다 > 어기다
- 여긔 > 여기
- 이믜 > 이미
- 잔디, 잔뇌, 잔듸 > 잔디
- 쟝긔 > 장기
- 조긔 > 조기
- 죵긔 > 종기
- 즈치다 > 지치다

- 지픠다 > 지피다
- 질긔다 > 질기다
- 최오다 > 치우다
- 킈 > 키
- 퓌기 > 피기
- 호미, 호뫼, 호믜 > 호미

- 직회다 > 지키다
- 짐취, 짐츼 > 김치
- 칙티다 > 치치다
- 틔 > 티
- 퓌다, 쀠다, 픠다 > 피다

## 2) 홀소리 떨어지기

### ① /ᄋ/

- 결ᄒ고 > 결코
- ᄀᆞᄇᆞ야이 > 가벼이
- ᄀᆞ뷔 > 고의(袴)
- 내음새 > 냄새
- ᄂᆞ외야 > 뇌야(다시)
- 드ᄇᆡ다, 드외다 > 되다
- 오ᄋᆞ로 > 오로(온전히)
- ᄌᆞ오롬 > 졸음
- 하마ᄒᆞ더면 > 하마터면
- ᄒᆞ올어미 > 홀오미
- ᄒᆞ왁 > 확(臼)

- 기르마 > 길마
- ᄀᆞᄫᆞᆯ > ᄀᆞ올 > 골
- ᄀᆞᆷ, ᄀᆞ음, 가음 > 감(재료)
- ᄂᆞᄆᆞ새 > 남새(채소)
- ᄂᆞ올 > 놀
- 아무ᄒᆞ든 > 아무튼
- 잠자ᄒᆞ고 > 잠자코
- ᄌᆞ올다, 조올다 > 조올다 > 졸다
- ᄒᆞᄫᆞᅀᅡ, ᄒᆞ오ᅀᅡ > 호ᅀᅡ > 혼자
- ᄒᆞ옷, ᄒᆞ옺 > 홑(單)

### ② /이/

- 외ᄅᆞᄇᆡ다 (>외ᄅᆞ외다) > 외롭다
- 조ᅀᆞᄅᆞᄇᆡ다 (>조ᅀᆞᄅᆞ외다) > 종요롭다

### ③ /아/

- 가야미, 개아미, 가얌이, 개야미 > 개미
- 미야미, 미아미 > 매미
- 새악시 > 색시
- 가야지, 개야지 > (버들)개지
- ᄇᆞ얌, 비얌 > 뱀
- 져고마, 져고매 > 조금

### ④ /어/

- 귀어리 > 귀리
- 셔어리 > 써레
- 두어잇다 > 뒷다, 둣다
- 져어긔 > 져긔 > 저기

⑤ /여/
  ∘ 서의여ᄒ다 > 서의하다(서운하다)

⑥ /오/
  ∘ 고오다, 고으다 > 고다 > 골다(코골다)　∘ 고오다, 고으다 > 고다(烹)
  ∘ 귀오리 > 귀리　　　　　　　　　　　∘ 사오납다, 사오랍다 > 사납다
  ∘ 소오롬 > 소름　　　　　　　　　　　∘ 소옴 > 솜
  ∘ 쇼로기, 쇼로개, 쇼로기 > 솔개　　　∘ 조오롬 > 졸음

⑦ /우/
  ∘ 구울다, 구을다 > 굴다　　　　　　　∘ 머유기 > 메유기 > 메기(鮎魚)
  ∘ 부우리 > 부리　　　　　　　　　　　∘ 수울, 수을 > 술
  ∘ 수위다 > 쉬다　　　　　　　　　　　∘ 율무우 > 율무
  ∘ 주우리다, 주으리다 > 주리다

⑧ /위/
  ∘ 주머귀, 주머괴 > 주먹

⑨ /으/
  ∘ -의그에, -히그에 > -에게　　　　　　∘ 그르메 > 글메 (>그림자)
  ∘ 그우리다 > 굴리다　　　　　　　　　∘ 그울다, 구을다 > 굴다
  ∘ 기르마 > 길마　　　　　　　　　　　∘ 누으님 > 누님
  ∘ 드르ᄒ > 들　　　　　　　　　　　　∘ 드위잊다, 두위잇다 > 뒤지다, 뒤집다
  ∘ ᄠᅳ을다 > 끌다　　　　　　　　　　∘ 주으리다 > 주리다(飢)
  ※빛깔그림씨의 형성
  ∘ 누르다 → *누르엏다 > 누렇다　　　　∘ 붉다 → *붉엏다 > 벌겋다
  ∘ 프르다 → *프르엏다 > *프렇다 > 퍼렇다
  ∘ 희다 → *희엏다 > 희영다 > 허영다 ∘ 히다 → *히앟다 > 히얗다 > 하얗다

⑩ /의/
  ∘ 거믜영 > 검정　　　　　　　　　　　∘ 샴의악이 > 사마귀

⑪ /이/

- 쩌지다 > 찢다
※이제말
- 가지다 → 갖다

- 이시다 > 잇다 > 있다

- 디디다 → 딛다

## 3) 닿소리 떨어지기

### ① /ㄱ/

- 굼 > 움
- 그슥ᄒ다 > 으슥하다
- -긔 > -의 > -에(토씨)
- 덤글다 > 저물다
- 뫼ᄎ라기, 뫼초라기, 미초락이 > 메추리
- 벌게 > 벌에 > 벌레
- 범글다 > 버믈다 > 버물다(累)
- 빅ᄎᆡ(白菜) > 배차 > 배추
- -어긔 > -에(토씨)
- 염글다 > 여물다
- 욕(褥) > 요(담요)
- 저긔 > 제(時)
- 퐃ㄱ > 팥

- 긁 > 긇
- 그어긔 > 게(거기)
- 뎌어긔 > 제(저기)
- 동과(冬瓜) > 동화 > 동아
- 므스것 > 무엇
- 벌기다 > 벌이다 > 벌리다
- 빅어(白魚) > 배어 > 뱅어
- 싱강 > 싱앙 > 시앙 > 새앙
- 암글다 > 아물다
- 오륙월 > 오뉵월 > 오뉴월
- 이어긔 > 예(여기)
- 쵹(燭) > 초

### ※/ㄱ/ 떨어짐으로 보이는 말

- *굴개 > 굴에 > 굴레
- *몰게 > 몰애 > 모래
- *혜가리다 > 헤아리다

- *놀개 > 놀애 > 노래
- *울게 > 울에 > 우뢰

### ※/ㄱ/ 떨어짐 > 복귀

- 가지가지 > 가지아지 > 가지가지
- ᄀ래골 > ᄀ래올 > 가랫골
- 녹용 > 노용 > 녹용
- 들그물 > 들으물 > 들그물
- ᄃ괴에 > ᄃ외에 > 되게

- 구믈구믈 > 구믈우믈 > 구물구물
- 굴가마괴 > 굴아마괴 > 갈가마
- 눌것 > 눌엇 > 날것(生)
- 딜것 > 딜엇 > 질것(陶)
- 목욕 > 모욕 > 목욕

∘몰애고개 > 몰애오개
　> 모랫고개(沙峴)
∘비고개 > 비오개 > 배고개(梨峴)
∘생강 > 새앙 > 생강
∘익고개 > 익오개 > 아고개(阿峴)
∘졸개 > 졸애 > 졸개(照浦)
∘흔글ᄀ티 > 흔글ᄋ티 > 한결같이

∘벙글다 > 벙을다 > 벙글다
∘비개 > 비애 > 배개(梨浦)
∘삥기다 > 삥의다 > 찡기다
∘승검초 > 승엄초 > 승검초
∘제고도리 > 제오도리 > 제고도리(響樸頭)
∘질긔구더 > 질긔우더 > 질기굳어(强毅)

∘-거나·거뇨·거늘·거니와·거든·건마론·관디　>　-어나·어뇨·어늘·어
니·어니와·어든·언머론·완디　>　-거나·더냐·므로·니·거니와·거든·
지마는·건대
∘-게 > -에 > -게
∘-고·고도·고라·고져·과라·과려 > -오·오도·오라·오져·와뎌·와라 >
　-고(요)·고도·구나·고자·고자·구나
∘-곡·곤·곰·곳 > -옥·온·옴·옷 > -고·고는·금·곧

② /ㄴ/
∘간챡, 간치 > 까치
∘녀느 > 여느
∘녇갑다 > 엳갑다 > 엳다
∘니기다 > 이기다
∘니불 > 이불
∘닢 > 잎

∘냑다 > 약다
∘녀름 > 여름
∘니 > 이(齒)
∘니르다 > 이르다
∘님자 > 임자
∘안죽, 안직 > 아직

③ /ㄷ/
∘다리 > 아리(종아리)

④ /ㄹ/
∘골프다 > 고프다
∘누리 > 뉘(世)
∘돌이주다 > 되주다(廻)
∘리를다 > 이르다(至)
∘뭀 > 뭇(群)

∘나리 > 내(川)
∘누리다 > 뉘다(臊)
∘렴통 > 염통
∘무들기 > 무더기
∘붉쥐 > 박쥐

• 섨둘 > 섯둘 > 섣달
• 앐 > 앞
• 펄기 > 포기

※ /ㄹ/ 떨어짐 > 복귀
• 묽돍 > 믓돍 > 물닭(뜸부기)
• 바롔ㄱ > 바롯ㄱ > 바닷가
• 밠바당 > 밧바당 > 발바닥

• 알프다 > 아프다
• 춸뿔 > 찹쌀
• 회로리ㅂ롬 > 회오리바람

• 묽올히 > 믓올히 > 물오리
• 밠등 > 밧등 > 발등

⑤ /ㅭ/ > /ㄹ/

• 가흘오다 > 거우르다
• 결오다, 결우다 > 겨루다
• 놀애 > 노래
• 멀위 > 머루
• 믈읫 > 므릇 > 무릇
• 별오다, 별우다 > 벼르다
• 설엊다 > 서렂다
• 울에 > 우레 > 우레
• 졸오다 > 조르다

• 게을으다 > 게으르다
• 귓돌아미 > 귀뚜라미
• 말왐, 말옴, 말암 > 마름
• 몰애 > 모리 > 모래
• 별악 > 벼락
• 뽈오다, 쏠오다 > 따르다
• 술위 > 수뤼 > 수레
• 일우다 > 이루다
• 쥐물느다 > 주무르다

⑥ /ㅂ/

• 뵙장이, 뵈짱이 > 베짱이
• 뿜기다 > 숨기다
• 쁘다 > 트다
• 솟돌 > 숫돌

• 뚧다, 뚫다, 둛다 > 뚫다
• 쀠다 > 튀다
• 쁘다 > 타다

⑦ /ㅸ/

• 夏噴得 > *가ᄫᆞᆫ디 > 가온디 > 가운데
• 고비 > 고이
• ᄀᆞᄫᆞᆯ > ᄀᆞ올, 고을 > 골
• 餒必 > *누버 > 누위, 누의 > 누이
• 途孛 > *두ᄫᆞᆯ > 두울, 두을, 둘ㅎ > 둘
• 비밭다 > 비왇다, 비왓다 > 뱉다
• 셔ᄫᆞᆯ > 셔울 > 서울
• 수비 > 수이 > 쉬이, 쉬

• 가비야비 > 가벼이
• 枯孛 > *고ᄫᆞᆯ > 골
• 珂背 > *ᄀᆞ븨 > ᄀᆞ외 > *괴
  > 고의(袴衣) > 괴(춤)
• ᄃᆞᄫᅵ다 > ᄃᆞ외다 > 되다
• 사비 > 시오 > 새우
• 酥孛 > *수ᄫᆞᆯ > 수울, 수을 > 술(酒)
• 스ᄀᆞᄫᆞᆯ > 스ᄀᆞ올 > 스골, 싀골 > 시골

- 耶必大 > *여빅다 > 여위다
- 치뷔 > 치위 > 추위

- 以本直 > *이봋 > 이웃
- 흥봋사 > 흥오사 > 혼자, 홀로

⑧ /ㅅ/
- 과실 > 과일
- 그스다 > 그스다 > 쓰다 > 끌다(牽)
- 므슷, 므슥, 므섯 > 무엇

- 못ᄌ라다 > 모ᄌ라다 > 모자라다
- 삯 > 싹(苗芽)

※이제말에서
- 모돈 것이 → 모돈 게 > 모든 게
- 이것이 내것이다.→이꺼 내꺼다.

- 아마 갈 것이다. → 아마 갈 게다.

⑨ /ㅿ/
- 가쉭 > ᄀ새 > 가이, 가의 > 가위
- 겨슬 > 겨슬, 겨울 > 겨울
- 구슈 > 구유 > 구유
- ᄀ술 > 가을
- ᄀ슴알다 > 가음알다
- 내실 > 내일(來日)
- 말미앗다 > 말미암다
- 무수 > 무
- ᄆ술 > 마을
- 브섭 > 브섭, 브석 > 부엌
- 쓰싀다 > 끄이다(被引)
- 슛 > 옻
- 아ᅀ > 아ᅌ > 아우
- 여스, 여ᅀ > 여ᅌ > 여우
※ ㅅ 벗어남의 통시성
- 낫다 → 나ᅀ > 나아
- 잇다 → 이ᅀ > 이어

- 거싀 > 거의
- 고술 > 고을
- 그스름 > 그스름 > 그으름
- ᄀ숨 > 가음 > 감
- ᄀ > ᄀ > 가(邊)
- 두서 > 두ᅀ > 두어
- 뫼ᅀ리 > 뫼아리 > 메아리
- ᄆ숨 > ᄆ움 > 마음
- 미샹 > 미샹 > 매양
- ᄉ싀 > 사이
- 슈 > 요(담요)
- 싄간 > 인간(人間)
- 어버싀 > 어버이
- 주슴, 즈슴 > 즈음, 즘

- 붓다 → 부ᅀ > 부어
- 짓다 → 지ᅀ > 지어

⑩ /ㅇ/
- 공양(供養) > 고양

- 공연히 > 괜히

○ 동양(東洋) > 도양
○ 모양해 > 모야해 (>모양에)
○ 복숭아 > 복쇼아
○ 양양(襄陽) > 야양
○ 이어긔 > 이여기 > 여기
○ 종용(從容) > 죠용 > 조용
○ 평양(平壤) > 펴양
○ 형울 > 허울

○ 명함(名啣) > 며함
○ 병영(兵營) > 볘영
○ 싱앙 > 시앙 > 새앙
○ 웅황(雄黃) > 우황
○ 장유(長有) > 자유
○ 통영(統營) > 토영
○ 향삼, 향암 > 햐암(莊家)
○ -희그에 > 에게

⑪ /ㅎ/

○ 가스나히 > 가시내
○ 가히 > 개(犬)
○ 가히목 > 개목
○ 견호다 > 겨누다
○ 골회 > 고리(環子)
○ 굴헝 > 구렁
○ ᄀᆞᆯ희다 > 가리다(擇)
○ 너흘다 > 널다
○ 달호다 > 다루다
○ 대도히 > 대되(共, 凡)
○ 막다히 > 막대
○ 믈허디다 > 무너지다
○ 방하 > 방아
○ 부훵이, 부헝이 > 부엉이
○ 빈혀 > 비녀
○ 사호다, ᄡᅡ호다, 싸호다 > 싸우다
○ 산힝 > 사닝 > 사냥
○ 셜합 > 서랍
○ 실홈 > 씨름
○ 손아히 > 사나이
○ 써히다 > 떼다
○ 안히 > 아내
○ 오히양 > 외양(간)
○ 유여히 > 유예(넉넉히)

○ 가홀오다 > 거우르다
○ 가히다 > 개다
○ 거후로다 > 거울우다 > 기울이다
○ 골홈 > 고름(紐)
○ 관혁 > 과녁
○ 귀향 > 귀양
○ 나히 > 나이
○ 논호다 > 나누다
○ 달히다 > 달이다
○ 동희 > 동이
○ 뫼호다, 모호다 > 모으다
○ 바회 > 바위
○ 버히다 > 베다
○ 불휘, ᄲᅮᆯ휘 > 뿌리
○ 비호다 > 배우다
○ 사홀다, 싸홀다, 사홀다, 싸홀다 > 썰다
○ 석류황(石硫黃) > 셕뉴황 > 셩냥 > 성냥
○ 셜흔 > 서른
○ ᄉᆞ히다, ᄉᆞ회다, ᄉᆞ희다 > 사위다
○ ᄯᅡ히다 > (불을) 때다
○ 아히 > 아이
○ 여희다 > 여의다
○ 올히 > 오리(鴨)
○ 일홈, 일훔, 일홈 > 이름

- 일희, 일히 > 이리(狼)
- 자히다 > 재다(尺)
- 즉자히 > 즉재
- 츈혀 > 추녀
- 츌호다 > 차리다
- 훓다 > 잃다

- -자히 > -째
- 죠히 > 죠이 > 종이
- 차히 > 채(입은 채)
- 츌하로, 츌하리 > 차라리
- 홀히다 > 후리다

⑫ 임자씨의 /ㅎ/ 끝소리

- 갈ㅎ > 칼(刀)
- 고ㅎ > 코(鼻)
- 긴ㅎ, 씬ㅎ > 끈(纓)
- ᄀ놀ㅎ > 그늘(陰)
- ᄀ올ㅎ > 고을(州)
- 나조ㅎ > 저녁(夕)
- 내ㅎ > 내(川)
- 노ㅎ > 노(艣)
- 니마ㅎ > 이마(額)
- ᄂ물ㅎ > 나물(蔬)
- 눌ㅎ > 날(刃)
- 돌ㅎ > 도랑(梁)
- 둘ㅎ > 둘(二)
- 뒤ㅎ > 뒤(後, 北)
- 드르ㅎ > 들(野)
- 마ㅎ > 마(薯)
- 모야ㅎ > 모양
- 뫼ㅎ > 메(山)
- ᄆ술ㅎ > 마을(村)
- 바다ㅎ > 바다(海)
- 보ㅎ > 보(樑)
- 비술ㅎ > 배알(內臟)
- 봊돌ㅎ > 숫돌(礪)
- 세ㅎ > 세(三)
- 소ㅎ > 거푸집(範)
- 소ㅎ, 쇼ㅎ > 속인(俗)

- 겨슬ㅎ > 겨울(冬)
- 그르ㅎ > 그루(株)
- 길ㅎ > 길(道)
- ᄀ술ㅎ > 가을(秋)
- 나라ㅎ > 나라(國)
- 나ㅎ > 나이(年)
- 네ㅎ > 네(四)
- 노ㅎ > 노(繩)
- 님자 > 임자(主)
- 눌ㅎ > 날(經)
- 뎌ㅎ > 저(笛)
- 돌ㅎ > 돌(石)
- 뒤안ㅎ > 뒤안(園)
- 드르ㅎ > 갓양태(簷)
- 둘ㅎ > 들(等)
- 말ㅎ > 말(말뚝)
- 모ㅎ > 모(方)
- 밀ㅎ > 밀(小麥)
- 미ㅎ > 들(野)
- 별ㅎ > 벼랑(崖)
- 볼ㅎ > 팔(臂)
- 뜰ㅎ, 쓸ㅎ > 뜰(庭)
- 샹ㅎ > 상, 늘(常)
- 셔울ㅎ > 서울(京)
- 소ㅎ > 소(沼)
- 수ㅎ > 수(雄)

542 · 3부 낱말의 변천

- 숳 > 숲(수)
- 스믈ᇂ > 스물(二十)
- 술ᇂ > 살(肌)
- 쑬ᇂ > 뜰(源)
- 안ᇂ > 안(內)
- 암ᇂ > 암(雌)
- 여렇 > 여러(諸)
- 열ᇂ > 열(十)
- 울ᇂ > 울(籬)
- 위안ᇂ > 뒤안(園)
- 잫 > 자(尺)
- 츌ᇂ > 근원(源)
- 하눌ᇂ > 하늘(天)

- 스굴ᇂ > 시골(鄕)
- 시냏 > 시내(溪)
- 짷 > 땅(土)
- 숗 > 요(褥)
- 알ᇂ > 알(卵)
- 언ᇂ > 언덕(堤)
- 열ᇂ > 삼(麻)
- 웋 > 위(上)
- 움ᇂ > 움(穴)
- 잏 > 이(此)
- 좋 > 조(粟)
- 텋 > 터(基)
- ᄒ낳 > 하나(一)

※추가 (최범훈)

- 갈ᇂ(枷)
- 걷ᇂ(表)
- 곻(庫)
- 나죟(夕)
- 녁ᇂ(方)
- 돈(豚)
- 딥ᇂ(稿)
- 맣(霖)
- 믿ᇂ(底)
- 받ᇂ(田)
- 벼릏(崖)
- 붑ᇂ(鼓)
- 솓ᇂ(鼎)
- 앒ᇂ(前)
- 입ᇂ(戶)

- 갗ᇂ(皮)
- 겯ᇂ(側)
- 귿ᇂ(末)
- 넣(汝)
- 닙ᇂ(葉)
- 들ᇂ(野)
- 둘ᇂ(月)
- 묗(局)
- 밯(索)
- 방핳(春)
- 봏(褓)
- 섭ᇂ(薪)
- 스ᄀᄫᆞᆯᇂ(鄕)
- 올ᇂ(今年)
- 춓(酢)

※신라어 (최범훈)

- ᄌᆞᇂ(邊)
- 낳(吾)
- 잏(此)

- 곳ᇂ(花)
- 무릅ᇂ(膝)
- 잣ᇂ(城)

※추가 (김영신)

○덩울ㅎ > 덩울, 덩굴
※*마ㅎ+ㅂ롬 → 마프롬 > 마파람(南風)


⑬ 닿소리떼의 된소리되기
○뻬다 > 깨다
○불 > 꿀
○붗 > 끝
○딸기, 쌀기 > 딸기
○떨기 > 떨기
○뙤 > 뙤
○뛰다, 뛰다, 쒸다 > 뛰다
○쁜 > 뜻
○뜰ㅎ, 슬ㅎ > 뜰
○삐다, 쩨다, 씨다 > 찌다
○뿔, 쏠 > 딸
○쌓다 > 쌓다
○쏘다 > 쏘다
○뿍 > 쑥(艾)
○쁘다 > 쓰다
○쓿다 > 쓿다(磋)
○뽀다 > 싸다(包)
○뻬, 쌔 > 깨
○뻐디다, 뻐디다, 쩌디다 > 꺼지다
○뻬듧다, 쎄듧다, 쎄듧다 > 꿰뚫다
○쁘다, 브다 > 끄다
○뜸 > 틈(*거센소리되기)
○쩨니 > 끼니
○빡다, 쁘다, 삭다 > 까다
○삐르다 > 찌르다
○딱 > 짝
○쏘다 > 쪼다
○뙤다, 쐬다 > 쬐다
○뜿다, 삑지다 > 찢다
○뽀다, 쏘다 > 짜다

○뻬물다 > 깨물다
○쁘리다 > 꾸리다
○끼다 > 끼다
○뻐러디다 > 떨어지다
○떨다 > 떨다
○뛰, 쒸 > 띠(茅)
○쁘다 > 뜨다
○쁜다 > 뜯다
○뜸, 씀 > 뜸
○빠다 > 따다
○삐 > 때(垢)
○뻐다 > 썩다
○뿌다 > 쑤다
○뷰시다 > 쑤시다
○쁠다 > 쓸다
○삐 > 씨(種)
○뿔 > 쌀(米)
○뻬티다, 뻬혀다 > 깨치다
○뻬다 > 꿰다
○뿌다, 쑤다 > 꾸다
○쁘리다, 쓰리다 > 끄르다
○뼉, 끡 > 끼
○삐다, 씨다 > 끼다
○쌔, 때, 재 > 때(時)
○빠리다 > 깨뜨리다
○쏘긔다, 쏘기다 > 쪼개다
○뽗다 > 쫓다
○뽁, 쪽 > 쪽(片)
○떵긔다, 씽긔다 > 찡기다
○삐다 > 째다


544 ·3부 낱말의 변천

- 뼈디다 > 터지다(*거센소리되기)
- 뛰다 > 튀다(*거센소리되기)
- 쌔 > 깨
- 쏘리 > 꼬리
- 쐬 > 꾀
- 쐬오다 > 꾀다
- 쓸다 > 꿀다
- 쓷 > 끝
- 쓴ㅎ > 끈
- 쓰리다 > 까라지다
- 싸히 > 사나이(*ㅏ 덧보탬)
- 써들다 > 떠들다
- 쑥 > 뚝
- 쏠 > 딸
- 쌔히다 > 빼다
- 쪄 > 뼈
- 쏭 > 뿡
- 쑤리다 > 뿌리다
- 쐴 > 뿔
- 쌜니 > 빨리

- 뚝 > 툭(소리 시늉말)(*거센소리되기)
- 까불다 > 까부르다
- 써리다 > 꺼리다
- 쏫 > 꽃
- 쐬꼬리 > 꾀꼬리
- 쑤죵 > 꾸중
- 쒱 > 꿩
- 쓿다 > 끓다
- 쓷닥 > 까닭
- 씸다 > 깜다
- 쌍 > 땅
- 썩 > 떡
- 씌 > 띠(帶)
- 쌔디다 > 빠지다
- 쌤 > 뺨
- 쑵다 > 뽑다
- 쑤리 > 뿌리
- 쓰리다 > 뿌리다
- 싼르다 > 빠르다
- 쌜다 > 빨다

## 4) 동음 생략

① / 이 /

- 가비얍다, 가븨엽다 > 가볍다
- 걸퓌여기 > 걸푸역이
- 괴악(怪惡) > 괴약 > 고약
- 괴이ㅎ다 > 고이하다
- 귀밑 > 구밑
- 귀향 > 구향(귀양)
- 내히 > 나히
- 드위티다 > 드우티다
- 메엿다 > 머엿다
- 뮈여 > 무여

- 개여 > 가여 > 개어
- 겨유, 계요, 계우 > 겨우
- 괴외ㅎ다, 괴요ㅎ다 > 고요하다
- 구쉬실 > 구우실 > 구실(役)
- 귀우, 규유 > 구유
- 굴희야 > 굴ㅎ야 > 가리어
- 녜다 > 녀다(가다)
- 막대예 > 막다예 > 막대에
- 뫼시다 > 모시다
- 뮈옛도다 > 무옛도다

◦ 뮈윰 > 무윰
◦ 벼개예 > 벼가예 > 베개에
◦ 뷔엿고 > 부엿고
◦ 빈야흐로 > 바야흐로
◦ 쯰지다 > 찢다
◦ 쉬이 > 수이, 쉬
◦ 씌여 > 쓰여
◦ 에여거저 > 어여거저
◦ 외히려 > 오히려
◦ 쥐여이다 > 주여이다
◦ 헤혀ᄒ다 > 허옇다

◦ 민양 > ᄆ양 > 마냥
◦ 부르지지다 > 부르짖다
◦ 비위(脾胃) > 비우
◦ ᄢᅢ예 > ᄡᅡ예(때에)
◦ 새배(曉) > 새바
◦ 쉭싀기 > 싁스기
◦ ᄲᅨ > 뼈
◦ 외얏 > 오얏(李)
◦ 이시다 > 잇다 > 있다
◦ 혜혀다 > 허혀다
◦ 홰예 > 화예

② / 아 · 어 · 오 · 우 /
◦ 거여히 > 기어히 > 기어이
◦ 골와라 > 골오래 > 고라(소라)
◦ 다와기 > 따오기
◦ 울월다 > 우럴다

◦ 거우루 > 거울
◦ 귀우개 > 귀개
◦ 부흥이 > 부헝이 > 부엉이

③ /ㄱ/
◦ 녹각(鹿角) > 노각
◦ 악공(樂工) > 아공

◦ 목과(木瓜) > 모과

④ /ㄴ/
◦ 간난(艱難) > 가난
◦ 돈니다 > 다니다
◦ 젼년(前年) > 져년 > 저년
◦ ᄒ낫 > ᄒ낫

◦ 건니다 > 거니다
◦ 쉰냥 > 쉬냥
◦ ᄒ나 > 하나
◦ ᄒ녁 > ᄒ녁

⑤ /ㄹ · ㅁ · ㅂ/
◦ 걸리씨다 > 거리끼다
◦ 겁풀 > 거풀
◦ 곱프다 > 고프다
◦ 굴름 > 구름

◦ 겁푸집 > 거푸집(型)
◦ 겁품 > 거품(泡)
◦ 굴럭 > 구럭
◦ 달리 > 다리(가발)

- 암믈다 > 아믈다
- 월리(月利) > 워리
- 회로리ᄇᄅᆷ > 회오리바람
※추가 (최범훈)
- 거우루 > 거울(우)
- 구쉬실 > 구우실 > 구실(우)
- 드르(野) > 들(으)
- 무수 > 무(우)
- 수울 > 술(우)
- 평양 > 펴양(ㅇ)
- 형울 > 허울(ㅇ)

- 움믈 > 우믈
- 출렴(出斂) > 추렴

- 공양미 > 고양미(ㅇ)
- 두울 > 둘(우)
- 목욕 > 모욕(ㄱ)
- 소옴 > 솜(오)
- 죵용 > 조용(ㅇ)
- 향암 > 햐암(ㅇ)

## 4. 달라짐(이화)

### 1) 닿소리
- 거붑 > 거북
- 붑 > 북
- 준자리 > 잠자리

- 고봄 > 고곰 > 고금(학질)
- 브섭 > 부억 > 부엌

### 2) 홀소리
- 가마오디 > 가마우지
- 가온디 > 가운데
- 겨을 > 겨울
- 그르ㅎ > 그루
- ᄀᅀᅢ > 가위
- ᄀᆞ초다 > 감추다
- 녀다 → 녀아
- 니르혀다 → 니르혀아
- ᄆᆞᄉᆞᆯ > 마을
- 바회 > 바위
- 셔다 → 셔아
- 시르 > 시루
- 아ᅀᆞ > 아우

- 가모티 > 가무치
- 감토 > 감투
- 고고리 > 고그리
- ᄀᆞᄅᆞ > 가루
- ᄀᆞᄉᆞᆯ > 가을
- 나모 > 나무
- 눉ᄌᅀᅮ > 눈자이 > 눈자위
- ᄂᆞᄅᆞ > 나루
- ᄆᆞᅀᆞᆷ > 마음
- 서르 > 서로
- 소곰 > 소금
- ᄉᆞ이 > (주)사위
- 여ᅀᆞ > 여우

◦ 외로윈 > 외로운　　　　　　　◦ 처섬 > 처음
◦ 펴다 → 펴아　　　　　　　　　◦ 혀다 → 혀아
◦ ᄒ야 >하여

## 5. 덧보탬(첨가)

### 1) 닿소리

① /ㄱ/

◦ 가다 → 가거라　　　　　　　　◦ 구무 → 굼기
◦ 구믈어리다 > 구물거리다　　　◦ 나모 → 남ᄀ
◦ 녀느 → 년글　　　　　　　　　◦ 불무 → 붊긔
◦ 비두리 → 비둘기　　　　　　　◦ (생강>) 새앙 > 생강
◦ 솔옷 > 송곳(錐)　　　　　　　◦ ᄌᄆ다 > 줌ᄀ다 > 잠그다(潛)

② /ㄴ/

◦ 가치 > <방> 간치 (>까치)　　◦ 고치다 > <방> 곤치다 (>고치다)
◦ 너출 > 넌출　　　　　　　　　◦ 더디다 > 던디다 > 던지다
◦ 어청이 > 언청이　　　　　　　◦ 어치 > 언치
◦ 오다 → 오너라　　　　　　　　◦ 호사 > 혼자

③ /ㄷ/

◦ 흐늘다, 후늘다 > 흔들다

④ /ㄹ/

◦ 고오다 > (코)골다　　　　　　◦ 그스다 > 끌다(牽)
◦ 넙다 > 넓다　　　　　　　　　◦ 누르다 → 누르러
◦ 베프다 > 베플다 > 베풀다　　◦ 사인교 > 사린교(四人轎)
◦ 이르다 → 이르러　　　　　　　◦ 잇그다 > 이끌다
◦ 잎다 > 읖다 > 읊다　　　　　◦ 졈다 > 졂다 > 젊다
◦ 지이산 > 지리산(智異山)　　　◦ 폐염 > 폐렴
◦ 푸르다 → 푸르러　　　　　　　◦ ᄒᆞᆫ가지/오/디 → ᄒᆞᆫ가지로더

⑤ /ㅁ/

- ㄱ초다 > 굼초다 > 감추다
- 우훔 > 움큼
- 머추다 > 멈추다

⑥ /ㅂ/

- 엇 > 벗(벗나가다)
- 이슷ᄒ다 > 비슷하다

⑦ /ㅅ/

- 거즈 > 거줏 > 거짓
- ᄌ모 > ᄌ못 > 자못
- 그르 > 그릇

⑧ /ㅇ/

- 가히/아지 → 강아지
- 나ᄉᆡ > 낭이 > 냉이
- 니마 > 이망 (>이마)
- 모얗 > 모양
- ᄆ아지 > 망아지
- 부우리 > 붕우리 > 봉우리
- 쇼아지 > 송아지
- ᄯᅡᇂ > ᄯᅡ > 땅
- ᄀᄅ비 > 가랑비(粉雨)
- 눈마울 > 눈망울
- 마치 > 망치
- 모이 > 몽이 (>모이)
- 버워리 > 벙어리
- 새앙 > 생강
- 죠히 > 죠이 > 종이

2) 홀소리

- 가야미 > 개야미 > 개미
- 겨집 > 계집
- 그려긔 > 긔려기 > 기러기
- 녀다 > 녜다 > 예다
- 뵈아다 > 뵈야다
- 스골 > 싀골 > 시골
- 웋 > 우 > 위
- (특>) 트기 > 튀기
- 겨시다 > 계시다
- 고롭다 > 괴롭다
- 너기다 > 녀기다 > 여기다
- 다야 > 대야
- ᄇ얌 > 비얌 > 뱀
- 쌤 > 썀 > 뺨
- 져비 > 졔비 > 제비

## 3) 뒷가지

### ① {-하다}

- 구스다 > 구수하다
- ᄀ만다 > ᄀ만ᄒ다 > 가만하다
- 남죽다 > 남죽ᄒ다 > 남짓하다
- 맛갓다 > 마땅하다
- 맷맷다 > 밋밋하다
- 미믇다, 미믓다, 미뭇다 > 매무시
- 비롯다, 비롯다 > 비롯하다
- 서슴다 > *서슴하다(서슴치)
- 시름다 > 시름하다
- 아니다 > 아니하다
- 우묵다 > 우묵하다
- 이리마 > 이리하마
- 젛다 > 저어하다 (>두려워하다)
- 죄다 > 재촉하다
- 축다 > 축축하다
- 측다 > 측은하다

- 깃ㄱ다 > 기뻐하다
- 깃깃다 > 깨끗하다
- 납다 > 납죡ᄒ다 > 납짝하다
- 믜다 > 미워하다
- 미욱다 > 미욱하다
- 블다 > 부러워하다
- 삼가다 > *삼가하다
- 손치다 > 손짓하다
- 섫다 > 꺼림칙하다
- 아둑다 > 아득하다
- 이러뇨 > 이러하뇨
- 절다 > 절하다
- 져고맛다, 져구맛다 > 조그마하다
- 착다 > 착하다
- 췱다 > 췱ᄒ다 > 취하다
- ᄒ마면 > 하마하면

### ② {-지다}

- 너출다 > 넌출지다
- 빗다 > 비뚤다 > 비뚤어지다
- 일다 > 이루어지다
- 자즐다 > 자지러지다

- 믜다 > 미어지다
- 슬다 > 스러지다, 사라지다
- 잊다 > 이지러지다
- 헛글다, 흐틀다 > 흐트러지다

### ③ {-거리다}

- 프드덕이다 > 푸드덕거리다
- 흔드기다, 흔덕이다 > 흔들거리다

- 플더기다 > 풀덕거리다

### ④ {-뜨리다·르다·리다}

- 맛둧다, 맛돌다 > 맞닥뜨리다
- 빼다, 쌔다 > 깨뜨리다
- (값을) 치다 > 치르다

- 문희다 > 무너뜨리다
- 짓괴다 > 지껄이다

⑤ {-기}
- 곡더 > 꼭대기
- 무엇 > 무시기<제주 방언>
- 비지 > 비제기<제주 방언>
- 옹지 > 옹재기
- 잇 > 잇기 > 이끼
- 즛 > 즈끠 > 찌꺼기
- 킈 > 크기

- 막대 > 막대기
- 보시, 보ᅀᅳ > 보시기
- ᄯᆞᆯ > 딸기
- 율모 > 율모기
- 줄 > 줄기
- 진디, 진뒤, 진딋 > 진드기
- 톳 > 토끼

⑥ {-악·억·옥·욱}
- 갗, 갖 > 가죽
- 기리, 기릐 > 기럭지
- 낡 > 나막신
- 무릎 > 무르팍
- 숨박질 > 숨바꼭질
- 줌 > 주먹
- 털 > 터럭

- 겇 > 거죽
- 난 > 나락(穀)
- 뜰 > 뜨락
- (ᄲᅮᆯ→) ᄲᅳ눈 > 싸락눈
- 안 > 아낙
- 쥭 > 쥬걱 > 주걱

⑦ {-앙·엉·옹·웅(이)}
- 갈공 > 갈고랑이
- 고 > 공이
- 골 > 고랑
- 괴 > 굉이, 꽹이(고양이)
- 긷 > 기동, 기둥
- 돌ㅎ > 도랑, 또랑
- 싣나모 > 시당나무

- 걸 > 거랑(작은 도랑)
- 곧 > 곳, 곳 > 고장
- 곶 > 고장(꽃)<제주 방언>
- 굳 > 구덩이
- 낫 > 나시 > 낭이, 냉이
- ᄆᆞᆮ > 마당
- 호미 > 호미, 호맹이<경상 방언>

⑧ {-아지·어지·앙지·엇}
- 꼬리 > 꼬랑지
- 나ᄆᆞ > 나머지
- 믯구리 > 미꾸라지
- 압 > 아비 > 아버지

- 꼴 > 꼬라지
- 닷 > 다섯
- 벌에 > 벌레 > 버러지<방언>
- 하나비 > 할아버지

⑨ {-롭다·스럽다}

- ᄀ놋브다 > 가느스럽다
- 어렵다 > 어리광스럽다
- 의심둡다 > 의심스럽다
- 허므롭다 > 허물스럽다

- 눌캅다 > 날카롭다
- 외다 > 외롭다
- 징그랍다 > 재미스럽다
- 흔홉다 > 한스럽다

⑩ 그 밖

- {-구} 누 > 누구
- {-까래} 혀 > 서까래
- {-다리} 울ㅎ > 울타리
- {-미} 길 > 길미
- {-아리} 닢 > 이파리
- {-악서니} 꼴 > 꼬락서니
- {-어미} 지네 > 지느러미
- {-우리} 명마기 > 명마구리
- {-을} 굳 > 구들
- {-ㅇ개} 올미 > 올방개
- {-찍} 채 > 채찍

- {-구레} 녑 > 녑구레 > 옆구리
- {-네} 녀편 > 여편네
- {-ㅁ새} 내 > 냄새
- {-ㅂ수-} 자시다 > 잡수시다
- {-아미} 귓도리 > 귀뚜라미, 피리 > 피라미
- {-어미} 엄 > 어미 > 어머니
- {-업} 넋 > 너겁(물속의 잡초)
- {-으랑이} 결 > 겨드랑이
- {-음} 몰 > 마름, 일히 > 이듬해
- {-제} 그리메 > 그림제 > 그림자
- {-캐} 혀 > 서캐

## 4) 어찌씨의 꼴바꿈

- 굿 > 굳이
- 눌내 > 날래게, 빨리
- 더욱 → 더욱이
- 머리 > 멀리
- 부치 > 부치이게, 나부끼게
- 빗기 > 비뚜로, 비스듬히
- 세우 > 세차게
- 오로 > 온전히
- 외오 > 외따로
- 우이 > 우습게
- 일쩍 → 일찍이
- 제 > 스스로
- 죠고마, 죠그매 > 조그마치, 조그마히
- 지리히 > 지리하게

- 곧 > 같이
- 닫 > 따로, 달리
- 맛 > 마주
- 모로매 > 무릅지기
- 붓그리 > 부끄러이
- 새려, 새례 > 새로 > 새로이
- 얼프시, 얼픠시 > 어렴풋이
- 올, 오ᄅ > 오로지
- 외오 > 왼쪽으로
- 일록, 일롯 > 이로부터
- 쟉쟉, 젹격 > 조금씩, 조그마치
- 조리 > 줄이어(減)
- 주기 > 죽도록
- ᄌ래 > 자라게, 충분히

° 천천 > 천천히
° 추히 > 추하게
° 춘춘 > 찬찬히
° 키 > 크게
° 필연히 > 필연하게
° 흐리시 > 흐릿하게
° 힌로 > 해마다

° 추러히 > 추레하게
° 츠기 > 측은히
° 출 > 차라리
° 탐히 > 탐나게
° 하, 해 > 많히
° 흘리 > 흘리어(흘려)
° 히ᅇᅧ > 하여금

## 5) 매김씨의 꼴바뀜

° 온 > 온전한

° 죠고만, 죠고맛, 죠고맷 > 조그마한

## 6) 토씨의 꼴바뀜

° -ㄴ → 온/은 → 논/는 > 는
° -이/ㅣ → -이/가

° -ㄹ → 올/을 → 롤/를 > 를

## 7) 문법소의 꼴바뀜

① {-오·우-}의 사라짐

° 곶다 → 고초다, 곳초다 > 곧추세우다, 곧게 세우다
° 녈다 → 녀토다 > 얕게 하다
° 닛다 → 닝우다 > 잇게 하다, <방> 이우다
° 느리다 → 느리오다 > 내리게 하다
° 비리다 → 비리우다 > 비리게 하다
° 어울다 → 어울오다, 어울우다 > 어울게 하다
° 얼다 → 얼우다 > 얼게 하다(얼리다), <방> 얼우다
° 얼의다 → 얼의우다 > 엉기게 하다
° 엎다 → 업데우다 > 엎디게 하다
° 열다 → 열우다 > 열게 하다
° 염글다 → 염글우다 > 여물게 하다
° 올다 → 올오다 > 온전하게 하다
° 져믈다 → 져믈오다 > 저물게 하다
° 졈글다 → 졈글우다 > 저물게 하다
° 지긔다 → 지긔오다, 지긔우다 > 지접게 하다

∘험글다 → 험글우다, 험틀오다 > 흐트러뜨리다
∘헐다 → 헐우다 > 헐게 하다, <방> 헐우다
∘휘다 → 휘오다, 휘우다 > 휘게 하다
∘흐리다 → 흐리오다, 흐리우다 > 흐리게 하다
∘힐다 → 힐우다, 힐후다 > 힐(詰)게 하다, 힐난하다
∘힘쓰다 → 힘뼈오다, 힘쉬우다 > 힘쓰게 하다

② {-이-}의 사라짐과 기능 잃음
∘깃그다 → 깃기다 > 기뻐하게 하다
∘늘느다 → 늘내다 > 날래게 하다
∘쁘다 → 쁴다 > 띄우다
∘쓰다 → 쁴다 > 씌우다
∘셔다 → 셰다 > 셰오다 > 세우다
∘앗다 → 앗기다 > 앗기이다 > 아끼어지다
∘어즐다 → 어즈리다 > 어지럽히다, <방> 어지리다
∘잃다 → 일히다 > 잃게 하다
∘잇그다, 잇글다 → 잇기다 > 이끌리다
∘자다 → 재다 > 재우다
∘쥐다 → 쥐뼈 > 쥐이어
∘지다 → 지이다 > (짐을) 지게 하다
∘짓다 → 지싀다, 징이다 > 짓게 하다
∘처디(평성)다 → 처디(상성)다 > 처지게 하다
∘츠다 → 츠이다 > (춤을) 추게 하다
∘츠다 → 츠이다, 칙다 > (채로) 치게 하다
∘촛다 → 촛이다 > (문이) 채워지다
∘촛다 → 촛이다 > (칼을) 차게 하다
∘티다 → 티이다 > (뺨을) 치게 하다
∘푸다 → 퓌다 > (땅이) 파이다, (땅을) 파게 하다
∘헐다 → 헐이다 > 헐게 하다, 상처를 입다
∘ᄒ다 → ᄒ이다, 희다 > 하게 하다, 시키다
∘-ᄒ다 → -ᄒ이다 > -되게 하다

③ {-기·리·이-}의 끼여듦
∘굿블다, 굿불다 > 구푸리다          ∘굿다, 긏다 > 그치다

- 몯다 > 모이다
- 벌다 > 벌리다
- 삐다, 끼다 > 끼이다 > 끼이다
- 줌다 > 잠기다

- 못다 > 마치다
- 빌다 > 빌리다(債)
- 옮다 > 옮기다

④ {-우·후-}의 끼여듦
- 갖다 > 갖추다
- 뜨다 → 띄다 > 띄우다
- 부르다 → 불리다 > *불리우다
- 쓰다 → 씌다 > 씌우다
- 지다 → 지우다(拂拭)
- 트다 → 틔다 > 틔우다
- 프다 → 픠다 > 픠우다 > 피우다

- 드리다 > 드리우다(垂)
- 밀다 > 미루다
- 셔다 → 셰다 > 셰우다 > 세우다
- 자다 → 째다 > 재우다
- 차다 → 채다 > 채우다
- 틋다 → 틱다 > 태우다

⑤ {-치-}의 끼여듦
- 늿늦다 > 뉘우치다
- 슫다 > 스치다

- 믄흐다 > 문희치다 > 무너뜨리다
- 혜다 > 헤치다

⑥ {-게 하-}로 풀어씀
- 비ᄒ다 > 비오게 하다
- 이르다 > 되게 하다

- 흗다, 흘다, 흗ᄒ다 > 흩어지게 하다

## 8) 합성어·준말의 사라짐
- 나갯더시니 > 나가 있으시더니
- 낙더, 낙째, 낙줄 > 낚싯대, 낚싯줄
- 넘드릐다 > 넘어디디다
- 눌살 > 나는 화살
- 다좇다 > 들이쫓다
- 듣보다 > 듣고 보다
- 맛보다 > 만나 보다
- 빌먹다 > 빌어먹다
- 삐들다 > 꺼어들다
- 섯듣다 > 섞어 떨어지다

- 낙거로 > 낚싯거루
- 낫믈 > 낟알물(곡기)
- 느솟다 > 날아 솟다
- 다딜다 > 들이받다
- 두겨시다 > 두어 계시다
- 딕먹다 > 찍어 먹다
- 미나다 > 밀어나오다
- 블가프랗다 > 발갛고 파랗다
- 섯느리다 > 섞어 늘이다
- 섯버믈다 > 섞어 버믈다

- 섯브다 > 섞어 붙다
- 솟긇다 > 솟아 끓다
- 슬믜다, 슬믭다 > 싫고 밉다
- 안잿다 > 앉아 있다
- 엇더다,엇더콴다>어떠하다가,어떠하기에
- 에굽다 > 휘어굽다
- 엔담 > 두른담
- 엿다 → 열줍다 > 여쭙다
- 올곳다 > 올바르다
- 입주다 > 입맞추다
- 잡죄다 > 잡아죄다
- 좃니다 > 쫓아다니다
- 주잔따 > 주저앉다
- 쥐잡다 > 쥐어잡다
- 질긔굳다 > 질기고 굳다
- 추잡다 > 추켜잡다, 부추켜잡다
- 칙앗기다 > 치우쳐 안기다
- 칙여보다 > 치우쳐 보다
- 타나다 > 타고 나다
- 타오다 > 타고 오다
- 퍼러나다 > 퍼렇게 나다
- 프러누렇다 > 푸르고 누렇다
- 허여셰다 > 허옇게 세다
- 혜돋다, 혜돈니다 > 혜매어다니다
- 혜불다 > 헤쳐불다
- 횟도니다 > 휘돌아다니다
- 흐리눅다 > 흐리어 눅다
- 홋듯다 > 흩어 떨어뜨리다
- 홋부르다 > 흩어부르다
- 홋쑤리다 > 흩어뿌리다
- 섯얽다 > 섞어 얽다
- 수몟던 > 숨어 있던
- 싯닷기 > 씻고 닦기
- 엇다가 > 어디다가
- 엇먹다 > 얻어먹다
- 에흐다 > 둘러싸다
- 연는 > 여쭙는
- 예 > 여기
- 일죽다 > 일찍 죽다
- 잡들다 > 잡아들다
- 잡쥐다 > 잡아쥐다
- 주대 > 줄과 대
- 죽사리 > 죽고살기
- 쥐주다 > 쥐어주다
- 추드듸다 > 치우쳐 드듸다
- 추혀다 > 추켜들다
- 칙여 > 치우쳐
- 타가다 > 타고 가다
- 타낳다 > 태어나다
- 퍼둪다 > 풀어 덮다
- 펫더라 > 피었더라
- 풀믜흐다 > 팔매질하다
- 헤다히다 > 두루 다니다
- 헤부치다 > 헤쳐부치다
- 헤여흐다 > 헤아려 보다, 생각하다
- 홈쌜다 > (입술을) 오므려 빨다
- 흘리씌다 > 흘려 띄우다
- 홋믜다 > 흩어매다
- 홋붓치다 > 흩어부치다
- 희조즐흐다 > 희고 조촐하다

## 9) 합성어·설명어의 같음

- 갑(甲) > 갑옷
- 곡도 > 꼭두각시
- 결 > 물결
- 깃흐다 > 깃들이다

- 굴 > 갈대
- 낫다, 나ᄋ다 > 나아가다
- 노고 > 노구솥
- 닢 > 잎사귀
- 대 > 대나무
- 돍 > 돗자리
- 드시 > 따뜻이
- 둘외 > 진달래
- 미시 > 미싯가루 > 미숫가루
- 버그다 > 버금가다
- 벚, 봇 > 벚나무
- 븥다 > 불붙다
- 빗다 > 빛내다
- ᄇ롬 > 바람 > 바람벽
- 산, 삿 > 삿자리
- 솔 > 소나무
- 수릭, 수리 > 독수리
- 숨 > 목숨
- 쉬궁 > 시궁창
- 싸히 > ᄉ나히 > 사나이
- 쓴다 > 비싸다
- 어금 > 어금니
- 어양이 > 어양가시(사마귀)
- 염 > 염소
- 오니 > 활오내
- 올모나 > 실오리만큼이나
- 외양 > 외양간
- 원앙 > 원앙새
- 자약 > 조약돌
- 자쟝 > 자작나무
- 쟌다귀 > 존드기풀
- 졉다 > 접어주다
- 지다 > 살찌다
- 지르다 > 불지르다
- 납 > 곳납 > 잔나비
- 낱다 > 나타나다
- 닐다 > 일어나다
- 다복, 다봇 > 다북쑥
- 도요 > 도요새
- 드레 > 드레박 > 두레박
- 드리 > 사다리, 사닥다리
- 물리다 > 물려주다
- 밤 > 야밤
- 버들 > 버드나무
- 부르다 > 불러들이다
- 빌리다 > 빌려 주다
- 빙쟈 > 빈자떡, 빈대떡
- 사ᅀ, 사이, ᄉ애 > 주사위
- 섬 > 섬돌
- 숑골 > 송골매
- 술 > 숟가락
- 숨궂다, 숨쏟다 > 심술궂다
- 슑 > 삵괭이
- 쐬, 쮜 > 뙤 > 잔디
- 약 > 약념 > 양념
- 어느 > 어느것
- 연 > 연자 > 연자방아
- 엿다 > 엿보다
- 오디 > 오지그릇
- 외가 > 외가집
- 욱다 > 욱어들다
- 의두(爲頭) > 우두머리
- 자재 > 자벌레
- 자처 > 자채논(山田)
- 겨비 > 수제비
- 지다 > 넘어지다
- 지레 > 지렛대
- 질 > 진흙

- ᄌᅀᅢ > 무자위
- 쫓다 > 쫓아내다, 쫓아버리다
- 초(初) > 애초, 애당초
- 초리 > 회초리
- 총(聰) > 총기
- 추다 > 추켜들다
- 츠리다 > 알아차리다
- 뎌ᄲᅳ리다 > 쳐깨뜨리다
- 퍅ᄒᆞ다 > 괴팍하다 > 괴팍하다
- 혀다, 혀다 > 다리다, 당기다, 켜다, 뽑다
- 회오리 > 회오리밤
- 히당 > 해당화

- 진조ᄒᆞ다 > 재주부리다
- 처가 > 처가집
- 초가 > 초가집
- 총 > 총나무
- 총ᄒᆞ다 > 총기있다
- 추ᄉᆞ다 > 추어모으다
- 츠리다 > 정신차리다
- 틈 > 틈새
- 표ᄌᆞ > 표주박
- 회 > 회나무
- 힘 > 힘줄, 심줄

## 10) 동음어의 회피

- 고기 > 물고기, 육고기
- 기름 > 콩기름, 석유기름, 들기름
- 다리 > 건너는 다리, 팔다리
- 배 > 타는 배, 먹는 배
- 초 > 식초, 불켜는 초

- 기계 > 이발기계, 타작기계
- 나는 새 > *날으는 새
- 말 > 하는 말, 타는 말, 말뚝
- 차 > 타는 차, 커피차
- 칼 > 식칼, 차는 칼

## 11) 단음절어의 다음절어되기

- 기 > 깃발
- 빛 > 빛깔
- 신 > 신발
- 젓 > 젓깔

- 비 > 빗자루
- 색 > 색깔
- 이 > 이빨

## 12) 새말·한자말의 갈음

- 격지 > 나막신
- 뷔다 > 비비다(捲)
- 여토다 > 저축하다
- 의다 > 그르다
- 자시다 > 주무시다
- 저리다 > 위협하다
- 져근덧 > 잠깐동안

- 뉘누리 > 소용돌이
- 알되다 > 조숙하다
- 옂다 > 전장(典藏)하다
- 잋다, 잇브다 > 피곤하다
- 잡다 > 짐작하다
- 저축이다 > 절룩거리다
- 져죠다, 져주다 > 신문(고문)하다

- 졉다 > 용서하다
- 좋다 > 깨끗하다
- 츳들다 > 떨어지다
- 치다 > 봉양하다
- 하도할샤 > 많기도 많아라
- 향암 > 시골뜨기
- 헤디다 > 벌어지다
- 헷사롬 > 허수아비
- 혀보다 > 만나보다
- 혜다 > 생각하다
- 힁여 > 우연히

- 졓다 > 두려워하다
- 지다 > 기대다, 의지하다
- 칙다 > 어긋나다
- 치다 > 치닥거리하다
- 할다 > 하소하다, 훼방하다, 비방하다, 참소하다
- 헤쁘다, 헤쓰다, 헵쓰다 > 허둥거리다
- 혀기다 > 에누리하다
- 혁, 셕 > 고삐
- 흐니다 > 행동하다, 움직이다

# 6. 강화

## 1) 닿소리

- 가치 > 까치
- 갓다 > 깎다
- 젓다 > 꺾다
- 고ᅙ > 코
- 곳 > 꽃
- 구숑 > 꾸죵 > 꾸중
- 굴 > 쑬 > 꿀
- 귿 > 끝
- 긴 > 씬 > 끈
- 나올 > 나흘
- 내혀다 > 내키다
- 녑 > 녘 > 옆
- 니기다 > 익히다
- 닷 > 탓
- 돕 > 톱(손톱, 발톱)
- 듣글 > 뒷글 > 티끌
- 디르다 > 찌르다 > 찌르다
- 맚다 > 맡다
- 뭉긔다 > 뭉크다

- 갈ᅙ > 칼
- 갓블 > 갓풀(膠)
- 견주다 > 견추다 (>견주다)
- 곳고리 > 꾀꼬리
- 곳다 > 꽂다
- 구짖다 > 꾸짖다
- 그스다 > 쓰스다 > 끌다
- 긇다 > 끓다
- 나다나다 > 나타나다
- 남쉰(男人) > 남진
- 녁 > 녘
- 누기다 > 누키다 (>눅이다)
- 니르혀다 > 일으키다
- 덛덛시 > 떳떳이
- 두드리다 > 뚜드리다
- 듦다 > 뚫다
- 둘ᅙ > 틀 (>들)(等)
- 몸쇼 > 몸조 > 몸소
- 몬지다 > 몬치다 (>만지다)

- 바지 > 바치(노릇바치)
- 버국새 > 뻐꾹새
- 불무 > 풀무
- 비븨다 > 쎄븨다 (>비비다)
- 붉기다 > 밝히다
- 쓰다 > 스다 > 쓰다(冠, 用)
- 사호다 > 싸우다
- 석다 > 썩다
- 수다 > 쑤다
- 시기다 > 시키다
- 십다 > 씹다
- 스다 > 싸다(低價)
- 아ᄉ라ᄒ다 > 아스라하다
- 양지 > 양치(양치질)
- 옷 > 옻(漆)
- 자히 > 차히 > 채, 째
- 지다 > 찌다(살찌다)
- 혀다 > 켜다

- 바회 > 바퀴
- 부억 > 부엌
- 불휘 > 뿌리
- 비편 > 피편(敵)
- 불ᄒ > 팔
- 사올 > 사흘
- 사홀다 > 싸홀다 > 썰다
- 솓다 > 쏟다
- 스다 > 쓰다(書)
- 식브다 > 시프다 > 싶다
- 싯다 > 씻다
- 숨끼다 > 삼키다
- 아줄ᄒ다 > 아찔하다
- 언덕 > 언턱 (>언덕)
- 입겿 > 입곁
- 죽수다 > 죽쑤다
- 핧다 > 핥다

## 2) 홀소리

- 겨을 > 겨울
- 더으다 > 더하다
- ᄆᅇᆷ > 마음
- 여스 > 여우

- ᄀᆞ올 > 가을
- ᄆᆞ올 > 마을
- 아ᅀᅩ > 아우

## 7. 잘못 돌이킴(부정회귀)

- ᄀᆞᄅ치다 > ᄀᆞᄅ키다 > 가리키다(指)
- 디새 > 기야 > 기와
- 셨 > 혁(고삐)
- 심줄 > 힘줄
- 질들다, 질들이다 >
  길들다, 길들이다(調御)
- 짛다 > 긿다 (>지르다)

- 대치고개 > 대티고개(부산)
- 셔 > 혀 (>서까래)
- 수지 > 휴지
- 즘치 > 짐치 > 김치
- 질삼 > 길쌈
- 짗 > 깃(羽)
- 치 > 키(舵)

## 8. 자리 바꿈(전위, 도치)

### 1) 닿소리
- 굽슬다 > 굿블다(엎드리다)
- 더퍼리 > 벌터리<평북>
- 드븨잇다 > 드위잇다
  > 뒤집다(<방> 뒤비지다)
- 빗복 > 빗곱 > 배꼽
- 낛(이) → 낚다(움)
- 두억신 > 어둑서니<평북>
- 딸꾹질 > <방>깔딱질
- 볼톡 > 풀독 (>팔꿈치)(ㅎ의 자리바꿈)
- 서벅서벅 > 버석버석

### 2) 홀소리
- 그울다 > 구을다 > 굴다
- 며주 > 메주
- 벼개 > 베개
- 애야로시 > 애오라지
- 디쳐 > 처치
- 밥새 > 뱁새
- 비왇다 > 뱉다
- 해야로비 > 해오라비

### 3) 음절
- 시혹 > 혹시
- 호상 > 상호
- ㅎ더시니 > 하시더니
- 주부코 > 코주부
- ㅎ거시눌 > 하시거늘

## 9. 서로 통합(상응, 대응)

### 1) 닿소리
- 가리맏 > 가리맛
- 견마(牽馬) : 경마
- 곡걸다 > 곱걸다
- 곧 > 곳(所)
- 굴다 > 불다(吹)
- 그릐 : 그늬 (>그네)
- 글다 : 블다 > 불다(吹)
- ㄱ롭다 : ㄱ눌다(>가늘다)
- 나볃나벼디 > 나봇나봇이
- 날옷 > 나룻(수염)
- 갇 > 갓(笠)
- 고봄 : 고곰(학질)
- 곡도숑 : 곡도손
- 구븟ㅎ다 > 구붓하다
- 그눔 : 구름(雲)
- 그믈다 > 저물다
- 깃 > 깃(옷깃)
- 나날 : 나랄(每日)
- 낟 > 낫(鎌)
- 남즈기 : 남즈시 (>남짓이)

- 넌즈기 : 넌즈시 (>넌지시)
- 누리 : 무리(우박)
- 느즈기 : 느즈시 (>나지막히)
- 다숫 > 다섯
- 대노 > 대로(大怒)
- 덛 : 덧(덧없다, 어느덧)
- 덛덛ᄒ다 > 떳떳하다
- 두텁다 : 두껍다
- 듀화 : 규화(葵)
- 드틀 : 듣글 (>티끌)
- 마룬 : -마ᄂᆞᆫ (>-마는)
- 멀즈시 : 멀즈기 (>멀찍이)
- 몃덛 > 몇덧(바로, 벌써)
- 몯내 > 못내(끝없이)
- 묔미나리 > 멧미나리
- 무졉 : 무적(推)
- 므슥 > 무엇
- 믈어디다 : 믄허디다 (>무너지다)
- 밋뷔 : 닛븨 (>잇비)
- ᄆᆞᆫ둥기다 : 봇둥기다
- 반ᄃᆞ기 : 반ᄃᆞ시 (>반드시)
- 벋 > 벗(友)
- 별 > 볏
- 붇 > 붓(筆)
- 비욷 > 비웃(靑魚)
- 빋 > 빗 > 빚(債)
- ᄇᆞ렵다 : ᄀᆞ렵다 (>가렵다)
- ᄠᅳᆮ > 뜻
- 삳, 삹 > 삿(삿자리)
- 솔옷 > 송곳(錐)
- 숟간나ᄒᆡ > 숫처녀
- 아ᄂᆞᆷ > 아룸 > 아람 > 아람, 아름
- 언마 > 얼마
- 옫 > 옷

- 녑 : 녁 (>녘)
- 니장(泥匠) > 미장이
- 다몯 > 다못
- 닷곱 : 닷홉(五合)
- 더품 : 거품
- 덛덛이 > 떳떳이
- 두텁 : 둗거비 (>두꺼비)
- 뒤틀다 : 비틀다
- 듕깆 > 중깃
- 둘파니 : 둘팡이 (>달팽이)
- 먼덕 : 멍덕(벌통 뚜껑)
- 멎 > 벚(벚나무)
- 몯 > 못(釘, 不)
- 몯ᄒ다 > 못하다
- 무젹 > 무저기 > 무더기
- 므른 > 무릇(凡)
- 믄듯 : 믄득 (>문뜩)
- 믯믯다 > 밋밋하다
- ᄆᆞᅀᆞ다 > ᄇᆞᅀᆞ다(바수다)
- ᄆᆡᆼᄀᆞᆯ다 : 민둘다 (>만들다)
- 반둑ᄒ다 > 반듯하다
- 번번ᄒ다 > 뺀뺀하다
- 보미 : 보늬 (>보늬)
- 브섭 > 브석 (>부엌)
- 빈뎐(賓殿) : 빙뎐
- 빗굴다 > 비뚤다
- ᄲᅵᆺ : -ᄯᅩᆨ (>-만)
- ᄲᅳᆷ > 틈 : 틈
- 삳갇 > 삿갓
- 솝 > 속(裏)
- 슫다 > 씻다
- 앋다 > 빼앗다
- 오얒 > 오얏(李)
- 의녕 > 의령(宜寧)

- 의론 > 의논(議論)
- 이스랒 > 이스랒(앵두)
- 인동(忍冬) : 잉동
- 일즙 : 일즉 (>일찍)
- 잔인(殘忍) : 잔잉
- 쟝망ᄒ다 > 장만하다
- 주븓ᄒ다 > 쭈삣하다
- 즐넓다 > 짓밟다
- 짐즉 > 짐짓(부러)
- 한새 > 황새
- 핟니블 > 핫이불
- 허낙 > 허락(許諾)
- 헛틀다 > 헛글다(흐트러지게 하다.)

- 이럼 > 이랑
- 이웆 > 이웃
- 인즈(忍字) : 잉즈
- 자믇 > 자못
- 쟌 > 쟀(伯)
- 젓다 > -젹다(-스럽다)
- 줏다 > 줍다(拾)
- 짇다 > 짓다
- 짗 > 깃(羽)
- 한쇼 > 황소
- 핟옷 > 핫옷(솜옷)
- 헌것 > 헝겊
- 힉야로비 > 해오라기

## 2) 홀소리(모음 교체)

- 남다 : 넘다
- 마리 : 머리
- 씬 : 슫 (>끈)
- 졸다 > 줄이다

- 둪다 > 덮다
- 밧다 > 벗다
- 잎다 > 읊다 (>읊다)

## 10. 유추

### 1) 이끌림(견인)

- 고맙다 > *고마웁다 (←고마우니)
- 마손 > 마안 > 마흔 (←셜흔)
- 무뤼 > 무리(雹) (←이)
- 바ᄅ > 바로 (←로)
- 빠르다 > *빨르다 (←빨라서)
- 섧다 > 서럽다 (←부드럽다)
- 소롬 > 소름 (←음)
- 일홈, 일훔 > 이름 (←음)
- 처섬 > 처음 (←음)

- 구룸 > 구름 (←음)
- 모르다 > *몰르다 (←몰라)
- 므슴 > 므슨 > 무슨 (←매김꼴 '-ㄴ')
- 불휘 > 뿌리 (←이)
- 서르 > 서로 (←로)
- 소곰 > 소금 (←음)
- 아호(鴉好) > 아홉 (←닐굽, 여듧)
- 조오롬 > 졸음 (←음)

## 2) 잘못 분석(오분석)

### (1) 녹아붙음(유착)

① /이/

- 갓 > 가시 > 각시
- 갗 > 가지(枝)
- 개굴 > 개구리
- 곡도손 > 꼭두서니
- 곶 > 꼬치
- 궁궁 > 궁궁이
- ᄀ랏 > 가라지(풀 이름)
- 나방 > *나방이
- 낛> 낙시 > 낚시
- 낫 > 나ᅀᅵ > 나이 > 냉이
- 도간 > 도가니
- 돋, 돝 > 돼지
- 두롬 > 두루미
- 둗겁 > 두꺼비
- 디룡(地龍) > 디룡이 > 지렁이
- *몰 > 모로 > 무리(彙)
- 믈 > 물 > 무리(群)
- 벌 > 버리 (>벌, 蜂)
- 뻐꾹 > 뻐꾸기
- 셜 > 서리(雪)
- 숑골 > 숑고리 (>송골매)
- 슻(父),숫ᄎ>*ᄉ치>ᄉ끼>싀끼>새끼(緦)
- 아즘 > 아ᄌ비 > 아주버니
- 압 > 아비
- 엄 > 어미
- 온밤 > 온바미 > 올빼미
- 올ᅙ > 오리
- 웅덩 > 웅덩이
- 잇, 읶 > 잇기 > 이끼
- 졉 > 져비 > 제비

- 갓 > 가ᅀᅵ > 가이 (>가)
- 갖갖 > 가지가지
- 거북 > *거부기(거북이)
- 곳골 > 꾀꼬리
- 굼벙 > 굼벙이
- 그력 > 그려괴 > 기러기
- 나 → 내 (내가←개/가)
- 나ᅙ > 나이
- 남샹 > 남생이
- 너 → 네 (네가←게/가)
- 도랏 > 도라지
- 동고림 > 동그라미
- 두텁 > 두터비 (>두꺼비)
- 둥울, 둥울 > 둥우리
- 며눌 > 며느리
- 무적 > 무저기 > 무더기
- 뱜 > *배미
- 부헝 > 부엉이
- 샘 > *새미(泉)
- 쇼앗 > 쇠아지 > 송아지
- 숫 > ᄉᅀᅵ > 사이
- 아줌 > 아ᄌ미 > 아주머니
- 악 > 아기
- 앗 > 아ᅀᅵ > 아이
- 엇 > 어이 > 어버이
- 올창 > 올챙이
- 우렁 > 우렁이
- 이스랏 > 이스라치(앵두)
- 저 → 제 (제가←메/가)
- 초골 > 초고리

∘ 특 > 트기 > 틱기 > 튀기　　　∘ 플 > 파리
∘ 호랑 > 호랑이　　　　　　　∘ 희올 > 히오리 > 해오라기


② /으(ᄋ)/

∘ 거슬다 > 거스르다　　　　　∘ 거칠다 > 거치르다
∘ 그르츠다 > *그르츠다 >그르치다　∘ 그울다 > 굴다 > 구르다
∘ 궂다 > 그츠다 > 그치다　　　∘ 날다 → *나르는
∘ 낯설다 → *낯서른　　　　　∘ 녹슬다 → *녹스른
∘ 뉘읓다 > 뉘읏츠다 > 뉘우치다　∘ 다돋다 > 다다르다
∘ 딛다 > 딜다 > 디르다 > 지르다(焚)∘ 마믈다 > 마물다 > 마무르다
∘ 막다돋다 > *막돋다 > 막다르다　∘ 머믈다 > 머무르다
∘ 및다 > 미츠다 > 미치다(及)　∘ 몿다 > ᄆᆞᆾ다 > 마치다
∘ 슻다 > *스츠다 > 스치다　　∘ ᄉᆞ몿다 > ᄉᆞᄆᆞᆾ다 > ᄉᆞᄆᆞ치다
　 > 시치다(바느질)　　　　　　 > 사무치다
∘ 슬다 > 사르다(燒)　　　　　∘ 싸불다(뒤~, 들~) > 까부르다(簸)
∘ 쏠다 > 따르다(隨)　　　　　∘ 샐다> (병 주둥이가) 빠르다(窄)
∘ 아올다, 아울다 > 아우르다(竝)∘ 어그롲다 > 어그르츠다 > 어그러지다
∘ 어울다 > 어우르다　　　　　∘ 얼다 > 어르다(婚)
∘ 외뿔다 > 외딸다 > *외따르다 (본디말은 안 씀. 불구 형용사)
∘ 울월다 > 우럴다 > 우러르다　∘ 저즐다 > 저질다 > 저지르다
∘ 지즐다 > 지즈르다 > 지지르다(壓)∘ 줌ㄱ다 > 줌ᄀ다 > 잠그다(潛)
∘ 줌다 > ᄌᆞᄆᆞ다 (>잠그다)(鎖)∘ 홀다 > 흐르다(交尾)


<추측>
*딸다 > 따르다(注)　　　　　*문질다 > 문지르다
*엎질다 > 엎지르다


## (2) 끊김(절단)

① /이/

∘ 버리 > 벌(蜂)　　　　　　　∘ 비디 > 빈 > 빚(債)
∘ 터리 > 털(毛)　　　　　　　∘ 퍼리 > 펄(개펄)

② /ㅇ(으)/

- 거머ᄒᆞ다 > 거멓다
- 너므다 > 넘다
- 니르다 > 닑다 > 읽다(讀)
- 만ᄒᆞ다 > 많다
- 슬ᄒᆞ다 > 슳다 > 싫다
- 시프다 > 싶다
- 우르다 > 울다(哭)
- 파라ᄒᆞ다 > 파랗다
- 흩ᄒᆞ다 > 흩다

- 곧ᄒᆞ다 > 같다
- 누르ᄒᆞ다 > 누렇다
- 됴ᄒᆞ다 > 둏다 > 좋다
- 멀거ᄒᆞ다 > 멀겋다
- 시ᄆᆞ다 > 심다
- 쯘츠다 > 끊다
- 읇프다 > 읊다
- 퍼러ᄒᆞ다 > 퍼렇다

③ /어/

- 기우리혀다 > 기울이다
- 니르혀다 > 일으키다

- 두르혀다 > 뒤치다
- 켜다 > *키다

- 내혀다 > 내키다
- 도ᄅᆞ혀다 > 돌이키다

- 쌔혀다 > 빠이다 > 빼다

④ /ㄹ/

- 노롤다 > 노르다
- 니를다 > 니르다 > 이르다(到)

- 누를다 > 누르다
- 프를다 > 프르다 > 푸르다

## 3) 짝말(대칭어)

- 그르다 > *긇다 > (←옳다)
- 얕다 > *야푸다 (←기푸다 <방> ←깊다)
- 한아비 > 할아비 (←할미)

- 들락나락 > 들락날락
- 오너라가거라 > *오너라가너라

## 11. 민간 어원(부회)

- 갓가지 > 각가지 (←各)
- (단군왕)검(儉) → 곰(단군신화, 熊)
- 곳답다(香) > 꽃답다 (←花)
- ᄀᆞ외 > 고의 > (←袴依)

- 님금 > 님군 (←君)
- 닛므윰 > 닛몸 > 잇몸 (←身)
- 드나둘다('-둘-'은 힘줌 뒷가지) > 드나들다 (←들다, 入)
- 디새 > 지새, 지애 > 기와 (←瓦, 蓋瓦)
- (한숨)딯다 > 지다 (←落), 짓다 (←作)
- 볏 > *벼슬 (←冠+官職<방>)
- 삼기다 > 샹기다 > 생기다 (←生起)
- 소나기 (←소를 걸고 내기하다.)
- 스믜나모(楡) > 스무나무 (←二十)
- (城)ㅅ다 > 쌓다 (←積)
- 스라기 (←술다, 슬다, 銷+아기 : 金ㅅ라기) > 싸라기 (←쌀, 米+아기, 兒) > 싸라기
- 아촌설(작은설) > 까치설(소리시늉말+반가운 소식)
- 여우 > 여호 (←狐)
- *울게 (←울아/게) > 울에 > 우레 > 우뢰 (←雨雷)
- 조카 > *족하 (←足下)
- (일훔)짛다 > 짓다(作)
- 추뎨(次弟) > 추례 > 차례 (←次例)
- 하느님 > 하나님 (←唯一神)
- 한길 > 행길 (←行)
- 한쇼 > 황소 (←黃)
- 힝즈쵸마 > 행주치마 (←幸州)

## 12. 뒤섞임(혼태)

- *가르키다 ← 가르치다×가리키다
- *개살이 ← 개가×후살이
- *갱물 ← 갯물×맹물
- *거렁이 ← 거지×비렁이
- *거푸래기 ← 지푸라기×검부러기
- *계랄 ← 계란×알
- 괴외줌줌ᄒ다 ← 괴외ᄒ다×줌줌ᄒ다
- *길겁다 ← 길(吉)ᄒ다×즐겁다
- *깔뚝질 ← 깔딱질×딸꾹질

◦*껄끔거리다 ← 껄끄럽다×뜨끔거리다
◦꽁무니 ← 꼬리×옹미니
◦*끄루구 ← 그루×그루터기
◦날혹즈눅ㅎ다 ← 날호다×즈눅즈눅ㅎ다
◦너그럽다 ← 너르다×어그럽다
◦넓다 ← 너르다×넙다
◦*노가다 ← 노동×도가다(일본말 dokada, 坊)
◦*누럽다 ← 누다×마렵다
◦*누질다 ← 누르다×지질(즐)다
◦*다부 ← 다시×느비
◦덩쿨 ← 덩굴×넝쿨
◦*달가지 ← 다리×가지
◦*도죽놈 ← 도적×도둑놈
◦*드라무깡 ← 드럼(drum)×관(罐)×깡통
◦*럭키 ← 러키(lucky)×락희(樂喜)
◦*막배기 ← 막걸리×탁배기
◦며칠 ← 며츨×몇일(日)
◦미쁘다 ← 미(美)×믿다×밉다×이쁘다
◦미치광이 ← 미친이×광인(狂人)
◦*발통기 ← 발동기×통통 기계
◦*볼테기 ← 볼×턱+이
◦봉우리 ← 부우리 (>부리)×봉(峰)
◦빌미ㅎ다 ← 빌다×말미ㅎ다
◦*빨뿌리 ← 빨다×물부리
◦빼앗다 ← 빼다×앗다
◦*신장도 ← 신작로×도(道)
◦*아르키다 ← 알다×가르치다×가리키다
◦아첨하다 ← 아당하다×아철다×첨(諂)하다
◦*악세사리 ← 액세서리(accessary)×악세(惡世)살이
◦*얼라 ← 어린애×아(아이, 兒)
◦온전하다 ← 온×완전하다
◦우두머리 ← 위두×우(上)×두(頭)×머리
◦움큼 ← 우큼×움켜쥐다
◦*일바시다 ← 니르받다×시(세)다

- *입초 ← 잎담배×엽초
- *자물시다 ← ᄌᆞᆷ락ᄒᆞ다×갑시다
- 주무상 ← 주무시다×주물상(畫物床)
- *카배추 ← 캐비지(cabbage)×배추
- *탁걸리 ← 탁주×막걸리
- *태국기 ← 태극기×국기
- *티우다 ← 태우다×피우다
- *한차 ← 한(一)×혼자
- *햇빝 ← 햇빛×볕

# 참고 논저

허　웅(1985), 국어 음운학, 샘문화사.

허　웅(1984), 국어학, 샘문화사.

허　웅(1975), 우리 옛말본, 샘문화사.

유창돈(1961), 국어 변천사, 통문관.

유창돈(1974), 어휘사 연구, 선명문화사.

유창돈(1980), 이조 국어사 연구, 이우출판사.

김영신(1988), 국어학 연구, 제일문화사.

서재극(1980), 중세 국어의 단어족 연구, 계명대.

박홍길(1961), '구개음화고', 국어국문학지 제3집, 부산대.

박홍길(1983), '우리말 뒤섞임말의 유형별 고찰', 동의논집 제8집, 동의대.

박홍길(1984), '잘못 분석말의 유형별 고찰', 부산한글 제3집, 한글학회 부산지회.

박홍길(1994), '잘못 분석말을 다시 살핌', 동의어문논집 제7집, 동의대.

박홍길(1984), '음절 많아지기 현상에 대한 고찰', 동의논집 제10집, 동의대.

박홍길(1985), '우리말 짧아지기 현상의 통시적 고찰', 동의어문논집 제1집, 동의대.

박홍길(1986), '홀소리 줄임에 관한 연구', 동의어문논집 제2집, 동의대.

박홍길(1991), '뒷가지가 겹쳐진 말에 대하여', 부산한글 제10집, 한글학회 부산지회.

박홍길(1992), ''-르다' 풀이씨 연구', 한글 제218호, 한글학회.

한글학회(1992), 우리말 큰사전(4), 어문각.

박홍길　607-760 부산시 동래구 낙민동 172. 동래 한양 아파트 2동 606호
　　　　Ⓣ051-558-2832

<붙임>

# 박홍길 해적이

아호 : 먼재
본관 : 밀양(행산파 23세)
원적 : 경남 창원군 창원면 차룡리 572번지
본적 : 경남 창원군 창원면 차룡리(현 창원시 팔룡동) 22번지
난 곳 : 경남 창원군 웅남면 두대리(현 창원시 팔룡동) 443번지
난 때 : 1936년 11월 21일(음 10월 8일)
부모 : 박범석과 황명련(창원)과의 4남 4녀 중 2남(생존 장남)

## • 가족

아내 : 오춘자(해주), 1940. 9. 3.(음 6. 10.)생
　　　※ 결혼: 1966. 2. 12.
딸 : 정은(1967. 2. 1. 생), 부산대 국어교육과 졸업, 1989. 4. 15. 결혼
사위 : 곽덕규(현풍), 한국금속공업(주) 부장
외손 : 주현(90. 4. 3. 생), 지현(91. 5. 10. 생), 준용(94. 3. 4. 생)
딸 : 정진(1968. 8. 31. 생), 신라대 미술학과 졸업, 1992. 5. 10. 결혼
사위 : 성병길(창녕), 푸른목재(주) 대표
외손 : 소민(93. 5. 12. 생), 헌민(95. 12. 7. 생)
아들 : 윤욱(1970. 6. 10. 생), 동의대 법학과(일어일문학과 복수 전공) 졸업
　　　개인 사업
딸 : 정경(1972. 5. 29. 생), 서울대 사회학과 졸업, 2001. 8. 4. 결혼
　　　<대한매일> 기자
사위 : 조서린(함안), KORAD(주) 매체기획 대리

## • 학력

1944. 5. ～ 1945.10. 　창원군 창원면, 용원강습보통학교 입학, 폐교
1947. 2. ～ 1950. 5. 2. 창원군 상남면, 상남국민학교 편입학, 졸업
1950. 6. 8. ～ 1953. 3.21. 진해중학교 졸업
1953. 4. 1. ～ 1956. 3.25. 진해고등학교 졸업

1958. 4. 5. ~ 1963. 9. 7.  부산대학교 문리과대학 국어국문학과 졸업

1975. 3. 3. ~ 1977. 2.26.  부산대학교 교육대학원 어학교육과(국어과) 수료 (교육학
                                   석사)

1995. 3. 2. ~ 1997. 2.22.  부산대학교 대학원 국어국문학과 박사 과정 수료 (문학 박
                                   사)

## • 경력

1958.12.30. ~ 1960.12. 8.  육군 제5306부대(28사단 82연대) 의무중대 제대(상등병)

1964. 3.12. ~ 1968. 4.25.  동래여자중학교 교사

1968. 6.15. ~ 1971. 8.31.  경남여자중학교 강사

1971. 9. 1. ~ 1975. 2.28.  데레사여자고등학교 교사

1975. 3.24. ~ 1980. 3. 4.  부산대학교 사범대학 부속고등학교 교사

1980. 9.22. ~ 1980.12.20.  부산여자대학(신라대) 국어교육과 시간 강사

1981. 3. 1. ~ 2002. 2.28.  동의대학교 국어국문학과 조교수·부교수·교수
                                   (정년 퇴임)

2002. 5. 1.  이후  동의대학교 한국어문학부 명예 교수

## • 보직

1981. 3.     ~ 2002. 2.28.  동의대학보사 논설 위원

1981. 5.     ~ 1981.12.22.  <동의학원 15년사> 집필·편집 위원

1981.10.     ~ 1985.  동의대학교 연구 논문집 편찬 위원

1984. 3. 1. ~ 1988. 2.29.  동의대학교 인문대학 국어국문학과장

1986. 3.     ~ 2002. 2.28.  기초 과정 위원, 논술 고사 운영 위원, 학칙 개정 위원, 교
                                 무 위원, 교원 인사 위원 등 맡음.

1986. 3.     ~ 1986.10.22.  <동의학원 20년 화보> 편찬 위원

1989. 2.     ~ 1989. 4.  동의대학교 자체 평가 연구 위원
                                   (보고서 집필·편찬위원장)

1989. 9. 1. ~ 1993. 7.31.  동의대학교 인문대학 교무과장

1993. 8. 1. ~ 1995. 7.31.  동의대학교 인문대학 학장

## • 학회·사회 활동

1964. 6.  국어국문학회 부산지회 입회

| | | |
|---|---|---|
| 1965. 3. | ~ 현재. | 한글학회 부산지회 입회 |
| 1968. 7. | | 향토문화연구회 입회 |
| 1971. 4. | ~ 현재. | 외솔회 입회, 부산외솔회 창립 회원, 현 외솔회 본회 이사 |
| 1974. 9. | | 한글문화협회 입회, 부산지부 총무 맡음. |
| 1977. 3. | ~ 현재. | 한글학회 본회 입회, 정회원, 현 평의원 |
| 1979. 7. | ~ 1987. 6. | 한글학회 부산지회 연구 이사 지냄. |
| 1982. 이후. | | 부산시, 경남도, 인천시, 울산시 등지 공무원 임용 시험 출제 위원 |
| 1982. 5. | | 부산언어학회 창립 회원 |
| 1987. 5. | ~ 1991. 6. | 한글학회 부산지회장(제17, 18대) 지냄. |
| 1987.12. | ~ 현재. | 수필부산동인회 입회, 출판이사, 현 부회장 |
| 1992. 2. 6. | ~ 현재. | 부산문인협회 회원(수필분과) |
| 1992. 9. 7. | ~ 현재. | 동래구 이동 도서관 운영위원, 독서대학 강사, 새마을 독후감 경진 대회 심사위원장 |
| 1992.12. 1. | | 월간 <문예사조> 수필 천료 |
| 1993.12. | ~ 현재. | <윤좌> 동인회 입회, 출판이사 |
| 1993.12. | ~ 2000. 9.20. | 부산외솔회 제5대 회장 지냄 |
| 1994.10. 9. | ~ 1996.10.11. | 부산대학교 국어국문과 동창회장 |
| 1995. 7. | ~ 현재. | 한글학회 부산지회 평의원회 제4대 의장 |
| 1998. 8. 1. | ~2002. 2.28. | 새얼 어문학회 회장 지냄. |
| 2000.12.14. | ~현재. | 동래구 지명위원, 도로·건물명 심의위원, 행정 서비스 헌장 심의 위원 |
| 2001. 7. 6. | ~ 현재. | 부산대학교 인문대학 동창회장 |

## ·연구 발표회, 강연회, 방송 출연 등

1961.10. 8. 구개음화고, 부산대 국문과 연구 발표회, 부산대학교
1962.11.24. 월점치기에 대하여, 영남 7개대 국문과 연합 발표회, 경북대학교
1968.11. 3. 부산 지방의 유행 동요, 전국 중등교육회 연구 발표회, 충북교육회(청주)
1970. 6.19. 언어 순화 교육의 실천적 연구, 부산교위 연구 발표회, 경남여중
1977. 6.18. 띄어쓰기 현실, 한글문화협회 부산 발표회, 데레사여고
1977. 9.23. 국어 교과서의 언어 요소 문제점, 한글학회 부산지회(이하 '한글 지회') 제
45차 여구 발표회, 부산중앙여고

1980.11.12. 한글 맞춤법 통일안과 한글 맞춤법과의 비교 연구, 한글 지회 제56차 발표회, 부산상고

1982. 6.20. 국어 정서법, 동의대학 교수 연수회 특강, 세미나실

1982. 7.31. '말의 잡초', '신문에 바람' 등 7회분, KBS 칼럼, KBS 라디오 부산 방송
~8.31.

1984. 2.18. 음절 많아지기 현상에 대한 고찰, 한글 지회 제73차 연구 발표회, 부산공고

1984.10. 9. 우리말과 겨레 정신, 538돌 한글날 기념 강연, 부산시민회관

1985. 1.16. '우리말 고운 말' 총 67회 방송, KBS 라디오 부산 '오륙도의 합창' 출연
~ 4.16.

1985. 9. 5. 외래어 남용 및 표기 혼란에 관한 의견, MBC 라디오 '목요 논단' 방송

1986. 4.11. 우리 말글 자랑과 바로쓰기, 울산교육청 초청 강연회, 울산병영초등교

1986. 4.26. 말과 민족 주체성, KBS 라디오 '일요 방담' 출연

1986. 6.17. 말하기 예절에 대하여, 서부산 로터리 클럽 초청 강연, 청탑그릴

1986. 9.27. 홀소리 줄임에 관한 연구, 한글 지회 제94차 연구 발표회, 경남고교

1986.10. 9. 한글학회 부산지회의 역사와 업적, KBS 제2 TV 부산방송 출연

1987.12.29. 어린이 대화 무엇이 문제인가, KBS 라디오 연말 특집 방송 출연

1988.10. 9. 한글학회 부산지회의 하는 일, MBC TV 부산방송 '이웃과 이웃' 출연

1989. 6. 3. 우리말의 특질과 우리 생각, 경남 치공사회 초청 강연회, 마산 한우예식장

1989.10. 6. 이후 매년 1회씩. 우리말의 특질과 사고 체계, 동의대 행정대학원 초청 특강, 세미나실

1990.10. 9. 한글 창제 정신과 한글의 우수성, 544돌 한글날 강연, 부산시민회관

1990.11.29. 우리 말글 바로쓰기에 대하여, 부산시 동래구 공무원 연수회 특강, 동래구 새마을 연수원

1991. 7.22. 뒷가지가 겹쳐진 말에 대하여, 한글 지회 제123차 연구 발표회, 동아대학교

1992. 5.29. 초창기 <한글>에 나타난 맞춤법 의식, 한글학회 발표회, 한글회관

1993. 7. 6. 우리말의 내일을 위하여, 부산시 강서구 공무원 연수회 초청 특강, 강서구청 강당

1994.11.18. 우리말과 우리글의 자랑, 한국통신공사 부산지사 초청 특강, 지사 강당

1995. 8.30. 한글학회 부산지회 서른 돌을 맞이하여, MBC 라디오 '부산의 새아침' 출연

1995. 9.23. 4년간. 건전한 가정 글짓기 대회 심사, 부산진구 여성복지과 주최

*574*

1995.10. 9. 한글날과 우리의 자세, 김해 문화원 초청 특강, 김해 도서관
1995.10.13. 녹색 교통 문화 헌장 제정 심사, 부산시 교통과, 부산시청
1995.10.26. 이후 5년간. 전국 독후감 쓰기 대회 동래구 예선 심사, 강평, 동래구 새마을과
1996. 2. 9. 한글 전용 문제 토론, PSB TV '여론을 듣습니다' 출연
1996. 4.27. 이후 3년간. 부산 지역 대학생 학술 논문 발표 대회 심사, 동아대학교
1996. 4.28. 이후 3년간. 여성 생활 수기 심사, 동래구 여성복지과, 동래구청
1996.11.19. 이후 5년간 10회. 우리 말글의 특질과 우수성, 동래구 독서대학 특강, 온천1동 강당 등
1996.11.26. 우리말에 나타난 겨레 정신, 동의대 산업기술대학원 특강, 세미나실
1997. 3.31. 어휘 변화의 원인에 관한 연구, 한글 지회 제155차 연구 발표회, 부산교육대학교
1997.10. 9. 토박이 우리말 이름 짓기, MBC TV '부산의 아침' 출연
1999. 4.24. 우리말에 대한 국어 학도의 자세, 대학생 논물 발표 대회 특강
1999. 6. 8. 이후 3회. 행정 서비스 헌장 제정 심의, 동래구 자치행정과
2000. 1.11. 국어의 로마자 표기법 개정 공청회 질의, 국립 국어연구원 주최, 부산시청 대강당
2000.10. 9. 우리말과 겨레 정신, 554돌 한글날 초청 특강, 해운대 공고
2000.12.14. 이후 12회. 도로명 및 건물 번호 부여 사업(동래구 지명 위원) 심의
2001. 6.22. 남명 조식 선생 탄신 500 주년 기념 강연회 진행, MBC 마산 방송 홀
2001.10.13. 국어학을 하는 자세, 동의대 국문과 대학원 고별 강연회, 동의대 남해 연수원
2001.11.30. 말·글의 힘과 생각, 동의대 인문대 교수 세미나 특강, 경주 교육문화회관
2002. 5.29. 말과 글의 힘, 부산대학교 교육대학원 동문회 특강, 백조예식장

## • 저서
① 1977. 2.27. 국어 교재에 나타난 언어 요소의 분석 연구(158쪽), 부산대학교 교육대학원
② 1997.10.30. 우리말 어휘 변천 연구(514쪽), 세종출판사
③ 1997.12.10. 우리말과 우리 생각<논설집>(271쪽), 육일문화사
④ 1997.12.10. 달빛 그 혜안<수필집>(443쪽), 육일문화사
⑤ 1998. 1.15. 어휘 변화의 원인별 연구(201쪽), 한국문화사

⑥ 1999.10.30.  국어 정서법 연구(363쪽), 한국문화사

⑦ 2002. 2.23.  변방 노인의 말<수필집>(134쪽), 육일문화사

⑧ 2002. 8.20.  낱말의 이해(엮음) (582쪽), 한국문화사

## • 논문

① 1961.12.31.  구개음화고, 국어국문학 제3집, 부산대학교 국어국문학과

② 1962.11.24.  월점치기에 대하여, 국어국문학 연구 논문집 제13집, 영남 7개대 연합회

③ 1965. 1.15.  제망매가의 분석, 옥샘 18호, 동래여자중학교

④ 1966. 1.26.  부산의 국어 현실, 옥샘 19호, 동래여자중학교

⑤ 1967. 6.27.  서동요 신석, 부산교육 제145호, 부산시교육위원회

⑥ 1968. 4.20.  국어 혼태어 연구, 연구보고 제1호, 부산시교육위원회

⑦ 1968. 5.20.  국어과 수업 방법의 실제, 부산교육 제150호, 부산시교육위원회

⑧ 1969. 1.24.  부산지방의 유행 동요(자료 분류), 수정 제11호, 경남여자중학교

⑨ 1970. 2. 5.  부산의 현행 동요 자료 분석 연구, 향토문화 제2집, 부산향토문화연구회

⑩ 1971. 9.15.  언어 순화 교육의 실천적 연구, 부산교육 제164호, 부산시교육위원회

⑪ 1976. 1. 8.  국어의 동음이의어에 대하여, 금정산 제2호, 부산사대 부속고교

⑫ 1976. 4. 5.  7대 일간 신문 한자 쓰기 분량 조사 분석, 한글 새소식, 한글학회

⑬ 1977. 2.27.  국어 교재에 나타난 언어 요소의 분석 연구, 부산대학교 교육대학원 (석사 학위 논문)

⑭ 1980. 6.30.  국어 교과서에 나타난 띄어쓰기 현실, 한글 제168호, 한글학회

⑮ 1981.11.20.  옛말에서의 안맺음씨끝 {-아·어-}의 기능에 대하여, 동의논집 제5집, 동의대학교

⑯ 1982. 2.28.  옛「한글 맞춤법 통일안」과 새「한글 맞춤법」과의 비교 연구, 효민 제2집, 동의대학교

⑰ 1982. 5.10.  매김꼴 {-ㄴ}에 앞서는 {-아·어-}에 대하여, 부산한글 창간호, 한글학회 부산지회

⑱ 1983. 2.20.  우리말 뒤섞임말의 유형별 고찰, 동의논집 제8집, 동의대학교

⑲ 1984. 2.25.  음절 많아지기 현상에 대한 고찰, 동의논집 제10집, 동의대학교

⑳ 1984. 5.10.  잘못분석말의 유형별 고찰, 부산한글 제3집, 한글학회 부산지회

㉑ 1984.12.1.   음절 많아지기 현상의 원인별 갈래, 박지홍 교수 회갑 논문집, 논집간행회

㉒ 1984.12.31. 하임·입음말의 변천에 관한 연구, 박태권 교수 회갑 논문집, 논집간 행회
㉓ 1985. 2.20. 우리말 짧아지기 현상의 통시적 고찰, 동의어문논집 제1집, 동의대 국문과
㉔ 1986. 9.25. 홀소리 줄임에 관한 연구, 동의어문논집 제2집, 동의대 국문과
㉕ 1987. 4.30. 옛말에서의 {-니·리-} 형태소 연구, 동의어문논집 제3집, 동의대 국문과
㉖ 1987. 8.31. 안맺음씨끝 {-니·리-}의 분석, 이병선 교수 회갑 논문집, 논집간행회
㉗ 1988. 4.30. 문교부의 한글 맞춤법과 표준말의 논의점, 동의어문논집 제4집, 동의대 국문과
㉘ 1991. 2.28. 낱말의 겹친 구조 연구, 동의어문논집 제5집, 동의대 국문과
㉙ 1991. 6.25. 뒷가지가 겹쳐진 말에 대하여, 부산한글 제10집, 한글학회 부산지회
㉚ 1992. 6.30. 초창기 <한글>에 실린 한글 맞춤법 연구 분야에 대하여, 한글 제216 호, 한글학회
㉛ 1992.12.30. '-르다' 풀이씨 연구, 한글 제218호, 한글학회
㉜ 1993. 2.25. '-르다' 풀이씨의 벗어남에 대하여, 동의어문논집 제6집, 동의대 국문과
㉝ 1994. 8.30. 잘못분석말을 다시 살핌, 동의어문논집 제7집, 동의대 국문과
㉞ 1994.12.30. 한글맞춤법의 역사와 외솔 선생의 공적, 외솔회지 제3집, 부산외솔회
㉟ 1995. 8.30. 국어 표기법의 변천에 관한 연구, 동의어문논집 제8집, 동의대 국문과
㊱ 1995.12.10. 부산의 국어 운동 및 연구 단체 발자취, 외솔회지 제4집, 부산외솔회
㊲ 1996. 6.25. 국어 어휘 변천 자료, 김형주 선생 회갑 논집, 논집간행회
㊳ 1996.11.22. 국어어휘사 연구 자료 목록, 동의어문논집 제9집, 동의대 국문과
㊴ 1997. 2.22. 낱말의 꼴바뀜에 관한 연구, 부산대학교 대학원(박사 학위 논문)
㊵ 1998.11.20. 이끌림말 연구, 동의어문논집 제11집, 동의대 국문과
㊶ 1999.12.30. 우리말 로마자 표기법에 관한 새 제안, 새얼어문논집 제12집, 새얼어 문학회
㊷ 2000.12.30. 강화 현상 연구, 새얼어문논집 제13집, 새얼어문학회
㊸ 2001.12.30. '-르다' 풀이씨 연구, 새얼어문논집 제14집, 새얼어문학회

## • 국어 운동 논설 · 기사문 등

1962. 5.11. 한글 전용의 논란점, <부산대신문> 제187호

| 1962. 6.23. | 영남 7개대 연합 <국어국문학> 제12집 간행사, 부산대 국문과 |
| 1962. 9.20. | 부정회귀, <효원> 제5집, 부산대학교 |
| 1962. 9.27. | 간판은 오자 투성이, <국제신보> |
| 1962.10. 5. | 한글 지킨 독립 투사-남저 이우식 선생-, <부산대신문> 제194호 |
| 1963. 1.11. | 오자 간판 고치자, <부산일보> |
| 1963. 2.22. | 오자 간판 고칩시다, 부산대 국어순화반 호소문, 부산대 국문과 |
| 1963. 4.16. | '초자'는 '유리'로, <국제신보> |
| 1963. 4.22. | 새로 채집된 창원 지방의 민요들, <국제신보> |
| 1963. 7. 3. | 오자 색출광의 자수, <동아일보> |
| 1968. 1.12. | 이 찬란한 사대주의-한자·외래어 쓰지 말자-, <옥샘> 제21호, 동래여중 |
| 1968. 9.12. | 부산 지방의 유행 동요, <국제신보> |
| 1971.12.13. | 국어를 사랑하는 마음, <소화> 제1호, 데레사여고 |
| 1972. 5. 8. | '괜찮다' 여담, <데레사학보> 제5호 |
| 1974. 6.20. | 우리말이 죽어 가고 있다, <씨나락> 제15집, 데레사여고 |
| 1975. 9. 5. | '한글 새소식'을 말한다, <한글 새소식> 제37호, 한글학회 |
| 1981. 4.28. | '먹다' 주변, <부산일보> |
| 1982. 7.28. | 역사 의식을 갖자, <동의대학보> 제25호 |
| 1982.10.20. | 우리말의 앞날을 위하여, <부산공전학보> |
| 1983. 6.17. | 민족적 자부심을 가지자, <동의대학보> 제34호 |
| 1984. 1.10. | 우리말을 가꾸자-사라지는 높임말-, <부산일보> |
| 1984. 1.19. | 우리말을 가꾸자-띄어쓰기-, <부산일보> |
| 1984. 4.10. | 한글 전용, 가로짜기 신문 돼야, <동의대학보> 제41호 '신문에 바란다' |
| 1984. 6.16. | 양태식 지음 <국어 구조 의미론> (서평), <동의대학보> 제45호 |
| 1985. 1.16. | 우리말과 우리 생각, KBS 라디오 부산 방송 출연 원고 |
| ～ 4.16. | (※논설집 <우리말과 우리 생각>에 실린 글의 제목) |

말의 힘과 모국어, 모국어의 힘, 말의 됨됨이, 말의 성질, 말소리와 말뜻과의 관계, 말과 글의 장단점, 언어 생활의 여러 가지, 우리말의 특질, 우리 글의 우수성, 쉬운 말을 쓰자, 병든 우리말, 신문 방송 얘기, 높임말은 가정의 질서, 말이 안 되는 말들, 잘못된 말끝 치켜올리기, 표준말과 맞춤법, 잊어 가는 우리말, 언제나 틀리게 쓰는 말들, 배고픈 '먹다' 얘기, 휘굽은 엔담, '울다'에 얽힌 울음, 여름지어 가을걷자, 싫미운 외래 풍조, '죽다'를 살핌, 이치에 틀리는 한자말, 숫자와 날짜, 고운 우리말 쓰기, 녹아붙음말에 대하여, 함부로 쓰는 들온말, 잘못돌

이킴말, 표준말 문제, 민간어원, 잘못 쓰는 씨끝, 잘못 쓰는 표준말, 속어와 비어, 표준말과 사투리, 잘못된 유행과 가사, 표준말로 착각하고 있는 사투리, 살리고픈 우리 옛말, 잘못 쓴 광고물들, 뜻이 모호한 말들, 잘못된 말버릇, 잘못된 서울 말씨, 우리말을 아끼는 마음, 한자쓰기 좋아하는 일, 버리고 싶은 한자말, 원고지 '20매'는 '스무 장'으로, 군소리에도 일본말 찌꺼기가, 통용되는 말, 법에 어긋난 말, 우리말의 외국어식 발음, 말과 글의 혼동에 대해서, 듣기 싫은 유행어, 아름다운 상징어, 섬세한 빛깔 인식, 우리의 시간 의식, 성질 급한 우리말, 잘못된 유추말 따위, 옛말의 흔적, '붙이다'와 '부치다', 소리대로 적기, 분철과 연철, ㄹ이 줄어드는 말들, ㄹ을 되살려 쓰는 말, 깨어지는 홀소리어울림, 우리의 소리 인식, 높임말과 질서 의식

| | |
|---|---|
| 1985. 2.20. | <동의어문논집> 창간호 창간사, 동의대학교 국어국문학과 |
| 1985. 4.10. | 우리말의 특질과 생각과의 관계, <동의대학보> 제53호 |
| 1985. 4.27. | 우리말에 얽힌 우리의 사고 방식, <동문회보> 창간호, 부산대 교육대학원 동문회 |
| 1985. 8.17.~12.10. 총 6회. 고교 지상 논술 고사 강평, <부산일보> | |
| 1985.10.22. | 대학 문화의 창조, <동의대학보> 제62호 |
| 1986. 3. 2. | 말의 성질과 우리말의 특질, <대학 국어>, 문우사 |
| 1986. 5. 4. | '우리글 노래' 노래말 문제, <부산일보> |
| 1986. 6. 5. | 취업 논문 작성 요령, <취업 정보>, 동의대 생활 연구소 |
| 1986.10.22. | 훈민정음 창제 정신의 현대적 의의, <동의대학보> 제77호 |
| 1987. 4.27. | 발음에 치중하면 국어 교육에 혼란만-표준어, 맞춤법 개정 시안에 대하여-, <부산일보> |
| 1987. 9.26. | '말글터'를 튼튼히, <말글터> 창간호, 부산 대학생 연합 우리말 펴기 모임 |
| 1987.10. 9. | 지회 일을 맡으면서, <부산 한글 소식> 제13호, 한글 지회 |
| 1987.10. 9. | '국어 교육과 한자 문제'에 대한 우리의 주장 (한글 지회 성명서), <부산 한글 소식> 제13호, 한글 지회 |
| 1988. 5.15. | '삼광 한글 학술상' 마련에 즈음하여, <부산 한글 소식> 제14호, 한글 지회 |
| 1988. 6.12. | 국어학계에 큰 자취 남기시고-김영신 선생님 영전에-, <부산일보> (※1988. 7. 5. <한글 새소식> 제191호, 한글학회) |
| 1988. 6.15. | <부산 한글> 제7집 머리글, 한글 지회 |

| | |
|---|---|
| 1988. 8.10. | <항도일보> 창간에 드리는 글-한글 전용, 가로짜기를 바람-, <항도일보> (※1989. 8.15. <부산 한글> 제8집, 한글 지회) |
| 1988. 8.24. | 이 한 권의 책 <우리 말본>, <부산일보> |
| 1988.10. 1. | 올바른 언어 생활, <부산 여성> 10월호, 월간 부산여성사 |
| 1988.10. 5. | 우리의 말글살이에 대한 반성, <미화당> 10월호, 미화당 백화점 |
| 1988.10. 8. | 우리 말글은 참된 우리 것, <부산일보> |
| 1988.11.20. | 한글학회 영남 합동 연구 발표회를 갖는 뜻은, <부산 한글 소식) 제15호, 한글 지회 |
| 1989. 5.15. | 제2회 '삼광 한글 학술상' 시상식을 가지면서, <부산 한글 소식> 제16호, 한글 지회 |
| 1989. 8. 1. | 우리말 이대로 좋은가, <부산 여성> 8월호, 월간 부산여성사 |
| 1989. 8. 5. | 말의 짐, <부산일보> '살롱' |
| 1989. 8.15. | <부산 한글> 제8집 머리글, 한글 지회 |
| 1989.10. 9. | 543돌 한글날을 맞으면서, <부산 한글 소식> 제17호, 한글 지회 |
| 1989.11.10. | 한자에 대한 미신, <수필> 제40호, 수필 부산 동인회 |
| 1990. 2. 7. | 하치근 교수 <국어 파생 형태론> (서평), <국제신문> |
| 1990. 3.28. | 말, 그 무한한 힘, <심봤다> 3월호, 서진사보 |
| 1990. 5. 4. | 우리들의 주장-한글날은 공휴일로 존속돼야-(성명서), <부산 한글 소식> 제18호, 한글 지회 |
| 1990. 5.15. | 제3회 '삼광 한글 학술상' 시상식을 가지면서, <부산 한글 소식> 제18호, 한글 지회 |
| 1990. 7. 1. | 거친 말, 혼탁한 사회, <부산 2020> 제10호, 부산 발전 시스템 연구소 |
| 1990. 8.13. | 일제의 국어 말살 정책과 그 후유증, <부산일보> |
| 1990. 8.15. | <부산 한글> 제9집 머리글, 한글 지회 |
| 1990.10. 9. | 한글날과 문화 의식, <부산 한글 소식> 제19호, 한글 지회 |
| 1991. 5.14. | 제4회 '삼광 한글 학술상' 시상식에 즈음하여, <부산 한글 소식> 제20호, 한글 지회 |
| 1991. 6.25. | <부산 한글> 제10집 머리글, 한글 지회 |
| 1991. 9.17. | 대중 문화, 벽을 허물자, <부산일보> |
| 1991.10.11. | 국어 운동과 나, <주간 인물> '5분 대화', 주간인물사 |
| 1991.12. 1. | 우리말의 모습과 문장 표현, <외솔회지> 제2집, 부산 외솔회 |
| 1992. 2.25. | 긍정적인 역사 창조, <동의대학보> 제151호 |
| 1992. 3.16. | 이해주 교수 <범성산고>를 읽고 (서평), <부산대신문> 제1031호 |

| | |
|---|---|
| 1992.10. 9. | 우리말에 대한 바른 인식을, <부산 한글 소식> 제23호, 한글 지회 |
| 1993. 2. 6. | 우리 말글 바로 쓰는 학교, <금정산> 제15호, 부산대 사대 부속고교 |
| 1993. 5.14. | 한자 노출에 대한 반대 성명서-국어 교육의 말살 정책을 개탄하며-, <부산 한글 소식> 제24호, 한글 지회 |
| 1993.10. 4. | 한글날, 민족 자존심 지키는 날, <동의대학보> 제172호 |
| 1993.10. 9. | 한글날을 살리자, <부산일보> |
| 1994. 1. 5. | 글자살이를 한글만으로, <한글 새소식> 제257호, 한글학회 |
| 1994. 3.25. | 류영남 선생 <말글밭> (서평), <동의대학보> 제179호 |
| 1994. 4.15. | 국어 공부 열정의 싹, <부산일보> |
| 1994.12.30. | 외솔 정신을 잇는 뜻은, <외솔회지> 제3집, 부산 외솔회 |
| 1995. 2. 5. | '한글 상호 지어주기'가 망령이라니-<ㅈ일보>를 읽고-, <한글 새소식> 제270호, 한글학회 |
| 1995. 4.10. | 교육이 왜 필요한가, <동의대학보> 제193호 |
| 1995. 6.30. | 한글학회 부산지회 창립과 그 언저리의 일, <한글학회 부산지회 30 돌>, 한글 지회 |
| 1995. 6.30. | 잊지 못할 지회원들, <한글학회 부산지회 30 돌>, 한글 지회 |
| 1995.12.10. | 사대주의가 세계화인가, <외솔회지> 제4집, 부산 외솔회 |
| 1996. 3.23. | 나라말과 행복, <나라 사랑> 제92집, 외솔회 |
| 1996. 6.10. | 언론의 양심 선언-가로짜기를 기림-, <국제신문> |
| 1996. 8.29. | 최남희 교수 <고대 국어 형태론> (서평), <동의대학보> 제212호 |
| 1997.10.13. | 문화 의식과 자긍심, <동의대학보> 제231호 |
| 1998. 8.31. | 말의 원리와 인생, <수필> 제54호, 수필 부산 동인회 |
| 1999. 5.15. | 세종성왕의 혜안, <세종성왕 육백 돌>, 세종대왕 기념 사업회 |
| 1999. 5.15. | 자랑스런 우리말 우리 생각, <부산 한글 소식> 제36호, 한글 지회 |
| 1999. 9.23. | 한자가 우리말을 죽인다, <나라 사랑> 제99집, 외솔회 |
| 2000.12.30. | 꾸중을 듣던 때가-여암 이태길 선생 팔순을 기림-, <윤좌> 제27집, 윤좌 동인회 |
| 2001. 2.28. | 시내 버스 안내 방송 억양 고치자, <부산일보> |
| 2001. 3.23. | 잘산다는 것은-한글날을 국경일로-, <나라 사랑> 제101집, 외솔회 |
| 2001. 4. 5. | '전비, 중비, 답단'이라니, <한글 새소식> 제344호, 한글학회 |
| 2001. 8.30. | 우리말이 죽어 가는 현장, <수필> 제59호, 수필 부산 동인회 |
| 2001.10.15. | 한글날과 겨레 의식, <동의대학보> 제295호 |
| 2001.11.29. | 온복 누리시는 죽헌 선생-이주호 선생 팔순을 기림-, <윤좌> 제28집, |

윤좌 동인회
2001.11.29.    송천 김용태 선생과의 인연-김용태 선생 팔순을 기림-, <윤좌> 제28
집, 윤좌 동인회

## •그 밖의 글

대학 신문 사설 등 일반 논설문 ......................................................... 60여 편
수필(수필집 <달빛 그 혜안>, <변방 노인의 말>, 그밖의 글 등) ............. 120여 편
시 .................................................................................................... 20여 편
비문, 건의서, 격려사, 인사말, 간행사 등 ......................................... 30여 편

## •수상

1967.12.28.    부산시 교위 1인 1연구 논문 우수상 (교육감)
1968. 8.27.    부산시 교위 교육 연구 발표 대회 우수상 (교육감)
1968.11. 3.    전국 중등 교육회 논문 발표 대회 우수상 (중등 교육회장)
1975. 3.23.    외솔회 감사패 (외솔회장)
1980.12. 3.    한글학회 공로 감사장 (한글학회 이사장)
1986.10. 9.    한글학회 공로 표창패 (한글학회 이사장)
1991.10. 9.    국어 운동 공로 감사장 (부산시장)
1991.10.22.    동의학원 근속 표창패 (동의학원 이사장)
1991.10.24.    한글학회 부산지회 운영 공로 표창패 (한글학회 이사장)
1992.12. 1.    월간 문예사조사 수필 신인상 (문예사조사장)
1993. 5.15.    제6회 삼광 한글 학술상 (삼광사)
1994.12. 5.    교육 연공 표창장 (교육부 장관)
1998. 5.13.    부산교원단체 연합회 연공 표창장 (연합회장)
1998. 8.18.    동의대학교 교수 업적상 (동의대학교 총장)
1999. 5.15.    교육 연공 표창장 (교육부 장관)
1999. 5.15.    한국교원단체 총연합회 연공 표창장 (총연합회장)
2002. 2.28.    옥조 근정 훈장 (대통령)